1969 年范文澜先生留影

20 世纪 20 年代在南开大学执教的范文澜先生

范文澜先生著作照

南开百年史学名家文库

南开大学历史学科学术委员会　主编

范 文 澜 文 集

王凛然　编

南闹大學出版社

天　津

图书在版编目(CIP)数据

范文澜文集 / 王凛然编. —天津：南开大学出版社，2019.9
(南开百年史学名家文库)
ISBN 978-7-310-05828-0

Ⅰ.①范… Ⅱ.①王… Ⅲ.①史学—文集 Ⅳ.①K0－53

中国版本图书馆 CIP 数据核字(2019)第 168007 号

南开大学出版社出版发行
出版人:刘运峰
地址:天津市南开区卫津路 94 号　　邮政编码:300071
营销部电话:(022)23508339　23500755
营销部传真:(022)23508542　　邮购部电话:(022)23502200

＊

河北鹏润印刷有限公司印刷
全国各地新华书店经销

＊

2019 年 9 月第 1 版　　2019 年 9 月第 1 次印刷
240×170 毫米　16 开本　25.75 印张　6 插页　445 千字
定价:115.00 元

如遇图书印装质量问题,请与本社营销部联系调换,电话:(022)23507125

"南开百年史学名家文库"编委会名单

总 序

　　为庆祝南开大学建校一百周年，南开大学统筹策划一系列庆典活动和工作。其中，借机整理人文社会科学学科百年历程，特别将各学科著名学者文集的编辑和出版列为代表性成果之一予以确定。2017 年底，时任南开大学副校长朱光磊教授主持部署此项工作，将历史学科相关著名学者的选择及成果汇集工作交予了历史学院。

　　2018 年 11 月，历史学科学术委员会集体商定入选原则后，确定 1923 年建系以来已去世的、具有代表性的十位著名学者入选"南开百年史学名家文库"，他们是：1923 年历史系创系主任蒋廷黻，20 世纪 20 年代在文学院任教的范文澜，明清史专家郑天挺，世界上古史专家雷海宗，先秦史专家王玉哲，亚洲史暨日本史专家吴廷璆，唐元史专家杨志玖，美国史专家杨生茂，史学史与史学理论专家杨翼骧，北洋史、方志学家暨图书文献学专家来新夏。

　　随即，历史学科学术委员会委托江沛教授主持此事，并邀请退休和在岗的十位学者（依主持各卷顺序为：邓丽兰、王凛然、孙卫国、江沛、朱彦民、杨栋梁与郑昭辉、王晓欣、杨令侠、乔治忠、焦静宜）参与此项工作，分别主持一卷。此后，各位编辑者按照统一要求展开编辑工作，克服重重困难，并于 2019 年 1 月提交了各卷全部稿件。南开大学出版社莫建来等编辑，精心编校，使"文库"得以在百年校庆前印刷问世，这是对南开史学九十六年风雨历程的一个小结，是对南开史学学科建设的一个有益贡献，更是对南开大学百年校庆奉上的厚重贺礼。

　　十位入选学人，均为中国史、世界史学科的著名学者，创系系主任蒋廷黻，是中国近代外交史领域和世界史学科的开拓者之一；范文澜是中国较早的马克思主义史学家；郑天挺、雷海宗先生是南开史学公认的奠基人，是学界公认的史学大家，其影响力无远弗届；王玉哲（先秦史）、吴廷璆（亚洲史暨日本史）、杨志玖（唐元史）、杨生茂（美国史）、杨翼骧（史学史）、来新夏（北洋史、方志学、图书文献学）在各自学术领域辛勤耕耘、学识深厚、育人精良，誉满海内外。他们几十年前的论著，至今读来仍不过时，仍具有启示意义；他们所开创的领域仍是南开史学最为重要的学术方向，他们的学术成就及言传身教，引领了南开史学的持续辉煌，他们是南开史学的标志性人物。

学术传承，一要承继，二要创新。九十六年来，在这些史学大家引导下，逐渐凝聚出南开史学的重要特征：惟真惟新、求通致用。近四十年，已发展出"中国社会史""王权主义学派"等具有重要引导作用的学术方向。在当今历史学国际化、跨学科、复合型的发展潮流中，南开史学更是迎难而上，把发展方向定位在服务国家战略及社会需求上，定位在文理交叉、多方融合上，承旧纳新，必将带来南开史学新的辉煌。

值此"南开百年史学名家文库"即将付梓之际，特做此文，以为说明。

魏晋嵇康有诗曰："人生寿促，天地长久。百年之期，孰云其寿？"衷心祝福母校在第二个百年发展顺利、迈进世界一流大学的行列，恭迎南开史学百年盛典！

南开大学历史学科学术委员会主任：江沛

2019 年 8 月 26 日

前 言

今年是新中国成立七十周年，南开大学建校一百周年，也是南开大学设置历史学科一百周年。一百年来，众多先贤大家汇集于南开历史学科，他们为南开史学的繁荣发展做出了巨大贡献。范文澜先生就是曾执教于南开的史学大家中极为优秀的代表。

范文澜，字仲沄，号芸台，我国著名的马克思主义历史学家、教育家和社会活动家。1893 年 11 月 15 日出生于浙江省山阴县（今绍兴市）。1917 年毕业于北京大学文科，获学士学位。从 1922 年起，任南开大学、北京大学、北平师范大学、女子师范大学、辅仁大学、河南大学等校教授。1926 年，加入中国共产党。1933 年，任北平大学女子文理学院院长。1940 年，抵延安，任马列学院历史研究室主任。解放战争期间，先后任北方大学历史研究室主任、华北大学副校长兼研究部主任。新中国成立后，任中国科学院近代史研究所所长、中国史学会副会长、全国政协文史委主任委员。1955 年，当选中国科学院哲学社会科学部学部委员。范文澜还曾当选为政协第三届全国委员会常委、第一、二届全国人民代表大会代表、第三届全国人大常委会委员、中共八届候补中央委员、九届中央委员。

作为我国杰出的马克思主义史学大师，范文澜一生潜心治学，著作等身，为推动我国史学研究的发展做出了巨大贡献。其撰写的《中国通史简编》《中国近代史》两部著作奠定了中国马克思主义近代史学科基本格局，影响深远。其领导的《中国近代史资料丛刊》《近代经济史资料丛书》编撰工作，特别是其主编的《中国近代史资料丛刊·捻军》具有重大的史料价值，推动了相关领域史学研究的繁荣。其早年撰写的《文心雕龙讲疏》《文心雕龙注》《水经注写景文钞》《正史考略》《群经概论》等也都具有极高的学术研究价值。

1922 年至 1927 年，受张伯苓邀请，范文澜任教于南开，先后担任中学部教员、大学部教授。南开五年是范文澜人生中极为重要的一段岁月。这期间，他由青年教员逐渐成长为著名学者，由单纯"好古"的大学教师成长为一名为中华民族解放事业而奋斗的中国共产党党员。南开对倾向革命教师的塑造及保护有力推动了范文澜学术、思想上的进步与飞跃。同时，范文澜在南开的工作也积极推动了南开历史学科的发展。

"时代需要这样的历史学家，时代也造就了这样的历史学家。"①为感激范文澜先生对南开大学、南开史学做出的贡献，牢记恩泽、教育后代，同时为南开百年校庆奉献一份高质量的学术礼品，作为"南开百年史学名家文库"之一部分，我们编纂了《范文澜文集》。该《文集》所选文章具有以下四个倾向：一、为范文澜在南开期间，或与南开相关的代表性著述；二、为范文澜在历史学领域，或与历史学相关的代表性著述；三、为范文澜在学术界，或在社会上产生重大影响的代表性著述；四、为研究范文澜生平、思想具有重要史料价值的代表性著述。所选文章的次序，大致按照初次出版年代排列。所选文章依据的版本，分别在各篇文章首页以脚注形式说明。所选文章除对注释进行了规范、对部分印刷中的错别字进行了校正外，为尊重作者原意，尽量保持所选版本文章原貌，内容风格未作改动，计量单位、标点符号等也未按现行规范加以处理。

---

① 戴逸：《时代需要这样的历史学家——在纪念范文澜诞辰 100 周年学术座谈会上的发言》，《近代史研究》1994 年第 1 期。

目　录

《文心雕龙讲疏》（节选）*

自　序

予任南开学校教职，殆将两载，见其生徒好学若饥渴，孜孜无怠意，心焉乐之。亟谋所以餍其欲望者。会诸生时持《文心雕龙》来问难，为之讲释征引，惟恐惑迷，口说不休，则笔之于书；一年以还，竟成巨帙。以类编辑，因而名之曰《文心雕龙讲疏》。

论文之书，莫善于刘勰《文心雕龙》。旧有黄叔琳校注本。治学之士，相沿诵习，迄今流传百有馀年，可谓盛矣。惟黄书初行，即多讥难，纪晓岚云：

> 此书校本，实出先生；其注及评，则先生客某甲所为。先生时为山东布政使，案牍纷繁，未暇遍阅，遂以付之姚平山；晚年悔之，已不可及矣。

今观注本，纰缪弘多，所引书往往为今世所无，展转取载，而不著其出处。显系浅人之为。纪氏云云，洵非妄语。然则补苴之责，舍后学者，其谁任之？

曩岁游京师，从蕲州黄季刚先生治词章之学。黄先生授以《文心雕龙札记》二十馀篇，精义妙旨，启发无遗。退而深惟曰："《文心》五十篇，而先生授我者仅半，殆反三之微意也。"用是耿耿，常不敢忘，今兹此编之成，盖亦遵师教耳。异日苟复捧手于先生之门乎，知必有以指正之，使成完书矣。

《文心雕龙札记》略例曰：

> 瑞安孙君《札逸》有校《文心》之语，并皆精美，兹悉取之，以入录。今人李详审言有《黄注补正》，时有善言，间或疏漏；兹亦采取而别白之。
> 序志篇云："选文以定篇。"然则诸篇所举旧文，悉是彦和所取以为程式者，惜多有残佚；今凡可见者，并皆缮录，以备稽考。惟除《楚辞》《文选》《史记》《汉书》所载，其未举篇名，但举人名者，亦择其佳篇随宜移

---

* 选自《范文澜全集》（第三卷），河北教育出版社 2002 年版。

写。若有彦和所不载，而私意以为可作楷枭者，偶为抄撮，以便讲谈，非敢谓愚所去取尽当也。

窃本略例之义，稍拓其境宇，凡古今人文辞，可与《文心》相发明印征者，耳目所及，悉采入录。虽《楚辞》《文选》《史》《汉》所载，亦间取之，为便讲解计也。黄注有未善，则多为补正，其或不劳更张，则直书"黄注曰云云""黄注引某书云云"。

读《文心》，当知崇自然、贯通变二要义；虽谓为全书精神可也。讲疏中屡言之者，即以此故。又每篇释义，多陈主观之见解，自知鄙语浅见，无当宏旨，惟对从游者言，辄汩汩不能自己，因亦不复删去也。近时海内鸿硕，努力于文艺之复兴，汲汲如恐不及，高掌远跖，驽骀者固乌足以追之。然窃谓一切读书之士，亦宜从而自勉，不得专责诸三教名宿，以为可以集事也。本此鄙怀，致忘愚昧，敬持此编，进之大雅诸君子，乞予严正之弹评。盖庶几《文心》真义，由此彰明；区区一人，亦得受教无已。咏"我观之子，我心写兮，我心写兮，是以有誉处兮"之诗，不禁馨香以祝之矣。

此编荷寿普暄先生任订正标点之劳，献替臧否，获益良多；复承喻廛涧先生与以各方助力，尤深钦感；刘君尚达、赵君兴邦，课馀校雠讹字，鲁鱼帝虎之弊盖鲜，亦可感佩；特书此，以识谢忱。

中华民国十二年 绍兴范文澜

明诗第六

大舜云："诗言志，歌永言。"〔一〕圣谟所析，义已明矣。是以在心为志，发言为诗，舒文载实，其在兹乎！诗者，持也！持人情性，三百之蔽，义归无邪。持之为训，有符焉尔。〔二〕人禀七情，应物斯感，感物吟志，莫非自然。昔葛天氏乐辞云：玄鸟在曲，〔三〕黄帝云门，理不空绮。〔四〕朱云当作弦至尧有大唐一作章之歌，〔五〕舜造南风之诗。〔六〕观其二文，辞达而已。及大禹成功，九序惟歌；〔七〕太康败德，五子咸怨，〔八〕顺美匡恶，其来久矣。〔九〕

〔一〕《书》尧典："诗言志，歌永言。"《礼记》乐记曰："人生而静天之性也，感于物而动，性之欲也。物至知知，然后好恶形焉。子夏《毛诗序》曰：'诗者，志之所之也。在心为志，发言为诗。情动于中而形于言，言之不足，故嗟叹之；嗟叹之不足，故永歌之；永歌之不足，故不知手之舞之足之蹈之也。'又钟嵘《诗品》云：'气之动物，物之感人，故摇荡性情，形诸舞咏。'案诗之起源，先于散文，稽之中外，莫不皆然。盖情感于物。则形于声，声成文，斯谓之音。考《白虎通》云：'音，饮也，言其刚柔清浊，和而相饮也。'此即韵文之谓矣。太古之时，有声无字，故谣训徒歌，谚训传言，其实皆诗也。诗与歌本系一物，自其体言之谓之诗，自其用言之谓之歌。未形于声谓之诗，既形于声谓之歌。《乐记》曰'使其声足乐而不流，其使文足论而不息。'声即歌也，文即诗也。乐府篇云：'故知诗为乐心，声为乐体。乐体在声，瞽师务调其器；乐心在诗，君子宜正其文。'二者大别，彦和言之详矣。"

〔二〕《古微书》引《诗纬含神雾》云："诗者，持也。"《乐记》曰："先王耻其乱，故制雅颂之声以道之，足以感动人之善心，不使放心邪气得接焉。"《乐记》又曰："是故先王本之情性，稽之度数，制之礼义，合生气之和，道五常之行，使之阳而不散，阴而不密，刚气不怒，柔气不摄，四畅交于中，而发作于外，皆安其位而不相夺也。"《吕氏春秋》仲夏纪大乐篇曰："成乐有具，必节嗜欲。"此之谓矣。

〔三〕《吕氏春秋》仲夏纪古乐篇：昔葛天氏之乐，三人操牛尾投足以歌八阕，其二曰"玄鸟"。

〔四〕《周礼》注曰："黄帝曰云门大卷，言其德如云之所出，民得以有族类。""理不空绮"者，谓既有乐名，必有乐词也。

〔五〕唐一作章。案《尚书大传》云："报事还归二年，然后乃作大唐之歌。"郑注曰："大唐之歌，美尧之禅也。"据此文，是大唐乃舜作以美尧者，不得云"尧有大唐之歌"。《礼记》乐记云"大章"，章之也。郑注"尧乐名"，是作章者是。大章之词，今无可考。彦和时尚未亡也。《尸子》："观尧舜之行于总章。"总章疑即大章。

〔六〕《家语》云："昔者舜弹五弦之琴，造南风之诗，其诗曰：'南风之薰兮，可以解吾民之愠兮。南风之时兮，可以阜吾民之财兮'。"案郑注《乐记》曰："南风，长养之风也，以言父母之长养也。乐辞未闻也。"《正义》引马昭云："《家语》王肃所增加，非郑所见，故言未闻。"

《尚书大传》舜《卿云歌》：

卿云烂兮，糺缦缦兮；日月光华，旦复旦兮！ 帝歌

明明上天，烂然星陈；日月光华，弘于一人。 八伯歌

日月有常，星辰有行。四时从经，万姓允诚。于予论乐，配天之灵。迁于贤圣，莫不咸听，鼛乎鼓之，轩乎舞之，菁华已竭，褰裳去之。 帝载歌

〔七〕伪《大禹谟》文引见原道篇注。

〔八〕伪《五子之歌》文：《墨子》非乐篇引五子之歌见下才略篇。

其一曰

皇祖有训，民可近，不可下。民惟邦本，本固邦宁。予视天下，愚夫愚妇，一能胜予。一人三失，怨岂在明，不见是图。予临兆民，懔乎若朽索之驭六马，为人上者，奈何不敬。

其二曰

训有之：内作色荒，外作禽荒，甘酒嗜音，峻宇雕墙，有一于此，未或不亡。

其三曰

未彼陶唐，有此冀方。今失厥道，乱其纪纲，乃底灭亡。

其四曰

明明我祖，万邦之君，有典有则，贻厥子孙。关石和钧，王府则有，荒坠厥绪，覆宗厥祀。

其五曰

呜呼曷归，予怀之悲！万姓仇予，予将畴依。郁陶乎予心，颜厚有忸怩，弗慎厥德，虽悔可追？

〔九〕郑玄《诗谱序》："论功颂德，所以将顺其美；刺过讥失，所以匡救其恶。"

自商暨周，雅颂圆备。四始彪炳，六义环深。^{〔一〕}子夏监绚素之章，子贡悟琢磨之句。故商赐二子，可与言诗。^{〔二〕}自王泽殄竭，风人辍采。春秋观志，讽诵旧章。酬酢以为宾荣，吐纳而成身文。^{〔三〕}逮楚国讽怨，则《离骚》为刺；秦皇灭典，亦造仙诗。^{〔四〕}汉初四言，韦孟首唱，匡谏之义，继轨周人。^{〔五〕}孝武爱文，柏梁列韵。^{〔六〕}严马之徒，属辞无方。^{〔七〕}至成帝品录，三百馀篇，朝章国采，亦云周备，而辞人遗翰，莫见五言。所以李陵、班婕妤，见疑于后代也。^{〔八〕}按召南行露，始肇半章；^{〔九〕}孺子沧浪，亦有全曲；^{〔十〕}暇豫优歌，远见春秋；^{〔十一〕}邪径童谣，近在成世；^{〔十二〕}阅时取证一作征，则五言久矣。又古诗佳丽，或称枚叔，其孤竹一篇，则傅毅之词。比采一作类而推，两汉之作乎！^{〔十三〕}观其结体散文，直而不野，婉转附物，怊怅切情，实五言之冠冕也。

〔一〕郑玄《诗谱序》："迄及周王，不风不雅。"《正义》曰："今无商风雅，唯有其颂，是周世弃而不录。至周则风雅颂大备，今具见于毛诗。"四始见宗经篇注。"六义即风雅颂赋比兴。""环"，《左传》注云："周也。"谓周密而深，与上圆备相对成文。

《论语》学而篇子贡曰："诗云'如切如磋，如琢如磨'，其斯之谓与？"子曰："赐也！始可与言诗已矣，告诸往而知来者。"

〔二〕又八佾篇子夏问曰："巧笑倩兮，美目盼兮，素以为绚兮。何谓也？"子曰："绘事后素。"曰："礼后乎？"子曰："起予者商也！始可以言诗已矣。"案子贡长于应对，子夏传授《诗》义，故孔子称之。《左传》襄公二十七年：郑伯享赵孟于垂陇，七子从。赵孟曰：

"七子从君以宠武也，请皆赋以卒君贶，武亦以观七子之志。……赵孟曰：诗以言志，志诬其上而公怨之，以为宾荣，其能久乎？"僖公二十四年：介之推曰，"言，身之文也"。

〔三〕春秋列国朝聘酬酢，必赋诗言志，然皆讽诵旧章，辞非己作，故彦和云然。

〔四〕《史记》秦始皇本纪："三十六年，使博士为《仙真人诗》，及行所游天下，传令乐人弦歌之。"案《仙真人诗》不传。《古今乐录》曰："秦始皇祠洛水，有黑头公从河中出。呼始皇曰：'来受天宝。'乃与群臣作歌曰：'洛阳之水，其色苍苍，祠祭大泽，倏忽南临，洛滨醳祷，色连三光。'"

〔五〕《汉书》韦贤传：孟为元王傅。传子夷王及孙王戊。戊荒淫不道。作诗讽谏曰：

肃肃我祖，国自豕尾。赤衣朱黻，四牡龙旗。彤弓斯征，抚宁遐荒。总齐群邦，以翼大商。迭彼大彭，勋绩维光。至于有周，历世会同，王赧听谮，实绝我邦。我邦既绝，厥政斯逸。赏罚之行，非繇王室。庶尹群后，靡扶靡卫。五服崩离，宗周以坠。我祖斯微，迁于彭城。在予小子，勤诶厥生。厄此嫚秦，耒耜以耕，悠悠嫚秦，上天不宁。乃眷南顾，授汉于京。于赫有汗！四方是征。靡适不怀，万国攸平。乃命厥弟，建侯于楚。俾我小臣，惟傅是辅。矜矜元王，恭俭静一。惠此黎民，纳彼辅弼。享国渐世，垂烈于后。乃及夷王，克奉厥绪。咨命不永，惟王统祀。左右陪臣，斯维皇士。如何我王，不思守保！不惟履冰，以继祖考。邦事是废，逸游是娱。犬马悠悠，是放是驱。务此鸟兽，忽此稼苗。蒸民以匮，我王以媮。所弘匪德，所亲匪俊。惟囿是恢，惟谀是信。踰踰谄夫，谔谔黄发。如何我王，曾不是察！既藐下臣，追欲纵逸。嫚彼显祖，轻此削黜。嗟嗟我王，汉之睦亲。曾不夙夜，以休令闻。穆穆天子，照临下土。明明群司，执宪靡顾。正遐由近，殆其怙兹。嗟嗟我王，曷不此思！匪思匪监。嗣其罔则。弥弥其失，岌岌其国。致冰匪霜，致坠匪嫚。瞻惟我王，昔靡不练。兴国救颠，孰违悔过。追思黄发，秦穆以霸。岁月其徂，年其逮耇。于昔君子，庶显于后。我王如何，曾不斯览！黄发不近，胡不近鉴！

〔六〕汉武帝元封三年，作柏梁台，诏群臣二千石有能为七言诗，乃得上坐。

日月星辰和四时，帝骖驾四马从梁来。梁孝王郡国士马羽林材，大司马总领天下诚难治，丞相和抚四夷不易哉。大将军刀笔之吏臣执之。御史大夫撞钟伐鼓声中诗。太常宗室广大日益滋。宗正周卫交战禁不时。卫尉总领从官柏梁台。光录勋平理清谳决嫌疑。廷尉修饰舆马待驾来。太仆那国吏功差次之。大鸿胪乘舆物御主治之。少府陈粟万石扬以箕。大司农徽道宫下随讨治。执金吾三辅盗贼天下危。左冯翊盗阻南山为民灾。右扶风外家公主不可治。京兆尹椒房率更领其材。詹事蛮夷朝贺常会期。典属国柱枅欂栌相枝持。大匠枇杷橘栗桃李梅。太官令走狗逐兔张罘罳。上林令啮妃女唇甘如饴。郭舍人迫窘诘屈几穷哉！东方朔。

〔七〕《汉书》艺文志有庄夫子赋二十四篇，司马相如赋二十九篇，彦和谓其"属辞无方"，盖二人亦作诗也。《乐府诗集》载司马相如《琴歌》二首。

〔八〕《汉书》艺文志：成帝时诏光禄大夫刘向校经传诸子诗赋，凡歌诗二十八家，三百一十四篇。

〔九〕《毛诗》召南行露篇：

谁谓雀无角，何以穿我屋？谁谓女无家，何以速我狱？虽速我狱，室家不足。

谁谓鼠无牙，何以穿我墉？谁谓女无家，何以速我讼？谁速我讼，亦不女从。

〔十〕《孟子》离娄篇有孺子歌曰：

沧浪之水清兮，可以濯我缨。沧浪之水浊兮，可以濯我足。

〔十一〕《国语》晋语优施饮里克酒，中饮，优施起舞曰：

暇豫之吾吾，不如乌乌；人皆集于菀，我独集于枯。

〔十二〕《汉书》五行志成帝时歌谣曰：

邪径败良田，谗口害善人。桂树华不实，黄雀巢其颠，故为人所羡，令为人所怜。

〔十三〕黄先生《诗品讲疏》曰：

《文心雕龙》明诗篇曰："又古诗佳丽，或称枚叔。徐陵《玉台新咏》有枚乘诗八首，青青河畔草一，西北有高楼二，涉江采芙蓉三，庭中有奇树四，迢迢牵牛星五，东城高且长六，明月何皎皎七，行行重行行八，此皆在十九首中。玉台又有兰若生春阳一首，亦云枚叔作。其《孤竹》一篇，则傅毅之辞。《后汉书》：傅毅字武仲，当明章时，《孤竹》谓十九首中之冉冉孤生竹一篇也。比采而推，两汉之作乎？"以枚叔为西汉人，傅毅为东汉人故。《文选》李善注云："古诗盖不知作者，或云枚乘，疑不能明也。诗云：'驱车上东门。'阮嗣宗《咏怀诗》注引《河南郡图经》曰：东有三门，最北头有上东门，案此东都城门名也，故疑为东汉人之辞。又云'游戏宛与洛'。《古诗注》曰：《汉书》南阳郡有宛县，洛，东都也。案张平子《南都赋》注引挚虞曰'南阳郡治宛，在京之南，故曰南都'。《南都赋》曰：'夫南阳者，真所谓汉之旧都者也。'"诗以宛洛并言，明在东汉之世，此则辞兼东都，非尽是乘明矣。"寻李注所言，是古有以十九首皆枚乘所作者，故云"非尽是乘"。孝穆撰诗但以十九首有乘所作，亦因其馀句多与时序不合尔。案"明月皎夜光"一诗，称节序皆是太初未改历以前之言，诗云"玉衡指孟冬"，而上云"促织鸣东壁"，下云："秋蝉鸣树间，玄鸟逝安适？"是此孟冬，正夏正之孟秋，若在改历以还，称节序者，不应如此。然则此诗乃汉初之作矣。又"凛凛岁云暮"一诗言"凉风率已厉"。凉风之至，候在孟秋，月令"孟秋之月凉风至"。而此云岁暮，是亦太初以前之词也。推而论之，五言之作，在西汉则歌谣乐府为多，而辞人文士犹未肯相率模效。李都尉从戎之士，班婕好宫闱之流，当其感物兴歌，初不殊于谣谚。然风人之旨，感慨之言，竟能擅美当时，垂范来世，推其原始，故亦闾里之声也。按《汉书》艺文志云："自孝武立乐府，而采歌谣，于是有代赵之讴，秦楚之风，皆感于哀乐，缘事而发，亦可以观风俗，知厚薄云。"歌诗二十八家中，邯郸河间歌诗，齐郑歌诗，淮南歌诗，左冯翊秦歌诗，京兆尹秦歌诗，河东蒲反歌诗，雒阳歌诗，河南周歌诗，河南周歌声曲折周谣歌诗，周谣歌诗声曲折，周歌诗，南部歌诗都凡几十馀家。此与陈诗观风，初无二致。然则汉世歌谣之有十馀家，无殊于《诗》三百篇之有十五国风也。

挚仲治《文章流别论》曰：古诗有三言、四言、五言、六言、七言、九言，大率以四言为体，而时有一句、二句杂在四言之间。后世演之，遂以为篇。古诗之三言者，"振振鹭，鹭于飞"之属是也。汉郊庙歌多用之。唐山夫人《安世房中歌诗》《安其所》《丰草蓘》《雷震震》诸篇皆三言，郊祀歌《练时日》《太乙况》《天马徕》诸篇，皆三言。五言者"谁谓雀五角，何以穿我屋"之属是也。案当举《郊特牲》篇伊耆氏蜡辞"草木归其泽"一句为诗中五言之始见者。于俳谐倡乐多用之。凡非大礼所用者，皆俳谐倡乐，此中兼有乐府所载歌谣。六言者"我姑酌彼金罍"之属是也，乐府亦用之。如《悲歌》"悲歌可以当泣，远望可以当归"二句。《猛虎竹》"饥不从猛虎食，暮不从猛虎栖"而居，又《上留田行》前四句，皆六言成句。七言者"交交黄鸟止于桑"之属是也。案从鸟字断句亦可，宜举"昔也日阔国百里"二句。于俳谐倡乐多用之。乐府中多以七字为句，如《鼓吹铙歌》中"千秋万岁乐无极，江有香草目以兰"，此外不能悉举古诗之九言者，"洞酌彼行潦挹彼注兹"之属是也。案此仍从潦字断句，《诗》三百篇实无九言者，当举《九辨》之"吾固知其钼锯而难入"。不入歌谣之章，按《乌生》篇"唶我秦氏家有游荡子"及"白鹿乃在上林西苑中"等句，皆九言，所谓不如歌谣之章者，盖因其希见尔。以挚氏之言推之，则五言固俳谐倡乐所多有。艺文志所列诸方歌谣宜在俳谐倡乐之内，而《文心雕龙》明诗篇猥云，"成帝品录，三百馀篇，即艺文志诗赋略所载凡歌诗二十八家三百一十四篇朝章国采，亦云周备，而辞人遗翰，莫见五言"，此以当世文士，不为五言，并疑乐府歌谣亦无五言也。今考西汉之世，为五言有主名者：李都尉、班婕好而外，有虞美人《答项王歌》见《楚汉春秋》、卓文君《白头吟》、李延年歌、前四语苏武诗四首。其无主名者，乐府有《上陵》前数句。《有所思》篇中多五言。《鸡鸣》《陌上桑》《长歌行》《豫章行》《相逢行》《长安有狭斜行》《陇四行》《步出夏门行》《艳歌何尝行》《艳歌行》《怨歌行》《上留田》"里中有啼儿"一首。古《八变歌》《艳歌》《古咄唶歌》此中容有东汉所造，然武帝乐府所录，宜多存者。歌谣有《紫宫谚》，《汉书》曰："李延年善歌，能为新声，与女弟俱幸，时人为之语曰'一雌复一雄，双飞入紫宫。'"《长安为尹赏作歌》《成帝时歌》，见前无名人诗八首，上山采蘼芜一，四坐且莫谊二，悲与亲友别三，穆穆清风至四，橘柚垂华实五，十五从军征六，新树兰蕙葩七，步出城东门八，以上诸诗或见《乐府诗集》，或见《诗记》。古诗八首。五言四句如"采葵莫伤根"之类大抵淳厚清婉，其辞近于国风，不杂以赋颂，此乃五言之正轨矣。盖秦汉歌谣多作五言，饰以雅词。傅之六义，斯其风流日盛，疆画愈远。自建安以来，文人竞作五言，篇章日富。然闾里歌谣，则犹远同汉风，试观乐府所载清商曲辞，五言居其十九。托意造句，皆与汉世乐府共其波澜。以此知五言之体肇于歌谣也。彦和云"不见五言"，斯乃千虑之一失，唯仲伟断为炎汉之制，其鉴审矣。

至于张衡怨篇，清典一作曲，从纪闻改。可味，〔一〕仙诗缓歌，雅有新声。〔二〕暨建安之初，五言腾踊。文帝陈思，纵辔以骋节；王徐应刘，望路而争驱。并怜风月，狎池苑，述恩荣，叙酣宴；慷慨以任气，磊落以使才；造怀指事，不求纤密之巧；驱辞逐貌，唯取昭晰之能，此其所同也。〔三〕乃正始明道，诗杂仙心，何晏之徒，率多浮浅。〔四〕唯嵇志清峻，阮旨遥深，故能标焉。〔五〕若乃应璩《百一》，独立不惧，辞谲义贞，亦魏之遗直也。〔六〕晋世群才，稍入轻绮，张潘左陆，比肩诗衢，采缛于正始，力柔于建安，或析文以为妙，或流靡以自妍，此其大略也。江左篇制，溺乎玄风，嗤笑徇务之志，崇盛亡机之谈。袁孙已下，虽各有雕采，而辞趣一揆，莫与争雄，所以景纯《仙篇》，挺拔而为俊矣。〔七〕宋初文咏，体有因革。庄老告退，而山水方滋。俪采百字之偶，争价一句之奇，情必极貌以写物，辞必穷力而追新，此近世之所竞也。〔八〕

〔一〕"典"一作"曲"，纪云："典字是；曲字作婉字解。"李详云"梅庆生凌云本并作清曲"，《御览》八百九十三引衡怨诗曰"秋兰，嘉美人也。嘉而不获用，故作是诗也"，其辞曰："猗猗秋兰，植彼中阿；有馥其芳，有黄其葩；虽曰幽深，厥美弥嘉。之子云遥，我劳如何。"

〔二〕"仙诗缓歌"今已无考，黄注引同声歌当之。纪氏讥之是也。

〔三〕《诗品讲疏》曰，详建安五言，毗于乐府；魏武诸作，慷慨苍凉。所以收束汉音，振发魏响。文帝兄弟所撰乐府最多，虽体有所因，而词贵独创，声不变古，而采自己舒。其馀杂诗，皆崇藻丽，故沈休文曰："至于建安，曹氏基命，三祖陈王，咸蓄盛藻，甫乃以情纬文，以文被质。"《宋书》谢灵运传论言自此已上，质盛于文也。若其述欢宴，愍乱离，敦友朋，笃区偶，虽篇题杂沓，而同以苏李古诗为原。文采缤纷，而不能离闾里歌谣之质。故其称物则不尚雕镂，叙胸情则唯求诚恳，而又缘以雅词，振其美响。斯所以兼笼前美，作范后来者也。自魏文已往，罕以五言见诸品藻。至文帝与吴质书始称："公干五言诗之善者，妙绝时人。"盖五言始兴，惟乐诗为众，辞人竞效其风，降自建安，既作者滋多，故工拙之数，可得而论矣。

〔四〕"正始"，魏废帝年号，其时玄风渐兴，学者惟老庄是宗，故云"诗杂闲心"。何晏诗多不传，《诗纪》载其二首，兹录以备考。

拟古：

《名士传》曰，是时曹爽辅政，识者虑有危机，晏有重名，与魏姻戚，内虽怀忧，而无复退也，著五言诗以见志。

双鹤比翼游，群飞戏太清。常恐失网罗，忧惑一旦并。岂若集五湖，顺流唼浮萍！逍遥放志意，何为怵惕惊！

失题：

转蓬去其根，流飘从风移。芒芒四海涂，悠悠焉可弥。愿为浮萍草，托身寄沟池。且以乐今日，其后非所知。

〔五〕阮籍有《咏怀》诗，沈归愚云："阮公咏怀，反覆零乱，兴寄无端，和愉哀怨，杂集于中。令读者莫求归趣，此其为阮公诗也。"又云："嵇叔夜四言诗，时多俊语，不摹仿《三百篇》，允为晋人发声。"兹录其《幽愤诗》一首：

幽愤诗

嗟余薄祜，少遭不造。哀茕靡识，越在襁褓。母兄鞠育，有慈无威。恃爱肆姐，不训不饰。爰及冠带，凭宠自放。抗心希古，任其所尚。托好老庄，贱物贵身。志在守朴，养素全真，曰余不敏，好善暗人。子玉之败，屡增维尘。大人含弘，藏垢怀耻。民之多僻，政不由己。惟此褊心，显明臧否。感悟思愆，怛若创痏。欲寡其过，谤议沸腾。性不伤物，频致怨憎。昔惭柳惠，今愧孙登。内负宿心，外恶良明。仰慕严郑，乐道闲居。与世无营，神气晏和。咨予不淑，婴累多虞。匪降自天，实由顽疏。理弊患结，卒致囹圄。对答鄙讯，絷此幽阻。实耻颂免，时不我与。虽曰义直，神辱志沮。澡身沧浪，岂曰能补。嗷嗷鸣雁，奋翼北游。顺时而动，得意忘忧。嗟我愤叹，曾莫能俦。事与愿违，遘兹淹留。穷达有命，亦又何求。古人有言，善莫近名。奉时恭默，咎悔不生。万石周慎，安亲保荣。世务纷纭，只搅予情。安乐必诚，乃终利贞。煌煌灵芝，一年三秀。予独何为，有志不就！惩难思复，心焉内疚。庶勖将来，无馨无臭。采薇山阿，散发岩岫。永啸长吟，颐性养寿。

〔六〕应璩作《百一诗》，其序曰："时谓曹爽曰，今公闻周公巍巍之称，安知百虑有一失乎？"百一之名取此，兹录其诗如下：

下流不可处，君子慎厥初。名高不宿著，易用受侵诬。前者隳官去，有人适我闾。田家无所有，酌醴焚枯鱼。问我："何功德，三人承明庐？所占于此土，是谓仁智居。文章不经国，筐箧无尺书。用等称才学，往往见难誉。"避席跪自陈："贱子实空虚，宋人遇周客，惭愧靡所知。"

〔七〕《诗品讲疏》云：

《谢灵运传论》曰："在晋中兴，玄风独盛，为学穷于柱下，博物止乎七篇。驰骋文辞，义殚乎此。自建武惠帝年号暨于义熙，安帝年号历载将百，虽比响联辞，波属云委，莫不寄言上德，老子曰："上德不德，是以有德。"托意玄珠，庄子曰："黄帝将游乎赤水之北，登昆仑之丘而南还归，遗其玄珠。"郭象注曰："此明得真之所由。"道丽之辞，无闻焉尔。"《续晋阳秋》宋永嘉太守檀道鸾撰书已佚，此见《困学纪闻》及《文选》注引。曰："自司马相如、王褒、扬雄诸贤，世尚赋颂，皆体则《诗》《骚》，傍综百家之言。及至建安，而诗章大盛。逮乎西朝之末，潘、陆之徒，虽时有质文，而宗归不异也。正始中，王弼、何晏好庄、老玄胜之谈，而俗遂贵焉。至过江，佛理尤盛，故郭璞五言，始会合道家之言而韵之。询及太原孙绰转相祖尚，又加以三世之辞，释氏说过去、现在、未来为三世而诗骚之体尽矣。询、绰并为一时文宗，自此学者悉体之。"据檀道鸾之说，是东晋玄言之诗，景纯实为之前导，特其才气奇肆，遭逢险艰，故能假玄语以写中情，非夫钞录文句者，所可拟况。若孙、许之诗，但陈要妙，情既离乎比兴，体有近于偈语，徒以风会所趋，仿效日众。览《兰亭集诗》诸篇共旨，所谓琴瑟专一，谁能听之，达志抒情，复将焉赖！谓之风骚道尽，诚不诬也。《文心雕龙》时序篇曰："自中朝贵玄，江左称盛，因谈馀气，流成文体。是以世极屯邅，而辞意夷泰，诗必柱下之旨归，赋乃漆园之义疏，如孙兴公《游天台山赋》即多用玄言。故知文变染乎世情，兴废系乎时序，原始以要终，虽百世可知也。"此乃推明崇尚玄灵之习，成于世道之艰危，盖恬澹之言，谬悠之理，所以排除忧患，消遣年涯，智士以之娱生，文人于焉托好，虽曰无用之用，亦时运为之矣。

袁、孙诸诗，传者甚罕。《文选》载有江文通拟孙廷尉诗，可以知其大概，兹录袁宏《咏史》诗二首，孙绰《秋日》诗一首以备考。

袁宏《咏史》：

周昌梗概臣，辞达不为讷。汲黯社稷器，栋梁天表骨。陆贾厌解纷，时与酒梼杌，婉转将相门，一言和平勃。趋舍各有之，俱令道不没。

无名困蝼蚁，有名世所疑。中庸难为体，狂狷不及时。杨恽非忌贵，知及有馀贵。躬耕南山下，芜秽不遑治。赵瑟奏哀音，秦声歌新诗，吐音非凡唱，负此欲何之。

孙绰《秋日》：

萧瑟仲秋日，飚唳风云高。山居感时变，远客兴长谣，疏林积凉风，虚岫结凝霄，湛露洒庭林。密叶辞荣条。抚兰悲先落，攀松羡后凋。垂纶在林野，交情远市朝。澹然怀古心，濠上岂伊遥。

〔八〕《诗品讲疏》云：

《宋书》谢灵运传曰："灵运博览群书，文章之美，江左莫逮。"论曰："爰逮宋氏，颜谢腾声。《宋书》颜延之传"延之文章之美，冠绝当时，与谢灵运俱以词采，齐名江左，称颜谢焉。"灵运之兴会标举，延年延之字之体裁明密，并方轨前秀，垂范后昆。"《文心雕龙》明诗篇曰："宋初文咏，体有内革。庄老告退而山水方滋。俪采百字之偶，争价一句之奇，情必极貌以写物，辞必穷力而追新，此近世之所竞也。"案孙、许玄言，其势易尽，故殷、谢振以景物，渊明杂以风华，浸欲复规洛京，上继邺下。康乐以奇才博学，大变诗体。一篇既出，都邑竞传。所以弁冕当时，挖扬雅道，于时俊彦，尚有颜、鲍、二谢之伦，谢瞻、谢惠连要皆取法中朝，辞禁轻浅。虽偶伤刻饰，亦矫枉之理也。夫极貌写物，有赖于深思，穷力追新，亦质于博学。将欲排除肤语，洗荡庸音，于此假涂，庶无迷路。世人好称汉魏，而以颜、谢为繁巧，不悟规摹古调，必须振以新词：若虚响盈篇，徒生厌倦，其为蔽害，与剿袭玄语者，政复不殊。以此知颜谢之术，乃五言之正轨矣。

　　故铺观列代，而情变之数可监，撮举同异，而纲领之要可明矣。若夫四言正体，则雅润为本，五言流调，则 _{两则字从《御览》增} 清丽居宗。〔一〕华实异用，唯才所安。故平子得其雅，叔夜含其润，茂先凝其清，景阳振其丽。兼善则子建、仲宣，偏美则太冲、公干。然诗有恒裁，思无定位，随性适分，鲜能通圆。若妙识所难，其易也将至；忽之为易，其难也方来。〔二〕至于三六杂言，则出自篇什，离合之发，则明于图谶。〔三〕回文所兴，则道原为始；〔四〕联句共韵，则柏梁馀制。巨细或殊，情理同致，总归诗囿，故不繁云。

　　赞曰

　　民生而志，咏歌所含。兴发皇世，风流二南。神理共契，政序相参。英华弥缛，万代永耽。

　　〔一〕挚虞《文章流别论》云：雅音之韵四言为正，其馀虽备曲折之体，而非音之正也。

　　〔二〕黄先生曰：此数语虽似肤廓，实则为诗之道，已具于此。"随性适分"四字，已将古今家数派别不同之故，包举无疑矣。

　　〔三〕兹录孔融《离合诗》一首以备考。

《离合作郡姓名字诗》

　　渔父屈节，永潜匿方，_{离鱼字}与时进止，出行施张。_{离日字二字合成鲁}吕公矶钓，阖口渭旁。_{离口字}九域有圣，无土不王。_{离或字二字合成国}好是正直，女回于匡。_{离子字}海外有截，闪逝鹰扬。_{离乙字子字合成孔}六翮将奋，羽仪来彰。_{离高字}蛇龙之蛰，俾也可忘。_{离虫字二字合成融}玟璇隐耀，美玉韬光。_{去玉成文不须合}无名无誉，放言深藏。_{离与字}按辔安行，谁谓路长。_{离手字二字合成举}

　　〔四〕李详云，《困学纪闻》十八评诗云："《诗苑类格》谓回文，出于窦滔妻所作，《文心雕龙》云云。又傅咸有回文反复诗。温峤有回文诗，皆在窦妻前。"翁元圻注引《四库全书总目》宋桑世昌《回文类聚提要》艺文类聚载曹植《镜铭》："回环读之，无不成文，实在苏蕙以前。"详案梅庆生《音注本》云："宋贺道庆作四言回文诗一首，计十一句，四十八言，从尾至首，读亦成韵。"而道原无可考，恐原为庆字之误。案道庆之前回文作者已众，不得定"原"字为"庆"之误。

　　兹录王融《春游回文》诗一首以备考。

　　枝分柳塞外，叶暗榆关东，垂条逐絮转，落蕊散花丛。池莲照晓月，幔锦拂朝风。低吹杂纶羽，薄粉艳妆红，离情隔远道，叹结深闺中。

　　附录钟嵘《诗品》上中两篇

《诗品》上

　　气之动物，物之感人，故摇荡性情，形诸舞咏，照烛三才，晖丽万有，灵祇待之以致飨，幽微藉之以昭告；动天地，感鬼神，莫近于诗。昔《南风》之辞，《卿云》之颂，厥美夐矣！夏歌曰"郁陶乎予心"，楚谣曰"名余曰正则"，虽诗体未全，然是五言之滥觞也。逮汉李陵，始著五言之目矣。古诗眇邈，人世难详。推其文体，固是炎汉之制，非衰周之倡也。自王、扬、枚、马之徒，词赋竞爽，而吟咏靡闻，从李都尉迄班婕妤将百年间，有妇人焉，一人而已。诗人之风，顿已缺丧。东京二百载中，惟有班固咏史，质木无文，降及建安，曹公父子，笃好斯文，平原兄弟，郁为文栋。刘桢、王粲为其羽翼。次有攀龙托凤，自致于属车者，盖将百计。彬彬之盛，大备于时矣。是后陵迟衰微，逮于有晋。太康中三张三张，载、协、亢也二陆，两潘一左，勃尔复兴，踵武前王；风流未沫，亦文章之中兴也。永兴时贵老黄，稍尚虚谈，于时篇什，理过其辞，淡乎寡味。爰及江表，微波尚传，孙绰、许询、桓、庾诸公，诗皆平典，似道德论，建安风力尽矣。先是郭景纯用隽上之才，变创其体；刘越石仗清刚之气，赞成厥美。然彼众我寡，未能动俗。逮义熙中，谢益寿斐然继作。元嘉中，有谢灵运，才高词盛，富艳难踪。固已含跨刘、郭，陵轹潘、左。故知陈思为建安之杰，公干、仲宣为辅。陆机为太康之英，安仁、景阳为辅。谢客为元嘉之雄，颜延年为辅。斯皆五言之冠冕，文词之命世也。夫四言文约意广，取效《风》《骚》，便可多得，每苦文繁而意少，故世罕习焉。五言居文词之要，是众作之有滋味者也，故云会于流俗。岂不以指事造形，穷情写物，最为详切者邪？故诗有三义焉：一曰兴，二曰比，三曰赋。文已尽而义有馀，兴也；因物喻志，比也；直书其事，寓言写物，赋也。弘斯三义，酌而用之，干之以风力，润之以丹彩，使味之者无极，闻之者动心，是诗之至也。若专用比兴，则患在意深；意深则词踬。若但用赋体，则患在意浮；意浮则文散，嬉成流移，文无止泊，有芜漫之累矣。若乃春风春鸟，秋月秋蝉，夏云暑雨，冬月祁寒，斯四候之感诸诗者也。嘉会寄诗以亲，离群托诗以怨，至于楚臣去境，汉妾离宫，或骨横朔野，或魂逐飞蓬，或负戈外戍，杀气雄边，塞客衣单，孀闺泪尽。文士有解佩出朝，一去忘返，女有扬娥入宠，再盼倾国。凡斯种种，感荡心灵，非陈诗何以展其义，非长歌何以骋其情。故曰诗可以群，可以怨，使穷贱易安，幽居靡闷，莫尚于诗矣。故词人作者，罔不爱好。今之士俗，斯风炽矣。才能胜衣，甫就小学，必甘心而驰骛焉。于是庸音杂体，人各为容，至使膏腴子弟，耻文不逮，终朝点缀，分夜呻吟。独观谓为警策，众睹终沦平钝。次有轻薄之徒，笑曹、刘为古拙，谓鲍照羲皇上人，谢朓今古独步。而师鲍照终不及"日中市朝满"，鲍照《结客少年场行》学谢朓劣得"黄鸟度青枝"。虞炎《玉阶怨》徒自弃于高听，无涉于文流矣。观王公缙绅之士，每博论之馀，何尝不以诗为口实，随其嗜欲，商榷不同，淄渑并泛，朱紫相夺，喧议竞起，准的无依。近彭城刘士章俊赏之士，疾其淆乱，欲为当世诗品，口陈标榜其文未遂，感而作焉。昔九品论人，七略裁士，校以宾实，诚多未值。至若诗之为技，较尔可知，以类推之，殆均博弈。方今皇帝资生知之上才，体沉郁之幽思，文丽日月，赏究天人。昔在贵游已为称首，况八纮既奄，风靡云蒸，抱玉者联肩，握珠者踵武，以睥汉魏而不顾，吞晋宋于胸中，谅非农歌辕议，敢致流别。嵘之今录，庶周旋于闾里，均之于谈笑耳。

诗品中夫属词比事，乃为通谈，若经国文符，应资博古，撰德驳奏，宜穷往烈。至乎吟咏情性，亦何贵于用事！"思君如流水"，徐幹《杂诗》既是即目；"高台多悲风"，陈思《杂诗》亦唯所见；"清晨登龙首"，羌无故实；"明月照积雪"，谢康乐《岁暮》讵出经史。观古今胜语，多非补假，皆由直寻。颜延、谢庄尤为繁密，于时化之，故大明泰始中，文章殆同书抄。近任昉、王元长等辞不贵奇，竞须新事。尔来作者，寝以成俗。遂乃句无虚语，语无虚字，拘挛补衲，蠹文已甚。但自然英旨，罕值其人，词既失高，则宜加事义，虽谢天才，且表学问，亦一理乎？陆机《文赋》，通而无贬，李充《翰林》，疏而不切，王微《鸿宝》，密而无裁，颜延《论文》，精而难晓，挚虞《文志》，详而博瞻，颇曰知言。观斯数家，皆就谈文体，而不显优劣，至于谢客集诗，逢诗辄取，张骘文士，逢文即书，诸英志录，并载于文，曾无品第。嵘今所录，虽止乎五言，然网罗古今，词文始集，轻欲辨彰清浊，掎摭病利，凡百二十人。预此宗流者，便称才子，至斯三品升降，差非定制，方申变裁，请寄知者尔。

乐府第七

乐府者，声依永。律和声也。〔一〕钧天九奏，既其上帝；〔二〕葛天八阕，爰乃皇时。〔三〕自咸英以降，亦无得而论矣。〔四〕至于涂山歌于候人，始为南音；有娀谣乎飞燕，始为北声；夏甲叹于东阳，东音以发；殷整思于西河，西音以兴。音声推移，亦不一概矣。〔五〕匹夫庶妇，讴吟土风；诗官采言，乐盲被律。志感丝篁，气变金石。是以师旷觇风于盛衰，季札鉴微于兴废，精之至也。〔六〕夫乐本心术，故响浃肌髓，〔七〕先王慎焉，务塞淫滥。敷训胄子，必歌九德，故以情感七始，〔八〕化动八风。〔九〕

〔一〕《舜典》帝曰："诗言志，歌永言，声依永，律和声。"《孔传》曰："声谓五声，律谓六律六吕；言当依声律以和乐。"案古者诗皆可歌，歌皆合律，后世文人，不晓丝竹之音节，惟藻采章句是务，诗与乐遂分途，而不可复合。黄先生论之，曰：

古者，诗歌不别，览《虞书》《毛诗序》《乐记》《乐记》曰："凡音之起，由人心生也，人心之动，物使之然也，感于物而动，故形于声；声相应，故生变；变成方，谓之音；比音而乐之，及于戚羽旄谓之乐。"又曰："诗书志也，诗咏其声也，舞动其容也。三者本于心，然后乐气从之。"《正义》曰："先心后志，先志后声，先声后舞。声须合于宫商，舞须应于节奏，乃成于乐，是故然后乐气从之。"则可知矣。《汉书》艺文志亦云："诵其言谓之诗，咏其声谓之歌。"《宋书》乐志云："歌者乐之始，舞又歌之次。咏歌舞蹈所以宣其喜心；喜而无节，则流淫莫反。故圣人以五声和其性，以八音节其流，而谓之乐。然则乐以节歌，歌以咏诗，诗虽有不歌者，艺文志引传曰不歌而诵谓之赋而歌未有非诗者也。"刘向校书，以诗赋与六艺异略，故其歌诗，亦不得不与六艺之诗异类。然观艺文志所载：有乐府所采歌谣，吴楚汝南歌诗以下至南郡歌诗。有郊庙所用乐章，泰一杂甘泉寿宫歌诗十四篇，宗庙歌诗五篇，此即郊祀歌十九首。又有诸神歌诗、送迎灵颂歌诗二家有歌咏功烈乐章，汉兴以来，兵所诛灭歌诗十四篇有帝者自撰歌诗，高祖歌诗。又出行巡守及游歌诗，盖武帝作。又李夫人及幸贵人诗歌，疑亦武帝所作。有材人名倡所作歌诗，诏赐中山靖王子哙及孺子妾冰未央材人歌诗，谓以未央材人所作诗赐哙及冰也。又黄门倡车忠等歌诗十五篇。有杂歌诗，杂各有主名歌诗杂歌诗，又临江王及愁思节士歌诗。此则凡诗皆以入录，以其可歌，故曰"歌诗"。刘彦和谓子政品文，诗与歌列，殆未详考也。及后文士撰诗者众，缘事立体，不尽施于乐府；然后诗之与歌，始分区界。其号称"乐府"而不能被管弦者，实与缘事立题者无殊，从以蒙乐府之名，故亦从之入录。盖诗与乐府者，自其本言之，竟无区别：凡诗无不可歌，则统谓之乐府也。自其末言之，则惟尝被管弦者，谓之为乐。其未诏伶人者，远之若曹、陆依拟古题之乐府，近之若唐人自撰新题之乐府，皆当归之于诗，不宜与乐府淆溷也。《汉书》礼乐志惟载房中歌、郊祀歌，《宋书》乐志稍广之，自郊庙、享宴、大射、铙歌、相和、舞曲莫不悉载，然亦限于乐府所用而止。《隋书》经籍志总集类，有《古乐府》八卷、《乐府歌词钞》一卷、《歌录》十卷、《古歌录钞》二卷、《晋歌章》八卷、《吴声歌辞曲》一卷、《陈郊庙歌辞》三卷、《乐府新歌》十卷、《乐府新歌》二卷。而梁亡书复有乐府诗歌以下十馀部，其所收宽狭，今不可知，要之以但载乐府所用者为正，其有并载因题拟作若后之《乐府诗集》者，盖期于博观，而非所以严区画也。郭茂倩曰："凡乐府歌辞，有因声而作歌者，若魏之三调歌诗，因弦管金石造歌以被之是也。有因歌而造声者，若清商吴声诸曲，始绵徒歌，既而被之弦管是也，案此本《宋书》乐志文有有声有辞者，若郊庙、相和、铙歌、横吹等曲是也。有有辞无声者，若后人之所述作未必尽被于金石是也。"案彦和作乐府篇，意主于被弦管之作，然又引及子建、士衡之拟作，则事谢丝管者亦附录焉。故知诗乐介画，缦纡难明，适与古适之意相合者已。今略区乐以为四种：一乐府所用本曲，若汉相和歌辞江南东，光之类是也。二依乐府本曲以制辞，而其声亦被弦管者！若魏武依《苦寒行》以制北上，魏文依《燕歌行》以制秋风是也。三依乐府题，以制辞，而其声不被弦管者；若子建、士衡所作是也。四不依乐府旧题，自创新题以制辞，其声亦不被弦管者：若杜子美《悲陈陶》诸篇，白乐天新乐府是也。从诗歌分途之说，则惟前二者得称乐府，后二者虽名乐府，与雅俗之诗无殊。从诗乐同类之说，则前二者为有辞有声之乐府，后二者为有辞无声之乐府。如此复与雅俗之诗无殊。要之乐府四类，惟前二类名实相应，其后二类，但有乐府之名，无被管弦之实，亦视之为雅俗之诗而已矣。彦和此篇大恉在于止节淫滥。盖自秦以来，雅音沦丧，汉代常用，皆非雅声。魏晋以来，陵替滋甚。遂使雅郑混淆，钟石斯缪。彦和闵正声之难复，伤郑曲之盛行，故欲归本于正文，以谓诗文乐正，则郑声无所附丽。古之雅声，虽不可复，古之雅咏，固可放依。盖欲去郑声先为雅曲，至如魏氏三祖所为，犹且谓非正响，推此以观，则简文赋咏，志在桑中；叔宝耽荒，歌高绮艳；隋炀艳篇，辞极淫绮，弥为汉魏之罪人矣。彦和生于齐世，独能抒此正论，以挽浇风，洵可谓卓尔之才矣！然郑声之生，亦本自然，而厌雅恶俗，今古不异，故正论虽陈，听者藐藐，夫惟道古之君子，乃能去奇响，以归中和矣。《周礼》大司乐："凡建国禁其淫声、过声、凶声、慢声。"注曰淫声若郑卫也，过声失哀乐之节，凶声凶国之声、苦桑间濮上，慢声惰慢不恭。据此是淫过凶慢之声，历代所有，特以改化清明，故抑而不作耳。及后礼乐崩坏，教化陵夷，则虽君子亦耽俗乐。故魏文侯闻古乐则唯恐卧，听郑卫之音，则不知倦。子夏讥新乐进俯退俯，奸声以滥溺而不止。及优侏儒獶杂子女不知父子，是知乐音之有奇邪，自上世而已然。启子太康之铿鸣管磬已非正声，至后孔甲好音，殷辛为淫声以变正声，是音之不雅自古有之矣。雅颂既亡，弥复猖獗。历代虽或规存古乐，而不足以夺时所慕尚者。至于今日乐器俗，乐声亦俗，而独欲为雅辞归于正义，此必不可得之数也！君子咏《都人士》之诗，所以寄怀于出言有章之君子也。

自汉魏有杂曲，至于隋唐，其作渐繁。唐之燕乐尤称为盛。后遂称其歌辞曰"词"。宋之燕乐，亦杂用唐声调而增广之。于是宋词遂为极多，于乐府外，又别立题署，实则词亦乐府之流也。凡填词但依古调为之者，与前世拟乐府无异。盖虽依其平仄，仍未能被诸管弦。正言其体，特长短句之诗耳，以其制篇择辞，有殊于雅俗之诗，因而别为区域。然则七言殊于五言，律诗异乎古体，又何不可判画之有！故凡有声之词，宜归乐府之条，无声之词，宜附近体之列，如此则名实俱当矣。

录古乐府之书，史志以《宋书》为最详最精。其书所录，自晋宋郊庙、燕享之诗，及晋世所用相和曲、舞曲、鼓吹、铙歌莫不备载。《晋书》特依放之耳。《南齐书》乐志所载乐词，止于郊庙、燕享之辞，其馀不录。盖以歌辞至繁，难可尽录乎！总集以宋郭茂倩《乐府诗集》所录为最备，其推考源流，解释题号，又至该洽，求古乐府者，未有能舍是书者也。今先顺释舍人之文，次录《乐府诗集》，每类序说于后。古乐府部署变迁，盖可得其较略矣。

〔二〕《史记》扁鹊传：赵简子疾，五日不知人，寤，语诸大夫曰，"我之帝所，甚乐，与百神游于钧天广乐，九奏万舞，不类三代之乐，其声动心"。

〔三〕《吕氏春秋》季夏纪古乐篇："昔葛天氏之乐，三人操牛尾投足以歌八阕：一曰载民，二曰玄鸟，三曰遂草木，四曰奋五谷，五曰敬天常，六曰建帝功，七曰依地德，八曰总禽兽之极。"高诱注曰："上皆乐之八篇名也。"

〔四〕《礼记》乐记郑注：咸池，黄帝所作乐名也。尧增修而用之。"咸"皆也，池之言施也；言德之无不施也。《周礼》曰："大咸。"《乐记正义》引《乐纬》云：黄帝曰"咸池"，帝喾曰"六英"。宋均注云："六英为六合之英华。"

〔五〕《吕氏春秋》仲夏纪音初篇，孔甲曰："呜呼！有疾，命矣夫！"乃作为《破斧之歌》，实始为东音。涂山氏之女，令其妾候禹于涂山之阳，女乃作歌，歌曰："候人兮猗！"实始作为南音。周公及召公取风焉，以为周南、召南。殷整甲徙宅西河，犹思故处，实始作为西音。有娀氏有二佚女，作歌一终曰"燕燕往飞"，实始作为北音。黄先生曰：观此则后世依古题以制辞，亦昉于古。涂山有《候人之歌》。其后曹风亦有《候人》之篇，则曹风依放涂山也。有娀有《燕燕之歌》，其后邶风亦有《燕燕》之篇，则邶风依放有娀也。孔甲有《破斧之歌》，其后豳风有《破斧》之篇，则豳风依放孔甲也，然则制题相同，托意则异。庄子言："折杨皇荂入于里耳。"寻其本则折杨者，非即雅诗之析柳樊圃乎？皇荂者，非即雅诗之皇皇者华乎？汉鼓吹、铙歌有《朱鹭》。朱鹭，鸟也，而何承天私造乐府曰，"朱路，朱路车也"。又有上邪，邪语词也。何承天曰："上邪，邪曲也。"此则但取声音，不问义恉，用彼旧题抒我新意，盖其法由来久矣。

〔六〕《左传》襄公十八年"晋人闻有楚师，师旷曰'不害，吾骤歌北风，又歌南风，南风不竞'"。柱注曰："歌者吹律以咏八风，南风音微，故曰不竞。"吴公子季札观乐，见《左传》襄二十九年。文繁不具裁。

〔七〕《吕氏春秋》音初篇曰："凡音者，产乎人心者也。感于心则荡乎音；音成于外而化乎内。是故闻其声，而知其风，察其风而知其志，观其志而知其德，盛衰贤不肖，君子小人，皆形于乐，不可隐匿，入曰乐之为观也深矣。"

〔八〕《汉书》律历志引《书》曰："予欲闻六律、五声、八音、七始咏。"释之曰，"七始，天地四时人之始也"。《尚书大传》："七始，天统也。"郑注曰："七始，谓黄钟、太簇、大吕、南吕、姑洗、应钟、蕤宾也。"据此则七音之起，上在虞世，然考"七始咏"，《古文尚书》（益稷）作在治忽，《孔传》曰："言欲以六律和声音，在察天下治理及忽怠者。""今文家"七始之说，根本可疑。又考《国语》"武王克商，于是乎有七律"。韦昭注曰："七律为音器，用黄钟为宫，太簇为商，姑洗为角，林钟为徵，南吕为羽，应钟变宫，蕤宾变徵。"《左传》昭二十五年，疏云："此二变者，旧乐无之，声或不会而以律和其声，调和其声，使与五音谐会谓之'七音'，由此也。武王始加二变，周乐有七音耳。"《乐记》曰："昔得舜作五弦之琴，以歌南风。"桓谭《新论》曰："文王、武王各加一弦，以少宫少商。"张揖《广雅》曰："神农氏琴长三尺六寸六分，上有五弦，曰：宫、商、角、徵、羽。文王增二弦，曰少宫少商。"案声音由简而繁，为自然之理，上考古文，下审音理，七音之作，断在周代，谓起虞舜，未可信也。

〔九〕《白虎通》八风篇曰，风者何谓也？风之谓言萌也，养物成功，所以象八卦。八风：条风、明庶风、清明风、景风、凉风、昌盍风、不周风、广莫风。

　　自雅声浸微，溺音腾沸。〔一〕秦燔乐经，汉初绍夏。制氏纪其铿锵，叔孙定其容与。〔二〕于是武德兴乎高祖，四时广于孝文。虽摹韶夏，夏颇袭秦旧，中和之响，阒其不还。〔三〕暨武帝崇礼，始立乐府。总赵代之音，撮齐楚之气。延年以曼声协律，朱马以骚体制歌。〔四〕桂华杂曲，丽而不经，〔五〕赤雁群篇，靡而非典，〔六〕河间篇雅而罕御，故汲黯致讥于天马也。〔七〕至宣帝雅颂，诗效鹿鸣，〔八〕迄及元成，稍广淫乐。正音乖俗，其难也如此。暨后郊庙，惟杂雅章，辞虽典文，而律非夔旷。〔九〕至于魏之三祖，气爽才丽，宰割辞调，音靡节平。观其北上众引，秋风列篇，或述酣宴，或伤羁戍，志不出于淫荡，辞不离于哀思，虽三调之正声，实韶夏之郑曲也。〔十〕逮于晋世，则傅玄晓音，创定雅歌，以咏祖宗。〔十一〕张华新篇，亦充庭万。〔十二〕然杜夔调律，音奏舒雅，荀勖改悬，声节哀急。故阮咸讥其离声，后人验其铜尺。〔十三〕和乐精妙，固表里而相资矣。故知诗为乐心，声为乐体。乐体在声，瞽师务调其器；乐心在诗，君子宜正其文。"好乐无荒"，晋风所以称远；〔十四〕"伊其相谑"，郑国所以云亡。〔十五〕故知季札观辞，不直听声而已。若夫艳歌婉娈，怨志诀绝，淫辞在曲，正响焉生，然俗听飞驰，职竞新异，雅咏温恭，必欠伸鱼睨，奇辞切至，则拊髀雀跃。诗声俱郑，自此阶矣。

〔一〕《礼记》乐记："子夏曰：'今君之所好者其溺音乎？'文侯曰：'敢问"溺音"何从出也？'子夏曰，'郑音好滥淫志，宋音燕女溺志，卫音趋数烦志，齐音敖辟乔志'，此四者皆淫于色而害于德，是以祭祀弗用也。

〔二〕《史记》礼书："叔孙通制礼仪，大抵皆袭秦故，上自天子称号，下至佐僚及宫室官名，少所变改。"

《汉书》礼乐志曰："汉兴，乐家有制氏，以雅正声律，世世在大乐官，但能纪其铿锵鼓舞，而不能言其义。"又曰："文始舞者，曰本舜招舞也。""五行舞者，本周舞也。秦始皇二十六年，更名曰五行也。"

〔三〕《汉书》礼乐志："武德舞者，高祖四年作，以象天下乐已行武以除乱也。""四时舞者，孝文所作，以明示天下之安和也。"大抵皆因秦旧事焉。

〔四〕《礼乐志》："武帝立乐府，采诗夜诵。"钱大昭曰："夜诵官名。古宫掖之掖，亦作夜，因诵于宫掖之中，故谓之夜诵。"周寿昌曰："夜时清静，循诵易娴。"案钱、周说皆非也。细审语意，"采诗夜诵"谓采取百姓讴谣而夜诵之，若谓官名解，未免不辞；若谓于宫掖之中诵之，则乐府掖庭，同属少府，各自为官。《志》既云"乃立乐府，采诗夜诵"，明为诵于乐府，而非诵于掖庭也。又《乐志》有"内有掖庭材人，外有上林乐府，皆以郑声施于朝廷"之语。此所谓掖庭材人，当即常从倡、常从象人之类，孔光、何武以为郑卫而奏罢之者也。所谓上林乐府者，考《百官表》少府属官有上林中十池监，或上林中别立乐府，以备皇帝游燕之用，孔光斥为不应经法者，当即指此类言也。《乐志》又有夜诵员五人，孔光以为不可罢，设为掖庭材人之类，何以独存之乎？吾故曰，钱说非也。周说谓"选官选诗，合于雅乐者，夜静诵之"，尤无根据。周氏引鲁语"夜儆百工，使无慆淫"；"夜庀其家事，而后即安"；"夜而计过无憾而后即安"；谓古人习业，夜亦不辍之证，不知鲁语所云，重在"无慆淫""即安"二事，非谓深夜不辍业也。如肄习乐章必于夜间，则学业之重于乐难于乐者多矣，岂皆待夜静始能习之哉。吾故曰周说亦非也。窃案《说文》夕部"夜从夕，夕者相绎也"，夜绎音同义通，是夜诵即绎诵也。《说文》"绎抽丝也"，意有未明反覆推演之谓之绎。《周礼》大司乐"以乐语教国子兴、道、讽、诵、言、语"；郑注云，"倍文曰讽，以声节之曰诵"。《左传》昭公十四年："师曹欲歌之，以怒孙子，公使歌之，遂诵之。"杜注云，"恐孙蒯不解故"。据此，歌辞必讽诵而益明了。讴谣初得自里闾，辞旨暗昧，故必抽绎以见意义，讽诵以协音律，然后能合八音之调，所谓采诗夜诵者此也。给事雅乐用夜诵员五人，其职在抽绎歌义，诵以明之，古者师箴瞍赋以矇诵，可见周代乐官，亦有以诵为专职者。——有赵、代、秦、楚之讴，以李延年为协律都尉，多举司马相如等数十人造为诗赋。"《佞幸传》亦云："是时上欲造乐，令司马相如等作诗颂，延年辄承意弦歌所造诗谓之新声曲。"据此，"朱马"当是"司马"之误矣。

《乐府诗集》相和歌辞有陌上桑一曲，或即骚体制歌之遗，录之如下：

今有人，山之阿，被服薜荔带女萝，既含睇，又宜笑，子恋慕予善窈窕。乘赤豹，从文狸，辛夷车驾结桂旗。被石兰，带杜衡，折芳拔荃遗所思。处幽室，终不见，天路险艰独后来，表独立，山之上。云何容容而在下，杳冥冥，羌昼晦，东风飘飘神灵雨。风瑟瑟，木揍揍，思念公子徒以忧。

〔五〕《汉书》礼乐志安世房中歌十七章，《桂华》其第十二章，兹录如下。

《桂华》：冯冯翼翼，承天之则，吾易久远，烛明四极。

〔六〕《赤雁歌》：太始三年行幸东海，获赤雁作，即郊祀歌，象载瑜十八，兹录其下：

象载瑜，白集西，食甘露，饮荣泉。赤雁集，六纷员，殊翁杂，五采文。神所见，施祉福，登蓬莱，结无极。

〔七〕《礼乐志》："河间献王有雅材，亦以为治道非礼乐不成，因献所集雅乐。天子下大乐官长存肄之，岁时以备数，然不常御；常御及郊庙皆非雅声。"

《史记》乐书：武帝得神马渥洼水中，复次以为"太一之歌"，其歌曰：

太一贡兮天马下，沾赤汗兮沫流赭。 骋容与兮跶万里，今安匹兮龙为友。

后伐大宛得千里马，马名蒲梢，次作以为歌，歌诗曰：

天马来兮从四极，经万里兮归有德。承灵威兮降外国，涉流沙兮四夷服。

中尉汲黯进曰：“凡王者作乐，上以承祖宗，下以化兆民，今陛下得马，诗以为歌，协于宗庙，先帝百姓，岂能知其音邪！”

〔八〕《汉书》王褒传："宣帝时，天下殷富，数有嘉应，上颇作歌诗，欲兴协律之事。于是益州刺史王襄欲宣风化于众庶，闻王褒有俊才，请与相见，使褒作《中和乐职宣布诗》，选好事者令依《鹿鸣》之声，习而歌之。"又《礼乐志》："成帝时，郑声尤甚，黄门名倡丙疆、景武之属，富显于世，贵戚五侯，定陵、富平外戚之家，淫侈过度，至与人主争女乐。"

〔九〕《后汉书》曹褒传显宗即位，曹充上言，请制礼乐，引《尚书璇玑钤》曰："有帝汉出，德洽作乐名予。"帝善之；诏曰："今且改太乐官曰太予乐。歌诗曲操以俟君子。"据此，后汉之乐，一仍先汉之旧。《宋书》乐志汉明帝初，东平王苍制舞歌一章，荐之光武之庙。其诗曰：

于穆世庙，肃雍显清。俊乂翼翼，秉文之成。越序上帝，骏奔来宁。建立三雍，封禅泰山。章明图谶，放唐之文，休矣惟德，罔射协同。本支百世，永保厥功。

章帝亲著《食举诗》四篇，又制《云台十二门诗》，后汉乐词之可考者仅此。

〔十〕《宋书》乐志载：相和歌辞《驾六龙》当气出倡《厥初生》当精列《天地间》当度关山《惟汉二十二世》当薤露《关东有义士》当蒿里行《对酒歌太平时》当对酒《驾虹霓》当陌上桑皆武帝作。《登山而远望》当十五《弃故乡》当陌上桑皆文帝作。又晋荀勖撰清商三调，旧词施用者，平调则《周西》短歌行《封酒》短歌行为武帝词。《秋风》燕歌行《仰瞻》短歌行《别日》燕歌行为文帝词。清调则《晨上》秋胡行《北上》苦寒行《愿登》秋胡行《蒲生》塘上行为武帝词。《悠悠》苦寒行为明帝词。瑟调则《古公》善哉行《自惜》善哉行为明帝词。《朝日》善哉行《上山》善哉行《朝游》善哉行为文帝词。《我祖》善哉行《赫赫》善哉行为明帝词。此外武帝有《碣石》大曲步出夏门行帝有《西山》大曲折杨柳行《圆桃》大曲煌煌京洛行明帝有《夏门》大曲步出夏门行《王者布大化》大曲棹歌行诸篇。陈王所作，被于乐者亦十馀篇。盖乐词以曹氏为最富矣。彦和云"三调正声"者，三调本周房中曲之遗声。《隋书》曰"清乐，其始即清商三调是也，并汉来旧曲，乐器形制并歌章古词，与魏三祖所作者，皆被于史籍。平陈后获之，高祖听之，善其节奏，曰'此华夏正声也'"。然则三调之为正声，其来已久。彦和云：三调所为郑曲者，盖讥其词之不雅耳。

《晋书》乐志曰："有因丝竹金石造歌以被之，魏世三调歌辞之类是也。"又唐《乐志》曰：平调、清调、瑟调，皆周房中曲之遗声，汉世谓之三调。又有楚调，汉房中乐也。与前三调总谓之相和调。

〔十一〕《晋书》乐志曰："武帝受命，泰始二年诏郊祀明堂，礼乐权用魏仪，但改乐章，使傅玄为之辞。凡十五篇。又傅玄造四厢乐歌三首，晋鼓吹曲二十二首，舞歌二首，宣武舞歌四首，宣文舞歌二首，鼙舞五首。"

〔十二〕张华作四厢乐歌十六首，晋凯歌二首。黄注但举舞歌非也。

〔十三〕黄先生曰，《魏志》杜夔传曰："杜夔以知音为雅乐郎，后以世乱奔荆州。荆州平，太祖以夔为军谋祭酒参太乐事，因令创制雅乐。夔善钟律，聪思过人。时散郎邓静、尹齐善咏雅乐，歌师尹胡能歌宗庙郊祀之曲，舞师冯肃、服养晓知先代诸舞。夔总统研精，远考诸经，近采故事，教习讲肄，备作乐器，绍复先代古乐皆自夔始也。"《晋书》律历志云："武帝泰始九年，中书监荀勖校太乐八音不和，始知后汉至魏尺长于古四分有馀。勖乃部著作郎刘恭依《周礼》制尺，所谓古尺也。依古尺更铸铜律吕以调声韵，以尺量古器与本铭尺寸无差也。汲郡盗发六国时魏襄王家，得古周时玉律及钟磬，与新律声韵暗同。于时郡国或得汉时故钟，吹律命之皆应勖铭。勖铭所云此尺者，勖新尺也。今尺者，杜夔尺也。荀勖造新钟律，与古器谐韵，时人称其精密。惟散骑侍郎陈留阮咸讥其声高，声高则悲，非兴国音，亡国之音哀以思，其人困，今声不合雅，惧非德正至和之音，必古今尺有长短所致也。会咸病卒。武帝以勖律以周汉器合，故施用之。后始平掘地得古铜尺，岁久欲腐，不知所出何代，果长勖尺四分。时人服咸之妙，而莫能厝意焉。史臣案勖于千载之外，推百代之法，度数既宜，声韵又契，可谓切密，信而有征也。而时人寡识，据无闻之一尺，忽周汉之两器，雷同臧否，何其谬哉！"《世说》："称有田父于野地中得周时玉尺。便是天下正尺，荀勖试以校己所治金石丝竹，皆短校一米云。"《隋书》律历志云："炎历将终，而天下大乱。乐工散亡，器法湮灭。魏武始获杜夔，使定音律，夔依当时尺度，权备典章。及晋武受命，遵而不革。至泰始十年，光禄大夫荀勖奏造新度，更造律吕。"又云："诸代尺度，一十五等，一周尺。《汉志》王莽时，刘歆铜斛尺，后汉建武铜尺，晋泰始十年荀勖律尺，为晋前尺，祖冲之所传铜尺。祖冲之所传铜尺，其铭曰'晋泰始十年，中书考古器揆校今尺，长四分半。所校古法有七品：一曰姑洗玉律、二曰小吕玉律、三曰西京铜望臬、四曰金错望臬、五曰铜斛、六曰古钱，案《宋史》律历志古物之有分寸明著史籍者，惟有古钱而已七曰建武铜尺。姑洗微强，西京望臬微弱，其馀与此尺同。'以上皆铭文，凡八十二字此尺者勖新尺也。今尺者，杜夔尺也。今以此尺为本，以考诸代尺云。"谨案"如《隋唐案》言，则勖尺合于周尺，而杜夔尺长于勖尺，一尺长四分七厘，不合甚明。阮咸讥勖，则《晋志》所谓谬也。荀勖尺不可考，宋王厚之《钟鼎款识》有古尺，铭云'周尺，《汉志》镏歆铜尺，后汉建武。阮元云建下一字戈旁可辨盖武字也。铜尺，前尺并同。'此则依放前晋尺而铸者，得此以求古律吕，信而有征。彦和所言，盖亦《晋志》所云'雷同臧否'者也。"又《隋志》云："晋时始平掘地得古铜尺，实比晋前尺一尺三分七毫。"

〔十四〕《毛诗》唐风《蟋蟀》篇其首章云：

蟋蟀在堂，岁聿其莫；今我不乐，日月其聊。无已大康，职思其居。好乐无荒，良士瞿瞿。

《左传》季札见歌唐曰：“思深哉，其有陶唐氏之遗风乎？不然，何以忧之远也！”

〔十五〕郑风《溱洧》篇其首章曰：

溱与洧方涣涣兮，士与女方秉简兮。女曰：“观乎？”士曰：“既且。”“且往观乎！洧之外，洵订且乐。”维士与女，伊其相谑，赠之以勺药。

《左传》季札见歌郑曰：“美哉，其细已甚，民弗堪也，是其先亡乎？”

　　凡乐辞曰诗，诗声曰歌。声来被辞，辞繁难节。故陈思称李延年闲于增损。〔一〕古辞多者，则宜减之，明贵约也。观高祖之咏大风，〔二〕孝武之叹来迟，〔三〕歌童被声，莫敢不协，子建、士衡，咸有佳篇，并无诏伶人，故事谢丝管。俗称乖调，盖未思也。〔四〕至于斩俞羡长云疑作轩伎疑作岐鼓吹，汉世铙挽，虽戎丧殊事，而并总入乐府。〔五〕缪袭所致，亦有可算焉。〔六〕昔子政品文，诗与歌别，〔七〕故略具乐篇，以标区界。

　　赞曰

　　八音擒文，树辞为体。讴吟坰野，金石云陛。韶响难追，郑声易启。岂惟观乐，于焉识礼。

　　〔一〕黄先生曰：李延年当作左延年。左延年魏时之善郑声者，见《魏志》杜夔传。《晋书》乐志增损古词者，取古词以入乐，增损以就句度也。是以古乐府，有与原本违异者，有不可句度者。或者以古乐府不可句度，遂嗤笑以为不美，此大妄也。

　　陈思王植《七哀诗》原文：文选

　　明月照高楼，流光正徘徊。上有愁思妇，悲叹有馀哀。借问叹者谁，言是客子妻。君行逾十年，孤妾常独栖。君若清路尘，妾若浊水泥。浮沉各异势，会合何时谐。愿为西南风，长逝入君怀。君怀良不开，贱妾当何依。

　　晋乐府所奏楚调怨诗《明月篇》东阿王词七解：

　　明月照高楼，流光正裴回。上有愁思妇，悲叹有馀哀。一解

　　借问叹者谁，自云客子妻。君行逾十年，孤妾常独栖。二解

　　念君过于渴，思君剧于饥。君为高山柏，妾为浊水泥。三解

　　北风行萧萧，烈烈入吾耳。心中念故人，泪堕不能止。四解

　　沈浮各异路，会合当何谐。愿作东北风，吹我入君怀。五解

　　君怀常不开，贱妾当何依。恩情中道绝，流止任东西。六解

　　我欲竟此曲，此曲悲且长。今日乐相乐，别后莫相忘。七解

　　上古乐府与原本违异者。

　　《齐书》乐志载《公莫辞》：《宋志》亦载而文相连不别，文与此异吾不见公莫时　吾何婴公来　婴姥

时吾 思君去时 吾何零 子以邪 思君去时 思来婴 吾去时毋那 何去吾

上一曲，晋公莫举歌二十章，无定句，前是第一解，后是第十九二十解，杂有二句，并不晓解。

上古乐不可句度者。

《晋书》乐志曰：魏雅乐四曲，驺虞、伐檀、文王皆左延年改其声。晋武泰始五年，张华表曰："按魏上寿食举诗，及汉氏所施用，其文句长短不齐，未皆合古。盖以依咏弦结，本有因循，而识乐知音，足以制声度曲法用，率非凡近所能改，二代三京袭而不变，虽诗章词异，兴废随时，至其韵逗皆系于旧，有由然也。"据此是古乐府韵逗有定，故采诗入乐府者，不得不增损其文，以求合古矣。

〔二〕《史记》乐书：高祖过沛诗三侯之章，令小儿歌之，其诗曰：

大风起兮云飞扬，威加海内兮归故乡。安得猛士兮守四方！《史记索隐》曰："侯，语词也，今亦语辞，沛诗有三兮，故云三侯。"

〔三〕《汉书》外戚传。李夫人少而蚤卒，帝思念不已，方士齐人少翁言能致其神，令帝居他帐，遥望见好女如李夫人之貌。帝益悲感，为作诗曰：

是耶非耶？立而望之，偏何姗姗其来迟！

〔四〕子建诗用入乐府者：惟《置酒》大曲野田黄雀行《明月》楚调怨诗及《鼙舞歌》五首而已，其馀皆无诏伶人。士衡乐府数十篇，悉不被管弦之作也。今按《文选》所载自陈思王《美女篇》以下至《名都篇》；陆乐府十七首，谢灵运一首，鲍明远八首，缪熙伯以下三家挽歌，皆非乐府所奏，将以乐音有定，以诗入乐，需有增损。至于当时乐府所歌，又皆体近讴谣，音邻郑卫，故昭明屏不入录乎？

〔五〕崔豹《古今注》：短萧铙歌，军乐也。黄帝使岐伯作铙歌即鼓吹，挽歌即相和辞之蒿里，戎丧殊事，谓铙歌用之兵戎，挽歌以给丧事也。

〔六〕缪袭作魏鼓吹曲十二首，又挽歌一首。

〔七〕黄先生曰：此据《艺文志》为言，然《七略》既以诗赋与六艺分略，故以歌诗与诗异类。如令二略不分，则歌诗之附诗当如《战国策》，《太史公书》之附入春秋家矣。此乃部类所拘，非子政果欲别歌于诗也。

《乐府诗集》分十二类，每类皆有叙说原流之辞，极为详核，兹迻录之略有删节如下：

（一）郊庙歌辞

自黄帝已后，至于三代，千有馀年，而其礼乐之备，可考而知者，唯周而已。两汉已后，世有制作，其所以用于郊庙朝廷以接人神之欢者，其金石之响，歌舞之容，亦各因其功业治乱之所起，而本其风俗之所由。武帝时诏司马相如等造《郊庙歌诗》等十九章，五郊互奏之。又作《安世歌诗》十七章，荐之宗庙。至明帝乃分乐为四品：一品大予乐，典郊庙上陵之乐。

郊乐者，《易》所谓："先王以作乐崇德殷荐上帝。"宗庙乐者，《虞书》所谓"琴瑟以咏，祖考来格"。《诗》云"肃雍和鸣，先祖是听"也。二曰雅颂乐，典六宗社稷之乐。社稷乐者，《诗》所谓"琴瑟击鼓，以御田祖"。《礼记》曰"乐施于金石，越于音声，用乎宗庙社稷，事乎山川鬼神"是也。永平三年，东平王苍造《光武庙登歌》一章，称述功德，而郊祀同用汉歌。魏歌辞不见，疑亦用汉辞也。武帝始命杜夔创定雅乐，时有邓静、尹商善训雅歌，歌师尹胡能习宗庙郊祀之曲。舞师冯肃、服养晓知先代诸舞。夔总领之。魏复先代古乐，自夔始也。晋武受命，百度草创，泰始二年诏郊庙明堂礼乐权用魏仪，遵周室肇称殷礼之义，但使傅玄改其乐章而已。永嘉之乱，典旧不行，贺循为太常，始有登歌之乐。明帝太宁末，又诏阮妥益之。至孝武太元之世，郊祀遂不设乐。宋文帝元嘉中，南郊始设登歌，庙舞独阙，乃诏颜延年造天地郊庙登歌三篇，大抵依仿晋曲，是则宋初又仍晋也。南齐陈梁，初皆沿袭，后更创制，以为一代之典。元魏宇文继有朔漠，宣武以后，雅好胡曲，郊庙之乐，徒有其名。隋文平陈，始获江左旧乐，乃调五音，为无夏、二舞、登歌、房中等十四调，宾祭用之。唐高祖受禅，未遑改造，乐府尚用前此旧文。武德九年，乃命祖孝孙修定雅乐，而梁陈尽吴楚之音，周齐杂胡戎之伎，于是斟酌南北，考以古音，作为唐乐，贞观二年奏之。安史作乱，咸镐为墟，五代相承，享国不永，制作之事，盖所未暇，朝廷宗庙典章文物，但案故常，以为程式云。

（二）燕射歌辞

《仪礼》燕礼曰："工歌鹿鸣、四牡、皇皇者华。笙入，奏南陔、白华、华黍，乃间歌鱼丽，笙曲庚，歌南有嘉鱼，笙崇丘，歌南山有台，笙由仪，遂歌乡乐，周南关雎、葛覃、卷耳，召南鹊巢、采繁、采蘋。"此燕飨之有乐也。《大司乐》曰："大射，王出入，奏王夏。及射，令奏驺虞。诏诸侯以弓矢舞，乐师燕射帅射夫以弓矢舞，大师大射帅瞽而歌射节。"此大射之有乐也。《王制》曰"天子食举以乐"，《大司乐》"王大食三宥皆令奏钟鼓"。汉鲍业曰："古者天子饮食必顺四时五味，故有食举之乐，所以顺天地，养神明，求福应也。"此食举之有乐也。《隋书》乐志曰：汉明帝时乐有四品，其二曰雅颂乐，辟雍飨射之所用。则《孝经》所谓"移风俗，莫善于乐"，《礼记》曰"揖攘而治天下者，礼乐之谓也"。三曰黄门鼓吹，天子宴群臣之所用也。则《诗》所谓"坎坎鼓我，蹲蹲舞我"者也。汉有殿中御饭食举七曲，大乐食举十三曲。魏有雅乐四曲，皆取周诗鹿鸣。晋荀勖以鹿鸣燕嘉宾，无取于朝，乃除鹿鸣旧歌，更作行礼四篇：先陈三朝朝宗之义，又为王公上寿酒食举乐歌诗十二篇。司律陈顾以为三元肇发，辟后奉璧，趋步拜起，莫非行礼；岂容别设一乐谓之行礼？荀讥鹿鸣之失，似误昔缪，还制四篇，复袭前轨，亦未为得也。终宋齐已来，相承用之。梁陈三朝乐有四十九等，其曲有相和、五引，及俊雅等七曲。后魏道武初正月上日，飨群臣，备列宫县正乐，奏燕、赵、秦、吴之音，五方殊俗之曲，四时飨会亦用之。隋炀帝初，诏秘书省学士定殿前乐工歌十四曲，终大业之世，每举用焉。其后又因高祖七部乐，乃定以为九部。唐武德初，宴享承隋旧制，用九部乐。贞观中张文收造宴乐，于是分为十部。后更分宴乐为立坐二部。天宝以后，宴乐西凉龟兹部著录者二百馀曲，而清乐天竺诸部不在焉。

（三）鼓吹曲辞

鼓吹曲，一曰短箫铙歌。刘瓛定军礼云："鼓吹未知其始也。汉班壹雄朔野而有之矣。鸣笳以和箫声，非八音也。"骚人曰"鸣箎吹竽"是也。蔡邕《礼乐志》曰："汉乐四品，其四曰短箫铙歌，军乐也。黄帝、岐伯所作，以建威扬德，风敌劝士也。"《周礼》大司乐曰："王师大献，则令奏恺乐。"大司马曰："师有功则恺乐献于社。"郑康成曰："兵乐曰恺，献功之乐也。"《宋书》乐志曰："雍门周说孟尝君：'鼓吹于不测之渊。'说者云：'鼓自一物。吹自竽籁之属，非箫鼓合奏，别为一乐之名也。'然则短箫铙歌此时未名鼓吹矣。应劭《汉卤薄图》唯有骑执笳。笳即箫，不云鼓吹。而汉世有黄门鼓吹。汉享宴食举乐三十曲，与魏世鼓吹长箫同，长箫短箫，《伎录》并云：'丝竹合作，执节者歌'，又《建初录》云'《务成》《黄爵》《玄云》《远期》，皆骑吹曲，非鼓吹曲'。此则列于殿庭者，名鼓吹，今之从行鼓吹为骑吹，二曲异也。又孙权观魏武军，作鼓吹而还，此应是今之鼓吹。魏晋世又假诸将帅及牙门曲，盖鼓吹，斯则其时方谓之鼓吹矣。"按《西京杂记》汉大驾祠甘泉、汾阴，备千乘万骑，有黄门前后部鼓吹，则不独列于殿庭者鼓吹也。汉"远如期"曲辞，有雅乐陈及增寿万年等语，无马上奏乐之意，则远如期又非骑吹曲也。晋《中兴书》曰汉武帝时，南越加置交趾、九真、日南、合浦、南海、郁林、苍梧七郡，皆假鼓吹。《东观汉记》曰："建初中班超拜长史，假鼓吹麾幢。"则短箫铙歌，汉时已名鼓吹，不自魏晋始也。崔豹《古今注》曰："汉乐有黄门鼓吹，天子所以宴乐群臣也。短箫铙歌，鼓吹之一章，亦以赐有功诸侯。"然则黄门鼓吹、短箫铙歌与横吹曲得通名鼓吹。但所用异尔。汉有朱鹭等二十二曲，列于鼓吹，谓之铙歌。及魏受命，使缪袭改其十二曲，而君马黄、雉子班、圣人出、临高台、远如期、石留、务成、玄云、黄爵、钓竿十曲，并仍旧名。是时吴亦使韦昭改制十二曲，其十曲亦因之。而魏吴歌辞存者唯十二曲。馀皆不传。晋武帝受禅，命傅玄制二十二曲，而玄云、钓竿之名不改旧汉。宋齐并用汉曲。又充庭十六曲，梁高祖乃去其四，留其十二，更制新歌，合四时也。北齐二十曲皆改古名，其黄爵、钓竿略而不用。后周宣帝革前代鼓吹制为十五曲，并述功德受命以相代，大抵多言战阵之事。隋志列鼓吹为四部，唐则又增为五部。部各有曲，唯羽葆诸曲，备叙功业，如前代之制。齐武帝时，寿昌殿南阁置白鹭鼓吹二曲，以为宴乐。陈后主常遣宫女习北方箫鼓，谓之代北，酒酣则奏之，此又施于燕私矣。

（四）横吹曲辞

横吹曲，其始亦谓之鼓吹，马上作之，盖军中之乐也。北狄诸国，皆马上作乐，故自汉已来，北狄乐总归鼓吹署。其后分为二部：有箫笳者为鼓吹，用之朝会道路，亦以给赐，汉武帝时，南越七部皆给鼓吹是也。有鼓角者为横吹，用之军中，马上所奏是也。按《周礼》曰："以鼖鼓鼓军事。"旧说云，蚩尤氏帅魑魅与黄帝战于涿鹿，帝乃始命吹角为龙鸣以御之。其后魏武帝征乌丸，越沙漠而军士思归，于是减为半鸣，尤更悲矣。横吹有双角，即胡乐也。汉博望侯张骞入西域，传其调于西京，唯得摩诃兜勒一曲，李延年因胡曲更造新声二十八解，乘舆以为武乐。后汉以给边将。和帝时，万人将军得用之。魏晋以来，二十八解不复具存，而世所用者，有黄鹄等十曲，其辞后亡。又有关山月等八曲，后世之所加也。后魏之世，有簸逻回歌，其曲多可汗之辞，皆燕魏之际鲜卑歌辞，虏音不可晓解，盖大角曲也。又《古今乐录》有梁鼓角横吹曲，多叙慕容垂及姚泓时战阵之事，其曲有企喻等歌三十六曲，总六十六曲，未详时用何也。自隋以后，始以横吹用之卤簿，与鼓吹列为四部，总谓之鼓吹：一曰枞鼓部，二曰铙鼓部，三曰大横吹部，四曰小横吹部。唐制，太常鼓吹令掌鼓吹施用调习之节，以备卤簿之仪，而分五部：一曰鼓吹部，二曰羽葆部，三曰铙吹部，四曰大横吹部，五曰小横吹部。

（五）相和歌辞

《宋书》乐志曰："相和，汉旧曲也。丝竹更相和，执节者歌。本一部，魏明帝分为二：更递、夜宿。本十七曲，朱生、宋识、列和等复合之为十三曲。"其后晋荀勖又采旧辞施用于世，谓之清商三调歌诗，即沈约所谓"因管弦金石造歌以被之"者也。《唐书》乐志曰："平调、清调、瑟调，皆周房中曲之遗声，汉世谓之三调，又有楚调、侧调。楚调者，汉房中乐也。高帝乐楚声，故房中乐皆楚声也。侧调者，生于楚调，与前三调总谓之相和调。"《晋书》乐志曰："凡乐章古辞之存者，并汉世街陌讴谣，江南可采莲、乌生十五子、白头吟之属。"其后渐被于弦管，即相和诸曲是也。魏晋之世，相承用之。永嘉之乱，五都沦覆，中朝旧音，散落江左，后魏孝文、宣武用师淮汉，收其所获南音，谓之清商乐，相和诸曲亦皆在焉。所谓清商正声，相和五调伎也。凡诸调歌辞，并以一章为一解。《古今乐录》曰："伧歌以一句为一解，中国以一章为一解。"王僧虔启云："古曰章，今曰解。"解有多少，当时先诗而后声，诗叙事，声成文，必使志尽于诗，音尽于曲，是以作诗有丰约，制解有多少，犹《诗》君子阴阳两解，南山有台五解之类也。又诸调曲皆有辞有声，而大曲又有艳，有趋，有乱。辞者，其歌诗也。声者，若"羊吾夷""伊那何"之类也。艳在曲之前，趋与乱在曲之后，亦犹吴声西曲前有和，后有送也。又大曲十五曲，沈约并列于瑟调，又别叙大曲于其后，唯满歌行一曲，诸调不载，故附见大曲之后。其曲调先后，亦准《技录》为次云。

（六）清商曲辞

清商乐，一曰清乐。清乐者，九代之遗声，其始即相和三调是也。并汉魏以来旧曲，其辞皆古调及魏三祖所作。自晋朝播迁，其音分散。符坚灭凉得之，传于前后二秦。及宋武定关中，因而入南，不复存于内地。自是已后，南朝文物，号为最盛，民谣国俗，亦世有新声。

故王僧虔论三调歌曰:"今之清商,实由铜雀,魏氏三祖,风流可怀,京洛相高,江左称重,而情变听改,稍复零落,十数年间,亡者将半,所以追馀操而长怀,抚遗器而叹息者矣。"后魏孝文讨淮汉,宣武定寿春,收其声伎,得江左所传中原旧曲,明君、圣主、公莫、白鸠之属,及江南吴歌,荆楚西声,总谓之清商乐。至于殿庭飨宴,则兼奏之。遭陈梁亡乱,存者益寡。及隋平陈得之。文帝善其节奏,曰:"此华夏正声也。"乃微更损益,去其哀怨,考而补之,以新定律吕,更造乐器,因于太常置清商署以管之,谓之清商乐。开皇初,始制七部乐,清商伎其一也。大业中,炀帝乃定清乐、西凉等为九部,而清乐歌曲有杨伴,舞曲有明君并契,乐器有钟磬琴瑟击琴琵琶箜篌筑筝节鼓笙笛箫篪埙等十五种,为一部。唐又增吹叶而无埙。隋室丧乱,日益沦缺,唐贞观中,用十部乐,清乐亦在焉。至武后时,犹有六十三曲,其后四十四曲存焉。长安以后,朝廷不重古曲,工伎寝缺,能合于管弦者,惟明君、杨伴、骁壶、春歌、秋歌、白雪、堂堂、春江花月夜等八曲,自是乐章讹失,与吴音转远。开元中,刘贶以为宜取吴人使之传习,以问歌工李郎子。郎子北人,学于江都人俞才生,时声调已失,惟雅歌曲辞,辞典而音雅,后郎子亡去,清乐之歌遂阙。自周隋以来,管弦雅歌,将数百曲,多用西凉乐,鼓舞曲多用龟兹乐,唯琴工犹传楚汉旧声,及清调蔡邕五弄,楚调四弄,谓之九弄,雅声独存。

（七）舞曲歌辞

《通典》曰:"乐之在耳者曰声,在目者曰容,声应乎耳,可以听知,容藏于心,难以貌观,故圣人假干戚羽旄以表其容,发扬蹈厉以见其意,声容选和而后大乐备矣。"《诗序》曰:"咏歌之不足,不知手之舞之足之蹈之。"然乐心内发,感物而动,不觉手之自运,欢之至也,此舞之所由起也。舞亦谓之万。《礼记外传》曰"武王以万人同灭商",故谓"舞"为"万"。《商颂》曰,"万舞有奕",则殷已谓之万也。《鲁颂》曰,"万舞洋洋",《卫诗》曰,"公庭万舞",然则万亦舞之名也。《春秋》鲁隐公五年,"考仲子之官,将万焉,因问羽数于众仲。众仲对曰:'天子用八,诸侯六,大夫四,士二,舞所以节八音而行八风,故自八而下。'于是初献六羽,始用六佾也"。杜预以为六六三十六人。而沈约非之,曰:"八音克谐,然后成乐,故必以八人为列,自天子至士,降杀以两,两者减其二列耳,预以为一列又减二人,至士止馀四人,岂复成乐?服虔谓'天子八八,诸侯六八,大夫四八,士二八',于义为允也。"周有六舞:一曰帔舞,二曰羽舞,三曰皇舞,四曰旄舞,五曰干舞,六曰人舞。帔舞者,析五彩缯若汉灵星舞子所持是也。羽舞者,析羽也。皇舞者,杂五彩羽如凤凰色,持之以舞也。旄舞者,析牛之尾也。干舞者,兵舞,持盾而舞也。人舞者,无所执,以手袖为威仪也。《周官》舞师掌教兵舞,帅而舞山川之祭祀;教帔舞,帅而舞社稷之祭祀;教皇舞,帅而舞旱暵之事。乐师亦掌教国子小舞。自汉以后,乐舞寝盛,故有雅舞,有杂舞。雅舞用之郊庙朝飨,杂舞用之宴会。晋傅玄又有十馀小曲,名为舞曲。故南齐书载其词云:"获罪于天,北徙朔方，坟墓谁扫，超若流光。”疑非宴乐之辞，未详其所用也。前世乐饮酒酣，必自起舞，《诗》云“屡舞仙仙”是也。故知宴乐必舞，但不宜屡尔。讥在屡舞，不讥舞也。汉武帝乐饮，长沙定王起舞是也。自是以后，尤重以舞相属，所属者代起舞，犹世饮酒以杯相属也。灌夫起舞以属田蚡，晋谢安舞以属桓嗣是也。近世以来，此风绝矣。

（八）琴曲歌辞

琴者，先王所以修身理性禁邪防淫者也，是故君子无故不去其身。《唐书》乐志曰：“琴，禁也。夏至之音，阴气初动，禁物之淫心也。”《世本》曰：“琴，神农所造。”《广雅》曰：“琴，伏羲所造，长七尺一寸而有五弦。”扬雄《琴清英》曰：“舜弹五弦之琴，而天下化。”《琴操》曰：“琴长三尺六寸六分，象三百六十日；广六寸，象六合也。文上曰池，池，水也，言其平；下曰滨，滨，实也，言其服也。前广后狭，尊卑象也。上圆下方，法天地也。五弦，象五行也。文王、武王加二弦以合君臣之恩。”《古今乐录》曰：“今称二弦为文武弦是也。”应劭《风俗通》曰：“七弦法七星也。”《三礼图》曰：“琴第一弦为宫，次弦为商，次为角，次为羽，次为徵，次为少宫，次为少商。”桓谭《新论》曰：“今琴四尺五寸，法四时五行也。”崔豹《古今注》曰：“蔡邕益琴为九弦，二弦大，次三弦小，次四弦尤小。”梁元帝《纂要》曰：“古琴名有清角，黄帝之琴也。鸣鹿、循况、滥胁、号钟、自鸣、空中，皆齐桓公琴也。绕梁，楚庄王琴也。绿绮，司马相如琴也。焦尾，蔡邕琴也。凤凰，赵飞燕琴也。自伏羲制作之后，有瓠巴、师文、师襄、成连、伯牙、方子春、钟子期皆善鼓琴，而其曲有畅，有操，有引，有弄。”《琴论》曰：“和乐而作，命之曰畅，言达则兼济天下而美畅其道也。忧愁而作，命之曰操，言穷则独善其身而不失其操也。引者，进德修业，申达之名也。弄者，情性和畅，宽泰之名也。其后西汉时有庆安世者，为成帝侍郎，善为双凤离鸾之曲，齐人刘道疆能作单鸤寡鹤之弄，赵飞燕亦善为归风送远之操，皆妙绝当时，见称后世。若夫心意感发，声调谐应，大弦宽和而温，小弦清廉而不乱，攫之深，醳之愉，斯为尽善矣。古琴曲有五曲、九引、十二操。五曲：一曰鹿鸣，二曰伐檀，三曰驺虞，四曰鹊巢，五曰白驹。九引：一曰烈女引，二曰伯妃引，三曰贞女引，四曰思归引，五曰霹雳引，六曰走马引，七曰箜篌引，八曰琴引，九曰楚引。十二操：一曰将归操，二曰猗兰操，三曰龟山操，四曰越裳操，五曰拘幽操，六曰岐山操，七曰履霜操，八曰朝飞操，九曰别鹤操，十曰残形操，十一曰水仙操，十二曰襄陵操。自是以后，作者相继，而其义与其所起略可考而知，故不复备论。”《乐府解题》曰：“《琴操》纪事好与本传相违，存之者以广异闻也。”

（九）杂曲歌辞

《宋书》乐志曰：“古者天子听政，使公卿大夫献诗，耆艾修之，而后王斟酌焉，然后被于声，于是有采诗之官。周室下衰，官失其职。汉魏之世，歌咏杂兴，而诗之流乃有八名：曰行，曰引，曰歌，曰谣，曰吟，曰咏，曰怨，曰叹，皆诗人六艺之馀也。至其协声律，播金石而总谓之曲。若夫均奏之高下，音节之缓急，文辞之多少，则系乎作者才思之浅深，与其风俗之薄厚。当时如司马相如、曹植之徒，所为文章深厚尔雅，犹有古之遗风焉。自晋迁江左，下逮隋唐，德泽寝微，风化不竞，去圣逾远，繁音日滋，艳曲兴于南朝，胡音生于北俗，哀淫靡曼之辞，迭作并起，流而忘返，以至陵夷。原其所由，盖不能制雅乐以相变，大抵多溺于郑卫，由是新声炽而雅音废矣。昔晋平公说新声，而师旷知公室之将卑。李延年善为新声变曲，而闻者莫不感动。其后元帝自度曲被声歌而汉业遂衰，曹妙达等改易新声，而隋文不能救。呜呼！新声之感人如此，是以为世所贵。虽沗情之作，或出一时，而声辞浅迫，少复近古，故萧齐之将亡也，有《伴侣》。高齐之将亡也，有《无愁》。陈之将亡也，有《玉树后庭花》。隋之将亡也，有《泛龙舟》。所谓烦手淫声，急心怨衰，此又新声之弊也。杂曲者，历代有之，或心志之所存，或情思之所感，或晏游欢乐之所发，或忧愁愤怨之所兴，或叙离别悲伤之怀，或言征战行役之苦，或缘于佛老，或出自夷虏，兼收备载，故总谓之杂曲。自秦汉以来，数千百岁，文人才士，作者非一，干戈至后，丧乱之馀，亡失既多，声辞不具，故有名存义亡不见所起。而有古辞可考者，则若伤歌行、生别离、长相思、枣下何纂纂之类是也。复有不见古辞而后人继有拟述，可以概见其义者，则若出自蓟北门、结客少年场、秦女卷衣、半渡溪、空城雀、齐讴、吴趋、会吟、悲哉之类是也。又如汉阮隅之驾出北郭门；曹植之惟汉、苦思、欲游南山、事君、车已驾、桂之树等行，盘石、驱车、浮萍、种葛、吁嗟、鰕鳝等篇；傅玄之云中白子高、前有一樽酒、鸿雁生塞北行、昔君、飞尘、车遥遥篇；陆机之置酒、谢惠连之晨风、鲍照之鸿雁；如此之类，其名甚多，或因意命题，或学古叙事，其辞具在，故不复备论。"

（十）近代曲辞

荀子曰，"久则论略，近则论详"，言世近而易知也。两汉声诗著于史者，唯郊祀、安世之歌而已。班固以巡狩福应之事，不序郊庙，故馀皆弗论。由是汉之杂曲所见者少，而相和铙歌或至不可晓解，非无传也，久故也。魏晋已后，讫于梁陈，虽略可考，犹不若隋唐之为详，非独传者加多也，近故也。近代曲者，亦杂曲也，以其出于隋唐之世，故曰近代曲也。隋自开皇初，文帝置七部乐：一曰西凉伎，二曰清商伎，三曰高丽伎，四曰天竺伎，五曰安国伎，六曰龟兹伎，七曰文康伎。至大业中，炀帝乃立清乐、西凉、龟兹、天竺、康国、疏勒、安国、高丽、礼毕，以为九部，乐器工衣，于是大备。唐武德初，因隋旧制，用九部乐。太宗增高昌乐，又造宴乐，而去礼毕曲。其著令者十部：一曰宴乐，二曰清商，三曰西凉，四曰天竺，五曰高丽，六曰龟兹，七曰安国，八曰疏勒，九曰高昌，十曰康国，而总谓之燕乐。声辞繁杂，不可胜纪。凡燕乐曲始于武德、贞观，盛于开元、天宝，其著录者十四调，二百二十二曲。又有梨园，别教院法，歌乐十一曲，云韶乐二十曲。肃代以降，亦有因造，僖昭之乱，典章亡缺，其所存者，概可见矣。

（十一）杂歌谣辞

言者，心之声也，歌者，声之文也，情动于中而形于言，言之不足，故嗟叹之，嗟叹之不足，故永歌之，歌之为言也，长言之也。夫欲上如抗，下如坠，曲如折，止如槁木，倨中矩，句中钩，累累乎端如贯珠，此歌之善也。《宋书》乐志曰："黄帝、帝尧之世，王化下洽，民乐无事，故因击壤之欢，庆云之瑞，民因以作歌。其后风衰雅缺，而妖淫靡曼之声起。周衰有秦青者善讴，而薛谈学讴于秦青，未穷青之伎而辞归，青饯之于郊，乃抚节悲歌，声震林木，响遏行云，薛谈遂留不去以卒其业。又有韩娥者，东之齐，至雍门匮粮，乃鬻歌假食，既去而馀响绕梁三日不绝，左右谓其人不去也。过逆旅，逆旅人辱之，韩娥因曼声哀哭，一里老幼悲愁，垂涕相对，三日不食，遽追之。韩娥还，复为曼声长歌，一里老幼喜跃抃舞，不能自禁，忘向之悲也。乃厚赂遣之。故雍门之人，善歌哭，效韩娥之遗声。卫人王豹处淇川，善讴，河西之民皆化之。齐人绵驹处高唐，善歌，齐之右地亦传其业。前汉有鲁人虞公者，善歌，能令梁上尘起。若斯之类，并徒歌也。"《尔雅》曰："徒歌谓之谣。"《广雅》曰："声比于琴瑟曰歌。"《韩诗章句》曰："有章曲曰歌，无章曲曰谣。"梁元章一作帝《纂要》曰："齐歌曰讴，吴歌曰歈，楚歌曰艳，浮歌曰哇，振旅而歌曰凯歌，堂上奏乐而歌曰登歌，亦曰升歌。"故歌曲有阳陵、白露、朝日、鱼丽、白水、白雪、江南、阳春、淮南、驾辩、渌水、阳阿、采菱、下里巴人，又有长歌、短歌、雅歌、缓歌、浩歌、放歌、怨歌、劳歌等行。汉世有相和歌，本出于街陌讴谣，而吴歌杂曲，始亦徒歌。复有但歌四曲，亦出自汉世，无弦节作伎，最先一人唱，三人和，魏武帝尤好之。时有宋容华者，清彻好声，善唱此曲，当时特妙。自晋以后，不复传，遂绝。凡歌有因地而作者，京兆、邯郸歌之类是也；有因人而作者，孺子才人歌之类是也。有伤时而作者，微子麦秀歌之类是也。有寓意而作者，张衡同声歌之类是也。宁戚以困而歌，项籍以穷而歌，屈原以愁而歌，卞和以怨而歌，虽所遇不同，至于发乎其情则一也。历世以来，歌谣杂出，令并采录，且以谣谶系其末云。

（十二）新乐府辞

乐府之名，起于汉魏，自孝惠帝时，夏侯宽为乐府令，始以名官。至武帝乃立乐府，采诗夜诵，有赵代秦楚之讴。则采歌谣，被声乐，其来盖亦远矣。凡乐府歌辞，有因声而作歌者，若魏之三调歌，因弦管金石造歌以被之是也。有因歌而造声者，若清商吴声诸曲，始皆徒歌，既而被之弦管者是也。有有声有辞者，若郊庙、相和、铙歌、横吹等曲是也。有有辞而无声者，若后人之所述作未必尽被于金石是也。新乐府皆唐后之新歌也。以其辞实乐府，而未常被于声，故曰新乐府也。元微之病后人沿袭古题，唱和重复，谓不如寓意古题，刺美见事，犹有诗人引古以讽之义。近代唯杜甫《悲陈陶》《哀江头》《兵车》《丽人》等歌行，率皆即事名篇，无复倚傍，乃与白乐天、李公垂辈谓是为当，遂不复更拟古题。因刘猛、李馀赋乐府诗，咸有新意，乃作《出门》等行十馀篇。其有虽用古题，全无古义，则《出门行》

不言离别，《将进酒》特书列女。其或颇同古义，全创新词，则《田家》止述军输捉捕，请先蟋蚁。如此之类，皆名乐府。由是观之，自风雅之作，以至于今，莫非讽兴当时之事，以贻后世之审音者。傥采歌谣以被声乐，则新乐府其庶几焉。

诠赋第八

诗有六义，其二曰"赋"。赋者辅也；铺采摛文，体物写志也。〔一〕昔邵^{吕览作召}公称："公卿献诗，师箴〔二〕赋。"《传》云："登高能赋，可为大夫。"〔三〕《诗序》则同义，《传》说则异体，总其归涂，实相枝干。〔四〕刘向云"明不歌而颂"，〔五〕班固称"古诗之流也"。至如郑庄之赋大隧，士蒍之赋狐裘，〔六〕结言揯韵，〔七〕词自己作，虽合赋体，明而未融。及灵均唱《骚》，始广声貌。然赋也者，受命于诗人，拓^{拟作括}宇于《楚辞》也。〔八〕于是荀况礼智，〔九〕宋玉风钓，〔十〕爰锡名号，与诗画境，六义附庸，蔚成大国；遂^{许云当作述}客主^{元作以首}〔十一〕引，极声^{元脱曹补}貌以穷文，斯盖别诗之原始，命赋之厥初也。

〔一〕李详云："《毛诗》关雎序'诗有六义，二曰赋。'《正义》云：'赋者，铺陈今之政教善恶，其言通正变，兼美刺。'又云：'直陈其事不譬喻者，皆赋辞。'案彦和铺采二语，特指词人之赋而言，非六义之本也。"案李说是也。

〔二〕《国语》周语："召公曰'故天子听政，使公卿至于列士献诗，瞽献典，史献书，师箴，瞍赋，矇颂百工谏。"

〔三〕《毛诗》卫风定之方中传："故建邦能命龟，田能施命，作器能铭，使能造命，升高能赋，师旅能誓，山川能说，丧纪能诔，祭祀能语，君子能此九者，可谓有德者，可以为大夫。"

〔四〕召公谓："公卿献诗，师箴瞍赋。"《毛传》谓"升高能赋"，所谓传说异体也，而总归于诗之六义，所谓诗序同义也。

〔五〕刘向云："明不歌而颂。"案"明"字疑衍。《艺文志》曰："不歌而颂，谓之赋。"彦和所引当即本此。

〔六〕《左传》隐公元年："公入而赋：'大隧之中，其乐也融融。'姜出而赋：'大隧之外，其乐也泄泄。'"《正义》曰："赋诗谓自作诗也，中融外泄，各自为韵，盖所赋之诗有此辞，传略而言之。"僖五年，士蒍退而赋曰"狐裘龙茸，一国三公，吾谁适从？"杜注曰："此士蒍自作诗也。"

〔七〕"揯"即短之讹别字，逢盛碑"命有悠揯"，"悠揯"即"修短"也。广韵上声二十四缓"短都管切"。拒同上。案"结言短韵"，谓郑庄之赋仅二句，士蔿之赋仅三句也。

〔八〕纪晓岚云："拓"字不误，开拓之义也。颜延年《宋郊祀歌》"奄受敷锡宅中拓宇"。李善注引《汉书》虞翻曰："先帝开拓土宇。"

〔九〕荀子《赋篇》所载六首：礼、知、云、蚕、箴及篇末佹诗是也。兹录礼、知二篇于下：

荀卿礼赋

爰有大物，非丝非帛，文理成章，非日非月，为天下明。生者以寿，死者以葬，城郭以固，三军以强，粹而王，驳而伯，无一焉而亡。臣愚不识，敢请之王。<small>案此即彦和云句结隐语。下知赋同。</small>王曰：此夫文而不采者与？简默易知而致有理者与？君子所敬而小人所不者与？性不得则若禽兽，性得之则甚雅似者与？匹夫隆之，则为圣人，诸侯除之，则一四海者与？致明而约，甚顺而体，请归之礼。——礼。<small>此一字即题目，古书题多在文后，如《礼记》乐记篇子贡问乐即其例。</small>

荀卿知赋

皇天降物，义示下民。或厚或薄，常不齐均。桀纣以乱，汤武以贤。涽涽淑淑，皇皇穆穆。周流四海，曾不崇易，君子以修，跖以穿室。大参乎天，精微而无形。行义以正，事业以成。可以禁暴足穷，百姓待之而后宁泰。<small>杨注云当为泰宁。</small>臣愚不识，愿闻其名。曰：此夫安宽平而危险隘者邪？修洁之为亲而杂污之狄者耶？<small>狄读为逖。</small>甚深藏而外胜敌者耶！法舜禹而能弇迹者邪？行为动静待之而后适者邪？血气之精也，志意之荣也，百姓待之而后宁也，天下待之而后平也，明达纯粹而无疵。夫是之谓君子之知——知。

〔十〕宋玉赋自《楚辞》《文选》所载外，有讽、笛、钓、大言、小言五篇，皆在古文苑。张惠言氏以为皆五代宋人聚敛假托为之。今录钓赋一篇于下：

宋玉钓赋

宋玉与"登徒子"偕受钓于玄洲，<small>张惠言云篇内洲字皆当作渊。案即蜎渊，亦即蜎蠉也止而并见于楚襄王。</small>登徒子曰："夫玄洲天下之善钓者也，愿王观焉。"王曰："其善奈何？"登徒子对曰："夫玄洲钓也，以三寻之竿，八丝之线，饵若蛆蟓，钩如细针，以出三尺之鱼，于数仞之水中，岂可谓无术乎？夫玄洲芳水饵，挂缴钩，其意不可得退而牵行，下触清泥，上则波扬，玄洲因水势而施之，<small>一作技颉之颃之。</small>委纵收敛，与鱼沉浮，及其解弛，因而获之。"襄王曰："善。"宋玉进曰："今察玄洲之钓未可谓能持竿也，又乌足为大王言乎？"王曰："子之所谓善钓者何？"玉曰："臣所谓善钓者，其竿非竹，其纶非丝，其钩非针，其饵非蟓也。"王曰："愿遂闻之。"宋玉对曰："昔尧、舜、禹、汤之钓也，以贤圣为竿，道德为纶，仁义为钩，禄利为饵，四海为池，万民为鱼。钓道微矣，非圣人其孰能察之。"王曰："迅哉说乎！其钓不可见也。"玉曰："其钓易见，王不可察尔！昔殷汤以七十里，周文以百里，兴利除害，天下归之，其饵可谓芳矣：南面而掌天下，历载数百。到今不废，其纶可谓纫矣：群生寝其泽，民氓畏其罚，其钓可谓拘矣。拘一作善，案当为拘。功成而不隳，名立而不改，其竿可谓强矣。若夫竿折纶绝，饵坠钩决，波涌鱼失，是则夏桀、殷纣不通夫钓术也。今察玄洲之钓也：左挟鱼罾，右执槁竿，立乎潢污之涯，倚乎杨柳之间，精不离乎鱼喙，思不出乎鲋鳊，形容枯槁，神色憔悴，乐不役勤，役，张惠言改为复。获不当费，斯乃水滨之役夫也已，君王又何称焉！王若见张改建尧、舜之洪竿，摅张改掳汤、禹之修纶，投之于渎，视之于海，漫骇群生，孰非吾有，其为大王之钓，不亦乐乎？"

〔十一〕遂，许云"当作述"，是也。述客主者，词赋之首多托客主之问答也。

案挚虞《文章流别》曰："赋者，敷陈之称，古诗之流也，前世为赋者，有孙卿，屈原尚颇有古诗之义，至宋玉多淫浮之病矣。《楚辞》之赋，赋之善者也。故扬子称赋莫深于《离骚》。贾谊之作，则屈原俦也。"又曰："古之作诗者，发乎情止乎礼义。情之发因辞以形之，礼义之怡，须事以明之，故有赋焉。所以假象尽辞，敷陈其志。古诗之赋，以情义为主，以事类为佐。今之赋，以事形为本，以义正为助。情义为主，则言省而文有例矣；事形为本，则言当而辞无常矣。文之烦省，辞之险易，盖由于此。假象过大则与类相远，逸辞过壮，则与事相违，辩言过理，则与义相失，丽靡过美，则与情相悖。此四过者，所以背大体而害政教，是司马迁割相如之浮说，扬雄疾辞人之赋丽以淫。"挚氏此论，可谓明畅切中，与彦和丽词雅义符采相胜之论，互相发明。兹录《汉书》艺文志诗赋略序及章太炎《国故论衡》辨诗篇一节，以明赋之原委。《传》曰："不歌而诵谓之赋，登高能赋可以为大夫。"言感物造耑，材知深美，可以图事，故可以为列大夫也。古者诸侯卿大夫，交接邻国，以微言相感。当揖让之时，必称诗以喻其志，盖以别贤不肖而观盛衰焉。故孔子曰，"不学诗，无以言"也。春秋之后，周道寝坏，聘问歌咏，不行于列国，学诗之士，逸在布衣，而贤人失志之赋作矣。大儒孙卿及楚臣屈原离谗忧国，皆作赋以风，咸有恻隐古诗之义。其后宋玉、唐勒，汉兴，枚乘、司马相如下及扬子云，竞为侈丽闳衍之词，没其风喻之义。是以扬子悔之曰："诗人之赋丽以则，辞人之赋丽以淫，如孔氏之门人用赋也，则贾谊登堂，相如入室矣，如其不用何？"自孝武立乐府而采歌谣，于是有代赵之讴，秦楚之风，皆感于哀乐，缘事而发，亦可以免观风俗，知厚博云。序诗赋为五种。

《国故论衡》辨诗篇一节。

《七略》次赋为四家：一曰屈原赋，二曰陆贾赋，三曰孙卿赋，四曰杂赋。屈原言情，孙卿效物，陆贾赋不可见；其属有朱建、严助、朱买臣诸家，盖纵横之变也。扬雄赋，本拟相如，与屈原同次，班生以扬雄赋隶陆贾下，盖误也。然言赋者，多本屈原。汉世自贾生《惜誓》上接《楚辞》，《鵩鸟》亦方物《卜居》。而相如《大人赋》，自《远游》流变。枚乘又以《大招》《招魂》散为《七发》。其后汉武帝悼李夫人，班婕妤自伤悼，及淮南、东方朔、刘向之论，未有出屈、宋、唐、景外者也。孙卿五赋，写物效情，《蚕》《箴》诸篇，与屈原《橘颂》异状。其后《鹦鹉》《鹡鸰》时有方物。及宋世《雪月》《舞鹤》《赭白马》诸赋，放焉。《洞箫》《长笛》《琴笙》之属，宜法孙卿。其辞义咸不类。徐幹有《玄猨》《漏卮》《圆扇》《橘赋》诸篇，杂书征引，时见一端，然勿能得全赋，大抵孙卿之体微矣。陆贾不可得从迹，虽然，纵横家者赋之本。古者诵诗三百，足以专对。七国之际，行人胥附折冲于尊俎间，其说恢张谲宇，绅绎无穷，解散赋体，易人心志。鱼豢称鲁连、邹阳之徒，援譬引类，以解缔结，诚文辩之隽也。武帝以后，宗室削弱，藩臣无邦交之礼，纵横既黜，然后退为赋家，时有解散，故用之符命，即有《封禅》《典引》，用之自述，而《答问》《解嘲》兴，文辞之繁，赋之末流尔也。杂赋有《隐书》者，传曰谈言微中，亦可以解纷，与纵横稍出入，淳于髡谏长夜饮一篇，纯为赋体，优孟诸家，顾少耳。东方朔与郭舍人为隐依以谲谏，世传《灵棋经》诚伪书，然其后渐流为占繇矣。管略、郭璞为人占皆有韵，斯亦赋之流也。自屈宋以至鲍谢，赋道既极，至于江淹、沈约，稍近凡俗。庾信之作，去古愈远。世多慕《小园》《哀江南》辈，若以上拟《登楼》《闲居》《秋兴》《芜城》之俦，其靡已甚。赋亡盖先于诗，继隋而后，李白赋《明堂》，杜甫赋《三大礼》，诚欲为扬雄台隶犹弗及，世无作者，二家亦足以殿。自是赋遂泯绝。近世徒有张惠言区区修补《黄山之赋》，虽未至，庶几杜李之伦，承千年之绝业，欲以一朝复之，固难能也。然自诗赋道分，汉世为赋者多无诗，自枚乘外，贾谊、相如、扬雄诸公，不见乐府五言，其道与故训相丽，故小学亡而赋不作。

　　秦世不文，颇有杂赋。〔一〕汉初词人，顺流而作：陆贾扣其端，〔二〕贾谊振其绪，枚马同其风，王扬骋其势，〔三〕皋朔已下，品物毕图。〔四〕繁积于宣时，校阅于成世，进御之赋，千有馀首，讨其源流，信兴楚而盛汉矣。夫京殿苑猎，述行序志，并体国经野，义尚光大；既履端于倡序，亦归馀于总乱。〔五〕序以建言，首引情本，乱以理篇，迭致文契。按那之卒章，闵马称乱。故知殷人辑颂，楚人理赋，斯并鸿裁之寰域，雅文之枢辖也。至于草区禽族，庶品杂类，〔六〕则独兴致情，因变取会。拟诸形容，则言务纤密；象其物宜，则理贵侧附，斯又小制之区畛，奇巧之机要也。观夫荀结隐语，事数自环，〔七〕宋发巧谈，实始淫丽。枚乘《兔园》，〔八〕举要以会新，相如《上林》，繁类以成艳，贾谊《鵩鸟》，致辨于情理，子渊《洞箫》，穷变于声貌，孟坚《两都》，明绚以雅赡，张衡《二京》，迅发以宏富，子云《甘泉》，构深玮之风，延寿《灵光》，含飞动之势，凡此十家，并辞赋之英杰也。及仲宣靡密，发端必遒，伟长博通，〔九〕时逢壮采。太冲、安仁，策勋于鸿规，士衡、子安，底绩于流制。景纯绮巧，缛理有馀，彦伯梗概，〔十〕情韵不匮，亦魏晋之赋首也。

　　〔一〕《艺文志》秦时杂赋九篇。沈钦韩曰："《文心雕龙》诠赋篇'秦世不文，颇有杂赋'，本此。"

〔二〕《艺文志》陆贾赋三篇。案贾赋今无存者。

〔三〕《艺文志》贾谊赋七篇，枚乘赋九篇，司马相如赋二十九篇，王褒赋十六篇，王应麟曰："本传作《甘泉》《洞箫颂》，楚词有《九怀》，《文选》注有《碧鸡颂》。"扬雄赋十二篇，王应麟曰："本传作四赋。"《志》云"入扬雄八篇"，盖《七略》所载止四赋也。

〔四〕《艺文志》枚皋赋百二十篇，王应麟曰："本传作凡可读者百二十篇。"案皋制赋最多，而皋赋今不可见。《汉书》皋传云："皋为文疾，受诏辄成，故所赋者多；司马相如善为文而迟，故所作少，而善于皋。"据此可知文之传，贵精不贵多明矣。《艺文志》不载东方朔赋，其本传云，"有《封泰山》，《责和氏璧》，及《皇太子生》，《禖》，《屏风》，《殿上柏柱》，《平乐观猎赋》诸篇"，又《御览》三百五十有东方朔《对骠骑难》。案彦和所谓"品物毕图"，当指《屏风》《殿上柏柱》诸文。

〔五〕《国语》鲁语闵马父曰："正考父校商之名颂十二篇于周太师，以《那》为首。其辑之乱曰'自古在昔，先民有作，温恭朝夕，执事有恪。'"案王逸《楚辞》注曰："乱，理也，所以发理词指，总撮其要也，极意陈词，文采纷华，后结括一言以明所见也。"

〔六〕《草木赋》文选无载者，兹录魏文帝《柳赋》以示例。《西京杂记》载枚乘《柳赋》一篇，恐非真作也。

魏文帝柳赋

昔建安五年，上与袁绍战于官渡，时余始植斯柳，自彼迄今十有五载矣，感物伤怀，乃作斯赋曰：

伊中国之伟木兮，瑰姿妙其可珍，禀灵祇之笃施兮，与造化乎相因。四气迈而代运兮，去冬节而涉春。彼庶卉之未动兮，固肇萌而先辰，盛德迁而南移兮，星鸟正而司分，应隆时而繁育兮，扬翠叶之青纯。修干偃蹇以虹指兮，柔条阿那而蛇伸。上扶疏而索散兮，下交错以龙鳞。在余年之二七，植斯柳于中庭。始围寸而高尺，今连拱而九成。嗟日月之逝迈，忽亹亹以遄征。昔周游而处此，今倏忽而弗形。感遗物而怀故，俛惆怅以伤情。于是曜灵次乎鹑首兮，景风扇而增暖。丰宏阴而博覆兮，躬恺悌而弗倦。四马望而倾盖兮，行旅仰而回眷。秉至德而不伐兮，岂简卑而择贱。含精灵而奇生兮，保休体之丰衍。惟尺断而能植兮，信永贞而可羡。此赋王粲亦同作，而文不全。

〔七〕案《荀子》五赋，皆假为隐语，以问于人，如《礼赋》曰："臣愚不识，敢请之王？"其下则所问之人重演其义而告之，如王曰："此夫文而不采者与？"此即彦和所谓"事数自环"也。

〔八〕《古文苑》载枚乘《菟园赋》错脱不可理，黄先生校释之如下：

枚叔梁王菟园赋

修竹檀栾。夹池水，旋菟园旋回旋之旋。并驰道并步浪切。临广衍。长冗坂长冗二字有误。"故"即坂字字形近讹径一作正"于"于字疑衍昆仑。狠即貌字观相物"芶焉"芶即物字之误焉字涉下而衍子兮字之误也有似乎西山。西山隥隥企立之貌。恤一作邕焉巍巍即隗字，高貌。卷路二字有误娄移，釜岩崝即纤字加山尔"崖"涉上而误巍[邑來]即巍字之误巍或作峭归旁俗书或作来所谓追来为归也此又讹为巛焉上有脱文暴燍，激扬尘埃。蛇上有脱文龙。奏林薄。"竹"疑衍游风踊焉，秋风扬焉，满庶庶焉，纷纷纭纭，腾踊云乱。枝叶翚散。摩疑当作磨"来"涉上而形误幡幡。焉溪谷沙石。洄波沸日，援"浸"即援之讹疾东，流连辚辚，阴发绪此三字有误菲菲，闾阊欢扰，昆即鹍之省鸡鼃一作弟鼃即鹍鸡也。仓庚密切，别鸟相离。哀鸣其中，若乃附巢塞鹫二字有误之傅于列树也，栅栅读与笓同若飞雪之重弗丽三字有误也，西望西山，山鹊野鸠。白鹭鹊鸬盖鸰字之误。鹍鹗鹍雕。翡翠鸲鸽守盖鹍字之讹尔雅鸲天狗狗戴胜，巢枝穴藏，被塘临谷。声音相闻，啄读为味尾离属。翱翔群熙，交颈接翼。阖而未至，徐飞蝲蝲即飒沓往来霞水，离散而没合。疾疾纷纷，若尘埃之间白云。也予之幽冥字有误究之乎无端。于是晚春早夏。邯郸襄国易阳之容丽人及其燕适子相予予之讹读为与杂而往款焉，车马接轸相属，方轮错毂。按服何字有误骖，披衔迹蹴。自奋增绝。怵惕腾跃，水字有误意而未发。因更阴逐心相秩奔一作奋一作夺六字有误隧与坠字同林临河，怒气未竭。羽盖繁繁字之讹起，被以红沫。濛濛若雨委雪。高冠扁即翩之省。焉长剑闲。文选宦者传论注引作闲盖读为岸焉左挟弹。焉右执鞭。焉日移乐衰，游观西园。"之芝"二字并涉下衍芝成宫阙，枝叶荣茂。选择纯熟，挈取含苴读与咀同。复取其次，顾赐从者。于是从容安步。斗鸡走兔。俛仰钓射。烹熬炮炙。极欢到莫。若乃夫郊采桑之妇人兮袿襡错纡。连褰方路。摩阤陀之讹长髦发之讹便娟数顾。文选谢灵运会吟行注引作采桑之女连褰方路磨陀长髦便娟数顾芳温往来，接精之讹神"车"即神字讹衍未结，已诺不分。缥并读为飘进靖请之讹，俟读为嗖笑连便。不可忍视也，于是妇人先称曰，春阳生兮蒌蒌。不才子兮心哀。见嘉客兮不能归。桑蒌蚕饥中人望奈何。

〔九〕徐幹字伟长，《典论》所称，《玄猨》《漏卮》《圆扇》《橘赋》四篇，并皆不存，所存赋无一完者，惟《齐都赋》一篇多见征引。兹录《水经注》引《齐都赋》曰："川渎则洪河洋洋，发源昆仑，九流分逝，北朝沧渊，惊波沛厉，浮沫扬奔。"

〔十〕袁宏赋存者，今无完篇，案《晋书》文苑袁宏传曰：袁宏字彦伯。宏有逸才，文章绝美，累迁大司马桓温府记室。温重其文笔，专综书记，后为《东征赋》，赋末列称过江诸名德，而独不载桓彝。时伏滔先在温府，又与宏善，苦谏之，宏笑而不答。温知之甚忿，而惮宏一时文宗，不欲令人显问。后游青山饮归，命宏同载，众为之惧。行数里，问宏云："闻君作《东征赋》，多称先贤，何故不及家君？"答曰："尊公称谓，非下官敢专，既未遑启，不敢显之耳。"温疑不实，乃曰："君欲为何辞？"宏即答"风鉴散朗，或搜或引，身虽可亡，道不可陨，宣城之节，信义为允也。"温泫然而止。宏赋又不及陶侃。侃子胡奴尝于曲室抽刃问宏曰："家君勋迹如此，君赋云何相忽？"宏窘急答曰："我已盛述尊公，何乃言无。"因曰："精金百汰，在割能断，功以济时，职思静乱；长沙之勋，为史所赞。"胡奴乃止。从桓温北征，作《北征赋》，皆其文之高者。尝与王珣、伏滔同在温坐，渐令滔读其《北征赋》至"闻所传于相传，云获麟于此野，诞灵物以瑞德，奚授体于虞者，疚尼父之洞《世说新语》篇注作恸，是也泣，似实恸而非假，岂一性世说注作物之足伤，乃致伤于天下"。其本至此便改韵。珣云："此赋方传千载，无容率尔，今于天下之后移韵徙事，然于写送之致，似为未尽。"滔云："得益写韵一句，或为小胜。"温曰："卿思益之。"宏应声答曰："感不绝于余心，愬世说作诉流风而独写。"珣诵味久之，谓滔曰："当今文章之美，故当共推此生。"

原夫登高之旨，盖睹物兴情。情以物兴，故义必明雅。物以情观，故辞必巧丽。丽辞雅义，符采相胜，如组织之品朱紫，画绘之著玄黄。〔一〕文虽新而有质，色虽糅而有本，此立赋之大体也。然逐末之俦，蔑弃其本，虽读千赋，愈惑体要。遂使繁华损枝，膏腴害骨，〔二〕无贵风轨，莫益劝戒。此扬子所以追悔于雕虫，贻诮于雾縠者也。〔三〕

赞曰

赋自诗出，分歧异派，写物图貌，蔚似雕画，枘滞必扬，言庸无隘，风归丽则，辞翦美稗。〔四〕

〔一〕黄先生曰：本司马相如语意。《西京杂记》载相如之词曰："合纂组而成文，列锦绣以为质。一经一纬，一宫一商，此赋之迹也。若赋家之心，控引天地，总揽人物，错综古今，此得之于内，不可得而言传。"

〔二〕《风骨》篇曰："辞之待骨，如体之树骸，若瘠义肥辞，繁杂失统，则无骨之征也。"案此云"膏腴害骨"，即"瘠义肥辞"之谓。

〔三〕扬子《法言》吾子篇："或问吾子少而好赋？"曰"然！童子雕虫篆刻。"俄而曰"壮夫不为也。"或曰"赋有以讽乎？"曰"讽乎？讽则已。吾恐不免于劝也。"或曰"雾縠之组丽？"曰"女工之蠹矣。"又曰"诗人之赋丽以则，辞人之赋丽以淫。"

〔四〕"美"当作"黄"。《孟子》告子上"苟为不熟，不如荑稗。"黄与稊通。

颂赞第九

四始之至，颂居其极。颂者，容也；所以美盛德而述形容也。〔一〕昔帝喾之世，咸墨为颂，〔二〕以歌九韶；自商以下，文理允备。夫化偃一国之风，风正四方谓之雅；容告神明，谓之颂。风雅序人事，兼变正；颂主告神，义必纯美。鲁国以公旦次编；商人以前王追录，斯乃宗庙之正歌，非宴飨之常咏也。〔三〕《时迈》一篇，周公所制；哲人之颂，规式存焉。〔四〕夫民各有心，勿壅惟口，晋舆之称原田，鲁民之刺裒绋；直言不咏，短辞以讽；邱明、子高并为诵，斯则野诵之变体，浸被乎人事矣。〔五〕及三闾《橘颂》，情采芬芳，比类寓意，又覃及细物矣。〔六〕至于秦政刻文，爰颂其德；〔七〕汉之惠景，亦有述容；〔八〕沿世并作，相继于时矣，若夫子云之表充国，〔九〕孟坚之序戴侯，〔十〕武仲之美显宗，〔十一〕史岑之述熹后，〔十二〕或拟清庙，或范駉那，〔十三〕虽浅深之不同，详略各异，其褒德显容典章一也。至于班傅之《北征》《西巡》，〔十四〕变为序引，岂不褒过而谬体哉！〔十五〕马融之《广成》《上林》，〔十六〕雅而似赋，何弄文而失质乎？又崔瑗《文学》，〔十七〕蔡邕《樊渠》，〔十八〕并致美于序，而简约乎篇；挚虞品藻，颇为精核；〔十九〕至云杂以风雅，而不变旨趣，徒张虚论，有似黄白之伪说矣。及魏晋辨颂，鲜有出辙；陈思所缀，以皇子为标；〔二十〕陆机积篇，惟功臣最显；其褒贬杂居，固末代之讹体也。原夫颂惟典雅，辞必清铄，敷写似赋，而不入华侈之区；敬慎如铭，而异乎规戒之域；揄扬以发藻，汪洋以树义；〔二十一〕唯纤曲巧致，与情而变，其大体所底，如斯而已。

〔一〕子夏《毛诗序》是以一国之事，系一人之本，谓之风；言天下之事，形四方之风，谓之雅；雅者，正也；言王政之所由废兴也。政有小大，故有小雅焉，有大雅焉。颂者，美盛德之形容，以其成功，告于神明者也；是谓四始，诗之至也。

〔二〕《吕氏春秋》仲夏纪古乐篇："帝喾命咸墨作为声歌。九招六列六英。"案：咸墨即咸黑；九韶即九招。毕氏疑高诱注见下"帝舜乃命质修九招六列六英以明帝德"句下，此六字当是衍文。然彦和时固已如此矣。

〔三〕郑玄《鲁颂谱》："初，成王以周公有太平制典法之勋，命鲁郊祭天三望，如天子之礼；故孔子录其诗之颂，同于王者之后。"彦和云"鲁国以公旦次编"本此。

〔四〕《毛诗序》曰："时迈，巡守告祭柴望也。"《正义》曰，"《左传》宣十二年，昔武王克商，作颂曰：'载戢干戈'"，明此篇武王事也；《国语》称周公之颂曰，"载戢干戈"，明此诗周公作也。兹录《时迈》之诗如下：

时迈其邦，昊天其予之，实序有周，薄言震之，莫不震叠。怀柔百神，及河乔岳，允王维后，明昭有周，式序在位。载戢干戈，载櫜弓矢，我求懿德，肆于时夏，允王保之。

〔五〕《国语》周语："民虑之于心，而宣之于口，成而行之，胡可壅也。"黄注引《孔丛子》，子顺曰："先君初相鲁，鲁人谤颂之曰'麛裘而韠，投之无戾；韠之麛裘，投之无邮。'"按《吕氏春秋》同。韠作"绋"，高诱注："绋"，小貌。此子顺述孔子之事，非子高也，子高，孔穿之字。

《左传》僖二十八年，晋侯听舆人之诵，曰："原田每每，舍其旧而新是谋。"

"谍"，谱也。"并谍为诵"，谓并列之为诵也。

〔六〕《橘颂》，见《楚辞》。

〔七〕《史记》载泰山、琅琊山、之罘、东观、碣石、会稽刻石，凡六篇；独不载《邹峄山刻石》文，兹全录之于下：

李斯邹峄山刻石

皇帝立国，维初在昔，嗣世称王。讨伐乱逆，威动四极，武义直方。戍臣奉诏，经时不久，灭六暴强。廿有六年，上荐高庙，孝道显明。既献泰成，乃降溥惠，亲巡远方。登于峄山，群臣从者，咸思攸长。追念乱世，分土建邦，以开争理。攻战日作，流血于野，自泰古始。世无万数，陀及五帝，莫能禁止。乃今皇帝，壹家天下，兵不复起。灾害灭除，黔首康定，利泽长久。群臣诵略，刻此乐石，以著经纪。

泰山刻石文

皇帝临位，作制明法，臣下修饬。二十有六年，初并天下，罔不宾服。亲巡远方黎民，登兹泰山，周览东极。从臣思迹，本原事业，祗诵功德。治道运行，诸产得宜，皆有法式。大义休明，垂于后世，顺承勿革。皇帝躬圣，既平天下，不懈于治。夙兴夜寐，建设长利，专隆教诲。训经宣达，远近毕理，咸承圣志。贵贱分明，男女礼顺，慎遵职事。昭隔内外，靡不清静，施于后嗣。化及无穷，遵奉遗诏，永承重戒。

琅琊台刻石文

维二十八年，皇帝作始。端平法度，万物之纪。以明人事，合同父子。圣智仁义，显白道理。东抚东土，以省卒士。事已大毕，乃临于海。皇帝之功，勤劳本事。上农除末，黔首是富。普天之下，抟心揖志。器械一量，同书文字。日月所照，舟舆所载，皆终其命，莫不得意。应时动事，是维皇帝。匡饬异俗，陵水经地。忧恤黔首，朝夕不懈。除疑定法，咸知所辟。方伯分职，诸治经易。举错必当，莫不如画。皇帝之明，临察四方。尊卑贵贱，不逾次行。奸邪不容，皆务贞良。细大尽力，莫敢怠荒。远迩辟隐，专务肃庄。端直敦忠，事业有常。皇帝之德，存定四极。诛乱除害，兴利致福。节事以时，诸产繁殖。黔首安宁，不用兵革。六亲相保，终无寇贼。欢欣奉教，尽知法式。六合之内，皇帝之土。西涉流沙，南尽北户。东有东海，北过大夏。人迹所至，无不臣者。功盖五帝，泽及牛马。莫不受德，各安其宇。维秦王兼有天下，立名为皇帝，乃抚东土，至于琅邪，列侯武城侯王离，列侯通武侯王贲，伦侯建成侯赵亥，伦侯昌武侯成，伦侯武信侯冯毋择，丞相隗状，丞相王绾，卿李斯，卿王戎，五大夫赵婴，五大夫杨樛从，与议于海上曰：古之帝者，地不过千里，诸侯各守其封域，或朝或否，相侵暴乱，残伐不止，犹刻金石以自为纪；古之五帝三王，知教不同，法度不明，假威鬼神，以欺远方，实不称名，故不久长，其身未殁，诸侯倍叛，法令不行。今皇帝并一海内，以为郡县；天下和平，昭明宗庙，体道行德，尊号大成：群臣相与诵皇帝功德，刻于金石，以为表经。

之罘立石文

维二十九年，时在中春，阳和方起。皇帝东游，巡登之罘，临照于海。从臣嘉观，原念休烈，追诵本始。大圣作治，建定法度，显著纲纪。外教诸侯，光施文惠，明以义理。六国回辟，贪戾无厌，虐杀不已。皇帝哀众，遂发讨师，奋扬武德。义诛信行，威惮旁达，莫不宾服。烹灭强暴，振救黔首，周定四极。普施明法，经纬天下，永为仪则。大矣哉，宇县之中，承顺圣意。群臣诵功，请刻于石，表垂于常式。

东观刻石文

维二十九年，皇帝春游，览省远方。逮于海隅，遂登之罘，昭临朝阳。观望广丽，从臣咸念，原道至明。圣法初兴，清理疆内，外诛暴强。武威旁畅，振动四极，禽灭六王。阐并天下，甾害绝息，永偃戎兵。皇帝明德，经理宇内，视听不怠。作立大义，昭设备器，咸有章旗。职臣遵分，各知所行，事无嫌疑。黔首改化，远迩同度，临古绝尤。常职既定，后嗣循业，长承圣治。群臣嘉德，祗诵圣烈，请刻芝罘。

碣石刻石文

遂兴师旅，诛戮无道，为逆灭息。武殄暴逆，文复无罪，庶心咸服。惠论功劳，赏及牛马，恩肥土域。皇帝奋威，德并诸侯，初一泰宇。堕坏城郭，决通川防，夷去险阻。地势既定，黎庶无繇，天下咸抚。男乐其畴，女修其业，事各有序。惠被诸产，久并来田，莫不安所。群臣诵烈，请刻此石，垂著仪矩。

会稽刻石文

皇帝休烈，平一宇内，德惠修长。三十有七年，亲巡天下，周览远方。遂登会稽，宣省习俗，黔首齐庄。群臣诵功，本原事迹，追道高明。秦圣临国，始定刑名，显陈旧章。初平法式，审别职任，以立恒常。六王专倍，贪戾傲猛，率众自强。暴虐恣行，负力而骄，数动甲兵。阴通间使，以事合从，行为辟方。内饰诈谋，外来侵边，遂起祸殃。义威诛之，殄熄暴悖，乱贼灭亡。圣德广密，六合之中，泽被无疆。皇帝并宇，兼听万事，远近毕清。运理群物，考验事实，各载其名。贵贱并通，善否陈前，靡有隐情。饰省宣义，有子而嫁，倍死不贞。防隔内外，禁止淫泆，男女絜诚。夫为寄豭，杀之无罪，男秉义程。妻为逃嫁，子不得母，咸化廉清。大治濯俗，天下承风，蒙被休经。皆遵度轨，和安敦勉，莫不顺令。黔首修洁，人乐同则，嘉保太平。后敬奉法，常治无极，舆舟不倾。从臣诵烈，请刻此石，光垂修明。

案：秦刻石文多三句用韵，其后唐元结作《大唐中兴颂》每句用韵，而三句辄易，清音渊渊，如出金石；说者以为创体，而不知远效秦文也。兹录于下：

元次山大唐中兴颂并序

天宝十四年，安禄山陷洛阳，明年陷长安；天子幸蜀，太子即位于灵武；明年皇帝移军凤翔，其年复两京，上皇还京师。於戏！前代帝王有盛德大业者，必见于歌颂，若令歌颂大业刻之金石，非老于文学，其谁宜为？歌颂曰：噫嘻前朝，孽臣奸骄，为昏为妖。边将骋兵，毒乱国经，群生失宁。大驾南巡，百僚窜身，奉贼称臣。天将昌唐，繄睨我皇，匹马北方。独立一呼，千麾万舆，戎卒前驱。我师其东，储皇抚戎，荡攘群凶。复服指期，曾不逾时，有国无之。事有至难，宗庙再安，二圣重欢。地辟天开，蠲除妖灾，瑞庆大来。凶徒逆俦，涵濡天休，死生堪羞。功劳位尊，忠烈名存，泽流子孙。盛德之兴，山高日升，万福是膺。能令大君，声容沄沄，不在斯文。湘江东西，中直峿溪，石崖天齐。可磨可镌，刊此颂焉，何千万年。

〔八〕《汉书》艺文志有李思《孝景皇帝颂》十五篇。《孝惠颂》已无可考。

〔九〕扬子云《赵充国颂》：

明灵惟宣，戎有先零；先零猖狂，侵汉西疆。汉命虎臣，惟后将军；整我六师，是讨是震。既临其域，谕以威德；有守矜功，谓之弗克；请奋其旅，于罕之羌；天子命我，从之鲜阳；营平守节，屡奏封章；料敌制胜，威谋靡亢；遂克西戎，还师于京；鬼方宾服，罔有不庭；昔周之宣，有方有虎；诗人歌功，乃列于雅；在汉中兴，充国作武；赳赳桓桓，亦绍厥绪。

〔十〕窦融封安丰侯，卒谥戴。《文章流别》，有班固《安丰戴侯颂》，文今佚。

〔十一〕傅毅字武仲，追美孝明帝功德，依《清庙》作《显宗颂》十篇。《文选》曹植《责躬诗》李善注引傅毅《明帝颂表》曰：“体天统物，宁济蒸民。”今其文全佚。

〔十二〕《文选》史孝山《出师颂》李善注云：“史岑有二：字子孝者，仕王莽之末；字孝山者，当和熹之际。”

案：史岑《和熹邓后颂》今佚；惟存《出师颂》，兹录于下：

茫茫上天，降祚为汉。兆基开颂，人神攸赞。五曜宵映，素灵夜叹。皇运未授，万宝增烨。历纪十二，天命中易。西零不顺，东夷构逆。乃命上将，授以雄戟。桓桓上将，实天所启。允文允武，明诗说礼。宪章百揆，为世作楷。昔在孟津，惟师尚父。素旄一麾，浑一区宇。苍生更始，朔风变楚。薄伐猃狁，至于太原；诗人歌之，犹叹其艰！况我将军，穷域极边；鼓无停响，旗不暂褰。泽沾遐荒，功铭鼎铉。我出我师，于彼西疆；天子饯我，略车乘黄；言念伯舅，恩深渭阳。介珪既削，裂壤酬勋；今我将军，启土上郡；传子传孙，显显令问！

〔十三〕周颂《清庙》一章，八句：

于穆清庙，肃雝显相；济济多士，秉文之德。对越在天，骏奔走在庙。不显不承，无射于人斯。

　　鲁颂《駉》四章，章八句。兹录其首章：

　　駉駉牡马，在坰之野；薄言駉者，有驈有皇，有骊有黄；以车彭彭。思无疆，思马斯臧。

　　商颂《那》一章，二十二句：

　　猗与那与！置我鞉鼓；奏鼓简简，衎我烈祖；汤孙奏假，绥我思成；鞉鼓渊渊，嘒嘒管声；既和且平，依我磬声。于赫汤孙，穆穆厥声，庸鼓有斁，万舞有奕。我有嘉客，亦不夷怿。自古在昔，先民有作，温恭朝夕，执事有恪，顾予烝尝，汤孙之将。

　　〔十四〕窦宪迁大将军，以傅毅为司马，班固为中护军；班有《窦将军北征颂》、《东巡颂》、《南巡颂》；傅有《窦将军北征颂》《西征颂》。《古文苑》载班之《北征颂》；又载傅《颂东巡》。注云："一本作崔骃。"其文不完，兹不录。录班氏《北征颂》如下：

　　车骑将军窦北征颂

　　车骑将军，应昭明之上德，该文武之妙姿，蹈佐历，握辅揆，翼肱圣上，作主光辉，资天心，谟神明，规卓远，图幽冥。亲率戎士，巡抚疆城，勒边御之永设，奋辕橹之远径，闵遐黎之骚狄，念荒服之不庭。乃总三选，简虎校，勒部队，明誓号。援谋夫于末言，察武毅于俎豆，取可杖于品象，拔所用于仄陋。料资器使，采用先务，民仪响慕，群英影拊，羌戎相率，东胡争鹜，不召而集，未令而谕。于是雷震九原，电曜高阙，金光镜野，武旃冒日。云黯长霓，鹿走黄碛，轻选四纵，所从莫敌。驰飚疾，踔蹊迹，探梗莽，采巇厄。断温禺，分尸逐，电激私渠，星流霉落，名王交手，稽颡请服。乃收其锋镞干卤甲胄，积象如丘阜，陈阅满广野，载载连百两，散数累万亿。放获驱挈，揣城拔邑，禽馘之倡，九谷谣诊，响昭东夷，埃尘戎域。然而唱呼郁愤，未逞厥愿，甘平原之酣战，矜讯捷之累算。何则，上将崇至仁，行凯易，弘浓恩，降温泽，同庖厨之珍馔，分裂室之纤帛。劳不御舆，寒不施襗，行无偏勤，止无兼役，悭蒙识而愎庚顺，贰者异而懦夫奋。遂逾涿邪，跨祁连，籍□庭，蹈就疆，猎崝嵤，辚幽山，趆凶河，临安候，轶焉居与虞衍，顾卫霍之遗迹；职伊帙之所邈，师横弩而庶御。士怫愒以争先，回万里而风腾，刘残寇于沂根，粮不赋而师赡，役不重而备军。行戎丑以礼教，炘鸿校而昭仁。文武炳其并隆，威德兼而两信。清乾钧之攸冒，拓畿略之所顺。橐弓镞而戢戈，回双麾以东运。于是封燕然以降高檀，广鞬然以弘旷。铭灵陶以勒崇，钦皇祇之祐贶。宣惠气，荡残风，轲泰幽嘉，凝阴飞雪，瀼庶其雨，洒淋榛枯，一握兴（文有脱佚）嘉卉始农，土膏含养，四行分任。于是三军称曰：亹亹将军，克广德心，光光神武，弘昭德音。超兮首天潜，眇兮与神参。

　　〔十五〕《上林》无可考。黄注谓《上林》疑作《东巡》。案《东巡颂》佚文见《古文苑》。《广成颂》文繁不录。

　　〔十六〕崔子玉《南阳文学颂》序文不全，故不录。

民生如何？导以礼乐。乃修礼官，奋其羽籥。我国既淳，我俗既敦。神乐民则，嘉生乃繁。无言不酬，其德宜光。先民既没，赖兹旧章。我礼既经，我乐既馨。三事不叙，莫识其形。

《诸子略义》（节选）*

诸子略义序

予穷若干之日力，造是书竟，喟然而叹曰："是亦徒灾楮墨而已，乌足以论诸子之学哉！"《汉志》著录诸子百八十九家，今之存者几何？然已浩汗纷歧，或残剥错杂，不可悉通。治学之士，又好捃摭章句，肆志穿凿，强古人合我轨辙，虽或斐然成文，其离诸子本然也远矣。予病夫此而未能革也，则仍一管之窥，岂有补于学而不可以已乎？抑吾闻之，刍荛之议，不必废也，请撮取旨要，敬与大雅君子一商榷之。

西周之世，典籍守在王官，子孙相传，庶人勤力耕稼，未缘窥见。卿士大夫亦以率由旧章，不愆礼文而止，固无事讽议驰骋。及平王东迁，国土日蹙，官守流散，去之四方，是启学术敷播之始。春秋季叶，世风剧变，政教陵夷，怪说渐兴。孔子生鲁周公之国，服习遗教，总揽方策，删订六经，拨其乱使反之正，诛少正卯，绝异端也。欲为东周，大一统也。周公仍夏殷之制而定周礼，孔子复集三代之成。孔子之学，即周公之学，亦即中国民族传统之学，初未尝自创新说，苟以立异。名儒为家，其在七十子友教诸侯时乎？

际春秋战国，儒家独盛，儒以外殆无学问。儒家言仁义礼乐，此孔子之教则然。其特阐仁义之精微者，有曾子、子思之流。而礼文节奏，所以别亲疏，明尊卑，辨嫌疑者，自七十子已渐失真意，繁缛纷纭，不可究穷。贱儒且窃取枝叶，欺俗偷活，匙琐乔宇，虮处可厌。墨子生七十子后，见战祸之益急，民生之益困，而儒学之窳败蠹政也，故大俭约，僈差等，霆击礼乐，挤之不使立足。至其解仁义之旨，虽不与儒同，而未尝诃斥。盖墨学者儒家言礼乐之反动也。

自墨学之兴，儒生言礼乐者中衰，而仁义之旨，又纷然淆乱，儒墨各道尧

---

* 选自《范文澜全集》（第二卷），河北教育出版社 2002 年版，第 214 页。

舜，以意杂说，无所折衷。暴君污臣，盗名济恶，篡逆之门，亦存仁义。老子生于南楚，推原祸乱，由于多智，于是唾弃仁义，别标道德，清虚无为，崇尚权术。其学惨礉，适于衰世，然去儒墨忠厚之教，亦稍远矣。

孟子后孔子百岁，受业子思门人，得仁义之传。又数十年而有荀子，大明礼乐之用，儒学不亡于战国，孟荀二子之力也。儒家别传则有庄周、邹衍、尸佼、韩非之伦所说各异，而血脉则通于儒，仿墨家例，当号为别儒。

名法之学，本儒墨道三家所共有。昔墨子以节用非攻为教，其道大觳，非世主所乐闻。末流特重辩术，以与他家争，宋钘、尹文、惠施、公孙龙辩者之徒，皆别墨也，而《七略》《汉志》强立名家。老子时代略后，以权术为宗，战国法术之士多取其说以言治道。况名与法本不可离。李悝《法经》萧何《汉律》皆著名篇，而后世言法者亦号刑名，安得别立法家之称。故综核诸子学派，儒墨道三家而已，纷纷者皆其支与流裔也。

战国诸侯力政，时君世主，好恶殊方。是以百家之术，蜂出并作，各引一端，取合诸侯，大者为卿相师友，下亦不失安居哺啜，无稼穑之劳。利禄所存，众人趋焉。又三代遗制，至战国而崩坏，譬犹疾疢遝发，医师凑至，凡彼学说之起，皆所以针敝俗救世病也。三家之中，儒本周公旧教，沦人心，浃肌肤，最适于民族性，如黍稷刍豢之不可废。墨老之学，则如犀角牛黄，非不贵也，而不可常服。汉氏有天下，复西周一统之盛，病态既消，儒术复用。诸子弃斥，势所必至。然学无争竞，儒亦衰微，两汉作者，罕有新意，刘彦和讥为体势漫弱，洵非苛论。

自儒家独行于中国，学术消沉，宋儒虽颇自振，亦不得与战国比侔矣。考其致此之原，由于学定一尊，顺之则拾禄位如地芥，违之则得非圣叛道之诛。所谓儒学者，又仅承袭糟粕，遗落大义，阿谀暴主，苟取容悦，姝姝焉以孔孟之徒自憙，抑知城狐社鼠，终有薰掘之日。方今世运更新，数千年来思想之桁杨，一旦尽解，学问不受政治之迫压，各得骋其才智，钻研真理，战国诸子虽其壮乎，特为今世作前驱已耳。

十五年十二月　范文澜

第一章　孔子以前之文化

论中国文化之源委，何以必断自孔子乎？此无他，禹，汤，文，武，周公历圣之所经营缔构者，莫不集成于孔子；道，墨，名，法，诸子之所驰骋发挥者，又莫不与儒家通血脉也。愈后出之史，其记述古事乃愈远，伏羲神农黄帝之德业种种实非吾人所敢言，无已，其存而不论乎。尧舜尚已，然《尧典》词旨华瞻，文采彪炳，上古简质，岂能作此，谓出于周代史官追记者近是。孔子序书传；上纪唐虞之际，谓之《尚书》，——尚书者，上古之书也。——与凿凿言三代典制者有别。《韩非子》显学篇曰：

> 孔子、墨子俱道尧、舜，而取舍不同，皆自谓真尧、舜，尧、舜不复生，将谁使定儒、墨之诚乎？殷、周七百余岁，虞、夏二千余岁，而不能定儒、墨之真；今乃欲审尧、舜之道于三千岁之前，（三千疑当作二千）意者其不可必乎？……故明据先王，必定尧、舜者，非愚则诬也。

韩子之意，谓殷周之际至战国凡七百余年，自虞夏之际至战国凡两千余年，儒墨之说三代，已纷然莫决，况远称唐虞于两千年之前乎？故尧舜之事若何，论而不议可也。夏禹以后，世次略明，盖水土既平，民得宅居，大位传子，争扰渐息，文化萌芽，无可疑怪。《竹书纪年》托始于夏代，《太史公书》记夏殷事亦颇备，古人谱牒之学，掌在史官，子孙世守，虽或讹脱，而不得概目为诞妄也。孔子称禹曰：

> 禹：吾无间然矣！菲饮食而致孝乎鬼神，恶衣服而致美乎黻冕，卑宫室而尽力乎沟洫，禹，吾无间然矣！（《论语》泰伯篇）

墨子称禹曰：

> 昔者禹之湮洪水，决江河，而通四夷九州也，名川三百，支川三千，小者无数，禹亲自操橐耜而九杂天下之川，腓无胈，胫无毛，沐甚雨，栉疾雨，置万国；禹大圣也，而形劳天下也如此。（《庄子》天下）

孔墨称述禹事，大致不异，知其所据，较为可信，故上溯古昔，当断自夏禹，商周继兴，文化递进，典籍繁重，王官世守，其要有《易》《诗》《书》《礼》《乐》《春秋》诸书，所谓六经者也。此六经者，先王之政典，三代文化之总集。孔子曰：

> 殷因于夏礼，所损益可知也；周因于殷礼，所损益可知也；其或继周者则虽百世可知也。

知六经虽为周代之书，其积累而成，实本于夏殷。自周之衰，王官散佚，平民亦得从师而学。孔子删定六经，遂成儒家之专籍；他若墨子之书，屡言《诗》《书》《春秋》，与儒家所诵习者同书而不同本。儒墨二家，所以并立周季，各不相下也。

虽然，作五千言之老子，绝非孔子问礼之老聃，汪容甫谓即见秦献公之周太史儋，吾意更在其后，墨子生孔子后，史传更无疑义；之二子皆学自有本，而其学又皆鉴于世俗之失，欲有所救正，对病下药，非妄作唐论者。宗炳《明佛论》曰：

> 教化之发，各指所应。世蕲乎乱，洙泗所弘，应治道也。纯风弥凋，二篇乃作，以息动也。

《墨子》鲁问篇曰：

> 子墨子曰"凡入国必择务而从事焉。国家昏乱，则语之尚贤尚同；国家贫，则语之节用节葬；国家憙音湛湎，则语之非乐非命；国家淫僻无礼，则语之尊天事鬼；国家务夺侵凌，则语之兼爱非攻；故曰：择务而从事焉"。

道墨学说，皆应世而作，其时思想界之盟主为儒家，儒家末流之失，则有沟犹瞀儒嚾嚾然高谈仁义，迂阔而不切事情者，有繁饰礼乐以淫人，富人有丧，乃大说，喜曰，"此衣食之端也"者；墨家厌弃礼乐，道家非薄仁义，盖有为而言之。是故三代以降，至孔子而集文化之成，诸子并作，因儒家而启诘难之绪，本编举孔子之前之后为思想关键者以此。

第一节　三代制度之变迁

观于三代制度之迁变，而文化演进之程序，略可窥测其一斑，大抵由质趋文，由简趋繁，由疏趋密，由穷趋通，此公例也，太史公曰：

> 夏之政忠。忠之敝，小人以野，故殷人承之以敬。敬之敝，小人以鬼，故周人承之以文；文之敝，小人以僿，故救僿莫若以忠。（高祖本纪）

此由穷趋通也，他如刑法之由疏趋密，官职之由简趋繁，舆服之由质趋文，见于经传诸子者，不可胜计，虽多出后世称述，未必可信，要其不离公例者近是。海宁王国维根据殷墟遗文，推证经传作《殷周制度论》，精实足征，兹刺取其文，略记于下：

（一）大位之传授　五帝官天下，三王家天下，所谓五帝者，草昧时代之大酋；所谓官天下者，部落民众之聚散。《孟子》称：

> 舜避尧之子于南河之南。天下诸侯朝觐者，不之尧之子而之舜，讼狱者不之尧之子而之舜，讴歌者不讴歌尧之子而讴歌舜。(《万章》)

此最足以推知远古部落兴衰之故。《说文》君字从尹，君训为尊，(《说文》"君尊也"。)君为天下所归往。(《白虎通》云："王者，往也。天下所归往。")又君群互训，而群字从君得声。《吕览》长利篇云："群之可聚也，相与利之也，利之出于群也，君道立也，故君道立则利出于群。"人为合群之动物，其职在维护全群之安宁，如群长悍暴，民不能忍，则奔归他群之善我者；甲群侵凌乙群，乙群不胜，则依附强大之群以自保；异族攻掠——古史屡言征苗族，则众群合力御侮，听命于最智勇之群长；故舜代尧而兴，尧之子仍自有其群，禹代舜而兴，舜之子仍有其群，禅让云者，后世忖度之词耳。

洪水为灾，禹疏治之工最盛，死而民不能忘，子启又能灭有扈氏（有扈氏为当时强大之群，启灭之。犹周穆之灭徐偃土。又《逸周书》有启杀益之事，屈原《天问》亦略及此，存疑可也。）以保持父业，传子制之嚆矢也。太康无道，政归后羿，凌夷数十年，少康中兴，复禹旧绩，自是迄桀，父子相传，制度确立。推原其故，因由民智渐进，家族思想发达，子孙继承祖业之观念日益强固，而禹铸九鼎，传之后世，使有实物可守，他族亦以其旧家而尊崇之，亦为传子制度之一因。商周革命，必迁其鼎，楚子窥周，亦先问鼎，则九鼎与传子制度谓非无关，殆可信也。夏殷之世，天子与诸侯，非如周之确定名分，故谋自固之心甚切。商之继统法，以弟及为主，自成汤至于帝辛十七帝，中以弟继兄者凡十四帝，其以子继父者，亦非兄之子而多为弟之子，盖幼弟死时，长兄之子当已衰老，不若弟之子方鼎壮也。周之先祖太王传位王季，文王舍伯邑考而立武王，周公继武王而摄政称王，自殷制言之皆正也。舍弟传子之法，实自周始，当武王之崩，天下未定，国赖长君，周公既相武王克殷胜纣，勋劳最高，以德以长，以历代之制，则继武王而自立，固其所矣。而周公乃立成王而己摄之，后又反政焉。摄政者所以济变也，立成王者所以居正也，自是以后，子继之法，遂为百王不易之制矣。

由传子之制而嫡庶之制生焉。夫舍弟而传子者，所以息争也，兄弟之亲，本不如父子，而兄之尊又不如父，故兄弟间常不免有争位之事。特如传弟既尽之后，则嗣立者当为兄之子欤？弟之子欤？以理论言之，自当立兄之子，以事实言之，则所立者，往往为弟之子，此商人所以有中丁以后九世之乱，而周人传子之制，正为救此弊而设也。然使于诸子之中，可以任择一人而立之，而此子又可任立其欲立者，则其争益甚，反不如商之兄弟以长幼相及者犹有次第矣。故有传子之法，而嫡庶之法亦与之俱生。其条例则《春秋左氏传》之说曰：

> 太子死，有母弟则立之。无则立长。年钧择贤。义钧则卜。

公羊家之说（《公羊》隐元年何休注）曰：

> 礼，嫡夫人无子，立右媵；右媵无子立左媵；左媵无子立嫡姪娣；嫡姪娣无子，立右媵姪娣；右媵侄娣无子，立左媵侄娣。质家亲亲，先立娣，文家尊尊，先立孙。其双生也，质家据现在立先生，文家据本意立后生。（《太平御览》卷三百六十一引："晋樵周法训曰：一产二子者，当以后生者为兄，言其先胎也。答曰：此野人之凿语耳。君字不测暗安知胎之先后也。"）

此二说中，后说尤为详密，顾皆后儒充类之说，当立法之初，未必穷其变至此。然所谓"立子以贵不以长，立嫡以长不以贤"者，乃传子之精髓，当时虽未必有此语，而已用此意矣。立子立嫡之法，实自周公定之，是周人改制之最大者，可由殷制比较得之，有周一代礼制大抵由此出也。

（二）宗法与丧服 墨子之学法禹，其所称述，大率夏法，观兼爱、节用、节葬等篇，夏代之宗法丧服，未可言也。商人无嫡庶之制，故不能有宗法，藉曰有之，不过合一族之人奉其族之贵且贤者而宗之，其所宗之人，固非一定而不可易，如周之大宗小宗也。周人嫡庶之制，本为天子诸侯继统法而设，复以此制通之大夫以下，则不为君统而为宗统，于是宗法生焉。周初宗法，虽不可考，然多见于七十子后学所记述。大抵由尊之统言，则天子诸侯之子，身为别子而其后世为大宗者，无不奉天子诸侯以为最大之大宗，特以尊卑既殊，不敢加以宗名而其实则仍在也。笃公刘云，"食之饮之，君之宗之"。《传》曰，"为之君，为之大宗也"。板之诗曰，"大宗维翰"。《传》曰，"王者天下之大宗"。又曰，"宗子维城"。笺曰，"王者之嫡子，谓之宗子"。是礼家之大宗，限于大夫以下者，诗人直以称天子诸侯。惟在天子诸侯则宗统与君统合，故不必以宗名；大夫士以下，皆以贤才进，不必身是嫡子，故宗法乃成一独立之统系。是以丧服有为宗子及其母妻之服，皆齐衰三月，与庶人为国君，曾孙为曾祖父母之服同。嫡子庶子祇事宗子，虽贵富不敢以贵富入于宗子之家。子弟犹归器，则献其上而后敢服用其次。祭则具二牲，献其贤者于宗子，夫妇皆齐而宗敬焉，终事而后敢私祭。（见《小戴记》内测篇）是故大夫以下，君统之外，复戴宗统，此由嫡庶之制自然而生者也。

其次则为丧服之制。丧服之大纲四：曰"亲亲"，曰"尊尊"，曰"长长"，曰"男女有别"。无嫡庶则有亲而无尊，有恩而无义，而丧服之统紊矣。故殷之前服制，就令成一统系，其不能如周礼服制之完密，则可断也，丧服中之自嫡庶之制出者，如：

父为长子三年，为众子期。

庶子不得为长子三年。

母为长子三年，为众子期。

公为嫡子之长殇中殇大功，为庶子之长殇中殇无服。

大夫为嫡子之长殇中殇大功，为庶子之长殇小功，嫡妇大功，庶妇小功，嫡孙期，庶孙小功。

出妻之子为母期、为父后者，则为出母无服；为父后者，为其母缌。

大夫之嫡子为其妻期，庶子为妻小功。

大夫之庶子为嫡昆弟期，为庶昆弟大功，为嫡昆弟之长殇中殇大功，为庶昆弟之长殇小功，为嫡昆弟之下殇小功，为庶昆弟之下殇无服。女子适人者为其昆弟之为父后者期，为众昆弟大功。

凡此皆出于嫡庶之制，无嫡庶之世，其不适用此制明矣。又无嫡庶则无宗法，故为宗子与宗子之母，妻之服无所施；无嫡庶无宗法则无为人后者，故为人后者，为其所后及为其父母昆弟服亦无所用；故《丧服》一篇，其条理至精密纤悉者，乃出于嫡庶之制既行以后，自殷以前，绝不能有此制度也。

(三)君臣之名分　自殷以前，天子诸侯君臣之分未定也。故当夏后之世，而殷之王亥王恒累叶称王；汤未放桀之时，亦已称王；当商之末，而周之文武亦称王；盖诸侯之于天子，犹后世诸侯之于盟主，未有君臣之分也。周初亦然，于牧誓、大诰皆称诸侯曰友邦冢君，是君臣之分，亦未全密也。逮克殷践奄，灭国数十，而新建之国皆其功臣昆弟甥舅，本周之臣子，而鲁卫晋齐四国又以王室至亲为东方大藩，夏殷以来古国方之蔑矣。由是天子之尊，非复诸侯之长，而为诸侯之君。其在丧服，则诸侯为天子斩衰三年，与子为父，臣为君同。盖天子诸侯君臣之分始定于此。此周初大一统之规模实与其大居正之制度相待而成者也。

(四)婚姻之制　男女之别周亦较前代为严。男子称氏，女子称姓，此周之通制也。上古女子无称姓者，有一惟一姜嫄，姜嫄者周之妣，而其名出于周人之口者也。传言黄帝之子为十二姓，祝融之后为八姓。又言虞为姚姓，夏为姒姓，商为子姓，凡此记录，皆出周世，据殷人文字则帝王之姓与母，皆以曰名，与先王同。诸侯之姓亦然。（《大传》曰大宗，尊之统也。禽兽知母而不知父，野人曰："父母何算焉。都邑之士，则知尊父矣。"亦可为周代始行宗法之证。大抵草昧之世惟知有母，稍进男女并尊，再进则男尊女卑，宗法者男尊女卑之制也。）

虽不敢谓殷以前无女姓之制，然女子不以姓称，固事实也。（晋语之妲己，恐亦周人追名，）而周则大姜大任大姒邑姜皆以姓著，自是迄于春秋之末，无不称姓之女子，大传曰："四世而缌；服之穷也；五世袒免，杀同姓也；六世亲属竭矣。其庶姓别于上而戚单于下，婚姻可以通乎？"又曰"系之以姓而勿别，缀之以食而勿殊，虽百世而婚姻不通者，周道然也"。然则商人六世以后，或可通婚，而同姓不婚之制，实自周始，女子称姓亦自周人始矣。

第二节　古民族相传之和调性

和调云者，不偏不倚之谓也，儒家最贵中道；墨家言兼相爱，交相利；道家忌强梁，以为不得其死；凡卓然以思想名家者，莫不含和调之色彩。虽其见解万殊，立言各异，和调成分亦有多寡，然其欲扶侧被弊，复归于所谓中正者则一。试求之于古知三代之所以教民成俗，莫不以和调为大本；试察之于后，百家学说其最富和调精神者，流传亦最久且盛，论中国思想，不可不知此义也。经籍中标举此义，其尤要者一曰"九德"、二曰"九畴"、三曰"周易"。

（一）九德　《尧典》："帝命夔教胄子，直而温，宽而栗，刚而无虐，简而无傲。"举此四事以为教育宗旨。至皋陶述谋、始称儿德。九德者：

> 宽而栗，（性宽弘而能庄栗）柔而立，（和柔而能立事）愿而恭，（恭《史记》夏本纪作共。悫愿而恭恪）乱而敬（乱《史记》作治。乱治也。有治而能谨敬。）扰而毅（扰顺也。致果为毅。）直而温（行正直而气温和）简而廉（性简大而有廉隅）刚而塞（塞《史记》作实。刚断而实塞。）强而义（无所屈挠，动必合义。）

郑玄曰："凡人之性有异，有其上者不必有下，有其下者不必有上，上下相协，乃成其德。是言上下以相对，各全以相对，兼而有之，乃为一德。此二者虽是本性，亦可以长短自矫，宽弘者失于缓慢，故性宽弘而能矜庄严栗，乃成一德。九者皆然也。"（《尚书》皋陶谟正义引郑玄说）九德之义同于舜以命夔者，而条则日益恢弘矣。

（二）九畴　箕子之告周武曰，"我闻在昔，鲧湮洪水，汩陈其五行。帝乃震怒，不畀洪范九畴，彝伦攸斁。鲧则殛死，禹乃嗣兴，天乃锡禹洪范九畴，彝伦攸叙"。此言洪范九畴传自夏禹以迄于商，为历代相传政教之常道大纲，观其序次，极有义类，盖古人计数之法，有以二计者，阴阳是也；有以五计者，五行是也。数成于五而究于九，五为中数，故皇极次五，正合和调之义，若皇极不建，则五行以至五福六极皆归陈失次，彝伦攸斁也。所谓九畴者：

①五行——水火木金土（五者民生所行用。《左传》襄二十七年，天生五材、民并用之是也。）

②五事——貌言视听思（此言一人之上，有此五事，能始于敬身，则通于万事。）

③八政——食、货、祀、司空、司徒、司寇、宾、师（此八者政教之本。）

④五纪——岁月日星辰历数（五纪者，五事为天时之经纪也。）

⑤皇极——大中之道，大立其有中，谓行九畴之义。（孔传语）

⑥三德——正直刚克柔克（言三德张弛随时而用。）

⑦稽疑——卜兆用五——雨，霁，蒙，驿，克。筮占用二——贞，悔。（此言王者考正疑事、当选择知卜筮者而建立之以为卜筮人。）

⑧庶徵——雨旸燠寒风时（此以五者之合时与否，验人君政治之善恶。）

⑨五福——寿，富，康宁，攸好德，考终命。六极——凶短折，疾，忧，贫，恶，弱、为善致福，为恶致极。（此言人生于世有此福极）

洪范于皇极之义，发挥最为详尽，其言曰：

> 无偏无陂，遵王之义，无有作好，遵王之道，无有作恶，遵王之路。
> （言无有乱为私好恶，动必循先王之道路。）

> 无偏无党，王道荡荡，无党无偏，王道平平，无反无侧，王道正直，会其有极，归其有极（言会其"有中而行之则天下皆归其'有中'矣"）

次七稽疑一节，更易窥见和调之精义，其言曰：

> 汝则有大疑，谋及乃心，谋及卿士，谋及庶人，谋及卜筮，汝则从，龟从，筮从，卿士从，庶民从，是之谓大同，身其康强，子孙其逢，吉。汝则从，龟从，筮从，卿士逆，庶民逆，吉。（君臣不同，决之卜筮，亦中吉。）庶民从，龟从，筮从，汝则逆，卿士逆，吉。（民与上异心，亦卜筮以决之。）汝则从，龟从，筮逆，卿士逆，庶民逆，作内吉，作外凶（二从三逆，龟筮相违故可以祭祀冠婚，不可以出师征伐。）龟筮其违于人，用静吉，用作凶。（安以守常则吉，动则凶。）

君臣上下，合为一体，以多数从违定吉凶，其和调为何如耶？龟筮亦得参加国政者，固由古人迷信鬼神，亦以卜筮之官，率皆才智有学，非同后世以奇术诳人者。且卜筮各三人，而三人占，又从二人之言，则亦不得纯以迷信讥之矣。

（三）周易　乾坤为易之门，而乾坤者，阴阳也。阴阳和调者吉，否则凶。故凡爻已定者不动，其未定者在本卦初与四易，二与五易，三与上易。本卦无可易，则旁通于他卦，亦初通于四，二通于五，三通于上。成己所以成物，故此爻动而之正，则彼爻亦动而之正，未有无所之，自正不正人者也。枉己未能正人，故彼此易而各正。未有变已正之爻为不正，以受彼爻之不正者也。（焦循《易图略语》）此旁通之义，亦即阴阳和调之义也。易义最贵中，故乾之九二曰："见龙在田，利见大人，"文言曰："龙德而正中者也。"九五曰："飞龙在天，利见大人。"文言曰："同声相应，同气相求，水流湿，火就燥，云从龙，风从虎，圣人作而万物睹，本乎天者亲上，本乎地者亲下，则各从其类也。"坤之六二曰："直方大，不习，无不利。"文言曰："君子敬以直内，义以方外，敬义立而德不孤，"此居中得正，内外和调也。六五曰："黄裳元吉，"象曰："黄裳元吉，文在中也，"文言曰："君子黄中通理，正位居体，美在其中而畅于四支，发于事业，美之至也。"观乾坤二五之爻，知中之时义大矣。乾之上九则亢龙有悔，坤之上六则龙战于野，失和调也。天地交，万物通为泰䷊，天地不交，万物不通为否䷋，水在火上为既济䷾，火在水上为未济䷿，凡此皆足以见和调之旨。

第三节　民本主义

自夏启继统，为后世家天下之滥觞，平民受治于一世袭之君主，其地位实较草昧时代自由拥戴首领者为低落。然作君者，亦知民为邦本，不可虐侮，父子君臣，兢兢焉以失民心为大戒，是以三代之所谓圣君良臣，其存心虽出于私，其行事则必以民利为归，固无愧其为圣君良臣也。凡百家言治道者，莫非持此民本主义而已，《礼运》一篇及孟子民贵之说，则尤为特出之思想也。

古代国家之组织，大抵成于四阶级：一曰君主，二曰卿士，三曰奴隶，四曰平民。君主为一国之首领。卿士率为贵族，故殷高宗欲用傅说，周文王欲用吕尚，必先托为神怪，以敿贵族之异议。奴隶者，或为战争之俘虏（《周礼》有蛮隶闽隶等）或为婴罪籍没之平民（《周礼》秋官云"为奴男子入于罪隶，女子入于舂藁，惟有爵与年七十者不为奴。"）。

《左传》昭七年申无宇云："人有十等：王臣公，公臣大夫，大夫臣士，士臣皂，皂臣舆，舆臣隶，隶臣僚，僚臣仆，仆臣台。"此十等中自王至台自为阶级，而平民不与焉，殆尊民之遗意欤？一国中平民之数最多，平民好恶之总和，即为天意之表示。古人所称天与天罚，大率即指民意。试读《尚书》各篇，殆莫不以安民畏民为言。欲举其说，将不可胜，兹录盘庚篇二。盘庚上篇为告诫群臣之词，其略曰：

> 王若曰：格汝众！予告汝训。汝猷黜乃心，无欲从康。古我先王亦惟图任旧人共政，王播告之脩，不匿厥指，王用丕钦，罔有逸言、民用丕变。今汝聒聒起信险肤，予弗知乃所讼。非予自荒兹德，惟汝舍德不惕予一人，予若观火。予亦拙谋作乃逸。……相时憸民，犹胥顾于箴言，其发有逸口，矧予制乃短长之命。……汝无侮老成人，无弱孤有幼，各长于厥居，勉出乃力，劳予一人之作猷。无有远迩，用罪伐厥死，用德彰厥善。……自今至于后日，各恭尔事，齐乃位，度乃口，罚及尔身，弗可悔。

辞气严厉，若叱奴仆，盖群臣皆王室远迩之亲属，赖王室以得禄位，生杀予夺，权在君主，故可斥责，使从王命。中篇为对民众之词，发善言大告，用诚于众，语气与前大异，其略曰：

> 盘庚乃登进厥民。曰，明听朕言，无荒失朕命。呜呼！古我前后，罔不惟民之承；保后胥戚，鲜以不浮于天时。殷降大虐，先王不怀，厥攸作视，民利用迁，汝曷弗念我古后之闻，承汝俾汝，惟喜康共，非汝有咎比于罚。予若吁怀兹新邑，亦惟汝故，以丕从厥志，今予将试以汝迁，安定厥邦。汝不忧朕心之攸困，乃咸大不宣乃心、钦念以忱，动予一人，尔惟自鞠自苦。……予迓续乃命于天，予岂汝威？用奉畜汝众，卜念我先神后之劳尔先，予丕克羞尔用，怀尔然。失于政，陈于兹，高后丕乃崇降罪疾曰："曷虐朕民？"汝万民乃不生生，暨予一人猷同心，先后丕降与汝罪疾，曰，"曷不暨朕幼孙有比？"故有爽德，自上其罚汝，汝罔能迪。古我先后既劳乃祖乃父，汝共作我畜民，汝有戕，则在乃心。我先后绥乃祖乃父，乃祖乃父乃断弃汝，不救乃死。……往哉生生，今予将试以汝迁，永建乃家。

此篇反覆劝诱，以先后及民之祖宗为言，绝无怒责之词，盖"抚我则后，虐我则仇"，天听自我民听（皋陶谟有"天聪明自我民明畏，"此虽伪古文，可与泰誓语相发明）。古代天君民三者间之关系如此。自周定宗法，君权较固，然厉王被放逐，春秋书梁亡（《左传》文三年发曰"凡民逃其上曰溃。"）封建之世，民犹得逃其上也。周末学说，率以巩固君权为事，秦汉以后，贱儒尤助虐取宠，民之地位益低，三代之治，遂邈乎其不可即矣。

第四节　鬼神术数

鬼神术数二者，古代思想之骨干，一切政教之本源也。初民智识低下，见人有死，寐有梦，以为必有物主之，于是鬼神之说兴焉。三代之世，民智渐进，鬼神之组织，亦益完密。一曰天神，二曰地祇，三曰人鬼，四曰物彪。

（一）天神　最高者为昊天上帝。次有五方之帝，苍帝曰灵威仰，赤帝曰赤熛怒，白帝曰白招拒，黑帝曰叶光纪，黄帝曰含枢纽，名号怪诞，郑注必有所本。（周礼小宗伯"兆五帝于四郊"郑注举五帝之名云云）五帝外复有日月星辰司中司命飘师雨师总谓之天神。（《周礼》大宗伯）

（二）地祇　社稷五祀五岳山林川泽四方百物皆谓之地祇（《周礼》大宗伯）。《山海经》所记山神尤多且怪，如自天虞之山以至南禺之山，凡一十四山，其神皆龙身而人面，其祠皆一白狗祈，糈用稌。（南山经）自钤山至于莱山，凡十七山，其十神者，皆人面而马身；其七神皆人面牛身，四足而一臂，操杖以行，是为飞兽之神，其祠之毛用少牢，白菅为席。（西山经）

其他如门户中霤井灶之神，及楚辞所称湘君，湘夫人，河伯、雒嫔之类，皆地祇也。

（三）人鬼　人死为鬼，古书记鬼事甚多，不可胜举，大抵恩怨饮食，与生人无异。（《墨子》明鬼篇所记，皆本当时史书。）

（四）物彪　相氏掌傩，以驱方良。庭氏射妖鸟。（《周礼》秋官）涸泽之精曰庆忌，若人，长四寸，衣黄衣，冠黄冠，戴黄盖，乘小马，好疾驰，可使千里外一日返报。涸川之精曰虫为蚴，一头而两身，其形若蛇，长八尺，呼其名，可取鱼鳖。（《管子》水地篇）此皆物彪也。

古人既以人之四周，皆有鬼神，而鬼神实不与人通言语，于是有借此以惑民者，酋长君主是已。酋长君主虽不必皆由惑民而得位，然稽之古籍，神道设教之证据正多，其主旨惟在缔构君权使臻坚强而已。

所谓神道设教者何？一群之中，必有酋长，酋长之资格，大率材力轶群，智计过人，假鬼神以自异于侪辈，考之故籍所传，其术有三。

（一）感生　《说文》姓字云："人所生也，古之神圣母；感天而生子，故称

天子。"纬书所称如大星如虹，下流华渚，女节气感生白帝（河图）。瑶光之星如婗正白，感女枢出房之宫，生黑帝。（河图）

庆都出观三河之首，有赤龙出，奄然阴风雨，赤龙与庆都合昏，龙消不见有娠。（《春秋》合诚图）握登见大虹，意感生舜。（《诗》含神雾）

修已山行见流星，意感栗然，生姒戎文禹。（《书》帝命验）

玄鸟翔水，遗卵于流，娀简拾吞，生契封商。（《尚书》中候）

姜嫄出野，见巨人迹，心忻然说，欲践之，践之而身动如孕者，居期而生子，……因名曰弃。（《史记》周本纪）

以上众说虽皆诬诞不经，然亦未必尽出后人附会。观《史记》高祖本纪详述太公见蛟龙在刘媪身上事，不以为诬谤，此殆汉初相传有此事，即上古酋长君主感生之遗风矣。

（二）受命　上古酋长君主，又必求一珍异不常见之物，或作一怪诞之事，以示受天之命，如：

伏牺氏有天下，龙马负图，出于河，遂法之以画八卦（尚书中候）

尧受河图，帝立坛磬折西向（中候）

舜沈璧于河，至于下稷（稷读曰侧、下侧曰而之时）、荣光休至（中候）

天锡禹洪范九畴（尚书洪范及九畴之文。）按禹铸九鼎或于鼎上刻怪物。

赤雀衔丹书，止于昌户（中候）　白鱼入舟，赤屋流乌（中候）

后世如《史记》封禅书所记，王莽刘秀所造，六朝人所侈谈之符瑞，皆上古受命遗法也。

（三）封禅　《管子》封禅篇云，齐桓公既霸，会诸侯于葵邱，而欲封禅。管仲曰："古者封泰山禅梁父者七十二家，而夷吾所记者十有二焉。……皆受命然后得封禅。"据《管子》所云，古封禅者多至七十二家，则凡上古较强大之酋长殆无不封禅矣。《尧典》："岁二月，东巡守，至于岱宗，柴；望秩于山川；肆觐东侯，协时月，正日，同律度量衡。"所谓柴者，于泰山岭积柴加牲其上而燔之，示与天通也。望秩于山川者，东岳诸侯境内名山大川如其秩次望祭之，五岳牲礼视三公，四渎视诸侯，其馀视伯子男。此二祭之礼成，则大酋与群酋之尊卑，显然分别，于是肆觐群酋而颁政教，无敢不从者。

惟天子得祭天地，诸侯以下，位次愈下，所祭之鬼神愈微小，庶人祭馈其先人而已。以祭礼示尊卑，为术至妙。《尚书》吕刑谓：

蚩尤惟始作乱，延及于平民……乃命重黎，绝地天通，罔有降格。

《国语》谓：

> 少皞之世，九黎乱德，民神杂糅，不可方物。夫人作享，家为巫史，无有要质，民匮于祀，而不知其福；烝享无度，民神同位，民渎齐盟，无有严威，神狎民则不蠲，其为嘉生不降，无物以享，祸灾荐臻，莫尽其气。颛顼受之，乃命南正重司天以属神，命北正黎司地以属民，使复旧常，无相侵渎，是谓绝地天通。

此事两见经传，殆无可疑。绝地天通者，即厘定祭祀之制，使有上下尊卑之分而已。孔子曰："郊祀之礼，禘尝之义，知其说者之于天下也，其如视诸掌乎？"（中庸）即此义也。

明哲之士，深知鬼神之原，以为明神道将欲助教化而已。故《左传》所引，如：

季梁曰："夫民，神之主也，是以圣王先成民而后致力于神。"（桓六年）

史嚚曰："国将兴，听于民；国将亡，听于神。"（庄三十二年）

子产曰："天道远，人道迩，非所及也，何以知之？"（昭十八年）

仲几曰："薛征于人，宋征于鬼，宋罪大矣！"（定元年）

略举数事，知古人对于鬼神之观念如何。惟常人则确信鬼神之威权。《左传》僖五年虞公曰：吾享祀丰洁，神必据我。（据犹安也。）

宫之奇发其愚蒙，最为明快，其言曰：

> 臣闻之，鬼神非神实亲，惟德是依。故《周书》曰"皇天无亲，惟德是辅。"（周书逸书）又曰，"黍稷非馨，明德惟馨。"又曰，"民不易物，惟德繄物。"如是则非德，民不和，神不享矣。神所凭依，将在德矣。若晋取虞而明德，以荐馨香，神其吐之乎？

春秋之世，诸侯与虞公同见解者至多，甚至用人为牺牲以求媚于神，不复知神道设教之本义，若明哲之士，则未尝不深知其意也。春秋多书灾异，然凡物不为灾不书，（左传庄二十九年）时失则书（如桓十四年书无冰），有变异则书（如书食），盖周之史法如此，谓孔子迷信而书灾异者非，谓孔子借灾异以儆国君者亦非。春秋时国君之迷信如此，则人民之迷信可知，春秋以前之迷信亦可知。总之自少数哲士外，殆无不迷信鬼神者。（以下多取夏曾佑中国历史语）彼辈以为世间之事，均有鬼神主宰乎其间，于是立术数之法，以探鬼神之意，以察祸福之机，其事巫祝司之。《汉书》艺文志列阴阳家于诸子，而术数自为一略。阴阳家出于羲和之官（阴阳本专司天文。故《左传》僖十六年周内史叔兴曰"是阴阳之事非吉凶所生也"阴阳与术数并作一事，末流之失也），本不应言吉凶忌讳。惟观汉志所评，则阴阳与术数实无大异。阴阳家书不传。术数一略，艺文志分为六类，即：

（一）天文　（二）历谱　（三）五行　（四）蓍龟　（五）杂占　（六）形法

今即由此六术，以证古人之事往往相合。惟汉志所列之书，今不传者十之九，故其为术，今人无能通者。今之术数，虽源于古之术数，而不尽为古之术数也。

水经注写景文钞（节选）*

序

从郦道元《水经注》录成这本小册子，差不多费了一个月光阴。很显然，我不是想在《水经》上做些稽古寻今的苦功，也没有像《丹铅总录》所说"予尝欲抄出其山水佳胜为一帙，以洗宋人《卧游录》只陋"的那样雅兴。我这个动作，无非拿几本旧书消遣苦闷的岁月罢了。因为如此，所以仅用王先谦的本子，依样抄下，虽然我也有似校非校似注非注几条在内，却是无关重要的。王氏校本在众家中要算最好，可惜把全氏七校本随手抹煞。全、赵、戴三本之纷纠，我当然无心而且无力去加入辩论，林颐山斥伪，不知道说些什么，无意去搜寻来看，不过张石舟辩诬，近在手边，何妨写在一起。全本的字，我也采用了几个。

社会好似黑压压一大片野生森林，其中什么木材都有。越是不材恶木，凭着他所以为恶木的几种特质，繁荣超过一切。枝叶扶疏，独占雨露，根株布濩，广吸养料，良木如何能免于枯槁呢？不信，试翻历史和报纸，愤世嫉俗之士，不是数不清有多少么？小民呼号哀痛之声，不是震天动地价响么？在这样惨毒里生活的人们，能有心情去享受天地山川之美么？

富贵人应该能享受的了，然而未必。他们救国救民和怎样刮脂膏榨血汗，日夜孳孳，贤劳个不了，哪有闲工夫在山水间徜徉。名胜地方虽然不少花园别墅，不过表彰他们是富贵而已。有时候也曾听说某伟人游山啦，恐怕是想计策和看风色去的罢。青山丽水间，要是这类人多了，立刻会被血腥铜臭弥漫着像大雨前烟雾那样昏暗。

乡下农夫生在田野里，配做山水主人么？不。他们受种种压迫，很少机会受良好教育，成天作工，智识卑下，那能有鉴赏能力，美自美而人自人，两者

---

* 选自《范文澜全集》（第六卷），河北教育出版社 2002 年版，第 17 页。

间不发生关系。我说这话绝没有藐视农夫的恶意。他们忙的是耕种啦，纳租啦，伺候田主啦，黄牛害病啦，小鸡被偷啦，……他们是社会的职蜂职蚁，如何能责以雅人高士的勾当呢？都市中工人更不用提，白天做活动机器，夜里挺着喂臭虫。农夫有时还会被美术家在画片上作点缀品，工人连这些资格也很微。

山林隐遁之士，不撄世务，啸傲泉石，在古代确实不少。现在呢？受生活的压迫，受势利的诱惑，恐怕全跑进城市里去了。而且赋敛苛暴，盗贼横行，不容他再在山中高卧。要不是，何以秦淮河花船里住满了当世贤豪，首阳隆中却寂寞无闻呢？其实，躲避到山中是无用的弱者，诸葛亮要用不出而用世，也无非一个吃饭者而已。这话很可能给贤豪们解嘲。

各人的性情不同，职业不同，环境不同，当然不能像上面所说的那样简单，那样武断。可是天地山川之美，的确没有尽量开发，给人类享受，我先说几种玷污山川的东西，要先铲除这些，然后说别的。

1. 花园别墅　富贵人在优胜地点，盖所大房子，铁门终年关着。禁止闲人观光，好像一口金棺材放在那里，没有人敢想钻进去。也有开放的，炜煌华丽，照耀心目，使人想起世上贫无立锥的多么痛苦。

2. 殡屋坟墓　因为迷信和习俗，把人闹成昏虫一般，装死人的木匣子，火化了多干净，却定要找牛眠吉地，不劳而获好子孙，能做大官发大财。于是，许多田地山陵，给死人占据了。从经济方面计算，这类损失非常可惊。从审美方面着想，漫山遍野大小土馒头，譬如人身上长无数疙瘩，何等难受。

3. 僧寺道观　宗教是害人的麻醉剂，愚诬，奸诈，阴贼，势力种种恶事，全是所谓宗教家的特长。宗教建筑物存在，就可证明社会依然野蛮。非彻底洗刷这些污点，不能表示真正文明。

4. 古迹　人类有恋旧思古的恶根性，实在是条绊马索阻碍进化。譬如说，姜太公在这块石头上钓过鱼，我们知道了有什么意义？只有科学是文化的真髓，顺着科学而建设的，才是鲜艳无比之花。事务已经过去了，与垃圾矢秽何异？人在垃圾堆上茅厕板上徘徊赞叹，我们不笑他是疯子么？

上面所说，平常都认为点缀风景的必需品——第 2 项除外——我却全看作白布上点点蝇恶，非铲去不可。首先把那片野生森林整齐一下，恶木悉数伐去，良木排得有条有理，教他平均地发展，欣欣然而向荣。再把坟墓古迹毁灭，寺观别墅之类，改做养老院幼稚园和学校。利用水力建设工厂，城市中栽植森林。因为交通便利，深山里造起许多村落，人在平野都市作工，晚上可以回到山里去娱乐宿息。按照科学及艺术的指示，一县一省一国乃至世界规律地普遍地美化了，人在这样优良空气中生活着，有作工读书娱乐的一定时候，衣食无虑，贫富不争，机诈消灭，浩浩荡荡努力向着文明路上直奔前进。那样，无地不表现艺术，无人不享受艺术，真所谓山水有灵，当感知已于无穷了。

在没有走入这个大乐园以前，我们止好在垃圾堆里找些《水经注》文章解解闷，因为见了真山真水反生气。

范文澜

平定张石舟穆全氏水经注辨

今世之读《水经注》者，必主戴震本，次则赵一清本。穆案两家于此书皆不为无功，至凿山通道，则谢山全氏之力为多，两家皆拾沈于全氏者也。一清治《水经》，谢山屡称之，（题词曰，杭人赵一清瑰奇淹雅，极多考证。）而其书至乾隆丙午始刊行，在戴本既行之后十三年。（戴本刊于乾隆甲午。）然戴氏则必尝窥见全书及赵书而窃据润饰以为己有者也。戴以校正此书博世名，膺懋赏，其最得意者两端：一曰，据《永乐大典》原本也；一曰，分别经注不相牵溷也。《大典》弆翰林院，获见者少，穆于辛丑之秋，幸得亲览秘书，用明以来通行《水经注》校出一部，（即明知其讹，亦必照改。）勘验戴书始觉其诈。老友王君觯轩告余曰，谢山稿今尚有十数册藏鄞之月船卢氏。穆问可致否？觯轩曰，试为子讯之。卢氏重觯轩请，别倩书手传钞十卷并谢山题词目录一卷，于甲辰春附公车寄到。余用以合校两家，然后知戴赵皆窃据谢山书，即分别经注之说，亦权舆谢山，但整比加密尔。谢山之功不容没，则戴赵之书，皆不可不辨。

《四库全书总目》：《水经注》四十卷，《永乐大典》本。此即戴震所校上之本也。（提要又称为官校宋本。）武英殿用聚珍版印行。（杭州有坊刻袖珍本。）《提要》曰："是书自明以来，绝无善本，惟朱谋㙔所校盛行于世，而舛谬亦复相仍。今以《永乐大典》所引，各案水名逐条参校，非惟字句之讹，层见叠出，其中脱简有自数十字至四百余字者。"（此提要不知何人撰进，然其论必倡自戴氏，则即戴氏之言也。）穆案今翰林院所弆《大典》乃嘉靖中照南京原书重缮之本，《水经》在卷一万一千一百二十七至一万一千一百四十二水字韵内。十六卷今合为八巨册，（乾隆中抽去衬页，率合两卷为一册。）其余江河淮济诸韵中一一细检，更无征引《水经》之处，（大典引书原无定例，然全部收在各韵者，辄不复散见各韵。）然则戴所据校之原本，即此八巨册矣。乃云，各案水名逐条参校，何也？永乐时所据自系宋元旧椠，（顷许君印林买得明人世业堂写本水经注，以大典本校之，十符八九，盖即据宋本移写也。序脱汀营也至枉渚交奇半叶十一行二百十九字与柳大中所见同。）而移写草率，讹文脱句，层见叠出，《大典》盖较他刻本为尤甚。今以通行旧本校之，大略不疏，间有一二字复出旧本上者，戴氏已大半据改。偶有改之不尽者，则以先横各书于胸中，反谓《大典》为误，不足据也。如汉改楼兰为鄯善，河水篇凡六处俱作鄪鄪，（两文俱从邑，世业堂本同。）以义定之，鄪鄪盖即善善从长之义，国名故增邑于旁，犹山水字偏旁之例耳。善长所见《汉书》如此，宋元旧椠《水经注》如此，至为佳证，岂可因今本《汉书》下一字不从邑，而谓旧本无误乎。又如《河渠书》"王吴"，河水济水两篇皆引作"王昊"，（旧本皆然，大典同。）为昊为吴，诚难臆定，然校存异文则可，要不得据史、汉以改水注；而戴氏皆未及致思也。至《提要》所云脱简有自数十字至四百余字者，此又八巨册中绝无之事，戴氏恃《大典》秘书，学者无从窥见，遂敢造言欺人，以掩其盗窃前人之迹，居心殆不可问。戴校每曰："近刻讹某。"夫近刻讹云者，对原本不讹而言也。原本何指，指《大典》也。而余以原本校之，其出于大典者半，出于戴氏之校改及攘他人所校以为己校者亦半。原书俱在，世必更有获见之者，取以相照，戴氏之诈亦见矣。又有不言所本遑臆辄改者，加漯水篇（即河水五）之右部城，即《地理志》湿沃之后父城，戴氏不知后乃右之讹，而改右曰左，意谓刘渊尝置左部城于汾侧也。岂知两地乃风马牛不相及乎？（王梓材曰：今按渭水所经与右部城东西悬绝，河水五亦无右部城三字，此当是张氏误记。）汾水篇汾水又南径白马城，魏刑白马而筑之，故世谓之白马城，今平阳郡治。汾水又南径平阳县故城西，晋立平阳郡治此矣。晋魏两郡城画然明白，戴氏无端改晋立曰魏立，所谓魏者，曷指乎？是以不狂为狂也，而若此者又不可胜举也。

　　段茂堂撰《戴氏年谱》曰："《水经注》自北宋以来无善本，（按提要云明以来无善本者，为回护大典本地也。此云自北宋以来无善本者，为戴校昂声价也。然谢山云水经自初开雕时已不可问，则茂堂此说乃相传定论。）先生读此书久，得经注分别之例有三：一则水经立文，首云某水所出已下无庸再举水名而注内详及所纳群川加以采摭，故实彼此相杂，则一水之名不得不更端重举；一则经文叙次所过州县，如云东过某县之类，一语实赅一县，而注则沿溯县西以终于东，详记所径委曲，经据当时县治，善长作注时，县邑流移，是以多称故城，经无言故城者也；（经不言故城，注必言故城，此例最确。然注言故乡，乃以证明经文，县邑不因县治流移，且有汉县魏县明明一城而仍称故城者，自来治水经者，于此二字皆不免回惑，故特标出之，知此而后知郖亭用两汉地志绝非好异而然。）一则经例云过，注例云径，不得相淆。（今按以过径别经注，本于赵一清。）得此三例，迎刃分解，故能正经注之互讹云云。"又《与梁曜北书》谓更误删羡，功之细；区别经注，乃功之大。东原氏灼知之而创为之也。穆案茂堂惟以分别经注为戴氏一人之创获，故疑今行赵本纯属参取戴书为之，而谓梁氏昆仲为侵戴而助赵。今案谢山《题辞》曰："经文与注文颇相似，故能相溷，而不知熟玩之，则固判然不同也。经文简，注文繁。简者必审择于地望，繁者必详及于渊源。一为纲，一为目。以此思之，思过半矣。"此分别经注创始谢山之坚据。谢山没无子，书稿存门人家，戴氏从何处窥见，虽不可推测，（赵之谦曰，戴东原曾至宁波。）然以《直隶河渠书》事例之，则此君之好盗人书，素性固然。茂堂乃曰，"东原氏之德行，非盗窃人物以欺主上天下者也"。其然，岂其然乎？一清与谢山同治《水经》，大注夹注，既从全本，则其分别经注，亦必从全氏无疑。故茂堂《戴氏年谱》亦不敢固持前说，而调停其辞曰"赵书校正字句，及剖析地理最详，而更正经注一如戴本者，盖赵精诣绝群，鄞全谢山太史七校是书，深窥秘奥，两公交最深，或闭户暗合，或丽泽想取，而其说往往与先生同。是可以知学问深醇，即未相谋面，所言如一。且赵书经钱塘梁处素校刊，有不合者，据戴本以正之，故今二本大段不同者少也。"（以上皆段语。）然茂堂毕竟只见赵书未见全书，故重复申辨如此。假令早见谢山《题辞》，又何能为其师讳乎？段《与梁曜北书》后所举注误为经四条：一河水又西径罽宾国北；一又西径四大塔北；一河水又东径皮山国北；谓凡属此等，戴分注校语甚详，何以赵氏不置一词？今案此三条，谢山早以尽归于注，赵用全本，故不复加案，犹于卷首全氏七校本下显言之曰："谢山谓河洛济渭沔江诸篇经注混淆，卧病中忽悟其义，驰书三千里至京师告余云云。"若戴氏竟久假不归，用以诧于世曰，此我之独得也。茂堂曰，"仆从游日久，未尝言有所闻之也"。此语正足坐实戴氏罪状耳。至第四条所举河水又东洮水注之一节，尤谢山得意之笔，题词中既特著其说，经文下又加校曰："此条经文洮水入河而第十六条又有洮水入河，则是有二洮水矣，胡渭因改此之洮水以避。不知此条是经文以下十五条皆注，则正是此条洮水之释文，非别有一洮水也云云。"戴氏其有所闻乎？无所闻乎？恐百喙而无以自解矣。

最可异者，谢山谓经注混淆，止于河济江淮渭洛沔七篇，而戴所改正者，亦止此七篇。此七篇余只见谢山所订河水五卷。今以题词核之，谢山曰"余所定河水经文不过五十三条"，而戴本经文亦止五十六条；谢山济水三十二条，戴三十四；谢山江水二十二条，戴二十四；谢山淮水八条，（王梓材曰今按此五校本所定，考七校残本，淮水实十二条，沔水实十九条。）戴十四条；谢山河水十八条，戴二十条。（王梓材曰，今按实二十五条，张氏误记。又按渭水十五条，洛水十条，全、戴俱同。）以河水一篇准其余六篇，虽所订未必一一同，要其发凡起例，谢山实为读《水经注》者启其蓬心，故谢山之功，必不容没也。又题词此节后，有注曰"一百七十篇中漳水获水泗水三篇亦尚各溷一条，乃是偶误，非若七篇之寸寸分裂也。（此三篇皆未见。）而戴氏于浊漳篇亦删正经注相联'之漳水焉'四字于获水注。又东过萧县南睢水北流注之十二字改注为经于泗水经，又东径山阳郡六字改经为注，其即谢山所称各溷之一条与否，亦约略可知矣。"（王梓材曰今按此三条全氏于浊漳篇首行云，有羡文，今芟。于获水改注为经，于泗水改经为注，与戴本悉同。）

戴本河水第一篇物理论曰，"河色黄者众川之流盖浊之也"。校云"此十六字当是注内之小注，故杂在所引《尔雅》之间，书内如此类者甚多"。又《括地图》曰："冯夷恒乘云车驾二龙。"校云："此十三字当注内之小注，故杂在所引《山海经》之间。"穆案谓郦君作注有大注，有小注，有注中注，乃真全氏之创论，赵一清从之，戴氏并此说而剿窃之，亦不云前有所承也。何哉！谢山谓道元注中有注，《题词》明著其说曰："是言也前人从未有及之者，首发之先司空公，实为创获。其后先宗伯公始勾出朱墨分其界，先大父赠公又细勘之，至予始直令缮写为大小字，作为定本。"（据此知卢氏所藏者乃割裂稿底，非定本也。）所谓得之先世旧闻者如此，而提要顾深斥之曰："所云先世旧闻，不识传于何代，载在何书，殆出于以意推求，而诡称授受。"夫明言先司空，先宗伯先大父，何谓诡称授受？明言实为创获，何尝谓古有如此《水经注》本？皆缘《题词》蕴霾，赵书略标大指，不能明晰，戴氏既暗不肯言，书局亦遂含胡下断耳。

乾隆间直隶总督方恪敏公尝延赵氏撰次《直隶河渠书》一百三十卷，继复延戴氏删定为百有二卷。会恪敏薨，书未奏上。夫经始著书甚难，踵事修书稍易，古今之通义也。然其功皆不容没。戴氏乃不欲自居于易，遂深没一清草创之劳，虽以茂堂从学之久，其与论此书者非一端，亦不闻戴说更有蓝本。直至何元锡从小山堂写其副来，然后人知戴书即赵书，茂堂重复申辩，而其盗据之迹，卒不可掩也。戴氏既据有赵书，乃于唐河卷中附赵《卢奴水考》一篇，曰，杭人赵一清于地理之学甚核，尝游定州为州牧姚立德作《卢奴水考》，并附于右云云。一似赵氏绝无与于此书然者，作伪显然，可为鄙叹。茂堂又曰："赵虽精于地理，而地理之学尚不及戴，文章之学，亦不及戴。"此语良然，然不得因其学不相及，遂谓盗据之无伤。使戴氏标明原书而删之补之，岂不甚美，何乃为此穿窬之行乎！尚论者所为深恶其人悬之世戒也。

程易畴《五友记》："国家大集四库全书，东原与纂修官翰林所校《大传礼》

《水经注》《方言》诸书，皆编入全书，而《水经注》更邀御制诗冠之篇首。"同时有赵一清者，亦治是书，校雠《郦注》所得多于东原。其书出，人皆珍异之。然东原书能以经之下互于注者，出而还之于经；注之上互于经者，择而归之于注；于此益见东原之不可及。穆案程氏以赵书与戴书并论，殆亦不能无疑于戴。否则如今官校本，赵氏之美戴俱有之，又何多于戴之与有？然仍以校正经注之功归之，则亦知有赵书，不知有全书也。晦显有时，窃意谢山精神必不遽归冥灭，世有得其定本而板行之者，昕夕望之矣。

《提要》曰："道元自序一篇，诸本皆佚，亦惟《永乐大典》仅存，盖当时所据犹属宋椠善本也。"《戴氏年谱》亦曰："大典本较胜于各本，又有道元自序。"穆案原序戴氏亦略有增改，高下无不至，万物无不润，无下各增一所字；不能不由深汀营也，汀改屏；条贯手鈔，手改系；（柳大中钞本有此序后半七十二字，赵引亦作系鈔，戴据赵改，或梁依戴改，未敢臆决。然谢山题词，引此二语作手鈔，则必柳本亦作手也。世业堂写本作手。）庶备忘谈之矜，矜改私；其余改定字体，校正讹误者，又六五处。

戴氏谓《水经》为三国时人作，此语亦本谢山。（见题词。）

戴氏自订《水经注》次序，以河江分一大纲即谢山南渎北渎之说，而稍变通之。（见叙目。）

赵一清以书末日南水文为一篇，（今行赵本犹然。）谢山谓此乃斤江水篇之附录，旧目不可非。戴氏官私两本，俱合斤江日南为一篇。

茂堂称戴氏因胡朏明南北洮溪之误，霍然大悟，将经注画清。穆案辨南北洮溪之误，正是谢山事。《鲒埼亭集》卷三十四有《水经砾溪帖子柬慎甫》一首，其证甚明。然谢山集向无刻本，直至嘉庆甲子，余姚史梦蛟始为刊行，宜戴氏之敢于盗据耳。

若夫赵《水经》之刻也，则尝闻其说于鹿邑徐松坪丈矣。丈盛德君子，不妄议论人，告余曰，乾隆乙巳丙午间，毕秋帆中丞巡抚河南，有奏销积案，欲不任胥吏，得一明算之人详核以闻。时东潜之子载元（段氏以为一清之孙刊行，其实误也。）以资郎需次大梁，或荐其知算，毕召入，连下数十筹，籍籍立办。毕大赏异，以此登荐剡，未期岁擢知归德府。鹿邑归德属，徐数以应试至郡城，故知其刻《水经》事极详。初毕之索书载元也，（见毕序。）载元即遣仆走浙中，恐父书或不当毕意，以巨资购谢山本而倩梁履绳、玉绳兄弟合并修饰之。朱文翰作谢山《汉书地理志释疑》序，所谓《水经校本》有大力者负之以趋是也。乃毕虽为赵书作序，载元仍延梁氏兄弟于署，任校刊事，即今行赵氏本也。（意必与著录四库之本有异同，俟考。）今以卢氏所藏谢山稿底校之，其蹈袭之迹迹犹可一一覆按。然是载元及梁氏兄弟之过，不应追罪一清，盖与戴氏之躬行篡夺者有间矣。

全氏经文注文注中注分三层写，赵本仍两层，而谓为注中注者，则狭其字。赵本注中注与全亦微不同。

全氏引周婴《卮林》及本朝二顾阎胡诸书处，赵本一一皆合。

全本引一清校语，如河水篇说经记𫄸褫条，东西二太楼条，洛水篇说明溪泉条，榖水篇白超垒条，渭水篇封山即邦山条，今行赵本乃皆无之，未解何故。（就所及见之十卷约略言之。今案赵校副本藏全氏者凡二部，故所引赵说有出于今行赵本之外者。）赵辨满城即蒲城之讹，及引金元人集处，全本皆无，盖即《直隶河渠书》之绪言。

河水出其东北陬七字，全本并经为一条，注通为一篇，赵本戴本仍析而二之。

又如河水篇又东过榆中县北条，又东过天水北界条，至河目县西条，又东北过东阿县北条，又东过茌平县西条，又东北过高唐县东条，全本皆注，（王梓材曰此卷传钞荒忽，恐不足据。）赵本戴本皆经，此或梁氏兄弟传戴以改赵，如茂堂云云也。（王梓材曰今按榆中县北天水北界二条，全氏作注，河目县西东阿县北茌平县西三条，全氏实作经，张所云云，传钞者误也。至高唐县一条，全氏于下文别出经文，故以此条为注，与戴赵不同。）长寿津下河之故渎出焉六字，委粟津下左会浮水故渎六字，浮水至东武阳入河下又有漯水出焉六字，全赵皆经，戴则注。佚简十三篇，谢山总缀书末，（见叙目。）赵附相比诸水之后。《水经》伊水出南阳县西，谢山加校曰，"按南阳郡名，非县名也，《元和郡国志》（按国当作县。）引此文作南阳鲁县西，赵一清本从之。不知自秦以来无鲁县，鲁县之名，但见于《左氏》耳；予参考之，乃南阳之鲁阳也"。据此是全本较旧本增鲁阳二字，赵本较旧本但增一鲁字也。而今赵戴两本俱作南阳鲁阳县，赵本下加校曰，"按近刻脱鲁阳二字"，而不言何本不脱，何本增此二字，其为取之全本甚明。若今行赵本，则又梁氏兄弟据两本增之耳。得此一证，案验愈分明矣。

郦道元水经注原序

序曰：（卢文弨群书拾补用武进臧氏所得绛云楼宋本校无序曰二字。）《易》称天以一生水，故气微于北方，而为物之先也。《玄中记》曰，天下之多者水也，浮天载地，高下无所不至，万物无所不润；（卢本无两所字。）及其气流届石，精薄肤寸，不崇朝而泽合灵宇者，神莫与并矣。是以达者不能测其渊冲而尽其鸿深也。昔大禹记（卢本作经。拾补云，大典作记，今从臧本。）著山海，周而不备；地理志其所录，简而不周；尚书本纪与职方俱略；都赋所述裁不宣意；《水经》虽粗缀津绪，又阙旁通；所谓各言其志而罕能备其宣导者矣。今寻图访赜（卢本作迹。拾补云大典作赜，余疑是迹字，今见臧本果然。）者，极聆州域之说，而涉土游方者，寡能达其津照，纵仿佛前闻，不能不犹深屏营也。余少无寻山之趣，长违闻津之性，识绝深经，道沦要博，进无访一知二之机，退无观隅三反（卢本作反三。）之慧，独学无闻，古人伤其孤陋，捐丧辞书，达士嗟其面墙，默室求深，闭舟问远，故亦难矣。然毫管窥天，历筒时昭，饮河酌海从性斯毕；窃以多暇，空倾岁月，辄述（卢本作注。）《水经》，布广前文。《大传》曰，大川相间，小川相属，东归于海。脉其枝流之吐纳，诊其沿路之所缠，访渎搜渠，缉而缀之。经有谬误者，考以附；正文所不载非经水常源者，不在记注之限。但绵古芒昧，华戎代袭，郭邑空倾，川流戕改，殊名异目，世乃不同，川渠隐显，书图是负，（拾补云疑是贸字。）或乱流而摄诡号，或直绝而生通称，枉渚交奇，（拾补云，书中亦每以奇为歧。）洞湍决渡，躔络枝烦，条贯系夥，十二经通，尚或难言，轻流细漾，固难办究，正可自献径见之心，备陈舆徒之说，其所不知，盖阙如也。所以撰证本经，附其枝要者，庶备忘误之私，求其寻省之易。（卢本有耳字，拾补云，大典无耳字，臧本有。）

王先谦校水经注例略节录五条

一校官本。（四库提要称官校宋本。）乾隆中裒集《永乐大典》，就所引《水经注》排比原文，钩稽近本，武英殿聚珍版印行。其后苏州福建皆有刊本。兹取用互校，与朱赵同者，列为正文。而双行标注异文于下，以祛歧惑。当时校上此书，出戴震东原之手。戴氏号称究心郦亭之学，自有刊本行世。预修《四库全书》，以乾隆三十九年校上此本。（见官本案语。）而赵氏之书先成于乾隆十九年，（见赵本自序。）至五十一年丙午，始谋锓版，（见赵本毕序。）其流布反在官本之后。世罕觏《大典》元文，见戴校与赵悉合，疑为弋取：然圣明在上，忠正盈廷，安有此事。且书中增补删改，多至七千余字，既著之案语中，其订正各条，明注本文之下，并非尽出《大典》，纂修时或旁考群书，或独伸己见，亦未尝隐而不言也。赵氏覃精极思，旁搜广证，合契古籍，情理宜然。特以数十年考订苦心，一旦为中秘书所掩，因之俗论滋纷。今于官本案语下并列赵氏所释及《刊误》各条，俾读者知右文盛世，秘籍应运而呈奇；而鸿生稽古之功，亦不至听其湮没，庶因两美之合，以释千载之疑。诸家聚讼，若段玉裁茂堂（见经韵楼集。）魏源默深（见周寿昌思益堂日札。）张穆石舟（见近刻全校水经注附录中。）各执一词，存而不论可也。

一校朱本。明中尉朱谋㙔郁仪所笺，赵氏本之以作刊误者也。朱氏之前，水经注本著称者有二：一，黄省曾刻于嘉靖甲午；一，吴琯刻于万历乙酉。朱氏复与其友谢耳伯孙无挠辈商榷校雠，以成此书。万历乙卯齐安李长庚序而刻之。崇祯己巳竟陵谭元春钟惺等加以评点重刻之，所载笺语，颇有异同。至赵氏称真州镂板，窃朱笺为己有者（见赵附录。）今未得见。有新安歙西黄晟晓峰者，于乾隆十八年癸酉刻《水经注》，前列欧阳（玄）黄（省曾）王（世懋）朱（谋㙔）李（长庚）五序。（文皆见赵附录。）自跋云，"爰取旧本，重为校刊"，而不著其何本，书中校语，大抵与朱笺合，岂即赵所称耶？

一校赵本。赵读郦书，首为之释，列于卷中，存朱氏之是，弼郦亭之违；其朱笺谬者削之，漏者补之，别为《刊误》十二卷。今并散入正文下，俾读者开卷瞭如，易于寻究。郦注字分大小，发自全氏而赵因之，条理分明，兹特参用其例。家藏本册面题签，刻画精善，极为我友缪筱珊、朱蓉生两太史所鉴赏，真最初本也。别有旧藏一部，字句增损窜易，往往同符官本，盖出后来刊改，颇失赵书面目，故兹校一以初本为主。

一校孙本。孙星衍伯渊所手校。孙氏自记略云："《水经》向无善本，予骤读之，便知经注错乱，以意定之。嗣以唐人引此书若《史记索隐》《正义》《文选注》《艺文类聚》《初学记》《元和郡县志》校之，得休宁戴东原本，多与郦意相合，复是正数十条。其与戴不同者，不敢附和也。"

一参校各家。全氏七校《水经注》晚出浙中，慈溪林颐山晋霞斥其伪造，抉摘罅漏，至数十事，顷岁刊行，兹编一字不敢阑入。

《正史考略》（节选）*

正史考略绪言

《说文》"史，记事者也。从又持中。中，正也。"江氏永《周礼疑义举要》云："凡官府簿书谓之中，故诸官言治中，受中，小司寇断庶民狱讼之中，皆谓簿书，犹今之案卷也。此中字之本义。故掌文书者谓之史。其字从又从中，又者右手，以手持簿书也。吏字事字皆有中字。天有司中星，后世有治中之官，皆取此义。"江氏以中为簿书，足正许君之误。吴氏大澂谓"史象手执简形，古文中作……无作中者。"其说亦是。王氏国维非之，以为"中者盛筴之器，吏字从又持中，义为持书之人，与尹之从又持一，象杖形者同意"。王说详《观堂集林》释史篇，兹不繁引。文澜愚蒙，窃意中即册之省形，中又之变体。卜辞册字有作者，有作者，两手奉之，示册书繁重之义；吏则仅从一又，示执简侍君，记言记动之义，盖册与中二形以繁省见义，非别有一物象中也。

史官之起，或曰仓颉，夐古茫昧，莫得而详焉。夏殷史官则有太史终古，内史向挚，皆丁季末虐乱之世，抱其图法，归身有道，彼岂轻背宗国哉，王官世守，守之以死，高文典策，诚不忍坐视沦亡而无所托也。洎夫姬周，载籍颇存，读《周礼》而知史职之备，翻经传而知史官之众。六经皆史，固无论矣；战国百家腾跃，各引一端。驰说诸侯，如蛙黾之噪潦岁，洵足以眩耳目而迷源流，然迹其权舆，上者缵史官之遗绪，下亦概乎其尝有闻，是故经若子，皆史也。即以今时史法绳之，至少亦供吾人以若干珍美之史料；若夫孔子所删定，左氏所撰述，苟非后世窜乱，则全部殆属信史。

孔子集三代学术之大成，其最后著作，厥惟《春秋》，故曰"后世知丘者以《春秋》，而罪丘者亦以《春秋》"。盖孔子身不在史官，而秉周公遗法，谋笔削贬损之政，非其愿也；是时周室既微，载籍残阙，仲尼思存前圣之业，以见于

后世，舍此末由，又非得已也。孔子《春秋》之作，志在褒讳贬损，本非修史，而古之史法实存其中。王安石讥为断烂朝报，梁任公诋为流水账簿，此盖以后世史法观之者。窃意离《左传》而读《春秋》，诚恐闭门深思，十年不解；据《左传》而寻《春秋》，则领之在衣，纲之在网，有繁简相系之妙。《说文》"册象其札一长一短，中有二编之形。"卜辞册有作𫚉者，盖古代竹简繁重，史官所藏，势必盈屋，猝然欲检先世盅事，将何措手？故书一事于若干短简，必别立一长策以为标帜，其序次则准时代之后先，如某时无事，亦必标春夏等字，（《初学记》文部引刘歆《七略》曰："《春秋》两家文，或具四时，或否；于古文，无事必具四时。"）其事特重者，则于长策上特缀符记，𫚉字之↑↑是也。中国书契，相沿用竹，故史官得发明编年之法，成世界最古之年代史，印度用贝叶，欧洲用兽革，皆不便于编年，非必彼愚而我智也。至长策所题，以为标帜者，自必文词极简，且有一定凡例，读之可以知本事善恶之概略，《竹书纪年》出于魏国史官，而书法殊类《春秋》，又诸侯国史，总名《春秋》，其书法当亦相同，所谓"晋之《乘》，鲁之《春秋》，其事一也"者是也。

《春秋》一书，视以为经，自当探研书法，穷究凡例，以逆圣人笔削之志；视以为史，则仅世界最古最简编年史而已。其确示后世以较详史事者，实赖《左氏传》。《左传》体制，本国史之旧法："观其释经，言见经文而事详传内，或传无而经有，或经阙而传存。其言简而要，其事详而博，信圣人之羽翮，而述者之冠冕也。"（《史通》六家篇）古者左史记言，右史记事，事为《春秋》，言为《尚书》（此《汉书》艺文志说，《礼记》玉藻作"动则左史书之，言则右史书之"，与此不同）。若《左传》者，虽以记事为本，而记言亦至繁夥，典谟诰誓，后世无作，则《尚书》《春秋》二家，固已让《左传》家独步于史学界矣。又左氏纪一人书一事散见先后传中，始末周备，稍为条辑，即成列传，太史公作《史记》，《春秋》时事取《左传》者泰半，谓《史记》之一部，蜕化于《左传》，或无不可。

太史公首创纪传体，为史界不祧之太祖，旧史官纪事实而无目的，孔子作《春秋》，时或为目的而牺牲事实，惟迁为兼之。迁书取材于《左传》《国语》《世本》《战国策》《楚汉春秋》等，以十二本纪，十表，八书，三十世家，七十列传，组织而成。其本纪以事系年，取则于《春秋》；其八书详纪政制，蜕形于《尚书》；其十表稽牒作谱，印范于《世本》；其世家列传，既宗雅记，亦采琐语，则《左传》《国语》之遗规也；诸体虽非迁所自创，而迁实集其大成。兼综诸体而调和之，使互相补而各尽其用，此足征迁组织力之强而文章技术之工也。（此节取梁任公《中国历史研究法》语，惟补入左传二字凡两处。）

自迁书一变而有班固之断代史，刘知几极尊此体，以为："《汉书》者，究西都之首末，穷刘氏之废兴，包举一代，撰成一书，言皆精练，事甚该密，故学者寻讨，易为其功，自尔迄今，无改斯道。"（六家篇）郑樵著《通志》痛诋班氏，比之于猪，谓班彪有其业而班固不能读父之书，固为彪之子，既不能保其身，又不能传其业，又不能教其子，为人如此，安在乎言为天下法？范晔、陈寿之徒继踵，率皆轻薄无行，以速罪辜，安乎笔削而为信史也？（《通志总序》）郑氏欲自衒其书，抑班扬马，即以扬己，盖别有肺肠，难与正言，则惟有效公子牟默然良久，告退曰"请待余日更谒子论"耳。章实斋曰："纪传行之千有余年，学者相承殆如夏葛冬裘，渴饮饥食，无更易矣，然无别识心裁可以传世行远之具……"（《文史通义》书教篇）此言也可谓明且清者矣。

继班书而作者，陈陈相因，了无新制，固为史学一厄，其尤剧者则官修是也，溯自马迁以来，正史之成，或出一人之手，或成一家之学，陈寿，范晔，沈约，萧子显，魏收，暨欧阳修《五代史记》，出于一手者也。司马谈子迁，班彪子固女昭，姚察子思廉，李德林子百药，李大师子延寿，成于一家之学者也。自隋文帝禁私撰国史，（《隋书》文帝纪开皇十三年五月癸亥诏云："人间有撰集国史臧否人物者，皆全禁绝。"）唐太宗诏廷臣一十七人以何法盛、臧荣绪一十八家《晋书》再加撰次，称制旨临之，既成题曰御撰，自是国史遂成官书。刘知几伤之曰："每欲记一事，载一言，皆阁笔相视，含毫不断，故头白可期，汗青无日。"又曰："史官记注，取禀监修，一国三公，适从何在？"（《史通》忤时篇）范淳夫曰："人君观史，宰相监修，欲其直笔，不亦难乎！"（《唐鉴》六，《唐会要》六十三史馆，武德初因隋旧制隶秘书省著作局。贞观三年闰十二月移史馆于门下省北，宰相监修。）朱彝尊《上史馆总裁书》曰："体例犹未见颁，而同馆诸君，纷纷呈列传稿于掌记，馆中供事遂相迫促。"又曰："朝呈一稿焉夕当更，此呈一稿焉彼或异，若筑室于道，聚讼于庭，糠秕杂揉，嵌罅分裂，记述失序，编次不伦，虽欲速而汗青反无日也。"夫修史而视为奉行故事，卤莽灭裂，属草稿如寇盗之至，于是所谓正史者，托克托辈引弓持矢之人，竟司南董之职而修宋、辽、金三史矣！宋濂、王袆诸人前后十三月而《元史》二百十卷告成矣！纰缪芜杂，爬梳不易，宜乎先识之士为之太息，而史学为之黯黪无光也。

《四库》区分群史，首曰正史，即揉合私修官修之二十四史而成者，次曰编年，曰纪事本末，曰别史，曰杂史，曰诏令奏议，曰传纪，曰史钞，曰载记，曰时令，曰地理，曰职官，曰政书，曰目录，曰史评，凡一十五类，而正史为之大本。兹编所述以正史为境域，过此以往，则非日力所及，不复赘述。考四史之名见于《隋志》，至宋而定著十有七；明刊监版，合宋、辽、金、元四史为二十有一，清乾隆时增《旧唐书》《旧五代史》《明史》为二十有四。浩兮汗兮，非旦暮所得遍读也。文澜谫陋，未尝学史，然窃观前儒著述，或考源委，或正得失，美言可信，示我周行；窃欲九杂旧闻，缀为一编，他日翻阅正史，此或为其一助云。至于耳目所囿，遗落滋多，琐碎考证，例不具举。大雅君子，傥不我遐弃，幸复有以教正之。

宋史

宋史（1），本纪四十七（2），志一百六十二（3），表三十二（4），列传二百五十五（5），凡四百九十六卷。元脱脱等修（6）。是书卷帙浩繁（7），修成仓卒（8），故有一人两传者（9），无传而谓有传者（10），一事重见或数见者（11），数人共一事而传文各不相及者（12），不必立传而立传者（13），宜附见而立专传者（14），不必书而详书者（15），脱落疏漏（16），隐讳失实（17），编次不善（18），舛误矛盾（19），后世匡纠者多，然亦终无以相胜也（20）。

（1）《元史》托克托传云："以义例未定，或欲以宋为世纪，辽、金为载记；或以辽立国在宋先，欲以辽、金为北史，宋太祖至靖康为宋史，建炎以后为南宋史，各持论不决。至顺帝时诏宋、辽、金各为一史。"于是《宋史》之名遂定。

（2）自卷一至四十七为本纪，凡十六帝、二王：

太祖纪（三卷）、太宗纪（二卷）、真宗纪（三卷）、仁宗纪（四卷）、英宗纪（一卷）、神宗纪（三卷）、哲宗纪（二卷）、徽宗纪（四卷）、钦宗纪（一卷、以上北宋。）高宗纪（九卷）、孝宗纪（三卷）、光宗纪（一卷）、宁宗纪（四卷）、理宗纪（五卷）、度宗纪（一卷）、瀛国公（二王附一卷。以上南宋）。《廿二史考异》曰："本纪自宁宗以后，繁简无法，而度宗、瀛国公两纪尤冗杂，若咸淳四年黄镛言守边急务，非兵农合一不可，事当入《兵志》；德祐元年六月，王应麟言开庆之祸，始于丁大全。'请凡大全之党在谪籍者皆勿宥，从之，'等事，当入《应麟传》；七月，京学生刘九皋等伏阙言陈宜中误国，将甚于贾似道。此事已入《陈宜中传》，唯不载九皋名耳。"

（3）自卷四十八至卷二百九为志十五。

①天文（十三卷）②五行（五卷。一二两卷分上下。）

③律历（十七卷）④地理（六卷）

⑤河渠（七卷）

⑥礼（二十八卷。内吉礼十二卷、嘉礼六卷、宾礼五卷、军礼一卷、凶礼四卷。）

⑦乐（十七卷）⑧仪卫（六卷）

⑨舆服（六卷）⑩选举（六卷）

⑪职官（十二卷）⑫食货（十四卷。上六卷，下八卷。）

⑬兵（十二卷）⑭刑法（三卷）

⑮艺文（八卷）

宋旧史自太祖至宁宗为书凡四，志艺文者，前后部帙存亡增损，互有同异，今删其重复合为一志。按此志合三朝两朝四朝中兴国史汇而为一，当时史臣无学不能博涉群书，考其同异，故部分乖刺，前后颠倒，较之前史踳驳尤甚。试举其讹误如下：

①一书两见者，如：

陆德明《经典释文》（见经解类，又见小学类。）

邱光庭《兼明书》（见礼类，又见杂家类，又见经解类。）

《汲冢周书》十卷（见书类，又见别史类。）

《战国策》三十三卷（见编年类，又见兵书类。）

萧方《三十国春秋》三十卷（见编年类，又见霸史类，又误萧方等为萧方。）

②书名稍异而误出者，如：

李绰《张尚书故实》（见传记类，而小说家又有尚书故实。）

范成大《桂海虞衡志》（见地理类，而传记类又有范成大《虞衡志》。）

辛怡显《云南录》（见故事类，而地理类有辛怡显《至道云南录》。）

汪浃《荣观集》（见故事类，而总集类又有汪浃《元祐荣观集》。）

武密《帝王兴衰年代录》（见编年类，而别史类又有武密《帝王年代录》。）

③书名或有讹改而误以为两书者，如：

颜师古《刊谬正俗》（见经解类）、颜师古《纠谬正俗》（见儒家类。此书本名《匡谬正俗》，宋人讳匡改作刊纠）、殷璠《丹阳集》（见总集类）、商璠《丹阳集》（见别集类。宋人讳殷，改作商）、章怀太子《修躬要览》（见儒家类）、李贤《修书要览》（见杂家类。疑讹躬为书）、《仁宗观文览古图记》（见别史类）、《仁宗观文鉴古图》（见故事类）、沈颜《聱书》（见《杂家类》）、沈颜《声书》（见别集类。误聱为声）。

④一书已见而又分见于他类者，如：

胡旦《演圣通论》（已见于经解类，而又分见于易类、书类、诗类。）

郑樵《通志》（已见于别史类，而六书略又入小学类；图谱有无记即图谱略也，又入目录类，谥法即谥略也，又入经解类；叙论又入文史类。）

陆德明《经典释文》（已见经解类、小学类，而又分见于易类、书类、诗类、春秋类、礼类、论语类，至小学类已载释文全部，又别出《尔雅音义》。）

张九成《中庸大学孝经说》（已见于经解类，而又分见礼类、孝经类。）

⑤一类之中前后重出者，如：

沈棐《春秋比事》（春秋类两见）

张九成《语录》（儒家类两见）

《赵君锡遗事》（传记类两见）

王晋《使范》（刑法类两见）

《李新集》（别集类两见）

⑥分类失当者，如：

杨王休《诸史阙疑》、赵粹中《史评》、王应麟《小学绀珠》（应入事类而入小学类）

《通鉴地理考》《通鉴地理通释》《汉艺文志考证》《汉制考》（应入史钞类而入职官类）

陈师道《后山诗话》、陆游《山阴诗话》、胡仔《渔隐丛话》、僧惠洪《冷斋夜话》、无名氏《垂虹诗话》（应入文史类而入小说类）

范成大《吴门志》（当作《吴郡志》应入地理类，而入传记类。）

晁公武《昭德堂稿》（应入别集类而入传记类）

⑦性质显然相同之书而分类异者，如：

同一音义　杨齐宣《晋书音义》在正史类，刘伯庄《史记音义》在小学类。

同一年谱　薛齐谊《六一居士年谱》在传记类，王忠稷《苏文忠年谱》在别集类，洪兴祖《韩子年谱》分见于传记、别集、谱牒三类。

同一蒙求　李翰《蒙求》、叶才老《和李翰蒙求》在类事类，洪迈《次李翰蒙求》在小学类。

同一花木　谱蔡襄《荔枝谱》、邱浚《洛阳贵尚录》（记牡丹）在小说类，欧阳修《牡丹谱》、孔武仲、刘攽、王观《芍药谱》在农家类。

⑧失记，如：

类事类有徐天麟《西汉会要》，而《东汉会要》则失之。

总集类有洪迈《唐一千家诗》，而《唐人万首绝句》则失之。

故事类有陈骙《中兴馆阁录》，而《续录》则失之。

传记类有洪适《五代登科记》，而《唐登科记》则失之。

⑨讹字如：

徐度《却扫编》（讹度为庆），

杜佑《宾佐记》（讹宾为实），

吕祖谦《左氏博议》（讹博为传），

叶模《石林过庭录》（讹林为杯），

胡仔《孔子编年》（讹仔为好），

杨倞《注荀子》（讹倞为保），

王辟之《渑水燕谈》（讹辟为关），

王绩《补妒记》（讹妒为姑），

贾耽《备急单方》（讹耽为沈），

上官融《文会谈丛》（讹文为友），

上列数条，仅以示例，其详可阅《廿二史考异》。

（4）自卷二百十至卷二百四十一为表，凡二：

①宰辅（五卷）②宗室世系（二十七卷）

（5）自卷二百四十二至卷四百九十六为列传，内：

①后妃列传，二卷（自卷二百四十二至卷二百四十三）

②宗室列传，四卷（自卷二百四十四至卷二百四十七）

③公主列传，一卷（卷二百四十八）

④诸臣列传，（北宋《诸臣列传》一百九卷（自卷二百四十九至卷三百五十七，凡八百九十余人，附传不计。）

⑤诸臣列传，（南宋《诸臣列传》六十八卷（自卷三百五十八至四百二十五凡四百四十余人，附传不计。）

⑥循吏列传，一卷（卷四百二十六）循吏传无南宋一人。

⑦道学列传，四卷（卷四百二十七至四百三十）第一卷为周敦颐二程张载邵雍；第二卷为程氏门人；第三卷朱熹；第四卷朱氏门人。

⑧儒林列传，八卷（卷四百三十一至四百二十八）宋史志在表章朱子一派之道学，特创道学列传，其余儒者则入儒林传。

⑨文苑列传，七卷（卷四百三十九至四百四十五）详北宋而南宋止载周邦彦等数人。

⑩忠义列传，十卷（卷四百四十六至四百五十五。）

⑪孝义列传，一卷（卷四百五十六。）

⑫隐逸卓行列传，上中下三卷（卷四百五十七至四百五十九）卓行传五人与隐逸下合卷

⑬列女列传，一卷（卷四百六十。）

⑭方技列传，二卷（卷四百六十一至四百六十二。）

⑮外戚列传，三卷（卷四百六十三至四百六十五。）

⑯宦者列传，四卷（卷四百六十六至四百六十九。）

⑰佞幸列传，一卷（卷四百七十。）

⑱奸臣列传，四卷（卷四百七十一至四百七十四。）

⑲叛臣列传，三卷（卷四百七十五至四百七十七。）

⑳世家列传，六卷（卷四百七十八至四百八十三。）

㉑周三臣列传，一卷（卷四百八十四。）

㉒外国列传，八卷（卷四百八十五至四百九十二。）

㉓蛮夷列传，四卷（卷四百九十三至四百九十六。）

《诸臣列传》凡一百七十七卷，一千三百余人（附传尚不计）之多，繁冗极矣。然《循吏传》无南宋一人，《文苑传》南宋仅周邦彦等数人，简略至此。《四库提要》以为《宋史》以宋人国史为稿本，宋人好述东都之事，故史文较详，建炎以后稍略。理、度两朝宋人罕所记载，故史传亦不具首尾。此言是也。修《宋史》者以表章朱子一派之道学为宗旨，余事皆不甚措意。《二程周张传》，所以示朱学之渊源；程门诸子传，所以示朱学之传授。故所谓道学者特朱子之学耳。《廿二史考异》云："史弥远之奸，倍于韩侂胄，而独不预奸臣之列，传于谋废济王事，并讳而不书，尚得云直笔乎？推原其故，则以侂胄禁伪学而弥远弛其禁也。弥远得政，只欲反侂胄之局，虽秦桧之奸慝众著，尚且为之昭雪，岂能崇尚道学者？使朱元晦尚存，未必不排而去之。史臣徒以门户之见，上下其手，可谓无识矣！"

《世家》序云："王偁《东都事略》用东汉隗嚣、公孙述例，置孟昶、刘铢等于列传，旧史因之。（《廿二史考异》云：按此所云旧史者，宋三朝国史也。三朝史乃仁宗朝史臣所修，王偁则在南渡后，即使体例相同，亦是偁袭旧史，非旧史袭偁也）。今仿欧阳修《五代史记》列之世家，作'列国世家'。案欧史世家在卷末《四夷附录》之前，《宋史》因之列于《外国列传》前，然世家列传二者性质截然不同，欧史四夷称《附录》，故《世家》可与并列，若《宋史》外国既称列传，决不容《叛臣列传》《周三臣列传》中忽插入《世家》。《四库提要》谓'总目未列世家盖出偶遗'，其实此误由于仿《五代史记》而未暇审谛，遂致画虎不成之诮，非编总目者之过也。"

《二十二史考异》云："序称今仿欧阳修《五代史记》列之世家，按梁武帝《通史》叙三国事别立《吴蜀世家》，欧史盖用其例，以十国非五代所得而臣，其传授世次较于五代亦称长久，列于世家，颇为允当。艺祖削平僭伪，南唐，西蜀，南汉，诸国既无世可传，而犹仍史之目，甚无谓矣。李煜、孟昶、刘铢、刘继元当依陈胜、项籍、世充、建德之例，列于开国功臣之前，钱俶、陈洪进纳土入臣，其初本未僭号，可援窦融之例，与功臣并列。惜乎！柯维骐辈见不及此也。"

（6）《元史》顺帝纪："至正三年三月，诏修辽、金、宋三史，以中书右丞相脱脱为都总裁官，铁木儿塔识、张起岩、欧阳玄、吕思诚、揭傒斯为总裁官。五年十月辛未，辽、金、宋三史成，右丞相阿鲁图进之。"（脱脱于四年五月辞官，阿鲁图继为右丞相。）案辽、金、宋三史实非一时所成，故《新元史》惠宗本纪云："至正三年三月诏修辽、金、宋三史。四年三月中书右丞相脱脱等表进《辽史》一百一十六卷,十一月中书右丞相阿鲁图表进《金史》一百三十七卷,五年十月辛未阿鲁图表进《宋史》四百九十六卷。至是三史告成。"《新元史》之详核,远胜《元史》,此亦其一例也。《元史》所举总裁官亦误。考宋、辽、金三史总裁官皆列脱脱衔,以脱脱乃都总裁官也。其余则铁木耳塔识、贺惟一、张起岩、欧阳玄四人皆总裁三史;吕思诚则第总裁《辽史》,而二史不与;揭傒斯则总裁辽、金二史,而《宋史》不与;李好文、王沂、杨宗瑞则总裁宋、金二史,而《辽史》不与;今三史卷首具载可考也。旧史仅列铁木耳塔识等五人,失其真矣。纂修官亦三史不同:《辽史》四人,金史六人,宋史二十三人。

《元史》张起岩传云:"起岩熟于金源典故,宋儒道学源委,尤多究心,史官有露才自是者,每立言未当,起岩据理窜定,深厚醇雅,理致自足。"《欧阳玄传》云:"诏修辽、金、宋三史,召为总裁官,发凡举例,俾论撰者有所据依;史官中有悻悻露才论议不公者,玄不以口舌争,俟其呈稿,援笔窜定之,统系自正。至于论、赞、表、奏,皆玄属笔。"据此传知当时修史诸公,竞以表章道学自任,议论不合者,斥为露才自是,援笔窜定之。夫以欧公之史才,尚不免讹误,为吴缜所纠,而元人修三史者,竟以私意率尔窜定,即此一事,已不足与言良史。《揭傒斯传》载其答丞相"修史以用人为本,用人又以心术为本"之语,此言诚是。然其与僚属言作史之法,谓"小善必录,小恶必记"。则繁芜之病,未始非傒斯倡之也。(揭傒斯仅修《辽史》,其议论当为同官所取。)

辽、金、宋三史表进年月,虽略有先后,然脱脱始终为都总裁之官,造端制成,当在脱脱为都总裁时。故金、宋二史虽阿鲁图表进,而三史仍署脱脱衔名。《新元史》脱脱传谓:"至正四年,辽、宋、金三史成,礼部白脱脱宜奏上。脱脱曰:'此秀才事,我勿知。'三请三却之。或曰:'丞相好名,今三史成而不列丞相名,宜其愠也;曷告丞相曰,三史蒙丞相奏进,儒臣董其事,请书丞相名为总裁官。'脱脱大悦,即命椽史具进史仪。"此传记三史由脱脱领衔事,似非事实。

(7)《宋史》修成,费时仅二年余,迫促如此,非先有旧本,必不能成。考宋代史事,颇为详慎,有一帝必有一帝日历,日历之外又有《实录》,《实录》之外又有正史(《王藻传》云:"书楬前议论之词,则有时政记录,柱下见闻之实,则有起居注,类而成之,谓之日历;修而成之,谓之实录。")足见其记载之备也。其累代《实录》如《太祖实录》修于太平兴国三年,《太宗实录》修于真宗初,仁宗诏吕夷简、夏竦修《先朝国史》,英宗命韩琦修《仁宗实录》,神宗命吕公著修《英宗实录》,又诏修《仁宗英宗史》,高宗时谕朱胜非曰:"神、哲两朝史多失实,宜召范冲刊定。"(神、哲两朝实录高宗前已修改数次)冲乃为《考异》一书,明示去取,旧文以墨书,删去者以黄书,新修者以朱书,世号朱墨史。《哲宗实录》又别为一书,名《辨诬录》。徽宗、钦宗《实录》皆成于高宗时,又有魏杞等上《神哲徽三朝正史》,

陈俊卿、虞允文等上《神哲徽钦宗四朝会要》，赵雄等上《神哲徽钦四朝国史志》，王淮等上《神哲徽钦四朝列传》，凡此皆孝、光二朝所续成也。《高宗实录》成于宁宗时，陈自强等又上《高宗实录》及《正史》。孝、光、宁三朝《实录》皆成于理宗时，又有李心传所修《高孝光宁四朝国史》，史嵩之所上《中兴四朝国史》，谢方叔所上《中兴四朝志传》，凡此皆成于理宗时者。《理宗实录》成于度宗时，度宗亦有《时政记》七十八册。（其余士大夫所著史书，尤不可胜数。）《元史》董文炳传云："宋亡后董文炳在临安主留守事曰：'国可灭，史不可灭。'遂以宋史馆诸记注尽归于元都，贮国史院。"据此传知宋代史材未尝遗失也。至亡国时岂复尚有记载？是必元朝命史官采撷，而史官以耳目所接，睹记较亲，故宋亡国时纪传更觉详悉。（《金史》亦然）大概度宗以前之史皆宋旧史，德、祐、景、炎、祥、兴之史，则元代中统、至元及延祐、天历所辑也。（可参阅《廿二史劄记》"宋辽金三史""宋史事最详"等条。）

（8）宋代国史国亡时皆入于元，元人修史，大概止就宋旧本稍为排次。今其迹有可推见者，如：

《道学传》序云："旧史以邵雍列于隐逸，未当，今置于《张载传》后。"

《方技传》序云："旧史有《老释》《符瑞》二志及《方技传》，今去二志，独存《方技》。"

《外国传》序云："前宋史有《女直传》，今既作《金史》，义当削之。"

《夏国传》赞云："今史所载谥号庙号陵名兼授，《夏国枢要》等书其与旧史有抵牾者，则阙疑以俟。"

此可见元人就宋旧史另为编订之迹也。然因成书仓卒，舛讹杂出，兹分述于下。

（9）史传人物太多，修之者非一人，不暇彼此审订，遂有一人而两传者，然修史者不得辞草率之咎也。如：

李熙靖（卷三百五十七有李熙靖，又卷四百五十三《忠义》八，亦有李熙靖。审其事迹实一人也。）

程师孟（卷三百三十一有程师孟，又卷四百二十六《循吏传》亦有程师孟。两篇无一字异者（《循吏传》多两字）。

李孟传（卷三百六十三《李光传》附子孟传，而卷四百一复为李孟立传。）

（10）《宋史》抄掇旧史，草草成书，故有无传而谓有传者，致误之原，或由史臣初拟立传而后未及为，或由旧史本有传而修史时删去，不暇检照改正。其以无传为有传者，如：

杨日严（《廿二史考异》云：《杨日严传》"河南人，进士及第。"按杨克让之孙日严亦进士及第，官职方员外郎，彼传云同州冯翊人，此云河南人，两人同时又同姓名，其兄又同名日华，疑本是一人，祖贯冯翊后徙洛阳尔。）

张秘（《张葛之传》："父秘自有传。"按今《宋史》无《秘传》。）

孙象祖（《钱端礼传》："孙象祖，嘉定元年为左丞相，自有传。"按今《宋史》无《象祖传》。）

又如《王安节传》云："节度使坚之子。"《吕文信传》云："文德之弟。"似坚、文德亦有传，而史失之。《诸史拾遗》云："《宋史》述南渡七朝事，丛冗无法，不如前九朝之完善；宁宗以后四朝，更不如高、孝、光三朝之详。盖由史臣迫于期限，草草收局，未及讨论润色之故。"

（11）《宋史》之繁冗，一事屡见为最大原因，如：

①太祖建隆二年六月二日皇太后杜氏崩于滋德殿，按诸后妃崩薨谥号，祔庙前后之序，已有《后妃传》，其月日本纪复详书之，而《礼志》园陵篇又一一载入，此重复之甚也。

②《选举志》载苏轼《论选举疏》，轼传亦载此疏。

③《职官志》："太师、太傅、太保谓之三师，太尉、司徒、司空谓之三公，凡除授则自司徒迁太保，自太傅迁太尉，检校亦如之。"此文已见本志《三师三公篇》，又见《合班篇》，一志之中，前后三见。

④《韩琦传》琦言常平使者散青苗钱事，又见《食货志》。

⑤《叶适传》："俄得御批，有'历事岁久，念欲退闲'之语，正惧而去，人心愈摇。"按此语《宁宗纪》、吴皇后、留正、赵汝愚诸传已屡见矣。且绍熙内禅，汝愚实主之，适以郎官与闻斯议而传叙其事，首尾三百余言，盖文人作志状者，攘美之词，史家因而书之，斯无识矣。凡此之类，随处皆是，更仆不能毕举。《二十二史考异》考之綦详，可参阅。

《群经概论》（节选）*

第九章　春秋及三传

第一节　春秋名义及其原始

《春秋》之名经无所见，惟传记有之。昭二年韩起聘鲁，称见鲁《春秋》。外传晋语司马侯对晋悼公云："羊舌肸习于《春秋》。"楚语申叔时论傅太子之法云："教之以《春秋》。"《礼记》坊记云："鲁《春秋》记晋丧曰杀其君之子奚齐。"又《经解》曰："属辞比事，《春秋》教也。"凡此诸文所说，多在孔子之前，则知未修之时，旧有《春秋》之目，其名起远，亦难得而详。（《春秋序正义》）《正义》所举而外，复有《管子》山权数云："《春秋》者所以纪成败也。"法法篇云："故《春秋》之记，臣有弑其君，子有弑其父者矣。"（尹知章注云："《春秋》周公之凡例，而诸侯之国史也。"）《礼记》坊记子云："《春秋》不称楚越之王。鲁《春秋》去夫人之姓曰吴，其死曰孟子卒。"《公羊》庄七年传云："不修《春秋》曰雨星不及地尺而复。"《墨子》明鬼篇有"周之《春秋》，燕之《春秋》，宋之《春秋》，齐之《春秋》。"又云："吾见百国《春秋》。"《韩非子》内储说上云："鲁哀公问于孔子曰：'《春秋》之记曰冬十二月陨霜不杀菽，何为记此。'"《战国燕策》苏代曰："今臣逃而纷齐赵，始可著于春秋。"乐毅曰："贤明之君功立而不废，故著于春秋。"《庄子》称《春秋》经世，先王之志，又称《春秋》以道名分。郑樵曰："今《汲冢琐语》亦有鲁《春秋》，记鲁献公十七年事。"总上诸说，以时则或先或后于孔子，以地则或鲁或诸侯，且晋之《乘》，楚之《梼杌》，亦皆名《春秋》，可知《春秋》为诸国国史之大名，亦为鲁史之专称。孔子以前，夙已有之，非待修鲁史而始命此名也。

至国史何以称《春秋》？贾逵曰："《春秋》取法阴阳之中，春为阳中，万

---

* 选自《范文澜全集》（第一卷），河北教育出版社2002年，第223页。

物以生，秋为阴中，万物以成，欲使人君动作不失中也。"刘熙曰："《春秋》者春秋冬夏，终而成岁，春秋书人事，卒岁而究备。春秋温凉象政和也，故举以为名也。"姜岌曰："仲尼作《春秋》，日以继月，月以继时，时以继年，年以首事。"贺道养曰："春贵阳之始，秋取阳之初。"颜师古曰："《春秋》孔子约史记而修之也。天有四时，春为阳中，万物以生，秋为阴中，万物以成，故错互举之，包十二月而为名也。"郑樵曰："或谓《春秋》之名，取赏以春夏，刑以秋冬。或谓一褒一贬若春秋。或谓春获麟，秋著书。"案诸说或言阴阳，或言褒贬，恐非正解。《春秋》之义，当以杜预说为定。杜氏《春秋》序曰："《春秋》者鲁史记之名也。记事者以事系日，以日系月，以月系时，以时系年，所以纪远近，别同异也。故史之所记，必表年以首事，年有四时，故错举以为所记之名也。"《正义》曰："首始也。事系日下，年是事端，故史之所记，必先显其年，以为事之初始也。年有四时，不可遍举四时，以为书号，故交错互举，取春秋二字，以为所记之名也。春先于夏，秋先于冬，举先可以及后，言春足以兼夏，言秋足以见冬，故举二字以包四时也。"

《春秋》为编年之史，其起或在商代。王国维曰："卜辞言王亥者九，其二有祭日，皆以辛亥。与祭大乙用乙日祭，大甲用甲日同例。是王亥确为殷人以辰为名之始，犹上甲微之为以日为名之始也。然观殷人之名，即不用日辰者，亦取于时为多。自契以下，若昭明，若昌，若冥，皆含朝暮明晦之意，而王恒之名，亦取象于月弦。是以时为名或号者乃殷俗也。夏后氏亡以日为名者，有孔甲，有履癸，要在王亥及上甲之后矣。"据王氏之说，知殷人之俗，最重夫天时。且既知利用辰以记名号则次列年月，以记大事，亦非不可能。卜辞中有曰"乙未酒𢽐品田十三丙三丁三示壬三示癸三大丁十大甲十"者，其次序首甲，次乙，次丙，次丁，而终于壬亥，与十日之次全同。可证商人于先世诸公之名，尚以十日之次序，强为整齐。（用王国维说）谓史官不知用干支以编次大事，甚未然也。《左传》疏引《春秋》纬云："黄帝坐于扈阁，凤皇衔书置帝前，其中得五始之文。"依《公羊》说云："元者气之始，春者四时之始，王者受命之始，正月者政教之始，公即位者一国之始。"据此似编年之史，起于黄帝，纬书之妖妄，可谓甚矣。《汉书》艺文志云："古之王者，世有史官，君举必书，所以慎言行，昭法戒。（《汉书》作"法式"，此据《左传》疏改。）左史记言，右史记事，事为《春秋》，言为《尚书》，历代帝王，靡不同之。"《史通》六家篇依据班说，谓："《春秋》家者，其先出于三代。案《汲冢琐语》记太丁时事，目为夏殷《春秋》。知《春秋》始作，与《尚书》同时。又《竹书纪年》其所记事，皆与鲁《春秋》同。"刘千玄之意，以《春秋》为记事之史之共名，而其书则自古有之。案夏代果有编年之史与否，实不敢知。若殷世则史官所掌，当与周略同。《尚书》多士篇周公告商士之文云，"惟尔知惟殷先人，有册有典"，是周以前典册记事，经有明文矣。《说文》："册，符命也，诸侯进受于王者也。象其札一长一短，中有二编之形。卜辞中册字之形，皆象札一长一短。"《说文》："史，记事者也，从又持中，中正也。"罗振玉曰："吴中丞云：'象手执简形，古文中作𠁁，无作屮者'，案吴说是也。江先生永《周礼疑义举要》云'凡官府簿书谓之中'，故诸官言治中受中，小司寇断庶民狱讼之中，皆谓簿书，犹今之案卷也。故掌文书者谓之史，其字从又从中，可证许君中正之说之失。"（王国维《观堂集林》有释史一篇视罗说更详。）案卜辞史作𡦦，从又持屮，中当即册字之省，亦象札一长一短，中有二编之形。杜氏《春秋》序云："《周礼》有史官，掌邦国四方之事，达四方之志，诸侯亦各有国史，大事书之于策，小事简牍而已。"古代之辞，皆以竹书，（《说文》册之古文作笧）翻阅不便，故必简约文辞，确定年月，书于长策，若标题然。至于言语事功之详，则书于简牍，而附于策，册有长札短札，同在一编之形，盖为此也。班氏左史记言，右史记事，事为《春秋》，言为《尚书》之说，本于玉藻而小异。然观《尚书》亦载事，而《左传》尤多记言，惟《春秋》纯为记事耳。所以然者，《春秋》为标题，故必记事，若言与事之详，则同在短札，古未必划然分析也。《史记》三代世表曰："自殷以前，诸侯不可得而语，周以来乃颇可著。孔子因史文次《春秋》，纪元年，正时月日，盖其详哉！至于序《尚书》，则略无年月，或颇有然多阙不可录，故疑则传疑，盖其慎也。余读谍记，黄帝以来皆有年数。稽其历谱谍，终始五德之传，古文咸不同，乖异。夫子之勿论次其年月，岂虚哉？"史公谓孔子序《尚书》，略无年月，为疑则传疑，其实《尚书》未析出之前，无容更编年月，既析出之后，重在谟训，亦不待编年而明，故有言时而不言月者，如泰誓云，"十有三年春，大会于孟津"，金滕"秋大熟未获"，有言月而不言时者，如康诰"惟三月哉生魄"，召诰"三月惟丙午朏"，多士"惟三月"，多方"惟五月丁亥"，顾命"惟四月哉生魄"，皆史官所记本文如此，非孔子故阙其年月也。又史公谓稽历谱谍终始五德之传，古文咸不同乖异，谱谍之中，固多出后人伪造及追记，然古史官编年之本，或在其中。罗振玉、王国维二氏精研殷墟遗文，与《史记》殷本纪、《竹书纪年》等书相印证，大体可信。更有《竹书》不误而《尚书》颇异者，如《观堂集林》中宗祖乙篇云，"戬寿堂所藏殷墟文字中，有断片存字六曰，中宗祖乙牛吉"，称祖乙为中宗，全与古来《尚书》学家之说违异。惟《太平御览》八十三引《竹书纪年》曰，"祖乙滕即位，是为中宗，居庇"（今本《纪年》注亦云："祖乙之世，商道复兴，号为中宗"即本此）。今由此断片，知《纪年》是，而古今《尚书》家说非也。其他证据尚多，可见《竹书纪年》，未可忽视。《史记》十二诸侯年表起于共和，盖共和以后，始有准确年岁可谱，非谓前于共和无年数也。故编年之起，高谈虞夏，诚不敢信，下托周公，亦未必然，谓为出于殷史，而美备于周代，则庶乎近之。

第二节　孔子作春秋及春秋终始

孔子何为而作《春秋》？据杜预《春秋》序曰："或曰《春秋》之作，《左传》及《穀梁》无明文。说者以仲尼自卫反鲁，修《春秋》，立素王，丘明为素臣。言《公羊》者亦云：黜周而王鲁，危行言逊，以辟当时之害，故微其文，隐其意。《公羊》经止获麟，而《左氏》经终孔丘卒，敢问所安？答曰异乎吾所闻。仲尼曰：'文王既没，文不在兹乎？'此制作之本意也。叹曰：'凤鸟不至，河不出图，吾已矣夫！'盖伤时王之政也。麟凤五灵，王者之嘉瑞也，今麟出非其时，虚其应而失其归，此圣人所以为感也。绝笔于获麟之一句者，所感而起，固所以为终也。"杜氏此序以为孔子先有制作之意，而恨时无嘉瑞，明是既得嘉瑞，即便制作，故《春秋》编年之书，必应尽年乃止。而哀公十四年，惟书"西狩获麟"一句，明此一句，即其所感也。

《公羊》哀十四年获麟传云："君子曷为为《春秋》？拨乱世反诸正，莫近诸《春秋》。"《正义》云："孔子未得命之时，未有制作之意，故但领缘旧经，以济当时而已。既获麟之后，见端门之书，知天命已制作，以俟后王。于是选理典籍，欲为拨乱之道。以为《春秋》者，赏善罚恶之书，若欲治世反归于正道。莫近于《春秋》之义。是以得天命之后，乃作《春秋》矣。"何休惑于纬书，妄言天命，妖诬不足道。《公羊传》文则略符孟子之旨。

范宁《春秋穀梁传》序曰："昔周道衰陵，乾纲绝纽，礼坏乐崩，彝伦攸斁，弑逆篡盗者国有，淫纵破义者比肩……孔子睹沧海之横流，乃喟然而叹曰：'文王既没，文不在兹乎'，言文王之道丧，兴之者在己。于是就大师而正雅颂，因鲁史而修《春秋》……先王之道既弘，麟感而来应。"

董仲舒曰："周道衰废，孔子知言之不用，道之不行也。是非二百四十二年之中，以为天下仪表。子曰我欲载之空言，不如见之于行事之深切著明也。"

壶遂曰："孔子之时，上无明君，下不得任用，故作《春秋》，垂空文以断礼义。"

刘向曰："夫子行说七十诸侯，无定处，意欲使天下之民，各得其所而道不行。退而修《春秋》，采毫毛之善，贬纤介之患，人事浃，王道备，精和圣制上通于天而麟至。"

闵因曰："孔子受端门之命，制《春秋》之义，使子夏等十四人求周史记得百二十国宝书，九月经立。"

扬雄曰："仲尼不遭用，《春秋》因斯发。"

《春秋》演孔图曰："获麟而作《春秋》，九月书成。"

赵岐曰："周衰孔子惧正道遂灭，故作《春秋》。因鲁史记，设素王之法。"

以上诸说皆所以明孔子作《春秋》之本旨，而辞义纷歧，莫归一致，欲得准的，当折衷于孟子之言。

孟子曰："世衰道微，邪说暴行有作，臣弑其君者有之，子弑其父者有之。孔子惧，作《春秋》。《春秋》天子之事也。是故孔子曰知我者其惟《春秋》乎！罪我者其惟《春秋》乎！"

孔子既有"文王既没文不在兹"之叹，又睹天下荡荡，王道尽丧之祸，领缘旧文，修订五经。最后乃作《春秋》，知我罪我，非仅纂述陈编，刊正芜乱而已，必有制作大义存于其间。庄子所谓"《春秋》以道名分者"是也。孟子谓"《春秋》为天子之事"者即此。《史记》称"笔则笔，削则削，子夏之徒，不能赞一辞"者亦即是。《论语》称"不在其位，不谋其政"，孔子身为匹夫，仰秉周公典法，于当世君臣大人，正名定分，褒刺贬损，若天子之行王政者然，故有"天子之事"之言。皮锡瑞谓："赵岐注《孟子》两处，皆用《公羊》素王之说。朱子注引胡传亦与《公羊》素王说合。素空也，谓空设一王之法也。即孟子云有王者得起，必来取法之意。本非孔子自王，亦非称鲁为王。"案皮氏既知自王王鲁之非，而犹固执《公羊》素王之名，其意特欲尊孔子，尊《春秋》。不知孔子与《春秋》，不待得素王之号而始尊，且亦无空设一王之法之事。孔子曰："甚矣，吾衰也！久矣吾不复梦见周公！"又曰："苟有用我者，吾其为东周乎！"《春秋》书元年春王正月，而《左氏》补一周字，以明别于夏殷。是孔子未尝欲革周命也。况伊尹、周公摄行王政，而未尝有假王之嫌。（说者虽谓周公尝称王，殊无确证。）孔子据周公遗典以为后世法，所设者即周公之法也。正如伊、周之辅太甲，成王，行天子之事，而不得谓其有天子之意也。孟子曰，"孔子作《春秋》而乱臣贼子惧"，岂惧孔子乎！正惧周公之法明而名分定耳。晋董狐书"赵盾弑其君"，齐太史书"崔杼弑其君"，二人书法皆同。史墨曰：(《左传》昭公二十九年)"官宿其业，一日失战，则死及之"。可见史官有典守之宿业，非周公旧典而何？设史法非出于周公，赵盾何以受而不敢抗？设史法非世宿其业，何以齐太史兄弟被戮，而不肯改？南史氏何以执简而往，必欲书一弑字乎？春秋之乱，源于上下名分不正。故曰："必也正名乎！名不正则言不顺，言不顺则事不成。"然名不能凭私臆定，必得世传公守之旧法为绳墨而后是非有所准。否则自我作故，先无解于"名不正"之咎矣。

今古文家之所以辩难纷纭，终古不决者，皆各有所蔽而不明因袭之理也。今文家以孔子为无前圣人，《春秋》制作，必欲归之孔子而后快。古文家又以孔子全述周公旧典，若影之与形，了无意义。（唐时学校尊周公为先圣，孔子为先师，皮锡瑞以为以生民未有之圣人不得专享太牢之祭，止可降居配享之列，颇有不平之意，此可以观今文家之心理。）其实皆非也。子曰："述而不作，信而好古，窃比于我老彭。"言老彭不自制作，好述古事，我亦若老彭但述之耳。又曰："盖有不知而作之者，我无是也。多闻择其善者而从之，多见而识之。"所谓从之识之者，当莫过于文武之道。故子贡曰，"文武之道，未坠于地，在人。贤者识其大者，不贤者识其小者，莫不有文武之道焉。夫子焉不学"，此可见孔子之学，实源于文、武、周公。谓孔子天纵之圣，生而知之，无待于文、武、周公者，迂腐之见也。至文、武、周公之道，果何自来乎？试征之《论语》："子张问十世。子曰：殷因于夏礼，所损益可知也。周因于殷礼，所损益可知也。其或继周者虽百世可知也。"是周之典礼，亦根柢于夏殷，周公制礼，亦但损益之耳，非凿空白造，如后儒所云云也。孔子何以专重周礼，亦自有故。《论语》称"子曰周监于二代，郁郁乎文哉！吾从周"。《中庸》载："子曰，愚而好自用，贱而好自专，生乎今之世，反古之道，如此者，灾及其身者也。"非天子，不议礼，不制度，不考文。今天下，车同轨，书同文，行同伦。虽有其位，苟无其德，不敢作礼乐，虽有其德，苟无其位，亦不敢作礼乐焉。子曰："吾说夏礼，杞不足征也，吾学殷礼，有宋存焉。吾学周礼，今用之。吾从周。"案《中庸》所说，昭明若此。后儒好为异说，纷呶无已，果何为乎？明乎孔子之学，原于文、武、周公，文、武、周公又原于夏殷，因袭旧典，无害圣人，何必逞述作之辩而始自诩尊孔子乎？

孟子又曰："王者之迹熄而《诗》亡，《诗》亡然后《春秋》作。晋之《乘》、楚之《梼杌》、鲁之《春秋》一也。其事则齐桓、晋文，其文则史，孔子曰，其义则丘窃取之矣。"

王者之迹熄而《诗》亡，谓周室东迁，雅诗不作，降为国风。然此不得谓孔子黜周之证。关雎、麟趾之化，王者之风，则王未始不可称风。惟其政衰道微，不复言天下之事，刑四方之风，故不谓之雅耳。《春秋》之义，本于《周礼》，则若周道复行者然。故曰"《诗》亡然后《春秋》作也"。"其义则丘窃取之"者，谓据《周礼》而明名分也。

　　总观孟子二文，孔子作《春秋》之本旨，昭然无复疑滞。试再进而推孔子何以必取鲁史之故，礼运亦有明文。礼运称"孔子曰：於呼哀哉，我观周道，幽厉伤之，吾舍鲁何适矣"！昭公元年传："郑公孙黑强与于盟，使大史书其名，且曰七子。"可见当时史法乱矣。鲁史则当较善，孔子主之，此亦一因。《汉书》艺文志谓"以鲁周公之国，礼文备物，史官有法"者是也。其所以始隐公终获麟之故，据杜预《春秋序》曰："《公羊》经止获麟，而《左氏》经终孔丘卒，敢问所安？答曰异乎余所闻。……龙凤五灵王者之嘉瑞也。今麟出非其时，虚其应而失其归，此圣人所以为感也。绝笔于获麟之一句者，所感而起，固所以为终也。曰然则《春秋》何始于鲁隐公？答曰周平王东周之始王也，隐公让国之贤君也，考乎其时，则相接，言乎其位则列国，本乎其始则周公之祚胤也。若平王能祈天永命，绍开中兴，隐公能宏宣祖业，光启王室，则西周之美可寻，文武之迹不坠。是故因其历数，附其行事采周之旧，以会成王义，垂法将来。先儒以为制作三年，文成致麟，既已妖妄，又引经以至仲尼卒，亦又近诬。据《公羊》经止获麟，而《左氏》小邾射不在三叛之数，而余以为感麟而作，作起获麟，则文止于斯，为得其实。至于反袂拭面，称吾道穷，亦无取焉。"杜氏之说云然。《论语》子谓伯鱼曰："女为周南、召南已乎？人而不为周南、召南，其犹正墙面而立也欤！"马融注曰："周南、召南，国风之始，乐得淑女以配君，三纲之首，王教之端，故人而不为，如向墙而立。"可知《诗》三百篇，周南、召南尤为首要。考周南首列关雎，序曰"后妃之德也"；末列麟之趾，序曰"关雎之应也"。召南首列鹊巢，序曰"夫人之德也"；末列驺虞，序曰"鹊巢之应也"。二南皆首称不妒之德，末著麟趾驺虞之应。礼运谓："四灵以为畜，故饮食有由也。"郑注曰："四灵与羞物为群。"二南之末皆著兽名，当即"四灵为畜，饮食有由"之义，实孔子编《诗》之微旨。《春秋》始于隐公，正以有让位之德，比于后妃夫人之不妒，（《尚书》首尧典，亦取其禅让。）哀公十四年，适有获麟之事，孔子感之，因而绝笔，此乃事出偶然，非有奥义，谓感麟而作《春秋》者非，谓作《春秋》而致麟者尤非。（说《春秋》者，误以麟至为有神秘之意义，故皆支离不可信，盖即无麟至，孔子亦必作《春秋》，不过偶逢其事，因而绝笔耳。谓孔子修《春秋》，麟感而至，尤荒谬无取。）

第三节　篇数及续经补传

《汉书》艺文志"《春秋》古经十二篇。又经十一篇，自注《公羊》《穀梁》二家"。钱大昕曰："汉儒传《春秋》者，以左氏为古文，《公羊》《穀梁》为今文，称古经则共知其为左氏矣。左氏经传本各单行，故别有《左氏传》。《尚书》古文经四十六卷，不注孔氏，而别出经二十九卷，注大小夏侯二家，与此同。"

沈钦韩曰："二家合闵公于庄，故十一卷，彼师当缘闵公事短，不足成卷，并合之耳。何休乃云：'系闵公篇于庄公下者，子未三年，无改于父之道。'其先俗师未见古文，或分或合，犹可言也，休已见古文，不当为此言。"

章太炎《春秋左传读叙录》引刘逢禄说曰："十一篇者夫子手定。《公羊传》所云：'隐之篇，僖之篇'是也。何劭公犹传之云：'系闵公篇于庄公下者，子未三年，无改于父之道。'盖西汉胡毋生、颜安乐以来旧本也。古经十二篇，盖刘歆以秘府古文书之，而小变博士所习。（如纪子帛杞侯，夏五月丙午宣榭火，陈灾之属。）或析闵公自为一篇，或附续经为一篇，俱不可知，总之非古本也。"

章氏驳之曰："子骏之说见于律历志者，列十二公二百四十二年之事曰：'自《春秋》尽哀十四年，凡二百四十二年，《六国春秋》哀公后十三年，逊于邾。'而不曰二百四十四年，则获麟以后，左氏原不以为续经，特存鲁史原文，以记孔丘之卒耳。其不为一篇可知，所多一篇，必闵公篇。艺文志'古文《尚书》经四十六卷为五十七篇。'又云'经二十九卷，大小夏侯二家，欧阳经三十二卷'，此书古今文卷数异也。《诗经》二十八卷，鲁、齐、韩、三家。又云《毛诗》二十九卷，《毛诗》故训传三十卷。此《诗》古今文卷数异也。《礼》古经五十六卷，又云经十七卷，后氏戴氏始，此《礼》古今文卷数异也。《论语》古二十一篇。出孔子壁中，两子张。又云齐二十二篇，多问王知道。鲁二十篇。此《论语》古今文篇数异也。何独疑《春秋》古经与今文篇数异乎？公羊家就十一篇而附会'子未三年无改父道'之义，犹今文《尚书》家，只见二十九篇，而附会二十八篇，当列宿，一篇当北斗也。"

章氏驳刘说极是。《公羊》《穀梁》经皆止于获麟，左氏则续传至二十七年公逊于邾，又悼之四年一节。杜注小邾射以句绎来奔云："《春秋》止于获麟，故射不在三叛人之数。自此以下至十六年，皆鲁史记之文。弟子欲存孔子卒，故并录以续孔子所修之经。"案杜说甚是。《公》《穀》于襄二十一年书孔子生，亦补经。《汉书》刘歆传："歆以为左丘明好恶与圣人同，亲见夫子，而《公羊》《穀梁》在七十子后，传闻之与亲见之，其详略不同。"刘逢禄云："《论语》之左邱明，奸恶与圣同，其亲见夫子，或在夫子前，俱不可知。若为《左氏春秋》者，则当时夫子弟子传说已异。且鲁悼已称谥，必非《论语》之左丘，其好恶亦大异圣人，以为失明之丘明，犹光武讳秀，刘歆亦可更名秀，嘉新公为刘歆，祁烈伯亦为刘歆也。"刘氏又曰："左氏仅见夫子之书及列国之史。《公羊》闻夫子之义。见夫子之书者，盈天下矣，闻而知之者，孟子而下，其惟董生乎！"章太炎驳之曰："孔子言与左同耻，则是朋友，而非弟子易明也。何见必后孔子者，乃称鲁君子乎。谓生鲁悼后者，以传有悼之四年。据鲁世家言悼公在位三十七年，去获麟已五十年耳。然使左氏与曾子年龄相若，则终悼世，尚未及八十也。（此条驳刘氏邱明盖生鲁悼之后，见夫子之经，及《史记》、晋《乘》之类，而未闻口受微指也。又称鲁君子则非弟子也条。）故夫左氏书鲁悼者八十之年，未为大耋，何知不亲见夫子？"案章说其辩，足以塞刘氏之口。然窃谓推左氏年岁，不过八十，仅想当然之言耳，未足以服刘氏诸人之心也。考《汉书》律历志曰："《春秋》定公即位十五年，子哀公蒋立，《春秋》尽哀十四年，凡二百四十二年。《六国春秋》哀公后十三年，逊于邾。"寻绎文义，《春秋》即孔子之《春秋》，自《春秋》尽哀十四年凡二百四十二年，明《春秋经》止于哀十四年也。自获麟至孔丘卒，杜注说之已明。若十六年以后，所谓补传，则实出于《六国春秋》一书，哀公后十三年逊邾事，正见于补传，而律历志谓之《六国春秋》，补传非出丘明手明矣。如此尚何嫌于书悼公四年事乎？《六国春秋》不著于艺文志，故鲜注意及之者。艺文志缺载之书甚多，刘向以中古文经校施、孟、梁丘经，而中古文《易经》不见于志，桓谭称《连山》藏于兰台，《归藏》藏于太卜，而《连山》《归藏》不见于志。是《六国春秋》虽未著录，而其书汉时尚存，断可知也。全祖望《经史问答》曰："问《志汉》引《六国春秋》，或曰即《国策》，是否？答恐非也。《六国春秋》当别是编年之书，而今不传。国策之例，恐近外传。盖自哀公二十七年后，当有《六国春秋》一书，而后《楚汉春秋》继之，然《七略》已不载是书，其亡久矣。太史公采《国策》止九十三事，则其余所采或有在《六国春秋》中者，亦未可定也。"大抵六国时传左氏《春秋》者著是书。如陆贾著《楚汉春秋》，故文辞亦颇类似。后师取以续传，遂为疑《左传》者所藉口，幸得律历志留此孤证，千年积惑赖以释然。

第四节　阙文

顾栋高《春秋阙文表》叙曰："儒者释经，为后王典制所自取，国家善败，恒必由之，可不慎哉。《春秋》文多阙误，三传类多附会，而《公》《穀》尤甚。

迹其流弊，种毒滋深，大者如纪子伯莒子盟于密，本阙文也。而习《公》《穀》者遂谓纪本子爵，后因天子将娶于纪，进爵为侯，加封百里，以广孝敬。汉世因之，凡立后先封其父为侯，进司马大将军，封爵之滥自此始，而汉祚以移，由不知阙文故也。盖尝推而论之，日食阙书朔者凡十，本史失之，而《穀梁》则曰：'言日不言朔，食晦日也，言朔不言日，食既朔也。'案自襄十五年以后，无不书日朔者，岂自此至获麟近百年，总无食于前食于后，而独参差不定于襄以前乎？则《穀梁》之说非也。外诸侯卒阙书名者十，亦史失之，而左氏则曰：'不书名，未同盟也。'案隐元年及宋人盟于宿，而八年宿男卒不名。成十三年滕会诸侯同伐秦，而十六年滕子卒，不名。杞与鲁结昏，而僖二十三年杞成公卒不名。则左氏之说非也。夫人不书姜氏，及去姜存氏，去氏存姜者凡四，而《左传》则曰：'不称姜氏，绝不为亲，礼也。'贾逵又云：'哀姜杀子，罪轻，故但贬去姜。'《公》《穀》又以出姜之宜成礼于齐，穆姜不宜从夫丧娶，故俱贬去氏。夫去姜存氏，去氏存姜，不成文理，况文姜、哀姜之罪，岂待去其姓氏而明？至夫人方为处女，事由父母，而必责其问合礼与否，无乃蹈树骖移曰之拘乎？亦拘固不通甚矣。王不称天者凡六，其三史脱之，其三从省文。而胡氏于锡桓公命，归成风之赗，及会葬，则云圣人去天以示贬。夫归仲子之赗，王已称天矣，岂于前独罪宰咺，而于天王无贬，于此数事，又独责天王，而于荣召无讥乎？桓五年三国从王伐郑，此自省文尔，与公朝于王所同义，而胡氏以为桓王失天讨。岂朝于王所，不责诸侯而反责王乎？必以桓十四年不书王为责桓无王，则宣亦篡弑，何以书王？必以桓四年七年不书秋冬为责王失刑，则昭十年不书冬，定十四年不书冬，又何以说？秦伐晋，郑伐许，晋伐鲜虞，皆是偶阙人字。而《公》《穀》以为狄之，夫秦且无沦，晋之罪莫大于助乱臣立君，襄十四年会孙林父子戚以定卫，当日不闻贬晋，郑伯射王中肩，未尝有微词示贬，而沾沾责其伐许伐鲜虞，亦可谓舍其大而图其细矣！凡此皆《公》《穀》倡之，而后来诸儒，如孔氏颖达，啖氏助，赵氏匡，陆氏淳，孙氏复，刘氏敞亦既辨之矣。而复大炽于宋之中叶者，盖亦有故焉。自诸儒攻击三传，王介甫遂曰'《春秋》为断烂朝报，不列学官'。安定反之，矫枉过正，遂举圣经之断阙不全者，皆以为精义所存，复理《公》《穀》之故说。而吕氏东莱，叶氏少蕴，张氏元德诸儒俱从之。由是《春秋》稍明于唐以后者，复晦昧于宋之南渡，岂非势之相激使然者。夫蔑弃圣人之经，与过崇圣人之经，其用心不同，而其未得乎圣人垂世立教之旨则一也。愚故不揆梼昧，浏览诸家之说，于南渡以后，兼取黄氏仲炎、吕氏大圭、程氏端学、俞氏皋、齐氏履谦五家，列阙文凡百有馀条，俾学者于此，不复强求其可通，则于诸儒支离穿凿之论，亦扫除过半矣。"

孔颖达谓："《春秋》阙文有二，有史本阙，圣人因而不改者，有以修成后始阙者。"案孔氏说是也。《日知录》曰："孔子曰：'吾犹及史之阙文也。'史之阙文，圣人不敢益也。《春秋》桓公十七年'冬十月朔日有食之。'传曰：'不书朔与日，官失之也。'以圣人之明，千岁之日至，可坐而致，岂难考历布算，以补其阙，而夫子不敢也，况于史文之误而无从取正者乎？况于列国之事，得之传闻，不登于史策者乎？若乃改葬惠公之类，不书者，旧史之所无也。曹大夫宋大夫司马司城之不名者阙也。郑伯髡顽、楚子麇、齐侯阳生之实杀而书卒者，传闻不胜书，是以从旧史之文也。左氏出于获麟之后，网罗浩博，实夫子之所未见。乃后之儒者，似谓已有此书，夫子据而笔削之，即左氏之解经于所不合者亦合。曲为之说，而经生之论，遂以圣人所不知为讳。是以新说愈多，而是非靡定。故今人学《春秋》之言，皆郢书燕说，而夫子不能逆料者也。子不云乎？'多闻阙疑，慎言其余'，岂特告子张乎？修《春秋》之法，亦不过若此耳。"顾氏颇致疑于《左传》非一人所作，自有所见。惟此须分别言之。孔子时之阙文，固左氏所亲见；《春秋》既传后之阙文，则左氏未能见也。今之《左传》，其解经有所不合者亦多，曲为之说，乃后师据阙文（《春秋》既成以后之阙文）而强为之说，非《左氏》本文已然。推之《公羊》《穀梁》，盖亦若此。学者未明此义，每据后儒附入之说，攻击最初之作者，左氏及子夏，岂能任其咎耶？

第五节　春秋用周正

顾栋高《春秋时令表》叙曰："《春秋》开卷书'春王正月'，议者纷然。蔡氏《尚书》传即主不正时改月之说。而文定传《春秋》又谓夫子虚加'春'字于'月'之上，谓周本是冬十一月，夫子特借以明行夏时之意。是皆考古未核，惑于冬不可为春之疑，遂至辗转相误也。《后汉书》陈宠传有曰：'天开于子，天以为正，周以为春；地辟于丑，地以为正，殷以为春；人生于寅，人以为正，夏以为春。'是子丑寅三阳之月，皆可以言正，皆可以为春明矣。而谓周有天下，更姓改物于履端初始，称冬十一月以号令天下，一年之内，首尾皆冬，非所以一天下之视听也。周既不改时月矣，而谓夫子为周之臣子，改冬为春，改十一月为正月，戾王朝之正朔，改本国之史书，犹不可以训也。今试以经文最显然者证之：隐九年'三月大雨震电'，若是夏正，则震电不为灾矣；桓十四年'春正月无冰'，若是夏正，则无冰不足异矣。盖自王朝之发号施令，列国之聘享会盟，与史官之编年纪月，较若画一。其馀田狩祭享，犹用夏时。如蒐苗狝狩禴祀蒸尝，则以夏时起事而易其时与月之名。若桓四年'春公狩于郎'，桓八年'春正月己卯蒸'是也。此皆其历历可见者。而传文内间有一二从夏正者，盖亦有故。隐六年'冬宋人取长葛'，而传书'秋'。刘氏敞谓'丘明作书，杂取当时诸侯史策，有用夏正者，有用周正者，故致与经错异'。可见当时诸侯，亦不尽用周正。孔氏颖达云：'王者存二王之后，使统其正朔，服其服色。故杞宋各行其祖正朔，先儒谓宋行商历，晋行颛顼历，即是建寅。'故传书晋国之事，多有从夏正者。若卜偃与绛县老人之言可证也。要自其国通行已久，习俗使然，三代原所不禁。而其告于王朝，则禀周之正朔。左氏特采录列国之私史，其史官之纪载，未经改正，故致偶见此一二耳，无容以为不改时月之验也。其经文则与《尚书》符合，断然周正无疑。善乎朱子之言曰：'夫子未笔削以前，鲁史原名《春秋》。可见以春首时'，片言破的，诸儒无所置喙矣。"

严杰《经义丛钞》曰："按《春秋》周正夏正，纷如聚讼。宋儒既有'冬不可为春'之疑，而主周正者，又于经典一二偶不合之处，必欲强以同之，是自寻破绽。是以后人益增惶惑，靡所适从。愚谓改正朔即是改时月，周断无称冬十一月为岁之理。王者之发号施令，与史臣之编年纪事，自宜画一，断无不用周正而反从夏正之理。惟民俗话言，习于夏正已久，偶有杂出者，在三代原所不禁。如《毛诗》用周正，而'春日迟迟'与'秋日凄凄''冬日烈烈'不可以周正言；以抚时道景，于夏时为切也。《论语》'行夏之时'，明言周家改时，而莫春曰'春服既成'。《孟子》通篇用周正，而公都子曰'冬日则饮汤，夏日则饮水'，俱不可以周正言，以饮食日用，于夏时为宜也。惟不必一一强求其同，而正无害其为同。因得张翠屏先生定本，附列于时令表之后。其未备者增入之，其强合者驳正之。而后学者于诸经，通达无碍，无龃龉不合，亦无勉强求合之病。而《春秋》'王正月'之为周正，益了然无疑矣。其于经学未必无小补云。僖十五年'韩之战'，及昭三十二年'城成周'，与经所书先后俱差两月。经用周正，传因晋俗而用夏正。此便了然。杜预载汲冢书记'曲沃庄伯之十一年十一月'为'鲁隐之元年正月'，其纪年篇，皆用夏正。先儒谓晋封太原，沿唐之故俗，理或有之。然看来成周盛时，原所不禁。不特周也，亦通三代之所不禁。看豳风称'一之日，二之日'，公刘当夏之时，便已自以子月起数，周有天下，遂定为正朔。但不曰正，而曰一，以避时王之尊号。至武王伐商之年，商命未改，犹曰：'惟一月壬辰'，不敢遽用正字，《诗》《书》所称，同一揆也。文王于殷时象《易》，于临卦曰：'至于八月有凶'亦用子月起数。八月为夏之六月。夏殷时不禁豳周之用子正，周时独禁晋之用寅正乎？若三代果有此禁，则启之罪状有扈氏，只当云'怠弃夏正'不当云'怠弃三正'矣。孔子大圣人为周之臣子，不当教颜渊以行夏之时矣。当日答颜渊只是现在侯国，有用颜子为政者，便当行此数事，非必谓代周而有天下，更姓改物，然后行夏之时也。孔子时不比孟子时，以扶起衰周为念。若谓百年之后，代周而王者当如此，则孔子教颜渊乃是悬空说话，不是现在可行之事，岂圣贤商略治道之旨乎？可见当时原是通用，在圣人亦看得平常，又何疑于晋之用夏正也。谓秦以寅月书正，第以十月为岁首，亦未然。彼第见吕不韦作月令用夏正故云。然不知秦亦改时改月。亥月竟称春正月，至寅月已称夏四月矣。沿至汉高、惠、文、景之世犹然。至武帝太初定历，改用夏正。史官因追改前年月。独汉元年冬月失于追改，犹仍秦旧，故有五星聚东井，致高允之疑。其实秦之冬十月乃夏之七月。七月初未交中气，犹未离六月躔度，日在鹑火与东井，秦分鹑首，犹是隔宫相望，金水二星，附日而行，故俱得会于此。汉初司星者，原不错，因后来史官失于追改；后人疑为夏正之十月，则日躔析水之次，与鹑首秦分，隔离七宫，金水无会聚之理。秦之改时改月，无所见，此一条其大彰明较著者也。详见唐颜师古《汉书》高帝纪注及宋刘攽贡父说中。颜、刘俱在史前，而史援引张说，未及辨正，可见考核精细之难也。"

"又案秦时置闰，俱称后九月。盖是时历法不讲，不知随时置闰之法，都堆积在岁终。《春秋》末年已有此病。此亦秦改时改月之一证也。秦史只称为闰十二月，汉太初以后，追改为后九月耳。"

第六节　改制

皮锡瑞曰："《史记》孔子世家：子曰弗乎弗乎，君子病殁世而名不称焉。吾道不行矣，吾何以自见于后世哉！乃因史记作《春秋》，上至隐公，下讫哀公十四年，十二公。据鲁亲周故殷，运之三代，约其辞文而指博。故吴楚之君，自称王，而《春秋》贬之曰'子'。践土之会，实召周天子，而《春秋》讳之曰'天子狩于河阳'。推此类以绳当世贬损之义，有王者举而开之，《春秋》之义行，则天下乱臣贼子惧焉。孔子在位听讼，文辞有可与人共者，弗独有也。至于为《春秋》，笔则笔，削则削，子夏之徒，不能赞一辞。弟子受《春秋》，孔子曰：'后世知丘者以《春秋》，而罪丘者亦以《春秋》。'又自序引壶遂曰：'孔子之时，上无明君，下不得任用，故作《春秋》；垂空文以断礼义，当一王之法。'锡瑞案此二条史公未明引董生，不知亦董生所传否，而其言皆明白正大，云'据鲁亲周故殷'，则知《公羊》家存三统之义古矣。云'有贬损有笔削'，则知左氏家经承旧史之义非矣。云'垂空文当一王之法'，则知素王改制之义，不必疑矣。《春秋》有素王之义，本为改法而设。后人疑孔子不应称王，不知素王本属《春秋》，而不属孔子。疑孔子不应改制，不知孔子无改制之权，而不妨为改制之言。所谓改制者，犹今人之言变法耳。法积久而必变，有志之士，世不见用，莫不著书立说，思以其所欲变之法，传于后世，望其实行。自周秦诸子，以及近之船山、亭林、梨州、桴亭诸公皆然。亭林《日知录》明云：'立言不为一时'，船山《黄书》《噩梦》，读者未尝疑其僭妄。何独于孔子《春秋》反以僭妄疑之。《春秋》变周之文，从殷之质，或疑孔子自言从周，何得变周从殷，不知孔子周人，平日行事，必从时王之制。至于著书立说，不妨损益前代。颜子问为邦，兼虞夏殷周以答之，此损益四代之明证。郑君解王制与《周礼》不合者，率以殷法解之。证以'爵三等''岁三田'，皆与《公羊》义合。此《春秋》从殷之明证。正如今人生于大清，衣冠礼节，必遵时制，若著书言法政，则不妨出入。或谓宜从古制，或谓宜采西法。圣人制法，虽非后学所敢妄拟，然自来著书者，莫不如是，特读者习而不察耳。《春秋》所以必改制者，周末文胜，当救之以质。当时老子、墨子、子桑伯、子棘子成皆已见及之，《春秋》从殷之质，亦是此意。檀弓一篇，三言邾娄，与《公羊》齐学同，而言礼多从殷。中庸疏引赵商问'孔子称吾学《周礼》今用之，吾从周。檀弓云：今丘也殷人也。两楹奠殡哭师之处，皆所法于殷礼，未必由周。而云吾从周何也？答曰今用之者，鲁与诸侯皆周之礼法，非专自施于己。在宋冠章甫之冠，在鲁衣逢掖之衣，何必统用之。'儒行疏案曲礼云：'去国三世，唯兴之日，从新国之法。防叔奔鲁，至孔子五世，应从鲁冠，而犹著殷章甫冠者，以丘为制法之主，故有异于人，所行之事，多用殷礼，不与寻常同也。且曲礼从新国之法，只谓礼仪法用，未必衣服尽从也。'案郑、孔所言，足解从殷之惑。惟衣冠礼法是一类，冠章甫本周制，故公西华可以相礼。两楹奠殡哭师于寝，盖当时亦可通行，惟作《春秋》立法，以待后王，可自为制法之主耳。谓《春秋》皆本鲁史旧文，孔子何必作《春秋》；谓《春秋》皆用周时旧法，孔子亦何必作《春秋》。"

刘申叔《驳孔子改制说》曰：中国自古迄今，制度不同。朝名既改，则制度亦更。然改革制度之权，均操于君主，未有以庶民而操改制之柄者。以庶民而操改制之柄，始于汉儒言孔子改制。

然孔子改制之说，自汉以来，未有奉为定论者。奉汉儒之言为定论，则始于近人。夫以庶民而改制，事非不美，特考之其时，度之于势，稽之于书，觉孔子改制之说，实有未可从者。中庸有言"非天子不议礼，不制度，不考文"，此非孔子之言乎？王制有言"析言破律，乱名改作，执左道以乱政杀"，此非先王之制乎？先王之制既如此，孔子之言又若彼，使孔子而果改制也，又奚必制度之权，谨属于天子？又何必引先王之制，以自蹈乱政之诛？是则孔子者，从周制者也；从周制而兼考古制者也。谓之改古制不可，谓之改周制尤不可。

然孔子改制之说，亦有由来。盖六经之所言之制，与他书不同；而六经所记之制度，复此经与彼经互歧；即一经之中，亦或先后异辞；此诚考古者之所难解也。然静以察之，约有数故：

（一）周代颁行之制，未必普行于列国。古代旧制，仍复并行。如晋启夏政，（《左传》云，"封唐于夏墟启以夏政"，此晋启夏政之说；又晋用夏时，是于《左传》，前人言之已详。）宋袭殷宫，（如殷用五官之制，见于曲礼诸书，而墨子亦曰："五官六府。"盖宋为殷后，墨子为宋人，所言亦殷制。五官取法五行，故《墨子》经下篇亦云："五行常相胜。"若宋有六卿，则大抵不列太宰宗伯，而增左师右师。盖即殷代司天之官，别于司民之官之遗制，太宰宗伯，皆司天之官，故不列六官与周异。）鲁备四代之礼乐，（明堂位言："鲁备四代之礼乐。"如礼则有虞氏之鸾车，夏后氏之钩车，殷之辂，周之乘辂。爵则夏之瓒，殷之斝，周礼之爵。学制则兼备虞之米廪，夏之序，殷之瞽宗，周之泮宫。而乐亦兼备四代，如大琴大瑟中琴小瑟是也。此虽近于夸张，然足证鲁国所讲之制度，不仅一朝。且周公亦未曾尽废古代之制也。）列国之制，有悉用古代之制，有用周制而稍参古制者，故制度互歧。其故一。

（二）由周代之制，亦前后不同。如武王所行之政，殊于文王之治岐；而周公所定之制，又殊于武王开国之初。（如周文王时，用五官之制，故《佚周书》大明武解云："顺天行五官，官侯厥政。"至于开国之后，则改五官为六官。又如孟子言"文王治岐，关市讥而不征，泽梁无禁。"至于周公之时，则有征有禁。又封爵之制，亦周公与武王不同。）盖侯国之制，异于王畿；而守成之法，又异于开创。是犹西汉初年之制，异于孝武时代之制也。故西周末年之制，又与周初不同。（又《礼》言天子不下堂而见诸侯，下堂而见诸侯，天子之失礼也，由夷王以下。是周末年改周初之礼。《周礼》有太宰，无卿士，而时则训言幽王时有卿士，此西周末年改周初之官。）东周以降，更无论矣。其故二。

（三）由列国之时，多更古制。（如《春秋》经所书"初税亩作邱甲作三军用田赋"是。若非言改古制，何以言"作"言"初"。又如晋作州兵作三行；郑改军制为偏伍；郑作邱赋，楚用乘广。凡田赋军之大政，莫不变古。略举数端，余可类推。）无论政治之多纷更也，即礼制亦多纷更。（如檀弓篇多著列国之变礼。如言"鲁妇人髽而吊，自败于狐骀；曾子曰，大功不为位，此委巷之礼"是。馀可类推。）故制礼未能画一。其故三。

加以古代之制，或因地而殊，（如乡遂用十夫有沟之法，都鄙用九夫为井之法，而地方区画，或用县遂之法，或用乡党之法，是也。）或因事而殊，（如出军之数，异于赋民之制，是也。）或因时而殊，（如伯禽居丧，不避金革之事是。）至于孔子之时，则古经残缺，故《史记》儒林有言："礼至孔子时，其经不具。"又孔子世家曰："周室衰而礼乐废，诗书缺。"孔子亦曰："吾犹及史之缺文。"（《管子》言封禅者七十二君；夷吾所记者十有二。杨朱言："太古之事渺矣，孰记之哉？"则古事至东周缺者多矣。）经典既残，而古代之书，又著于方策，有漆书刀削之劳，学术多凭口授。孔子虽从周礼，然鲁备四代礼乐；又孔子征夏礼于杞，征殷礼于宋，则孔子编订之礼，于周礼之外，间引古代礼文，亦所必然。故古礼异于周礼者，必明证某礼为某代之制，今见之于《戴礼》者是也。（四代之礼不同，见于明堂位、檀弓、王制、郊特牲、表记者甚多，文词甚繁，兹不赘引。）亦有举古代仅存之礼，而未引今礼，以证其异同者。或系当时人士所共知，不必证明其因革所系，所录之文，书缺有间，未能判决其是非。由前之说，则系孔子之省辞，由后之说，则系孔子之缺疑。（故孔子之言知之为知之，不知为不知。又言君子所不知盖缺如。）况六经多据古册。古册所记，虽系实录，或所录仅一时之制，或所记据时人之言，或增夸饰之辞，（如明堂位是）或由于传闻之异，孔子因其旧而书之。故六经所言之制，与他书不同。复此经与此经互歧，而一经之中，亦先后异词也。

且孔子周游七十二邦（《庄子》）则所见不仅一国之制；师郯子、苌弘、师襄、老聃，则所闻不仅一人之言。多见而讹，多闻而缺疑，兼收博采，以待折衷。此史谈所由以博而寡要相讥也。然博采异文，附之简策，管、韩诸子皆有之，则儒家之书，记载之歧，奚足异乎？及孔子既没，其弟子所见有异同，所闻亦有详略。或所师不仅孔子一人，如今大小戴诸书，均孔门弟子所编。而《诗》《春秋》诸经，亦为孔门弟子所传。然各有所记，采掇杂糅，或所用非孔子一家之说。由是传经之派，各自不同，其确守孔子之说者亦仅据孔子所录之文，未详考其所出，亦未能判析其异同，则以载籍缺残之故，然六经之互相牾牾者，遂无由而明其故也。如檀弓篇论大功废业，所引者已具两说；而吊丧之服，子游与曾子不同。曾子为子思之师，而其论执亲之丧也，又互相驳诘。足证当世之论古制，均传闻异词。然皆传述之歧，非关制作之旨。（此可证明孔子不改制。若如近人之说，则孔子所改之制，门弟子俱奉之，何以子游与曾子不同？而子思复与曾子不同乎？）

加以战国之去籍，秦政之焚书，古礼尽亡，所存者惟《周官》经。汉儒以之考订他经，觉制度互歧，遂断某书所言为殷礼，某书所言为虞夏礼。及于虞夏殷之礼无所征，遂臆断为孔子所改之制。然孔子改制，于经典无明文。且更制必属于王者，不属于平民。汉儒因《论语》有"其或继周"之文，（或者疑问也。）遂以为孔子承周之统；以谓孔子既承周统，则必革周之制，夫承统者必改制，大抵谓王者制定功成也，必新天下之耳目，损益质文，以应世运。然其说非出于儒家，实出于阴阳家之言。"五德考""五德终始"之说，大抵以君主感天而生，历代感生帝不同，则所尚之德亦不同。感生之帝有五，即"青""黄""赤""白""黑"五帝也；所尚之德，即"金""木""水""火""土"五行也。此出于黄帝所倡之五行。若周代文王、周公，均不信五行。故改夏殷之五官为六官，信《周易》而遗洪范。《周易》者，不言五行者也。孔子亦治《周易》，故儒家亦不言五行。凡言五行者，均为背师。观荀子之斥子思、孟子也，谓其"案往旧造说，谓之五行，甚僻远而无类"。（非十二子篇）则儒家不言五行，于此可见。孟喜《易注》谓"阴阳气无箕子"，箕子为遵信五行之人，阴阳为文王、周公、孔子所奉之说。阴阳气无箕子，固《周易》不言五行之证，亦周代不从五行，孔子不信五行之证也。儒家既不言五行，安有所谓五行之说？故《大戴礼》之载孔子论五帝德也，无一语涉及五德终始。非惟不言五行已也，并不遵从术数。故荀子深辟机祥之道，若五德终始之说，则列于术，合历谱五行二派而成者也。周代传其学者，谓之"日者"。班志谓术数皆古明堂羲和史卜所职，而其序阴阳家也，则以阴阳家流，盖出于羲和之官。是战国之时，信术数者，惟阴阳一家。（老、墨均不信术数。）故五德终始之说，亦惟阴阳家言之。《史记》言："邹衍深观阴阳消息，而作怪迂之文终始、大圣之篇，十馀万言。"又言："因载机祥度数。"又言："称引天地开判以来，五德转移，治各有宜而符应若兹。"又言："邹子作主运。"则五德终始之说，为邹衍所传。至于秦代，而邹衍之说大昌。《史记》云："自齐威、宣之时，驺子之徒，论著五德终始之运；及秦帝而齐人奏之，故始皇采用之。而宋毋忌，正伯侨，充尚，羡门子高，最后皆燕人，为方仙道形解销化，依于鬼神之事，邹衍以阴阳主运，显于诸侯，而燕齐海上之方士，传其说不能通。然则怪迂阿谀苟合之徒，自此兴不可胜数。"盖古代之宗教，有神术仙术二派，及战国时而符箓之说兴。（如秦伯祠陈仓而获石，赵襄祠常山而获符是。）其始也亦由于迷信鬼神，厥后则用以预言休咎。至于秦代，其说益盛。（如亡秦胡也。楚虽三户，亡秦必楚是。）是为谶纬之始。

然谶纬不杂于六经，神术亦不杂于仙术。至燕人依于鬼神之事为仙方，为神术杂于仙术之始；始皇使卢生入海求仙，归奏亡秦之兆，为谶纬杂入仙术之始。又汉人公孙卿言黄帝游山与神会，且战且学仙百馀年后，乃与神通。（《史记》封禅书）而始皇禅梁父封泰山亦采太祝祀雍之礼。（《史记》秦本纪）则以求仙必本于祀神，而祀神即所以求仙；既重祀神，不得不崇祀神之礼。古代祀神之典，咸见于儒书。欲考祭礼，不得不用儒生；而一二为儒生者，咸因求仙而致用；亦不得不窜仙术于儒书。始皇因卢生亡去而坑诸生，（则卢生亦诸生之一矣。又扶苏言诸生皆诵法孔子，即诸生皆奉儒家之说矣。）又使博士为仙真人诗，（《史记》）张苍为秦柱下史，传《左氏春秋》，而其书列于阴阳家。（《汉书》艺文志）张良从仓海公学礼，或以仓海公为神仙，则秦儒之诵法儒家者，咸杂神仙之说矣。儒生既杂采神仙之说，由是谶纬之杂入仙术者，亦纂入于儒书，故儒生之明礼者，咸因求仙而进用。汉代亦然，观公王带献《明堂图》，倪宽草《封禅仪》，司马相如作《封禅文》，咸因汉武求仙之故。然秦皇仅重礼仪，汉武则兼言符瑞，而儒书多言受命之符。（如孔子言"有大德者必受命"，推之《书》太誓言"赤乌之瑞"《诗》言"文王受命"之符，又稷契感生之说，《春秋》家言孔子受命及赤血之书，皆其证也。）其说与邹衍之书相近。（为符箓派）故儒生之言礼仪者，一变而为言符瑞；言礼仪出于祀神，言符瑞亦出于祀神，而汉言符瑞，即由逢迎人主之求仙。（观倪宽言黄龙之瑞，非因人主之封禅而何？）厥后求仙之说衰，而言符瑞者，乃一变而侈言谶纬；谶纬盖起于秦汉之间，至哀、平之际而益盛，东汉以降，更无论矣。故汉代之经生，多兼明符箓，历数，仙术。明符箓者，如哀章献《金匮图》是也。明历数者，如路温舒受历数天文，以为汉厄三七之期，贺良上言赤精子之谶，谓汉家历运中衰是也。（历数符箓二而一者也。）明仙术者，如《韩诗》言郑交甫遇洛神是也。（刘子政亦作《神仙传》。）三者之说，同出一源，近于周秦之方士，实则古代明堂羲和卜祝之嫡传也。是为邹衍学大昌之时代。然以孔子为学者所共尊，由是托名于孔子，若董仲舒诸人，皆传此说者也。使此说而果有意理，则亦已耳。无如谶纬之说，便于君而不便了民。何则？谶纬之说，不外感生受命，以天子为天所生，即受天命以为君，此实神权时代之思想。然后世之君主，恃以护身，因之君主自居于神圣，以轻视下民，而黠民之干大宝者，亦饰此说以惑民。秦汉之间，君权益固，由是陋儒迎合其旨，以谶纬之说，窜入六经。于经文之可附会者，不惜改经义以求售。故《论语》"凤鸟""河图"之文，《公羊》"孔子哭麟"之语，或亦汉儒所伪造。凭臆妄作，以诬古经，遂据邹衍以阴阳推五德之说，以为正朔三而改，文质再而复，逐末忘本，以伪乱真，此正孟子所谓邪词也。使纬书果系孔子所作，何以战国诸子，以及孔子之门人，从未一及斯言，则谶纬起于秦汉明矣。

故五德之说，杂入儒书，亦始于秦汉。考《史记》十二诸侯年表序云："汉相张苍《历谱》五德，上大夫董仲舒推《春秋》义颇著书焉。"此史公推明汉代五德说之所起也。又三代世表序云："余读谍记，黄帝以来，皆有年数，稽其历谱议，终始五德之传，古文咸不同乖异。"此言足证五德之说，与经典之古文乖异（古文为真经，见《古文学辨诬》）。又十二诸侯年表序云，"儒家断其义，数家隆于神运"，以数家别于儒家，足证书之言五德终始者，史公均别之儒家以外。又封禅书云："群儒已不能辨封神事，又拘牵于《诗》《书》古文，而不能骋其言。其言《诗》《书》古文者，正以汉代俗传之《诗》《书》，均有封禅之说，而古文《诗》《书》无之。"此即据六艺古本，以证谶纬之失也。又《隋书》经籍志曰："汉世纬书大行，言五经者皆为其学，惟孔安国、毛公、王璜之徒独非之，相承以为怪妄。故因鲁恭王、河间献王所得古文，参而考之，以成其义。"足证汉代之治古文者，均不信谶纬；其所以不信谶纬者，则以古文不言谶纬之故，此古文学所由长于今文也。今人因古文不言谶纬，于改制诸说，未易附会，于是以古文为伪书，殆孟子所谓"恶其害己而去其籍"者欤。东汉尹敏言纬非圣人所作，桓谭、郑兴均持此说。足证纬非儒家所制定，在汉代早有明征，知纬书之为伪托，即知五德终始之说，亦为伪托矣。今乃引之为己助，亦惑之甚者矣。

《大丈夫：范文澜说英雄》(节选)*

张骞

汉朝是中国历史上最光荣的一个朝代，尤其是在汉武帝时候，把汉族声威，发扬得庄严灿烂，直到现在看起来，还不禁眉飞色舞，心向往之呢！当时兵力所到，极南的儋耳珠厓，西南的滇国夜郎国，东北的朝鲜高句骊全入了中国的版图。不过，这些伟大的武功，在汉武帝整个事业中，只占着次要地位，他的精神却专注在讨伐北方最强悍的匈奴。因为要围困匈奴，必须开辟中国与西域诸国的交通，才能断绝他的外援，于是大探险家张骞应运而出，成就他非常的永久不朽的大功绩。

张骞（约前164—前114），汉中城固县人。武帝即位之出，就有击灭匈奴的雄心，听说匈奴攻杀月氏王，取月氏王头颅做盛酒器具，月氏向西方远逃，怨恨匈奴，力弱不敢报仇。乃招募敢出使月氏者。那时张骞正做郎官，应募愿去。建元三年（前138）——武帝即位的第三年，张骞与堂邑氏奴名叫甘父的，从陇西郡出塞，经过匈奴境地，被匈奴捕获，送到单于那里。单于说："月氏在吾国北，汉何得派使臣去！我要派人到南越，汉肯听我么？"骞被拘留在匈奴中十多年，娶妻生子，乘监守稍宽，突与部属西向月氏国逃去。奔走几十天，到了大宛国。

大宛国离汉都城长安一万一千五百二十里，出产良马、葡萄。葡萄可以酿酒，富家藏酒多至万余石。良马体格高大，鬣长到膝，尾长拖地，蹄大如升，腕部能屈，一日行千里，前膊有小孔流血。大宛人异常宝爱它，说是天马传下的种子，号为汗血马。张骞走到大宛，对宛王说："汉遣我往月氏，被匈奴禁闭，现在逃亡过贵境，请派人导引我前去。将来回到汉朝，汉朝一定送你很重的谢礼。"后来张骞回朝，奏知武帝，遣使者带千金去求汗血马。宛王爱惜宝马，舍

不得送给汉朝，心想汉兵路远，不能来攻，把汉使杀了，夺取带来的财物。武帝大怒，遣贰师将军李广利带兵十余万，前后两次征宛，斩宛王毋寡头，取良马数十匹，中等马牝牡三千余匹。这场战事，虽说为了汗血马，汉朝兵威却从此震动了西域，诸国相继降服，不敢再自恃路远轻视汉朝。大宛王初见张骞时，只贪得汉财物，哪能料得到这些，果派人送张骞到康居国。

康居国送张骞到大月氏国。大月氏国离长安一万二千零一十二里，建都在阿姆河北，南临大夏国、罽宾国，西接安息国。土地肥饶，人民安乐，没有对匈奴报仇的意向。骞留月氏岁余，交涉不得要领，傍着南山想经羌地回来，恰巧又被匈奴捕获。过了一年多，乘匈奴内乱，同他前时所娶的胡妻及堂邑奴甘父逃走归汉。骞为人意志坚忍，宽大诚信，蛮夷都尊敬爱护他，饿急的时候，赖甘父射禽兽充饥，得以不死。骞出使时带去一百多人，到元朔三年回朝，十三年功夫，只活着张骞与甘父两个人。武帝酬报他们的劳苦，拜张骞为太中大夫，甘父为奉使君。

张骞亲身走到的有大宛国、大月氏国、大夏国、康居国，据传说所知的还有五六个大国，很详细地把各国地形物产奏明武帝。他又说："臣在大夏时，看见蜀地出产的竹杖布匹，问从哪来，说是从身毒国买来的。身毒国在大夏东南可几千里，国中有大河，卑湿暑热，打仗是骑着大象的。照臣估量，大夏离汉一万二千里，在汉西南；身毒又在大夏东南数千里，有蜀地产物，一定离蜀不远，若从蜀开路通过去，经身毒到大夏，交通近便得多。"武帝听了很喜欢，派王然于、柏始昌、吕越人等前后十几批使者到西南寻觅通身毒的路线，这个计划，虽然没有成功，可是西南夷大国如滇国、夜郎国，其余小君长一百多都被汉兵威降服了。土地改为郡县，开辟几千里新疆域出来，这是张骞附带建立的大功。

张骞在匈奴日久，很熟悉匈奴的地势及水草所在，跟从大将军卫青击匈奴，有功封博望侯。后同李广出塞击匈奴，因错了行军期限，削去侯爵，贬为庶人。他虽然失了官爵，武帝仍屡次访问他大夏等国的情形。张骞说："臣在匈奴时，听说乌孙国与月氏国本来住在敦煌一带地方，互相攻杀，结成大仇，现在都迁徙远地。如果此时送厚礼给乌孙王，又嫁公主给他作夫人，教他东回故地，一定喜欢听命。这好似斩了匈奴的右胳膊。联络乌孙以后，西方大夏等国，都可招来做我们的附属国。"武帝很以为然，拜骞为中郎将，出使乌孙。带从者三百人，每人备两匹马，牛羊一万头，金帛值钱几千万。张骞到乌孙宣布天子意旨，乌孙王拜谢受赏，派使者伴送张骞回汉，献马数十匹。乌孙使者见汉富强，回国后，乌孙王益尊事汉，与匈奴绝交。匈奴因此失援远遁，不敢再住在大沙漠的南部。张骞在乌孙时，派遣副使多人到大宛、康居、月氏、大夏、安息、身毒、于阗及其邻近诸国。其中安息国就是波斯国，汉使初到境上，安息国王遣将军将骑兵二万人到东界迎接，东界去都城还有数千里，经过几十个城邑才到。汉使者回国，安息派人同来，献大鸟卵及犁靬幻人两人。大鸟很像骆驼，生卵如汲水瓮，幻人蹙眉高鼻，须发蜷屈，后世吞刀吐火种瓜植树屠人斩马等魔术，从他们流传下来。武帝见了大乐，出去巡守，总要带着这两个幻人。身毒国就是北印度，佛教经西域传入中国，也从此开出端绪来。中国古代传说黄河源出昆仑山，昆仑高二千五百余里，顶上有醴泉瑶池。日月绕着山顶运行，因而分成昼夜。自从张骞到大夏以后，探寻河源，证明古代传说的谬误，在地理上有很大的贡献。

从乌孙归汉一年多，张骞病死了。他派遣出去的副使陆续带着各国使臣回来，整个的西域，因此与中国发生了关系。西域地方有大头痛山、小头痛山，人畜夏天经过一定丧命，冬季走过还得呕吐，据说是山上生长毒草，气味触人的缘故。又有盘石阪，路狭处只一尺多，长有一直三十里中间没有没有息脚处的，路侧往往有看不到底的深渊。行人用绳索互相牵引着走，有时骑马，有时步行。这样的路程长有好几百里，才走到县度。县度在罽宾国境，道路更是险恶，崖石壁立千仞，朝下一望，就会头眼发昏。心想前进，看去却全是危阻，好似没有地方可以放下脚去。失足落下不到半山已经骨肉碎烂，同行人只好做没看见，不敢作救援想。山下有水名新头河，从前人凿岩石像梯级以通路，凡登七百级，登了，就得蹈着悬空的绳索，度过宽约八十步的河面。所以取名叫县度。至于砂碛，到处都是，有叫做白龙堆的，草木不生，偶然见水，味极咸苦，四顾茫茫，难逢生人，方向很容易迷误，走路只赖死人死畜的骸骨及驼马粪做标记，疲劳饥渴，随地可死。张骞在这样险境中，前无古人地开辟出西域交通大道来，此后汉使到西域，定要提出博望侯的大名，各国才能相信他，所以历史家称为张骞凿空。

评：张骞冒万死为朝廷效力，西到波斯，南通印度，从此中国与西方西南方大小民族开始接触，我们试想，他一个人劳力的结果，发生怎样巨大的影响呢！因为他的建议，中国在西南夷开拓了广大的新版图，在西域得三十六附属国，虽说汉武帝时天下殷富，财力有余，士马强盛，所以军事到处胜利，但是张骞探险先驱的功绩，也就不可以价值计了。考察他成就大功的原因，只要看他被匈奴拘留十多年，好容易逃脱虎口，却依然向西奔去，绝不畏难退缩，勇敢不屈的精神，谁及得他，谁就也能做他的事业！

儋耳郡、珠压郡在广东琼州岛。

高句骊在吉林省。

滇国、夜郎国在云南省。

月支国在阿母河北岸。氏音支，所以也写作月支。

陇西郡在甘肃省。

单于是广大的意思，匈奴称大君长为单于。

大宛国在俄属中亚细亚。

康居国在俄属中亚细亚。

大夏国在阿母河南岸。

罽宾国在阿富汗地。罽音计。

乌孙国在新疆省特克斯河附近。

敦煌郡在甘肃省。

犁轩国就是罗马国，罗马本名拉丁，译音为犁轩。

狄青

宋朝因为受了五代大乱的教训，知道武人权势过大，是非常危险的，因此建立一种国策是专心防备臣下篡夺，对外不妨忍耻求和。宋仁宗时候，大名地方有个小兵，背上长一条肉瘤，长官说他瘤形像龙，怕要危害国家，奏请处置。天子不加可否，这个小兵无故丧了命。宋神宗想用武力驱逐契丹，有一天穿着金甲去见太后，说："娘娘看儿子这套衣服好不好？"太后说："好倒是好，不过要皇帝穿这衣服，国家也就不堪设想了！"我们看这两个故事，宋朝对内对外的态度，可以推想而知。所以北宋一代，没有武功可言，特出的大将，只有狄青一人。

狄青（1008—1057），汾州西河人。起初在禁军当兵士，仁宗时西夏国入寇，狄青做小军官，出去抵御。宋兵见敌畏怯，屡次溃败，只有狄青胆壮过人，常走在前头当先锋。四年工夫，大小二十五战，受箭伤八次。每临战阵，批发带铜面具，出入敌阵中，没有人敢对抗。尹洙做经略判官，看狄青气度非凡，对经略使韩琦、范仲淹说狄青有大将才干。韩范二人一见，也就特别器重他。仲淹教狄青读《左传》，说："做将官的不通古今，不过匹夫之勇罢了。"狄青从此刻苦读书，通达兵法，声名逐渐大起来，官也升到马军副都指挥使。宋朝制度，兵士脸上要刺黑字做符号，狄青从行伍出身，虽然做了大官，脸上黑字还留存着。仁宗教狄青敷药去掉黑字，狄青说："陛下不问出身高低，按照功劳提拔臣到这个地位，臣愿意留着劝一般当兵的知道上进。"

仁宗皇祐年间（1049—1054），广源州蛮人侬智高反，自称仁惠皇帝，攻破两广城邑。安抚使孙沔、余靖束手无策，贼事大张。狄青奏请杀贼报国，言语慷慨，仁宗派狄青为安抚使，前敌军队，都归狄青节制。蛮人最迷信鬼神，狄青兵到桂林，路旁有一座大庙，人都说庙神极灵。狄青下令暂停，带将佐士兵进庙烧香。袖里取出一百大钱，对神祝告道："如果神灵保佑我兵大胜，请一百钱钱面都向天。"将佐劝道："万一不如意，怕丧兵气。"狄青不听，大众正惊疑注视，狄青挥手一掷，果然地上百钱，个个钱面向天。于是全军欢呼，声振林野。狄青看了也大喜，教取一百个钉来，按照钱所在地位，亲手加钉，又罩上大纱笼，严密封住。对神谢道："等平贼回来，备祭品来赎取。"

侬智高据邕州，青合孙沔、余靖兵驻宾州。先前将军蒋偕、张忠等兵败身死，士气沮丧，狄青训诫诸将非奉命令，不许随意出战。广西钤辖陈曙贪功，领兵八千攻敌，在金城驿大溃，殿直袁用等都逃回来。狄青说："命令不行，兵所以败。"清晨大会诸将，按军法斩陈曙、袁用等三十一人。诸将相觑惊骇。狄青下令军中解甲休息十天。贼间谍回去报告，智高心宽，以为宋兵一时不会来攻。狄青第二天整顿队伍，一日夜越过昆仑关，出归仁铺列阵。智高大惊，全军迎战，宋军先锋孙节被贼杀死，宋兵略退，孙沔等恐惧，面无人色。狄青手执白旗，挥骑兵纵左右翼，抄出贼军后方，左翼击右，右翼击左，接着左翼击左，右翼击右，阵势交错变化，蛮兵大乱，斩首数千级，生擒一万余人。智高惨败，放火烧邕州城，逃奔大理国。贼尸中有一人穿金龙衣，将士认为智高已死，想上奏献功，狄青说："这也许是假的，不要贪赏欺骗朝廷。"

侬智高猖獗的时候，交阯国愿出兵助战，余靖奏请允准，在钦州邕州预备粮食，朝廷拨钱三万缗给交阯国做兵费，并许平贼后重赏。狄青到邕州，阻止余靖不得向交阯通使借兵，一面上奏章说："交阯国声称发步兵五万，骑兵一千来援，这是不可信的。况且借外国兵平内乱，绝非中国之利。区区一个侬智高，窜扰两广，不用自己力量平贼，反向外国求援，假如外国来作乱，用什么去抵敌呢！请朝廷拒绝交阯的请求。"后来果然用自力破贼，一般人才佩服他有远见。

狄青引兵回朝，路过桂林大庙，备礼谢神，赎取百钱，给幕僚们看，原来是两面都有字的钱。仁宗赏狄青劳绩，拜为枢密使。上面说过，宋朝是怕武将立大功的，狄青做枢密使四年，有人说他家里的狗，头上生角了，又说他家里夜中发红光，凭空造出各种谣言，想夺去他的兵权。有一次因为京城大水，狄青避水搬家到相国寺，暂住在殿上，人更说他怀异心，靠不住。朝廷给他一个空官衔，出居陈州，不久生疔疮死了。狄青为人慎密寡言，商议事情不是扼要不出口。行军先整队伍，明赏罚，与士卒同饥寒劳苦，有犒赏推给将士，自己居后。猝遇敌兵，镇静应付，不许有一人自出主意，随便进退。所以出兵总是成功，没有败过一次。

评：狄青在北宋一朝，真无愧为唯一的大将了。他事业并不多，这是关于国家的政策，没有机会让他发挥才能的缘故。从击平侬智高一役看来：神庙掷钱，既可振起宋兵的暮气，又可使敌人听了畏惧；到邕州先斩陈曙等三十一人，军容顿然改观，骄将堕卒，不敢再轻视命令；出敌军不妨，突占要害，一天工夫，解决强敌，处处都表现出大将的智勇。尤其值得钦佩的是拒绝交阯援兵，真是识见远大。可怪宋朝君臣，自己昏庸怯懦，却一味想取巧得便宜，联金国攻契丹，结果北宋灭亡，联蒙古攻金国，结果南宋灭亡。一个国家不能自尊自立，只想依赖旁人，终究是吃亏的，两宋就是最显著的例子了。狄青家世卑微，尊贵以后，有人劝他认唐朝宰相狄仁杰做祖宗，狄青谢道："我本是鄙人，何必高攀狄公。"小小事情，也可以看出他自尊自立的精神。

五代——唐朝亡后，有梁唐晋汉周五个朝代继起，互相篡夺，干戈纷扰，是中国历史上极黑暗的一个时期，宋太祖赵匡胤，也是篡周朝而得天下的。

大名——河北省大名县。

契丹——即辽国，据河北省北部。

汾州西河——山西省汾阳县。

西夏——国名，据甘肃省。

广源州——安南国谅山东北．郁江发源地。

邕州——广西省邕宁县。

宾州——广西省宾阳县。

钤辖、殿直，宋朝军官名称。

昆仑关——宾邕两州间险要地。

大理国——在云南省。

陈州——河南省淮阳县。

文天祥

文天祥（1236—1283），吉州吉水县人。年二十，举进士，宋理宗亲拔为状元。当时权奸执政，国事败坏，天祥上书论时政，无所避忌，因之屡遭贬逐，不得行志，三十七岁即致仕家居。度宗咸淳九年（1273），再起为湖南提刑。十年，改知赣州。明年，德祐元年，元兵入寇，临安危急，诏书征各路兵勤王，天祥捧诏涕泣，使陈继周方兴等召发赣吉二州义军，有众万人。友人劝天祥道："元兵进攻，势如破竹，君率乌合万余，何异驱群羊斗猛虎，空死无益。"天祥说："我何尝不知道，只是国家养士三百年，一朝有急难，征天下兵，不见一人一骑入关，我深痛于心。我拼出一死，希望天下忠臣义士闻风兴起，气壮才能勇决，人多才能成功，国家或者还有办法。"

天祥家本富饶，此时悉数变卖充军费；对僚佐谈及国事，每慷慨流涕。八月，天祥提兵到临安。十月。出守平江府。元丞相伯颜率众渡江，分三路进兵。阿喇罕领右军趣独松关；董文炳率左军出江入海，宋叛将范文虎做向导，趣澉浦；伯颜自领中军，宋叛将吕文焕做乡导，趣常州；约期会攻临安。常州告急，朝廷遣张全将兵二千往救，天祥部将尹玉、麻士龙、朱华率三千人随张全赴援，尹玉等奋击元兵，杀伤甚众，张全隔岸观战，不发一矢，三千人先后斗死，无一降逃，张全提兵遁还。天祥请斩张全示众，帅府不许。十一月，丞相陈宜中、留梦炎命天祥弃平江入卫。元兵破独松关，满朝大惧，留梦炎遁走。时勤王兵三四万人，天祥与张世杰议："淮东有重兵坚守，元兵久攻不能下，闽广完整，可作后劲。不如与敌血战，万一得捷，命淮军断敌后路，国事未必不可为。"世杰大喜。陈宜中力主求和，请太后降诏，说国军务须老成持重，天祥世杰议不得行。二年正月，陈宜中遁去。自己不能救国，束手无策，麻木得比死人只多一口气，号称稳健得大体，等到危险临头，或逃或降，陈宜中、留梦炎两位丞相，真无愧亡国大夫的典型人物了。宜中走后，朝廷命天祥为右丞相。德祐帝奉表降元，遣天祥同吴坚、谢堂、贾馀庆谒伯颜议和。天祥见伯颜力争不屈，并痛斥贾馀庆卖国，吕文焕叛逆，馀庆、文焕羞怒，劝伯颜拘天祥送大都。

天祥到镇江，乘间逃归福州，与陈宜中、张世杰共立景炎帝，仍官右丞相。宜中当权，与天祥议论不合。七月，天祥招集义军，入汀州。景炎二年移军漳州，收复梅州、会昌、零都、宁都等地。七月，围赣州。八月，元大将李恒率兵援赣，天祥败走。祥兴元年十二月，天祥屯兵潮阳县，讨平剧盗陈懿、刘兴。陈懿逃走降元，引张宏范来攻，天祥不防敌骤至，兵败被执，吞毒药不死，拘囚宏范军中。次年二月。宏范破厓山，置酒大会，劝天祥道："现在宋已灭亡，丞相忠孝两全。只要改心事我皇上。仍不失宰相的地位。"天祥流涕道："国亡不能救，人臣死有余辜，还敢存二心偷活么！"宏范派人护送天祥北上，十月，到大都，囚居兵马司。宋降相留梦炎来劝降，天祥大骂。王积翁想邀集降臣谢昌元等十人奏请释放天祥，梦炎说："不好！天祥出去号召江南，把我们十个人放到那里？"

元丞相博啰召天祥到枢密院相见，天祥长揖不跪。博啰怒，叱左右拉天祥仆地，天祥不屈。博啰问："你有什么话说？"天祥道："自古有兴有废，帝王将相灭亡杀戮，何代没有，我尽忠宋朝，事已至此，愿求早死。"博啰道："你说有兴有废，且问盘古到今，有几帝几王？"天祥道："一部十七史，从何处说起。我今天不是应博学鸿词科考试，何待费话。"博啰道："你不肯说废兴事，且问古来有没有奉宗社给人，却又逃走的？"天祥道："奉国给人，那是卖国贼臣。卖国的绝不肯走，走的一定不是卖国。我当年奉朝命出使北军，被拘不放，不幸有贼臣献国。国亡我早该死，所以不死，只为度宗皇帝二子在浙东，老母在广东的缘故。"博啰道："弃德祐不顾，拥立二王，这算忠么？"天祥道："那时候社稷为重，君为轻。我立二王，是为宗庙社稷打算。"博啰怒道："你立二王，成了些什么功劳？"天祥道："立君所以存社稷，存一天，即尽一天臣子的责任，有什么功劳可说。"博啰道："你明知道不可做，为什么还要做？"天祥道："父母有病，明知救不得，还得求医下药，尽一点孝心，实在不可救，那是天命。我今天到此，只求一死，不必多饶舌。"博啰气极，想杀天祥，元世祖不许，命再囚天祥。

至元十九年（1282）十二月，世祖召天祥入殿中，天祥长揖不拜。世祖问你有什么说的？天祥大声答道："我大宋列祖列宗，仁民爱物，天下安宁，尔北朝凭恃武力，兴无名之师，侵我疆土，残我生灵，毁我社稷，灭我宋三百余年宗庙，欺人孤寡，真是可耻。我是大宋丞相，竭心尽力扶助朝廷，不幸奸臣贾馀庆、刘岊等欺君卖国，吾英雄无用武之地，不能兴扶，反被擒辱，九泉之下，死不瞑目。"说完，切齿顿足，椎胸长叫道："唉！天啊！"廷上侍臣听了都缩颈吐舌，不胜惊骇。世祖和声劝道："你的忠义，我深知道，现在肯转心事我，立即封你做丞相如何？"天祥道："我是宋朝的状元宰相，那有事二姓的道理。宋朝亡了，只该快死，不死，将来没脸去见地下的忠臣义士。"世祖又说："你不做丞相，做枢密如何？"天祥道："我只一心想尽忠宋朝，其余都不愿听。"世祖知道万无降理，教退下去。次日，麦木丁奏道："文丞相英才伟略，古今希有，早年在汀州，计划号令，本朝将帅都不能及。现在如果放他，一定逃回江南，号召天下，为国家大害。不如从他要求，绝灭祸根。"初九日，下诏杀天祥。天祥出狱，且走且作歌道：

　　昔年猃狁侵荆吴，恃其戎马恣攻屠，

　　忠臣国士有何辜，举家骨肉遭芟锄。

　　我宋堂堂大典谟，可怜零落蒙尘污。

　　二君从海不复都，天潢失散知有无。

　　衣冠多士沈泥涂，齐民尽陷故版图。

　　我为忠烈大丈夫，诗书礼乐圣贤图。

　　竭心馨力思匡扶，驱驰岭表万里途。

　　如何天假此强胡，宗庙不辅丹心孤。

　　英雄丧败气莫苏，痛哀故主双眸枯。

　　今朝此地丧元颅，英魂直入升天衢。

　　神光皎赫明金乌，遗骸不惜弃草芜。

　　谁人酹奠致青乌，抑天长恨伸乌乎。

歌毕，已到柴市，意气扬扬，颜色自若。观众万余人，天祥问那是南面？众人哄然指告道："这是南面。"天祥向南再拜道："我宋列圣在天之灵，愿使天祥早投生中原，辅佐明主，灭此凶胡，一伸今日的大恨。"又索纸笔写律诗两首：

　　昔年单舸走淮扬，万死逃生辅宋皇。

　　天地不容兴社稷，邦家无主失忠良。

　　神归嵩岳风雷变，气吐烟云草树荒。

　　南望九原何处是，尘沙黯淡路茫茫。

　　衣冠七载混毡裘，憔悴形容似楚囚。

　　龙驭两宫崖岭月，貔貅万灶海门秋。

　　天荒地老英雄散，国破家亡事业休。

　　惟有一灵忠烈气，碧空长共暮云愁。

掷笔地上，对监刑官说："我事完了。"南面正坐受刑，观众无不失声流涕。天祥死年四十七，天祥妻欧阳氏景炎二年被元兵掳至大都，闻天祥死，哭道："我夫不负国，我不负我夫。"取刀自到死。

　　评：南宋遗民周密作《癸辛杂识》，记载当时一个士大夫的典型人物道："方回，字万里，号虚谷，徽人也。喜作诗，以放肆为高，有云'菊花与汝作生日，螃蟹唤吾入醉乡。'又与伯机为寿云，'诸公未许余为政，万事无如聱绝伦。'《甲午元日》云，'端平甲午臣八岁，甲午今年又一周，六十八年多少事，几人已死一人留。'其处乡专以骗胁为事，乡曲无不被其害者，怨之切齿，遂一向寓杭之三桥旅楼而不敢归。老而益贪淫，凡遇妓则跪之，略无羞耻之心。有二婢曰周胜雪、刘玉榴，方酷爱之，而二婢实不乐也。既而方游金陵，寄二婢于其母周姬之家，狎客盈门，胜雪者竟为人挟去。方归，惟有怅惋而已。遂作二诗，自刻之梓，揭之通衢，无不笑者。既而复得一小婢，曰半细，曲意奉之，每出至亲友间，必以荷叶包饭食骰核，袖于衣中而归遗之。一日，遇客于途，正揖间，荷包坠地，视之，乃半鸭耳，路人无不大笑，而方略不为耻。每夕与小婢好合，不避左右，一夕痛合，床脚摇曳有声，遂撼落壁土。适邻居有北客病卧壁下，遂为土所压，次日诉之于官，方被追捕到官；朋友闻之，遂为劝和始免。未几，此婢期满求去归母家，方拳拳不忍舍，以善价取之以归。年登七十，适年献之与之同庚，其子成文与乃翁为庆，且征友朋之诗。仇仁近有句云，'姓名不入《六臣传》，容貌堪传九老碑。'且作方句云，'老尚留樊素，贫休比范单。'（方尝有句云，此生穷似范单）于是方大怒．谓褒年而贬己，遂摭六臣之语，以此比今上为朱温．必欲告官杀之。诸友皆为谢过，不从，仇遂谋之北客侯正卿。正卿访之，徐扣曰，'闻仇仁近得罪于虚谷，何邪？'方曰：'此子无礼，遂比今上为朱温，即当告杀之。'侯笑曰，'仇亦只言六臣，未尝云比上于朱温也。今比为朱温者执事也，告之官，则执事反得大罪矣。'方色变，侯遂索其诗之元本，手碎之，乃已。先是回为庶官时，尝赋《梅花百咏》以谀贾似道，遂得朝除官。及贾之贬，方时为安吉倅，虑祸及己，遂反奏上十可斩之疏，以掩其迹，时贾已死矣。识者薄其为人。有士人尝和其韵，有云，'百诗已被梅花笑，十斩空余谏草存。'所谓十可斩者，盖指贾之幸、诈、贪、淫、褊、骄、吝、专、谬、忍十事也。以此遂得知严州。未几，北军至，回倡言死封疆之说甚壮。及北军至，忽不知其所在，人皆以为必践初言死矣，遍寻访之不获。乃远降于三十里外，鞑帽毡裘，跨马而还，有自得之色，郡人无不唾之。遂得总管之命，遍括富室金银数十万两，皆入私橐。有老吏见其无耻不才，极恶之，及来杭，复见其跪起于北妓之前，口称小人。食猥妓残杯余炙。遂疏为方回十一可斩之说，极可笑。大略云：'回在严日，虐敛投拜之银数十万两，专资无益之用。及其后则鬻诗文于人，各有定价，有市井小人求诗序者，酬以五金，必欲得钞入怀，然后漫为数语。市井之人，见其语草草，不乐，遂以序还索钞，几至挥拳，此贪也。寓杭之三桥旅舍，与婢宣淫，撼落壁土，为邻人讼于官，淫也。一人誉之则自是，以天下为无人，大言无当，以前辈自居，骄也。一人毁之，则呼号愤怒，略无涵养，褊也。在严日事皆独断以招赂，不谋之同寅，专也。有乡人以死亡告急者，数日略不顾之，吝也。凡与人言率多妄诞，诈也。回有乞斩似道之疏以沽名，及北兵之来，则外为迎拒之说而远出投拜，是侥幸也。昔受前朝高官美职，今乃动辄非骂，以亡宋称之，是可忍也，孰不可忍也。年已七旬，不归田野，乃弃其妻子，留连杭邸，买少艾之妾，歌酒自娱，至于拜张朱二宣慰，以求保举，日出市中买果骰以悦其婢，每见猥妓，必跪以进酒，略不知人间羞耻事，此非老谬者乎！使似道有知，将大笑于地下也。'其说甚详。

姑书其大略如此。"文天祥、陆秀夫、张世杰诸公忠义慷慨，古来能有几人。方回一流，南宋以前，以至南宋，滔滔者天下皆是也，人民如何能免亡国浩劫呢！篇中所说北客北妓，尤可见战胜国的下贱人，在战败国不啻神明之尊云。

吉州吉水——江西省吉水县。

独松关——在浙江省余杭县西北独松岭上。

澉浦华亭——澉浦在浙江省海盐县。

常州——江苏省武进县。

大都——河北省北平市。

汀州——福建省长汀县。

漳州——福建省龙溪县。

梅州会昌雩都宁都——广东省梅县。会昌雩都宁都皆江西省县名。

柴市——北平市府学胡同。

袁崇焕

袁崇焕（1584—1630），广东东莞人。万历四十七年（1619）进士。天启二年（1622）正月，到京引见，擢兵部职方主事。广宁兵大溃，朝廷震恐，议扼守山海关。崇焕单骑巡视关内外，回来陈述关上形势，并说："给我兵马钱谷，我一人足能御敌。"朝臣们正吓得面面相觑，忽听崇焕出口大言，也就同声称他是人材，拔升佥事，给银二十万两，使招募兵马。关外兵乱后，道路阻塞，尸骨遍地，豺虎横行，崇焕连夜奔驰，意气慷慨，夜四鼓入前屯卫城。镇抚流民，计划守备，将士无不钦服。十三山难民十余万，困在敌中不得出，崇焕主张将兵五千进驻宁远，遥作声援，别遣猛将驰往拔救。宁远离十三山二百里，有便可收取锦州，否则退保宁远，万不可轻弃十万人民。当时关上大臣有大学士孙承宗，总督王象乾，经略王在晋。承宗令象乾、在晋商议，照例唯唯否否一番，互相推诿，毫无结果。十几万人都成了俘虏，逃回的只六千人。孙承宗召集将吏议守关地点，阎鸣泰主守觉华岛，崇焕主守宁远城，王在晋、张应吾、邢慎言等并无主张，却又反对崇焕的意见，这本是做官秘诀之一。本身没有表示，自然无责任可言；不赞成别人，将来如果失败，大家还得称他料事如神。幸而孙承宗贤明，不管多人力阻，独从崇焕议。三年九月，命崇焕偕大将满桂往驻宁远。崇焕创定规模，城址宽三丈，上宽二丈四尺，高三丈二尺，堞高六尺。派祖大寿、高见、贺谦分段监筑，工料坚实，城成，巍然为关外重镇。满桂骁勇善战，崇焕号令严明，军民爱戴，人人愿出死力。商贾闻风纷至，流民襁负来归，远近争趋宁远，当做乐土。四年九月，崇焕率大将马世龙、王世钦水陆马步军一万二千人，东巡广宁，祭北镇寺，历十三山，抵右屯；上书孙承宗请收复锦州右屯诸城。承宗怕时机未至，不允。崇焕由水道泛三岔河还镇。五年夏，承宗从崇焕计，遣将分据锦州松山杏山右屯及大小凌河，修缮城郭，布置守备，拓境二百里。宁远形势，更为巩固。

孙承宗因不肯阿附魏忠贤，十月，被朝廷官猛攻免职。兵部尚书高第代任经略。高第卑污怯弱，只想往后退避，说关外必不可守，主张全部放弃，专守关内。崇焕以为兵法有进无退，既得土地，何可轻弃，力争不可。高第决意实行。崇焕道："我有守土的责任，应该死在宁远，我绝对不走。"高第无话可说，下令撤去锦州右屯大小凌河松山杏山塔山守备，驱屯兵入关，遗弃米粟十余万石，死亡满路，哭声震野，人民怨恨，军气更消沉不振。清朝人看高第疑神见鬼，破胆丧魂的怪态，知道容易对付。六年正月，起大兵西渡辽河，二十三日到宁远境。崇焕督率大将满桂，副将左辅、朱海，参将祖大寿，守备何可刚等誓死战守。崇焕写血书，激励将士，将士感奋请效死。下令郊外居民焚烧房屋，运刍粟器械进城，坚壁清野待敌。又令同知程维楧盘诘奸细。通判金启倧管理食粮。檄前屯守将赵率教、山海守将杨麒，凡见逃兵，一律斩首。二十四日，清兵攻城猛烈无比，死伤山积，终不肯退。崇焕令发西洋大炮，杀敌更众。次日，清兵再攻，崇焕登高楼望见敌密集处，令发炮，清太祖被击受重伤，仓皇败走。明廷出得警报，兵部尚书王永光大集朝臣，商议战守，都束手无策。经略高第平日专摆官架，奴视诸将，待总兵官杨麒好似小头目。杨麒威严丧尽，号令不行，甚至被兵卒轻侮，此时高第吓得发昏，拥兵在关上看风色，那敢出救。中外人总以为宁远一定不保。忽然捷报到来，举朝大喜，立擢崇焕为右佥都御史。这次战事，清朝人做《明史》，也不能不承认他的重要。《明史》说："我大清举兵，所向无不摧破，诸将罔敢议战守；议战守自崇焕始。"

三月，任崇焕为辽东巡抚。魏忠贤见辽事大有转机，可以乘势冒滥军工，派太监刘应坤、纪用等来做镇守官。崇焕上奏拒绝，忠贤不从。崇焕虑廷臣妒忌自己，奏言：

> 为今之计，大要在坚壁清野以为体，乘间击瑕以为用。战虽不足，守则有余，守既有余，战无不足。顾勇猛图敌，敌必仇，奋迅立功，众必忌。

任劳则必召怨，蒙罪始可有功。怨不深则劳不著，罪不大则功不成。谤书盈箧，毁言日至，从古已然，惟圣明与廷臣始终之。

崇焕早看透了士大夫忌功的危险，何况又得罪了魏忠贤，所以说话这样痛切。八月，清太祖伤重身死。崇焕想借此窥探清国虚实，遣使往吊。清太宗也派人来答谢。冬季，崇焕借刘应坤、纪用、赵率教巡历锦州大小凌河，议大兴屯垦，逐次收还高第所弃旧地。七年正月，朝命崇焕主持关内外军务，与镇守太监刘应坤、纪用并得便宜从事。其时清太宗想征伐朝鲜，怕明兵牵制后路，遣使来议和；崇焕也想利用机会，修筑锦州中左大凌三城，为恢复基础。使者彼此往返，明清两方各乘机急速行事。无奈朝鲜及明皮岛守将毛文龙，全无抵抗能力，纷纷告急，朝廷命崇焕往救。崇焕派水师援文龙，又派左辅、赵率教、朱梅等九将将精兵九千人先后逼三岔河，作朝鲜声援。不久文龙在铁山大败归皮岛，朝鲜兵弱降清，崇焕援军只得退回。朝中御史们群起攻击，说文龙朝鲜破败，都是崇焕议和的罪过。四月，崇焕奏言：

> 关外四城，虽延袤二百里，北负山，南阻海，广四十里尔。今屯兵六万，商民数十万，地隘人稠，安所得食。锦州中左大凌三城，修筑必不可已，业移商民广间屯种。倘城不完而敌至，势必撤还，是弃垂成之功也。故乘敌有事江东，姑以和之说缓之，敌知则三城已完，战守又在关门四百里外，金汤益固矣。

赵率教驻锦州盐城城工，朝命尤世禄来代，又命左辅为前锋总兵官，驻大凌河。世禄、左辅还没有到达任地，五月十一日，清兵大举直袭锦州，四面合围，率教同太监纪用守城坚拒。崇焕因宁远重镇，敌必出奇兵来攻，守军不可轻动，令世禄、大寿选精骑四千驰救锦州，别遣水师东出牵制。世禄等将行，清军已于二十八日分兵扑宁远。崇焕登城守御，前屯守将满桂来援，与世禄、大寿合力血战城外，桂身受重伤，奋死冲击，清军大败逃去。赵率教守锦州，被围二十四天，发大炮杀敌无数。六月五日，敌解围遁走。这次战争，当时称为宁锦大捷，明朝人从没有梦想过的。魏忠贤以及一般徒党，胆更放大了，觉得崇焕讨厌，嗾官员们说他不救锦州是暮气深重，应即罢斥。崇焕不得已奏请去职。七月，王之臣来代，文武官吏冒滥军功，增秩赐爵凡数百人，忠贤的儿子，也算有功封伯爵。奇功盖世的袁崇焕却只进一秩。

八月，熹宗死，庄烈帝即位，忠贤得罪磔死。朝臣看风头大转，抢着奏请召用崇焕。崇祯元年四月（1628），任崇焕为兵部尚书，督师蓟辽，兼督登莱天津军务。七月，崇焕从原籍入朝。帝问用兵方略。崇焕对："愿陛下假臣全权，便宜行事，户部转军饷，工部给器械，吏部用人，兵部调兵选将，中外事事相应，臣料五年可以收复全辽。"庄烈帝大喜，一一依从。崇焕又言：

> 以臣之力制全辽有余，调众口不足。一出国门，便成万里，忌能妒功，夫岂无人。即不以权力掣臣肘，亦能以意见乱臣谋。

庄烈帝听了感动，立起来谕崇焕道："卿无需疑虑，朕自有主持。"崇焕看过去熊廷弼、孙承宗都是被士大夫排挤诬陷，不得完成志业，上奏说：

> 恢复之计，不外臣昔年以辽人守辽土，以辽土养辽人；守为正着，战为奇着，和为旁着之说。法在渐不在骤，在实不在虚。此臣与诸边臣所能为。至用人之人，与为人用之人，皆至尊司其钥。何以任而勿贰，信而勿疑。盖驭边臣与廷臣异，军中可惊可疑者殊多，但当论成败之大局，不必摘一言一行之微瑕。事任既重，为怨实多，诸有利于封疆者，皆不利于此身者也。况图敌之急，敌亦从而间之，是以为边臣甚难。陛下爱臣知臣，臣何必过于疑惧，但中有所危，不敢不告。

八月，崇焕到宁远，令祖大寿驻锦州，何可刚驻宁远，赵率教驻山海关。奏称："三人才优可用，臣当与始终共事。如五年收辽不成，臣手戮三人，再自投刑狱受死。"崇焕在镇整顿营伍，抚慰商民，军容又振。

皮岛守将毛文龙，先年受命往援朝鲜，逗留辽东不进。辽东陷没，从海道逃回，乘虚袭破镇江城。广东巡抚王化贞夸张战功，谎报朝廷，从都司小官，跃升总兵，累加至左都督，挂将军印，赐尚方剑镇守皮岛。皮岛又名东江，在莱登大海中，北岸距清境旅顺口八十里，形势上很可以牵制敌人。可是文龙贪悍匹夫，绝不知有国家。屡次出兵，只为骗官爵应故事，实际有战必败，报告却无战不胜。勾结朝中太监权臣，朋分利益。更广招商贾，输送禁品，表面是接济朝鲜，暗地是售给敌国。无事时贩卖人参布匹，抢劫商船；有事时虚张声势，骗取赏赐，从不见出过一次真力。崇焕早想整理，奏请由部派官前去查核军饷数目，文龙憎恶部臣监视，抗拒不纳。崇焕待文龙礼节优厚，文龙又傲慢不逊。崇焕料定文龙终究妨害大局。二年六月，崇焕到双岛阅兵，文龙来会。崇焕议改革营制，设监军大员，文龙勃然发怒。崇焕微示可以解职归乡的意思。文龙说："归乡容易，不过只有我懂得辽东事情，等辽东事了，朝鲜衰弱，可夺归我有。"他从前要挟朝廷，奏章里有"牧马莱登，取南京如反掌"的话，显然野心勃勃，跋扈已极。六月初五日，崇焕邀文龙观将士比箭，谈话中诘问文龙违法事，文龙抗辩。崇焕厉色叱伏兵拘文龙，文龙仍倔强不服。崇焕道："你有十二斩罪，知道么？"一条条举出来，文龙听了丧失魂魄，口不能言，但叩头求饶命。崇焕召文龙部将问："文龙罪状该斩么？"都惶怖唯唯。崇焕叩头请尚方剑道："今天臣诛文龙，整肃军纪，日后臣不能成功，也请皇上诛臣。"说毕，在帐前斩文龙。崇焕出帐谕将士道："只诛文龙，余人无罪。"文龙部下骄将悍卒数万，怕崇焕威严，无一人敢动。于是命棺殓文龙。次日，具牲酒拜奠道："昨斩汝，是朝廷大法；今祭汝，是僚友私情。"说着泪下。分皮岛兵二万八千人为四协，革除一切虐政弊端，令副将陈继盛代掌军柄。还宁远上奏道："皮岛合老幼四万七千人，文龙妄报十万，战士不满三万，妄设将校千人。今不宜遽易新师，派陈继盛代理，于事较便。"朝中出闻杀文龙，大为骇然，只是木已成舟，也就算了。

崇焕在镇，与率教、大寿、可刚规定兵制；合登莱天津东江四镇兵十五万三千人，马八万一千匹，岁费饷银四百八十余万两。比旧饷减少一百二十万。明朝军政的腐败，即此一端，可以想见其余了。十一月，清太宗率大军数十万，分路攻入洪山口大安口，会兵遵化。崇焕得警报，即日督祖大寿、何可刚率军入卫。初十日到蓟州。所过抚宁、永平、迁安、丰润、玉田诸城，都留兵守护。山海关总兵官赵率教先驰抵三屯营，守将朱国彦不许进城。率教无险可恃，众寡又不敌，力战败死。清兵破三屯营，越蓟州西攻北京。大同总兵官满桂率五千五千骑先到，营德盛门外，清兵营城北土城关。满桂进战，城上发大炮助威，误击桂军。桂受伤退回，帝令入翁城修养。崇焕引兵疾驰到京，营广渠门外。庄烈帝大喜，命入朝觐见，慰劳备至。崇焕因士卒昼夜奔走，困疲不堪，难御大敌，请得入城休兵。帝不许。请照满桂例，暂屯兵外城，又不许。崇焕与清军鏖战，互有杀伤，移营城东南隅，竖立木栅，清军进逼，见结阵坚固，不战退去。其时有魏忠贤余党温体仁处心积虑，想推倒执政大臣，让自己钻进内阁做宰相，苦于无法借口。这次清兵深入，所破隘口，全在蓟辽总督刘策的防地，崇焕千里来援，无论如何，总是有功无过的。温体仁却利用人心危惧，互相疑谤，暗向庄烈帝进谗言，说崇焕引敌逼和，居心叵测。张秋水《蝇须馆诗话》载体仁家书三则，是很难得的史料，录一则在下面：

> 虏兵入犯，皆由袁崇焕以五年灭虏欺皇上，而阴与华亭奸辅临邑罪枢

密谋款敌，遂引之长驱，以胁城下之盟。及敌逼潞河，华亭犹大言恃逆督为长城，奸党交口和之。吾不得不密疏特纠，以破群欺。（另一书中说："崇焕之擒，吾密疏实启其端，此亦报国之一念也。"）及逆督既擒，奸辅胆落，复挑祖大寿引兵东行，以为怙逆之地，吾不得不再疏以坚圣断。蒲州华亭恨吾入骨，乘特简宜兴之日，即具揭力荐桐城会稽，以阻吾晋用之路。不知此时七尺躯尚无安顿处，何问功名哉。

书中所说华亭奸辅指大学士钱龙锡，临邑罪枢指兵部尚书王洽，蒲州指大学士韩爌，桐城指何如宠，会稽指钱象坤，宜兴指体仁同党周延儒。体仁本想借崇焕事把正人一网打尽，好同延儒狼狈入阁，不料被何钱二人先占了地位，所以急得他发狠说："大家快要散伙了，为什么还不让我做宰相呢！"事有凑巧，清兵捕获明太监二人。清太宗派人假作耳语，故意教他们偷听说："今天临阵退兵，是皇上的秘计。刚才望见皇上单骑向敌，敌中有两人来见，说了好半天话才回去。听说袁巡抚有密约，大事就可成功。"太监中姓杨的，乘看守松懈，逃归告密，庄烈帝更信温体仁所说不虚。十二月初一日，召见崇焕，诘问何故杀毛文龙，何故援兵逗留不进。叱武士缚崇焕下狱。大学士成基命再三扣头请慎重。帝说："慎重就是因循，什么用！"基命又扣头道："兵临城下，不比平常。"帝不理。大寿、可刚惧同诛，拥兵东走，逃出山海关，远近大震。崇焕从狱中手书谕大寿、可刚忠孝大义，不得妄动。孙承宗也派人劝立功赎袁督师罪，大寿、可刚停兵听命。魏忠贤余党王永光、高捷、史𪸩等谋兴大狱，给逆党报仇，见崇焕下狱，前后上奏力攻崇焕及大学士钱龙锡，说："龙锡指使崇焕卖国欺君，罪浮秦桧，私受崇焕重贿，运动免罪。"庄烈帝大怒，七月，坐崇焕谋叛大逆罪，凌迟处死。兄弟妻子流三千里外，家产没收。崇焕无子，又无财产，天下人无不称冤。明朝灭亡的命运，也就完全决定了。

评：明成祖为篡夺帝位，求助兀良哈，放弃朵颜三卫，辽东宣（宣化，张家口东南 28 公里处）大（大同）两重镇，中间隔绝，不能互为应援，种下边境一大祸根。戚继光镇守蓟州，修筑堡垒，整肃军纪，驾驭夷人，恩威并用，数十年中外相安无事。辽东大将李成梁贪得战功，侵掠弱小部落，攻伐累年不息，糜饷伤人，边境骚动。戚李二人，同称名将，朝廷奖励成梁，特别优厚，声势赫赫，远过继光，文武官吏把辽东当做富贵捷径，任意儿戏，终于引出亡国大祸来。等到边事危急，束手无策，生事人一变而为畏事人，不待敌兵来攻，先自弃地退缩，使敌人骑着千里马，还苦于尾追不上，真是惊弓之鸟，听弦声也会落地。幸而有人出来公忠任事，力救残局，像袁崇焕那样功业卓著，庄烈帝那样信任专一，温体仁只为满足个人入阁的私欲，设计诬陷，破坏大事，一如崇焕"妒功忌能"的预料。大抵小人只认识势力，不知有是非，只酷嗜富贵，不知有国家，看各代亡国历史，如出一辙，绝无例外。宋以后异族轮流入主，已成公式，士大夫如果心理上没有改变温体仁的老调，历史公式也会一次一次重复下去的。

十三山——在大凌河东。

北镇寺——隋开皇四十年，诏以医无闾山为北镇。

洪山口——在河北省遵化县。

大安口——在遵化县西北。

三屯营——在遵化县东。

中国经学史的演变[*]

　　延安新哲学年会教我试讲中国经学的简史，五四运动以前二千多年里面，所谓学问，几乎专指经学而言。学人以名列儒林为荣，著述以敷赞圣旨为贵，派别繁杂，训解浩瀚，我对这门学问，既所知有限，借以批判经学的马列主义，更未能窥见途径，谈不到正确运用。那么，我这次试讲，一定错误很多，毫无疑问。我把演讲提纲发表出来，希望学术界友人，尽量给它严厉的驳正，使它完成研究经学的初步任务。在没有接到批评以前，先向友人致给我批评的谢意。

——范文澜识

绪　言

一　经是什么？

　　经是封建统治阶级在思想方面压迫人民的重要工具。统治阶级要巩固自己的政权，必须一套"天经地义，万古不刊"的"永恒真理"来证明自己地位的不可动摇。统治阶级指着一大堆书笈对人民说："这都是从古以来，圣贤人说的话，我们能不信么？谁敢非圣无法，谁就该死！"不论统治阶级怎样尊圣尊经，经到底还是压迫人民的工具。

二　经怎样产生的？

　　经是封建社会的产物。原始封建社会产生原始的经，封建社会发展，经也跟着发展，封建社会衰落，经也跟着衰落，封建社会灭亡，经也跟着灭亡。中国封建社会从西周开始，所以经依托于西周，周公是这一时代的代表人物。春秋时代封建初步发展，六经也初步形成，孔子是这一时代的代表人物。两汉封建高度发展，经学也高度繁荣，董仲舒、刘歆、郑玄是这一时代的代表人物。

---

　　* 选自《范文澜历史论文选集》，中国社会科学出版社 1979 年版，第 265 页。

三国到南北朝，因战争而社会遭到破坏，经学随之衰落。隋唐统一中国，社会恢复繁荣，旧经学结束，新经学发生，孔颖达、韩愈是这一时代的代表人物。两宋社会高度发展，经学也高度兴盛，濂（周敦颐）、洛（程颢、程颐）、关（张载）、闽（朱熹）、陆（陆九渊）都是这一时代的代表人物。程朱派经学，影响更大而远。元明社会没有显著的变动，经学也保持旧有状态。清朝前半期（鸦片战争以前）社会又向外发展，经学也创立新局面，戴震是这一时代的代表人物。清朝后半期，外国资本主义侵入中国，社会开始分化。封建势力与新兴资产阶级发生冲突，封建势力与一部分资产阶级向帝国主义妥协勾结，社会呈混乱状态，经学也混乱不堪而趋于衰落。1919 年五四运动以后，中国开始新民主主义革命，也就是说，中国无产阶级开始领导人民大众作反帝反封建的斗争。新民主主义革命一往直前地发展和深入，封建残余势力必然趋于消灭。因之经学不仅不能发展，而且只能跟着封建残余势力的消灭而同归于尽。

三　经讲些什么？

经本是古代史料。《尚书》《春秋》《三礼》（《周礼》《仪礼》《礼记》）记载"言""行""制"（制度），显然是史。《易经》是卜筮书，《诗经》是歌诗集，都包含着丰富的历史材料。所以章学诚说，"六经皆史"（《文史通义》）。经书里面虽然记载着某人做过什么事，说过什么话，行过什么制度，可是这些记载是当时的实录呢，还是后人所追述；是完全可信呢，还是杂有虚伪。经作为古史来研究，问题自能得到适当的解答，经作为"圣训"来背诵，死教条成为束缚思想的桎梏。

四　经与经学

封建社会本身变动着，写定了的经，怎样能跟着变动而适合统治阶级的需要呢？这就必需依靠经学了。儒生解释经义，使他适合新需要。同样的经，经不同解释，就成不同的经，也就发生不同的作用。例如一部《春秋经》，有左氏、公羊、穀梁三家不同的传，因之《春秋》分为《左氏春秋》《公羊春秋》《穀梁春秋》。又如一部《诗经》，有古文今文的区别，今文又有齐诗、鲁诗、韩诗的分别。究竟哪一部是真《春秋》、真《诗经》呢？谁也不能知道。如果没有左丘明、公羊高、穀梁赤三个儒生，不会有三家春秋，不会有四家诗学。没有经学，《春秋》只是本"断烂朝报"，《诗》三百篇只是一本唱歌集了，还有什么"威望"呢？所以经、儒生、经学是三位一体的东西，缺少一个，其余两个就会成为无用之物。统治阶级表面上教人"尊圣""读经"，实际是教人尊迎合君主的儒生，读改头换面的经学。两汉指定学十四博士的经，元明清指定读朱熹的四书注，就是这个原因。

五　经学史的分段

经学史可以划分三个部分：

（1）汉学系——从孔子到唐人《九经正义》，其中包括孔子、孟、荀、今文学、古文学，南学、北学，两汉是极盛时代。

（2）宋学系——从唐韩愈到清代理学，其中包括韩愈、濂、洛、关、闽、陆、王，两宋是极盛时代。

（3）新汉学系——从清初到五四运动，其中包括顾炎武、黄宗羲、戴震、康有为，乾嘉是极盛时代。

汉学、宋学、新汉学各有不同的质态。一般说来，宋学讲求心性哲学，着重纲常伦理，把讲求训诂名物、五行谶纬的汉学否定了。新汉学重新讲求训诂名物，把空疏浅陋的宋学又否定了。同时汉学目的在致用，发展古史为经学；新汉学不讲致用，发展经学为古史（考据）；所以新汉学与汉学，不是简单的循环，而是前进的发展。

五四运动以后，经学本身已无丝毫发展的可能，古史研究的新道路却由新汉学的成就而供给丰富的资料。

六　经学发展的规律

发展就是各对立方面之间的斗争。有斗争才有发展。既然经学曾经是发展了，那么，它一定曾经是作过许多次斗争了的。如果认为："经者不刊之常道，恒久之至理。"因之它无须斗争，而且也没有其他学派敢同它斗争，经永是经，不会变化消灭。这样想的人，不是被人欺就是想欺人。试看过去经学发展的史实，充分证明一部经学史，就是一部经学斗争史。它有内部斗争（汉宋斗争，今古文斗争，程朱陆王斗争等等），有对外斗争（儒与杨墨斗争，儒道斗争，儒佛斗争等等）。斗争方法：（一）迎合统治阶级，发挥适合君长利益的理论，掩蔽抹煞近乎危险的言辞。例如从三纲、三从、五行、无常之类，尽量发挥，《易传》里原始辩证法，《诗书》天听民听、天命靡常，《左传》揭破鬼神迷信，《孟子》直陈民贵君轻，凡是带有革命性的全部被阉割歪曲，这样取得统治阶级的尊信。（二）采取对方的长处，来改造自己的短处。例如西汉今文学采取刑名阴阳五行，南学采取老庄，宋学采取佛、道两教，夺取对方武器战败对方是经学发展的主要规律。

新民主主义革命时代，经学何以必然趋于灭亡呢？第一统治阶级的落后部分，虽然积极援助它，但援助者本身已经软弱无力，自己朝不保夕，那有余力给它以长期的支持。例如张作霖（北京大元帅）、张宗昌（山东军务督办）、宋哲元（北平什么委员长）还有些记不清姓名的军阀们，当其一时称雄的时候，都曾提倡（强迫）青年学生尊孔读经。结果呢？除了留给青年"讨厌头痛"的强烈回忆以外，什么也没有。第二，它有夺取对方武器的传统本领，虽然新民主主义的武器（民主）欢迎任何人去采用，可是阶级性质限止了它，使它没有勇气去夺取或采用。它既没有强力的援助，又没有采用新武器充实自己、改造自己的勇气，所以它的唯一的前途是追随封建残余势力共同消灭。

第一部分　汉学系——从孔子到唐

一　原始状态的经

（一）殷朝社会确已存在着阶级。剥削阶级脱离生产，有余力创造文化，《尚书·洛诰篇》所谓"殷礼"；《多士篇》所谓"惟殷先人，有册有典，殷革夏命"，都说明殷代已有文化记录，而这些记录的保管者是王官（史官、卜官、乐官等）。西周社会更发展了大小封建主，各依本国经济能力，设立官职，世代传业，专官们逐渐积累起典章制度，前言往行，形成统治阶级专有的文化。章学诚说"六经皆史"，这是很对的。因为六经正是专官们保存了些文化记录流传下来被尊为经典，当初既没有经的名号，也没有特别贵重的意义。

（二）孔子以前，史官或专官们保存许多文化记录，孔子从他们手里取得若干材料，转教给弟子们，依现在所见的经书，推想孔子当时取得的是下列几种材料。

《周易·卦辞、爻辞》——卜官用作占卜吉凶的隐语，其中都是可解又不可解，像这个又像那个，简单含混，容易穿凿附会的话头。按它的性质和作用，等于后世所谓金钱课、大六壬、牙牌数、关帝庙神签之类。神权时代，它是人间一切行动的最高指导者，所以《易》被尊为六经之首。

《尚书》——史官保存许多"圣君贤臣"的号令谋谟，其中有当代史官所记录，也有后世据传闻所追记。大概盘庚以后，实录颇多；盘庚以前，全是追记。

《诗》——从周初到春秋时代的乐歌。贵族行礼及朝聘盟会，都需要奏乐赋诗。最流行的有三百多篇。

《礼》——礼是贵族实际生活的记录。从组织国家家族的制度起，直到个人的起居饮食小节止，材料最丰富。它的变动很多，所以有"三年不为礼，礼必坏"的话。有些礼是最高统治者所制定，如《左传》屡称"周公之典""先王之制"。也有惯例相传，并无成文规定，如鲁人为同母异父之昆弟服齐衰（《礼记·檀弓》）。也有随宜适变，时增时损，如所谓"变礼"是。大体是从简到繁，从无到有，从旧变新，孔子以前存在着大量的礼制。

《春秋》——各国都有史记，如墨子说见过百国春秋，孟子说晋史称《乘》，楚史称《梼杌》，鲁史称《春秋》。《春秋》是最古的编年史，有一定的书法，文字极简单。

（三）照上面所说，经只是卜官、乐官、史官们写了些本官的职掌，并没有什么"神圣"的意义。它之所以被尊为"神圣"仅仅在于它是封建统治阶级的"祖传古典"，既然封建统治不该存在了，经也不该看作"神圣"，而该回复到"古史材料"的地位。

二　原始经学——孔子及七十子后学

（一）春秋时代周天子衰微贫弱，养不起许多王官，失职王官凭着世传的专门知识到各国求食。如"以周易见陈侯"的周史，见秦献公的太史儋，都是这一类的人。同时诸侯国内大夫们兼并擅权僭越礼制，如"三家以雍彻"，"季氏八佾舞于庭"之类，需要一批懂得赞礼的人来帮着僭越。春秋后半期商业相当发展，如齐、晋、周、郑等国都有大商人。他们虽是庶民，既有了钱，自然要讲些体面，冒充上等人。乡村间田宅已经自由买卖，发生中小地主的土财东，他们有剩余粮食，办起丧事来，也得讲些排场（《墨子·非儒篇》），表示阔气。本来礼是"不下庶人"的，现在大商人、土财东都要讲礼了，礼生（懂得行礼的专家）用途激增。供给这些需要的是"士"，孔子就是"士"的最大首领。

（二）"士"是统治阶级最卑下的一个阶层。他们难得有官做，升级做大夫的更少（孔子曾做大夫），多数是下降当庶人。孔子祖先是宋国的贵族，迁居鲁国后流落做士。当时各国贵族子孙，因与宗子亲属疏远，逐渐降级做"士""庶人"的数量很大。孔子从王官学得周礼，又参酌宋、鲁两国的文献，博采失职专官的旧业（所谓孔子学无常师），组织成一种新的学问（儒学），教授那些破落贵族出身的"士""庶人"（《史记·仲尼弟子列传》）。据说他的弟子多至三千人。在他那个时候，能够号召这样多的学生，足见他的学问适合社会各方面的需要。孔门弟子成名的七十余人，大体高升做诸侯的师友卿相。普通弟子回到民间，也不失为大商人、土财东的师友，卿相。孔子活着的时候，已经被尊称为圣人，弟子们在社会上下层活动，势力愈大，他的圣人地位也愈稳固。

（三）孔子删诗书，订礼乐，修春秋，作易传，所谓"删""订""修""传"就是孔子的经学。弟子们学了这一套学问，再去传授学问，形成一个学派，称为孔家学派。

（四）孔子讲授经学，多凭口说，弟子们笔录下来，发展传授，自然发生增益、遗失、误解、分歧等等弊病。孔子死后，子张、子游、子夏、曾子等大弟子，已经彼此诃责讥刺，各不相下（《论语》《礼记·檀弓》）。何况七十子以后的儒生，更是歧之又歧了。战国时代，儒分为八个派别（《韩非子·显学》），究竟那一派是孔子真传，谁也不能知道。

（五）孔子原来的经学，经过一二百年口耳相传的变动；战国时代，儒家集合传闻，写成固定的书本。孔子以及传经儒生的经学，转化为经，于是又出现新的经。这种新经比旧经数量质量都起了变化。

（六）新出现的经是《周易》——《卦辞》《爻辞》加《易传》。《易传》也称为十翼，其中一部分是孔子口说，一部分是儒生附加。相传孔子作十翼，不可信。

《尚书》——据《史记·孔子世家》说，孔子选定一百篇，每篇做小序。一百篇的名目，没有定说。汉朝尚书博士所传只二十九篇，其中《禹贡》一篇，显然是秦汉间人伪托。足见二十九篇并非孔子原选本。究竟孔子选了几篇书教学生，不能确知。

《诗》——孔子按照乐章次序，把三百篇重新整理一番。《论语》所记："吾自卫反鲁，然后乐正，雅颂各得其所。"就是孔子的诗学。

《礼》——封建社会的经济、政治、文化，主要是表现在礼经上，孔子教弟子的礼就是《仪礼》。《仪礼》包括士冠、士昏、士相见、士丧、士虞（祭）等礼，适用于士及商贾地主；乡饮酒、乡射、燕、大射、聘、公食大夫、觐、特牲馈食、少牢馈食等礼，适用于诸侯及卿大夫。丧服上下通用。仪礼所讲的礼，正是儒生邦人行礼的重要部分，也就是儒生借以谋食的重要手段。

《春秋》——孔子依据鲁国史记，借隐公元年到哀公十四年共二百四十二年的史料，加以褒贬笔削，寄托他的政治思想。鲁史应该托始伯禽（西周初年）被孔子删节，旧史料因之不被重视而亡佚。

（七）原始的经加上孔子及其弟子们的经学，成为儒生专有的经典。儒经流传，旧有史料逐渐废弃消灭（例如墨子引用的《诗·书·春秋》与儒经本子不同）。如果那些旧书存在，对古史研究，可能供给更多的材料，真象也可能更多保存些。古史变成圣经，从封建统治阶级看来真是莫大的功绩。

三　从原始经学看儒家思想

（一）《论语》载孔子说："述而不作，信而好古。"事实上述与作是分不开的。他讲解古书，绝不能不掺入自己的意见，这个意见正是作而非述。

（二）《易》是"卜筮之书"。卜筮指导人的一切行动，所以孔子借来发挥哲学思想，作为经学的基础。儒家认宇宙间所有事物是在不断变动，变动的原因是两个不同性质的力量（阴阳）互为消长（斗争）。《系辞》说：

> 易穷则变，变则通，通则久。

又说：

> 变动不居，周流六虚，上下无常，刚柔相易，不可为典要，唯变所适。

所以就要免凶就吉，必须发展吉的因素，抑止凶的因素。《系辞》说：

> 善不积不足以成名，恶不积不足以灭身。小人以小善为无益，而勿为也；以小恶为无伤而勿去也；故恶积而不可揜，罪大而不可解。
>
> 危者安其位者也，亡者保其存者也，乱者有其治者也。是故君子安而不忘危，存而不忘亡，治而不忘乱，是以身安而国家可保也。

这类见解，《易传》说得很多。可以说《易传》了解到辩证法。

《易传》思想是属于唯物主义的。它说："形而上者谓之道（一阴一阳之谓道），形而下者谓之器（制作器物）。"道与器都取法乎"象"。"象"是实在的物质，所以"法象莫大乎天地，变通莫大乎四时，县（悬）象著明莫大乎日月"。

其他取象如龙牛马隼等等也都是实在的事物。先有物质，后有精神，精神是物质的产物，《易传》了解到了这一基本的真理。

《易传》发挥一些原始的唯物辩证法，替封建主义服务。它取象天地，得出"不变"的"最高真理"。《系辞》开头就说：

> 天尊地卑，乾坤定矣；卑高以陈，贵贱位矣。

天一定在上，地一定在下；在上的一定尊，在下的一定贱；因此尊卑贵贱是无可变动的"真理"。天从来不会在下，地从来不会在上；所以庶民永远当贵族的奴仆。这正是十足的封建主义哲学。

（三）礼是封建社会分配生活资料的规矩。《荀子·礼论篇》说得很透彻。他说：

> 礼起于何也？曰，人生而有欲，欲而不得，则不能无求；求儿无度量分界，则不能不争；争则乱，乱则穷。先王恶其乱也，故制礼义以分之，以养人之欲，给人之求；使欲必不穷乎物，物必不屈于欲，两者相持而长，是礼之所起也。

因之礼之基本精神在乎"别"。所谓别就是："贵贱有等，长幼有差，贫富轻重皆有称也。"

贵的长的得物应该多，贱的幼的应该少，说得神圣不可侵犯的礼典，归根到底，只是拥护统治阶级的剥削制度。

依据儒家的哲学，礼有可变与不可变两类，《礼记·大传篇》说：

> 立权度量，考文章，改正朔，易服色，殊徽号，异器械，别衣服，此其所得与民变革者也。其不可得变革者而有矣，亲亲也，尊尊也，长长也，男女有别，此其不可得与民变革者也。

这就是说，什么制度都可以通融改革，只有剥削制度等级制度绝对不容商量。

（四）《春秋》是"正名分"的经典。"名分"是绝对固定的，例如鲁阴公明明做了鲁君，却不写"公即位"三字，表示君位该属于身份较贵的桓公。隐公明明被桓公杀死，却写"公薨"二字，算是"讳国恶"。而"讳国恶"《左传》说是"礼也"。可是晋国太史写："赵盾弑其君（夷皋）。"孔子称："董狐古之良史也，书法不隐。"孔子自己"隐"，而称赞别人"不隐"；弑君大恶，也可以变通，这是儒家"言岂一端""明哲保身"的中庸态度。

（五）儒家从天地法象，得出"仁义"的概念。《系辞》说："天地之大德曰生，圣人之大宝曰位，何以守位曰仁，何以聚人曰财，理财正辞（正名分），禁民为非曰义。"就是说，剥削人民到不能生活，君主的地位就保不住，所以应该讲些仁慈。但人民要求容易超越范围，必须用义来制约他们。义是什么？《礼记·乐记篇》说：

> 仁近于乐，义近于礼。

那么，义就是礼了。乐是礼的附庸，义是仁的主宰，到底儒家只着重一个礼字，也就是只着重等级制度。儒家的仁，与墨家的兼爱，区别就在这里。

（六）儒的社会身份是士，因之儒者唯一希望是作相（帮忙或帮闲者）。他迫切需求做官，但对主人只限于从旁赞助，《礼记·曲礼篇》说：

> 为人臣之礼，不显谏，三谏而不听，则逃之。

《论语》载孔子说：

> 邦有道则知，邦无道则愚。天下有道则见，无道则隐。

孔子虽然"三月无君，则皇皇如也"，可是他十分注意避免"惹事非"。卫灵公问陈（战阵），孔子说没有学过，第二天就跑走。所以儒家处世哲学一定是中庸主义。就是"庸言庸行""无咎无誉"，避免一切祸难危险；确保自己的身家安全。中庸主义的本质是调和主义、折衷主义、迎合主义、反斗争主义。统治阶级愿意登用儒生，因为儒生积极方面能帮忙（实际是帮闲），消极方面绝不会危害君长（所谓"无道则隐"，就是隐身避祸）。

（七）"礼乐""仁义"是"经学"；"中庸主义"是"儒行"。自然，中庸主义也成了经学的一部分，经学的演变，大体如下表：

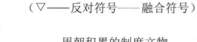

（▽——反对符号———融合符号）

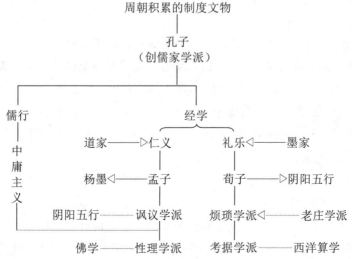

四 经学的初步发展——战国时代

（一）《论语》记孔子："子所雅言，诗书执礼，皆雅言也。""子罕（少）言利与命与仁。"孔子多讲礼，少讲仁，性与天道讲得更少，连大弟子端木赐都说不可得而闻。因为礼在当时适合广泛的需要，所以他加紧讲授，礼乐派特别兴旺起来（《礼记·檀弓篇》可以看出）。到了战国初期，遭遇墨家学派的猛攻，国王们战争剧烈，也顾不得讲究繁文缛礼，礼乐派大受打击而衰落。儒讲亲亲，墨讲尚贤；儒讲差等，墨讲兼爱；儒讲繁礼，墨讲节用；儒讲丧祭，墨讲节葬；儒讲无鬼（《礼记·祭义篇》），墨讲有鬼；儒讲乐舞，墨讲非乐；墨家学说，几乎全部针对儒家礼乐派而发。儒家所称"战国之世，礼坏乐崩。"就是说，礼乐派失败了。

（二）礼乐派被墨家攻击，仁义派代兴。墨子也讲仁义。可他的仁是"兼爱"，义是"天志"，到底非统治阶级所乐闻。儒家讲仁义，完全从统治阶级的利益出发，因此博得真诚的欢迎。仁义派的首领是孟子，他劝国王（梁惠王·齐宣王）行仁政，王天下，虽然也包含着"民贵君轻，士芥寇仇"等"危险思想"（朱元璋认为危险，命儒臣删改《孟子》），但仅限于警惕统治者知所畏惧，并非赞成革命。孟子责杨墨为"无父无君，是禽兽也"。革命当然更是"禽兽"了。仁义派的理论，足够打败墨家，只是"迂阔而难行"，使统治者无法实际施行（例如滕文公）。李耳的道家学派提出权术阴谋，愚民胜敌的实际方法，把仁义礼乐一起否认。从"人君南面之术"的意义上说，确比仁义派的空谈切合实用。道家发展起来，仁义派遭受猛攻而失败了（《庄子》外篇、杂篇多攻击儒家仁义派，可以代表道家思想）。

（三）儒家主张宿命论，子思、孟子开始发展阴阳五行。（《荀子·非十二子篇》。《孟子》讲五百年必有王者兴。）邹衍大发挥五德始终的学说，成立阴阳五行学派。《史记》说邹衍学派宗旨："要其归，必止乎仁义节俭，君臣上下六亲之施。"邹衍俨然是仁义派的派别。这一套"闳大不经"的新宿命论，比儒家旧宿命论大进步。因为儒家只说有命，邹衍却说能推定运命，宜乎大受封建主欢迎，而仁义派儒家也得到有力的援助。

（四）仁义派、阴阳五行派与道家斗争，形成相持不决的局面。失败了的礼乐派，经荀子改造又起来争霸。荀子攻击墨家、道家、阴阳五行家、仁义派（孟子）、旧礼乐派（所谓贱儒）以及其他小学派，建立接近刑名的新礼乐派。他主张用礼乐维持统治阶级的利益，用刑法压迫被统治阶级的反抗。这是最适合统治阶级需要的学说。

（五）荀子弟子李斯、韩非在秦国大受尊信。韩非最得荀子真传，组织道（韩非作《解老》《喻老》，首先提倡《道德经》）、刑名法术与荀学混合的学说。他发挥荀子的唯物论（《天命篇》），认为人与人只有利害的结合，君臣父子兄弟夫妇在利害冲突时都不可靠。所以人君必须固握"二柄"（刑、赏），驾驭臣属。他把荀学发展为法家学派，面貌好像不同了。李斯发挥了荀子的官僚主义。(《荀子·仲尼篇》讲"持庞处位，终身不厌之术。"）他用阴谋杀死韩非，又用"法先王，是古非今"的罪名，坑杀孟派与阴阳五行派混合的儒生（《史记·秦始皇本纪》、赵岐《孟子章句题词》）。新礼乐派以李斯为代表，在秦朝几乎占了独尊的地位。

（六）战国时代儒家与其他学派大斗争，内容丰富了，更适合统治阶级的实用了。荀学吸收刑名，孟学吸收阴阳五行，孟荀两派对立着，在秦朝荀派战胜孟派。在汉朝孟派战胜荀派。

五　新的经出现——西汉

（一）西汉时代墨家学派完全消灭，连貌似墨家的游侠，也被统治者用严刑禁止。儒家名义上获得独尊的地位。但宣帝以前，黄老、刑名即李耳、韩非之学，保持实际指导政治的地位（《汉书·元帝纪》）。

（二）西汉统一中国，需要维持统一的经学（三纲五常），尤其需要证明匹夫做皇帝，是上天所命（五德终始），是孔子所预知（为汉制法）。因此阴阳五行化的经学，成为西汉经学的"骄子"。

（三）汉立十四博士（逐渐添设）。博士经是唯一"利禄之路"，凡不合博士经说，不得仕进。十四博士如下：

《易》——有施、孟、梁丘、京房四家，专讲卜筮、命运、历数、灾异等迷信学说，哲学思想完全被废弃。

《书》——有欧阳，大、小夏侯三家。《洪范篇》被附会为阴阳五行的根据。

《诗》——有齐、鲁、韩三家。齐诗讲"四始五际六情"，在三家中附会阴阳五行最甚。

《礼》——有大、小戴二家。礼学也附会阴阳，比其他经学似乎少些（礼经在西汉不甚重视）。

《春秋》——公羊春秋有颜、严二家。《公羊春秋经传》本是口耳相传，景帝时才写出来。

（四）合乎博士说的定为"正经"。在博士说范围外还有许多经说，都被否认。十四博士的经学，取得经的地位。

六　经学战胜黄老刑名，取得实际的独尊地位

（一）经学尊君抑臣，定名分，正三纲，博得统治阶级的赞许；但"是古非今，不达时务"，却非统治者所喜。

（二）经学混合阴阳五行，更得统治阶级的赞许；但"众忌讳，使人拘而多畏"，也觉得讨厌。

（三）黄老主张"清静无为"，刑名主张君主绝对专制，在西汉前半期（武帝以前）统治权还没有充分巩固的时候，是最适用的学说。可是黄老反对仁义礼乐，刑名显然"刻薄寡恩"，在表面上是必需掩盖的。所以统治者利用阴阳五行化的经学做旗帜，暗中任用黄老刑名。诸博士仅仅"具官待问，未有进者"。

（四）景帝时《公羊传》出现，有"大一统""国君报九世甚至百世之仇""君亲无将，将而必诛""责备贤者""为尊者、贤者、亲者讳"等等所谓"微言大义"。刑名的长处，被公羊吸取，统治者得借孔子名义，施行刑名之实。

（五）董仲舒发挥刑名，又采取阴阳五行入公羊学，完全适合统治者的全部需要。仲舒"能"求雨止雨，推验灾异（《春秋繁露》《汉书·五行志》），行为像巫师道士。汉儒尊他为"圣人"，因为他完成了儒家独尊的巨大事业。

（六）武帝时统治权十分巩固了。"清静无为"成为"好大喜功"的障碍，黄老应该退位了。圣人（春秋）、巫师（阴阳五行）、刽子手（刑名）混合的公羊学，恰恰供给他残忍雄猜的暴行以理论根据。他毅然下诏罢斥诸子百家，独尊经学。所谓经学，主要就是公羊学。公孙弘（公羊学者）做宰相封侯，董仲舒作《公羊治狱》，公羊学尊显无比。

（七）元帝时君权衰落，大臣贵族放纵腐化，含有刑名性质的公羊学不适用了。于是"温柔敦厚"而又尽量阴阳五行化的齐诗，代替公羊指导政治（匡衡做宰相）。

公羊排斥了黄老，齐诗排斥了刑名。阴阳五行极大发展，成为"纬候之学"。阴阳五行化的经，不仅名义上，而是实际占领了独尊的地位。

七　今文古文的斗争——西汉东汉

（一）经在战国各有师传，说解纷歧（所谓儒分为八）。汉初一部分"识时务"的儒生，用当时通俗的隶书写出经文，教授生徒，朝廷立他们做博士，用

的书本就称为经。自从古文经出现，这些隶书写的经被称为"今文经""博士经"。

（二）一部分"不知时变"的（叔孙通笑鲁两生语）的儒生，抱着老本子（用籀文、蝌蚪文、小篆写的），在民间传授。因为不立于博士，没有做官希望，只有少数"好古之士"学习（主要靠家传）。在今文经发达的西汉，古文经不显于世。

（三）西汉末，王莽采取"周公式"的篡位法，要学周公"制礼作乐与太平"。今文讲古制度的只有《礼记·王制篇》，不合王莽的需要。恰恰相传有一部古文经叫做《周礼》，书中设官分职，条目繁多，模范宏大，比《王制篇》详备得多。《周礼》来历不明，其中一部分当是周朝旧制，一部分当是历代师儒逐渐增益，一部分当是王莽、刘歆私意附加，作为自己制作的依据。《周礼》以外，还有古文《尚书》《左传》《毛诗》《国语》等书。这些书世人少见，极便于王莽的利用。所以王莽、刘歆竭力提倡，企图夺取经的地位。

（四）王莽、刘歆依政治力量提倡世人不常见的古文经，与久已独尊的今文经起猛烈的斗争，（刘歆《移太常博士书》）。古文经终于战胜，与今文同立博士。

（五）王莽时新出现的新古文经有：

《周礼》——记载详备繁碎的官制职掌。王莽土地国有制度，北宋王安石的保甲制度，都取法《周礼》。古文学者认为周公制作的礼经，今文学者认为全出刘歆伪造，《周礼》的"疑""信"问题成为今古文斗争的焦点。

《左氏春秋传》——编辑各国史料，解释《春秋》经旨，不像《公羊传》专谈"大义微言"。今文学者不信《左传》解经，但承认他是古史遗文。

《毛诗》——毛亨作诂训传，自称子夏所传授。三家诗（今文）亡佚，所以今文学者不攻击《毛诗》。

《古文尚书》——说是从孔子壁中掘得（景帝末年），比今文多十六篇。王莽时《古文尚书》不甚重要，因为《今文尚书》一样讲周公的故事，尽可利用。

（六）古文经学专讲古代典章制度，不讲阴阳五行。今文经学尽量发挥阴阳五行，纬候图谶。王莽别著一批贱儒（哀章之流）大创符瑞，证明自己该代汉做皇帝。所以王莽虽尊古文，但不废今文。

（七）东汉今古文并行，今文混合谶纬，得统治阶级的奖励。学古文在东汉也得做官，而且经学内容比较丰富，因之古文学非常发达。两派各有社会基础，进行着剧烈的斗争。

（八）东汉末郑玄博习古文、今文、谶纬之学，采取今文长处（混合谶纬）融入古文，成立新的经学（称为郑学），古文学获得极大的胜利。当时公羊大师何休气得这样说："康成（郑玄）入我室，操我戈，可乎！"足见今文学的惨败。

八 郑学与王学，南学与北学的斗争——东汉末迄南北朝

（一）郑学大胜以后，今文几乎退出经学界。但郑学破坏古文传统的"家法"，采取今文说及纬候说入古文，因之古文经学阵营里，又发生冲突。

（二）魏朝王肃"好贾（逵）马（融）之学"，站在纯古文的立场上，反对郑学。他伪造《圣证论》《孔子家语》等书发起攻势。郑王斗争是守旧派与改造派的斗争。守旧派一定不能战胜改造派，所以王肃经学虽然不比郑学差，虽然有外孙司马炎（晋武帝）用政治力量帮助他，到底王学归于失败。

（三）东汉极端奖励虚伪的礼教，激起魏晋时代老庄学派（玄学）的反动。老庄学派的首领阮籍作《大人先生传》，比"礼教之士为破裤中虱子"；嵇康作《自然好学论》，比六经为"鬼话"。他们不仅口头上，而且用实际行动来破坏礼教，否认"人伦之至"的圣人。

（四）经学不仅遭玄学的猛攻，同时它本身也失去存在的依据。因为魏晋用九品取士法，名门子弟自然富贵利达，贫贱下士学经并无大用。经学既非仕宦正路，谁愿"皓首穷经"作无利可获的研求。所以西晋末"永嘉之乱"，今文经学全部溃灭，古文经学仅保存一部分。

（五）经学被老庄学派猛攻，魏晋儒者采取老庄学改造出玄学化的经学，王弼注《易》，何晏注《论语》，杜预注《左传》，皇甫谧或枚颐伪造《孔传》，范宁注《穀梁》，辞义简括，标举大旨，一反两汉烦琐支离而又阴阳五行化的经学。尤其是王弼的《易注》《易略例》，发挥久被汉儒埋没了的哲学，《周易》居然以谈玄根据的资格，与《道德经》《庄子》并为玄学家所玩味。

（六）南北朝时期，北朝儒生保守汉儒烦琐经学，南朝儒生采取老庄创造新经学。所谓"南学简约，得其英华（要义）；北学深芜，穷其枝叶（烦琐）。"就是南北学的区别。因为南北朝政治上的分裂，经学没有显著的冲突，但玄学化的南学，被一般公认为经学正统。

（七）隋统一中国，南北经学接触，北学大败退，陆德明作《经典释文》，规定下列南学的经。

《易》——魏王弼注（《系辞》以下东晋韩康伯注）。

《书》——伪《孔传》。何人伪造，不可知。西晋皇甫谧、东晋枚颐，都有作伪《孔传》的嫌疑。

《春秋左氏传》——西晋杜预注。

《春秋榖梁传》——东晋范宁注。

《论语》——魏何晏注。

《尔雅》——东晋郭璞注。

以上皆南学。此外《诗》（毛传郑笺）、《三礼》（郑玄注）注解简明，合于南学规律，为南北经学所共用。《春秋公羊传》（何休注）是今文学，仅备经数，地位在《榖梁传》下。

（八）东汉末以及魏晋人的经学（南学），到隋唐被公认为经，博士经与北学完全失败。

九　经学与佛教的斗争——南朝

（一）魏晋老庄学派攻击经学，经学对玄学妥协。玄学家所谓"名教中自有乐地"，就是妥协成功的证据。经学迎合统治阶级的需要，又被认为"乐地"了。

（二）佛教在东晋时代发展起来，整个六朝佛教一直向上发展。统治阶级重视佛教，因为佛教的欺骗手段（因果报应），麻醉作用（唯心哲学），确比经学有力。经学仅保持《周易》（哲学）、《三礼》（主要讲丧服）两个地盘。六朝贵族政治，门第界限极严，这就是《三礼》独得相当发展的原因。一般说经学逐渐退处次要地位，经学博士出身的萧衍（梁武帝），竟承认孔子是释迦的学生。

（三）经学有它社会的历史的坚固基础，当然不能让佛教独尊。东晋儒佛因跪拜服装问题起冲突，结果儒学失败。正当佛教极盛时代（梁武帝），儒生范缜提出一篇《神灭论》，给佛教致命的打击。《神灭论》主张物质是本体，精神是作用（形者神之质、神者形之用），物质灭，精神随之而灭（形存则神存，形消则神灭）。他举出许多例证，其中一条是：

> 神之于质，犹利之于刃。形之于用，犹刃之于利。利之名非刃也，刃之名非利也。然而舍利无刃，舍刃无利。未闻刃没而利存，岂容形亡而神在。

他这种论据非常有力，把佛教的基本信仰（神不灭）摇动了。从皇帝（梁武帝）起，所有贵族僧侣都反对他，范缜却愈辩愈胜利。佛教徒大窘，幸得梁武帝下一道诏敕，禁止范缜再发言，问题算是"解决"了。

（四）魏晋道家攻击经学，因妥协而告结束。东晋佛教拉拢道家（玄学与儒学对立）。晋宋道教（神仙教）与佛教斗争，道教拉拢儒家，反对佛教。南朝佛教势力巨大，道儒联合反攻，未能得利。北朝道儒联合，曾两次毁灭佛教，但最后还是佛教胜利。

十　汉学的末路——唐

（一）唐朝封建经济较前代发达，统治阶级要求享乐也特别提高。他们过着"诗的生活"，饮酒、音乐、跳舞、美女、赋诗，极尽风流的"韵事"。尤其是"男女别"这一条大礼，唐人是不愿意提倡的。其他琐碎礼法，也非一般统治阶级所必需，经学失去存在的意义。

（二）佛教在唐朝发展到最高点，道教也有很高的地位（唐朝皇帝自称李耳的子孙）。儒学既没有高深的哲理，又没有政治的援助，自然成了"告朔之饩羊"。

（三）唐朝取士特重"进士科"，专力诗赋，不需要经学；应"明经科"的是低能人，永无作大官的希望。所谓"明经"，只是"帖括之学"，根本不讲什么经义。

（四）太宗、高宗定《五经正义》（《易》《诗》《书》《左传》《礼记》）作为考试的标准。应试人不得超越《正义》有所发挥，因之《正义》以外的经说，归于废灭。

（五）汉学系到唐朝结束了。唐人作《九经正义》（孔颖达《五经正义》加贾公彦《周礼·仪礼疏》，杨士勋《穀梁疏》，徐彦《公羊疏》）就是经学结束的表示（算总账）。

第二部分　宋学系（道学、理学、心学）——唐到清

一　经学怎样战胜佛老

（一）唐朝佛教极盛，中国僧徒自创唯识宗（玄奘窥基）、天台宗（智颛）、华严宗（法藏）、禅宗（达摩开创，中国僧徒发挥），阐发心性之学，曲尽唯心论哲学之能事。唯心论凭主观发挥"自私自利"主义（二程语），起初对统治阶级是有利的，到了自私自利的极端，破坏纲常人伦（朱熹说佛老灭人伦），统治阶级就感到莫大的威胁（佛老说一切都是空幻虚无，统治权当然也在空幻虚无之列），又觉得儒学的"平易近人"了。布施免罪得福，更使有权势人大胆作恶。唐武宗时僧尼二十六万人，寺院奴婢十五万人，田数千万亩，佛教本身腐化可以想见。道教炼丹求神仙，虽然假造"三醉岳阳人不识，月明飞过洞庭湖"等等"仙诗"，却没有人真做神仙。佛道两教弱点暴露，给经学以复兴的机会。

（二）唐朝应用文字，全用"四六体"，甚至狱讼判辞，也用"四六"。陈陈相因，虚浮可厌。古文（散文体）经六朝隋唐，逐渐发展，到韩愈时已有对"四六"革命的力量。

（三）韩愈提出"文以载道"的主张，用古文反对"四六"，用经学反对佛老，文学革命与经学复兴联系起来。韩愈以前，古文运动比儒学复兴运动历史较久而有力（古文作者很多），可是运动仅限于文学形式的改革。韩愈利用文学革命力量，鼓舞经学复兴的声势；使湮没已久的经学，因文学革命而引起注意。韩愈先从梁肃学古文。梁肃是古文学家兼天台宗学者（肃著《止观统例》）。愈学古文而别赋以经学的内容，作《原道》《原性》等篇，提出 1. 道统问题（尧、舜、禹、汤、文、武、周公、孔子、孟轲），2. "明明德""正心""诚意"问题，《礼记·大学篇》故特别提出，3. 性情问题，说性有三品，情也有三品。韩愈经学虽粗浅，可是已离开佛教的束缚，打出儒学的明显旗帜，宋人道学从此开端。

（四）韩愈弟子李翱作《复性书》三篇，上篇论"性""情""诚""圣人"等问题，中篇论所以修养成圣的方法，下篇论人必须努力修养。李翱学说包含佛学成分比韩愈更显，（李翱也是梁肃弟子）他又提出《礼记·中庸篇》。宋人提倡《大学》《中庸》《孟子》合《论语》成《四书》，韩愈、李翱已开出端绪。韩愈不承认受学于梁肃，李翱也不承认受学于韩愈（称韩愈为兄，不称师），可见他们道统观念还没有完成；可是宋学的基础已由韩李两人奠定。

（五）宋朝统治者监于五代的大混乱，尤其君臣一伦完全被破坏，想巩固自己的政权，必须建立严格的儒家纲常伦理，对经学极端奖励。所以宋人道学尽管高谈心性哲理，着重点只在"伦常"上面。

（六）宋初学者首先讲春秋学，古文学家穆修提出"春秋有贬而无褒"的苛论。就是说，只有皇帝"是"，臣子都是"非"。同时理学家孙复作《春秋尊王发微》，发挥尊君抑臣的"大义"。他们要自由发挥适合对时务的见解，必需废除汉学、训诂的束缚。因之连《三传》也废弃，只是凭主观任意穿凿。

（七）起初道统与文统不分别，合力攻击佛、老、西昆（四六文）。到欧阳修、周敦颐文与道分界渐显。欧以古文为主，道学为附；周以道学为主，古文为附；但彼此还没有冲突。

（八）到苏轼、二程（程颢、程颐）文与道完全分离。苏主张文学完全离道学而独立；二程主张道学完全离文学而独立，说文学是"玩物丧志"。两派斗争极烈，历史学家称为"蜀洛之争"。这一分裂，说明经学已经战胜佛、老、西昆，古文与道学各能独立发展。

二 宋学的发展

（一）宋朝佛道两教丧落，统治阶级只利用它的迷信部分去欺骗人民。（如赵匡胤被称为玄武大帝下凡，仁宗是赤脚大仙转世，徽宗自称道君皇帝，偏远州县，逢朝贺大典，皂隶扮和尚道士与儒生陪位行礼之类。）思想界完全被经学独占。但经学关于哲学部分，是先天贫乏的。经过唐朝佛教发达以后，如果经学不能哲学化，绝不能满足一般知识欲的要求，也就不能保持真正的胜利，经学要哲学化，必需夺取佛道两教的武器，来改造自己。

（二）周敦颐首先采用道教思想入经学。道家有太极图，用作修炼丹药的秘诀。周敦颐作《太极图说》，予以新解释新意义。《太极图说》是宋明道学家中有系统著作之一。宋明道学家讲宇宙发生论，多就其说推衍（冯友兰《中国哲学史》下册）。周敦颐又作《通书》，提出诚字静字的功夫。后来二程以为"才说静，便入于释氏之说也"，把静字修改为敬字。

（三）二程是周敦颐的弟子，把周学更发展。程颢"出入于老释者几十年，反求诸六经而后得之。"程颐"于书无所不读，其学本于诚，以《大学》《论语》《孟子》《中庸》为标旨而达于六经。"二程都是先学佛老，取佛老精义来改造经学。程颢以为："天理即具体的事物之自然趋势，非离事物而有者（万物皆备于我），开出后来心学一派；程颐分理（形而上）与气（形而下），以为气质在时空之内为具体的事物之原质，可以有变化成毁，天理不在是时空之内，无变化而永存。开出后来理学一派。"（冯友兰《中国哲学史》下册）

（四）二程讲体认天理，流传为李侗的"默坐澄心"（佛教有"入定"）。朱熹是李侗的弟子，传二程之学。宋学（理学派）到朱熹发展到最高点，集周（敦颐）、邵（雍）、张（载）、二程的大成。朱熹以为："太极（理）无方所，无形体，无地位可顿放。"天地未判时，太极（理）已存在；天地生物千万年，理还是存在。理是不受时空限制，先天而生的最高概念。他这套理论应用到"伦常"，就是一切道德永恒不变，所以君臣上下的秩序，是绝对不可变的天理。谁想革命，谁就是绝灭天理。理学供给统治阶级更精妙的压迫工具，比汉学讲礼讲阴阳五行精妙得多。朱熹被尊为道统继承人，绝不是偶然的事。

三 道学（理学）与心学的斗争

（一）程朱一派称为道学（宋史特立《道学传》）或理学。朱熹发展理学到

"尽善尽美"的境界，足够统治阶级的利用（周密《癸辛杂志》说得很慨切）。与朱熹同时别创一派的陆九渊，主张："宇宙便在吾心，吾心便是宇宙。""学苟知本，六经皆我注脚。"他批评朱学是"支离事业"。陆九渊一派称为"心学"，与佛教所谓"教别外传"的禅宗极相似。朱陆两派斗争很剧烈，有名的"鹅湖大会"，曾进行势不两立的大论战。程朱派承认性善，但人杂有恶的"气质之性"，所以要穷理格物，克服"气质之性"。陆派以为人心全善，只要明心，自然见性。照陆九渊的说法，各人都可自信为善，凡不合我心的尽可认为不善。这种思想发展起来，对拥护统治阶级利益的"天理"可能发生危险。因此，朱学在政治力量援助之下，终于压倒了陆学。

（二）元明清三朝朱学极盛。元人修《宋史》，特立道学传，确定朱熹的道统。明清人科举，规定朱熹注的《四书》有经的资格。八股文代圣贤立言，不许违异朱注。元明清统治者提倡朱学，实际就是提倡奴化教育，也可以说，凡是教人讲程朱学的，一定是反对革命的人。

（三）明朝王守仁继承陆学发挥"致良知"的学说，他提出四句教法："无善无恶心之体，有善有恶意之动，知善知恶是良知，为善去恶是格物。"王守仁发展心学达最高点。他的弟子王畿、王艮，再发展一步，完全变成佛教的禅学。

（四）程朱、陆王两派所讲的都是哲学化的（佛老化的）经学。陆王派经学不合需要，佛教色彩太明显，有失"圣学"的尊严；所以"俨然道貌"（虽然也杂有佛老）的程朱派经学，得统治阶级赞许而盛行，朱注《四书》取得经的地位。

第三部分　新汉学系——清初到"五四"

一　初期的新汉学——清初

（一）南宋重"博学宏词科"，应试必须多读书，预备文章材料（王应麟《词学指南》），无意中成为考据学的开端（如王应麟《困学记闻》等书）。

（二）明人重八股，空虚浅鄙，八股外一无所知；理学家空谈性命，与八股家同样庸腐。有些人感觉得知识界空虚无聊，愿意读书，被宋学废弃的古典书籍逐渐复活起来了，明人讲求文字学、音韵学、校勘学、目录学、辨伪学，都是读古书的准备功夫。进一步发展就成为清朝的新汉学。

（三）明末清初西洋天主教徒来中国，天文历算之学，大受中国学者的欢迎，科学方面影响考据学。清朝考据学家黄宗羲、梅文鼎、王锡阐、江永、戴震、焦循、王引之等，都兼长算学。

（四）满族入主中国，明末志士以为亡国原因是不读书说空话，因之号召讲求"实用之学"，企图恢复明朝。所谓"实用之学"，不外经学、史学。顾炎武创浙西学派，着重在经学。黄宗羲创浙东学派，着重在史学。浙西学派发展很快，因为经学比史学更受重视。

（五）顾炎武虽然主张"舍经学无理学"，但仍接近朱熹的理学。黄宗羲传王守仁的心学，著《宋元学案》《明儒学案》，并不菲薄宋学。不过他们都要求复古（复汉儒之古）。阮元《汉学师承记序》说："两汉经学，所以当遵行者，为其去圣贤最近，而二氏（佛道两教）之说尚未起也。"这是清初儒生一般的旨趣。

（六）读古书必先破除古书的障碍。胡渭作《易图明辨》，揭穿程朱学说的本原是道士炼丹诀（太极图）。阎若璩作《古文尚书疏证》，揭穿东晋以来相传的假书经。新汉学用考据方法，证明宋学并非孔子真传，经书不可尽信，确立考据学"实事求是"的精神，与凭空谈理的宋学自然益趋隔离。

（七）清初经学家亲历亡国痛苦，产生新的政治思想。黄宗羲作《明夷待访录》，唐甄作《潜书》，主张去君主的威严，发平等之公理，颇具民主思想。王夫之作《黄书》，认为黄帝为汉族共祖，严辨夷夏界限，颇具种族思想。王夫之又作《噩梦》，顾炎武作《天下郡国利病书》，对人民生活多所呼吁，有改善经济的思想。这与宋儒高谈性命、羞言钱谷的鄙习，显然异趋。可是这种进步思想，仅限于少数儒生，不能说新汉学含有进步思想。

二 新汉学的发展——乾嘉时代

（一）满清到乾隆时代，统治权巩固了。康熙时代对汉族主要是用收买政策（如开博学鸿词科）。雍正以后，转变为屠杀政策（如文字狱）。一般士大夫在威胁利诱之下，应考作官，种族意识早已消灭。他们继续发展清初的复古运动，却失去"实用"的意义。研究古代训诂制度，连篇累牍，烦琐蔓衍，好像"屠沽记账"（方东树《汉学商兑》语），绝不谈哲学思想。新汉学只准备了读古书（经及诸子）的门径，没有发挥古书的内容（朱一新《无邪堂答问》）。

（二）惠栋所创的吴派经学，以"博学好古"为宗旨，凡汉儒旧说（包括阴阳五行），都认为"可宝"。这一派的成就是辑佚书，供给丰富的考古材料。

（三）戴震所创的皖派经学，以"实事求是""无征不信"为宗旨。新汉学到戴震算是达到最高点，戴震作《孟子字义疏证》《原善》等书，建立新汉学的哲学思想，批评宋学以个人意见为理，上以理责下，下之人死于理，比死于法还冤枉。汉宋彻底分裂，是戴震的大事业。不过新汉学不注重哲学，所以没有向前发展。

（四）桐城派古文家拥护宋学，与新汉学对立。桐城派本身空虚，当然不能阻碍新汉学的兴盛。

（五）新汉学推倒宋学，独霸经学界，但本身又引起今、古文的分化。戴震弟子孔广森开始治公羊学，庄存与继续研究公羊义例，今文学规模粗备。刘逢禄、龚自珍、邵懿辰、魏源等人正式向古文学攻击，经学起今、古文两派的斗争。

三　山穷水尽的经学——鸦片战争以后

（一）1840 年（道光二十年）鸦片战争以后，外国资本主义侵入中国；太平天国起义失败，中国封建势力与外国资本主义切实妥协，互相勾结，共同压迫人民革命。中日战争以后，当时中国新官僚与一部分资产阶级知识分子企图用改良主义的方法从上而下来挽救中国，使中国富强起来。这种思想反映在经学上，经学呈现大混乱状态，各派冲突而同归于尽。

（二）中国资产阶级势力微弱，不能依自力对封建势力革命，反而与统治者妥协，希望施行自上而下的改良主义；在经学上形成今文学一派。封建势力憎恶资产阶级，力保自己传统的地位；在经学上形成古文学一派。两派彼此冲突，但对外国资本主义都采取妥协态度；在经学上表现为经学附会西洋文学，标榜"沟通中西""以古证今"等口号。大抵今文派附会最甚，古文派附会里面还带些倔强顽固的性质。今文派主张改制度，古文派主张保守归秩序。

（三）今文运动以康有为、梁启超、谭嗣同为首领。康有为作《新学伪经考》，认为一切古文经书，全出刘歆伪造；又作《孔子改制考》，尊孔子做教主，以"三说""三世"为教义。三世是："据乱世""升平世"（小康），"太平世"（大同）。所谓太平世，就是《礼记·礼运篇》所描写的大同世界（所谓天下为公）。他特著《大同书》，说明他的最高政治境界。《大同书》以《礼运》为主，杂凑一些佛教幻境，外国资本主义制度以及传闻的社会主义理想，以为人治的极轨是大同极乐世界。极乐世界上面，还有"天造之世"，那时候人都成为"神圣"。今文学者主张尊孔子为教主，因为他们误认基督教是外国致富强的原因，所以中国也应该创立宗教。今文学者又主张所谓"大同之世"的乌托邦，因为他们已经约略听到些马克思、恩格斯的学说，似是而非地剽掠一点传闻之辞，构成一套小资产阶级的极乐幻想；同时也欺骗广大民众，援助他们向封建统治阶级手里分取政权。中国资产阶级思想家，一开始就拿"大同之世"欺骗民众，不能不说是他们的"聪明"。

今文学派政治运动以戊戌变法的失败而没落。

（四）今文学者企图改变二千多年封建统治的工具（经学）作为资产阶级争取政权的工具（孔教），大受拥护封建统治的学者（古文学派）反对，因此今、古文学派发生猛烈的斗争。试取湖南人苏舆编辑的《翼教丛编》作例，可以推见当时两派的战况。《丛编》所收文字，以王先谦、叶德辉二人为主，依据古文，攻击今文，俨然以"世道人心"为己任，其实这两位大古文学者，实际行为，恰恰是"世道人心"不堪问闻的土豪劣绅，访问湖南人士就能知道。苏舆作序文说：

> 申午以来，外患日逼。皇上虑下情之壅阏，愍时艰之勿拯，情求通达时务之士，言禁稍弛，英奇奋兴；而倾险淫波之徒，杂附其间，邪说横溢，人心浮动。其祸实肇于南海康有为。弟子梁启超张其师说，其言以《新学伪经考》《孔子改制考》为主，而平等、民主、孔子纪年诸谬说辅之。伪六籍，灭圣经也；托改制，乱成宪也；倡平等，堕纲常也；伸民权，无君上也；孔子纪年，欲人不只有本朝（满清）也。

看这段序文，古文学派十足拥护封建统治，反对资产阶级民主思想，态度非常明确。

（五）古文学派反今文，与早已分家、势不两立的宋学，忽又调和起来。汉宋调和派主张"中学为体，西学为用"。他们的意见是：

> 必须修明孔、孟、程、朱《四书》《五经》、小学、性理诸书，植为根柢；使人熟知孝弟忠义礼义廉耻，纲常伦纪，名教风节以明体；然后再习外国文字言语艺术以致用。则中国有一通西学之人，得一人之用矣。（文悌参康有为折）

调和派影响很广，著名首领是陈澧、朱一新。

（六）古文学派如俞樾、孙诒让等，喜用经学比附"西学"，意思是说，"西学"固然好，可是我们"圣经"里早就说到了。某古文学者曾说："八大行星中国首先发明。《诗经》不是说：'嘒彼小星，三五在东'么。三加五就是八大行星了。"他们附会可笑到这样的程度！

（七）古文学派专讲训诂制度（考据），根本无一定思想可言。如果思想斗争发展到"困兽犹斗"（俗话所谓狗急跳墙）的时候，它可以提出"全盘西化"论。这在政治上与"宁赠友邦，不与家奴"的见解是符合的。

（八）古文学派是拥护封建统治的，清末以刘师培、章炳麟为主干的国粹学报派，主张保存国粹，推到满清成为民族革命的鼓吹者。这好像古文学派也赞成革命。可是刘师培很快投降两江总督端方当侦探，出卖革命党人。袁世凯做洪宪皇帝，他又是筹安会"六君子"之一，他这种卑污无耻的行为，的确继承了古文学"开山祖师"刘歆的"衣钵"。章炳麟入民国后，政治上碌碌无为无所表现，学术上反对甲骨文（因为古文学的坚固堡垒《说文解字》发生动摇），反对白话文（白话文是五四运动两大旗帜之一），那么，他依然保守着他的封建顽固性。

（九）胡适之先生在五四运动里，很有他的功绩，当他成为考据名家以后，他似乎不愿再继续发展"五四"精神了。他不承认自己是经学家，当然也不承认自己是儒，（他作《原儒篇》，说儒家是奴学）可是他的考据学不能不承认他是新汉学的嫡派流传。他事实上是新汉学系的著名学者，可是厌弃经学而别有主张，足见新汉学系的末路。

五四运动中"名将"之一的吴虞先生，曾被称为"打倒孔家店的老英雄"。因为中国资产阶级的软弱性、妥协性，所以打先锋的"勇士"，愈打愈不起劲而"解甲归田"了。听说吴虞先生老躯尚康，但很少发表新意见，也许是资产阶级与"孔家店"私下讲和，而打店勇士却负了"非圣无法"的罪累。如果这样，真难乎其为资产阶级的服务人了！

（十）梁漱溟先生是讲东方精神文明的专家，他的学说以宋学为骨干，"印度文明""西方文明"，甚至掇拾些社会主义的名词作辅佐，"博采众长"，组成有名的"村治学派"。梁漱溟先生在近代学者里面最有幸运。他的学说，不是"徒托空言"，而是"见诸行事"。他在山东邹平县办村治，不但梁漱溟先生很自负，而且也为举世所瞩目。结果呢？日寇离邹平还远，村治领导者率领颇大的武装（被治的村民不在内），闻风退让到河南镇平县山中菩提寺，不久不知又住那里去了。孔子说："吾之于人也，谁毁谁誉，如有所誉者，其有所试矣。""试"的结果，证明宋学系经学的末路。

（十一）代表中国资产阶级利益的今文学派康有为以"保皇""复辟"被人唾骂而终其身。梁启超以"政客""官僚""教授"了却一生。戊戌"志士"成了历史的陈迹，他们的今文学早因政治上的失败而"罕言"了。始终专心讲论，堪称新文学大师的要算井研廖平。他讲今文学比康有为早些，康有为的《伪经考》《改制考》，是从廖平《辟刘篇》《知圣篇》推衍出来的。他生在咸丰二年（1852年），死于民国二十一年（1932年），他一生经历着清末以来今文运动的全程。他晚年自号"六译"，因为他的经学变了六次。第一变讲"今古"（光绪九年），第二变讲"尊今抑古"（光绪十年），第三变讲"小大"（光绪二十四年），第四变讲"天人"（光绪二十八年）第五变讲"人学""天学"（民国七年），他这五大变，愈变愈离奇，牵强附会，不知所云。他还想再变一下（第六变），虽然有十四年的时间，但终于没有变出来（变无可变了）。这正证明今文学的末路。

（十二）新汉学系的古文学派、今文学派以及宋学系，"五四"以后，因封建残余势力的益趋没落以及资产阶级的软弱妥协不革命，而陷入末路。经学家如果不放弃"旧窠臼"，不别寻新的康庄大道，"末路"的前面摆着的是"死路"。

总结

（一）毛泽东同志《新民主主义论》，论到中国文化革命的历史特点时，有如下的正确指示：

> "五四"以前，……所谓新学的思想，有同中国封建思想作斗争的革命作用，是替旧时期的中国资产阶级民主革命服务的。可是，因为中国资产阶级的无力和世界已经进到帝国主义时代，这种资产阶级思想只能上阵打几个回合，就被外国帝国主义的奴化思想和中国封建主义的复古思想的反动同盟所打退了，被这个思想上的反动同盟军稍稍一反攻，所谓新学，就偃旗息鼓，宣告退却，失了灵魂，而只剩下它的躯壳了。旧的资产阶级民主主义文化，在帝国主义时代，已经腐化，已经无力了，它的失败是必然的。

毛泽东同志这个英明的论据，显示了中国文化演变的实质，经学历史也证明这个论据的正确。康梁领导的今文运动，如火如荼，盛极一时，但在几个回合之下，就被帝国主义封建主义的反动同盟军打得落花流水，一无所有了。古文学派联合宋学"西学"（借口中学为体，西学为用，实际是依附帝国主义互相勾结）猛攻今文学派（参阅《翼教丛编》），也会获得暂时的胜利。五四运动新民主主义革命的兴起，使反动同盟军暂时胜利变为永久的失败。

（二）《新民主主义论》又指出：

> 在"五四"以后，中国产生了完全崭新的文化主力军，这就是中国共产党人所领导的共产主义的文化思想，即共产主义的宇宙观和社会革命论。……在社会科学领域和文学艺术领域中，不论在哲学方面，在经济学方面，在政治学方面，在军事学方面，在历史学方面，在文学方面，在艺术方面，都有了极大的发展。二十年来，这个文化新军的锋芒所向，从思想到形式（文字等），无不起了极大的革命。其声势之浩大，威力之猛烈，简直是所向无敌的。其动员之广大，超过中国历史任何时代。

这个论据，在经学方面也毫无疑义地证实它的十分正确。试看"读经"在大地主大资产阶级利用各种方法，来提倡读经，结果只增加青年学生的"头痛烦恼"，在政治高压之下，勉强来个"小和尚念经，有口无心"。丝毫不起预期的作用。而那些服务于大地主大资产阶级的"思想家"，剽袭些汉学或宋学的陈言腐义，写成"文章"，劝诱青年阅读。事实呢？凡是登载这类"大著作"的刊物，一定是销路呆滞，说明它仅仅起了"道士画符"的作用。反之，共产党领导的文化运动虽然被武力压迫、非理禁止等等无聊手段"严加防范"，依旧风起潮涌，受到青年们的无限欢迎。这说明"五四"以前的反动旧文化的确腐朽就毙，没有它生存的理由。

（三）如果有人说："中国共产党不要国粹，唾弃固有文化，所以经学消灭了。"这是没落阶级百无聊赖的梦话。经学依封建主义而萌芽，而发展，而没落，而死亡。既然中国封建社会趋于崩溃，它的上层建筑之一的经学，当然不能无根而生存。共产党人并没有教人不要研究经学，反之有些人却曾高叫："把线装书丢到茅厕坑里去。"从"茅厕坑里"搬回来，强迫青年放在书桌上的又是谁呢？中国共产党是实践马列主义的政党，它不会利用封建文化来欺骗青年，也不会无视历史事实而一笔抹煞。它要用马列主义的尺度，估量中国传统文化的价值，批判地采取优秀部分来丰富中国无产阶级的新文化。

（四）《新民主主义论》又指出：

> 中国的长期封建社会中，创造了灿烂的古代文化。清理古代文化的发展过程，剔出其封建性的糟粕，吸收其民主性的精华，是发展民族新文化提高民族自信心的必要条件；但是决不能无批判地兼收并蓄。必须将古代封建统治阶级的一切腐朽的东西和古代优秀的民间文化，即多少带有民主

性和革命性的东西区别开来。中国现时的新政治新经济是从古代的旧政治旧经济发展而来的，中国现时的新文化也是从古代的旧文化发展而来。因此，我们必须尊重自己的历史，决不能割断历史。但是这种尊重，是给历史以一定的科学地位，是尊重历史的辩证法的发展，而不是颂古非今，不是赞扬任何封建的毒素。对于人民群众和青年学生，主要地不是引导他们向后看，而是要引导他们向前看。

依照这个重要指示，我们怎样来批判经学呢？第一，经本身是古代史料（六经皆史），汉学系经学把它发展了，因此，汉学系经学堆积起巨大的古代史料（如纬书里包含古史传说，大、小戴《礼记》讲古制度及世系之类）。宋学系经学把经学发展为唯心派哲学，因此宋学系经学堆积起巨大的唯心派哲学史的材料。新汉学系经学从考据方面发展，古代制度文物，经考据学者的研究，艰深难解的古书，大体可以阅读。因此新汉学系经学堆积起巨大的考古材料。把封建统治工具的经学，改变成科学的古代社会史、古代哲学史的原料看，它自有很高价值存在，谁说应该"丢到茅厕坑里"呢？第二，经学里面多少含有民主性革命性的东西（《左传》里颇多），尤其是讲做人道理的格言，（如满招损，谦受益；己所不欲，勿施于人之类）可采的更多。还有些封建统治阶级的"嘉言懿行"，按其本质是反动的，如果移植到无产阶级文化中来，一样可变为有用。例如宋孺所说"节烈"，原来是用作压迫妇女的，无产阶级战士拿来作为反抗暴行的训诫，那就充满着"浩然之气"了。又如孟子所形容的大丈夫（富贵不能淫，贫贱不能移，威武不能屈），也只有无产阶级具备这种品质，能够发扬这种精神。

（五）经学是封建社会的产物，说尧舜禹汤文武周孔孟是封建社会的圣人，如果在新民主主义革命时代还有人幻想着继承"道统"（尧舜禹汤文武周孔孟的那个道统），企图用"读经"方法麻痹青年，放弃革命，这类人毫无疑问一定是封建残余分子或者是投靠帝国主义的奴化分子。他们的思想表现在政治上一定是"民，萌也。""民可使由之，不可使知之"，而人民大众必然被看作"无知无觉"的"阿斗"，永远不让"阿斗"有民主权利。所以新民主主义的文化革命，必须改变经学为史学，必须反对顽固性的道统观念。

《中国通史简编》（节选）*

第四章　国内统一封建制度进一步发展时期——北宋
（960 年——1127 年）

第一节　北宋的政治制度

柴荣募全国壮士，选择武艺尤强的充禁军，称为殿前诸班。命大将赵匡胤统率，官号殿前都点检。显德六年六月，柴荣死，子宗训（年七岁）继位。第二年，周君臣正在朝贺元旦，忽然镇、定两州来了一个北汉、契丹合兵南下的急报，朝廷没有考察虚实，即刻派赵匡胤率领禁军出去抵御。匡胤早有野心，与禁军将领石守信等结拜兄弟，号称十兄弟，军行到陈桥驿（开封北），石守信等拥匡胤做皇帝。匡胤回军开封，篡周自立，国号宋。原来镇、定急报是假的，也许就是匡胤布置的阴谋。

赵匡胤来回五天的功夫，获得帝位，他知道自己成功太容易了，所以登位以后，专力巩固中央政权，一切设施，都含着对内严防的性质。这是他和他的后代坚执不变的国策，因而宋朝内政最腐朽，外患最强烈，成为历史上怯弱可耻的一个朝代。

（一）兵制

赵匡胤登位的第二年，定计解除石守信等兵权，某次他召守信等醉饮，乘醉说道："人都愿意富贵，无非想多积金钱，纵情享受。你们为什么不辞去军职，选繁华地区做节度使，买上等田宅，广置产业，多畜歌儿舞女，饮酒欢乐，君臣间两不猜疑，永保富贵，不很好么？"石守信等只得叩头从命，交出兵权，做有名无实的节度使去。

赵匡胤取得全部兵权，建立新兵制，分全国军队为禁兵、厢兵、乡兵、藩

---

* 选自《中国通史简编》下册，商务印书馆 2010 年版。

兵四种。禁兵是皇帝的卫士，挑选琵琶腿（大腿粗壮），车轴身（肩宽腰细），高度适中（五尺五村至五尺八寸），体力强健的军民，充当禁军，犒赏特别优厚。禁兵驻守京城，轮流到外州县就食，号称就粮军。边防要地，派禁兵镇守，各镇守兵每年移动防地，浪费时间精力在道路上，名义是"习勤苦，均劳逸"，实际是要兵没有固定的将，将没有熟悉的兵，不容易联合叛变。厢兵是各州守军，只供官厅役使，从不训练武艺。乡兵是点抽壮丁充当地方守军，藩兵是招募归顺部落充当边境守军。乡兵、藩兵不常有，厢兵不训练，全国武力只有禁兵一种。

募兵的来源是无赖、罪犯、饥民、营伍子弟。黥面吃粮，骄惰无用，人民憎恶军士，称为赤老（军籍称赤籍）。募兵以外，朝廷时常藉口防边，下令籍民为兵（抽壮丁），或三丁抽一，或两丁抽一，五丁抽二，官吏到乡间按户搜索，照梅尧臣《田家诗·汝坟贫女诗》所说，连老翁小孩，也拉去黥面当兵，留下妇女跛盲残疾人，不能耕作，造成田地荒芜，人民饿死的惨灾。

据旧史记载，北宋兵额，赵匡胤有兵三十七万八千，内禁军十九万三千；赵光义有兵六十六万六千，内禁军三十五万八千；赵恒有兵九十一万二千，内禁军四十三万二千；赵祯（仁宗）有兵一百二十五万九千，内禁军八十二万六千。从赵匡胤到赵祯七八十年间，兵额增加三倍强，禁军对总兵额从百分之五十，增加到百分之六十六。中央政权显然更趋巩固，同时也就更趋腐败与空虚。

这样庞大的军队，坐费衣食，纪律废弛，当时已有"将骄兵惰，空耗赋税，竭天下之财，养无用之兵，兵愈多而国势愈弱"的定论。军官出钱收买人头，报功受赏，或用茶叶向敌国（西夏）购回认头，算作战功，已成军中公开的成例，朝廷并不禁止。赵恒时，四川夷人常来寇掠，边将不敢出战，送给夷酋米券一张，约定世世凭券领米，停止侵犯，别部酋长效尤骚扰，照例获得米券。酋长们争券数多少，见边将自陈某酋长只杀若干人，领得一券，我杀兵民比他多几倍，理该多给几券。边将不得已，按照酋长们凶暴程度发给米券，到赵顼时前后凡发四百余券。强迫人民出米奖励夷人来杀掠，只有极端腐败的军队才能这样做。

赵顼用王安石做宰相，行保甲法，想渐废募兵制，改用民兵。赵煦以后，募兵、民兵都成空名，巨大兵饷，供文武官员分肥中饱。金兵南侵，如入无人之境，朝廷下哀痛激切的诏书，促四方文武官起兵勤王，可是无兵可用，偶有些乌合队伍，在怯懦贪鄙的军官统率下，援河北就在河北溃散，援京师就在京师溃散，赵佶、赵桓父子屈膝降金，中原不战沦亡。这就是赵匡胤养兵防内的效果。

（二）官制

宋官制全部承袭唐和五代，有台、省、寺、监、院、部等名号。这些官并不管事，只依品级领受禄俸。此外又有阶有勋有爵，也都是领受禄俸的一种名义。实际管事的称为职或差遣。中央最高职员有三：宰相居中书省（后称尚书省），管理政务，正相称同平章事，副相称参知政事；枢密使居枢密院，管理军务，与宰相分主文武，并称二府；三司使（盐铁、度支、户部）管理财政，地位比二府低一等，号称计相或计省。

外官仍唐制，有节度使、防御使、团练使、刺使、观察使、节度、留后、大都督等名号，都不管事。实际管理地方军民的官员，算是朝廷临时差遣。全国分十五路（后增至二十六路），每路设经略安抚使（重要地区加经略名号，通常只称安抚）。路下分府、州、军、监，长官称判某府（州、军、监）或称知某府（州、军、监）事，副职称通判，最低级地方官称知县。安抚使下每路有转运使管财政，提点刑狱管刑法，提举常平茶盐管仓谷、茶、盐，其中转运使职权最广，几乎无事不管。

以上只是极简单的叙述，这一架官僚机关的重叠庞大，大致也就约略可见。它保存唐五代留下的无数官位，又设置事实上必需的职和差遣，可是恩荫出生的任子，科举出身的进士，逐年增加，官职固然多，做官的人数更多，因而有一官五六人共做的怪象。赵佶时，每一州郡添差归明官（降人做官）百余员，通判、钤辖多至十余员。真是重叠又重叠，庞大又庞大。

做官必食俸禄。俸禄的种类有官俸（最高月俸四百千，另给绫绢罗绵各有差），又禄粟（最高额每月一百石），有职钱（最高额每月一百千），有公用钱（最高额每年二万贯），有职田（最高额四十顷），有茶汤钱（无职田处给茶汤钱），有给券（文武官出差路费），有厨料（有些官每日给酒五升至一升，有些官加茶米面及羊肉），有薪炭诸物（最高额每月给薪一千二百束，炭每月二百秤，盐每月七石，喂马刍粟二十四），有傔人（仆役）衣粮（大官用仆役最高额一百人。每人粮每斗折钱三十文，衣料绸绢每匹一贯，布每匹三百五十文，绵每两四十文）。不论官职大小，只要身入仕途，钱米杂物以及仆马费用，都得按时支取，一生丰衣足食，享受不尽[最廉洁的名臣范仲淹，做参知政事时，出恩例（例赏）俸赐买苏州近郊上等田一千亩，赡养同族人，号范氏义庄。其他官员田产广大可知]。

官员们领受俸禄，并不能满足他们的欲望，因此贪污成为极普遍的现象。有官缺出，部吏公然评价发卖。长官们自己也买过缺，不便禁阻，连赵光义也主张弊窦像鼠穴，不须堵塞，只要不妨害官利，一切可以不问。大小官员公开讨论某处有职田，某处供给丰厚，想法寻求好处去做。神泉县（四川安县）知县张某到任，标榜廉洁政治，某日张贴告示说，某月某日是本官生辰，诸色人等不得献送礼物，众吏到时各献财帛，知县表示感谢，悉数收下；并说，某月某日是夫人生辰，你们切莫再献，众吏到时献布帛，知县又悉数收下。全国吏人例不给禄食，准他们收受贿赂，往往致富。赵顼熙宁三年，始制吏禄，单是京师诸司，每岁支吏禄钱三千八百三十四贯，逐年增加，至熙宁八年，每岁支三十七万一千五百三十贯，受贿依然如故。官吏各式各样贪赃，不会有什么危险，因为宋朝定制，对待官员非常宽厚，无论如何不法（反叛除外），极少处死刑和籍没财产（赵匡胤立誓约，誓不杀大臣）。内官有罪失职，或贬出做外官，或提举宫观（管理供奉神仙的道宫、道观），罪大恶极的也只窜恶远军州安置。赵顼因对西夏用兵失利，御笔亲批令斩一转运使，被蔡确拦阻。又改令刺面窜远恶处，又被章惇拦阻。赵顼叹道，快意事更做不得一件。官员们互相庇护，无所畏惧，乐得纵情贪污，享受声色。例如中书舍人刘放，好色不倦，晚年得恶疾，须眉脱落，鼻梁断坏，秽苦不可言。又某官年六十余，须发斑白，置幼妾数人。他教妻妾镊须，妻镊黑须妾镊白须，不久黑白俱空。大抵官员们多需要房中术，道士游客，向大官献秘方，有效时往往获得重赏。

官员的利益既是这样优厚，谋官和做官的方法，自然也特别讲求。饶州朱文锡因中神童科得官，乡里欣慕，小儿五六岁，置竹篮中，高悬树上，聘教师授五经，每教一经酬教师钱若干，昼夜不休。小儿多病死，学做神童的还是很多。军官彭孙替太尉李宪（宦官）洗足，赞美道，太尉的脚真香呀！李宪举足踏彭孙头顶道，奴才未免太谄了。彭孙得宠在许州造大宅，私招逃军三百人充仆役，无恶不作。这是为了谋官不爱子孙不要颜面的例证。赵恒时，宰相王旦，号称局量宽大，从不发怒。某次子弟们告诉厨子偷肉，旦问你们规定食肉多少。答，每天例肉一斤，可是只得半斤。旦说，此后每天给肉一斤半，让厨子得半斤。他对任何政事都避免招怨，当时称为著名贤相。赵煦时宰相吕公著口不谈是非。某次甲乙二客见公著，甲客说，某人家规欠好，公著不答。客惭愧告退。乙客说，相公度量大，刚才甲客说人坏话，实在可恶。公著又不答，乙客惭愧告退。公著归内宅，子弟请问甲乙两人是非，公著仍不答。章得象的做官法，是默默无所作为，遇排挤坚不引退，终于做到正宰相。王珪的做官法是上殿进呈公文说取圣旨，皇帝批示后，说领圣旨，下来谕众官，说已得圣旨，官员们称珪为三旨相公。田元均做三司使，权贵家子弟亲戚请托营求，元均每和颜强笑，好言应酬。他对人说，我做三司使几年，整天强笑，直笑得面似靴皮（皱纹）。宋朝用人，最重老成稳健，遇事镇静，只求维持现状，唯恐改革生事。何朝宗年十八应进士试，赵匡胤说此人还没有髭须，欠老成，且让回家读书。赵恒有意用寇准做相，却嫌他年纪轻些。寇准赶快吃药，须发全白，果然拜相。暮气沉沉，是宋朝政治的特色，像范仲淹、欧阳修、王安石那样想改革旧习，就被满朝攻击诬陷，不驱逐出朝，绝不甘休。

朝廷大开仕途，尽可能让人有获得官职的机会。已经做官的照例得荫子孙亲属及有关系人（如门下客、医生）入仕。这种恩荫制度，意在维持旧门阀，骑着竹马玩的小孩，往往已经得官受俸。一个大官，可以荫数十人。别一仕途是科举。官员人数陆续增加，赵恒时官一万员，赵祯时官二万员，赵曙时官二万四千员。此后逐代增加。赵佶时也许又增加一倍。北宋土地比汉、唐小，官数却超过远甚。

这样多的官员，主要工作是什么？赵顼改定官制，尚书省（宰相府）分二十四曹（科），繁简极异。当时通行着一个谚语道："吏勋封考（吏部管官吏升调），笔头不倒（忙）；户度金库（户部管财政），日夜穷忙（富忙）；礼祠主膳（礼部管祭祀典礼），不识判砚（无事可判）；兵职驾库（兵部管军务），典了被（音拨，穷人衣）裤；刑都比门（刑部管刑法），总是冤魂（贪赃枉法）；工屯虞水（工部管工程水利），白日见鬼。"可知所谓政务，无非做官、聚敛、刑罚三件大事。

皇帝养活大量文武官员，为的是拥护自己的政权，可是他对他们并不放心，另养一种称为御史的官员，专做监察工作，寻找官员们的过误。准许御史据风闻（无实证）弹人，又限定御史到任一百天内必需奏事，否则罢黜做外官或罚钱充公，称为辱台（御史台）钱。每月必须奏事一次，称为月课。王平做御史将满百日，还没有上奏弹人，同僚私议王端公（御史别号）等机会说话，一定关系什么大政事。果然王平上了一个奏章，是弹劾御膳中发现短发，厨官应该办罪。大家都笑他不弹大官弹小官。官员们畏惧御史，有"宁逢恶友，莫逢故人（指御史）。故人相逢，不吉则凶"（凶多吉少）的谚语，略有良心的人，不肯做这个官。赵祯命余某做御史，余某不肯，人问缘故，余某说，做御史坏心术。因为做了御史，一定要弹人，生人无法说他坏，只好把相识的人逐个思量。找别人的过失，充自己月课的材料，不是坏心术是什么。

金兵攻入开封，大捕宋宗室。宋官不遗余力替金人奔走搜索，婴儿妇女，都不得免。赵佶的幼子赵捷，匿民间已近五十日，忽被宋官发现，捕送金营。

官员受朝廷优厚待遇，一朝权势变动，反面陷害如有深仇，人民平日饱受统治阶级的压迫，却藏匿宗室多至七百人。

（三）科举

官员的来源是任子和科举。进士科在各科中最占重要地位。因为进士出身，容易致身通显，录取名额也比唐朝宽几十倍。唐进士及第每次不过二三十人，宋分进士为三等，一等称及第，二等称赐进士出身，三等称赐同进士出身，录取总数通常七八百人（应试人通常一万以上至二万人）。正式考试以外，还有特奏的制度：进士应考五次（后改六次），年过五十，诸科应考六次（后改九次），年过六十，得特奏求恩，经过皇帝亲试（殿试）的形式，赐出身资格，就有小官做。这样，士人为求一官，甘心消磨一生在场屋中。而且唐朝科举，被士族把持，寒门极难得第，宋朝改用糊名（弥封）、誊录（卷子由别人代写，试官不能认笔迹）等法，只要文章合格，任何家世的人都能录取，更觉前途有望，不死不休。因此宋朝科举制度的笼络作用，收效确比唐朝大，方法也比唐朝精，从宋到清一千年，这种制度大体沿用不变。

朝廷取士，务求宽泛，可是取舍标准，却很苛刻。赵光义亲试进士，每赐最先缴卷人第一名及第。孙何、李庶几同有文名，庶几敏捷，孙何迟钝，御史奏称李庶几曾在饼铺与人赌作赋快慢，人品轻薄。庶几最先缴卷，光义大怒叱出。擢孙何做状元。赵恒时有应试人名林虎，赵恒说，此人姓林名虎，一定好怪立异，教他回去罢。赵佶时又有人自称林虎，赵佶嫌他好怪，御笔虎上添竹。这是不见字典的新字，林虎无法，只好改称林簾。不许好怪立异，必需埋头诗赋，诸事无知（欧阳修充试官时，有一考生问尧、舜是什么典故，又有书生不知欧阳修是那一朝人），这就是科举取舍的格式。

（四）学校

统治者为要用一定的学术思想（儒经）来教育士人，不得不设立学校，同时生徒群聚，批评朝政，又深觉可厌。三国以来，只有初唐曾大规模设立学校，其余各朝所谓学校，都是若有若无，名存实亡。北宋学制承袭前朝旧制，中央设国子监，收七品以上京朝官子孙入学，又有太学，收八品官以下子弟及平民入学。这两个学校，仅设学官，并无听讲学生。入学限制也是虚文，生员捐光监钱二千余缗，即得监生名义，作为科举应试的资格。赵顼从宰相王安石议，颁布学令，太学置八十斋，每斋容三十人。学生名额，外舍生（低年级）二千人，内舍生三百人，上舍生一百人，总二千四百人。外舍生经月考年考，得升内舍，又经考试，得升上舍。上舍生考列优等，得直接做官，中等得免礼部试

（省试）直接应殿试，下等免解（地方试）直接应礼部试。王安石想培养新政人才，定出这样优异的待遇，学生有官可得，争着入学听讲，太学确像一个学校了。旧学官多数反对新政，被御史弹劾，王安石怒，逐旧学官，改用自己亲信人去讲书（安石自注的经书）。学生虞藩告发学官受贿，考试不公，又引起一场大狱。此后学规更严，条文多至四百一十条，严禁谤毁朝政，并禁止学生谒见教师，免有请托议政等弊端。

北宋末年，太学生陈东屡率学生及军民（最后一次多至数万人）集朝门，请杀蔡京、童贯等六贼，反对割让河北三镇（太原县、定县、河间县）向金人求和，强迫朝廷召用主战派首领李纲、种师道，坚守开封。声势盛大，给满朝昏君奸臣严正的教训。后来金兵撤退，朝廷想捕陈东等入狱，却怕激起众怒，赐东官职，东又力辞不受，接连上书请杀六贼。奸臣们恨极，正在设法迫害，金兵又来，开封失陷。学生干政，朝廷决不允许，陈东终于被赵构斩首。

州县学校，赵顼以前，也只存有虚名。州县官藉口兴学，搜敛民财，富家子弟为免本身徭役，出钱数百缗，买得名额，算作学生。朝廷防止士人谋乱，严禁本地学校收留非本地人入学。所谓州县学校，实际并不存在。赵顼令州县学用三舍法试士，赵佶怕学生群聚，罢州县学三舍法。

除了中央地方官立学校，民间还有私立的书院。北宋初有庐山白鹿洞书院，衡山石鼓书院，应天府（商丘县）书院，潭州岳麓书院，称为四大书院，聚徒讲授，目的自然为了科举。湖州州学教授胡瑗有学生数百人，分设经义、治事两斋，讲求实学，不专重词赋。他这种教授法，不合学生应举求官的需要，虽然曾被朝廷采用，在太学实验，到底谤议纷纷，不能通行。

无论国子监、太学、州县学、书院的学生，他们读书听讲，唯一希望只在得官，得官必需经过科举，所以学校和书院，仅仅是应科举的一种预备。

以上列举北宋几个重要政治制度，说明北宋的统一，完全依靠分裂的统治政策。第一，兵与将分裂，兵不识将，将不知兵。第二，官与职分裂，官不一定有职，职不一定常任。第三，科举专取文辞，使言语与行为分裂，朱熹（南宋人）说，今时（北宋也是一样）秀才，教他说廉，直是会说廉，教他说义，直是会说义，及到做来，只是不廉不义。第四，学生与学校分裂，学生不入学，学校是空名，后来行三舍法，学生与教师分裂，禁止教师学生会见谈论。依靠分裂政策的统一，遭遇外力压迫，统一即时解体，不战亡国，就是分裂政策的结果。

第二节　北宋的外患

宋朝专力防内，对外族一贯采取忍辱求和政策。初期受契丹侵侮，中期受西夏侵侮，最后金国突起，长驱直入，宋朝求和不成，君臣束手无策，甘心投降。忍辱求和就是甘心投降的初步，专力防内就是对外屈服的原因，这个明显事理，极确切地表现在宋朝外患史上。

（一）契丹（辽·916 年—1125 年）

契丹本是东胡种，世居辽河流域。捕鱼猎兽，逐水草畜牧。起初族号大贺氏，后分八部，部各有大人，每三年，推选一大人为长，建旗鼓统率八部。唐末，耶律（姓）阿保机被选为八部长。中国人避乱，多逃入契丹，阿保机乘间寇边，攻陷城邑，俘虏大量男女，势力渐盛。阿保机为长九年，恃强不肯受代，七部大人合力责难，阿保机不得已交出旗鼓。请求诸部说，我在位九年，得汉人多，我想率本部落居古汉城（元魏时滑盐县，在热河承德县西南平泉县东北，辽称为上京），别自为一部，治理汉人。诸部许诺。

古汉城产盐铁，地宜农作，阿保机用幽州安次（河北安次县）人韩延徽做谋主，兴农垦，定配偶，通商贾，铸钱币，筑城郭街市。增减汉字，造契丹文字数千，代刻木符契。设南面官，用汉法治汉人。阿保机势力更甚。

阿保机使人告诸部大人道，我有盐池，供给你们，你们单知食盐，难道不知盐有主人。应该来谢我。诸部大人持牛肉来会，阿保机悉杀诸大人，起兵击灭七部，并为一国。又北攻室韦、女真，西取突厥旧地，力强土广，有兵三十万。梁朱友贞贞明二年，自称皇帝。

阿保机死，次子耶律德光继立。助石敬瑭，得幽云十六州。改幽州为燕京，改国号为大辽，开始入居中国。

阿保机获得汉人很多，私有财产激增，因而破坏氏族推选制，他接受中国封建社会的文化，他的根据地上京，所有工人、商贾、技术、教坊（音乐戏剧）、角觚（武艺）、秀才、僧尼、道士，都是中国人。全国农业也普遍发展起来，耕作多赖中国农民。契丹贵族因军事上胜利，俘虏大量别国人民，其中一部分称为俘户或降户，大抵从事农工业，按时贡纳租赋；一部分称为生口（战场擒获人），大抵沦为奴隶。每一皇帝（某些皇后或贵臣也立宫或府）建立一宫，聚集所掠民户马牛、金帛及臣属所献生口或犯罪籍没人，设州县，置官吏，作为皇帝的私属。大贵族如诸王、国舅、公主、大臣及诸部酋长战争中掠获俘虏及生口，也得建立州城，称头下军州。州官由本主自己委派，农商租税归本主，酒税归皇帝。较低级贵族不得建立城郭，但得收俘户的租税。下层平民在战争中当然也有些虏获，其中富民献纳牛驼十头、马百匹，得裹头巾称舍利（小官名）。一般契丹民户屯垦公田，不输赋税，可是兵役繁重，又受官吏高利贷剥削，生活极苦。

契丹刑法残暴，贵族和平民犯罪，家属籍没入官，称为瓦里（官府名，宗室外戚大臣犯罪，家属没入瓦里）及著帐户（贵族及诸色人犯罪籍没，称著帐户）。凡宫帐部都有瓦里，与州县石烈（大乡）并称，当是从事生产的奴隶。著帐户包含承应小底（奴）、司藏（管库）、鹰坊（养鹰）、尚膳（厨夫）、裁造（裁缝）及皇宫亲王祗从（侍从）、伶官等人，这是专供高级贵族役使的奴隶。耶律隆绪时，王继忠有功，家无奴隶，赐宫户三十。耶律洪基嘉奖耶律玦做官清廉，赐宫户十。这些宫户，大概是从事生产的瓦里户。

契丹族从氏族社会飞跃到封建社会，在飞跃中同时经历着低度的不发展的局部的奴隶社会。耶律隆绪统和十三年，令诸道自耶律璟以来，被逼充当部曲（奴役）的民户，归还州县管理。这样，许多的奴隶被放免了。隆绪开泰元年，诏诸道饥民出卖男女，从明年正月起，每天算佣钱十文，佣钱满数，准由父母领回。耶律宗真重熙十年，放免籍没入官的博啰满达部，归哈斯罕户，准归旧业。这都说明契丹统治阶级更重视封建剥削的利益，自愿释放奴隶。汉人在政治上处劣势，经济力却远超契丹，重熙十五年，严刑禁阻契丹人出卖奴隶给汉人。这又说明契丹奴隶制度在封建经济压力下，已到不能支持的地步。

赵匡胤专力平定国内割据，对契丹纯取守势。赵光义灭北汉，想乘胜恢复燕云，两次兴兵北伐，都大败逃回。光义中箭受伤，医治无效。后来伤发身死，宋人更觉得契丹可怕。赵恒景德元年（耶律隆绪统和二十二年），契丹大举入寇，宋朝君臣大惊，赵恒束手无策，参知政事王钦若请逃金陵，陈尧叟请逃成都，幸得宰相寇准料知契丹并无攻宋决心，力劝赵恒御驾亲征。赵恒畏缩不敢前进，勉强渡河到达澶州（河北清丰县西南），契丹兵围澶州，宋兵小胜，赵恒君臣骇惧，藉口屈己安民，密请宋降契丹官王继忠出面讲和，愿每岁输银十万两，绢二十万匹，尊契丹太后为叔母，与契丹主称兄弟，契丹退兵，宋边镇沿路放行，不得邀击。合议成，宋君臣反以为胜利。

赵祯时，幽州士人刘六符对耶律宗真说，幽云等州本是中国土地，人民至今不愿降辽，除非设法大收民心，必不能久为辽有。宗真问计，六符说，减租赋十中四五，民心就归顺。请委我往宋朝求割地，宋怕用兵，一定求增岁币，我装作不得已接受，岁币自然到时送来。我用新增金帛减租赋一半，民心属我，土地也就无忧了。宗真用六符计，聚兵幽涿，声言入寇，派六符来求割地兵求娶赵祯四岁的女儿。赵祯恐惧，遣富弼往辽，请增岁币银十万两，绢十万匹，辽要宋称贡献，富弼力争得用纳字。辽得增币，勒石纪功，擢刘六符为贵官。宋朝君臣幸免割地和嫁幼女，也自以为胜利。

契丹贵官杜防（涿州人）将死，教契丹对宋务取攻势，或辩争小事，或侵掠边境，使宋人经常畏惧，按时献纳金帛，不敢缺少。果然，宋朝被契丹故意侵侮，处处忍辱退让，自称中国崇尚礼义，犯不着和异类计较曲直。

（二）西夏（1038年—1227年）

唐末，拓跋思恭据夏州（陕西横山县），子孙相传至宋，赐姓赵，封大夏国王。赵祯明道元年，元昊继立。华州才士张、吴二人见边帅庸鄙偷安，不足与言，闻元昊有意窥伺中国，二人自号张元、吴昊，投奔西夏。元昊责二人不该犯我名讳。二人道，你连姓都不理会（激怒元昊姓赵不姓拓跋），却理会微小的名么？元昊惊异，重用二人，共谋伐宋。夏国有部落号山遇，奔延州（陕西延安县）告发元昊谋反，守将郭劝畏事，囚山遇还夏，元昊尽灭山遇族。从此西北部落怨恨宋朝，无人敢来归附。

赵祯宝元元年，元昊自称皇帝，宋朝认他是小寇，仅在边地揭榜，募人斩元昊首，赏做定难军节度使。后来两军接触，宋军每战必败。第一次败仗还杀敌千余，第二次败仗还伤敌数百，此后见敌，宋军束手受杀，不敢对抗。赵祯和宰相吕夷简才感到一战不及一战的可怕。当时朝臣纷纷献策，如修筑潼关，准备放弃关中，修关的材料和人工，却在关中征取，人民怨恨。又派使官请西北小族唃厮啰攻夏，费金帛数万，使官受辱回来。契丹知宋困疲，遣刘六符来割地，宋却想借契丹威势，逼夏降宋称臣。契丹假称助宋，其实并无效力，宋君臣失望，最后只得自向元昊请和，约每岁赐银十万两，绢十万匹，茶六万大斤。元昊收受财物，侵掠并不停止。宋朝大窘，幸得韩琦、范仲淹镇守边境，比较有些办法，夏用兵久，民力也困乏厌倦。赵祯庆历四年，和议成功，元昊上书称父大宋皇帝，宋岁赐银、绢、茶。此后两国和战不常，赵煦元符二年，和议又成，直到宋亡不再用兵。

（三）女真（金·1115年—1234年）

女真（又号女直）旧号勿吉，全族分七部，其中黑水部居地东滨海，南接高丽。五代时，南半部附属契丹，号熟女真，北半部不属契丹，号生女真。生女真地有混同江（黑龙江）、长白山，俗勇悍善射，穴居野处，迁徙不常，不知岁月晦朔，但记草青几次。食生肉，饮糜酒，酒醉死人，不辨父母。没有文字官吏大君长，也没有国号，散居山谷间，小部落千数百户，大部落数千户，自推豪强当酋长。高丽人函普投入生女真完颜部，因才智得众尊信，娶完颜部女为妻，生子女，正式为完颜部人，被推为首领。自此酋长世袭。函普传四代至绥可，兴农业，筑房屋，开始定居生活。绥可子石鲁，始稍立条教，部人渐听从。石鲁子乌古乃受辽封为生女直部族节度使，始买铁（本部不产铁）造兵甲，设官署，邻部畏服，势力渐盛。乌古乃子三人相继为节度使，最后传位至长孙阿骨打。自函普至阿骨打凡八代。酋长的宗族最贵，称为郎君，总管军政大权，贵官拜马前，恭顺听命如奴隶。官不分尊卑，都自己养马，饮食只有粟粥烧肉，上下无异。国有大事，聚众商议，位卑人先发言。战争有功，酋长举犒赏物示众，众认为少，得要求增益。凡是官吏取人民财物不算犯罪。

赵佶建中靖国元年，完颜阿骨打立。起先生女真每岁向契丹进贡北珠、貂皮、名马、良犬及海东青（小鹰，能擒天鹅）。契丹酷爱海东青，追索不止，耶律延禧责贡尤苛，女真诸部不胜厌苦，各有叛意。阿骨打联合诸部起兵，得二千五百人，大败契丹。赵佶政和五年，阿骨打用汉人杨朴策，自称皇帝，国号金。金兵益强，连战大捷，擒耶律延禧，辽亡（赵佶宣和七年，1125 年）。

赵佶等听说金兵大胜，遣使官马政泛海见阿骨打，请求灭辽以后，五代时陷入契丹的汉地，送给宋国。阿骨打的回答是所请土地，愿与宋夹攻，谁攻得就归谁。赵佶又遣使官赵良嗣与金商议夹攻契丹，约定金取中京（热河平泉县东北），宋取燕京、西京（山西大同县），远输岁币五十万给金。

金兵攻破中京，延禧逃遁云中（绥远吐默特部），金追延禧。辽萧干立燕王耶律淳为帝。赵佶知道辽败，才命宦官童贯为河北、河东路宣抚使，蔡攸为副使，率诸将分路进攻，宋兵纷纷溃败，赵佶大惧，下令退兵。耶律淳死，赵佶又命童贯、蔡攸进兵，刘延庆为都统制，兵至芦沟河，望见辽军放火，不战大溃。宋兵自相践踏，尸体满路，长百余里，赵顼以来积储的军备，丧失几尽。

宋兵两次大败，燕京被金夺去。燕京四乡民众蜂起，日夜劫烧金兵营寨，阿骨打知道不容易统治，正在作难。赵佶遣赵良嗣、马扩见阿骨打，不仅索取燕云等州，还进一步索取五代初刘仁恭送契丹的营、平、滦三州。金允给还燕京六州（冀、景、檀、顺、涿、易）二十四县。宋力争不休，往返辩论，阿骨打怒道，宋定要营、平、滦，我连燕京也不给了。我攻得燕京，每岁收租赋三百万，现在送给宋朝，该还我租赋一百万。宋自知理不能胜，力不能抗，只好定约每岁输金国银绢各二十万匹，又别输燕京代税钱一百万缗。燕京财物人口，早被金人虏去，宋朝只获得空城一座。

上述三大敌国以外，赵祯时广源蛮酋侬智高也曾发动过一次叛变。起初赵祯允许邕州知州陈珙，任期内不生边警，升迁阁门使。珙一心图谋平安升官，智高请通商，珙不许，智高掠夺民财，珙又不问。广州进士黄玮、黄师宓助智高谋，攻破邕州，杀称珙，进围广州，宋文武官员望风溃逃。朝议想出重赏借交趾兵平乱，枢密副使狄青说，借外兵除内寇，将起后患，请给我藩骑数百，前去击贼。狄青战胜回朝，威名益著，朝官们说青家狗生角，住宅夜中发光，青又在相国寺殿上行走，形迹可疑。朝廷罢青兵权，出知陈州。第二年生疽疮，皇帝赐他几个李吃（生疽疮吃李必死），青涕泣食李死。

第三节　发展中的经济

四朝元老文彦博反对赵顼、王安石变法，彦博道，祖宗法制完备，不要更张失人心。赵顼道，更张法制，士大夫自然不便，对百姓却有什么害处？彦博道，朝廷依靠士大夫治天下，还是依靠百姓治天下？文彦博这几句话，明白指出宋朝法制的真精神，就是官僚地主的利益尽量扩大，一般人民主要是农民的利益，尽量摧残，因为朝廷需要官僚地主的拥护，所谓人心，就是士大夫的心。不过事实上，在北宋中叶以前，一般的经济情况仍然在发展过程中。

（一）农业

农业经过唐末五代长期地严重地摧残，到北宋又向前发展。因为这时已经没有唐末藩镇间同五代列国间成年累月的战争，而是一个和平统一的时代。由于和平，全国农民都有机会去生产；人口逐渐增加，劳动力也慢慢充实起来，把过去荒芜的田园重新开辟。由于统一，农民被免除了以往繁重的负担：赵匡胤建隆年间，诏除沧、德、棣、淄、齐、郓等州三十九处渡口算钱；随后又陆续废除橘园、鱼池、水硙（水磨）、社酒、莲藕、鹅鸭、螺蚌、柴薪、地铺、枯牛骨、溉田水利等名目的苛捐杂税。赵光义太平兴国三年，罢去沿河州县民船载粟的算钱。赵恒大中祥符六年，废除诸路州军农业器具的税钱。减轻农民负担，是促进农业发展的主要原因。

北宋水利事业，也很发展。河北的陂塘（蓄水池塘），对农业帮助很大，从那里引水灌田，既节省人力，又增加收获。赵恒咸平年间，汝州导汝水灌溉垦地六百顷，一年收粮二万三千石；襄阳县修筑水堤，把滍河水截入陂渠，灌溉民田三千顷；宜城县用蛮河水灌田七百顷。赵祯嘉祐元年，赵尚宽在唐河县修复汉代陂渠，凡来种田的人，都借给耕牛、犁头、种子、食物，一年以后，不仅本地逃亡户都自动回家，并且从淮南、湖北各地还迁移来二十多户。赵顼熙宁元年，襄州宣城县官朱纮，修复旧日小渠，灌田六千顷。赵佶政和六年，平江府兴修围田二千余顷。从这几个实例中，可能看出大概情况。引水灌田面积达几万顷，不仅说明北宋农业较以前进步，也促成经济的发展。

江淮两浙一带，一遇天气稍旱，比较高仰的水田就容易枯竭，稻米产量因而减少。赵恒大中祥符四年，派遣使臣到福建取来"占城稻"种三万斛，分给人民。"占城稻"开始于福建，原是从占城传来的，比中国稻颗粒较小而穗较长；它可以在高仰处生长，成熟时间较早。这种早稻传布于中国各地，自然能增加农产数量。

赵匡胤即位以后，就下诏奖励"广植桑枣，垦辟农田"的农民，以及能招徕流民、减少旷地的县官。赵恒咸平初年，广南西路转运使陈尧叟课植桑、枣于岭外一带。直到赵佶崇宁年间，广南东路转运判官王觉还开辟荒地到一万顷上下。两广本是荒僻地带，从此农业日渐进步。

北宋的农业，在初期获得较大的发展。但是后来因为皇帝、官吏、豪绅、地主们剥削的增加，又使农民破产、流亡，农业发展遭受挫折。

（二）租税（耕自己田称为税，耕他人田称为租，通称为田赋）

柴荣均定田租，历代享受免赋特权的曲阜孔氏，也同平民一样，缴纳租赋，其他世家大族，自然更不得隐避。赵匡胤登位第二年，藉口周末度（测量）田不实，特派使官再出度田，又下诏许民开垦，州县官无得检括（稽查），只据现田作田赋。这就是说，形势户（现任文武职官及州县豪强人户称形势户）、大地主可以托名开垦，隐避或减少（二十税一或三十税二）租赋，小农眼前耕种的田地，被官吏检出，永远作为田赋的定额。据旧史记载，赵匡胤末年，天下垦田二百九十五万余顷；赵光义末年，垦田三百一十二万余顷；赵恒末年，垦田五百二十四万余顷；赵祯末年，垦田二百二十八万余顷；赵曙末年，垦田四百四十余万顷；赵顼末年，垦田四百六十一万余顷。宋垦田数比过去任何统一朝代（西汉、隋、唐）少得多。尤其是赵祯在位四十余年，号称北宋全盛时代，垦田却耗减最甚。这说明当时对西夏连年用兵，农民被迫弃田逃亡，豪强乘机兼并，扩大免赋特权，异口同声称颂赵祯的仁政（赵祯号称仁宗）。赵曙时，垦田骤增一倍，照三司使的解释说："这个数字是据租赋数约略推算，民间隐逃的田亩，至少占十中七八，所以实际垦田当有三千万顷。祖宗旧制，不愿扰民（官僚地主），从没有切实检查，因此莫知垦田实数。"免赋田占六分之五强，一切军费、徭役、租赋，都加在六分之一弱的田亩上，两个阶级负担不公，即此可见。

赵顼创行方田法（东西南北各千步，约得田四十一顷六十六亩一百六十步，称为一方），想削夺官僚地主的利益，增加国家收入。官员们藉口"民以为不便"，纷纷反对，行施不久就停止，已方的界限，也被豪强毁坏。赵佶又行方田法，十年间完成了六路（全国分二十三路），贪官赃吏勾结地方土劣，任意妄为，弊端百出，有的二百余亩方为二十亩，有的二顷九十六亩方为七十亩，有的原租十三文增至二贯二百文，有的原租二十七文，增至一贯四百五十文。甚至方荒山，勒派农民出刍草钱，民户废业失所，不得不大量逃亡，赵佶无法，下令停止方田。

宋租赋仍行两税制，类别有五：（一）公田赋——包括官庄、屯田（兵士自耕）、营田（招民耕种）三种。公田减少，赵顼时仅六万余顷。（二）民田赋——人民私田。（三）城郭赋——包括宅税、地税。（四）杂变赋——缴纳各地物产，如兽皮、药物、油类、茶盐等。（五）丁口赋——按丁口出米或钱。租赋物品分谷、布帛、金铁、物产四大类。（甲）谷——分（1）粟，（2）稻，（3）麦，（4）黍，（5）穄，（6）菽子（豆类），（7）杂子（植物种子）七品。（乙）布帛——分（1）罗，（2）绫，（3）绢，（4）纱，（5）绝，（6）绸，（7）杂折，（8）丝线，（9）绵，（10）布葛十品。（丙）金铁——分（1）金，（2）银，（3）铁镴，（4）铜铁钱四品。（丁）物产——分（1）六畜，（2）齿革翎毛，（3）茶盐，（4）竹木、麻草、刍菜，（5）果药、油纸、薪炭、漆蜡，（6）杂物（瓦、麻、鞋、瓷器、颜料等）六品。农工生产品尤其是农产品，征取品类，无微不至，单举谷、钱、帛三项（其他物品不计），赵顼熙宁十年，夏秋两税岁收银六万余两，钱五百五十八万余贯，斛斗（谷）一千七百八十八万七千余石，布帛二百六十七万二千余匹。这样巨大的数字，最大部分归垦田总数六分之一的土地负担。

正赋以外，还有所谓折变、支移、宽剩三种苛法。折变是官府藉口需要某物，停收旧定的贡品，令农民改纳某物。如农民照例纳绢，官府说要折钱，折钱以后，官府又要折麦。折价不依市价，由官府自定，绢折钱，钱多数倍，钱折麦，麦又多数倍，辗转增加，农民无端多出十数倍至数十倍的钱物。支移是农民本该在本县缴租，官府却教他到几百里外州县去缴纳，说那里正等急用，实际是强迫农民出脚钱。脚钱原定每斗五十六文，官府又反覆折扣，增大若干倍，农民卖牛变产还不够赔累。宽剩是旧定赋额外增收若干，口称准备灾荒，其实农民饿死，从不得救济。

农民贫困不堪，或避私债，或逃公税，只有逃亡一法。有的兄弟故意分家，田赋由一人出名缴纳，过些时此人弃田藏匿，县官认作荒田后，兄弟顶冒别人名义耕种。不过这种方法，很难成功，乡官、债主遇有逃户，即时查封资财，所有室庐、用具、桑枣、材木估定价值，或输欠租，或偿欠债，逃户生计荡尽，无可留恋，索性绝意归耕，永远做浮荡人，或投靠地主当佃客，因为六分之五的免赋田，正需要他们去耕种。

地主的生活是非常愉快的。一首农家诗说："仕宦之人，南州北县；商贾之人，天涯海岸；争如农夫，六亲对面。夏把新衣，秋米白饭，鹅鸭成群，猪羊满圈。官税早输，逍遥散诞（无忧无愁）；似此之人，值金千万。"这是中小地主的生活。官员大地主置庄田，如福州王氏庄有田千余顷，汜县（河南汜水县）李诚庄方圆十里，中贯河道，地极膏腴，有佃户百家，值钱一万五千贯。庄主李诚，只是宋初汜县酒务官。其他官员的庄田，规模未必都这样大，可是肥美土地，多数被形势户占去。田主募佃户耕种，生产物主客对分，用田主的耕牛，田主多得一分，称为牛米。佃户去留，绝对听命田主，不得私造房屋或仓库。佃户住屋极恶劣，某富家子弟到庄田监视获稻，命庄客生火取暖，庄客引他到山坡守禾小屋里，屋用竹编成，密不通气，庄客拾杉枝燃烧，熏得他泪流不止，大叫走出道：难受难受，好比吃了十五大棒（刑杖）。这样看来，佃户每天在吃大棒中过生活。

（三）官卖

宋朝盛行官卖制度，人民生活必需品，都归国家专利，提高价格，垄断居奇，成为岁入的重要部分，当时官卖物品，有下列几种：

盐——盐分颗盐、末盐、井盐、卤盐（河北卤地出产）四种。颗盐每年约产三十七万余席（每席一百十六斤半，大席二百二十斤）。末盐约产二百九十六万余石（每石一百一十斤）。井盐约产一千六百二十一万余斤。卤盐产量极少，十余万石。官府强役民户或军士，给与最低的生产费，迫令制盐。如通泰盐（江苏南通县、泰县）每四石给钱五百文，岭南盐每石给钱二百文，后来改为淮南、福建盐每斤四文，两浙盐六文或四文，广南盐五文。井盐煎煮，官不给薪柴钱，盐户不能缴纳定额，往往破家流亡。朝廷收入低价的盐，再高价出卖，盐颗卖价每斤自四十四至三十四文，末盐每斤自四十七至八文。这还只是表面定价，实际贪官、奸商，勾结操纵，每斤贵至数百文。

宋朝盐法，开始完全归政府经营，官制官销，仅河北一路，允许商运。赵光义始行钞法，令商人就边郡纳钱四贯八百文，领盐一钞，凭钞到解池（山西解县）取颗盐二百斤，在界内自由贩卖。此后钞法通行（官制商销）。赵祯时，京师设榷货务，令商人纳钱银，得至各产盐地领盐贩卖。赵顼增长盐价，例如福建路旧额卖盐收入二十七万余贯，元丰二年增至四十六万余贯，三年增至六十六万余贯。全国盐课总数，大致增加二三倍。

茶——产茶地区设场十三处，场官先发本钱给园户（种茶户），采得茶叶，一部分输纳租税，多余的悉数交给场官。私藏私卖，依造私盐法论罪，想减少赔累，砍伐茶树也有罪。园户受害不堪，或逃亡求免，或寻死求免，本人死亡后，邻伍仍须代纳租税。当时四川园户有"不是种茶，实是种祸"的谚语。官出最低价收得全国茶叶，自定高价出卖。蜡茶每斤约价自四十七至四百二十文，片茶自十七至九百七十文，散茶自十五至一百二十一文。政府卖茶，起初自卖，后来也改钞引法。商人领长引，得往他路贩卖，有效期一年；短引限本路内贩卖，有效期一季。每年茶利平均收入，除官本及杂费外，禁榷时（官卖）净入钱一百九万余贯，内茶净利六十五万贯，茶租钱四十四万贯；通商（商卖）后净入钱一百十七万余贯，内茶租钱三十七万贯，茶税八十万贯。

酒曲、醋——各州县设酒务官酿酒，穷僻县镇乡村或许民酿，但仍输纳岁课。酿酒原料是农民缴纳的米、麦，酿成薄酒，高价出售。民间有婚葬大事，官府计算民户大小，强令买酒若干。有些地方，官不卖酒，专造酒曲，规定特价出卖。赵祯时，每岁收入酒曲钱多至一千四百九十八万贯。醋也官制官卖，收入数不详。

矾——产矾地区设官收矾，严刑禁止镬户（制矾户）私卖。官定买入价白矾一驮（一百四十斤）给钱六十文，绿矾一驮（一百十斤）给钱八百文。官定卖出价白矾每驮自二十一贯五百文至二十三贯，绿矾每驮自二十四贯五百文至二十九贯一百文，零售白矾每斤六十文至一百九十二文，绿矾每斤最低价七十文。赵佶时，每年收入矾利二十九万贯。

矿产——金、银、铜、铁、铅、锡、水银、朱砂产地设官，依茶盐法收归官有。赵祯时，每年得金一万五千九十五两，银二十一万九千余两，铜五百十万斤，铁七百二十四万余斤，铅九万八千余斤，锡三十三万余斤，水银二千二百余斤。赵曙时，矿业更盛，金减九千余两，银增九万五千余两，铜增一百八十七万斤，铁、锡各增百余万斤，铅增二百万斤，水银产量无增减，别得丹砂二千八百余斤。赵顼时，风得金一万余两，银二十一万余两，铜一千四百六十万余斤，铁五百五十万余斤，铅九百十九万余斤，锡二百三十二万余斤，水银、丹砂各三千余斤。铜、铅、锡产量增加最多，正说明货币流通额的不断激增。赵佶时，又官卖石炭，凡设二十余场。全国木炭也归官卖，收入数不详。

（四）商业

统治阶级从皇帝到乡村中小地主，生活都非常富裕，他们需要各种消费品，来满足个人的欲望，因此商业在北宋，有高度的发展，商税也成为岁入的大宗。

商税——赵祯时，朝议减轻商税，范仲淹独以为不可。他说："国家费用既不能减，不取商贾，必取农夫，农夫将受更重的剥削。应该先省国用，次宽租赋，最后才宽商贾。"官员们的消费品，依靠商贾来供给，减轻商税，自然对官员有利。现在减税不成，他们只好私营商业，非正式享受免税的权利。例如，江淮转运使李溥借进贡名义，自率大船多艘运东南名产入京，单是两浙笺纸就满载三大船，他物数量，可以类推。赵煦正式承认官员免税经商，名义是品官本家服用物免税。开封税官捉得冒苏轼官衔漏税人吴味道一名，苏轼当时出守杭州，税官押吴味道去见苏轼，轼替他改题封条，平安回到开封。赵佶因臣僚以宫观寺院经商大盛，影响税收，限止马牛驴驼骡不入服用例，后来又令税官搜查。这只能给税吏更多受贿的机会，并不能阻碍权贵的谋利行为。

一般商货抽税的规则，名义上是过税（过路税）值百抽二，住税（到市出卖）值百抽三，官府需要品值百抽十。事实上税率在百分之五十以上。吴味道在建阳（福建建阳县）买得纱二百端，价一百贯，路上经过场务（税卡）陆续抽税，到开封不存半数。货物如布帛、杂器、香药、宝货、羊猪，都得抽税，此外如农器、纸扇、草鞋、薪炭、谷菽、鹅鸭、鸡鱼、螺蚌、果蔬、磁器、瓦器，一切细碎交易，都不能免，甚至空船往返，也要纳税，称为力胜钱。税官私招一批专拦人（巡丁）沿路拘拦商旅到场纳税。起初每税钱百文提出十文给专拦人，称为事例钱。后来改为商人纳税百文，别纳事例钱十文。所收税钱不及十文，也纳事例钱十文。如苎麻一斤，收税五文，山豆根一斤，收税五文，却要问客人别要事例钱十文。这种苛税，给农民极大的苦痛，往往与专拦人互扭骂道：我官钱十文纳了，你却问我要什么事例钱？你拿出章程来，我才给钱。税官请皇帝下一道圣旨，改事例钱为市利钱。私行的事例从此变成法定的市利。

全国商税，赵光义时岁入四百万贯，赵恒时增加一倍，赵顼时京师商税五十五万余贯。全国总数超过一千万贯。

商市——国内市场首推东京（开封）、成都、兴元（陕西南郑县）三处，每年商税各在四十万贯以上。第二等市场（商税二十万贯以上）五处，都在四川境内。第三等市场（商税十万贯以上）多数也在四川。五代时最大市场扬州降在第四等（商税五万贯以上），江陵降在第六等（商税三万贯以下），这是国内市场很大的变动。海外贸易杭州居首位，明州（浙江鄞县）居次位，广州居三位，各置市舶司。蕃商进口，税率值百抽十，官买蕃货十分之三，其余听自由贸易。赵祯时，三处收税总数五十三万贯。泉州（福建晋江县）、密州（山东诸城县）两处有时也设市舶司。

商行——中唐已有商行，每行有行头一人。宋时凡商店必须入行，原因是官府为便利科税索物，需要有行的组织。不问出卖物品小大，但合官府用途，如医生、卜人、仵作（葬敛死人业）等业，都该立行听候呼唤。赵顼藉口体恤商人，免得官府急需某种物品时，商人枉费高价购求应命，因此改立新法，官府计算每年需用物品数目，令各行商共同出钱，官府用行商钱收买货物，一年中随时取用。如年终不用，即令出卖，官收二分利息，特给免行（在一定时期内，免再供应官差）权利。赵顼的本意是想收免行钱，并非真要体恤商人，他下令凡不入行的商贩，不得在街市做买卖，必须报官投充行人纳免行钱，才准交易，不报官私自投行，查出处罚。令下十余日，京城街上提瓶卖茶人都投充茶行，挑水，担粥以至卖草鞋、头髲（音被，假发）人无敢不投行。同行商店又互相压迫，不依上、中、下三等分别出钱，却要平均负担，富商称幸，小商叫苦。当时有些朝臣反对这个新法，赵顼不得已改令每月纳免行钱不到一百文的小商贩，准免纳钱，凡放免八千六百五十四人。

（五）货币

北宋工商业发展，因之货币流通额也特别增大。唐铸钱每岁约数十万贯，宋每岁约五六百万贯，唐末渐用金银，宋时金银成为通行的货币，中唐始有飞钱，宋时交子（纸币）用途很广。宋人有一首破钱诗说："半轮残月掩尘埃，依稀犹有开元字，想得清光未破时，买尽人间不平事。"钱是统治阶级剥削人民的工具，货币数量愈大，也就是阶级剥削愈益剧烈。

金银——唐末，威胜（浙东）节度使董昌每十天发一纲（一批）贡品，内黄金一万两，银五千铤。浙东不是最富地区，每月能输出金三万两，银一万五千铤，想见全国积存金银总数不少。宋初，赵匡胤、赵光义赐吴越国王金器六万四千七百余两，银器四十万八千八百余两，吴越国进贡金九万五千余两，银一百一十万余两。赵恒初年，银价每两八百文，金价每两五千文，后来用途愈广，十余年间金银价腾贵数倍，连赵恒也诧异起来。赵佶时，各路每年贡品（皇帝生辰进贡及南郊进贡）金银外，别有折银钱一万八千余贯，当时折价不可知，但外州县存银似已被朝廷逐年吸取，渐就枯竭，所以有折银的名目。赵桓亡国时，在围城中（金兵围开封）大括金银，金价每两涨至五十贯文，银三贯五百文，比赵恒时金价高十倍，银价高四倍。

铜铁钱——自西汉至隋通行五铢钱（西汉刘彻造），自唐至五代通行开元通宝钱（唐李渊造）。这两种钱的重量和质量最为适中，没有过重（如值百钱、值千钱）过轻（如榆荚钱、三铢钱）的弊病。宋铸钱务求得多，体质恶薄，远逊开元钱。有些地区，如四川及西北边郡用铁钱，价比铜钱更低。全国铸铜钱凡十七监，铸铁钱凡九监。铸铜钱用原料八十八两（铜六分余，铅锡三分余）得钱千文，除火耗净重八十两。铸铁钱用原料二百四十两，得钱千文，除火耗净重一百九十二两。宋初，每年铸钱七万贯，赵祯时增至三百万贯，赵顼以后，岁铸铜钱五百余万贯，铁钱八十八万余贯。

便钱——宋初，依唐飞钱旧制，京师置便钱务，令商人缴现钱入务，扣汇费八分之二，领券到各州县兑钱，当日给付，不得留难。赵光义时收商人便钱一百七十余万贯，赵恒时增至二百八十万贯。后来诸州钱悉输送京师，商人到当地不能领得现钱，官吏随意给予他物，便钱信用丧失，制度因而败坏。

交子钱引——四川通行铁钱，不便输运，商人私造钱券，称为交子（纸币），发行归富商十六户主持。朝廷见有利可图，禁商人私造，有四川、潞州、陕西等处，设交子务，官印交子。赵祯时交子分二十二界，备本钱三十六万贯，发交子一百二十五万六千三百四十贯。赵顼更造二十五界。交子始有前后两界。赵佶改交子为钱引，不备本钱，大量印发，钱引一贯，仅值现钱十余文。除福建、江浙、湖广免用钱引，其余各路普遍行用。

（六）工业

北宋工业发展，各地都有作坊制造器物。官办作坊规模较大，民间作坊大小不等。依据零碎偶存的记载看来，这些作坊多数是小手工业生产，有些已是近乎手工工场的组织。

军器——军器制造，京师有南北作坊院，又有弓弩院。诸州各置军器作坊。弓弩院岁造角弰弓等一千六百五十余万具，诸州岁造黑漆弓弩等六百二十余万具，产量可称巨大。赵顼设军器监，总管京师诸州军器的制造。招募军器专家，精究器械法式，成书一百一十卷。内分辨材、军器、什物、杂物、添修、制造、弓弩式等类。监中作坊有火药作、青窑作、猛火油作、金作、火作（火箭、火球、火蒺藜等）、大小木作、大小炉作（冶锻）、皮作、麻作、窑子作十部。各有制度用法，只许工师诵习，不许流传到外间。火药不知何时发明，赵恒时张存能放旋风炮，任并能烧猛火油，石炮只能抛远，火药能向上冲（金人南侵，有火炮名震天雷，也只能爆炸，不能射远），旋风得名的原因，当是宋初已用火药放炮。猛火油就是石油，边塞要地掘大池储油，能烧敌人营垒。北宋军备渐重火器，是一个大进步。

铸钱——蕲春铁钱监工作程序分三部，先是沙模作，次是磨钱作，最后是排整作。每日雇工人三百，十日可铸一万缗，一年工作九个月，得钱二十七万缗。大致本钱（包括原料工资）四文可铸十文，铁炭贵时，本钱六文可铸十文。旧制铸钱工人是招募（强迫）贫民，刺面隶属军籍，近乎奴隶的待遇。赵佶因军工工作效率低微，官得利不多，改募民间铸私钱人充铸钱工匠，官造房屋（称营屋），许工匠一家人在营屋居住，自由出入。官发给物料，让工匠一家人全力鼓铸，按产品多少给与工资。此后，军工与募工兼用。

制茶——唐人饮草茶，不知焙制法，北宋始有片茶散茶，片茶福建制最精洁，先蒸研，再编竹为格置焙室中。片茶分十二等，其中蜡面茶价比上等片茶较贱，最精制的龙凤团，一团值钱四十千。

矿业——全国置矿冶二三百处，有淘、采、烹、炼等工程。有些矿完全官办，有些矿听人民开采，出产物卖给官府。当时开矿技术幼稚，或开采不久就枯竭，或开采岁久，所得不够费用。赵煦时陕西开铜矿，募南方工人到陕西筹备，择地造冶，似乎南方技术比北方较胜。石炭矿山西开采最多。怀州（河南沁阳县）石炭多运往开封作燃料，徐州石炭多作冶铁用。石油在西汉时已用作燃料。班固注《汉书·地理志》高奴县（延安县东）说，有洧水（源出安塞县），水上浮肥膏，可烧火。西晋张华作《博物志》，北魏郦道元作《水经注》，都有石油的记载。北宋沈括作《梦溪笔谈》，记石油事较详。照沈括说，鄜州（陕西鄜县）、延州（延安县）居民采石油点灯，出烟极浓。采法是在河边沙石间，用雉尾挹取入瓦缶中，色如厚漆，因烟浓熏坏帐幕，所以很少人用它。

冶铁——徐州东北利国监是北宋最大的冶铁地，凡三十六冶，冶各有工人百余，冶主都是巨富。工人分采石炭和冶铁两部。用石炭冶铁，据苏轼《石炭诗》说，造兵器极精锐。磁州（河北磁县）锻坊炼钢最好，取精铁锻百余火，每锻一次轻一次，锻到斤两不减，就成纯钢，色青黑有光。

印刷——雕版印书起源隋朝（杨坚开皇十三年，诏废像遗经，悉令雕版）。唐、五代渐盛行，北宋印板书完全替代了手抄书。印刷技术杭州最好，四川较次，福建校勘不精，销路却最广，号称麻沙板。开封不亚杭州，但纸质差些。活字印书法唐末已有，敦煌千佛洞发现木刻畏兀儿文草书体活字，足见中亚细亚国家先已通行，渐次传入中国，可是没有被中国刻书家采用。直到赵祯时，毕昇始制中国活字板，用胶泥刻字，薄如钱沿，每字为一印，火烧令坚；先设一铁板，板上铺松脂蜡纸灰等物；要印书，用一铁范置铁板上，铁板中排好字印，铁板下缓火微温，待药稍溶解，用一平板按铁范面，字印平固，就可印书。一板正在印刷，别一板已排成可用。活字板的发明，是文化上的一大贡献。清朝"天禄琳琅"有宋本《毛诗》，唐风内自字横置，可证活字板在印刷业上的通行。

指南针——利用指南针（罗盘）航海，最早的记载是朱彧写的《萍州可谈》。他说舟师识地理，夜间观星，白昼观日，阴晦时观指南针。沈括《梦溪笔谈》说，方术家（道士一类人）用磁石磨针锋，就成指南或指北针。针腰缀芥子大的白蜡，用细丝悬无风处，一端系住白蜡，针常指南。磁石能制指南针，北宋已经发现了。

上述几种工业外，造纸业、造磁器业也有极大的发展。又如定州、单州、亳州纺织纱绢，备极轻巧。还有些日常用品如医生用刺针，女工用缝针、绣针，耒阳（湖南耒阳县）制造最精良，运销四方。又如火寸，用杉木条一头染硫磺，黑夜有急事，不及点灯，取火寸触火即燃烧发光，宋初已有人制火寸到市上贩卖。街上挑担卖小手艺工匠有钉校匠（铜匠）、补鞋匠、锢漏匠（修破器匠）等，想见当时小手工业的发达。

（七）户口

赵匡胤令诸州每岁奏报男丁人数，二十岁为丁，六十岁为老，女口不计，据宋朝户口记载，一户平均只一二人。这固由于人民逃避丁口税、衙前役等苛暴剥削，设法隐漏人口实数，或兄弟分居，或降低户等（户分九等，上四等应役，下五等免役），同时不计女口，也是重要的原因。赵匡胤时，全国户数在二三百万间。赵光义时，天下主客户四百一十三万。以后逐渐增加，赵佶时，达最高度，计有户二千一万九千五十，口四千三百八十二万七百六十九，平均一户有两口。有些地方如德州、霸州平均三户四口。当时朝臣都说检查不实。自然，隐漏的人口一定有很大的数目。沈括《梦溪笔谈》载阳翟县（河南禹县）人杜五郎隐居事。五郎与兄同居，有田五十亩，后兄子娶妻，耕地不够赡养，五郎让田给兄，自率妻子别居，垦田三十亩。杜家未分居前至少有四男二女，分居后一家有二男二女，一家有二男一女。如果这是民间户口一般的情况，每户平均应有三四人至四五人。通计妇女口数与男丁大体相等，一户平均两口，加上妇女实际当有四口。再加上逃户隐口，北宋末年人口，应该将近一万万。

第四节　王安石变法及新旧党争

赵匡胤制定国策，给与文武官吏、地主、大商人、高利贷者最大限度的权利，为的交换这些人的拥护，在他们交换中被牺牲的自然是劳苦人民。"恩施于百官者惟恐其不足，财取于万民者不留其有余"，宋朝的政治，确被这两句话说透了。统治阶级各阶层的生活状况，大致如下：

皇帝——皇帝是最大的浪费人。宫中每年用大烛十三万条，内酒坊醴祭祀用酒每年糯米八万石（赵恒时只八万石），嫁一公主赏钱七十万贯。买各行货物，经年不还钱，每行积欠多至一万贯。皇帝每三年到南郊祭天，赏赐大小官员及士兵钱一千二百万贯。

宗室——宗室是安坐享乐被朝官们憎恶的废物。他们无知无虑，领恩数（俸禄）度日。他们不知炭是黑色物，对饮食却讲求极精。发明烂、熟、少三字诀，说是烂容易咀嚼，熟不失香味，少不会烦厌。

文武官——官吏无不贪污害民。无名氏《咏功臣诗》说："中原不可生强盗，强盗才生不可除，一盗既除群盗起，功臣都是盗根株。"海盗郑广归降后作诗道："郑广有诗上众官，文武看来总一般，众官做官却做贼，郑广做贼却做官。"郑广南宋末年人，其实北宋官与贼也并无二样。

富人——地主、大商人积累钱财，或贪得无厌，或闭门淫乐。开封钱店业刘训铸铁作算子（筹码）称为长生铁，库中储许多青铜，称为不动尊。每天烧香祷祝天地，要钱生儿，绢生孙，金钱变出千百亿化身。蔡河一李姓富家，主人年二十余岁，愚痴不辨菽麦，畜美妾数十人，仆役数十人。偶宴客，有酒十余种，肴馔果品，备极珍贵，妖妓十余人，奏乐劝饮。饮毕入内，让客人自走，不知拱揖言谈，也不与士大夫来往，当时人称他是钱痴。这个钱痴不官不商，大概是大地主。

高利贷——富人借本钱给人放债。富人取利息的一半，承借人对富人卑恭类奴隶，俗称为行钱。富人偶到行钱家，必需殷勤招待，妻女出来劝酒，行钱立侍不敢坐，再三令坐才敢就位。高利贷利息通常是百分之一百。

被上述那些人剥削的人民怎样生活呢？大部分农民正像司马光所说：农民即使幸遇好年景，没有水旱霜雹蝗蛾等灾害，可是公私债主，巧取豪夺，谷未离场，帛未下机，已经归别人所有。自己糟糠吃不饱，短袄穿不上，终年劳苦，仅仅得过饥寒生活。他们世代务农，不知种田以外，还有什么谋生的道路，所以只好困守着田亩。一部分人民的妻女堕落到娼妓的惨境，全国各州县都有营妓（公娼），容纳穷苦的妇女（美妓身价七百贯）。宋初，开封妓女约一万户。甚至公然有男妓，傅脂粉，著艳衣，姿态称呼全学妇人，为头人称师巫行头，供官府的呼唤（南宋时男妓更盛行）。一部分人民流落为盗贼，或聚众反抗。其中规模较大的民变、兵变（兵受军官压迫极苦），从北宋开国时起，接连发生，从没有停止过，例如：赵光义淳化四年，四川苛税奇重，人民无法生活，青城县民王小波聚众百人起义。小波告众道，我深恨贫富不均，今天我来替你们均平。贫民踊跃归附，众至数万。攻破郡县，杀彭山县令齐元振。齐元振是朝廷特诏褒奖的第一清官，勾结豪强，贪暴害民无所不为。王小波剖元振腹，装满铜钱，意思是教他贪个饱。小波战死，众推李顺为帅，攻破成都，顺自称大蜀王。

至道三年，四川戍兵刘旰聚众数千人叛变。

赵恒咸平三年，四川铃辖（军官）符昭寿贪暴，戍兵赵延顺等起事，推军官王均为主帅，国号大蜀。

景德四年，宜州（广西宜山县）知州刘永规残暴不法，军校陈进因众怨起事，拥判官卢成均为帅，号南平王。

赵祯庆历三年，京东沂州（山东临沂县）军士王伦起事，攻掠州县，如入无人的境地。地方官恐惧降附，献出衣甲器械，朝官欧阳修认为心腹大忧。

庆历七年，贝州（河北清河县）军士王则据州城起事，自号东平郡王。

同年崇政殿亲从官（卫士）颜秀、郭逐等夜半攻入宫中，直到赵祯寝殿下。幸得皇后出重赏督禁兵宦官抵御，颜秀等败死。

其余较小的叛变，史书记载连篇不绝，正如余靖所说，"四方盗贼窃发，州郡不能制"，全国性骚动，确使某些统治者感觉到危险。

赵顼是北宋聪明的皇帝，他感觉到危机严重，完全依靠官僚地主的旧国策，不能解救自己的崩溃。赵祯养兵一百二十万，防御西夏小国，到底仍是屈辱求和。这又使他感觉到军队并不能保护自己的地位。他知道整个统治阶级腐朽无能，人民怨恨骚动，大起义迫在目前，因之更加重对外族内侵的恐惧心。他即位初年，披金甲见祖母曹太后，问道，娘娘看我著这么么？曹太后笑道，很好。不过要你著这个，国家还得了么。这说明赵顼主张富强自卫，太后主张维持旧状。

赵顼最怕的是契丹和西夏，所以急需加强军备。养兵先得筹饷，他知道已负租赋重担的人民，不能满足他的要求，富裕的地主、商人高利贷者应该分担一部分军费。这是他变法的基本观念，也就是引起新旧两派官僚对立的基本原因。

王安石是笃信儒家经典《周礼》的政治家。他秉有倔强严肃的性格，他对社会有"贤者不得行道，不肖者得行无道，贱者不得行礼，贵者得行无礼"的理解，他又恰恰遭遇赵顼决心改革旧制度，需要一个非守旧派做助手的机会。熙宁二年，他终于在满朝大臣反对中，做了宰相，实行变法。

王安石以前，早有人主张改革积弊，赵祯时，参知政事范仲淹提出均田赋、修武备、减徭役、择长官等十条政见，被朝官反对罢去。欧阳修主张理财、练兵、立制度、讥斥朝廷"兵无制，用无节，国家无法度，一切苟且而已"，也被朝官攻击逐走。王安石实践并发展了范仲淹、欧阳修的主张，造成与旧官僚派（主保守旧制）对立的新官僚派（主改革旧制）。

王安石新法，内容广泛，大别可分理财、整军两类。其中最重要的几种，略述如下：

第一，理财类。

青苗法——当青黄不接的时候，农民指田中青苗向富户借钱延续生命，收获后纳利息百分之一百。王安石谋夺取富户放债的利益，由官散放青苗钱。例如春季借给农民钱十千，半年内纳本利钱十二千，秋季再放十千，岁终又纳本利钱十二千。这是百分之四十的利息（农民实际缴纳百分之六十），似乎比民间利率要轻微些。可是州县官分民户为五等，不论人民是否需要，自上户十五千至下户一千，按户强派，到期仗官威迫令缴纳本利钱，不得用他物代替，青苗法是许多新法中最受猛烈反对的一个，这证明私人高利贷势力的强大。贫民既受政府高利贷的剥削，同时仍不能逃免私人高利贷的痛苦。

免役法——宋朝力役，名目繁多，有衙前（主管官府库藏及运送官物）、里正、户长、乡书手（三役主催收赋税）、耆长、弓手、壮丁（三役主捕盗贼）、承符、手力、人力、散从（四役主供官府杂差）等类。州县民分九等，上四等量轻重服役（第一等户充衙前、里正，第二等户充户长），下五等免役。诸役中衙前、里正两役害民最烈，往往破产死亡，累及邻保。例如某地衙前，行千余里输送金七钱到内藏库（皇帝内库），库官勒索不遂，扣留衙前一年以上，不让回去。后来偶然被赵顼查出，才得放归。人民惟恐被指为上等户，有的出嫁祖母及孀母，有的与孀母或兄弟分居，有的送田给豪家，有的出家当僧道，有的甚至寻死。如京东某民家有父子二丁，被派充当衙前。父对儿子说，我愿意死，免得你们将来冻饿遭横祸。说罢自己缢死。人民为了降低户等，减少人口，甘心嫁母寻死，充役的痛苦危险，可以想见了。

官户、形势户、僧道、学生都有免役权，下等户、单丁户、女户也得免役。富家子弟捐数百贯钱给州县学校，就取得学生名义。这样，应役的民户自然是少钱少势的某些小地主和富农。

王安石新法，凡当役人户，按等第出钱，免充诸役，名免役钱。原来免役的官户、女户、单丁户、寺观户、未成丁户也按贫富分等出钱，名助役钱。官用一小部分免役钱雇人充役（如利州路岁用雇役钱九万余贯，征取免役钱却多至三十三万贯，多征的钱，称宽剩钱），不再强派人民充当。赵顼元丰七年，岁收免役钱一千八百七十二万贯。免役法在原来免役人看来，是深恶痛绝的虐政，反对非常剧烈。

方田法——官员、地主占有无数逃田（隐漏租税），王安石创方田法，想清丈顷亩，增加租税。只方二百余万顷，就被反对停止。

市易法——市易法是侵夺商人利益的方法。它的业务分两类：（一）放款收息。就是听人赊贷官钱，用田宅或金帛作抵押，每年出息十分之二，过期不输利息，每月加罚钱百分之二。（二）统制商业。就是设立大商店，贱价强收商人的货物，抬高价出卖。开封市上连冰块、梳篦、脂、麻等细物，都被政府统制专利。

第二，整军类。

保甲法——王安石想用农兵制逐渐代替募兵制，创行保甲法。乡村民户十家为一保，选主户（本地旧户）一人为保长。五十家为一大保，选一人为大保长。十大保为一都保正。不论主户、客户，每户两丁抽一当保丁。每一大保每夜出五人巡逻防盗。一人有犯罪行为，同保人不先告发，连坐受罚。农隙保丁自备弓箭，集合练习武艺，十日一换班。平时警戒盗贼，战时可补充兵额。保甲法行施的结果，正如司马光所说："农民二丁取一，编成保甲，官置都教场，无问四时，每五日教练一次。每一丁上教场，别一丁供送饭食，保正、保长借修棚除草为名，扣留保丁，必待贿赂满意，才放免回家。官府派员下乡检查，往来如织，勾结保正保长，勒索给养，小不如意，即施刑罚。中下户破家荡产，不够官长们的苛求，愁苦困弊，无处告诉，只好弃家逃亡。"保甲法是统治阶级压迫农民的良法，却因王安石想用来代替正兵，大遭守旧派的猛烈反对。

赵顼、王安石厉行行政的宗旨，显然只求扩大收入，整顿军队来保护自己临危的地位。他们并没有改革官僚政治的意思，反而增官俸，加吏禄，多置宫观官，优待昏老无用的官员，坐食厚禄。他们也没有改善人民生活的意思，反而更加重穷人的负担，既纳助役钱，又要当保丁。他们与旧官僚派政见分歧处，只在对原来享受免赋役特权的各阶层是否应该受些限制这一点上。苏轼斥责王安石想均贫富，不合天理，其实安石仅仅要求富人也出些钱给国家罢了。

王安石一派新官僚，如吕惠卿、章惇、蔡确都因推行新政得高位。熙宁七年，安石罢官，吕惠卿继任做宰相。惠卿忌安石复用，出力排挤，同派内王、吕对立，给旧官僚派夺取朝政的机会。

赵顼死，子赵煦立，改元元祐。赵煦年十岁，祖母高太后临朝听政，用旧派首领司马光做宰相，起复旧人旧法，凡属新人新政，一概废除。旧派得政，内部分化，洛（首领程颐）、蜀（首领苏轼）、朔（首领刘挚、梁焘等）三党，互相攻击，纷纭不已。元祐八年，高太后死，煦亲主国政，复用新派章惇做宰相。恢复王、吕新法，改元绍圣（继续赵顼的圣政）。引蔡卞、曾布等人居要位，凡元祐政令，一概废除，驱逐旧派七八百人，大小官无一得免。

赵顼时，王安石、司马光二人只是政见上的争执，私人间还保持适当的友谊。赵煦元祐时，司马光对新派意气用事，压迫不留余地，绍圣时新派得势，报复仇怨，指司马光等为奸恶，请掘司马光、吕公著坟墓，破棺斩尸。这不是政争而是发泄兽性了。

赵煦死，弟赵佶立。向太后临朝听政，任旧派韩忠彦、新派曾布为左右相，改元建中靖国，表示大公至正、消释朋党、新旧并用的意思。向太后贬斥蔡卞、蔡京等，追复文彦博、司马光等三十三人官号，向太后临朝七月退位，赵佶亲政，又专用新派，改元崇宁（崇尚熙宁政治）。曾布起初排斥蔡卞、蔡京，后又排斥韩忠彦，引蔡京自助。蔡京想独掌大权、逐去曾布。京得权，一意排斥旧派，新派吕惠卿、蔡卞等也被抑退，京师及各州县树立元祐党籍碑，列司马光等三百九人为奸党，元祐旧臣贬窜死亡略尽。

王安石行新政主要是想富国强兵，还不失为有主张的政治家。吕惠卿以下，只是专工聚敛，获取皇帝的信任。蔡京刻剥民财，更无微不至，竭全国物力，助长赵佶奢侈浪费的无限恶行，北宋不得不在民穷财尽、外族侵入的困境中，完竭他的统治。

第五节　北宋的溃灭

赵佶任用六贼（陈东称蔡京等为六贼），搜索全国财物，供自己享受。蔡京、王黼做宰相，掌巧立法令，刻剥人民；阉人童贯做上将，掌虚夸军功，浪费犒赏；阉人梁师成掌代写御笔号令，出卖官爵；阉人李彦掌括公田，任意指民间良田为荒地，充作公田；朱勔掌花石纲，专搜东南（江浙）奇花异石，运送东京。六贼积累私有赃物，豪富惊人。朱勔有田三十万亩。王黼库中麻雀干装满三大屋。童贯库中有理中丸（补药）数千斤，蔡京厨房分工极细，包子厨中擘葱丝婢妾，不知整个包子怎样做。梁师成一身兼数十百职，广受贿赂，奴仆商贾，献钱七八千贯，即得进士及第，宣和六年殿试，一次出卖进士一百余名。李彦贪暴类朱勔，私产也不相上下。全国官吏，多数是六贼的徒党，他们榨取赃物，当然数量巨大，不可计算。

赵佶与六贼，知道统治阶级中某些人士，也不能容忍他们的恶行，必需严禁异论，才能满足自己的贪欲。蔡京借"元祐奸党""元祐学术"作排斥政敌的工具，凡是异己的人，指为元祐奸党，异己的言论，指为元祐学术。苏轼、黄庭坚等人文集出版，悉数烧毁，司马光《资治通鉴》幸有赵曙御制序文，得不毁。做诗（怕做诗讥刺）也算元祐学术，凡官员士人传习诗赋，杖一百。

人民遭受的痛苦更无待详述。宣和时，京西一带饥荒，人相食，炼人脑取油，假充其他油类，运销四方。李彦不顾饥荒，在京东西照旧括田，发民夫运奇物进贡，民夫多自缢车辕下。朝廷看民命像草芥那样微贱，人民也就对朝廷痛心疾首，像仇雠那样怨恨。

农民无法生活，不能不起义了。宣和二年十月，睦州清溪县（浙江淳安县）魔教教主方腊首先起义。

东汉末，张角依托天师张道陵为远祖，立祭酒治病，使人出米五斗，号称五斗米道或天师道。黄巾军败后，民间秘密传授（东晋贵族如王羲之、王凝之、殷仲堪都奉天师道，作迷惑部属的工具）。于北宋称为魔教或事魔吃菜人。赵佶封信州贵溪县（江西贵溪县）龙虎山道士张继元（张道陵三十代孙）为虚静先生，佶自称教主道君皇帝，大崇道教，对民间秘传的天师道，却防禁极严。魔教徒被查出，处死刑，家属不问知情与否，一律流窜远方，财产没收，半数赏告发人。卢州慎县（安徽合肥县东北）黄山，连接无为军（安徽无为县）、寿州（安徽寿县）、六安（安徽六安县）是魔教的根据地。黄山下居民千余户，掩护魔教徒，官兵追踪逐捕，数年不能获。魔教别一派自福建传入温州（浙江永嘉县），蔓延浙江东西各州县。

魔教戒食荤饮酒，不宴会宾客，不拜神佛祖先，只拜日月，说日月是真佛，人死裸葬，不用棺椁衣衾。教徒死，穿衣戴冠，两教士坐尸旁，一人问，来时戴冠么？一人答，没有。说罢，移去尸冠。逐一问答，衣履尽去。最后问，来时究竟带什么？答，有胞衣。取布袋盛尸埋土坎中。穷人初入教，教众赠送财物。教徒必立重誓，认张角为祖，被官府捕获，备受惨刑，终不肯说角字。拜必北向，纪念张角曾在北方起义。教徒出行至异地，同教人殷勤招待，供给器用无吝色，称为一家人。教主称魔王，下设魔翁、魔母。教徒每月初一月半出钱四十九文，到魔翁处烧香礼拜。魔母聚所得钱按时送给魔王。教义杂取佛经中语，如"是法平等，无有高下"，改读作"是法平等无，有高下"。意思是说阶级社会并无平等，只有高下。教义又说人生本苦，杀人就是救苦，也就是度人，度人多才能成佛。当然，他们要度的人，专指官吏、儒生、僧尼、豪富，凡遇见必杀无赦，官署、学宫、寺院必烧不留。他们不杀好官（如鞠嗣复），更不杀一般平民。

北宋国用，大部分取给江浙，赵佶剥削更甚。再加朱勔花石纲的掠夺，人民怨痛不可忍。方腊告民众道："国与家本同一理，比如子弟耕织，终岁勤苦，少有粟帛，父兄悉数取去浪费，略不如意，鞭笞杀戮，毫不怜惜。他们任性浪费不够，还奉送大量财物给仇敌（契丹、西夏），仇敌得财物更富实横暴，欺侮加甚。他们恐惧无策，驱迫子弟出去抵御。子弟力不能支，遭受责骂刑罚，无所不至。岁奉仇敌得财物，却不因侵侮而停止。这样的父兄，你们能容忍么？现在朝廷行事，与此何异。君臣们声色狗马营造祷祀甲兵花石等浪费以外，岁赂西（夏）北（辽）二虏银绢百万，这都是我们人民的膏血。二虏得赂，益轻中国，岁岁侵扰不止，朝廷忍辱纳币不敢废，宰相还说这是安边的上策。受苦的是我们百姓，一年到头劳动，妻子冻饿，求一顿饱饭不可得。这样的朝廷，你们能容忍么？"方腊这番言论，正是每个人民要说的话，人民推他为起义首领，号称圣公。

方腊初起义，有众千余人，不到十天，有众数万。攻破清溪县、睦洲（浙江建德县）、歙州（安徽歙县）、衢州（浙江衢县），乘胜进破杭州。每破州县，捕获官吏，必碎割肢体，掏出肺肠，或投油锅煎熬，或乱箭聚射，备尽苦痛，报复旧怨。兰溪县（浙江兰溪县）灵山寨主朱言、吴邦，剡县（浙江嵊县）魔教主仇道人，仙居县（浙江仙居县）人吕师囊，方岩山寨主陈十四公，苏州人石生，归安县（浙江吴兴县）人陆行儿等起兵响应，东南震动。赵佶大惊，遣童贯将大军十五万击方腊，腊兵败被杀。童贯出兵凡四百五十日，杀起义军十五万人，杀平民二百万人以上。

宣和三年二月，宋江等三十六人攻掠淮阳、京东、河北、海州等十郡，官军数万，莫敢对抗。亳州知州侯蒙请招抚宋江，使助攻方腊。海州知州张叔夜设计擒获宋江军副首领，江等全部投降。宋江事迹，宋、元以来民间流传甚广，当时他们也曾做些反抗贪污的义行；士大夫也赞美他们（如宋龚圣与作《宋江三十六赞》，元高文秀杂剧，多取材梁山泊故事，施耐庵《水浒传》，叙述更详），却因他们不称王称帝，有义气，能投降。此外京东起义军张万仙有众五万，山东起义军贾进有众十万，河北起义军高托天（投降后改名高胜利）有众三十余万。这些起义军首领都被朝廷用官位诱惑，无耻地叛卖了农民大众。

农民起义暂时平息了，更大规模的起义必然要继续爆发起来。恰在这个时候，东北新起的金国破灭契丹，乘胜侵入中原，人民即时放弃对朝廷的怨恨，热诚援助朝廷，要求共同反抗侵略。北宋末、南宋初，农民自动组织的忠义军，人数当在二三百万以上。朝廷宁愿降金，始终憎恶忠义军，认为与盗贼同类，压迫不遗余力。

赵佶两次发大军取燕京，都溃败逃回，宋军腐朽无用，不堪一击，早被金人看透了。阿骨打对宋使赵良嗣说："中国大将独数刘延庆，延庆提十五万众，不战自溃，你们中国算什么！敢向我求割地。"金人见宋朝君臣积累金玉宝物，富盛无比，更急谋进兵掠夺。宣和七年十二月，金主吴乞买任命完颜宗翰（粘罕）为左副元帅，进取太原，完颜宗望（斡离不）为南路都统，进取燕京，两路会师汴京。一面派人要求宋割让河东、河北，划黄河为界。童贯在太原，惊慌不知所为，决计逃归开封。太原知府张孝纯请贯集诸路兵将，坚守太原，贯不听逃走。孝纯叹道，平时只见童太师作威作福，一朝有事，抱头鼠窜，还有什么脸见人。宗望军至燕京，宋守将郭药师率军迎降，金令药师作向导，长驱南下，宋文武官或逃或降，无人对抗。宗翰军至太原，张孝纯率军民坚守，金兵困居城下不得前进。赵佶得报大惊，下诏悔过，自责过去一切罪行，让位给儿子赵桓，自己准备出奔。朝官们有的想逃走，有的想降敌求利，极少数人主张守城御敌。

赵桓靖康元年正月，宗望军已到黄河北岸，赵佶带领蔡京、童贯、朱勔等率兵二万逃往南京（河南商邱县）。宰相以下众官劝赵桓弃城逃避，主守派首领李纲竭力阻止，赵桓不得已定策固守，军民们听到固守的命令，感泣流涕，拜伏呼万岁。赵桓为首的主逃派众官，全数转为主和派，预备议和条件，任李纲为行营使，让他单独去布置守城计划，众官们袖手旁观，不阻挠也不援助。金军用小船渡河，队伍散乱，相视笑道，南朝真没有人，如果出兵一二千守河，我辈那得到南岸。金兵攻城，李纲亲率军民登城防守，奋勇杀敌，金军败退。赵桓派使者到金营乞和，约定：（一）献金百万两，银五千万两，帛一百万匹，牛马一万头；（二）尊金主为伯父；（三）割太原、中山（河北定县）、河间（河北河间县）三镇；（四）宋送亲王宰相到金营当押信。赵桓下令用军法搜括私家金银，得金二十万两，银四百万两，民间钱财，掠夺一空，官员家却并无损失。例如王黼被雍邱（河南杞县）民众杀死，朝廷才下诏籍没家产，市民进黼宅寻取余物，还有绢七千余匹、钱三十余万贯。

李纲反对和约，在朝力争道："犒师金币太多，竭天下财力未必足数，何况都城。三镇国家屏障，万不可割让。如今既已议和，不妨往返迁延，等待四方勤王兵来会。金人虚张声势，兵数不过六万，又大半是奚、契丹、渤海等异族人，孤军深入内地，势不能久留，必求速归，过河时我出大兵袭击，胜利可保。"赵桓与宰相等不听纲计、大括珠玉金银，运送金营。

勤王军马忠率京西募兵来援，击败金兵。范琼率京东骑兵一万继至，宋军威稍振。金人渐知畏惧，不敢四出虏掠。老将种师道率姚平仲入援，沿路扬言种少保领西兵一百万来到。金人惧，敛兵增垒自卫。李纲对赵桓说，勤王兵渐集，兵法忌分，非统一指挥不能成事，请令师道平仲听臣节制。赵桓不听，命种师道为宣抚使，与行营使分统各军。种师道主坚壁清野，持重不战，李纲从姚平仲谋，夜袭金营。二月，平仲袭金营败还。种师道说，劫寨是不该的，不过兵法有出其不意的办法。今夜再遣兵分路进袭，也许会成功。如仍不胜，索性每夜出数千人攻袭，不要十天，敌人疲劳，自然退走。赵桓起初满想姚平仲一举成功。听说夜袭失利，惊慌丧气，不敢用种师道谋，即日罢斥李纲、种师道，表示对金人谢罪，任蔡懋为守御史代李纲守城。蔡懋下令守城人不得向金兵放箭投石，军民愤极。太学生陈东等率军民数万人集宫门外强求赵桓复用李纲、种师道，呼声动天地，赵桓不得已召还二人。

李纲复出守城，军民喜跃，争前杀敌。金军见勤王兵声势渐盛，宗翰围太原，不能来会，不等金银数足，引兵北去，京师解严。种师道请乘金人半渡，伏兵袭击，赵桓不许。李纲请发兵护送金人，赵桓允许。纲暗告将士分路尾追，乘机猛袭，将士受命，踊跃即行。宰相李邦彦责纲不该追敌，发诏书召还追兵，将士路上接到退兵命令，无不愤怒。李纲见赵桓力争，再下令追袭，金兵早已走远了。吕好问告赵桓道，金人得志，更轻中国，秋冬必倾国再来，御敌设备，当速讲求。赵桓不听。

宗望北还，中山、河间两镇坚守不降，赵桓谴种师道、种师中、姚古往援，宗望退走。宋君臣们以为从此太平无事，依旧晏安淫乐，赵佶也回来享福，丝毫不悔前过。李纲深觉可忧，奏备边御敌八策，朝官们嫌他多事，教他出任河北、河东宣抚使，免得在朝说话。勤王诸名将也都借故斥退，如说种师道年老难用，种师中、姚古拥兵逗遛，其他直言敢谏、主张战守的官员，一律斥逐出京，又下诏解散勤王军。李纲奏称河北、河东，每天告急，朝廷不遣一人一骑往救，反解散各路义兵，日后再要号召，恐无敢再响应的了。赵桓等不听。朝臣议李纲专主抗战，丧师费财，罪不可赦，赵桓罢李纲官，安置（充军）建昌军（江西南城县）。

宗翰攻太原久不下，闻宗望讲和，大获回国，也遣使来求赂，朝廷拘辱使人，藉示威武。宗翰怒，急攻太原，知府张孝纯、副都总管王禀率众坚守，城中粮绝，军士先食牛马，次食弓弩皮甲，百姓食糠粃草木，最后人相食。九月城破，王禀领饿兵巷战，败死。金既破太原，宗翰、宗望分两路大举南侵。真定府（河北正定县）知府李邈、守将刘翊上书告急，凡三四十次，朝廷搁置不理。唐恪、耿南仲等专主和议，发急檄停止各路勤王军，不得妄动前进，一面派使求和。金人口头许可，进攻并不停止。吕好问请召勤王军，唐恪、耿南仲恐妨和议，不许。赵桓震骇，下哀痛悔罪诏，集朝臣百余人，议割三镇事。吕好问、秦桧等三十六人言不可割，其余七十人坚主割让。十一月，宗翰军至黄河北岸，宋将折彦质领兵十二万、李回领骑兵一万防河。金兵不敢轻渡，夜中击战鼓达旦，宋防河军全数溃散。金军渡河，长驱入郑州。宗望军攻大名，赵桓遣弟康王赵构往见宗望，许割三镇，仍尊金主为皇伯，上尊号称大金崇天继序昭德定功休仁惇信修文成武光圣皇帝。赵构出开封城，副使王云指城告赵构道，真定比京城高一倍，我亲见金人小攻即破，京城如何能守。赵构到长垣（河北长垣县）。百姓喧呼拦路，顶盆焚香，乞起兵抗敌，愿为国家效死。赵构不理，经滑州、相州至磁州。沿路百姓拦阻赵构勿再前进。磁州知州宗泽止构，百姓指王云大骂道，这真是卖国奸细，执王云即时割死。

宗望遣使来议割地，划黄河为国界，赵桓一切允许。命主和派首领耿南仲、聂昌出使金军，南仲说年老不能行，昌说有父母不能行。赵桓强命南仲出使宗望军，昌出使宗翰军。昌力辞道，两河（河北河东）人民忠义勇劲，万一被他们擒获，臣死不瞑目。赵桓不听，昌行至绛州（山西绛县），守将赵子清挥众杀昌，抉目碎尸，民心大悦。南仲行至卫州（河南汲县），民兵谋捕金使，金使逃走。南仲逃至相州，自称奉帝命促赵构起河北兵入卫京师，自己在募兵榜上署名，得不死，唐恪从赵桓巡城，也被守城人聚击，惶恐辞官。

赵桓等惊惧无策，兵部尚书孙傅访得妖人郭京，自言能施六甲法（妖术），只用七千七百七十九人，可生擒金国二帅。朝廷深信不疑，出金帛使京募神兵。其他妖人或称黄巾力士，或称北斗神兵，或称天阙将军，朝廷一律厚赏任用。金军至开封城下，朝廷屡命郭京出神兵退敌，京推辞再三，宣称不到最紧急的时候，神兵不出。等到大风雪天，郭京与张叔夜坐城上，令守城人全数退下，不得偷看破我神法。大开宣化门出攻金军，神兵败。京托言要自去作法，下城率残兵逃走。金军登城，宋百官军民溃乱。赵桓痛哭道，我不用种师道，追悔不及了！卫士长蒋宣率众数百愿拥赵桓突围出走，被大臣阻止，军民数万强入左掖门求见天子，赵桓登楼令众散去。军民聚众愿与金人巷战决死，金人宣言议和退兵，朝廷急禁止抗拒，遣开封府尹何栗使金军乞和。栗恐惧不敢行，李若水大骂道，国家危急如此，都是你们这群人误事，你们万死，岂能塞责。何栗被骂，不得已出去，两足发战，仆从抬栗上马，手中鞭落地三次，进金营面无人色。宗翰、宗望道，我们不想灭宋国，叫赵佶来商议割地，我们就退兵。栗唯唯听命回来。赵桓道，上皇（赵佶）惊忧成病，我只得自往讲和。栗自喜和议成功，会百官饮酒，谈笑终日。当时赵构留驻河北，称河北兵马大元帅，有兵万人。部下宗泽主急救京师，耿南仲、汪伯彦主观望形势，赵桓遣密使来说，金人登城不下，正议和好，兵不可轻动。这正合赵构、耿南仲、汪伯彦一群人的志愿，排斥宗泽，让他自去勤王。

赵桓出见宗翰、宗望，京师居民昼夜立泥雪中盼望他回来。赵桓被留数日放归，人民和太学生夹路迎接，赵桓掩面大哭道，宰相误我父子。路旁人无不流涕。金人索金一千万锭，银两千万锭，帛一千万匹。赵桓下令大括民间金银。又遣大臣二人往两河割地给金，并分遣欧阳珣等二十人持诏书伴金使到各州县令开城归降。欧阳珣力言中国地不可尺寸送人，又言战败失地，将来取回理直，不战割地，将来取回理曲。宰相大怒要杀珣，赖众人救免。珣被迫奉诏往割深州（河北深县），至城下痛哭告城上人道，朝廷被奸臣欺误至此，我决心一死，你们勉为忠义救国。金使怒，执珣焚死。其他州县人民都坚守不奉诏，金人只得石州（山西离石县）一处。赵桓又下诏两河民开门出降，人民当然不理他那些昏话乱命。

靖康二年正月，金索金银益急，扬言要纵兵入城，令赵桓再往金营，等金银满数放回。人民各竭家中所有献给官府，甚至福田院（乞丐收容所）穷人，也集得金二两银七两。官员们却不捐一文。金军追索不已，赵桓被拘留，下诏增派大员二十四人根括（彻底搜括）金银，发掘宗室、国戚、内侍（宦官）、僧道、技术（医卜等人）、娼优家藏金，凡八日，得金二十万八千两，银六百万两，帛一百万匹。官员们窖藏仍多，金人怒，开封城再立赏格，大行根括，凡十八日，又得金七万两，银一百十四万两，帛四万匹。宗翰、宗望大怒，杀括银官梅执礼等四人，余官各杖数百。

金人索取金银绢帛外，还索取皇帝仪仗，各种珍宝、书籍、印板、浑天仪、铜人、刻漏、古器、天下州府图、百工、技艺、妇女、僧人、娼优、后妃、亲王、公主、驸马等人物。又聘请太学中儒生三十人，应募人多闽人及两河人，官府各给三百贯治装，三十人欣然应聘。二月，金主下令废赵佶、赵桓为庶人，所有赵氏亲属和宗族，不问男女老幼悉数虏去，赵氏全族只剩被民众留在河北的赵构一人。不附和议或未曾降金的官员也一并虏去。这些帝子、王孙、宦门、仕族的全家人口，被俘虏当奴婢，供应使役。每人一月支稗子五斗，令自舂为米得一斗八升，用作口粮。每年支麻五把，令自缉为衣。此外更无一钱一帛的收入。男子不能缉麻，终岁裸体，偶遇主人怜悯，令就灶下烧火得暖气，如出外取柴，回来再坐火旁，皮肉即脱落，不久烂死。有手艺如医生、绣工，待遇较好，其余只团坐地上，用被席芦苇衬地。主人宴客，唤出能奏乐女人献技劝酒，客散，各回原地环坐。奴婢生死，主人视如草芥，绝不留意，恰恰像这些人在中国享福时对待人民的态度一样。

赵佶、赵桓被俘到燕京，金主封赵佶为昏德公，赵桓为重昏侯。

金人兵力有限，自知不能统治中国，必需扶植一个新的汉奸政权，来防止赵氏政权的复兴。三月，金立宋宰相张邦昌为大楚国皇帝，指定建都金陵（南京）。金人用意是在张邦昌带领大批降官，去南方镇压中国人民的反抗，自己再乘虚来占据中原。却不料拥护张邦昌的降官们，有些财产在开封，不愿南迁，有些看赵构存在，名义比较正大，不如改拥赵构有利，尤其是一般人民痛恨张邦昌卖国受封，罪大恶极，决不承认他的政权。忠义军到处发动，给张邦昌以及降官们一种最大的压力。四月，金兵退出开封，张邦昌即时成了赤手空拳的独夫，无法维持帝位，降官们也就顺风施帆，纷纷向赵构劝进，表示效忠旧君。张邦昌不得已退位，率百官上表拥戴赵构。表文里有"孔子从佛肸之召，意在尊周；纪信乘汉王之车，誓将诳楚"的语句，意思是说他降金志在保宋，卖国志在救国。

张邦昌称帝三十三天，退位让赵构称帝。

简短的结论

赵匡胤制造兵变，夺得帝位。为要巩固自己侥幸获取的政权，他深知必需提出最大代价去交换官僚、地主们的长期拥护，才能改变五代以来朝廷如传舍的旧习惯。他又深知任何人都不可信任，必需分化拥护自己的各种力量，使互相对立，才能防止国内发生强大势力与朝廷对立的危险。

因此，宋朝政治上的设施，完全采取分化政策。军制是兵与将分离，使野心将领不能拥兵倔强，官制是官与职分离，使功高震主的大臣，空拥大官号，不能获得实权。其余政制，都没有例外。

因此，宋朝财政经济上的设施，完全采取满足官僚、地主最大需要的政策。形势家仅纳田租二十分之一或三十分之二,全国垦田六分之一强是免纳租税的。人民生活必需品，从盐茶到木炭都归国家统制专卖，任意抬高价格，收入大量金钱，供给统治阶级的富裕享受和无限浪费。

因此，宋朝外交上的设施，完全采取屈辱忍耻、纳币求和的政策。朝廷清楚懂得，岁币有人民来负担，丝毫不妨碍自己的利益。只要严密防内，保持政权，对外屈辱并不以为可耻。

赵顼感觉到国内虚弱外族侵入的危险，擢用新官僚派首领王安石改革旧制度，扩大征税范围，令形势户也负担一部分国家费用。旧官僚派代表形势户起来猛烈反对，两派互争地位，直到亡国才停止。

赵佶时代政治腐败达到顶点，南北农民到处起义。金人侵入，人民即时停止起义，请求合力御侮，朝廷却始终压迫人民，对金恐惧献媚，迫切求和以至求降。这里完全证明惧敌派一定转成议和派，议和派一定转成投降派。这里又完全证明甘心对外屈服，一定要加紧对内的压迫。

附：北宋年表

公元	北宋		辽		
	姓名	年号	姓名	年号	
960 年	赵匡胤（太祖）	建隆	耶律述律（穆宗）	应历	
963 年		乾德			
968 年		开宝			
969 年			耶律贤（景宗）	保宁	
976 年	赵光义（太宗）	太平兴国			
979 年				乾亨	
983 年			耶律隆绪（圣宗）	统和	
984 年		雍熙			
988 年		端拱			
990 年		淳化			
995 年		至道			
998 年	赵恒（真宗）	咸平			
1004 年		景德			
1008 年		大中祥符			
1012 年				开泰	
1017 年		天禧			
1021 年				太平	
1022 年		乾兴			
1023 年	赵祯（仁宗）	天圣			

续表

公元	北宋		辽		金	
	姓名	年号	姓名	年号	姓名	年号
1031年			耶律宗真（兴宗）	景福		
1032年		明道		重熙		
1034年		景祐				
1038年		宝元				
1040年		康定				
1041年		庆历				
1049年		皇祐				
1054年		至和				
1055年			耶律洪基（道宗）	清宁		
1056年		嘉祐				
1064年	赵曙（英宗）	治平				
1065年				咸雍		
1068年	赵顼（神宗）	熙宁				
1075年				太康		
1078年		元丰				
1085年				大安		
1086年	赵煦（哲宗）	元祐				
1094年		绍圣				
1095年				寿昌		
1098年		元符				
1101年	赵佶（徽宗）	建中靖国	耶律延禧（天祚帝）	乾统		
1102年		崇宁				
1107年		大观				
1111年		政和		天庆		
1115年					阿骨打（太祖）	收国
1117年						天辅
1118年		重和				
1119年		宣和				
1121年				保大		
1123年					完颜晟（太宗）	
1125年			（辽亡）			

公元	北宋		辽		
	姓名	年号	姓名	年号	
1126 年	赵桓（钦宗）	靖康			
1127 年	（北宋亡）				

第七章　封建制度更高发展时代——明
（1369 年——1644 年）

第一节　朱元璋怎样建立明朝

（一）朱元璋起兵统一江南

朱元璋（明太祖），濠州人，祖与父都是贫农。至正四年，元璋年十七，父母兄弟相继疫死，孤贫不能生活，入皇觉寺当游方僧，乞食河南、安徽等州县凡三年。至正十二年，土豪郭子兴据濠州起事，元璋投子兴军充亲兵。十三年，归本乡募兵得七百人。十四年，率壮士徐达、汤和等二十四人攻定远县（安徽定远县），招降驴牌寨民兵三千人，土豪秦把头所部八百人，缪大亨所部二万人，进军克滁州（安徽滁县）。郭子兴率部属万人来滁，自称滁阳王，十五年，克和州（安徽和县）。子兴死，元璋代统余众，兵益强。巢湖水寨首领俞通海、廖永忠等降，得船千艘。十六年，渡江击破元大将蛮子海牙军，克集庆路（南京），改称应天府。元璋自称吴国公，名义上奉韩林儿为宗主，实际已成立江南一个独立的强国。

当时刘福通红巾军纵横中原，声势正盛，徐寿辉据汉阳，张士诚据苏州，方国珍据庆元。朱元璋占领东南形胜的应天府，藉四周新起势力作屏障，不受元兵直接的迫害，这使他有机会进行整顿军队，建立纪纲，招聘谋士，改革弊政，扩大土地，筹备钱粮等必要准备，逐步实现削平东南群雄的计划。

朱元璋不断与张士诚、徐寿辉争地战斗，颇获胜利，但主要兵力是用在夺取防御力衰弱的元朝州县。十六年，遣徐达取镇江，邓愈取广德（安徽广德县）。十七年，元璋亲督徐达、常遇春攻宁国（安徽宁国县），大破元守将别不花，收降猛将朱亮祖，得军士十余万，马二千匹。邓愈、胡大海攻克徽州（安徽歙县），缪大亨攻克扬州，收得长枪军数万。十八年，李文忠（元璋甥）、邓愈、胡大海分路进攻建德路（浙江建德县），元兵望风奔溃，元璋自率常遇春等兵十万攻婺州（浙江金华县），擒守将帖木烈思等，留胡大海守城，命与常遇春协力取浙东。

十九年，遇春破衢州（浙江衢县），大海破处州（浙江丽水县）。三四年间，吴成江南大国。

二十年，陈友谅据江州（江西九江县）大举攻破太平（安徽当涂县），杀守将朱文逊（元璋义子）、花云，约张士诚台攻应天，吴国君臣惊骇，元璋用刘基策，命胡大海攻信州（江西上饶县），牵制友谅后路，命康茂才诈降，诱友谅孤军速进。元璋集中所有兵力，袭击友谅军，友谅大败逃回江州，元璋乘胜收复太平，又进取安庆。二十一年，元璋率水军攻江州，胡大海自信州来会，友谅奔归武昌，这是吴、汉决定兴亡的第一次大战，朱元璋胜利了。

元璋两大敌国，张士诚地近国富，陈友谅地远兵强，应该先灭那一国呢？刘基的估量是友谅轻骄喜欢生事，士诚狡懦没有远志，先攻友谅，士诚不会出兵援救，先攻士诚，友谅一定起大军来袭，元璋从刘基议，决计先灭陈友谅。

二十三年，陈友谅军号称六十万，攻南昌。朱元璋亲督徐达、常遇春诸将率师二十万往救。两军会战鄱阳湖中康郎山下水面，元璋兵力不敌，赖将士死战，胜负约略相当。最后友谅军败，收余众自保不敢出战，杀吴军俘虏泄愤。元璋得报，却给汉俘虏医治伤病，释放回去，又下命捕获敌军，不得杀害。友谅军心懈散，相持十五日，冒死突围，元璋追击，友谅中流矢死，余众大溃。友谅子陈理遁归武昌称帝。诸将多劝元璋乘胜直取武昌，元璋不从，回应天布置防御，留徐达等屯军要害备张士诚，自率诸将攻陈理，围城凡六月，二十四年，陈理降。江西、湖南、湖北地尽归元璋所有。

正当朱元璋攻陈友谅的时候，张士诚在苏州大造宫室，自称吴王，荒淫不理政事。二十五年，士诚起马步舟三军二十万人围诸全州（浙江诸暨县），明守将胡德济会合李文忠、朱亮祖援兵，大破士诚军，元璋定计先取士诚两淮地，再专力攻浙西。二十六年，两淮平，命徐达、常遇春率大军二十万攻士诚，徐达破湖州，李文忠破杭州，华云龙破嘉兴，士诚势孤。二十七年，大军合围苏州，擒张士诚。

张士诚败灭，元璋遣汤和攻庆元，方国珍降，江南平定。次年正月，元璋称皇帝，国号明，年号洪武。

（二）驱逐蒙古统一中国

朱元璋武力统一江南的时候，北方红巾军全部消灭了，地主武装首领察罕铁木耳刺死了，扩廓铁木耳据太原，李思齐据关中，彼此猜忌，结仇互攻，兵力分散了，托欢铁木耳众叛亲离、号令不行，无力维持统治了。朱元璋召诸将商议，决定先取山东，转取河南，堵塞潼关，北上取大都，最后取山西、陕西。

二十七年十月，命徐达为征虏大将军，常遇春为副将军，率兵二十五万，攻山东。十一月，克沂州（山东临沂县）、峄州（峄县）、滕州（滕县）、益都路（益都县），十二月，克般阳路（淄川县）济南府及东平路（东平县）。洪武元年二月克东昌（聊城县），山东平。三月，别路军邓愈克南阳路（河南南阳县），大军克汴梁路（开封县），西进至洛水北，大破元兵，围河南（洛阳县），元守将梁王阿鲁温降。四月，冯宗异入潼关，元将李思齐、张思道败走。闰七月，大军渡河克卫辉路（汲县）、彰德路（安阳县）、广平路（河北永年县）。徐达转入山东临清（临清县），大会诸将兵。常遇春克德州（德县），长驱北进，克直沽（河北天津县），又克通州（通县）。托欢铁木耳率后妃皇子夜开建德门（大都北门）逃走上都。八月，徐达率大军入大都（改称北平府），元亡。

朱元璋命孙兴祖守北平，徐达、常遇春取山西。九月克保定中山（河北定县）、真定（正定县）。十月，克怀庆（河南沁阳县）、泽州（山西晋城县）、潞州（长治县）。十二月，大破扩廓铁木耳军，克太原，扩廓铁木耳逃甘肃。洪武二年，攻陕西，三月克奉元（陕西西安县），进攻凤翔，李思齐逃临洮（甘肃临洮县），四月，进攻临洮，李思齐降。

洪武三年，常遇春克上都。四年，徐达、李文忠、汤和分三路出塞击蒙古。托欢铁木耳死，子爱猷识理达腊立。明兵深入。爱猷识理达腊率数十骑逃往和林，招扩廓铁木耳入卫。五年，徐达率大军十五万，分二路出塞攻和林，扩廓铁木耳迎战，徐达中路军大败（左路军李文忠，右路军冯胜、傅友德，各获小胜），死数万人，达逃还。

至正二十七年，朱元璋遣徐达北伐，同时遣胡廷美、何文辉率陆军，汤和、廖永忠率海军取福建，杨环由湖南取广西，廖永忠由福建取广东。洪武元年正月，明兵杀元福建守将陈友定，福建平。四月，廖永忠兵至广州，元守将何真降，广东平。七月廖永忠克象州（广西象县），广西平。四年，遣汤和伐四川，明升降。十四年，遣傅友德、蓝玉、沐英率军攻云南，击败元梁王匝剌瓦尔密。十五年，云南平。二十五年，沐英死，子沐春袭封西平侯，子孙相继镇守云南。

明初中国疆域，东起朝鲜，西至土番（西藏），南包安南，北距沙漠，东西一万一千七百五十里，南北一万零九百四里。南京、北京直隶朝廷，别设山东、山西、河南、陕西、四川、湖广、浙江、江西、福建、广东、广西、云南、贵州十三布政使司。

（三）完成统一事业的原因

朱元璋出身孤贫，一无凭藉，不到二十年，居然完成统一中国的大事业。

看他成功的原因，主要是在了解敌我，紧握时机，不放过每一有利的机会。他的成功，自然只是他个人的成功，但确不是偶然侥幸的成功。

用兵次第——分四个阶段：（1）依附阶段，（2）立国阶段，（3）统一江南阶段，（4）北伐阶段。

（1）郭子兴是濠州一带起义军首领，朱元璋初起事，依附子兴，表示似乎极大的忠诚，因而取得信任。子兴死，杀子兴子，余部尽归元璋。韩林儿称帝，声势正盛，元璋用龙凤年号，接受平章政事官位，设皇帝御座，率官属朝拜行礼。这只是利用韩林儿的名义，与依附郭子兴时完全不同了。

（2）渡江取得集庆后，建立吴国，对韩林儿仍保持臣属关系。这一时期专力夺取元朝州县，充实国力，遣使与张士诚通好，愿意睦邻守境，不生边衅。张士诚来攻，只取守势，避免大冲突。

（3）元璋国力已充，决先灭陈友谅，再灭张士诚。当时士诚攻安丰，元璋亲率诸将救韩林儿，刘基力谏，不听。友谅攻南昌，元璋已破士诚军，还至鄱阳湖大破陈友谅。战后元璋对刘基说，我不该往救安丰，如果友谅乘我出兵，顺流直取空虚的应天府，我进无所成，退无所归，那就大事去了。友谅出下策，攻南昌。不能不说是我的幸运。他在这一次冒险行动中，获得曾经号召起广大人民的宋皇帝韩林儿，政治上自有颇大的意义。

（4）元璋破陈友谅，急还军布置防御，再起夺取武昌。灭张士诚，先攻取湖杭，后攻苏州。北伐元朝，却先攻大都，后攻晋陕。他料定张天骐（湖州守将）、潘原明（杭州守将）一定并力攻张士诚，扩廓铁木耳、李思齐互相猜忌，绝不援救托欢铁木耳。事后完全证明这种估量的正确。

种族号召——至正二十七年，朱元璋准备北伐，开始提出种族的号召。他宣布一道告中原人民的檄文，大意说，自古以来，中国居内，制服夷狄，夷狄居外，尊奉中国，从没有夷狄居中国治天下的道理。古人说过，夷狄不能有百年的命运，今天看来，确乎不错。上天定当降生圣人来驱逐胡虏，恢复中华，建立纪纲，救济人民。我北伐军纪律严明，秋毫无犯，你们不要疑惧，携家逃走。洪武元年，衣冠改用唐朝旧制，这一改革，当然发生很好的影响。同时对仕元汉人，给榜招安，对蒙古贵族，一律优待，不加杀戮。蒙古人依仗义兵（汉族民兵）作战，在种族号召下，大量义兵或望风溃散，或开城归附，明兵收复中原，几乎只有行军，没有战斗。

建立纪纲——元军纪律败坏，专事杀掠，反元群雄，志在子女财帛，纪律并不比元军好。朱元璋初起兵就申明军纪，严禁抄掠。破和州城时，郭子兴部将纵兵杀掠，元璋召集诸将说道："我军从滁州来，多掠民间妻女，军中无纪律，那能成事。所有虏获妇女悉数放还，不得私藏。"克集庆城，召官吏士绅说道："我是救人民来的，你们各守旧业，不需疑惧。"城中军民喜悦，得民兵五十余万人，克集庆后，开始遣将略地，命徐达为大将，率诸将出征，临行训谕道："我起兵以来，不曾妄杀一入，你们出征，务必约束士卒，攻克城池，不许焚掠杀戮，谁敢犯令，一律军法处置。"徐达等叩头受命。攻克婺州，元璋集诸将训谕道："我听说诸将克城不妄杀人，非常喜欢，武将能知不杀人，自然民心归附，愿意弃敌来归，你们牢记我这些话，自然大功可成了。"至正二十四年，群臣推戴元璋做吴王，他登位时训谕群臣，首先提出纪纲问题，他说："建立国家，最要是整肃纪纲，元朝昏乱，法令不行，人心涣散，天下骚动，你们应该改变旧习，协力同心，听我的号令。"二十五年，命邓愈做湖广平章政事，训愈道："王保保（扩廓铁木耳）据中原，他那种压迫军民的办法，正像筑堤壅水，日夜担心，惟恐渗漏。你这次前去，务必爱军爱民，招揽民心，正像穿破对方的堤防，使水奔溃。只要人心归我，自然用力少成功多。"后来破苏州、破武昌、破大都，始终确保严格的纪律，将帅不敢纵兵杀掠。

善用人力——朱元璋幼年失学，目不知书。初起事，就留心招聘文人谋士，破定远，得李善长，破滁州，得范常，破太平，得陶安、李习，破集庆，得夏煜、孙炎、杨宪等十余人，破镇江，得秦从龙，破婺州、处州，得刘基、宋濂、章溢、叶琛，称为四先生。每得城邑，定要采访当地名士，酌量录用。才能尤高的留置左右，待遇优厚，共商机密，很得这些人的助力。大抵元璋对文人采和善态度，对武人却非常严肃。灭张士诚后，赏诸将官爵金帛，第二天入朝谢恩。元璋问你们昨夜饮酒了么？诸将认错。元璋道："我何尝不想同你们饮酒作乐，当今中原未平，不是作乐的时候。你们不见张士诚么？以后当严禁饮酒。"胡大海镇守浙东，儿子在京犯酒禁，元璋杀大海子道："宁使大海叛我，不可使我法不行。"赵仲中守安庆，陈友谅来攻，仲中逃归，常遇春替仲中求恩。元璋道："法不行那能惩后。"斩仲中示众。元璋还能利用怀二心的人，汉赣州守将熊天瑞力穷投降，元璋令从徐达等攻张士诚，假称直捣苏州，使天瑞闻知。天瑞果叛投士诚，恰中元璋的反间计。元璋曾说："我没有一件事不经心，还不免被人欺骗，张九四（士诚原名）整年不出门治事，那有不亡的道理。"善于用人，善于了解每一个人的特性，是元璋能成大事的重要原因。

（四）创立制度巩固政权

朱元璋初起兵，就留心采访书籍，与儒臣讲论经史，尤熟悉汉朝政事，又亲见元朝腐败亡国，力求矫正恶俗。统一中国以后，一切制度设施，无不斟酌利弊，集历朝统治术的大成。在他看来，确是尽善尽美，足够保持子孙帝王万世的基业了。

屠杀功臣——朱元璋依靠诸功臣出力，取得天下，等到天下大定，自己年已五六十岁，皇太子朱标性情柔和，朱标死，皇太孙朱允炆更孱弱无能，元璋深怕将来功臣跋扈叛逆，决计兴大狱，一网打尽。洪武十三年，加左丞相胡惟庸谋逆私通日本蒙古等罪，凌迟处死，家属僚友坐奸党罪，无一得免。士人有仇怨互相报复，只要告发某人是胡党，立即捕杀。太师李善长年七十七岁，也算胡党，全家诛灭。宋濂年七十一岁，致仕家居，因孙儿宋慎名挂胡党，发茂州（四川茂县）充军死。株连牵引的广泛，即此可见。二十三年，御制昭示《奸党录》，布告天下。胡狱凡杀三万余人。元璋还嫌屠杀未尽，二十六年，又兴蓝党大狱，指大将军蓝玉谋为不轨，凌迟处死，凡宗族文武大员下至旧部士卒，坐蓝党罪被杀约二万人。御制《逆臣录》布告天下。经两次大狱，文武功臣全数冤死，得善终的仅汤和一人。

杀戮文人——朱元璋出身微贱，怕文人傲慢不服，凡文字中略有嫌疑，即指为故意讥笑，断然杀戮示威。如浙江府学教授林元亮替某官作谢增俸表，用"作则（法）垂宪"语，北平府学训导赵伯宁替某官作万寿贺表，用"垂子孙而作则"语，桂林府学训导替某官作正旦贺表，用"建中作则"语，澧州学正孟清替某官作贺冬表，用"圣德作则"语，全被杀，罪名是元璋疑这些人借"作则"骂他作贼。常州府学训导蒋镇替某官作正旦贺表，用"睿（聪明）性生知"语被杀，罪名是疑借"生"骂他做僧。怀庆府学训导吕睿替某官作谢赐马表，用"遥瞻帝扉（门）"语被杀，罪名是借"帝扉"骂他帝非（非帝）。祥符县学教谕贾翥替某官作正旦贺表，用"取法象魏"语被杀，罪名是借"取法"骂他去（剃）发。亳州训导李云替某官作谢东宫赐宴笺，用"式君父以班爵禄"语被杀，罪名是教皇太子弑君父。尉氏县教谕许元替某官作万寿贺表，用"体乾（天）法坤（地），藻饰太平"语被杀，罪名是借"法坤"骂他发髡（剃发），"藻饰太平"骂他早失太平。德安府学训导吴宪替某官作贺立皇太孙表，用"天下有道"语被杀，罪名是骂他天下有盗。杭州教授徐一夔作贺表用"光天之下，天生圣人，为世作则"等语，元璋大怒道，"生"骂我做僧，"光"骂我光头，"作则"骂我作贼，捕一夔斩首。僧人来复献谢恩诗，有"殊域及自惭，无德颂陶唐"句，元璋大怒道，"殊"骂我歹朱，"无德颂陶唐"骂我无德，不配称颂。捕来复斩首。

这种无故惨杀，确使某些略知自爱的文士，不敢冒险做官。如诗人杨维桢年七十五岁，被召至京，留百余日，坚乞放免归家。文人王逢年六十四岁，被召，子王掖叩头哭求得免。不过这只是偶见的例外，一般士人绝不许逃避做官，如诗人高启辞官被腰斩，贵溪儒生夏伯启叔侄自断手指誓不入仕，苏州文人姚润、王谟被征不来，都被斩首抄家。洪武十八年，颁布大诰十条，作为学校私塾必读的课本，其中一条是寰中（国内）士大夫不为君用，罪该抄（抄家）剟（杀头）。州县官奉令搜罗当地士人，催迫上路，如捕重囚，到京按照各人品貌赏给大小官职，忽又指为犯罪，不是杀戮或戴斩罪任职，就是罚屯田或筑城等苦役。文人学士，一经做官，无异入狱，求进不敢，求退不能，结果养成一种风气，认昏庸无名誉，品行欠佳不合录取资格算是幸福，相率习为卑污，不复顾及羞耻。士大夫间本极微薄希罕的道德气节，被朱元璋摧残尽了。

严惩贪污——朱元璋亲见元朝官吏士绅贪污无耻，想用严刑来禁阻。命刑部编辑官绅犯罪事状，制成大诰三篇，其中罗列凌迟、枭示（枭首示众）、灭族等罪千百条，斩首以下罪万余条。洪武十八年户部侍郎郭桓贪赃罪发觉，穷究作弊徒党，六部左右侍郎以下内外官吏被杀数万人，追赃款七百万两。民间中等人家因寄贼借贼（当是借贪官高利贷钱）的罪名，破产无数。元璋允许人民赴京控告贪官污吏，赃满六十两，枭首示众，并剥皮装草。府州县卫公署旁特立一庙，称为皮场庙（剥皮处），官府公座旁各悬一剥皮装草的死官，使活官触目惊心。元璋用这样残酷的刑法惩戒贪污，事实上贪官污吏依然遍布内外。洪武二十五年定制，正一品官月俸米只有八十七石，递减至从九品月俸五石，未入流三石（每石值钱一千文，或钞一贯），俸薄如此，求官人数却并不减少，足见俸禄以外，仍有额外的收入。

以上所说杀功臣、杀文士、杀贪污，在什么动机下，朱元璋必须这样做呢，某次太子朱标从容说道，陛下执法过严，未免有伤天地的和气。第二天元璋叫朱标来，指地上一条棘杖说，你拿起来，朱标有难色。元璋道，凡是我杀的全是坏人，好比这棘杖上的刺，我替你削光，不好吗？原来他杀人的目的，只是为了自己的儿子。

官制——洪武十三年杀左丞相胡惟庸，从此废除丞相制度。政权军权分割成许多部分，由皇帝一人总掌全权。文官废中书省，不设丞相，武官废大都督府，分为中军、左军、右军、前军、后军五都督府。政府由五府、六部、都察院、通政司、大理寺等衙门组成，所有军政大权，统归皇帝直接行施。这是秦汉以来中央集权制度更进一步的发展，也是政治上一个大的改革。政府组成的主要各衙门，职掌简列如下：

五都督府分掌兵籍（如左军都督府辖在京八卫，在外浙江、辽东、山东三都司），但无调发权。

六部每部设尚书一人，左右侍郎各一人。吏部掌选授文武官吏，户部掌全国田赋财政，礼部掌科举礼仪祭祀，兵部掌军官选授，军队调遣和训练，刑部掌刑狱，工部掌营造和水利。

都察院掌纠劾内外百官，分京外为十三道，各置监察御史，监视地方官吏的行动。

通政司掌收受内外臣民的奏章。无论何人有陈情建言申诉冤屈或告不法等事。得经由通政司直接奏达御前。

大理寺掌审核刑狱。凡刑部都察院推问狱讼定罪，连同案卷罪犯送大理寺覆审，覆审后，始由刑部具奏行刑。

以上各官职，吏、户、兵三部权最重，吏部掌用人大权，地位尤在各部上。皇帝自总庶政，特置殿阁大学士（如华盖殿大学士、文渊阁大学士）侍左右备顾问。大学士官仅五品，无权处理政事。

封建诸王——元璋采前朝成法，定封建制。凡皇子到达一定年龄，必需分封京外各地，免有留京夺嫡的祸乱。帝位规定由嫡长子孙继承，其他皇子封亲王，亲王诸子封郡王，王位都由嫡长子孙世袭。郡王诸子授镇国将军，诸孙授辅国将军，曾孙授奉国将军，四世孙授镇国中尉，五世孙授辅国中尉，六世以下，一律授奉国中尉。亲王岁禄一万石，另有庄田牧地，又有卫兵三千人至一万九千人。郡王以下，岁禄依次递减，统归朝廷拨给。诸王无事能做，只能专力繁衍子孙，如朱济炫（元璋孙）生子一百人，长子袭爵，余九十九人并封镇国将军，每会集，彼此多不相识。济炫曾孙朱奇溴又生子七十人。又如楚王朱英检无子，密取他人子二人作己子，闹起削爵大狱。所谓藩王，只有生子算是唯一事业，朱姓子孙蔓延全国，既不做官吏，又不做农工，法定做游手坐食的寄生虫。

兵制——天子亲兵称上十二卫，驻京城。自京城至外省府县各立卫所。一府设所，数府设卫。一千一百二十人称千户所，一百十二人称百户所，百户所设总旗二（五十人一总旗）小旗十（十人一小旗），五千六百人称卫。大小联比，合成一军，归五军都督府统率。每省设都指挥使司（简称都司）统率本省各卫所，分隶各都督府。全国共有都司二十一，内外卫四百九十三，千户所三百五十九。兵卒来源有三种，一从征（诸将攻取土地，留兵戍守）、二归附（降兵）、三谪发（罪人充军），兵卒子孙永远称军户，不得冒入民籍。此外又有民壮（民兵）、士兵（土司兵）、乡兵（地方特种兵，如后来河南嵩县的毛葫芦兵，善走山，井陉县的蚂螂手，善投石），额数不定。国家有战事，兵部调发卫所兵，皇帝任命将军为总兵官，率军出征。事毕，将军奏还官印，兵各回卫所。

刑法——朱元璋自称用重典（法）治乱世，断狱不按法律，官吏略有触犯，立被诛戮。当时京官每天入朝，必与妻子诀别。日暮无事，互相庆贺说，又得多活一天。有些犯官不及送狱治罪，就在朝廷上杖死，称为廷杖。有些犯官怕刑部按律治罪，不够严刻，特交锦衣卫用恶刑拷打（锦衣卫附设镇抚司，专管诏狱，有权直接奏请皇帝裁决），称为下诏狱。这些严刑，主要是对付官吏豪绅的，至于一朝典制的大明律，却斟酌轻重，历三十年才制定。元璋曾对太孙朱允炆说，我治乱世，不能不用重典，你将来治平世，应该用轻典。又下令永远废除黥刺（面刺黑字）、刖（割脚）、劓（割鼻）、阉割等刑，后世臣下如敢请复肉刑，务必置重典示惩。从上古传来的野蛮肉刑，到朱元璋才决心废除。

压迫异族——杂居内地的蒙古、色目人，不仅受朱元璋的压迫和侮辱，而且强迫与汉族同化。大明律规定，凡蒙古、色目人，只准与中国人通婚姻，不许本类自相嫁娶。违禁的两家主婚人各杖八十，嫁娶的男女没入官，男为奴，女为婢。律文注解说，胡元入主中国，族类散居天下，不易灭绝，所以禁止蒙古、色目人自相嫁娶，免得人口繁衍。

八股取士——朱元璋定学制，学校中置卧碑，揭示禁规，内有禁生员议时事律，犯者罚杖除名。又与刘基定八股文程式，规定在朱熹注四子书（《大学》《中庸》《论语》《孟子》）及宋元人注五经（《易经》《书经》《诗经》《春秋》《礼记》）中出题，依题义揣摩古人语气，代替说话，绝对不许发挥自己的意见。这是禁止文人自由思想，迫使在一定的程式下说话，思想完全脱离现实社会的新方法，比唐宋诗赋取士，确是更巧妙也更恶毒了。元璋因孟子说过"民为贵，君为轻""君之视臣如土芥，则臣视君如寇仇"一类不中听的话，撤去孟子在孔庙中的神位，命刘昆孙等删节孟子文句，书名《孟子节文》。洪武六年，又因孟子辟邪说，辨异端，发明圣人的大道，神位仍搬进孔庙去。大概元璋详细考察以后，知道孟子偶发几句怨恨话，在全书中只占极少数，经朱熹注释，并没有什么危险事了，仍然值得与《大学》《中庸》《论语》并用做八股文章的原料。应考的士人，借八股谋官职，只求录取，不顾任何羞耻，科场中弊端百出，有贿买、钻营、怀挟、枪替、割卷、传递、顶名、冒籍等名目，其中通关节一弊，尤为严重。八股取士，等于凭作弊取士。

防女祸——朱元璋严防后妃干预政事。他曾说如果人不是母亲生的，天下女人都可以杀掉。洪武元年，命儒臣编一本书叫做《女诫》。三年，制定宫内禁令，皇后只准治内事，宫门外事不得预闻，后妃概从民间探选，不许臣下献进美女。五年，令工部造红牌，上刻训戒后妃条例，悬挂宫中。嫡庶身分，辨别非常严格，防妃妾恃宠干政。更残忍的是皇帝死，妃妾照例从死殉葬。这种惨制到朱祁镇（英宗）时才废除。

防阉宦——朱元璋又严防阉宦干政。洪武元年，禁宦官预政领兵。六年，定内官（阉宦）不许识字的禁令。十七年，铸铁牌置宫门中，上刻"内臣不得干预政事，犯者斩"。

许士民上书——朱元璋定制，天下臣民论政事，得密封交通政司直达御前。洪武十年，命曾秉正为通政使，训谕道，政治好比水，经常流通，使下情容易上达，天下才得太平。人民有机会直接向皇帝说话，这是朱元璋创立各种制度中最好的一种。

朱元璋采取历朝兴亡的教训，杀了许多人命，立了许多制度，替子孙谋帝王万世不失的基业，用心确是很苦（他临死时自称忧危积心，日勤不怠），却不料刚死几个月，子孙开始破坏他的制度。

第二节　明朝的政治

朱元璋苦心编订各种制度，洪武二十八年，他把各种制度制成一部大典叫做《皇明祖训条章》。颁布全国，严重训谕："后世谁敢创议变更祖训，按奸臣治罪。"可是他刚身死，夺嫡的惨祸就发生了。后世继续破坏祖训，只保存些不妨害作弊的规条。

元璋在位三十一年死，嫡长孙朱允炆（建文帝）继立。允炆用齐泰、黄子澄、方孝孺等为辅佐。这些人都是经朱元璋选拔，留给允炆使用的。他们密谋削诸王藩封，先废朱橚（音肃）等五王为庶人。建文元年七月，燕王朱棣据北平起兵反，号称靖难。在朝谋士武将，早被元璋杀完，朱棣率兵来攻，没有人能抵御。三年六月，南京城陷，允炆生死不明，朱棣自称皇帝（成祖）。

朱允炆旧臣齐泰等数十人不肯降服。朱棣怒，灭方孝孺十族（朋友学生算一族），凡杀八百七十三人，油煎铁铉，活剥景清皮装草。其余如陈迪、齐泰、黄子澄等凌迟处死。朱棣指朱允炆忠臣为奸党，本人和同族男子一律惨杀，如邹瑾名下杀四百四十人，练子宁名下杀一百五十人，共灭族数十，杀人数万。妻女发浣（洗）衣局、教坊司（官妓），亲友发配到边地充军。罪人转相攀连，称为瓜蔓抄，无数人因此破家。至朱翊钧时已一百七八十年，建文奸党案才逐渐停止。

朱元璋屠杀功臣，罚功臣家妇女充乐户（官妓），当时儒臣解缙谏称这是坏人伦非人道的暴行，元璋认为迂话，不听。现在暴行加到自己留给孙儿的忠臣身上了。据南京法司偶存的记录，有下列几条：

永乐二年十二月十二日，教坊司题（奏），卓敬女杨奴，牛景先妻刘氏合无（应否）照依谢升妻韩氏例，送淇国公（邱福，做中军都督府左都督）处转营奸宿。

永乐十一年正月十一日，教坊司于右顺门口奏，齐泰姊及外甥媳妇又黄子澄妹四个妇人，每一日一夜二十余条汉子看守着，年少的都有身孕，除生子令做小龟子，又有三岁女子，奏请圣旨。奉钦依：由他，不的（等）到长大，便是个淫贱材儿。

又奏，当初黄子澄妻生一个小厮，如今十岁也。奉钦依：都由他。

铁铉妻杨氏年三十五，茅大芳妻张氏年五十六，并送教坊司，张氏病故，教坊司于奉天门奏。奉圣旨，吩咐上元县抬出门去，著狗吃了。钦此。

这是何等残忍的圣旨。

朱棣起兵时，收买朱允炆左右阉官做间谍，认为他们对自己忠实。称帝后，大加信任。洪武二十六年已经禁止刑讯罪犯的锦衣卫，首先恢复并加重它的职权，任无赖纪纲为锦衣卫提督。又设立东厂，令亲信阉人管理。厂卫各畜员役，专门缉访所谓谋逆妖言（诽谤）大奸恶等罪，陷害忠良，无恶不作。厂卫罪行，从朱棣起直到亡国，充分发挥了统治阶级的残酷性。

朱棣知道人心不服，厂卫只能镇压一时，不能维持久远，即位不久，就发动对外侵略，来提高自己的威望。永乐三年，派阉官郑和率舟师二万人出使西洋（南洋群岛）诸国，前后出使凡六次，用意在：（1）探寻朱允炆踪迹，（2）消灭华侨对他不义行为的反抗，（3）压迫和招诱番人来中国朝贡。四年，遣张辅率兵八十万，灭安南国，改置郡县（安南人民猛烈反抗，朱瞻基时明兵败退，安南得复国）。七年，发大军攻蒙古，前后亲征凡五次，军民死伤极众，所得只是几个蒙古王归降，受朱棣的封号（如封瓦剌为贤义王，太平为安东王，也先土干为忠勇王）。军事上胜利的结果，武人因军功受赏赐，文官因国土扩大，仕途宽广，对朱棣早已歌功不止，谁还替朱允炆抱不平？永乐元年，改北平为北京，十八年迁都北京，改京师为南京，北京为京师，南京除了五都督府不设，其余衙门自六部至钦天监太医院，与北京同样设置。这就是给官员们有加倍升迁的机会，文武官员哪得不加倍喜欢。这样，朱棣的统治，完全巩固了。

朱棣在位二十二年死，子高炽立，一年死，子瞻基立。瞻基以后凡传祁镇、祁钰、见深、祐樘、厚照、厚熜、载垕、翊钧、常洛、由校、由检十一个皇帝。从祁镇起，明朝的政治愈演愈腐败。这种腐败政治，造成了无数的内乱和外患。

皇帝不见朝臣——皇帝居深宫，往往一二十年不见朝臣。朱见深在位二十三年，仅成化七年召见大学士万安、彭时、商辂一次，说了几句话，万安就叩头呼万岁退朝。朱祐樘在位十八年，仅弘治十年召见大学士徐溥、刘健、谢迁，每人赏饮茶一杯，满朝认为盛事。弘治十五、六两年间，召见刘健等数次，祐樘因此被称为勤政爱民唯一难得的皇帝。朱厚照在位十六年，游荡南北各地，大概一辈子没有召见过大臣。朱厚熜在位四十五年，仅嘉靖二十九年因俺答（鞑靼酋长）逼近京城，朝臣固请面奏军情，厚熜不得已，出坐奉天殿，不发一言，令礼部尚书徐阶捧圣旨到午门，召集群臣责骂一顿。朱翊钧在位四十八年，仅见大臣数次。朱由校昏愚最甚，在位七年，未曾召见过大臣一次，从成化到天启（由校年号）凡一百六十七年，君臣见面次数，约略可算，皇帝独裁权，由阉官代理，内阁六部形同虚设。

阉官——阉官是皇帝的代理人，是实际掌握政权人，他们有庞大的组织，分十二监四司八局，称为二十四衙门。此外还有提督东厂、提督西厂等衙门，又镇守边地，统率京营，经理仓场。提督营造，采珠开矿，市舶织造，凡有权有利的职事，无不归阉官掌管。群阉中司礼监权最大，设提督太监一人，掌印太监一人，秉笔太监无定额。提督管理皇城内一切礼仪等事，掌印管理内外奏章，秉笔管理批朱（皇帝用朱笔批示臣下）。司礼监掌印，名义上地位等于内阁的元辅（首相），提督东厂等于都察院，秉笔等于内阁次相。在外各省设镇守太监，军队出征设监军太监，地位等于总督、巡抚、将军等官。实际权力却远在任何官员的上面。这就是说，司礼监掌印太监执行了皇帝的职权。

厂卫——阉官权力的表现，主要在掌握厂卫，用惨刑镇压异己的官民。朱元璋设锦衣卫（用武官主管）掌缉访叛逆。朱棣时又设东厂（用阉官主管），和锦衣卫同为特务机关。朱见深添设西厂，缇（音题）骑（特务人员）比东厂加倍。两厂员役布满全国，到处侦事，冤死官民无数。朱厚照时，阉官刘瑾总管东西两厂，作恶尤甚。南康（江西星子县）人吴登显等戏竞渡龙舟，被指为叛逆，斩首抄家。州县人民见有着美衣骑好马说官话人到来，如见猛虎，纷纷逃匿。官吏赶快献重赂，尽力招待，才免惨祸。刘瑾又创立办事厂及内办事厂，权力更大，连东西厂也被侦查。凡罪人入厂，不论罪名轻重，一概受杖带枷，枷重一百五十斤，不几天就压死。判罪最轻是发边地永远充军，稍重是凌迟处死。

朱由校时，魏忠贤当权，厂卫罪恶，发展到顶点。刑具有大枷，又有械、镣、棍、拶（音侧）、夹棍五种，同时施用，称为受全刑。刑类有断脊、堕指、刺心、红绣鞋（著烧红的铁鞋）、铜喇叭（用滚油灌入肛门）、壁挺（杀死）等。朱祁镇时锦衣卫创脑箍、烙铁、灌鼻、钉指及一封书、鼠弹筝、拦马棍、燕儿飞等名目，后来被普通司法衙门（刑部下至州县）全部采用，厂卫不得不别标新异，表示自己的进步。

东厂组织，司礼监太监称宗主，掌厂太监称督主，下设掌刑千户、理刑百户各一人，番子（侦事人）无定额，挑选锦衣卫中最凶狡人充当。番子头领称档头，戴尖帽，著皮靴，专管侦察。番子称干事，每一档头领番子若干人，每一番子又各有地方痞棍若干人当爪牙，痞棍探得一事，番子密报档头，按事件大小先给赏钱，称事件为起数，赏钱为买起数。档头得报后，率番子至犯事家附近坐守，称为打桩。番子突入犯职家搜索，得贿满意，即退去，少不如意，用刑拷打，痛苦十倍官刑，称为干榨酒，又称搬署（渔网）儿。逼令犯事人诬攀有钱人家，有钱人赶快送厚赂，得免株连，否则奏请下镇抚司狱，一定惨死。番子到刑部都察院镇抚司监视审案，称为听记，到各官府各城门访缉，称为坐记，某官作某事，某城门获某奸，报告到厂，称为打事件。督主连夜转报皇帝，甚至民间夫妇口角也报进宫去，供皇帝太监们作笑谈资料。锦衣卫办案与东厂同，不过要缮写正式奏本，没有东厂报告那样迅速，所以卫不及厂得宠，成为厂的附属机关。京师曾有四人在密室中夜饮，一人酒醉大骂魏忠贤，三人恐惧不敢出声，忽有番子进来捉四人去见魏忠贤，忠贤碎割醉骂人，赏其余三人钱，三人几乎骇死。魏忠贤死后，朱由检依旧重用厂卫，侦查官民，到亡国才停止。

搜括钱财——阉官手握大权，自然要搜括钱财。偶被抄家，发现赃物多得骇人。朱祁钰抄王振家产，得金银六十余库，玉盘一百面，六七尺高珊瑚二十余株，其余珍玩无算。朱祐樘抄李广家产，得收贿簿，内载某某文武大官送黄白米几千几百石，祐樘惊问道，李广多大食量，要这许多米。左右人说，黄米是金，白米是银。朱厚照抄刘瑾家产，得大玉带八十束，金二十四万锭，又五万七千八百两，元宝五百万锭，银八百万两，又一百五十八万三千六百两，共金一千二百五万七千八百两，银二万五千九百五十八万三千六百两。厚照又抄钱宁（太监钱能家奴）家产，得玉带二千五百束，黄金十余万两，银三千箱，胡椒数千石。朱厚熜抄江彬（总督厂卫，但非阉人）家产，得黄金七十柜，每柜一千五百两，银二千二百柜，每柜二千两。魏忠贤家产，史书不载，他弄权远过任何阉官，他的财产可以想见。

阉官借收税名义，残害人民，朱翊钧时最甚。矿监（管开矿）、税监（管收税）布满全国，两淮又有盐监，广东又有珠监（采珠），大小阉官，极意敲剥，吸髓饮血，人民受害无穷。例如陈增开采山东矿产兼收东昌税，自称奉密旨搜金宝，募人告密，诬大商富家藏违禁物，杀人极多。马堂作天津税监，养无赖小偷数百人，白昼夺人财物，远近罢市，民众万余，放火烧马堂税署，杀税役三十七人。朱翊钧怒，命捕民众重办，许多人被杀。陈奉收荆州税兼采兴国州矿砂，率恶党鞭笞官吏，抢劫商旅，奸淫妇女，虏人勒赎，激起人民公愤，聚众万余人，愿与陈奉同死，幸地方大官力救得免。陈奉作恶更无忌惮，汉口、黄州、襄阳、宝庆、德安、湘潭等处民变凡十起，武昌民怨恨切齿，誓必杀奉，奉逃匿楚王府，众擒恶党十六人投长江，烧税署辕门，巡抚支可大尽力镇压民众，陈奉得不死。梁永监陕西税，发掘历朝帝王坟墓，率无赖横行，随意杀人抢掠。人民愤怒谋杀永，永逃走。杨荣监云南税，百姓恨荣入骨，焚税厂，荣怒，杖杀百姓数千人，抽樊高明筋示众。冤民万人烧荣住宅，杀荣投火中，并杀恶党二百余人。朱翊钧得报，哀悼杨荣，几天不吃饭。当时民不聊生，到处激起叛变。朝廷都用最残暴的屠杀镇压下去。

明朝北京正宫正殿被烧凡八次，每次火灾后，派阉官到湖广采运木材，全国加赋税，大兴土木工程；朱厚照时工部郎赵经督乾清宫（皇帝所居宫）工程，得赃数十万两。工部郎只是五品小官，其他大官获利可想。宫殿迭次火灾，也许是阉官们有意放火。

内阁——朱元璋废丞相制，别设殿阁大学士备顾问。朱高炽、朱瞻基两代，大学士杨士奇等权渐重。朱厚熜信任严嵩，大学士权同真宰相。因避宰相名号，改称内阁。皇帝口说政令，司礼监秉笔太监用朱笔记录，称为批红，交给内阁首辅（首相）依批红拟成诏谕，称为拟票或票拟，再经皇帝核准颁布。内阁首辅必须仰承阉官的意旨，否则定被斥逐。明朝著名阉官极多，有权的首辅仅严嵩、张居正二人。

严嵩相朱厚熜二十年，专贪贿赂，抄家时，原籍（江西分宜县）家产金银珠宝书画器物田宅共估银二百三十万六两，在京家产不减原籍。南京、扬州等地，置良田美宅数十所，秘密寄存亲戚家约当总财产十分之三四。抄出的财物，只是一部分，估价又极低，例如皮衣共一万七千四十一件，估价六千二百五两，每件不到银四钱，帐幔被褥二万二千四百二十七件，估价二千二百四十八两，每件约值银一钱。即此作例，赃款巨大约略可见。嵩子世藩，得赃也不少，据说，世藩夫妻窖藏金银每百万两为一窖，凡数十窖，连严嵩看了也害怕起来。

朱翊钧时宰相张居正，曾生病四个月，翊钧赏金帛作医药费。六部大臣九卿五府公侯，外省巡抚藩臬，纷纷给他设醮（请道士上天表）祝祷，各级官吏甚至杂职小官，无不重价请文士作天表，召集道士上表天庭，求玉皇上帝保佑。一次不够，接连几次，故意在猛烈日光下烧香长跪勿起。一姓朱御史头顶香炉从家里走到醮坛，表示至诚，果然，朱御史得放外任，同僚们照例送酒席，朱御史大怒骂道，你们不知道我替相公吃斋（素食）么？这样胡涂，送我酒肉。居正某次奉旨回原籍（湖北江陵县）葬亲，沿路地方长官跪接跪送，监察御史在轿前奔走开路，供给酒菜每次一百样，居正还说没有下著（筷）处。真定知府钱普特造大桥，前轩（亭）后室（可坐卧）旁有两廊，各立一聪秀儿童听使唤，用三十二壮丁抬着张居正走。钱普能制苏州菜，居正喜欢道，我到此地才得一饱。别处官员听说，急募苏州厨子伺候。张居正是明朝唯一名相，也确有些识见和功业，但仍不免接受官员们的献媚，何况别人呢。

严嵩奸邪，张居正刚直，二人正邪不同，擅权独断，却略相似。只有继严嵩作首辅的徐阶，可称专制时代难得的政治家，他主张"以威福还主上，以政务还诸司（各该管衙门），以用舍（斥革）刑赏还公论"。又主张"事同众则公，公则百美基，专则私，私则百弊生"。因为有这些主张，所以在他当首辅时，朝士得谈论政事，严嵩的余毒，洗去了不少。

官僚——官吏贪污，并不因朱元璋的惨杀有所惩儆。朱棣时邹缉奏称"贪官污吏，遍布天下，朝廷每遣使人出去考察，此人就得发财机会。使官所到，地方官公行贿赂，唯恐不足"。梁廷栋也奏称"巡按御史号称盘查访缉，每到一处，官员赠送多至二三万两，国家增一巡按御史，人民负担加重百万"。朱棣时代已经如此，后世就无待说了。诗人王季重作一首《无不可买》童歌道："上好（顶好）黄钱，童生买起到状元；绝大元宝，童生买起到阁老（宰相）。"买卖官职，是明朝普遍的惯例。

朱见深时万安作首相，与徽州无赖倪进贤研究房中术，令进贤应试，得中进士。安患阳痿症，进贤自称善医，煎汤药亲手熏洗，得升御史，大家叫他为洗鸟御史。万安收集各种房中术，密封一小箱，进呈朱见深。见深遣太监往内阁问安道，这是大臣该做的事么？安惶恐伏地叩头不敢出声。革职后回到成都，专门请托狱讼。有人问安为什么不回原籍（眉山县）想老福？答道，我在内阁只有银十八万两，等凑足二十万便回家了。朱厚熜讲求房中术，无锡人顾可学炼秋石（用童便熬成药块）入京国贡献，三四年间，骤升至工礼两部尚书。可学不做别事，专和严嵩及道士顾仲文等论究房中秘诀。每出门，路人聚观。叫他顾尝屎（音近尚书）。略举这些例证，官僚丑恶无耻，几乎使人不敢相信。

乡绅——明朝不仅是地方官私派横征，民不堪命，在乡绅士，倚势恃强，与官府狼狈为奸，上下相护，害民也极凶暴。例如大学士杨士奇子杨稷在家杀人夺产，横行不法，被人告发罪状凡数十款。梁储子梁次摅与富户杨端争民田，端杀田主，次摅灭端家二百余人，次摅最喜用绳紧缚人臂股或阴茎，使血液蓄积，铁针突然刺入，血射出高数尺，次摅大叫称痛快。焦芳造第宅，拘数郡人民充工役。大学士周延儒、翰林陈于泰都是宜兴人，两家子弟残暴作恶，宜兴冤民聚众掘延儒祖墓，又焚于泰于鼎兄弟第宅。大学士王应态弟应照在乡横行，乡人到京控诉，列罪状凡四百八十条，赃一百七十余万两。大学士温体仁、都御史唐世济都是乌程人，两家勾结太湖强盗，均分赃物。嘉定人周星卿性豪侠，邻间一寡妇抚养幼子，薄有田产，佤某私献寡妇田产给势家，势家坐大船奏着音乐来接受，星卿不平，纠合壮士突前殴击，势家逃走。任意夺产，受贫弱人献田并令充当佃户，受无赖所献别人的产，都是乡绅应有的权利。

科第——明朝用八股取士，进士称甲科，举人称乙科或乙榜。举人会试（考进士）三次不取，得赴吏部候选官职。凡好官要职非进士出身不能得，举人出身只能到广西云贵等地任职，升迁极难，革职极易。长官考察属员政绩，同一说宽，进士出身的算是爱民，举人出身的算是姑息；同一说严，进士出身的算是精明，举人出身的算是苛暴。中期以后，乙榜做到尚书仅二人，巡抚仅三人，仕途全被甲科把持了。后来李自成起义，用举人牛金星掌军师，凡举人都给官做，很得这些人的助力。

秀才一中乡举（举人），就有权包揽亲戚门生故旧邻居的田亩，归入本人名下。如包揽田二千亩，收钱粮三百两，实际缴给官府八九成，凭空得一二成的利益。进士乡绅（退职官）权力更大，包揽田亩更多，本家子佤及内亲（妻族）也恃势包揽，通常乡绅一人，每年有一二千两的收入。

封建——藩王遍布全国，夺民间田产妇女，随意杀人，庇护盗贼，无恶不作，朝廷从不究问。防止藩王谋叛，却异常严密。如不得入京朝见。出城扫墓，必需奏请。二王不许相见。不许干预朝政等，一犯禁令，立即削爵贬为庶人，送凤阳府高墙（牢狱）永远禁锢。朱由检时满洲入寇，京师戒严，唐王聿（音曰）键倡议勤王，反被由检斥责，贬为庶人，送凤阳禁锢。朝廷对藩王猜忌极深，所以勤王救国，也算大罪。

朱翊钧时有亲王四五十人（每人岁禄一万石），郡王二百五十一人（每人岁禄二千石），镇国（岁禄一千石）、辅国（岁禄八百石）、奉国（岁禄六百石）将军七千一百人，镇国（岁禄四百石）、辅国（岁禄三百石）、奉国（岁禄二百石）中尉八千九百五十一人，郡主（亲王女，岁禄八百石，婿称仪宾，岁禄数同）、县主（与仪宾岁禄各六百石）、郡君（与仪宾岁禄各四百石）、县君（与仪宾岁禄各三百石）七千七十三人。庶人（庶人及妻女每月给米六石）六百二十人，共二万三千余人。朱厚熜时全国每年供京师米四百万石，宗藩岁禄多至八百五十三万石左右，山西河南存留米二百三十六万石，两省支给宗室禄米五百四万石，政府及各省每岁收入粮米，不够宗室岁禄的半数。

亲王禄厚产大，袭爵子孙，世世骄淫，不愁贫乏。郡王以下，不得分财产，生活全靠岁禄，又不许别营生计，大抵勾结盗贼无赖，当窝主分赃。宗室男女婚嫁，照例要奏请朝廷核准，生子也要朝廷赐名。自万历至崇祯，礼部积压不办，有的发白还是独身，有的人死还没有名字。何如宠做礼部尚书，特为奏请，男女六百余人得准许婚配。

腐朽的政治机构——明朝腐朽政治到朱翊钧末年已达顶点。例如朝廷大臣得任意弃官归家，皇帝既不挽留，也不罪责，让他们自来自去。官缺多不调补。照旧制给事中（谏官）五十余员，御史百余员，这时候给事中只剩四人，十三道监察御史只剩五人，六部堂官（尚书侍郎）只剩四五人，都御史八年不补人。外省总督巡抚等大员，一样缺人不补。文武候选官数千人久困京师旅舍，因吏兵两部无人用印画押，不能领凭赴任，往往攀宰相轿子哭泣哀求。囚犯无人审问，任令在狱中自生自死。内阁只方从哲一人，从哲请增阁员，朱翊钧认为天下太平，宰相一人够用，不必添设。南京九卿只剩二人，尚书只剩一人，都御史十年不补。本来政权全在阉官手中，朝官多少有无，皇帝并不看作重要事。当时京城人士谈话，有十分可笑的谑语："光禄寺（办酒席）茶汤，太医院药方，神乐观（道士）祈禳（祝祷），武库司刀枪，营缮司（掌工程）作场，养济院（养老院）衣粮，教坊司婆娘，都察院宪纲（纠弹不法官吏），国子监学堂，翰林院文章。"这就是说，组成政府的各部分，都已名存实亡了。

别一例证也说明政治的极度腐朽。司牲所（供祭祀用牲畜）养羊三百六十头，用牧羊人一百二十名，官吏二名，五年内支黑豆（喂羊用）二千八百余石，每石价四钱二分，该银一千二百余两，草二万四千余束，每束价二分，该银五百余两，米（牧人用）八千八百余石，布花银（衣料钱）七百余两。又如乾明门养猫十二只，刺猬五只，羊二百四十七只，西华门养狗五十三只。御马监养狗二百十二只，虎三只，狐狸三只，文豹一只，土豹七只，鸽子房养鸽子若干只，每年共支喂鸟兽用猪羊肉三万五千九百余斤，绿豆谷粟等四千四百八十余石。又西苑豹房养文豹一只，用饲养人二百四十名，地十顷，每年支食粮二千八百余石，地租七百两。这种巨大靡费，只供小阉官作弊侵蚀，大阉官及京内外文武官员的作弊侵蚀，可以类推。

几件著名的大事——朱元璋制定《皇明祖训》，后世君臣只要形式上遵行祖训，就算尽职，无需谈什么兴革。那么，官员们做些什么事呢？朱见深时一御史奏请顺适物情道："近来京城地方，车辆骡驴，街上杂走，骡性快力强，驴性缓力小，一处奔驰，物情不便，乞要分别改正。"朱祐樘时一给事中建议处置军国大事道："京中士人喜著马尾衬裙，因此官马被人偷拔鬃尾，有误军国大计，乞要禁革。"朱厚熜时一外郎奏请崇节俭以变风俗道："各处茶食铺店所造看桌（陈列装样）糖饼，大件省工却费料，小件省料却费工，乞要制定式样，务省工料，使风俗归厚。"极小事件，生扭在极大题目上，固属可笑，就是朱厚照时代的谏南巡，朱厚熜时代的议大礼，在当时认为莫大事件，实际也只是一场空闹。

《汉奸刽子手曾国藩的一生》（节选）*

满清中央政权——军机大臣，六部尚书，名义上满汉平分，实际上主要权力均在满员之手。地方政权——各省督抚满员常占十之六七，总之，满员掌握军政大权。例如鸦片战争时，首席军机大臣是穆彰阿，沿海各省，直隶总督琦善、山东巡抚托浑布、两江总督伊里布、浙江巡抚乌尔恭额、闽浙总督（驻福州）邓廷桢、广东巡抚怡良、钦差大臣兼两广总督林则徐，就中除林邓二人外，全是满员。带兵大员奕山、奕经，议和大员琦善、伊里布、耆英，又全是满员。这些满员都是昏聩贪污，对中国人民没有丝毫爱护的心理，而如林则徐、邓廷桢这样的汉员，又为满员所压迫嫉视，不但没有决定的权力，而且还要加以误国病民的罪名，充军到新疆去。

但是，这种情形，到曾国藩时代起了一个变化。曾国藩是被清廷付与大权的第一个汉人，因为他以血腥的手腕暂时扑灭了汉族人民的大反抗，暂时拯救了清朝统治者的大危机。

太平军起义，人民响应，声势蓬勃，以咸丰帝为首的满族统治集团惊慌失措，束手无策。咸丰帝首先向程朱道学求救，令儒臣献上朱熹《大学讲义》，又编呈修（身）、齐（家）、治（国）、平（天下）四篇讲义。他亲自到孔庙行礼，召集满汉百官听他讲《中庸》致中和一节（"致中和，天地位焉，万物育焉"），《尚书》四句（"皇天无亲，惟德是辅，民心无常，惟惠之怀"）。从这些讲题看来，他也知道政治太不"中和"，太无"德""惠"了。但空谈是无补的，他转向奴才们求助，大骂群臣道："试问诸臣午夜扪心，何忍何安？若不痛加改悔，将来有不堪设想者矣！"又说："尔等甘为大清国不忠之臣，不亦愚乎？"但腐朽入骨的百官，不管怎样痛骂，还是无济的。他再向士子们讨好，斩舞弊主考柏葰（蒙族大学士），表示公平取士，但科场积弊极深，并不能"为士林维持风气"。他灰心失望，索性懒管政务，专玩女色，宠妾那拉氏（西太后）替他批阅奏章，嬖臣肃顺替他找美女，同时也出些政治上主意。1861 年秋天，他在热河发病死了。

曾国藩就在这个时候，由于肃顺和那拉氏的提拔，出任满清统治者压迫屠杀人民的急先锋。那拉氏、肃顺二人是当时满洲皇族里最有"政治头脑"的，他们知道了挽救满清的统治不能依靠满人而要依靠汉奸。肃顺公开宣称："满族没有一个人中用，国家有大事，非重用汉人不可。"1854 年（咸丰四年）曾国藩率湘军攻陷太平天国的武昌，咸丰帝得报大喜，对军机大臣们说："不图曾国藩一书生，乃能建此殊勋。"汉军机祁寯藻献媚道："曾国藩一在籍侍郎，犹匹夫也，匹夫居闾里，一呼蹶起，从者万人，恐非国家之福。"咸丰帝被他提醒，从此他坚守惯例，不敢深信曾国藩，专指望琦善、托明阿、德兴阿（江北大营）、和春（兼统江南江北两大营）等这些满洲将领和绿营将领向荣（江南大营）以及盗魁张国樑等人来维持那迫近灭亡的满清王朝。曾国藩这时候还能够掌握一部分兵权，这就全靠肃顺的竭力保荐。1860 年，即咸丰帝死的前一年，和春、张国樑被李秀成击溃，满军军势大衰，只得任曾国藩为两江总督，以挽危局。咸丰帝死后，西太后亲自执政，她马上改变政策，给曾国藩两江总督节制苏、皖、赣、浙四省的重要地位，让他充分发挥汉奸作用。

曾国藩从此不但与满清皇帝更亲密地结合在一起，而且与外国侵略者也结合在一起，厉行所谓"安内攘外"，终于将太平天国的革命火焰淹没在几千万人民的血泊之中。曾国藩的这个"事业"，使他成为百年来一切出卖民族的汉奸与屠杀人民的刽子手的开山祖。

曾国藩是湖南湘乡县一个地主家的子弟。他和曾国荃、曾国华带兵杀人。他的父亲和四弟在家乡依势横行，无恶不作，谁要是不合他们的意，就被加上会党的罪名，送到县里，教县官立即执行死刑，不许释放或监禁。县官熊某心知冤屈太甚，对自己不利，隔几天总要私哭一次。有人问他，他说："曾四爷又欲假我手杀人矣。"县里设立码头，照例杀猪祭神，曾家父子以为不够虔诚，杀十六个人代猪，表示敬意。曾国藩在这一家人里尤为特出，因为他不仅凶恶超人，而且还善于讲道德仁义来掩蔽超人的凶恶。他在道光十八年应科举成翰林，道光末年已升官到侍郎。他从满人倭仁、湖南人唐鉴讲习程朱道学，又被与乾隆时和绅并称满清二大奸相的另一道学老师穆彰阿认作特等人才，向道光帝密保，因此升官特别快。曾国藩既然一开始就是穆彰阿的门生私党，又是号称理学大师倭仁（官至首席大学士，为西太后所尊重）的讲学后辈，故与满洲贵族有亲密的关系；他的前辈唐鉴在湖南声望也很高，学徒众多；再加他本身侍郎资格；这些对他后来的"飞黄腾达"，都是有力的条件。曾国藩学得道学的虚伪，却不曾受束缚于道学的迂腐。邵懿辰（今文经学家）当面责备他虚伪，说他对人能作几副面孔。曾国藩说，"我生平以诚自信"，专标一个诚字来用人、办事；左宗棠与他因派别冲突，结成深仇，就专标一个伪字来揭穿他。事实上虚伪和残忍是结合在一起的，虚伪乃是残忍的一方面，这两方面正是曾国藩这个反动派代表者的特点。没有虚伪就不能表现他反对革命的真诚。

当时的满清统治，内政则残暴贪污，外交则丧权卖国，这是无论何人不能代为隐讳的。连曾国藩这样一个"诚实"走狗也不能不承认：满清钱粮太重，民不聊生；官吏害民，甚于盗贼；"冤狱太多，民气难伸"（咸丰元年《备陈民间疾苦疏》）；"外面完全而中已溃烂"（道光三十年《应诏陈言疏》）。这样恶贯满盈的政府，人民还不该革命自救么？曾国藩却坚决屠杀数千万革命人民（依容闳估计，约二千五百万人死在战争中），来保持这个万恶的满清政府，除了他的阶级贪暴性和汉奸卑劣性，任何理由也不能说明他和他所领导的一大群贼匪为什么必须这样做的原因。

曾国藩深研程朱理学，熟悉清朝政制，当京官时已显出他的一副手腕不同于一般官僚。带兵以后，虽不断受了革命方面的打击，但反革命意志却极坚决，自称能在受挫受辱的时候，咬牙立志，毫不气馁；愈是军事棘手，众议指摘，自己更加"心明力定"，"从耐烦二字痛下工夫"。后来一切反动统治阶级崇奉这个"曾文正公"作模范、作祖师，认他"是我国旧文化（封建文化的反动黑暗面）的代表人物，甚至于理想人物"，把他的汉奸反革命方法及其投降妥协的外交路线，当作统治人民与麻醉青年的经典，完全是有理由的。可惜他们不懂得曾国藩那一套反革命本领，只能暂时摧残太平天国一类的初期幼稚的革命，想搬运来用以破坏久经锻炼的中国人民的民主革命事业，就绝无成功的可能了。

曾国藩的活动与满清这一时期的历史是分不开的，从 1852 年（咸丰二年）至 1872 年（同治十一年）可分为下列四个阶段：（一）办团练；（二）与太平军相持；（三）战胜太平军；（四）保守既得成果同时反动派内部各种分裂表面化。

一、办团练（1852 年—1854 年）

太平军在广西永安时不超过一万人（上帝会员，老兄弟），入湖南后，因湖南天地会员的加入，人数大增，天地会首领洪大全，曾与洪秀全同称万岁。但自洪大全在永安城外被捕惨死后，天地会地位降低，不得享老兄弟待遇，一部分人遂逃回原籍，影响本地会党起事。他们股小而多，力量微弱，这就给当地官绅办团练来对付他们的机会。

团练一方面保护地主官绅的财产，一方面也使他们借以鱼肉乡民，敛财自肥。它是地方性的暂时武装，没有出县作战的意图，更说不到出省作战。从保甲团练以至编成正式军队，转战全国，这是由于当时满洲反革命军队的腐败无能，而一切反革命派——从满清皇帝到各种大小汉奸——却都要求有一个反革命劲旅来和太平天国作战所促成的。曾国藩所以能够进行这样大规模的反革命活动，就正因为湖南当时是处在革命与反革命冲突的要冲；同时他与满人关系亲密，善讲满清统治者所需要的程朱道学，有坚决反革命的决心和手腕，这几个条件也帮助了他。1852 年（咸丰二年），曾国藩丧母在家，咸丰帝叫他帮助湖南巡抚办理本省团练，任务只是"搜查土匪"。1853 年 2 月（咸丰三年正月），他到长沙办事，首先区别了团与练。他所说的团就是保甲，选择所谓"公正绅士"（事实上是最凶恶的绅士）当团绅，在本地清查户口，捕捉"匪人"（主要是当时的革命分子）；他所说的练则是训练乡兵，集中县城，随时出动镇压反抗。他表面上着重在办团，不重在办练，凡是绅士族长来请办团，就发给乡团执照、族团执照，使有约束乡、族，放手办事的权力。办练必需地方官主持，兵数不求多（约四五十人），更不求各县都练。实际上却是授权反革命绅士普遍办团，自己在省城募勇办练，不让地方官绅办练敛钱，既免分他的兵权，又免引起人民新的反抗。他说他办的是官勇不是团丁，足见他开始就有以官勇（临时招募）代官兵（绿营兵）出省作战的野心，不过形式上采取所谓保乡自卫，借以减轻、避免各方面的阻碍（如本省文武官的仇视、排斥，邻省的求援，咸丰帝的严令出战，新兵的不愿离乡土），并借以实现他的训练不完成、准备不充分，绝不出省境的主张。

曾国藩办团的方针是大张绅权，在省城设"发审局"，凡团绅送被捕人到局，立即处死，禁止尸亲呼冤，又禁止向团绅讲理。他竭力提倡团绅捕人，地方官杀人，捕人要多，杀人要快，官杀人"不必拘守常例"，绅捕人"不必一一报官"。人民更陷入朝不保夕的险境，大家叫他"曾剃头"，形容他杀人像剃头发那样多。他感觉到公论不容，给咸丰帝上了一个奏章说，"即臣身得残忍严酷之名，亦不敢辞"（《严办土匪以靖地方折》）。自然，咸丰帝大加褒奖，鼓励他"务期根株净尽"，巡抚们也就不敢公然对立了。这样，曾国藩成为湖南土豪劣绅的首领，同时也得排除某些阻碍，进一步完成他的办练计划。

曾国藩办练的方针是封建团结。练勇与将领全用湘乡人（湘军、湘勇由此得名）。练勇招募落后的农民充当，以便制驭。将领选取至亲、密友，以及秀才、童生，这些人多是罗泽南（与曾国藩同学，也讲程朱道学）的学徒，平时讲究所谓"忠诚"，声称愿为保卫"圣道""伦常"而死战。事实上他们主要目的还是为了求富贵，曾国藩也不愿意罗泽南势力独盛，采用收门生的方式，使罗氏学徒争着拜曾氏做老师。湘军大将王珍（即王鑫）不服，说"我的老师只有罗山（泽南）一人"，大遭他的嫉忌，终被排去，其旧部后来即形成左宗棠系的湘军。曾国藩用同乡、同学、亲友、师生四种关系团结湘军，造成私人军队谁招募、服从谁的作风，同时又奉他为唯一的独裁领袖。在左系湘军成立以前，整个湘军只服从曾统领一人，每个营只服从营官一人。各个营独立，彼此不相统属，除服从曾国藩，不受其他任何人节制。近代军阀军队从曾国藩湘军开始，李鸿章淮军、袁世凯北洋军等等军阀军队一直继承着，并且愈演愈烈地成为帝国主义的傀儡军队。

太平军占领土地在长江沿岸，非水师不能决胜负。因此曾国藩用更多的力量筹办长江水师，大造船舰，尤其重视洋炮，要求咸丰帝向广州购买千余尊，装备战船，洋炮不到，绝不出战。他崇拜洋炮，赞美备至，认为是战胜的决定因素。

1854 年 3 月（咸丰四年二月），湘军水陆两军组织完成，大举出战。陆军五百人为一大营，非湘乡人营官所统乡勇称小营，附属于湘军各大营。陆军凡十三营，五千余人。水师战船二百四十，坐船二百三十，凡十营，五千人。官员、练勇、工匠、夫役水陆共一万七千人。湘军将士在思想上有以程朱道学作基本的封建主义的武装，在军事上有相当周密的准备，在湖南后方有豪绅地主的拥护，算是当时有力的反革命军队。

湘军出境，曾国藩请求咸丰帝发给他空白执照四千张，内捐虚衔执照、捐监生执照各一半，派专人在湖南（湘军根据地）、江西（湘军进攻的目标）、四川（湘军饷源之一）等省募捐。大规模开捐，筹饷是目的之一，主要还在让那些缺乏社会地位的反动分子取得绅士资格，在本地办团。他的主意是"以绅辅官，以民杀贼，庶可佐兵力之不足"。（《奏参江西巡抚陈启迈折》）

曾国藩反革命事业的主要依靠之一，是在善于争取满洲皇族的信任。他办团设"发审局"，杀人如麻，负责局员二人，其一是满人裕麟。他练乡勇，遭绿营将领（多是满人）猛烈反抗（甚至采用兵变方式），乃用色钦额总管营务，保举塔齐布升任湘军大将，二人都是满人又都是绿营出身的军官，使绿营反抗不成大害。后来出境作战，总是上奏章，夸张塔齐布的忠勇和战功，说他们"二人亲如兄弟，合如胶漆"。塔齐布死后，特别尊崇多隆阿，曾一度推他作统帅，指挥湘军大将攻安徽陈玉成军。曾国藩力求取得满族统治者的信任，以便放手屠杀汉族人民，就是小事细节上，也避免引起猜忌。

二、与太平军相持（1854 年—1861 年）

1854 年 3 月（咸丰四年二月）曾国藩率水陆军准备出战，首先颁布一道叫作《讨粤匪檄》的文字。这篇檄文充分表现湘军将领的封建性、汉奸性，大意如下：

（一）"粤匪自处于安富尊荣，而视我两湖、三江（江西、安徽、江苏）被胁之人，曾犬豕牛马之不若。"针对太平军老兄弟新兄弟的区分，挑拨内部分裂。

（二）"粤匪窃外夷之绪，崇天主之教。""谓田皆天王之田"，"货皆天王之货。士不能诵孔子之经，而别有所谓耶稣之说、《新约》之书，举中国数千年礼义人伦、诗书典则，一旦扫地荡尽"。"我孔子、孟子之所痛哭于九泉，凡读书识字者，又乌可袖手安坐，不思一为之所也。"针对太平军之崇奉耶稣与农民的平均主义思想，着重号召读书人反对天主教，保卫孔孟圣道。这一号召不仅对当时的读书人有很大的作用，而且也迎合了一部分当时还散布在民间的守旧观念。

（三）"粤匪焚郴州之学宫（孔庙），毁宣圣（孔子）之木主"；"所过郡县，先毁庙宇"，"关帝岳王""以至佛寺道院，城隍社坛，无庙不焚，无像不灭，斯又鬼神所共愤"。针对士人尊孔思想，人民迷信心理，挑起宗教仇恨。

太平军宣布的民族大义，曾国藩却一字不敢提到，只说几句"今天子忧勤惕厉，敬天恤民，田不加赋，户不抽丁"，连他自己也不能相信的鬼话。在宣传上，太平军在反满清、反官僚、反地主方面得广大人民的拥护，湘军在反对天主、保护孔孟方面也有若干影响。在军事上，太平军纪律严明，绝不骚扰，到处受人民欢迎；湘军攻城夺地，尽量烧杀抢掠，将士得名得利，因此作战也非常凶悍。在政治上，太平军领土内一般人民安居乐业，生活比较改善；湘军实际是曾国藩率领若干股贼匪，出省恣意杀掠，但他代表全国所有反动黑暗势力，又以投降主义的方法缓和统治阶级内部的满汉矛盾以及中国统治阶级与外国侵略者的矛盾，求得某种程度的反革命团结，基础也还不弱。太平军和湘军在这些条件下进行十二年战斗，相持阶段占了八年。最后太平军失败了，这却不是因为湘军有什么特别的本领，而是因为太平军一部分领袖到了南京就不图进取，日趋骄慢，以至中途腐化分裂的结果。

正当湘军初次出发的时候，太平军攻入湖南，进军长沙附近。曾国藩自率一部分水陆军攻靖港，湘勇溃散，曾国藩三次投水寻死，都被随从人捞起。陆军主力塔齐布，水军主力杨载福、彭玉麟攻湘潭大胜，挽救了他的湘军。他描写这次战功说：

> 水勇开放大炮，专意射火焚船。是时北风甚劲，顺风纵火，遇船即着，自卯至未，烧贼船六七百只。长发（老兄弟）、短发（新兄弟），逐浪漂流，红巾、黄巾（太平军服装）随波上下，岸赭水温，同归浩劫。水战火攻，未有痛快如此者。（《会奏湘潭靖港水陆胜负情形折》）

他把惨杀当作痛快，后来每次战胜，总是用痛快的表情，绘声绘色地写出屠场惨景，宛然一幅一幅的地狱图，向满洲皇帝报功请赏。他的汉奸刽子手立场的坚决，真像顽石一般。

靖港、湘潭战后，太平军退回岳州，曾国藩乘机重整水陆军，裁去溃勇五千，补进罗泽南军营。罗营军官全是罗门学徒，战斗力很强。陆军有塔、罗，水军有彭、杨，湘军进一步坚强了。1854年8月（咸丰四年七月）湘军攻陷岳州，10月（九月）攻陷武昌、汉阳，1855年1月（十二月）进围九江，完成了第一步作战计划。

曾国藩出境作战，感到三个困难：

第一，太平军作战勇敢，"愈剿愈多，愈击愈悍"，湘军死伤极重，锐气挫损。曾国藩乃提倡兽性来报仇泄愤，"振作士气"。例如兴国、大冶战斗，获俘虏一百三十四名，"一概剜目凌迟"；九江城外获俘虏十二人，立即"凌迟枭示"；又生擒十三人，"就地挖目凌迟"；武昌城外太平军新兵战败，"带回七百余人，全数斩决"。崇阳战斗擒获七十余人，杀死祭阵亡将士，祭毕，令兵勇割人肉生吞。在曾国藩兽性示范下，湘军的残忍是从古少有的。例如1862年7月（同治元年七月），湘军攻破宁国府，"大呼直入东门，……一律斩薙无遗"。过了两个月，还是"城内外尸骸狼藉，无人收埋"（《请简亲信大臣会办军务片》）。贼匪逊湘军的残暴，野兽逊湘军的贪婪，贼匪兼野兽，才是湘军的真面貌。谭嗣同描绘这个真面貌说：湘军以戮民为义，城邑"一经湘军之所谓克复，借搜缉捕匪为名，无良莠皆膏之于锋刃，乘势淫掳焚掠，无所不至，卷东南数省之精髓，悉数入于湘军，或至逾三四十年，无能恢复其元气，若金陵其尤凋惨者也"（《仁学》卷下）事实上湘军攻破一城，就是屠灭一城，也就是洗劫一城，所谓"城破时，百物同归于尽"（《批示徽州知府刘传祺禀》），就是全城生命财产，顿时化为乌有。

第二，人民拥护太平军，敌视满清。许多记载都说，"民贼合一"，"民不恨贼而恨兵"，"贼如梳（没收富贵人财产），兵如篦（无所不取）"。曾国藩自己也说：自岳州以下直至金陵数千里，小民蓄发纳贡，习为固然，虽经谕令薙发，而乡民狐疑观望。官军稍有挫衄，则四面皆贼，饷道易断（《水师搜剿襄河续获大胜折》）。又说：官兵有骚扰之名，贼匪有要结之术，百姓不甚怨贼，不甚惧贼，且有甘心从逆者。官兵过境，无物可供买办，无人可为向导（《水师小胜并陈近日剿办情形折》）。派出探兵，多被乡民擒杀（《陈明邻省援兵协饷片》《曾国华殉难三河镇折》）。于是曾国藩的兽性发泄到人民身上，纵兵烧杀抢掠，残留的人民强迫薙发，作为投顺的标记。英人呤唎《太平天国革命史》称太平军纪律严明，沿途破坏大多为清军所为，责英国援助清军为不义。容闳《西学东渐记》对太平军、"官军"曾作公平的记载，他说："居民对太平军较有信用，商不辍业，农不辍耕，无荒凉景象。而太平军对人民，亦未闻有虐待事，相处甚得。"又说："运河（江南运河）两旁之田，皆已荒芜，草长盈尺，满目蒿莱，绝不见稻秧麦穗。旅行过此者，设不知其中真象（指清军烧杀破坏），必且以是归咎于太平军之残暴，殊不知官军之残暴实无以愈于太平军。以予等沿途所见，太平军对于人民，皆甚和平，又能竭力保护，以收拾人心，其有焚掠肆虐者，治以极严之军法。"就是曾国藩在同治二年《沿途察看军情贼势片》里也承认：太平军"禁止奸淫"，"听民耕种"，"民间耕获，与贼各分其半"，"傍江人民亦且安之若素"。南京攻破以后，太平军还是"民心未去"（《覆陈逆酋李秀成正法片》）。他为要取得胜利，乃大烧大杀，做到"男妇逃避，烟火断绝，耕者无颗粒之收，相率废业"，使太平军"行无民之境，犹鱼游无水之池"，"居不耕之乡，犹鸟居无木之山"（《沿途察看军情贼势片》）。他见长发人便杀，实际就是见人便杀。强令中国人民当满洲贵族的奴隶。

第三，湘军是贼匪组织，目的在抢掠，抢饱了就"思飏"，就是说想逃散。咸丰四年，曾国藩对咸丰帝报告攻破武汉以后的情形说："水师抢船太多，私匿藏货，破城以后，水陆弁勇各获财物，颇有饱则思飏之意。"（《水师搜剿襄河续获大胜折》）。田家镇战斗"各勇夺获贼船至五百余号之多，彭玉麟恐船只太多，争夺贻误，又恐众勇饱则思飏，遂将夺回之船，一并焚之"（《官军攻破田家镇烧尽逆船收复蕲州折》）。这还不是强盗争赃的图画？这算是"抱道君子，赫然奋怒以卫吾（孔、孟）道"（《讨粤匪檄》）？曾国藩要巩固军队，乃用一暗一明两个办法。暗的办法就是纵兵殃民。例如湘军驻扎石埭城，绅士们间接向他们诉苦说，"兵勇拆毁房屋，以作柴薪；捉去归民，为伊搬运；所有店铺，被兵勇辈占居买卖；更有夫役人等，借名砍伐竹木，而实攫取室中器物；城乡内外，房屋完全者百无一二；如此横行，以致归民有官兵不如长毛之叹"（《石埭绅耆致在省诸绅书》）。这是平时驻军的情况，战时杀掠算作军功，谁敢向他诉苦呢？他在事情无可掩蔽的时候，训斥军官一顿，表示维持"纪律"和"声誉"。明的办法是虚报战功。凭他善于做文章，把湘军写得战无不胜，一方面取得满清皇帝的信任，一方面笼络饱则思飏的军心。湘军保至三品以上的军官，不下数万人（《陆军借补小缺请饬部核议片》），使这些人贪利又贪官，升官无止境，贪利也无止境，继续留在军营当贼匪。也有整营的官和勇，抢饱了不愿打仗，曾国藩只好全营解散，另招一群"深山穷谷寒苦之民"来补充。湘军始终依靠"贪""残"维持它的"战斗力"。

1855 年 1 月（咸丰四年十二月）湘军围九江，至 1858 年 5 月（八年四月）陷九江，1859 年 7 月（九年六月）陷景德镇，江西入湘军手，前后凡四年半。中间经无数次大战，陆军主将塔齐布、罗泽南（六年三月回救武昌时毙命）都被太平军击毙，水军战败被分为内湖（鄱阳湖）外江（长江）两部，形势常在危急中。曾国藩出死力保持通浙江的道路，从浙江方面获得闽浙的饷银、食盐及上海的关税、厘金，湘军不断溃败，终得免于散灭。石达开主持江西军事，曾国藩最怕他，说他"狡悍为诸贼之冠"。1856 年 9 月（六年八月），洪、杨、韦内讧，石达开驰回南京，咸丰帝喜出望外，令曾国藩准备石达开来投降。曾国藩到底是老练的，他答复咸丰帝，深怕石达开执朝政，说，"若其石逆胜而洪韦败，则该逆挟诡诈以驭众，假仁义以要民（结民心），方且飞扬自恣，未必遽有投诚之心"（《江西近日军情据实复奏折》）。他又知道即使石败也不会投降，说他曾劝太平军九江守将林启容归顺，伪造文件骗瑞州守将赖裕新离防地，均无成效，还是切实备战要紧。果然，石达开出南京后，率兵自江西攻浙江，曾国藩大恐慌，急令大将曾国荃、李元度率湘军主力攻石军后路，大将李续宾（罗泽南部统将）出全力攻陷九江，石达开是孤军，不得不退出浙江。

太平天国的内讧当然是此后太平军失败和曾国藩成功的一个决定原因，但太平军后期的陈玉成、李秀成两个健将，并未使曾国藩得到顺利的成功。1859 年 11 月（咸丰九年十月）曾国藩定四路攻安徽计划，曾国藩、曾国荃任第一路攻安庆。太平军安徽主将陈玉成骁勇善战，联络捻军，1858 年 11 月（八年十月），三河镇大战，玉成击毙李续宾、曾国华，罗泽南旧部全军歼灭，曾国藩畏惧陈玉成，出全力对抗，才能支持。1860 年 5 月（十年闰三月），李秀成、陈玉成合攻江南大营，和春、张国樑败死，大营溃散。秀成军攻取苏州，直入浙江境。满清朝廷感到生命危险，发生空前所未有的慌乱，第一次给曾国藩地方政权，叫他署两江总督，带兵亲往援救，"保全东南大局"。江南大营（向荣自广西率绿营兵尾随太平军到南京，驻兵孝陵卫，号江南大营）统帅向荣死后，即用旗人和春为统帅。照咸丰帝的看法，满洲统帅与汉人曾国藩对立，绿营兵与湘勇对立，湘军在外围战胜太平军，满洲统帅就近取南京居首功，可以保持满洲统治者的威信。大营溃散，咸丰帝的计划失败了，曾国藩取得两江总督，表示湘军势力大进了一步。不过曾国藩并未应命赴援，他认为安庆城围一撤，全局败坏，不可收拾，坚决不离开安徽。当时满清的形势确是异常危急，江浙迫于李秀成，鄂、豫、皖困于陈玉成、张洛行，江西又为李世贤、黄文金所攻入，这种局面，迫使曾国藩也不得不压抑一下曾系湘军独占战功的思想，保荐左宗棠帮办军务，当自己的助手（实际是胡林翼保荐，咸丰帝重用左，分曾军权），保荐沈葆桢（林则徐女婿，不满意穆彰阿派的曾国藩）守江西，保荐李鸿章办淮军。他对李鸿章特别重视，说"该员劲气内敛，才大心细"，挑选长江水师打仗得力的将弁，交李鸿章使用，从此出现了左系湘军和李系淮军。

正在这时，又发生了一件震动全国的大事，使满清的统治更见危急，也使曾国藩的毫无民族立场的汉奸本质更见发展。这就是英法联军之占天津、攻北京，直接威胁到清室与整个中国的生存。照常理说，这是满清立国以来的空前巨变，忠于皇室、忠于圣道的曾国藩应该火速去抵抗了，但是事实却完全相反。曾国藩仍旧坚持他的军事计划，自己专攻安庆，江西交给左宗棠，准备从江西入浙江，对英法的侵略者方面则预定投降、丧辱，悉所不计。他在《奏复胜保请飞召外援折》里说："俟该夷就抚。"胜保的所谓外援自然是指湘军，但这个外援这时却不是咸丰帝的外援，而是英法的内应了！形式上他是说要英法就咸丰帝之抚，但这显然只是要咸丰帝就英法之抚的阿 Q 式的说法罢了！当时咸丰帝调湘军上谕说："情形万分危急，勿得借词延宕，坐视君国之急。"曾国藩却拒绝调兵，直接提出"抚"的办法。他知道对英法侵略者接仗，只能丧失兵力，破坏反革命的内战计划，不如投降妥协较为便宜。满清昏聩卖国，曾国藩精明卖国，他的才干胜任反革命的内战首魁，因之他也胜任卖国能手。

当英法反动派联合的军队火烧圆明园，咸丰帝逃往热河，清政府订城下之盟《北京条约》的时候，曾国藩正在江西、安徽埋头作反革命的内战，连打败仗。中、英、法和议成功，法国、俄国的反动派要求出兵助攻太平军，美国反动派要求从海道运漕米到天津，曾国藩赞成"目前资夷力以助剿济运，得纾一时之忧"。法国刚把他的"皇上"驱逐出北京，还不曾回来，也要"奖而允之，许其来助"以反对太平天国(《复陈洋人助剿及采米运津折》)。他的头脑里,确是除了反对革命的人民以外,再没有别的思想。《北京条约》后,英法与满清的勾结进了一步。1861 年 6 月(咸丰十一年五月),帮助满清的英人赫德(管理中国海关)建议进口鸦片每箱加课新税,用税款买外国小火轮及枪炮,法国也愿出卖枪炮并派人传授制造法,咸丰帝很满意,征询曾国藩意见。曾国藩完全赞成,认为"我皇上圣虑周详,安内攘外(!)之至意"(复陈购买外洋船炮折》)。他要求咸丰帝订购洋船未到前,马上先拨给两只从美国租来的破旧轮船使用。在利用外国人力物力以屠杀人民时,曾国藩就全然不管什么中国文明与外国文明的界限了,相反地,把外国侵略者当作救命王,把本国人民当作唯一的仇敌,假"安内攘外"之名,行"按内让外"之实,假尊孔复古之名,行亡国灭种之实,这正是曾国藩传给后来统治阶级的"不朽"衣钵!

曾国藩坚决围攻安庆,1861 年 9 月(十一年八月)终于被他攻破,屠杀城中太平军二万余人(老弱妇女在外),跳水图逃的又被水师截杀,"实无一人得脱"。他自称大快"人"(兽)心,向咸丰帝报功,不料这个满洲主子在八月里因荒淫过度死去了,他接到消息,哭得"伏地恸绝",说是不得趁主子活着的时候博他一笑。

《太平天国革命运动》（节选）*

一 绪言

资本主义社会的发展，创造了世界市场。自从《南京条约》订立，五口通商，中国以半殖民地的资格，进入世界市场了。闭关时代，人民受封建剥削，已经极其痛苦；鸦片战后，又加外来的资本主义剥削，这种新式剥削，破坏了中国手工业，使数千年来小农业与家庭手工业合成一体的社会机构开始在某些地区趋于瓦解，更严重的是促迫满清统治者在全国范围内猛烈增加封建剥削的强度，繁重得难以负担的旧捐税上，又加上新捐税，用以填补赔款和鸦片贸易的亏额。鸦片战后十年间，中国社会骤然遭遇这种史无前例的大变动，不论南方与北方，城市与乡村，全部震荡起来，旧的财政、经济、政治、礼教各种制度，愈更成为中国人民的祸害，新的人民的反封建革命运动，在这样时代条件之下是必然要发生了。而揭开这民主主义革命序幕的，就是马克思称为"处于社会革新底前夜"的太平革命。那时，以英国为首（它占中国进出口总额四分之三）的外国侵略者与满族皇帝为首的封建剥削者，给予人民最大的痛苦，试看下列事实，英国的鸦片，满清的暴政，显然是痛苦的源泉。

英国输入纺织品价额表（单位：千金镑）

年份	棉织品	毛织品
1842 年（道光二十二年）	470	146
1843 年（道光二十三年）	655	417
1844 年（道光二十四年）	1457	565
1845 年（道光二十五年）	1636	539
1846 年（道光二十六年）	1024	439

1834 年，英国商品输入中国总值八十四万二千八百五十二金镑（鸦片与现

---

* 选自《范文澜全集》第 6 卷，河北教育出版社 2002 年版，第 417-423、447-459、481-485 页。

银不在内），广州的织工，已经感觉到："棉纱输入的增加，剥夺了其妻子们织棉纺纱所得的利益"（Peteramber 著 *China: an Outline of its Government Laws and Policy*）。1842 年—1845 年，英国纺织品输入增长，经由五口直入内地，它的破坏作用就更大，更普遍了。但到 1846 年英货输入开始低落，此后十年，输入额平均说来几乎没有变动。这说明英国布匹对中国纺织手工业起了破坏作用，但不是很严重的。输出方面，中国丝茶逐年增长，在中英合法贸易上总是占优势，足够抵补布匹及其他商品的价值而有余。英国对华经济侵略，主要依靠可耻的鸦片贸易，从《南京条约》的签订时起，鸦片贸易享有不可侵犯的权利，大量输入中国，每年换取等于数百万金镑的银两出口，从 1840 年—1850 年，英国输入鸦片箱数如下：

1840 年（道光二十年）	20619 箱
1842 年（道光二十二年）	33508 箱
1844 年（道光二十四年）	28667 箱
1846 年（道光二十六年）	34072 箱
1848 年（道光二十八年）	46000 箱
1850 年（道光三十年）	52925 箱

十年间，鸦片输入增加一倍以上，消费者主要是统治阶级中人，他们施行各种搜括方法，强迫人民补偿耗失的银两，鸦片贸易继续上涨，正与政治愈益腐朽，剥削愈益残酷，银源愈益枯竭，人民愈益困穷成正比例的发展。江苏浙江一带漕赋一石，须纳米二石五六斗（冯桂芬：《致许抚部书》）；折色纳银，米价一石二千，折价竟至八千、十千以至数十千（吴云：《致潘季玉观察书》）。江西浮收在二三石以上，勒折多至七八两（沈葆桢奏）。安徽浮收超过正额数倍，折价超过十数倍（缪荃孙：《续碑传集》）。湖北漕米每石浮收在三倍以上，折色每石竟多至十八九千，二十余千（胡林翼奏）。湖南地丁正银一两，民间须缴纳数两，漕米一石，须缴纳数石（骆秉章奏）。除此而外，地方官吏还勒索规费，胡林翼说湖北每县陋规，多至数十款百余款；湖南钱漕规费，款目繁多，不但民间难以折算，即州县亦难逐一清厘，多端需索，民不堪命，称官吏为"蝗虫"。长江沿岸六省如此，全国各地也莫不如此，如直隶徭役，"富者可以隐匿，贫者分厘必科，杂乱无章，偏枯不公；其尤甚者，莫如绅民两歧，有绅办三而民办七者，有绅不办而民独办者，小民困苦流离，无可告诉"（《清史稿·食货志》）。如"河南两次大工（河工）之后，民鲜盖藏"（道光二十九年上谕）。困苦无告

的农民，为了生活，只好求救于高利贷者，"而富人好利，挟其至急之情，以邀其加四、加五之息"（章谦：《备荒通论》）。春借一石，秋还二石，高利贷者发了横财（广西贵县林罗两姓，嘉庆、道光年间，都以营典当业积资至二百万以上），而农民却愈益饥寒。地主高利贷者更藉此兼并土地（胡林翼家中有田数百亩，未多兼并，被称之为"此岂今之人也"，可见当时官僚地主，无不兼并土地），逼迫农民流离失所，荒地增加，生产力大受破坏。

地主豪绅或与官吏勾结，朋比为奸，或放高利贷，兼并土地，与其说受加赋之害，不如说受加赋之利，土地集中现象在鸦片战后特别紧张，地主豪绅因中小农破产，财产愈益增加，鸦片销路也顺利扩张了。那时候中小农民生活的穷困是难以形容的。例如江浙产米地区，米一石平均值钱三千文。银价在道光初年，每两换钱千一二百文，道光十八年（1838年），换钱一千六百文，二十五年（1845年），京中换钱约二千文，外省换钱二千二三百文，农民卖米所得，以钱折银，实际减缩一半左右。官府征收地丁，定价银一两，道光十九年（1839年）收钱一千八百八十五文，后渐增至二千余文以至二千八九百文，总比市价高数百文。农民完纳地丁银一两，历年递增须卖米一石，再加漕米折银，每亩又需米数斗，平常年景，亩产米一石五六斗至二石，完纳地丁漕米，已经剩余无几，暂时拖欠就遭血肉狼藉的惨刑，破产更不可免。因此他们惟一的生计，是压缩自己的生活费，限于豆麦蚕桑纺织等副业范围内，一遇天灾疾病及其他意外事，副产不够养生，当然成为高利贷的牺牲品。佃农雇农生活尤其恶劣，上等佃户耕田二十亩，每亩所费种籽、肥料、牛具、农器、农忙帮工等约一千文，春季缺粮必需填补，一般向当地富户借贷钱米，秋收时加倍偿还。每亩产米不过二石，共收四十石，还田主租米二十石，还债主钱四十千，米若千石，一年辛苦耕作，剩余极微，经营副业，又需借人本钱，支付重息。中下等佃户负债更多，终身不能脱离高利贷的盘剥。雇农工资通常每年十千文，无力娶妻成家，依附雇主过奴隶生活，是农民中最苦的一级。因地主的剥削，中小农佃户继续破产失业，多数转入雇农或流民群中。"天下贪官甚于强盗，衙门酷吏，无异虎狼。富者纵恶不究，贫者有冤莫伸，民之财尽矣，民之苦急矣。"（《万大洪告示》）只有革命才是出路。

当时全部政治机关凶暴贪污，比鸦片战前更甚，连曾国藩那样残忍的汉奸，也不能不认为"百姓颠连困苦"，举出一些"民间疾苦"，劝告奕訢"务思所以更张之"了。照曾国藩《备陈民间疾苦疏》所说：

第一是"银价太昂，钱粮难纳"——"昔日两银换钱一千，则石米得银三两（每石平均价三千文），今日两银换钱二千，则石米仅得银一两五钱。昔日卖米三斗，输一亩之课而有余；今日卖米六斗，输一亩之课而不足。朝廷自守岁取之常，而小民暗加一倍之赋。州县竭全力以催科，吏役四出，昼夜追比，鞭扑满堂，血肉狼藉。民之完纳愈苦，官之追呼亦愈酷，或本家不能完，则锁拿同族之殷实者而责之代纳，甚者或锁其亲戚，押其邻里，真有日不聊生之势"。这里所谓小民实指富室豪绅以外的土地所有者，他们把所受的剥削，转嫁给贫农、雇农和佃农，终年辛苦耕作的劳动者更无法生活了。

第二是"盗贼太众，良民难安"——"兵役平日皆与盗通，临时卖放，泯然无迹。或反借盗名，以恐吓村愚，要索重贿。否则指为盗夥，火其居而械系之，又或责成族邻，勒令缚盗来献，直至缚解到县，又复索收押之费，索转解之资。故凡盗贼所在，不独事主焦头烂额，即最疏之戚，最远之邻，大者荡产，小者株系，比比然也"。这里所谓盗贼，实际是饥民反抗富户，真正盗贼，却是全部行政机关，从官吏到兵役，无不"焚毁民房，讹索财物"，借口捕盗，实行烧杀抢夺，残暴远非普通盗贼可比。

第三是"冤狱太多，民气难伸"——人民控告官长吏役，"大率皆坐原告以虚诬之罪，而被告者反得脱然无事，一家久讼，十家破产。往往有纤小之案，累年不结，颠倒黑白，老死囹圄，令人闻之发指者"。这里所谓冤狱，实际就是法律保障贪污。统治阶级的法律必须伪装一些公正面目，才能欺骗人民，现在真面目完全暴露，法律丧失信用，"令人发指"的原因在此。

曾国藩代表一部分缺乏政治势力的有产者诉苦，社会极大多数穷民的冤苦，他是不理会的。但仅就这三条说来，满清官僚政治的黑暗，农业生产的摧残，足够证明人民要求革命的正当了。他在《议汰兵疏》里又说："兵伍之情状，吸食鸦片，聚开赌场，各省皆然。见贼则望风奔溃，贼去则杀民以邀功。"满清养绿营兵七十万，八旗兵二十五万，全国分驻一百万武装强盗配合号称官员吏役的文法强盗，共奉满洲皇帝为渠魁，一致向人民敲剥，悍然不顾。这样一具残暴腐败的统治机器，只有对满洲贵族、汉奸、地主、外国侵略者有存在的必要，从人民方面看，除了捣毁它，再没有自救的道路。

中国人民反抗满清，从来不曾停止，鸦片战争前后，南北各省反满秘密结社，广泛发展。被统治阶级发觉的已经是名号繁多，实际并不只这些。例如咸丰元年七月戊子（1851 年 7 月 5 日）上谕："近来四川之啯匪，河南之捻匪，湖南之斋匪，湖北之痞匪，以及山东安徽匪徒，结党成群，几于所在多有。"事实上捻党散布河南、安徽、山东一带，为北方白莲教天理教两次大起义以后新起的大势力，斋教散布湖南、江西、福建、浙江一带，为两宋魔教（北宋末魔教主方腊起义）的流派，都不是仅限于一省。势力尤大的天地会（又称洪门、三合、三点），分长房福建和甘肃、二房广东和广西、三房云南和四川、四房两湖、五房浙江和江南，会员布满南中国，以"反清复明"为共同宗旨。其他小派别，单是湖南一省就有串子会、半边钱会、一股香会、红黑会、红簿教、黑簿教、结草教、斩草教、捆柴教等名目。各种秘密结社，大致相类，这种散漫小规模的结社，不论它思想如何愚昧，方法如何落后，本质都是穷苦人民反抗统治阶级的一个力量，从鸦片战争起，大小会社以日益扩大的规模发动武装起义，较著称的如下：

1841 年——湖北崇阳县人钟人杰聚众数千人起义，自称钟勤王，并竖都督大元帅红旗，次年战败被杀。

1843 年——湖南武冈州人曾如炷起义。

1844 年——台湾嘉义县人洪协等起义。湖南耒阳县人杨大鹏等聚众抗粮起义。

1845 年——清山东巡抚发兵捕杀捻党。

1846 年——云南永昌回民起义。湖南新田县人王宗献起义。江苏昭文县人金得顺等起义。

1847 年——天地会首领雷再浩、李世得等起义，进攻全州，湖南广西天地会员准备响应。

1848 年——清廷谕两广、湖南、江西各督抚严拿天地会员。

1849 年——广西大饥，乡村间饥民千百成群，向富户借贷钱米。富户办团练，藉口保全身家，请州县官出示，特准对饥民"格杀勿论"。统治阶级的残忍性完全暴露，天地会和饥民纷纷起义，揭"官逼民变""天厌满清""反清复明""朱明再兴""替天行道""劫富救贫"等旗号，攻占城市，诛戮官吏，声势大振。广西一省起义军多至数十部，每部有众数百人以至数千人，其中大部如湖南新宁县天地会首领李元发占据广西、湖南、贵州三省边境，三省天地会起兵响应，元发遭清兵围攻，战败被杀。又广西贵县盗魁张嘉祥（降清后改名张国樑），迎合饥民心理，提出："上等的人欠我钱，中等的人得觉眠，下等的人跟我去，好过租牛耕瘦田"四句口号，大得贫苦人拥护，在各部中兵力最强，不久张嘉祥战败，投降清军，成太平天国的劲敌。当时天地会山堂分立，缺乏统一指挥；首领贪图小利，政治思想模糊，清兵利用这些弱点，居然收各个击破，压平反抗者、贿买反革命走狗的功效。可是太平革命军与其他起义军不同，它有坚强的军事组织，统一的宗教信仰，显明的政治纲领，强烈的民族意识，继各部起义军失败之后，冲破清兵包围，展开伟大场面，这绝不是偶然的。

四　天国建设诸问题

外交问题

上海是英美法三国侵略中国的根据地，它们不愿中国有新的变动，尤其不愿上海有新变动。咸丰三年三月二十五日（1853 年 5 月 1 日），英公使兼香港总督文翰给太平天国信里说："总之中国既准五口通商，则无论何人，有损我商务者，我国惟以兵戎从事。"这就是各国对太平天国的一般态度。

当时满清政府大施卑污卖国手段，要求外国援助。一面宣称租界西人都赞成清政府，欧洲兵船十余艘，准备协助"剿匪"，进攻南京；一面划上海内外城厢地，请各国海军保护，更伪造太平军排外告示，威吓外人。

当时上海人民因洋人"强征民地"满城贴标语："杀尽洋鬼子"（Hauser，出卖上海滩），英美法各国很怕太平军乘胜攻下上海，于是宣布"中立"。英使文翰通知满清上海道吴煦声明："除保护英人生命财产外，不能以兵相助"，但允许满清政府雇用英美船四只，由英美人管带攻击太平军。同时英美法组织武装侨民，号称"义勇"，与海军合作，防卫上海租界，文翰又亲去南京"视察太平天国实况"。所谓"中立"，实际上是偏袒满清的。三月二十日（4 月 27 日）文翰到达南京，致书太平军说，英国"并非襄清打仗"，"广艇及上海道雇之兵船至镇江""乘机开放枪炮"，"与我（英）均不相干"，因为"英人以私人所有之船只出卖，法律无以禁止"。三月二十六日（5 月 2 日）太平军回覆信件送到英舰，信上称英国为"藩属"，文翰很不愉快的回去。

其实太平天国方面，不懂得国际情势与外交手腕、礼仪等，那是不足怪的。外国侵略者反对太平天国，主要并不在太平军首领的傲慢态度，而在他们的正确主张：就是国际地位平等（中外是兄弟之国，要共同生活如弟兄），国际贸易的完全自由，但严禁鸦片输入。其次是"将来外国人可以随便用汽船、铁路、电线及其他西洋器具而无碍"（《太平军纪事》）。当时侵略者自称"文明传播者"，把中国人当作野蛮人对待，而国际贸易情况，举 1855 年为例，上海输入总额达160 万镑（现金和鸦片不在内），其中英国占一百一十二万镑，美国占二十七万镑，其他国家占二十万镑。上海输出总额则达一千二百六十万镑，其中英国占六百四十万镑，美国占五百三十九万镑，其他国家占十万镑。这样巨大的输出超额，完全靠鸦片输入来抵补。1856 年，输入中国的鸦片约值三千五百万元，英印政府在这一年内，鸦片收入二千五百万元，占国家收入总额的六分之一（1853 年占七分之一）。严禁鸦片，等于致英印政府于死命，这是英国为首的侵略者反对天国的基本原因。其次，太平天国允许将来外国人可在中国办新式交通和工业，那时资本主义还没有达到帝国主义阶段，不能大宗向国外输出资本，事实上等于中国有将来自办新式交通和工业的意志。英国会议员斯特卜莱登对选举人演说："假使中国成为一个大工业国，那我就不知道，欧洲从事工业的居民如果不将自己降到自己竞争人的地位，如何能够经受得住和这些竞争人的斗争"（《资本论》引）。他们深怕"世界上生活程度最低的中国人"进步到资本主义社会，这是反对天国的第二原因。所以英美法虽然宣布局外中立，是对蓬勃发展的太平革命势力有所顾忌，并非善意的真正中立。太平天国考虑禁烟问题，不愿引起外国冲突，采取消极政策，停止向江浙作军事行动（《赖文光自述》说明这种政策确是畏避外国侵略者）。其实乘革命涨潮夺取上海，与英国订约逐年减少鸦片输入量，英国为保持丝茶贸易（产地在天国境）及发展布匹贸易（英国特产），冲突不是不可以避免的。

政治思想与宗教问题

洪秀全倡导的太平天国革命运动，是中国广大穷苦人民反官绅地主富商高利贷一切封建剥削制度的产物，同时它又是英国大炮的产物，这就是说，太平天国的革命运动与世界资本主义发展有机地联系着。秀全生在国际贸易发达的广东，通过基督教接受某些资本主义影响，与人民反封建剥削的实践要求结合起来，再加上中国传统的大同思想与《周礼》中制度，形成一套特殊的上帝教教义，其中包含着的民主内容，主观上是社会主义的空想，客观上正是资本主义将在中国萌芽的反映。

洪秀全的上帝是平等自由博爱的上帝（杨、韦内讧以后，上帝变样了），是战斗诛妖的上帝，总之是一个革命的上帝。恩格斯说："一切反对封建制度的斗争，在当时（欧洲资产阶级开始革命时代）都要带上宗教的外衣，而且首先必然要反对教会（天主教会）。"上帝教正是这样的宗教，它不要在中国有六七千教徒的天主教做朋友，却要和一千四百教徒的基督教做兄弟，这不是偶然的。中国没有欧洲那样权力集中的天主教会，而有散漫繁杂的菩萨、神仙、孔子、儒先以及无数牛鬼蛇神，替封建统治者服务。洪秀全把"正"的方面集中出一个"皇上帝","邪"的方面集中出一个"阎罗妖",斗争营垒划分得很清楚。他开始传教,一个地方绅士劝说:"中国人皆拜偶像的,让他们自由拜神罢。"这个统治阶级的所谓自由,被他拒绝了,他把自己书塾里的孔子牌位抛弃,又打毁威风极大的甘王爷神像,上帝教徒受他的感化,从旧神权中解放出来,敢于向人间社会要求信仰自由。当桂平县官吏派兵捉拿洪秀全、冯云山时,教徒大呼"我们要拜什么神是不能受人号令的"(《太平军纪事》)。金田起义后,清兵屠杀新墟,教徒直立受刑,不肯下跪,对清兵大呼"为何迟迟不动手,要杀便杀罢,我是不怕死的"(《太平天国起义记》),这是多么英勇的战斗精神啊!

《救世》《醒世》《觉世》,三篇是上帝教根本教义,要求在上帝统率下,国与国平等,人与人平等,男与女平等,贫与富平等,反对私,反对妖,反对不正,反对压迫,充满着对阎罗妖战斗的勇气。此后太平天国的教义,都从三篇教义出发,成为太平革命运动的最高原则。

上帝教包含宗教迷信与革命思想两部分,在广西,迷信部分曾起了极大的组织作用,但从全国范围说来,一般人保守拜鬼神尤其是拜祖先的习惯,不能轻易放弃,外国神耶稣更不合鸦片战后全国反侵略的心理。太平军入湖南境,如果参照《万大洪告示》的方法,强调反满革命理论,少提天父天兄一类耶教迷信,号召力定会增大无数倍。可是太平军不懂得一出广西,宗教部分必须放松的道理,自永安到南京途中用东王、西王名义,发布《奉天讨胡》《奉天诛妖》《谕救世人》等檄文,后两道劝人丢邪神,拜上帝,信奉上帝教,前一道申明民族大义,鼓舞革命义愤,文字极强健有力,但至少被后两道打折扣一半。据比较可信的传说,当太平军围长沙时,左宗棠曾去见洪秀全,论攻守建国的策略,劝放弃天主耶稣,专崇儒教,秀全不听,宗棠夜间逃走。不论左宗棠果有其事与否,反满不反孔,确代表一部分士人的思想,这种人既不像官僚那样腐朽无能,又有能力去欺骗落后民众,是一种不可轻视的力量。曾国藩《讨粤匪檄》特别强调:"士不能诵孔子之经,而别有所谓耶稣之说,《新约》之书。"又说:"粤匪焚郴州之学宫,毁宣圣之木主,十哲两庑,狼藉满地,所过州县,先毁庙宇,即忠臣义士如关帝岳王之凛凛,亦污其宫室,残其身首。"这一宣传,曾国藩胜利了。湘军的领导骨干是士人,借"卫道"名义掩护汉奸的实质,如果太平军对士人有正确政策,可以削弱湘军一部分实力。

太平军出广西境,落后的人民对完全陌生的上帝教,自然会看作外国教,接受曾国藩"窃外夷之绪,崇天主之教,乃开辟以来名教之奇变"的恶宣传。太平军在信仰方面,应改"打倒一切偶像"为"打倒菩萨、神仙、淫祠",不必毁孔子、关、岳庙，更不必强迫人民专拜上帝，理论方面应采取儒书中可用的学说（《救世》《醒世》两篇就是这样做的），与平等思想结合，不必把儒经当作"妖书"。这是革命的让步，也是对反革命的进攻，只有这样，才能减轻社会的阻力，打击曾国藩一类人的阴谋。但后来洪、杨愈更偏重发展迷信部分，尤其是杨秀清假借"天父下凡"，遂行私意，僭妄自大，造成"宗教腐化"（《太平军纪事》评语）及洪、杨冲突的恶果，发动革命的工具却转化为破坏革命的毒素了。

经济问题

咸丰三年（1853 年），太平天国在南京刊布《天朝田亩制度》，这是天国政治经济的基本思想。文件中有下列一段话：

> 凡天下田，天下人同耕，此处不足，则迁彼处，彼处不足，则迁此处。凡天下田，丰荒相通，此处荒则移彼丰处以赈此荒处，彼处荒则移此丰处以赈彼荒处。务使天下共享天父上主皇上帝大福，有田同耕，有饭同食，有衣同穿，有钱同使，无处不均匀，无人不饱暖也。

根据这个废除私有财产的原则，在土地问题上产生分田法，根本推翻地主占有土地制。

> 凡田分九等，其田一亩早晚二季可出一千二百斤者为尚尚田，可出一千一百斤者为尚中田，可出一千斤者为尚下田，可出九百斤者为中尚田，可出八百斤者为中中田，可出七百斤者为中下田，可出六百斤者为下尚田，可出五百斤者为下中田，可出四百斤者为下下田。尚尚田一亩当尚中田一亩一分，当尚下田一亩二分，当中尚田一亩三分五厘，当中中田一亩五分，当中下田一亩七分五厘，当下尚田二亩，当下中田二亩四分，当下下田三亩。凡分田照人口不论男妇，算其家口多寡，人多则分多，人寡则分寡，杂以九等，如一家六人，分三人好田，分三人丑田，好丑各一半。
> 凡男妇，每一人自十六岁以尚受田，多逾十五岁以下一半。如十六岁以尚，分尚尚田一亩，则十五岁以下减其半，分尚尚田五分。又如十六岁以尚，分下下田三亩，则十五岁以下减其半，分下下田一亩五分。

这个分田法不是根据各地实际情况，而是在纸面上作详细规定，这就不得不陷于空想。据现有各种史料看来，它似乎不曾实行过，因为土地与人口的配合，情形非常复杂，不像想象那样容易；同时满清军队不断进攻，烧杀抢掠，天国领土常起变动，农村秩序无法安定。但从另一意义看，也可以说实行了田地分配。光绪三年（1877 年）两江总督沈葆桢奏报江宁府属劝垦情形说："乡民自种自食，每户不过十数亩而止，余地招募客民，给以资本，倘加催索则席卷潜逃。"太平战后地广人稀，一个劳动单位（一人）一般占田十余亩，与现存太平天国宝安局执照："周志记田主租捐报明，计田十四亩八分"大致相符，据天国十三年（1863 年）便民由单："冯嘉龙户本年应完漕米二斗四升"，如按十四余亩计算，漕米在总收入中仅占极小部分。因为地主高利贷者或死或逃，土地归耕者所有，地主剥削已不存在；满清地方政权摧毁，曾国藩《备陈民间疾苦疏》所举的三条暴政也已废除，农民有田可耕，无各种剥削，仅对天国政府缴纳轻微的粮米，生活确是改善了。《太平天国外纪》说赋税极轻，农田视土地之肥瘠，分九等课税。照曾国藩（1863 年）说："民间耕种，与贼各分其半。"照杨秀清奏："晓谕良民，照旧交粮纳税。"照《李秀成自述》："苏州百姓应纳粮税并未收足，田亩也是听其造纳，并不深追。"照林彩新《劝谕青岩民众檄文》（1862 年）："照依旧规，请令设局，投诚捐粮。"依据这些材料，太平军取之于农民的主要是听其造纳并不深追，至所谓照旧捐粮，如果照满清漕米旧规"钱粮之重甲于天下"的江南，每亩正额不过二斗内外，即使加上"漕斛""帮费"，总数也不过六斗，占每亩产量（一石五六斗至二石）中三分之一左右（满清钱粮太重，不在额数而在米变钱，钱变银及其他折色、浮收、讹诈、刑追等恶弊），尚不及"公私各半"，天国农民生活与满清统治时期对照，显然有天渊之别。这就给"最纯粹的、最澈底的、完满到合于理想的资本主义"造成最迅速发展的先决条件，太平革命的伟大意义在此，曾国藩为首的一群贼匪所"痛恨"的理由也在此。

在废除私有财产制（实际上只是要求废除地主私有财产）原则下，又产生圣库（藏银钱）、圣粮（藏米粮）制度。太平军上起天王，下至士兵，都不领俸钱，只是食肉有区别，天王每日给肉十斤，以次递减，至总制（等于满清知府官）每日半斤，总制以下不给肉，每逢礼拜日，各官开单赴圣库、圣粮领礼拜钱、粮米油盐及祭上帝物品。两司马（管辖二十五人的小军官）每七日给钱一百文，普通兵士五十文，每二十五人每七日给米二百斤，油盐各七斤，另外有买菜钱，下级军官可向上级请求，钱数不等，买猪鸡等供众兵聚餐。原则上天王到士兵不准私蓄财产，衣食器物一切生活费用（包括医药、残废院、老人馆）全由公家供给，实际也是大多数官员及士兵始终保持严格纪律，表现高度的革命纯洁性。例如维多利亚主教称太平军纪律"较清教徒尤为严正"，反对太平天国的卜罗斯（F. Bruce）在致鲁塞尔（Earl Russell）信里，不能不承认"宁波已为乱军所据，城内尚无杀戮之事，生命财产之损失极少，乱军秩序奇严"这个事实。

在废除私有财产制原则下，又产生近于工业国有的诸匠营制度。太平天国领土内，集中各种工人，按技术分别设立诸匠营。照《贼情汇纂》所载，有木匠、金匠、织匠、金靴、绣锦、镌刻等营，这种匠营只管生产物品，不管收发。又有各种典官，如典红粉，主制造火药；典硝，主煎熬硝矿；典铁，主制造兵器、铁器；典铜，主制造铜器。典官管制造兼收发，与诸匠营同为管理生产的机关。这个制度已近于手工工厂性质，比手工业提高一步。据《贼情汇纂》的批评，称为"各储其材，各利其器，凡有所需，无不如意"，足见生产效率是优良的，如果继续前进，可以顺利地转到机器工业阶段。

废除私有财产的理想，在实行时表现为摧毁地主阶级、耕者有其田，官员兵士生活共产化，工业国营三种形式，基本上是成功的。后面两种所以成功，由于前一种的成功，前一种所以成功，由于太平军领导者的实际行动不是硬照教义的空想，而是照顾到农民、商人（主要是农民）的客观要求。《天朝田亩制度》规定：

> 凡当收成时，两司马督伍长除足其二十五家每人所食可接新谷外，馀则归国库。凡麦豆苎麻布帛鸡犬各物及银钱亦然。盖天下皆是天父上主皇上帝一大家，天下人人不受私物，物归上主，则主有所运用，天下大家处处平均，人人饱暖矣。

张锡庚《难民陈述贼情记》载下列词句，与太平军告示（"天下农民米谷，商贾资本，皆天父所有，全应解归圣库，大口岁给一石，小口岁给五斗"）语意符合。

> 不要钱漕，但百姓之田，终年所得粒米全行归天王收去。每年每大口给米一石，小口减半，以作养身。铺店本利，亦归天王，不许百姓使用。

这自然是不能实行的办法。定都南京不久，修改政策，对农民采取征收漕米，对商人采取自由贸易，天国军事政治才获得稳定的经济基础，农村因之组织起来，金融因之活动起来。

天国领土内采取古代寓兵于农的组织法，普遍建立守土乡官制。乡官编制与军队同，平时管理民政（征粮、工程、教育、辞讼、保举），由每家出一人当兵，即成乡军，乡官即成军官。编制法全照《周礼》，就是五家为伍，设伍长一人；五伍为两，设两司马一人；四两为卒，设卒长一人；五卒为旅，设旅帅一人；五旅为师，设师帅一人；五师为军，设军帅一人。每乡共一万二千五百家，成军得一万三千一百五十五人。军帅以下各乡官，全由人民公举。"凡天下每岁一举，以补诸官之缺"。"凡天下诸官，三岁一升贬，以示天朝之公"（《天朝田亩制度》）。这虽然只是有限的民主权利，但在统治阶级看来，已是恐慌失色，《贼情汇纂》说："贼之牢笼人士，联络方域，计盖无谲于此者。"换句话说，就是专制统治最怕民主政治。太平天国人民已经获得初步的选举乡官权，地方自治权，不仅从古所无，直到今天将近百年，除在各解放区已经实行了比这完备多倍的民主政治外，在其余许多地方，人民还不曾取得这些权利。

太平军对国际、国内贸易，采取自由政策，抽税极轻。"以船长一丈，抽税千钱。所载之货，分粗细货。粗货船长一丈，抽税二千，细货倍之。大率以盐、布、棉花、煤、米为粗货，丝绸苏货为细货。抽税之后，给以船票一张，如遇他军，可以验票放行，无票则没收之"（《太平天国野史》）。《太平天国外纪》比较满清与太平天国两方商税，得出如下的观感：

> 余自仙女庙（江苏江都县属）购米后，回南京，途中遇厘卡甚多。每二三里即有一所，草屋上悬"抽厘助饷"字样。自仙女庙至瓜州（南京对岸仪征县属）厘卡二十处，所定之税，视法定额增加数倍，任意剥削，小民控诉无门（这是满清统治地区的捐税）。太平军于各处所设之税局，其组织极公平正确而简单。每镇每村仅一所（大概是指乡官所管国库），货物已纳税者，给与凭照，不再于他处科敛。丝业之所以发达，未始不由于税法之良善也。欧人之至南京贸易者，皆能言之（这是太平天国治下地区的捐税）。

太平天国税法良好，境内平安（例如1860年，容闳带现银四万两，在天国太平县买茶叶二十八船回上海），农民购买力增强，自然促进商业的发展。英教士洛勃斯克给《香港日报》通信说"南京城外，商务发达，秩序安谧，城内居民则衣食丰足，安居乐业"。这种繁荣情况，外国商人应该也是欢迎的，事实却相反，因为他们是侵略者，愈引起对太平天国的憎恶，试看下列输出入表：

丝茶输出

	茶（单位：十万磅）		丝
	上海	福州	（单位：千包）
1851 年			20
1852 年	600		
1853 年			41
1854 年	500		
1855 年	802	157	58
1856 年	593	410	
1857 年	410	320	
1858 年	510	280	86
1859 年	390	465	
1860 年	535	400	69

上海出口的茶，大部分产地在天国境内，丝也占不小部分。丝茶输出总额一般是比起战前增长，英国来抵补的鸦片输入同样增长起来。

	上海鸦片输入（单位：百箱）	全国鸦片输入（单位：百箱）
1853 年	242	665
1857 年	319	723
1858 年	330	749
1859 年	337	758
1860 年	284	586

太平天国境内绝对禁止鸦片（可能少数偷运入境），因之上海输入鸦片不及全国总数的一半。1860 年李秀成攻入江浙，陈玉成大战安徽、湖北一带，上海及全国销路大减，太平军与鸦片贸易不能相容，英国政府看得很清楚。而且英国又必须采购一部分江西、安徽茶（一部分在福建、广东采购）及江浙生丝，不得不忍痛用现银购买。上海道吴健彰记咸丰三年（1863 年）英兵船访问南京情形说："英船至镇江，贼自用旗招往过船相见，云：'如有大炮火药米粮可来销售'。英夷告以：'此等货物如卖与你等，有违中国和好，如要烟土，尽有可售'。答云：'我处不用此物'。"英国侵略者开始就憎恶太平军，因为它是鸦片的仇敌。满清政府取相反的方面，一面尽量欢迎鸦片，一面向侵略者摇尾求援。例如咸丰三年署两江总督杨文定致英美两国公使照会说：

> 为借船助剿以安商民而全永好事：窃自贼匪掳船东下，连陷江宁镇

江……钦差大臣向荣亦以须借贵国火轮兵船为望……希念两国通商合好已久，今商民被扰，贸易不通，且贼匪烟禁甚严，一遇我国吸烟之人，无不被杀。统希速发火轮兵船，来江剿击，本署部堂欲为商民除害，断不大言欺人。倘蒙允发火轮兵船前来洗荡贼匪，必当奏明皇上，加重酬劳，而贵国借兵恤邻之声名，亦永传不朽矣。

杨文定无耻到借太平军严禁鸦片作为理由来恐吓利诱英美，充分暴露出统治阶级的卑污卖国心理。曾国藩以及后来的那些独夫民贼，思想上完全是杨文定的继续。

妇女与婚姻问题

太平军根据平等自由的原则，作了伟大的妇女解放运动。恩格斯说："在每一社会中，妇女解放底程度，是一般解放底天然尺度。傅利叶是说出这一思想的第一人。"我们可以说，太平军是实行这一思想的第一人，太平军看妇女是姊妹而不是奴隶，因此与看作兄弟的男子一切平等。在婚姻上，"凡天下婚姻不论财"（《天朝田亩制度》）。在经济上，"凡分田照人口，不论男妇"（同上）。在政治地位上，女官与男官同等，最高官级是女军师正副又正副四人，开科取士，男女同有应试权。在军事上，有女军四十军（每军二千五百人），"男将女将尽持刀，同心放胆同杀妖"（《永安城突围诏》）。在生产上，设立女馆，学习工艺。在军律上，"凡强奸经妇人喊冤，定即斩首示众，妇女释放。如系和奸，男女皆斩"。其他如禁缠足，禁买卖奴婢，禁娼妓，禁人民畜妾，所有恶俗，悉数铲除。这样彻底的妇女解放运动，在俄国十月革命以前，世界历史上不曾有第二个，真是人类最光荣最先进的行动。曾国藩号召"扶持名教，敦叙人伦"（《讨粤匪檄》），就是要驱迫妇女回到奴隶圈里去生活。

妇女解放运动改变了妇女的卑弱姿态，英人吴士礼（G. T. Wolseley）在《太平天国天京观察记》里说："此处（南京）与全国吾所曾游之其他城市大异之点，即是妇女随便游行或乘马于通衢大道，而又绝不装模作样害怕外国人如其他中国妇女所常为者，亦不回避我们。"从缠足羞怯到大街骑马，不避外人，无疑是解放运动的效果。吴士礼却诬蔑太平军掳掠美女供淫乱。侵略者仇视进步，本无足怪，可惜是太平军领导集团中人多数纳妾，洪、杨尤纵欲腐化。吴士礼说"他们每藉神圣下凡的启示以为作恶行淫的护符，甚且借以废除第十诫"，这是事实，杨、韦二人争夺美色竟成为内讧的原因之一，不免给解放运动留下一个污点。

太平天国的建设在政治经济方面一般是成功的，外交方面避免冲突，取得英、美、法形式上的中立，还不算大失策。但是，军事方面因为战略指导错误，失去捣毁满清中央政权的机会，领导集团内部又因互相猜忌以至于残杀，陷于分崩离析不可挽救的惨境，太平军必然归于失败，革命所获得的某些成就也就归于消失了。

六　太平革命失败的原因

太平革命最大的意义，就在于它是中国历史上第一次提出政治、经济、民族、男女四大平等的革命运动。自从太平革命揭开了中国旧民主主义革命的序幕，陈胜、吴广以下数千百次的旧式农民起义，面目为之大变。太平革命是中国历史上划时代的大事件，与五四运动同为一百年来历史上两大转变时代的标帜，它的光荣成就永不会废灭，它的伟大精神也永远在继续和发展。

太平革命失败了。失败的原因，在主观方面，主要由于领导方面犯了许多严重的错误，归纳起来，有宗派思想、保守思想、安乐思想三种。

宗派思想

永安突围以前，太平军领导集团包括革命各阶级各团体，从工人、农民到富农、流氓无产者、兵士、失意士人、某些政治上被压迫的地主、富绅、商贾；从新式的上帝会到旧式的天地会，团结在反满旗帜下，展开广泛的革命运动。永安到南京，势如破竹，就是这个统一战线的效果。洪大全死后，上帝、天地两团体开始分裂，失去一部分助力。定都南京以后，宗派思想继续发展。第一，洪秀全为首的广东派与杨秀清为首的广西派发生裂痕，广西派压迫广东派。例如智勇兼备的罗大纲："尝谓人曰，吾与秦日纲、胡以晃同起兵，功亦不相下，二人以广西老兄弟故，皆封王，我以粤籍乃不得一候，天下之事未有不平如此者，天王也自忘其为花县籍乎？秀清闻之，疑其有异志，由是不敢以重军付之"（《太平天国野史》）。又如多谋善战后来成为捻军首领赖文光（秀全妻弟），"杨秀清忌之，不使闻军事，授文职"（《野史》）。《赖文光自述》也说："六年秋，值国家多故之际，是以弃文而就武，奉命出师江右。"咸丰六年（1856 年）秋，广东派联合广西别派韦昌辉派残杀杨派，韦派又压迫广东派，广东派联合残余的杨派屠杀韦派，造成极大的内讧，结果石达开出走，天国元气大伤。第二，老兄弟与新兄弟的分歧。两广起义人称老兄弟或老军，享特殊权利，"天王倚为羽翼，虽无职，每加功勋、平湖（胡）诸衔，有过亦不尽法惩治。而老兄弟恃功骄恣，任使多不称其职，太平大局之坏，此一原因也"（《野史》）。"太平军初入南京时，广东、广西人十分不过二三，湖南十有五六，湖北人十有二三"（祁寯藻《贼情访闻记》）。后来湖北三江人数量大增，地位却在两广人下，自然引起不平之感。到太平末期，湘淮军悍将多是太平军叛徒，屠杀革命军民比满清将领更残忍，这些人大抵出身新兄弟或杨、韦余党，因怨恨不平投降反革命。

第三，军人与文士的分歧。《贼情汇纂》说："贼掳我官吏绅衿读书有心计人，或挫折以死，或分为各馆充当书手，号曰先生。所办无非写奏章、诰谕、封条、出告示、造家册、兵册等事。一切军令概不与闻，盖防有用之才之算己也。"又说："掳来书写人，统称先生，准穿长衫，著鞋袜。小馆扎黑绸包巾，大馆扎黄包巾，无腰牌号挂。"读书人受到歧视，地位比士兵低，多数乘机逃走或充满清的间谍。至于著名文士如浙江人钱江，在永安城中已封"三法大司马"，江苏人王韬劝李秀成与洋人讲和，专力攻击上游曾国藩军，广东人容闳向洪仁玕建议七策（办海陆军营校，改进军队，建设善良政府；立各种实业学校及银行等），后都失意离开太平军，甚至有些人转到反革命方面当谋士。第四，英、忠两王的分歧。英、忠两王是合则双美，离则两伤的天国支柱，可是英王在上游苦战，不向忠王告急，忠王也不出力援助，自向下游用兵，两王间意见不一致，多少流露在《李秀成自述》里。第五，天王与英、忠两王的分歧。杨、韦内讧后，政权归洪氏集团为首的广东派，对英、忠两王取猜忌态度，大封列王九十余（实际不止九十余人），使不相统属，意在牵制两王，指挥赏罚不能如意。英王在安徽战败，洪氏集团藉口防溃兵，封江阻他归南京。玉成《致马融和等谕》里说："今兄（玉成自称）因偶尔见朝中办事不公平，兄在庐郡具本启奏，现下不以本章为然，小事酿成大端。"又《致扶王陈得才等四王书》说："去岁耘天燕之案，曾经兄直奏回朝，致触圣怒，复命敬王、畏王恭捧圣诏三道，圣旗一道责兄前退太湖后退安省……罪皆在兄。现已荷蒙圣恩，出以赏罚革黜。思处此之时，亦是万幸。"洪氏集团无理欺压，使玉成处境愈感困难，丝毫不见爱护扶助的意思。玉成殉国，李秀成独力支持，洪氏集团猜忌更甚。"去年（1863年）天王改政，要合内外大小军营将相……称天朝、天军、天民、天官、天将、天兵、御林兵等，皆算渠一人之兵。我等称为我队我兵者，责曰：'尔有奸心'。恐人之占其国，此实言也。何人敢称自兵者，五马分尸。"（《李秀成自述》）秀成守南京，"洪姓用广东之人巡各门要隘"，"时时有人防备，恐我有变心"。灭亡在眼前，还事广东、广西的私见，宗派思想使人昏迷猜忌，至死不悟，这是太平天国失败的重要原因。

保守思想

太平军占领南京，领导集团在思想上进取心减退，保守心转居统治地位。在军事上，北征、西征两军都派二等将领率领（北征林凤祥、李开芳、吉文元，西征罗大纲、赖汉英、石祥贞、韦俊），又不指定主帅，军情全由杨秀清遥制，缺少全力进攻的精神。在制度上，采取许多封建旧习惯。例如太平礼制规定各种称谓，鄙陋可笑。禁人称大哥，禁人用红黄两色，因大哥是耶稣专称（秀全称二兄），红黄是"天朝贵重之物"，犯者处斩刑。官员都坐轿，天王轿夫六十四人，东王轿夫四十人，最下至两司马还有轿夫四人。东王仪仗队多至千数百人，有开路龙灯等无聊器物，很像民间迎神赛会。又有野蛮禁律，如：

一、凡东王驾出，如各官、兵士回避不及，当跪于道旁，如敢对面行走者，斩首不留。

二、凡检点指挥各官轿出，卑小之官兵士，亦照路遇列王规矩。如不回避，或不跪道旁者，斩首不留。

这虽是军律，并非强迫人民也跪道旁，但列王及大官对小官兵士的威严已经超过满清的制度。咸丰十一年（1861 年），颁布钦定士阶条例，居然恢复阀阅制度世袭制度，上帝教的平等思想在洪氏集团掌政时期，事实上是否还有若干存在，是很可怀疑的。

安乐思想

洪、杨到南京，就大兴土木，建筑王宫。"杨逆起造伪天王府，周围筑墙，厚若城垣，高又过之，可以俯瞰城外。臣等于紫金山遥见甚明"（向荣奏报太平军情）。天王居深宫中，从不出门，也不朝见群臣，生活腐化，中外各书所记大体相同，可信确是事实。杨秀清才能极高，腐化程度却不亚于秀全。韦昌辉"虽贵为列王，常贩运货物以营利"（《太平天国野史》。刘玱林戒昌辉说"共患难易，共富贵难，知此二语，乃免于难"，后来杨、韦残杀，原因就在不知"此二语"。洪氏集团统治时期，腐化发展到朽烂。仁发"贪冒聚敛，无所不为"；仁达"嗜洋烟"，与仁发"贪货囊法，狼狈为奸"；仁政"时携狡童，被艳服，往来于市"；仁玕"好使酒，矜意气，忌贤殊甚"。这样一个酒、色、财、气的无赖群，把持政权，李秀成对洪姓痛心疾首，陈玉成认朝政不公平，完全是有理由的。不过太平军将士生活，与一般领导者相反，始终保持良好的纪律。杨秀清虽腐化却还能"令严军民畏"，石达开、陈玉成、李秀成等更能以身作则，阻止军队腐化，所以若干领导者的堕落，并不减低太平军的声誉，这就是人民还拥护太平军的原因。

宗派、保守、安乐三种思想，总根源在农民阶级消极方面的狭隘性、保守性、私有性。太平军领导集团的腐化分裂，正是这些特性的反映，也就决定了太平天国的必然崩溃。

除去上述主观方面必败的原因，客观方面也不允许它取得胜利。如果说，太平军也曾有过可能胜利的机会，那就是占领南京以后两三年内，全力进攻北京，迅速摧毁满清政府，当时英、法、美与满清勾结还没有成功，事实上不得不承认天国政权，不管天国此后如何变化，万恶的满清总是可以消灭了。失去北征这个时机，太平天国不可能获得最后胜利，原因是：第一，满清统治阶级与外国侵略者逐渐结合，反革命势力壮大起来，力量超过革命势力。第二，那时候中国不曾有进步阶级的存在，农民阶级不得进步阶级的领导就无法负担民主革命的任务。太平天国在主观客观两方面都缺少胜利的条件；北伐是唯一的机会，又因战略指导错误而失败。所以，历史决定这个革命只能起着民主革命先驱者的作用。

《中国近代史上编第一分册》（节选）*

第六章　甲午中日战争及第二次割地狂潮
——1894 年（光绪二十年）至 1898 年（光绪二十四年）

第一节　绪言

自鸦片战争到甲午战争五十五年，一般地说，各资本主义国家对中国侵略，以商品输出为主。它们强迫中国开商埠，把持中国海关，夺取中国内河航行权，都是为了对中国输出商品的方便。但是，从 1870 年以后，自由资本主义已先后向帝国主义转化了。这时期德意志和意大利已经完成了统一，并且德、意及美、俄、日等国又都扫除了发展资本主义的障碍。独占世界贸易，掌握殖民地霸权的英国，在世界各地，尤其是在远东，开始碰到其他列强更紧张的竞争。为着争取市场，争取原料出产地，争取势力范围，帝国主义国家如英、法、德、俄、意、美、日等国在全世界三个中心地区（一、非洲，二、近东及中东，三、远东）展开了斗争。而甲午战争就是帝国主义国家在远东进行瓜分世界斗争中重要的一环。帝国主义侵略中国的开端，是英、德两国在中国设立了银行，先后借款给满清政府。英、德两国借款帮助镇压回族和捻党的起义，英、美两国企图在中国建筑铁路，英、德、比三国借款给满清政府建筑铁路（三国共一百五十万两）。这些借款都是为了取得高额利率（如 1887 年汇丰银行借款五百万两，利率百分之十五），虽然已属于资本输出性质，但还不占主要地位。各侵略国在上海各地也先后设立了机器、缫丝、火柴等工厂，但是数目不多，而且规模也不大。如 1865 年曾国藩、李鸿章办江南制造局所收买的上海虹口洋人的机器铁厂，"实为洋泾浜外国厂中机器之最大者"，而其全部资产也不过值银四万两。当时"洋商版运机器，在中国口岸改造土货，本系条约所无"，满清政府是可以

---

* 选自《范文澜全集》第 9 卷，河北教育出版社 2002 年版，第 190-230 页。

"查明禁止"的。

19 世纪末，资本主义发展到了帝国主义的阶段，资本输出有了特别重要的意义。甲午战争以后，列强侵略中国，就以资本输出为主了。日本在明治维新以来，资本主义逐渐发展，不过直到 1893 年全国工厂（矿业在内）二千七百六十七个，大部分是手工业，只有四百九十三厂（占全数的百分之十八）使用蒸汽动力；全部工业资本为七千万元，平均一个工厂不过二万五千余元；1892 年全国银行一千一百三十七家，共有资本九千零五十八万元，平均一家银行不过七万九千余元；1888 年到 1892 年平均每年输出总值四千三百五十万元，其中农产品占百分之六十点六；输入总值二千三百六十五万元，其中工、矿业品占百分之六十六点二；显然说明日本在甲午战争的时候，还没有发展到帝国主义阶段，它并没有输出资本的实力。但是日本在美国的一力支持下，变成一个重要的侵略国。

19 世纪末叶（1870—1890）的美国，资本主义急剧地发展起来，从 1860 年的以农业生产为主的国家，在短期内一跃而为工业高度发达的资本主义国家。1860 年，美国在工业生产额上占世界第三位，1890 年已凌驾其他资本主义国家而占世界第一位。在 1870—1890 年之间，美国的铣铁生产额自一百六十六万五千吨增加至九百二十万三千吨；钢铁生产额自六万九千吨增加至四百二十七万七千吨；煤产额自二千九百五十万吨增加至一亿四千零九十万吨。同时资本像神话般地集中起来了。钢铁和其他铁制品的企业数目，在同一期间，由七百二十六家减少至六百六十八家，而相反的，各钢铁企业的平均生产额却从十六万一千吨增加至八十五万九千吨。许多庞大的金融资本主义生产组织形成了。铁路大王、钢铁大王、煤油大王都应时而产生，特别是煤油大王控制下的美孚油公司，独占了全美国煤油工业的百分之九十以上。美国国内资本主义的发展催促着美国参与瓜分世界的斗争。美国帮助日本在中国获得经营工艺制造的特权（《马关条约》第六款），不管日本能否输出资本，而美国却可借口"大清国有何惠政恩典施及各国"，要"一体均沾"（《望厦条约》），满足自己的野心。英、俄、德、法等帝国主义也都借口"一体均沾"，更进一步向中国进行掠夺。

甲午战争以后，汇丰银行资本由二百五十万元扩大为一千万元，随后英、德银行继续扩大，俄、法、比、美、日、荷都相继在中国设立银行，这些外国银行，遂成为帝国主义侵略中国的总机关。英、俄、美、德、法等国抢夺中国的铁路、矿产，并在中国建立了许多工业，还大量进行政治投资，从 1894 年到 1898 年英、德、俄、法四国借给满清政府的外债三万七千万两。从此列强对中国除去增多商品输出以外，更大量向中国输出资本，日本也开始参加了这个帝国主义性的侵略。据美国雷麦（C. F. Remer）统计，1900 年左右各帝国主义对中国的投资如下（单位万美元，*表示甲午战前无此项投资）：

	事业投资	政府债务	教会财产	总计
1902 年英投资	15000	11030	不详	26030
1903 年俄投资	23008	2596*	50	24654
1900 年美投资	1750	220*	500	2470
1902 年德投资	8500	7928	不详	16428
1902 年法投资	2960	6152*	540	9652

帝国主义的资本输出与经济上、政治上瓜分世界领土有密切的联系。自此以后，对中国的侵略，由开辟商品市场改变为划分势力范围：强占所谓租借地，在中国建立起侵略的基地；通过设银行、筑铁路，开矿产、立工厂来操纵着中国的经济命脉；通过借债、筑路、开矿攫取中国的主权，并更进一步来支配中国地主买办阶级的政权。帝国主义间夺取中国的斗争日益尖锐起来，而中国殖民地化的危机也更空前加深了。但是，中国人民的反抗也将给予它们的崩溃以一个推动。

第二节　中日朝鲜交涉
1875 年（光绪元年）—1894 年（光绪二十年）

甲午之战的前夕，英国独占了中国本部尤其是长江流域的贸易，事实上已经把中国本部当做它的势力范围。法国于攫取了越南以后，已伸展其势力于中国的西南。美国取得了太平洋上萨摩亚（Samoa）岛上的海港派戈派戈（Pago Pago）为海军根据地以后，与日本合伙，企图向朝鲜及中国的东三省伸展其势力，并攫取中国内地的市场。俄国向太平洋挺进时期，从北方威胁着中国，它兼并了黑龙江以北的土地以后，还想要把中国的东三省和朝鲜纳入它的势力范围。日本在美、英支持之下，也想占领朝鲜和中国的东三省。德国在当时是后起的强国，也在觊觎着朝鲜的权益。

明治维新变法后，资本主义在日本更快地发展起来。它和封建经济结合着，表现出特别强烈的侵略性，明治时代就奠定了大陆政策，企图征服中国甚至世界。照田中义一奏折所说，"明治大帝之遗策"是第一期征服台湾，第二期征服朝鲜，第三期征服满蒙，第四期征服"支那"，第五期征服世界。1874 年（同治十三年——明治七年），日本在英法美主要是美国的援助下，开始侵略台湾，结果割取了琉球。南进政策获得初步成功以后，仍在美英援助下，向朝鲜侵入。美国要开放朝鲜市场，英国要阻止沙俄南下，日本要夺取"渡满洲的桥梁"，沙俄要乘机插足朝鲜，国际斗争集中在海东一角上，应付这个危局的是满清政府和李鸿章，最初是外交方面逐步失败，最后军事方面也大失败。

争宗主权　1875 年（光绪元年）—1885 年（光绪十年）

朝鲜交涉经三个时期：第一期争宗主权，第二期引俄制日，第三期恃俄拒日。

1875 年（光绪元年），日本军舰到朝鲜江华岛测量海口。日舰无故侵入领水，炮台开炮示警；日舰乘机攻毁炮台，登陆屠杀兵民无数。日政府作为侵略的借口，派军舰迫朝鲜政府订立《江华条约》，认"朝鲜为自主之邦"。满清政府并不正式对日抗议，仅由李鸿章密劝朝鲜政府"用以敌制敌之策，与泰西各国订约，借以牵制日本"。李鸿章对朝鲜交涉，主张联日拒俄，以为日本"与美人暗结党援，其势日张，其志不小"，可以"与中国高丽并力拒俄"。对同一时候的伊犁交涉，则主张"姑让与俄以取偿于日本"。这似乎是矛盾，但从他的投降主义说来，却是一贯的宗旨。因为"联日""让俄"是其主张，"拒俄""取偿"是欺人的辞令。1877 年（光绪三年），日本内乱，李鸿章私赠日政府后膛枪子十万粒，说是"救灾恤邻，以示敦睦"。中法战争，他拒绝给南洋任何援助，对侵略琉球台湾朝鲜的日本，他瞒着清政府接济军火，这样一个排内媚外的外交主持者，朝鲜的前途可想而知了。

日本扶植朝鲜失意官僚，组织所谓"开化党"反对把持国政的"事大党"。1881 年（光绪七年），"开化党"得势。1882 年（光绪八年），"事大党"利用兵变，烧日本公使馆。中日两国各派海陆军到朝鲜，成对立的形势。朝鲜国王接近"开化党"，企图脱离满清，实行"独立"。1884 年（光绪十年），中法开战，"开化党"乘机作乱，勾结日兵入王宫夺取政权。清军得朝鲜人民援助，击败日兵，乱党逃往日本。1885 年（光绪十一年），中日谈判朝鲜问题，李鸿章要求双方同时撤兵，又允许两国对朝鲜有同等派兵权，事实上承认中日共同保护朝鲜。同年，中法战争结束，日本军阀主张三年内与中国一战，夺取朝鲜，理由是"中国自战法以后，于海路各军，力求整顿，若至三年后，我国（日本）势必不敌"。这样粗率的观察，说明日军阀对中国情况完全无知。资产阶级代表伊藤博文反对军阀的速胜论，说"所云三年后中国必强，此事直可不必虑。虽此时外面于水陆各军，俱似整顿，以我看来，皆是空论。现当法事甫定之后，似乎奋发有为，一二年后，则又因循苟安，诚如西洋人所说，中国又睡觉矣。此时只宜与之和好，我国速节冗费，多建铁路，赶添海军，三五年后，我国官商皆可充裕，彼时看中国情形再行办理"（《中国驻日使馆密探朝比奈报告》）。这种观察是深刻的，日政府采用伊藤的建议，专力向朝鲜伸张势力。

引俄制日　1885年（光绪十一年）—1894年（光绪二十年）

"开化党"政变失败，日本朝鲜间关系恶化。中国因击败日兵，救护朝鲜王，势力一时扩大起来。当时代表满清驻朝鲜的官员，一个是袁世凯，一个是德国人穆麟德（P.G. von Möllendorff）。袁世凯在中日撤兵前，经张謇推荐任驻朝鲜淮军吴长庆部前敌营务处，显出办事的才干。吴军撤回，李鸿章给他"总理"名义，留朝鲜监督政治。他抱着个人建立功名的野心，曾企图灭朝鲜国、废朝鲜王，对朝鲜政府态度傲慢，遇事积极干涉，惹起朝鲜人的反感，暗中谋脱离对满清的宗属关系。穆麟德受李鸿章委任，替朝鲜办外交事务。他抱有另一种阴谋，诱朝鲜政府与沙俄订密约；同意沙俄使用常年不冻的永兴湾并训练朝鲜军，使沙俄与日英美三国对立，德国乘机助俄，分享权利。袁穆二人，一个逼朝鲜离华，一个引朝鲜投俄，在日本看来是很不利的。它要中俄关系恶化，对俄国说"中国近有废朝鲜为郡县之意，俄国何不先发制人"；对中国说"俄有侵占朝鲜之意，中国宜先下手"；唆使两国相争，以冀从中取利。被争夺的朝鲜政府，先受沙俄引诱，后受美国煽惑，厌恶满清，称"清素畏洋，我派使结洋，清必畏我"，一心寻求新主人。自1885年英占巨文岛起，各国争夺朝鲜愈演愈烈，主要争夺者表面是中日两国。

1885年4月（光绪十一年三月），英俄因争阿富汗将起战争。俄兵船聚泊海参崴，英国派兵船占朝鲜巨文岛，防俄船南侵香港。朝鲜政府提抗议，要求"亟去此岛"。李鸿章认为"英暂据此备俄，与朝鲜中国皆无损"；曾纪泽对英政府表示"敝国亦无抗拒之意"，在伦敦订立承认占领的条约。这种擅自盗卖朝鲜领土的行为，当然引起被害国的怨恨。沙俄利用时机，一面向总理衙门声称"若中国政府承认英国占领巨文岛，则俄国认为有占领其他岛屿或朝鲜王国一部之必要"；一面经穆麟德手，密订条约，准备派兵舰据守朝各海口以助声威。朝鲜在沙俄援助下，企图"与华平行"，抵制清政府改郡县、派监国的计议及袁世凯的骄横干涉。日本看到朝鲜"引俄拒华"，威胁本身既得的利益，向李鸿章要求"择美国之有才者一人，令朝鲜政府委用以代穆麟德"。李鸿章也以为美国人可信任，派一个所谓"宅心公正、爱惜体面声名"的美国人德尼（Owen N.Denny）代穆麟德职务。中日美英各方面压迫朝鲜政府取消密约，沙俄势孤，愿订约声明"决不侵占朝鲜领土"。李鸿章主张引俄制日，以为"韩虽可虑，有俄在旁，日断不遽生心。我当一意联络俄人，使不侵占韩地，则日亦必缩手"（《致总理衙门书》）。允许日后朝鲜如有大事变，中俄共同商定办法，实际是承认沙俄参加保护权。清政府认为"被俄牵制"，不允订约，沙俄口头声明对朝鲜无领土野心。1886 年（光绪十二年），英俄阿富汗事件和缓，英船退出巨文岛，英俄割地交涉暂告结束。

德尼虽受中国政府委任，但助美日反清，唆使朝鲜"结洋独立"。1887 年（光绪十三年），朝鲜政府私派全权驻美公使，清政府力阻无效，朝鲜使臣有全权名义，地位在清使臣上，表示外交"自主"。德尼及日政府推荐李仙得充朝鲜税司；朝鲜政府借美债二百万元，以海关作担保。李仙得是引日兵攻台湾的著名流氓，清政府虽设法阻止，朝鲜政府却授李仙得二品衔，办理外交，表示政治"自主"。1890 年（光绪十六年），美兵船调兵五十名驻京城汉城，同时"日兵先后潜来汉城约有四五十人"。清政府向美抗议，美日兵陆续退出。朝鲜政府亲美疏俄仇清恶日，满清依俄国虚声授助，日本得美国实力支持，中日斗争愈益紧张，朝鲜政府亲美态度也愈益显著。

满清在朝鲜的地位愈益孤危，不谋挽救的善策，反增加了政府内部的派别争斗。吴长庆军主要幕僚张謇，著《朝鲜善后六策》，请李鸿章改都县、置监国、驻重兵，实际上吞灭朝鲜。李鸿章当然不敢听信这种不负责任的狂议，但对年少气盛的袁世凯及一般清议派却有极大影响。光绪帝师傅翁同龢采纳"清议"，有意制造拥帝党，张的主张影响到政府方面。李鸿章一向憎恶清议，也一向被清议派斥责。他原来希望"嗣皇亲政"，太后退休，政治上倾向拥帝党。翁同龢接近清议派，与李鸿章对立，李鸿章失望，转向"太后党"，附和奕譞的私意，移拨海军经费，这又正合满洲统治者削弱汉人兵力的愿望。朝鲜形势危急，李鸿章同意停购船械，原因就在翁李不和，借朝鲜交涉进行内争。

恃俄拒日　1894 年 4 月至 7 月（光绪二十年三月至六月）

朝鲜政府外患交迫，内政腐败，1894 年四月（光绪二十年三月），全罗、忠清两道人民响应东学党起兵，揭"逐灭夷倭""尽灭权贵"旗号，与政府军交战，政府军大败。东学党又称东学道，是民间反政府的秘密结社，日政府阴谋出兵朝鲜，派遣浪人、军人组织所谓天佑侠团助东学党作战。朝鲜政府请李鸿章派兵援助，日本诱李鸿章出兵干涉朝鲜，表示"贵政府何不速代韩戡乱，我政府必无他意"。李鸿章以为拒朝鲜请求，有失"上国体面"，既得日政府"必无他意"的保证，6 月（五月），派叶志超率陆军一千五百人开赴朝鲜。日政府见阴谋得售，立即派兵入朝鲜，李鸿章初意只在保持"上国体面"，绝无备战的决心；日军陆续增至万二千五百人，华军不敢增援。朝鲜政府见华兵势弱，改变态度，亲日疏华，李鸿章进退失据，完全落入日本预设的陷阱中。

李鸿章专心盼望外国调停，并不备战自救。他"面商英公使电英劝阻日本进兵"，又请俄公使"速电外部转电驻日俄使切劝日与我约期同时撤兵"，以为英俄夹攻，"或易就范"。后来发现"英人意似簸弄生事，外和内谲，殊难信"，但俄公使表示积极援助，自觉有恃无恐。俄公使说"俄韩近邻，断不容日妄行干预"；又称"俄皇已电谕驻日俄使转致日廷，勒令与中国同时撤兵；如日不遵办，恐须用压服之法"。李鸿章获得这些口头援助，对日态度转趋强硬、谕袁世凯坚持华日同时撤兵，此外"如有别项要求，任他多方恫吓，当据理驳辩，勿怖勿馁"。日军陆续增援，袁世凯、叶志超请添拨重兵，李鸿章恃有俄援，令袁叶"镇静勿妄动"，说"俄在日议正紧，略忍耐必有区处"。日陆军万人，分守汉城四路各要害，海军全部出动，战机成熟。7月初（六月初），袁世凯电告"日决无和意，我应妥密筹"。海陆军将领多请先占重要地区，"早立脚步，免为他族先得"。李鸿章仍令"切勿多事"，说各国正在劝和，或有办法。叶军驻牙山，已居绝地可危，叶志超提出三策：上策增援备战，中策自动撤兵，下策坐守死地。当时沙俄公使通知"俄只能以友谊力劝日撤兵，未便用兵力强勒日人"。李鸿章大惊，但仍希望力劝有效，军事上采取下策，等待俄英法德义等国调处。他在训令叶志超电文里说："两国交涉，全论理之曲直，非特强所能了事，仍望静守勿动。"又说："日虽竭力预备战守，我不先与开仗，彼谅不动手。此万国公例，谁先开战，即谁理诎，切记勿忘，汝勿性急。"他始终幻想沙俄会武力援助，英俄"必有办法"，日本先开战，"将来各国议开衅之罪必问日"。半殖民地国家统治阶级的奴隶思想，李鸿章在朝鲜交涉中，创造了最标本的实例。

第三节　在李鸿章指导下战无不败的海陆军

1894 年 7 月 20 日（光绪二十年六月月十八日），李鸿章电令叶志超"切记万国公例"，22 日（二十日），又电总理衙门说："其（英）意谓将来各国议开衅之罪必问日。"他正在说这些梦话，23 日（二十一日），日军入王宫掳朝鲜王，迫令请日军驱逐牙山华军，战争正式开始。李鸿章奏称沙俄将派兵驱日，中国军可随同"会办"。总理衙门认为"我军会办一节，殊未妥协"，令李鸿章"一意主战，断不可意存畏蒽"。这个惯于投降的洋务派首领被情势所迫，不得不勉强应战。他不信自己可能战胜，而坚信外国（主要希望沙俄）一定会出面干涉，始终采取"处处后退"的军事布置，等待外国干涉的到来。整个甲午战争，就在这样可耻的失败主义指导下，海陆军全部被歼灭。

牙山溃败　1894年7月（光绪二十年六月）

叶志超军驻于牙山，孤立无援。中日战争开幕，李鸿章临时派兵二千人渡海往救，他总要带一些外国关系才敢行动，雇飞鲸、爱仁二英船，又出重价雇英国商轮高升号运兵，中国兵船济远等三艘护送。天津电报生出卖开船消息给日本，日舰集牙山口外，开炮击沉商轮高升号及兵船两艘，溺死千余人。济远舰管带方伯谦见敌舰开炮，躲入舱内铁甲最厚处，向旅顺飞逃，自称击毙日海军总统。海军提督丁汝昌报称济远大战获捷，赏银二千两，"告谕全军，以为鼓励"。李鸿章明知"中西人传为笑谈"，仍用"竭力拒敌，苦战支持"等语报告清政府。高升船沉没，他认为"上挂英旗，日敢无故击沉，英人必不答应"，大有干涉战事的希望。26日（二十八日），电请总理衙门照会各国公使，声明"日先开战，衅非自我开"。发送照会的用意，不是表示坚决应战，而是希望"后来各国调停议结，暗伏其根"。战争刚开始，第一希望因日政府迅速对英认赔谢罪落了空；第二希望因各国宣告中立，而日本方面又"有美国人帮助议事"（《朝鲜税司柏卓安（J. McLeavy Brown）致津税司秘信》），"各国调停"也落了空。他本来不曾有战意，在这种情况下，除了"畏葸延宕"，再没有其他主张。

叶志超是一个怯懦的将领，日军进攻牙山，聂士成战败，叶志超率军先逃，冒暑向平壤狂奔，兵士饥疫倒毙，沿途都是尸体。从牙山到平壤不过数百里，他怕走近路遭遇日军，专走远路，一个月（九月底）才到达平壤。李鸿章依据叶志超报告，奏称叶军在牙山大捷，沿途叠败倭兵，战功甚大。清政府特发上谕说："直隶提督叶志超一军与倭人接仗，击毙倭兵二千余名，实属奋勇可嘉。加恩著赏给该军将士银二万两，以示鼓励戎行至意。"又谕："该军将弁冒暑苦战，奋勇出力，深堪嘉尚，著准其择尤奏保。该提督已抵平壤，与大军相合，即著统率诸将，协力进剿。"叶志超升任为平壤各军总统，这种赏罚调度更加速了平壤军的溃败。这里必须声明，绝不是中国士兵不能作战，中国士兵是勇敢的，他们之所以战败，完全由于李鸿章荒谬的调度。

平壤溃败　1894年9月（光绪二十年八月）

主战派首领光绪帝严令李鸿章备战，牙山战前数日，李鸿章派卫汝贵、马玉昆、左宝贵、丰绅阿四大军自辽东分起入朝鲜，驻扎旧京平壤城。朝鲜人民夹路欢迎，争送茶浆劳军。可是这些军队的纪律是很差的，他们所过之地，毁器物，烧房屋，夺财货，淫妇女，杀平民，捉壮丁，扰害异常。"由义州至平壤数百里间，商民均逃避，竟有官亦匿避"；"定州烧屋几及半里，沿途锅损碗碎"，"不但夫驮难觅，且途中饭铺皆无"（李鸿章《寄平壤丰卫左马各统领电》）。作为主力军的卫汝贵"恇怯无能，性情卑鄙，平日克扣军饷，不得军心"（光绪帝上谕），在四军中纪律尤坏。马左卫丰四军共二十九营同居平壤城中，将各一心，不相统属。卫汝贵军十三营，人数最多，"兵勇不服，惊闹数次，连夕自乱，互相践踏"（李鸿章《寄平壤卫统领电》）；又与马玉昆军互相轰击，死伤多人。8月21日（七月二十一日），叶志超率败兵六营逃来，被任为各军总统。将领各有意见，不服调度，比较能战的聂士成借口招兵，走回天津。叶志超毫无布置，束手待敌军来攻。9月14日（八月十五日）日军先锋到城郊，叶志超主张弃城逃走。左宝贵不许，派亲兵监视叶志超，自率所部六营守北城玄武门山顶。其余各将分守东西南三面。15日（十六日）日军集合重兵猛攻玄武门，左宝贵誓必死，立城上指挥，杀伤敌兵无数。日军排炮轰击，左宝贵战死。日军占玄武门，尚不敢入城。当时马玉昆、卫汝贵击退东西两路日军，还可以回兵决战。叶志超下令撤兵速退，各军溃乱，日军击杀溃兵二千余人。叶志超率将领奔逃五百余里，21日（二十二日）渡鸭绿江退入中国边境。

平壤城内驻满清兵三十五营约二万人，积储军火粮饷很多，有大小炮四十尊，毛瑟枪一万余杆，饷银约十万两。又各将领抢得的财物，有金砖六十七块，金锭六十一锭，金沙大小三十包，其他贵重物无数。这些，都是中国和朝鲜人民的膏血，经过他们的手，全部送给日军。叶志超照例谎报战绩，李鸿章又照例替逃将掩饰，清政府依据纸上空文，不顾舆论的指责，下谕："叶志超等均著加恩免其议处，李鸿章自请严议，著并宽免。"平壤大败，就这样不负责任地结束了。

九连城溃败　1894年10月（光绪二十年九月）

平壤战前，李鸿章派宋庆、刘盛休、依克唐阿等军驻扎九连城（安东县东境）防守边境，九连城是中韩交通孔道，与南岸朝鲜义州隔江相望。当时军队七十余营约四万人，满洲将军依克唐阿十二营自立一军，其余各军归宋庆总统。完全像平壤一样，各军将领不服调度，散漫无纪，同居九连城中，依旧束手待敌军来攻。

10月20日（九月二十二日），日第一军到义州。24日（二十六日），日兵二三十人渡河，放一排枪，依克唐阿军溃逃，被日军追杀百余人。25日（二十七日），日军大队渡河，各军不战溃散（仅聂士成军接战一二小时）。26日（二十八日），日军入九连、安东二城。

大连旅顺溃败　1894 年 11 月（光绪二十年十月）

1880 年（光绪六年），李鸿章开始经营旅顺军港，陆续建筑炮台。1885 年（十一年），造大船坞，设海军提督衙门，与山东威海卫同为北洋海军根据地。甲午战争时旅顺军港设海岸炮台十三座，陆路炮台九座，有大炮七八十尊，除本国造四尊，其余全用德国克鹿卜厂制品。旅顺港后路大连湾设炮台六座，有克鹿卜最新式大炮二十四尊。旅顺驻张光前、黄仕林、姜桂题、程允和、卫汝成、徐邦道等六军，共三十余营。李鸿章令"贪鄙庸劣"的龚照玙统率六军，实际是各不相统。大连驻赵怀益军六营。10 月 24 日（九月二十六日），日第二军登陆花园港口（离金州二百八十里），运输炮马辎重上岸凡十二天，中国海陆军坐视不过问。日军到貔子窝，旅顺震动，徐邦道提议出兵迎战，保护后路，张光前等不听。赵怀益闻日军登陆，派人运大连军米到烟台出卖，准备逃走。部下将士要求出击，怀益斥责说："我奉中堂（李鸿章）令守炮台，不与后路战事，汝等欲往貔子窝拒敌，须请令（李鸿章命令）方可。"徐邦道率本部兵士往守金州城，与日军大战，死伤极重。11 月 6 日（十月初九日），向赵怀益请援，他正在码头亲自督兵勇搬运饷银行李什物上船往烟台，不肯援救。金州城破，徐邦道退回旅顺。7 日（初十日），日军分三路进攻大连湾炮台，原来赵怀益早一天已逃入旅顺，兵勇溃散。8 日（十一日），日海军来攻，见炮台上站立日兵，海陆两军不死一人，太意外地占领了大连湾。

李鸿章经营大连湾凡六年，防务最称巩固，军械库中储藏大小炮一百二十余尊，炮弹二百四十六万颗，德国新枪六百数十杆，子弹三千三百三十一万颗（枪炮弹数目也许不确），其他如马匹、行军帐及各式军用品无数。赵怀益不愿毁坏，全部留给日军，因为这都是不便运向别处变卖成钱的器物。日军在大连休息十天，18 日（二十一日），向旅顺进兵。各守将准备敌来就逃，统帅龚照玙早已逃归天津。徐邦道率残兵抵御，击退日军，保旅顺后路。各守将不派援兵，又不输送粮食，纷纷从海路逃往烟台，大小官员各取库中贵重物件雇民船逃走，兵士无人统率，抢掠官银号，旅顺大乱。21 日（二十四日），日军大队来攻，徐邦道战败退回。2 日（二十五日），椅子山炮台失陷，各台守兵相继溃散。日军占领旅顺。

李鸿章经营旅顺军港凡十六年，前后费银数千万两，船坞、炮台、军储号称"北洋精华"，与大连湾同样全部送给日本强盗。

日军入旅顺后，兽性大发，惨杀中国军民。据英国胡兰德（T.E. Holland）在《中日战争之国际公法》里说："当时日本将卒之行为，实逸出常度之外。四日间残杀非战斗者妇女幼童。从军之欧洲军人及特约通讯员目击此残虐之状况，然无法制止，唯有旁观，不胜叹惜。此时得免杀戮之华人，全市内仅三十六人，然此三十六人为供埋葬其同胞之死尸而被救残留者。"《泰晤士报》载"日本攻取旅顺时，戕杀百姓四日，非理杀伐，甚为惨伤，中兵数群，被其执缚，先用洋枪击死，然后用刀支解"。美国某报痛责日本军队之暴行，谓"日本国为蒙文明皮肤，具野蛮筋骨之怪兽"。这种议论并不能掩盖美国支持日本的罪恶。它所支持的日本强盗从那时起，历年残杀中国人民何止千万，中国人民绝不忘记美日帝国主义所欠的血账。

北洋海军战败　1894 年 9 月（光绪二十年八月）

1880 年（光绪六年），李鸿章办北洋海军，在天津设水师学堂。教习学生多是福建人，福州船政学堂的宗派恶习，再加上准军的腐烂风纪，构成北洋海军不可救药的症候。北洋历年添购外国船，有战舰九艘，守口蚊船六艘，鱼雷艇六艘，练船三艘，运船一艘，共大小二十五艘，器械吨数与日本海军约略相等，将士素质远不及日本。姚锡光《东方兵事纪略》记当时海军的情形是："操练尽弛，自左右翼总兵以下，争挈眷陆居，军士去船以嬉。每北洋封冻，海军岁例巡南洋，率淫赌于香港上海。"李鸿章所谓"目前海军将材，尚无出其（丁汝昌）右者"，"今日海军力量，以之攻人则不足，以之自守则有余"，全是自欺欺人的空话。他办海军，原为扩大本集团声势，与陆军同样不曾准备对外作战，因之从来不需要整顿。他每三年检阅一次海防，"让大家欣赏：他的要塞和学校，铁路和船均，船和炮，都粉饰油漆得焕然一新；礼炮齐鸣，龙旗招展，向他的来和去致敬"。"在他周围的一切，在他的船的甲板上，在他的一切衙门机关里，有的都是他自己委派的许多无赖汉，他们只是忙着把钱装到荷包里，出卖了国家的安全"（濮兰德：《李鸿章传》）。

北洋海军两个根据地，威海卫停泊战舰，旅顺修理船只，各设提督衙门，保卫渤海口。1894 年 8 月初（二十年七月初），丁汝昌执行李鸿章的"保船"计划，堵塞威海卫两海口，密布水雷、木栏、铁链，阻日海军来攻。清政府主战派令丁汝昌出海巡弋，他总报称"未遇倭船"，其实日舰控制了渤海，经常在威海卫口外巡弋。

9 月 12 日（八月十三日），李鸿章派招商局轮船五艘运兵十二营援平壤，自鸭绿江口大东沟登岸，丁汝昌率海军全队兵舰十三艘护送。16 日（十七日）到达大东沟。17 日（十八日）午前，见西南来黑烟一簇，测望来船悬美国旗。午刻船来渐近，凡十二艘，全改悬日本旗。丁汝昌、刘步蟾、汉纳根（C. von

Hanneken 德人）、泰莱（Tyler 英人）在旗舰定远铁甲船（管带刘步蟾）上议定布"分段纵列"阵势，下令起锚应战。刘步蟾违反议定的阵势，发出信号，令舰队横列，主力舰（定远镇远两铁甲船）居中。他是卑污的懦夫，企图居中躲避炮火。两翼弱舰自觉位置危险，故意缓进，舰队成半月形，两主力舰自然突出在前方。日舰似将攻最弱的右翼，泰莱建议全队向右移四度，或可使主力舰先与敌舰接触。丁汝昌立即采纳，令汉纳根到船后传令发信号，各舰遵令移动，刘步蟾停留不动，逃避接触。刘步蟾在桥下突发一炮，飞桥年久失修，被震破裂。丁汝昌、泰莱从空中跌落，都受重伤。丁汝昌到底还是一个有骨气的勇士，仍坐甲板上督战，汉纳根出身陆军，海战不能得力，却成为主要指挥者。

日舰专攻左右翼小船，阵脚致远、经远两艘被划出阵外。致远受伤，管带广东人邓世昌恨福建帮将领作战不力，对大副陈金楪说："倭舰专恃吉野，苟沉此舰，足以夺其气而成事。"致远开快车撞吉野，中鱼雷炸裂，全船二百五十人同时溺死。经远舰受伤，管带林永升也鼓轮撞日舰，中鱼雷沉没，死二百七十人。中日战争中，真正死战的将领只有陆军左宝贵，海军邓世昌、林永升等数人，他们虽然战败了，他们的英勇事迹应与坚决作战、牺牲生命的海陆军士兵同垂不朽。其余将帅多是儿戏，而这些人却是李鸿章最信任的。

双方接战，中方沉没四艘，逃走两艘，剩剩下七艘。日方沉没一艘，重伤数舰。日大舰五艘合攻定远镇远两主力舰，日旗舰松岛受重伤，定远也受伤。战争经历五六小时，日舰向南退去，中国舰队退回旅顺。

黄海大战，中国失船较多，但只是小败，也可以说不分胜败。李鸿章故意自认大败，造作唯武器论，说是"凡行军制胜，海战惟恃船炮，陆战惟恃枪炮，稍有优绌，则则利钝悬殊"。由此得出结论：海军"快船快炮太少，仅足守口，实难纵令海战"；平壤挫败"固由众寡之不敌，亦由器械之相悬，并非战阵之不力"。一切腐败溃逃的责任，全部推脱得干净，事实恰恰证明军阀拥军队为私有物，根本不愿抵抗外国侵略，所谓武器不良，无非作为借口，实行一贯的失败主义。

黄海战后，翰林院联名奏参李鸿章，列举罪状，其中有："倭来船则放之，倭运开平煤则听之，倭谍被获，非明纵则私放。有海光寺旁居民王姓，经天津县获究，而李鸿章之子前出使日本大臣某（李经方）为之说情。倭奸石川氏及军械所刘姓被获，供词牵涉李鸿章军械局员，而某观察述李鸿章之意，勒令天津县李振鹏改供，为李振鹏驳斥而止。台湾拿获倭船，又为之请旨释放。军械所历年所储枪炮，多被监守盗卖。及东事已起，犹检出不合用之前膛枪子，卖与日本，得银十四万两，局员朋分，而李鸿章为之补给领字。外间并有传闻，李鸿章有银数百万，寄存日本荼山煤矿公司，伊子又在本各岛开设洋行三所。"这种种事实绝非凭空捏造，所以他处处留议和余地，不敢坚决抗敌，始终缺乏战意。军阀买办性决定李鸿章在被迫作战时，采取这个一面消极应战一面力谋投降的卑污方式。

威海卫溃败 1895年1、2月（光绪二十一年正月）

中国船舰入旅顺船坞，照汉纳根说"加工修理，三十五日方可再战"。这说明海军损失不大，主要病根在船上无用弁兵甚多。10月18日（九月二十日），各舰修整竣工，出旅顺口回威海卫。11月（十月），旅顺危急，丁汝昌请率海军全力援旅顺，决一死战。李鸿章大骂，说"汝善在威海守汝数只船勿失，余非汝事"。11月，清政府从李鸿章议，严令丁汝昌"守镇、定两铁舰毋损伤"。从此北洋舰队困守港内，坐待歼灭。

李鸿章看海陆军是他个人私物，黄海一战，大发牢骚，说这是"以北洋一隅之力，搏倭人全国之师"，遂决计藏匿不出。

李鸿章外交上主张屈服求和，军事上主张避战自保。他起初自"就渤海门户而论，已有深固不摇之势"（光绪十七年《巡阅海军竣事奏》）。黄海战后，他又说能守威海卫，奏称"北洋海军尚有定远、镇远两铁舰，辅以快船蚊雷各艇，与陆路炮台声势尚相倚；各口守台弁勇，均系训练有素"。试看他怎样守威海：1895年1月19日（十二月二十四日），日海陆大队到成山头，陷荣成县。日船二十五艘，多是木质小船，能战船只不到十艘。威海港内泊战舰十五艘，出口决战，胜败还未可知，丁汝昌受李鸿章命令保船，坚匿不出，日陆军得进攻威海陆路炮台。威海卫炮台分南北两帮：南帮炮台三座，设大炮十三尊；北帮炮台七座，设大炮十四尊。各炮全是德国克鹿卜厂制。守台兵号称绥巩军，凡八营。统领戴宗骞自率绥军驻北帮炮台，分统刘超佩率巩军驻南帮炮台。1895年1月30日（光绪二十一年正月初五日），日军攻破南帮炮台，巩军阵亡二千余人，死伤极惨，刘超佩逃走；北帮绥军望见，同时溃散。2月1日（初七日），戴宗骞逃往刘公岛。《东方兵事纪略》叙述绥巩军情况说："盖自甲年九月，绥巩两军勇丁即索压饷银两大哗，欲溃者屡矣。压饷者，勇丁初入营，须扣饷三月，存统领粮台，以为军米购价底银，俟勇丁离营日始补给令去。于是将领利勇丁逃亡，其压饷三月可不给，而续补之勇且可仍扣压饷也，恒以苦工责勇丁，勇丁怨次骨。及军事贴危，南帮巩军给压饷两月，绥军益噪，宗骞终不给。至是相率嚷溃不返顾。"李鸿章所谓"训练有素"的精兵，就是这样不堪一击的腐败军队。

日陆军占领南北帮炮台，日海军堵塞威海东西两口，海陆发炮攻北洋舰队。2月6日（十二日），击沉来远、威远等船，来远管带邱宝仁、威远管带林颖启正在妓院住宿，没有遭难。7日（十三日），各将领勾结洋员（英人浩威为首），煽动兵勇水手叛变，声称"向丁提督乞生路"。洋员乘机劝丁汝昌"姑许乞降，以安众心"，汝昌说："我必先死，断不能坐睹此事。"洋员及各将领密谋迫胁汝昌投降。10日（十六日），令弁兵围汝昌鼓噪，德员瑞乃尔密告汝昌说："兵心已变，势不可为，不若沉船毁台（刘公岛炮台），徒手降敌，较为得计。"汝昌深思许久，下令船管带同时沉船，这群懦夫反抗命令，怕空手投降，日本人要发怒器。11日（十七日），汝昌召集各将领，令港中余船十艘，猛撞突围，或能逃出数艘。各将领又反抗命令，自动散会，指使弁兵持刀威吓汝昌；汝昌劝退暴徒，服毒药自杀。丁汝昌统带海军，任令腐败，当然应负重要责任，但黄海大战，受伤不退，威海被围，宁死不降，在当时将帅中还算是难能可贵的人物。

12日（十八日），懦夫们会议投降，浩威起草降书，请求"不伤中西水陆官弁兵勇民人之命"，托丁汝昌名义，缴出残余舰队十一艘、刘公岛炮台及军资器械，投降日海军。

李鸿章经营十六年的北洋海军，就这样可耻地被歼灭了。

牛庄、营口、田庄台溃败 1895年3月（光绪二十一年二月）

平壤、九连城战败，淮军名声扫地。清政府起用湘军旧将，令魏光焘、陈湜、李光久等募湘勇援辽。1894年12月28日，任命湘军首领两江总督刘坤一为钦差大臣，督办东征军务，湖南巡抚吴大澂、淮军总统宋庆为副帅。山海关内外驻湘军、楚军、皖军、淮军、豫军、满军共百余营六万余人。其中刘坤一所部号称八十余营。开战以来，这是最大的一次出兵，也是清政府主战派的最后一试，久受淮军欺压的湘军又被重视了。

日军踞海城县，目的在进占牛庄、营口。宋庆所部五十余营三万人守营口，吴大澂所部魏光焘、李光久等军守牛庄，大部湘军进取海城。1895年2月28日（光绪二十一年二月初四日），海城日军出战，满军依克唐阿败逃，湘军退回牛庄。3月4日（初八日），日军分三路袭牛庄，将士请李光久出队迎战，光久正吸鸦片烟，不发命令，日军已冲入市内，魏光焘、李光久弃军窜走，湘军十一营被围，据民房苦斗，死伤三千余人，半夜后残兵突围出市。军库存毛瑟枪一千五百余支，枪弹一百五十一万颗，大小炮十九尊，火药一千六百箱，马匹衣粮无数，全被日军携去。吴大激驻田庄台，当夜出奔。田庄台是营口后路，东征军粮台所在地，宋庆弃营口，当夜率全军回守田庄台。7 日（十一日），日军入营口，获得大炮四五十尊，兵船一艘，小火轮两艘。9 日（十三日），日军踏冰渡辽河，守河兵大溃。田庄台守兵不料敌军迅速到来，一时不及逃避，被烧杀二千余人，百余营大军，六天内连失牛庄、营口、田庄台。这一溃败的结果，剥夺了主战派幸胜的希望，同时也增强了主和派求降的理由。

第四节　和战两派的争权及主和派得势

中日战争与清政府帝后党争有密切关系。帝党主战，要在战争中削弱后党，后党主和，要保存自己的实力。两党借和战争夺权利，随着军事的惨败，后党在政争上反取得胜利。

主战派——帝党（翁同龢、张謇等）

西太后立光绪帝原用作政治傀儡。1886 年（光绪十二年），光绪帝年十六岁，习惯上称为"成人"了，西太后不便继续"听政"（太后独裁），宣称明年正月"归政于帝"。奕譞为首的王公大臣恳请"训政"，所谓"训政"是"一切事件先请懿旨，再于皇帝前奏闻"，实际仍是"听政"。西太后算是俯顺"天下公论"，允许"训政"。1889 年（光绪十五年），光绪帝年十九岁，西太后觉得"训政"也不便了，宣告"撤帘归政"，令光绪帝"亲政"，实际仍握干涉政令任免大臣之权。"亲政"与"训政"不同处，只在皇帝先看奏折，看后再请太后懿旨。

光绪帝是满洲皇族中比较能接受新思想的青年皇帝，颇想有所作为。他最亲信的汉文师傅翁同龢是"尊王攘夷"论的旧式学者，任户部尚书，参与军机及外交事务，在政府有相当权势。李鸿章实力最大，自成北洋系统，政治上接近西太后，为翁同龢所深恶。1890 年（光绪十六年），户部停止南北洋购买外国军火，翁李不和开始表面化。此后朝鲜交涉，翁主张硬，李主张让，翁主自力拒日，李主依赖外力，双方成见愈深。甲午年，张謇得翁同龢赏识，考中状元。张謇著有《朝鲜善后六策》，恨李鸿章不用他的计策，斥为"主和误国"。张的主战论，影响翁同龢，同龢又影响光绪帝。

主战派本身缺乏实力，利用皇帝上谕和士大夫清议，督促李鸿章出战。又令维新派徐建寅代丁汝昌（被李鸿章拒绝），令湘系军阀刘坤一为钦差大臣，严责李鸿章，"拔去三眼花翎，褫去黄马褂"。这都是主战派排斥政敌收回兵权的计划。至于如何战胜日本，他们并无办法（如翁同龢），其他所谓办法，也只有一个"联英伐倭"（如志锐、张之洞），并不比李鸿章"联俄拒日"好一些。李鸿章感到地位危险，对日本求和愈急，对西太后关系也愈密切。

主和派——后党（李鸿章等）

西太后把持政权，当然引起光绪帝及帝党的不平。甲午年（光绪二十年），正值她六十岁，从正月起，提海军经费大修颐和园，准备举行万寿盛典，广收贡献。朝鲜事支持李鸿章的主张，但求从速和解了结，免得耽误做寿。8月（七月），中日战事紧急，户部请"停工作"，暗指修建颐和园事。西太后发怒，翁同龢奏称"查停工一条，指以后寻常工作，其业经兴办之工，毋庸停止"，主战派屈服了。光绪帝示意亲近的朝臣，多上主战条陈，企图借清议压迫西太后。于是南书房、上书房（宫内书塾）两处人员每日轮流上奏折，主战论盛极一时。奏折多请停办点景移作军费。（所谓点景，是城内大路及西郊到颐和园，沿路扎彩亭彩棚、种花、奏乐、演剧，每五步一座。这种骇人的浪费，主战派要求停办，完全合理。）她更大怒了，对朝臣们说"今日令吾不欢者，吾亦将令彼终身不欢"，这就是说，决心对光绪帝报复。

李鸿章主和是要保全北洋地盘。所谓练海陆军自强，他对伊藤说了真话："中国素未准备与外国交争。"原来海陆军只是看守地盘的私人工具。从地盘利益出发，他的外交方针，被日本外相陆奥宗光看得很清楚，在所著《蹇蹇录》里说："清政府自始即采取求欧洲列强干涉，速行终止中日战争之政策，彼（李鸿章）屡恳求外国代表者援助，且电训其驻欧洲各国之使臣，使直接哀求各驻在国之政府。中国政府不顾污辱自国之体面，一味向强国乞哀求怜，自开门户，以迎豺狼。"又说："李鸿章心中已决定，不论以如何代价，皆不能不媾和平。"日本深怕李鸿章"努力诱导外国干涉"的实现，加速军事行动，"在外国干涉未烦难以前，不论占领何地，皆为必要"。日本要迅速战胜，以免干涉；李鸿章要战争失败，引起干涉，这在军事上必然得出日军猛进华军速溃的结果。李鸿章知道列强不允许日本独吞中国，败到危急的时候，列强一定出面干涉。日本为避免列强干涉，不得不放弃"旭日军旗入北京城"的野心。

李鸿章是甲午战争中满清方面的主角，不论西太后、光绪帝对他支持或反对，都只能起着次要的作用。这个主角的中心工作，不是布置如何作战而是布置如何诱致外国干涉。

第一期——依英俄为主的求和活动（牙山战前）

日本用武力积极侵入朝鲜，李鸿章以同等的积极程度到处请求外国压制日本。主要依靠沙俄，其次是英国，对德法美也设法试探，自己却拱手观望，不准备作战，活现出"乞哀求怜"的丑相。下面摘录李鸿章致总理衙门电文若干条，便可看出他们所谓外交是怎样的一套。

求英——6 月 20 日（五月十七日），英公使欧格纳（O'Conar）过津，李鸿章面商电英劝阻日本进兵。7 月 1 日（二十八日），"请欧转电外部，速令水师提督带十余铁甲快舰，迳赴横滨，与驻使同赴倭外署，责其重兵压韩无礼，扰乱东方商务，与英大有关系，勒令撤兵，再议善后，谅倭必遵。""此好机会勿任俄著先鞭"。他想利用"英俄相忌"，诱英国首先干涉，替英国计划用兵的方法和理由那样具体，真是痴人说梦。他自信此计大妙，一面"属人密告赫德怂恿"，一面请总署"商催欧、赫"。7 月 2 日（二十九日），总署复电说"英派兵舰赴日之说，欧似不以为可，未电本国"。李鸿章做了一天好梦，被这个电文惊破。

求俄——7 月 22 日（六月二十日）"喀使（俄公使喀希尼 КассИНИ）遣巴参赞面言接韦贝（Вебер 俄驻韩公使）电：'……倭兵在汉城，……使馆不安，已电请国家（俄政府）派兵驱逐。'喀拟亦电本国酌办。……鸿询俄水师提督现驻摩阔崴操船几只。巴云：'有大兵船十只，调往仁川甚便。'鸿谓贵国如派船，我海军提督亦可派往会办。巴云：甚好。"李鸿章得到这个口头援救，认为"似俄真动公愤，未必欲收渔人之利"，请总署共同努力，促成交涉。清政府主战派主张联英，7 月 23 日（二十一日），复电："谓非欲收渔利，其谁信之！……不可倚以为助，致事后别生枝节。"这是翁李意见的冲突，背后隐伏着英俄两侵略国的冲突。

求英俄共同干涉——英俄都不肯放弃对清政府的领导权，商定"同出调处"。英国又约德、法、美三国同办，"合五国加力责之（日本），俾从公论"。7 月 26 日（六月二十四日），李鸿章遵照俄喀使通知，电总署"欧在京，请署议，喀在津，与鸿议"，议题是中日各退兵五百里。这一天正是英轮高升号击沉的后一天，又是日军进攻，清兵在牙山溃败的一天，英俄借退兵为名，在北京、天津参加帝后党争，加强自己的地位。

李鸿章在求俄求英外还向其他侵略者求救。

求法——7 月 5 日（六月初三日），法外部表示"法颇愿调停"，但中国应"确有备战之势"。李鸿章得信，急电询法国"如何调停法，愿闻其详"。法答称"出于睦谊"，"法若出公议，当随英俄后"。

求德——李鸿章电驻德公使，向德外部说"德在东方商务有关，似未便坐视"，望"力劝日撤兵"，"否则将开衅，恐扰大局"。

求美——李鸿章明知"美暗结日本"，但仍希望万一。7 月 12 日（六月初十日），电驻美公使请美外部"会各使力劝共保和局为要，否则势将决裂"。美外部答称"当可电驻日美使力劝共保和局，但美不愿会同英俄各国，恐各国别怀意见，于事无益"。

李鸿章全力贯注在求外国干涉，叶志超、袁世凯连电求援，他总说"已付各国公论"，"英法现已出场"，严令叶志超"坚贞勿怯"，"静守勿动"，实行不抵抗主义，希望博得"公论"的同情。

第二期——依美国为主的求和活动（威海卫失陷以前）

沙俄对朝鲜抱大野心，牙山战后，喀希尼与李鸿章秘密商定中俄共同保护朝鲜。9 月（八月），平壤、大东沟海陆军战败后，满清政府又请求外国干涉，以"列强保证朝鲜独立与暗偿日本战费"为条件，取得和平。10 月 6 日（九月初八日），英国外交部即将此条件向美法德俄四国政府提出；美政府回答，"大总统不能参加英德俄法的被邀请的干涉"；并谓"预期中的干涉要受外交行为的限制"。英国提议因此打消。西太后于是决定联俄，借俄力讲和，派翁同龢到天津密议。翁同龢是主战派首领，奏称"臣不敢以和局为举世唾骂"。西太后定要主战派参加联俄，仍令前往天津。李鸿章对翁同龢保证"俄必不占东三省"。翁同龢回京复命，声明"喀事恐不足恃，以后由北洋奏办，臣不与闻"。帝后两党意见依然对立。同时英使欧格纳也活动和议，主张"由各国共同保护朝鲜，中国赔日本以兵费"。翁同龢反对赔款，李鸿章着重联俄，西太后但求了事，当时主战派尚占优势，和议停顿。

10 月 24 日（九月二十六日）日军北渡鸭绿江以来，侵入奉天省，连战连捷，形势危急。11 月 3 日（十月初六日）奕䜣直接向美政府求援；次日又召集美英德法俄公使团会议，要求他们的政府参加干涉，以朝鲜独立与赔偿日本军费为磋商基础。英国是愿意的，但不再倡先；俄国法国也愿意，德国则考虑目前干涉也许无用。一向扶植日本的美国，"鉴于欧洲强国之形势，甚为危险"（《塞塞录》），就是说，日本甚为危险。11 月 6 日（十月初九日），美政府通知日政府说："战斗弥久，若无限制日本军海陆进攻之法，则与东方局面有利害关系之欧洲强国，难免对日本将来之安固幸福，为不利之要求，以促战争之终局。"美国提醒日本前途的危险，又替日本指出获利的方法，说"美国大总统从来对日本怀深笃之好意，若为东方和平，当于不损中日两国名誉之范围内，尽力仲裁"。11 月 8 日（十月十一日）美政府电北京美使田贝（Denby）："大总统宁愿单独行动，但不拒绝与列强合作，决定赔款数目，假如日本同意的话。"这样，日政府当然"深为感谢"，照陆奥宗光自述："予私语美公使谭恩（Dun）云：'日本政府现在公然烦美国政府为中日两国间之仲裁者，或不免其他第三国干涉，故不能不避脱此事，异日若由中国开媾和之端绪时，美国从中交换彼我之意见，则我政府当深依赖美政府厚谊。'谭恩十分了解予（陆奥）意，并约将此意报告本国政府。"11月29日（十一月初三日）东京美使谭恩在其致美政府电中，转引日本拒绝一切干涉的节录说："（日本）帝国政府不希望使他们的胜利超出限度，这个限度将保证给他们以公正合理的战争果实；关于和平问题，直到中国发现她自己处于与日本直接接近之地位时，这个限度才能说是已经达到。"美国与日本暗中结成谅解，表面装成"公正人"，向清政府提出"友谊"的调停。

主战派反对联俄，主和派反对联英，恰恰给"决不干涉他国利害之美国"一个最好的机会。日本又表示"欲中日两国相商，不欲他国干预"。拒绝英俄插手，美国采取"不干预"态度，说是仅仅替中日传达意见，劝两国派员直接会议。主和派在九连城败后，求和更急，不得不信赖这个唯一的"公正人"。

11月22日（十月二十五日），驻北京美使田贝电谭恩说"中国将直接开媾和谈判之事委托本使，媾和条件为承认朝鲜之独立及赔偿军费二件，乞将此旨递达日本外务大臣"。清政府认美国是"公正人"，很信赖地投入日美的圈套。

李鸿章说日本"志得气盈"，所欲甚奢，中国官员一定"为彼轻视"，请外国人前往，是最好的办法。十月下旬，清政府派天津海关税务司德璀琳（G. Detring）到日本，探问讲和条件，日政府说德璀琳是"西人"，非中国大员，拒绝接见。扮演中间公正人的田贝"闻此次德璀琳突然奉使命前往日本，颇感不快，特劝告总理衙门速召彼还"（《蹇蹇录》），德璀琳只好回来，因为他是德国西人不是美国西人。牵延到十一月下旬，清政府只好聘请美国前任国务卿科士达（J. W. Foster）助订和约，聘书中说："皇帝希望你参加日本代表团，并以你聪明的意见，襄助代表团。"

清政府被逼，派中国大员张荫桓充全权大臣，通知科士达自华盛顿先到日本。1895年1月22日（十二月二十七日），科士达在致其妻信中说："日本人非常傲然自得于他们的胜利，对于中国过去曾经赐给他们的轻蔑待遇，感觉尤为锐敏，他们都倾向于要尽量屈辱中国。"（科士达：《外交回忆录》）对代表团说来，科士达是法律顾问和外交顾问；而他的在职行为，正如陆奥宗光所公开宣称的一样，使日本大臣们充分满意。"实际上，他并不希望中国有任何成功。"美日互相勾结，日政府借口中国使臣"全权不足"，陆奥宗光面对张荫桓朗读"断绝谈判"的宣言。张荫桓在日本受各种意外侮辱，最后被日本驱逐出境，退回中国。

日内阁总理伊藤博文公开指定李鸿章充全权大臣，理由是"彼此谈判之结果，免为纸上空文，必须有力实行"。日政府侮辱张荫桓，目的在逼迫李鸿章出面，如饥如渴地要求投降的清政府，立即派李鸿章为头等全权大臣，往日本商订和约。

主战派多数是空谈"尊王攘夷"的书生，少数所谓有办法的，如志锐（光绪帝亲信）奏请"联英伐倭，以二三千万两饵之"；张之洞主张向英"借款一千五百万元，以购已成铁甲三四艘，雇用外兵五千人，由太平洋抄袭日本之后，使之首尾不能相顾"（容闳：《西学东渐记》）；完全是梦中呓语。

当时威海卫陷落了，主战派最后一试的吴大澂湘军在山海关外溃败了，在"都城之危即在指顾"的情势下，清政府盼望日本开示条件。日政府通过美使田贝开示赔偿兵费、朝鲜自主、割让土地三条。清政府以"宗社为重，边徼为轻"作理由，授权李鸿章全权办理。3月19日（二月二十三日）李鸿章带同科士达到马关，与伊藤博文、陆奥宗光开始谈判。

第五节　《马关条约》的缔结
1895年4月17日（光绪二十一年三月二十三日）

日本战胜腐烂的满清，气焰高涨，军阀、财阀、政客各提自己所希望的条件，《蹇蹇录》有如下的记述：

海军部——割取台湾全岛。

陆军部——辽东半岛抚朝鲜之背，扼北京之咽喉，国家将来大计上，绝不可不归我领有。

财政部——索赔款十万万两。

各政党中有所谓"对外硬派"，主张割盛京省及台湾，赔款至少须二万万元以上。有所谓"改进"及"革新"两派，主张"日本不可不有瓜分四百余州（中国）之觉悟：此时须以山东、江苏、福建、广东四省为日本领土"。又有所谓自由党，主张"割让吉林、盛京、黑龙江三省及台湾；中日两国之通商条约，须订凌驾欧洲各国之条件"。

日政府综合这些贪欲，制成以"朝鲜独立、割让土地、赔偿军费及将来帝国臣民在中国通商航海之便宜等件为主眼"（《伊藤奏文》）的十条媾和条约，专等李鸿章来签字。李鸿章虽然竭力辩论，甚至作无耻的哀求，都是枉费口舌，毫无效果。谈判举行五次，日本始终恃强逼勒，不准不签字。

伊藤：中堂见我此次节略，但有允、不允两句话而已。

李：难道不准分辩？

伊藤：只管辩论，但不能减少。

这就是五次谈判的总精神。1895 年 4 月 17 日（光绪二十一年三月二十三日），终于签订《马关条约》。主要内容如下：（一）朝鲜完全自主；（二）割让奉天省南边地方（辽东半岛）；（三）割让台湾全岛；（四）割让澎湖列岛；（五）赔偿军费银二万万两；（六）日本臣民得在中国通商口岸城邑，任便从事各项工艺制造，又得将各项机器任便装运进口，只交所定进口税；（七）所有关涉日本军队之中国臣民（汉奸），不得擅为逮捕；（八）开沙市、重庆、苏州、杭州为商埠。

这是《南京条约》以来划一新时代的卖国条约，中国殖民地化的程度从此更深入一大步。过去割让香港、九龙司及藩属国，还说是"偏远地区"（李鸿章称为"瓯脱"），现在割及大块设省地区了。过去外国在中国设立工厂还不算"合法"，现在可以在中国制造，而且免纳海关进口税了。各国与满清缔约，都享有"利益均沾"的特权，《马关条约》开了端，接着就是割地狂潮和投资竞争，中国被瓜分的危机更加迫切了。

李鸿章也感到《马关条约》的严重，回到天津，称病不出，派科士达到总理衙门，叙述"李相之忠"，劝从速批准和约。和约当然批准，在李鸿章催促下，满清政府给科士达酬劳金十五万元。

第六节　台湾的两种抵抗——官绅的虚声抵抗与人民的英勇抵抗
1895 年 6 月至 10 月（光绪二十一年五月至九月）

中法战争后，台湾改设行省。全省分台北、台中、台南三部。巡抚驻扎地台北为全台精华所在，经营铁路（基隆至新竹）、商轮、屯垦、开矿，每年收入三百数十万两。台湾居民高山族占十分之一，久受满清政府的压迫。汉族多闽粤两省人，住沿海城市，经常发生械斗（主要由于官绅挑拨，从中取利）。第一任巡抚刘铭传带来淮军四十余营，被后任巡抚非淮系的邵友濂裁撤半数。失业游勇流为盗贼，与在营兵丁结成哥老会，保持淮系势力。台湾孤悬海外，大小官吏从内地来，贪赃枉法，黑暗无比。这样，高山族与汉族，闽与粤，官与民，兵与官都充满着不和，造成不和的总原因则是官吏的残暴和贪污。

1894 年 11 月（光绪二十年十月），邵友濂怕日军攻台湾，运动清政府调任为湖南巡抚，继任的是"自以为是，与僚属动辄龃龉"的唐景崧。1895 年 2 月

（光绪二十一年正月），唐景崧派同乡军官带银二十万两，回广东招募盗匪，作为亲信军队。这种广勇毫无纪律，欺侮其他军队，互相斗殴。景崧自率广勇守台北，令绅士林朝栋守台中，总兵刘永福守台南。林朝栋所部台湾土勇十营，中法战争时击败法军，号称善战。刘永福黑旗军从广东调来（1894 年 8 月），所部仅两营，到台湾后扩充成八营。林刘都是著名战将，被唐景崧猜忌，命令他们离开台北。

4 月（三月），台北府淮军兵变，唐景崧令叛兵首领充营官，军心愈益离散。

《马关条约》签字前，台湾绅民探知割台势不可免，绅士邱逢甲创议建立民主国，开议院，制蓝地黄虎国旗，用台湾国名义抵抗，免得清政府为难。5 月 20 日（四月二十六日），清政府决定限期交割，上谕"唐景崧著即开缺，来京陛见；其台省大小文武各员，并著唐景崧饬令陆续内渡"。当时以邱逢甲为首的一群绅士，于 5 月 25 日（五月初二日），以台民名义宣布成立台湾民主国，推唐景崧为总统。他们颁发《台民布告》说："台湾土地政令，非他人所能干预，设以干戈从事，台民惟集万众御之，愿人人战死而失台，决不愿拱手而让台。"这种爱国词句，似乎代表台民的意志，但他们的行动，远不能代表台民。他们不是依靠民众的实力，而是对满清幻想"我皇上何忍弃之"，对外国幻想"各国仗义公断"，对唐景崧幻想"誓死守御"。他们行两跪六叩首礼拜见总统，送上"台湾民主国总统之印"以后，一切依赖唐景崧，所谓民主国总统和议绅（议员），实际上仍是满清的巡抚和绅士。

唐景崧就总统任，出了一个告示说"民间有假立名号，聚众滋事借端仇杀者，照匪类治罪"。同时给总理衙门请代奏的电报里说："惟臣先行，民断不容，各官亦无一保全。只合臣暂留此，先令各官陆续内渡。臣再相机自处（逃走）。"他严禁民间聚众，并命令官员兵丁急速内渡。5 月 27 日（五月初四日）以前，台北官员几乎全部逃走。四月间，他曾提库银四十万两汇往上海，后来又汇银订购大批军火，这些银两都是一去不知下落，他自己的妻子行李早已送走，只待"相机自处"，何曾想到保护台湾的土地和人民。

唐景崧就任时，藩库还存银四十余万两，火药库存火药四万余磅，毛瑟枪弹二百八十余万颗，各炮台存炮弹数千个；他一手把持，不分给林朝栋、刘永福。6 月 2 日（五月十日），满清割台特派大臣李经方带同科士达，在日舰护送下到基隆，会见日本台湾总督，出具割让"清单"一纸，内开"台湾全岛，澎湖全岛之各海口，并各府厅县所有堡垒军器工厂及属公物件"，台湾澎湖两岛人民就在这张卖身契下当亡国奴了。日军登陆攻陷基隆，广勇溃乱。4 日（十二日），唐景崧逃回厦门，邱逢甲、林朝栋相继内渡。台北城中散勇游匪按户劫掠，藩库存银二十四万两，匪勇夺银互杀四百余人。日军不知虚实，不敢前进，得外国商人通知，7 日（十五日），派兵八十名进城，台北陷落。

台北沦陷，林朝栋逃走，台中空虚，溃兵土匪大乱，台南势成孤立，很难坚守。绅民请刘永福任军统，总兵杨泗洪任分统，统率各军统领十八人及义民各军。刘永福登台立誓死守，誓书中说："自问年将六十，万死不辞。惟军民共守，气味最贵相投；淮楚同仇，援助岂容稍异。"他把黑旗军放到最危急的战场上来团结不同系派不同地区的各军，与日军作战四个月，主要是靠团结的力量。

6 月 25 日（闰五月初三日），日舰两艘窥安平口，刘永福发炮轰击，日舰逃走。台南与日军战争开始。黑旗军会同防海各军日夜巡防各海口，日军每次登陆，都被守军歼灭，战争限在台中陆路上，这是支持较久的重要原因。中旬，日军攻陷新竹县。新竹是台中入口处，林朝栋走后，刘永福令杨紫云率新楚军会同吴汤兴所率新竹义民军把守，大小二十余战，互有伤亡。日军购买汉奸从僻路抄袭，杨紫云战死。吴彭年率黑旗军赶援不及，退守大甲溪。8 月初（六月中旬），黑旗军联合徐骧所率义民军进攻新竹，斩获颇多。日海军接连登陆，牵制刘永福兵力，使不得专顾大甲溪。8 月底（七月初），吴彭年、徐骧大败日军及汉奸军，吴徐军乘胜追击败敌，杀数十百人。后路新楚军大营忽被汉奸袭击，统领李惟义逃遁，大营失陷。前敌各军闻警溃退，营官袁锦清死守大甲溪，掩护各军。锦清率黑旗健兵五十余人冲敌炮兵阵地，全部战死。刘永福令忠满（满洲人）率忠靖军四营往援，忠满畏葸不进，大甲溪被日军占领。

大甲溪失守，刘永福令各军择台中彰化境内大肚溪扼守。8 月 24 日（七月初五日），徐骧率义军三百人诱日兵深入，义军李邦华、镇海军营官李仕高正面接应，新楚军营官陈尚志、义军吴汤兴、沈仲安由后路左右包抄，大破日军。抗日军进攻大甲溪，敌炮火猛烈，死伤甚重。26 日（初七日），又大破日军，败敌逃入深山，吴彭年率队穷追，誓"扫荡此虏，不遗丑类"。败敌得汉奸土匪引导，窜向八卦山。八卦山在彰化城外，山失，城不能保。永福急令彭年退守八卦山。彭年令吴汤兴义军为前队，陈尚志新楚军为后队，李仕高镇海军为左队，林鸿贵黑旗军为右队，彭年守山顶。27 日（初八日）大战八小时，抗日军死千余人。28 日（初九日），敌军大队放快枪快炮环攻，汤兴中炮死。鸿贵率七星队（黑旗军中冲锋队）百余人冲入敌阵，夺汤兴尸体，又中炮死，军队溃乱。彭年立山顶，率七星队三百余人死守，敌大炮集中轰击，彭年及七星队全部殉难。汉奸开城门迎敌，李仕高、沈仲安、杨春发巷战半日，又全部殉难，彰化陷落。

这一期战争，历时两月余，台中失守，战争是失败了。敌人海陆步马炮全力进攻，抗日义民军只有抬枪土枪，正式军队也只有少数毛瑟枪，双方器械相差太远。台湾境内游勇溃兵土匪特别多，被日本收买充汉奸，他们熟悉地势，比正面敌军更难防御。军队派系复杂，行动不能一致，能战的部队太少。不过这些都还不是抗日军的致命伤，抗日失败的主要原因是李鸿章的对台封锁。台南现银极少，刘永福设官银票局，发行一元至五元钞票，因地方贫瘠，钞额有限，不能供军饷。发行官信票（邮票），得洋银五千余元，仍无补于事。他曾派人员回厦门，电求沿海各省督抚助饷，又向各地爱国人士筹款。"中国（满清政府）割台湾，日本攻台湾，刘公（永福）守台湾以拒日本"，深得全国人民的拥护。天津小书铺曾刊印《台湾得胜图》，歌颂刘永福的战绩，并拥护他在台湾独立；各地士人上书张之洞等人，请求援助台湾；有些士人例如张罗澄想亲去台湾，参加抗日战争（张罗澄：《致刘渊亭军门书》）。但是李鸿章及清政府严令官民"不得丝毫接济台南"，筹款员都空手回来。开战两个月以上，前敌各军迫切请求补助饷械，军械库仅有毛瑟枪数十支，其余土枪土药，都霉烂不中用。永福忧愁无法，搜集银八千两解前敌，路上又被日登陆兵、汉奸、土匪抢去。永福再派文案罗绮章渡厦门，电求沿海督抚救台民，语极哀痛，仍毫无所得。统治阶级对人民的极度残忍冷酷，这也是许多实例中的一个，值得作为不可忘的教训。台南军民处在这样严格封锁的环境里不屈不挠地战斗着，虽然失陷了台中，但英勇的战绩是不可磨灭的。

9月2日（七月十四日），日军连陷云林、大莆林，向嘉义县侵进。正当彰化失守的时候，刘永福赶上前线筹划防务，令王德标率七星营守嘉义城，杨泗洪率镇海军、武毅右军、吉林炮队任野战；又招得黄荣邦、林义成、简成功、简精华等部助战。这些人曾受日寇诱惑，准备降敌当汉奸，但是他们到底是中国人，在刘永福及义民军感化下，都表示抗敌决心，而且都成了抗敌英雄。李鸿章的路线，必然产生卖国求荣的各式汉奸，台湾人民的路线，可以挽救动摇分子变为爱国英雄，黄荣邦等名留青史，证明人民路线的伟大。3日，杨泗洪率所部星夜进攻大莆林，简精华、林义成等率义军数千助战，日军败走。泗洪追击中被敌炮炸死，营官朱乃昌奋战不退，日军炮弹如雨，精华从侧面猛击，日军大溃。乃昌受重伤，裹创血战，挥军追杀，遥见火光烛天，声动山谷，探知林义成、黄荣邦义军截溃敌逃路，一时军心大振，前后夹攻，杀敌数百人，收复大莆林。乃昌伤重死。永福令萧三发统黑旗军代杨泗洪指挥前敌各军，令简成功总统义民军。日寇陆路战败，急派兵舰十余艘攻台南各海口，炮击日夜不停，汉奸土匪蠢动响应。永福回台南布置海防，又推行联庄法，检举匪类，地方逐渐安靖。

9月4日（七月十六日），王德标率七星队及黄荣邦义军二千五百人、林义成义军三千人、简精华义军数千人进攻云林县，日军战败弃城逃走。德标收复县城，会同义军追杀，简精华军从小路抄袭，截日军成两部，一部乱窜入山，被林义成军包围，全数歼灭。6日（十八日）萧三发督各军前进，日军大败，逃入彭化城。7日（十九日），各军围攻彭化，敌凭借炮火防御，不敢出战。当时联庄法推行到台中，台北乡民也秘密组织联庄，等待大军到来起兵作内应。

台南饷械早已竭蹶，刘永福再三派人回内地筹饷，这些筹饷员到处受官绅侮辱，回台后不免怨忿，宣告"接济绝望"。因此人心动摇，议绅营弁纷纷逃匿。12日（二十四日），萧三发请求补充饷械，永福勉强筹得银二千两解前敌应急。外国洋行指使大小商人到官银票局兑现银，市面大扰。永福不得已又派文案吴桐林内渡求接济，依然毫无所得。日海军为解救彭化被围寇兵，炮击台南，企图登陆，永福筹饷筹防，困苦万状。13日（二十五日），义军连战连捷，杀敌大小军官十三人。17日（二十九日），三发夺敌大炮一尊，生擒敌兵四人，斩首数十级。9月20日（八月初二日），前敌请发饷械，语极悲痛。永福集凑银一千五百两，给前敌暂充军食。21日（初三日），商人持银票索现银更急，卧局中不走，市上拒用银票，交易停止。抗日军在李鸿章、外国银行、奸商压迫下不能支持了。

这一期将近一个月，军事上是胜利的，但李鸿章的封锁和外国洋行大小奸商的破坏，逼使抗日军无法支持。

前敌围城军数千人连日饥饿，萧三发与简精华等商议"相持非久计，不如并力前进，夺回彰化，或可驻足"。这种悲惨的决议，他们知道走上必死的道路了，作战非常勇敢。徐骧率精壮高山族义民七百余人充先锋。9月23日（八月初五日），全军进攻，敌大放枪炮，不能攻克。24日（初六日），黄荣邦猛攻炮台，中炮死。25日（初七日）林义成攻炮台，又受重伤。10月1日（十三日），敌军反攻，三发率各军力战，三发受重伤，徐骧、简精华奋死击退敌军。各军死伤惨重，粮食匮竭，求永福设法救济。永福无策，长叹道："内地诸公误我！我误台民！"到底筹不出一文钱，只好在饿死前继续战斗。7日（十九日），敌军又反攻，简精华、林义成应战，被围重重，夜间还不能突围，徐骧率敢死队冲入，三更才破围归营，精华、义成、徐骧都受了重伤，战士死伤无数。8日

（二十日），又大战，各军战败，死二千余人。10 日（二十二日），徐骧率队冲锋，各军继进奋战，敌军退却，不幸徐骧中炮死，敌兵反击，各军溃败，云林、大莆林又陷。

陆路正在台中苦战，敌海军攻台南，刘永福驻安平炮台抵御。5 日（十七日）夜间，敌舰分五路炮击，永福巡视各炮台督战。11 日（二十三日），陆路敌炮队攻嘉义县，王德标假败，弃营退入县城。敌踞营房，夜半，地雷爆发，杀敌七百余人。德标出击，败敌被沿路伏兵杀死无数。12 日（二十四日），敌军大举攻破县城，七星营、义民军巷战，将士死伤极重。王德标、简精华率残军退入大山。嘉义县陷落，台南危急不可守。刘永福是经不起考验的，他在危急前屈服了，通过英国驻台南领事欧思纳（R.W.Hurst）向日军求降，日军令刘永福到牧野旗舰上面商投降条件，永福将往，被部属拦阻，投降未成。这又证明台湾人民和抗日军是经得起考验的。

10 月 13 日（八月二十五日），敌舰攻旗后炮台，永福子成良登台拒守，汉奸引敌兵从僻远小路登岸，突破大营，又进击炮台。守台兵困守两日，饥饿不能起立，炮台失陷，成良冲出得不死。14 日（二十六日），敌陆军攻凤山县，义民军战败，敌屠凤山城，又进犯台南府城。永福驻安平炮台，策应守城军。各军饿极不能战。17 日（二十九日），敌攻炮台，永福亲自发炮，杀敌数十人。10 月 18 日（九月初一日），城中绝食，守军溃散。19 日（初二日），敌军攻炮台，永福尽弃所部黑旗军登英国商船逃回内地。

这是台湾人民可歌可泣的抗日史。唐景崧放弃台北，李鸿章封锁台南，失败早已决定了。后来刘永福虽然逃回内地，台湾人民顽强反抗的精神是永远继续上涨的。1895 年 11 月下旬，日军宣告台湾平定，但实际是全台人民坚持武装反抗。12 月林大北围攻宜兰。1896 年 1 月陈秋菊、胡阿锦袭击台北，一时深坑、士林、沪尾、枋桥、锡口、瑞芳、金包里、海山口、罗东等地人民，群起响应，占领村庄，包围城市，袭击日人。5 月，留台清军猛将刘德杓率部入云林山中，散发檄文，号召台湾人民起来反抗日本统治，六月大坪顶义士柯铁率领民兵，进袭云林城；林圯埔、南投、台中、彰化、北斗、他里雾、鹿港、员林、莿桐巷、大莆林等地民众，纷起响应，咸称大坪顶为"铁国山"。7 月，黄国镇、阮振等大举包围嘉义城；11 月，郑吉生率部猛击凤山城。1897 年 5 月，陈秋菊又袭台北，11 月黄茂松等袭击朴仔脚日本"支厅"。1898 年 7 月，高乞集结义民占领横山，联合林添丁部袭店仔口日本办务署；12 月，林少猫、林天福等合击日本潮州办务署，杀死署长濑户等人，台南方面日寇，大半惊慌逃避。

1899 年日军大规模屠杀台民，对于认为有抗日嫌疑的村庄，不分皂白，一律焚杀。1 月，日军猛攻云林山，利用满清方面的奸细，诱捕刘德构，移交清廷。1901 年 2 月，詹阿瑞率领民众对台中日寇大举进攻，11 月，黄茂松又发动对朴仔脚日本办务署的攻击。上述全台性的英勇反抗，前后凡八年，迫得日寇手忙脚乱，难于应付。据日人统计，自 1897 年至 1901 年，台湾抗日志士被杀者一万一千九百五十人，而在战争中被焚杀活埋者，更不知凡几。此后，由于日寇极严密极残酷的统治，人民武装反抗减少了；但忠愤之火，不断以较小规模的反抗行动表现出来，一直到日寇退出台湾。现在台湾归还祖国了，但李鸿章的继承者蒋介石匪首在美帝国主义卵翼下，又悍然侵占着台湾。无疑的，台湾义民军的子孙们绝不会忘记被卖国贼出卖当亡国奴的悲惨教训，一定要配合祖国的讨伐军，彻底、干净、全部消灭那些苟延残喘的万恶反革命。

第七节　三国干涉下满清赎还辽东半岛及大借外债
1895 年（光绪二十一年）—1898 年（光绪二十四年）

　　日本在美、英支持之下，利用朝鲜问题，对中国发动甲午之战，企图夺取朝鲜、南满及台湾，并打击俄国的势力。战争的结果，中国失败，签订了《马关条约》。根据这个条约，日本取得台湾、澎湖及辽东半岛，中国承认朝鲜的"独立"，但在实际上不啻让日本在朝鲜自由行动，并且中国还要偿付巨额的赔款二万万两，开放四个商埠。此外，日本的船只可以在中国内河航行，日本人可以在中国建筑工厂，从此中国的灾难愈益严重。

　　当《马关条约》缔结以后，美、英是满足了，特别是关于通商的条件；但在远东活动的沙俄正在敷设西伯利亚铁道，却因此受到极直接的影响。这时德意志在远东的商业关系日益发展，它怂恿沙俄到远东掠夺，以便一齐在浑水里摸鱼，并借此使沙俄的注意力转向于远东而削弱法、俄同盟的力量。1895 年 4 月俄、德、法三国决定积极干涉远东事件，"劝告"日本把辽东半岛退还中国，而以取得中国的补充赔款为交换条件。结果日本让步了，它以辽东半岛换得增加的赔款。同时日俄两国在远东更处于对立的地位。

　　英俄两大侵略势力，争夺对满清政府的领导权，是相持不下的。李鸿章请求列强干涉中日战争，因"英俄相忌"，在战争停止前不能实现。1895 年（光绪二十一年二月下旬），清政府决定割让土地，令李鸿章渡日讲和。沙俄绝不愿日本占朝鲜、辽东，英国也不愿日本在大陆上获得领土，在这一点上英俄利害暂时一致，因此，英采取局外中立态度，俄得进行对日干涉政策。

俄法同盟，法助俄对日行动是自然的，德法利害一向冲突，德企图离间俄法间亲密关系，又谋在远东攫得一个军港，因而也参加行动，俄法德三国结成了团体，但并不坚固。

沙俄政府对德法，积极组织共同行动，对日本，竭力隐蔽自己的真意图，日政府极不安心，屡遣驻俄公使密探情况，毫无所得，反预料"俄国大概当不以兵力干涉"。美国国务卿秘密通知驻美日公使，急电日政府说"俄国希望占领中国北部及满洲，当反对日本占领该地方及为朝鲜之保护者，三万俄兵，已屯驻中国之北部，有渐次增加之形势"（《蹇蹇录》）。4月11日（三月十七日）《马关条约》签字前七天）李鸿章密电总理衙门，还在探问"未知俄廷意见如何"，日本却在3月24日（二月二十八日李鸿章到马关后六天）就知道俄国的布置，美国自居公正人地位，又曾保荐科士达当订约顾问，消息通知一方面，未免太"公正"了。同日，李鸿章被凶手狙击受伤，日政府异常狼狈，纷纷表示慰问，这当然由于李鸿章有卖国的实力，是日本的理想人物，他死了对日本很不利，更主要的原因是"若某强国（指俄国）欲乘此机会干涉，彼固以李之受伤为最好之口实"（《蹇蹇录》）。日政府怕干涉行动突然出现，一面声明"暂时休战"（《蹇蹇录》说，"李鸿章半面包有绷带，以绷带外之一眼表示十分欢喜之意，感谢我皇上仁慈圣旨"），一面请李鸿章在病床上开始谈判，用恐吓手段逼勒李鸿章签字。三国干涉快要发作，日本从英国方面获得消息，向李鸿章连提两次最后通牒，限三天内承认全部条件，否则运兵数万进攻北京。清政府、李鸿章"欲保京城，不得不尔"，科士达也从旁催促，日本在美英暗助下，达到预期的目的。

日本争得先著，三国落后了，沙俄大受冲动。《马关条约》签字后六天（四月二十三日），俄德法驻日公使，同时向日外部"劝告日本政府，应放弃领有辽东半岛"。日政府异常恐慌，军事方面"国内海陆军备，殆已空虚，而去年来继续长期间战斗之我（日本）军舰人员、军需，固已皆告疲劳缺乏，即单与俄国舰队抗战，亦甚无把握"（《蹇蹇录》）。外交方面向英国求援，英国表示严守中立；向美国求援，美国答称"愿与日本协力，而媾和条约的批准之件，已电训驻北京美国公使劝告中国从速实行"，援助并不强有力。日本被迫不得不对三国屈服。内阁决定"对于俄德法三国虽全然让步，对于中国一步不让"的方针，5月10日（四月十六日），日皇宣告"容纳友邦（三国）之忠言"，表示全然让步；又说"关于交还半岛让地之一切措置，朕特命政府与清政府商订"，表示一步不让。

日本原想变相的占有辽东，方法是口头上"放弃永远占有辽东半岛，惟作偿金之担保，一时占领该半岛，而大增加金额，使中国永久不能还清"。向俄政府提出这个要求，被俄政府完全拒绝。日政府又向三国提出"交还辽东半岛之赔款数目定为五千万两"，三国减为三千万两，偿款后三个月内实行撤兵，并不许再有其他要求。10 月 19 日（九月初二日），日本正式承认三国宣言。还辽问题算是解决了，问题转化为国际间借债的竞争。

中日战争中，清政府借外债约四千万两。战后骤增赔款二万万两，赎辽款三千万两。第一次（每六个月一次）就要交出八千万两，第二次五千万两，余款三年内付清。清政府每年收入只八千万两，绝无偿付能力，除了大借外债再不能有任何办法。过去借外债，多由总税务司英人赫德主持，以海关税收作担保，期限短，利息重（至少八厘），是英国在华银行一宗好买卖。这次清政府急需巨款，赫德建议大借外债，沙俄要夺取英国的经济利益，同时排斥法德两国，秘密通知愿单独借银一万万两。法德当然力争，清政府不敢开罪法德，谋分别商借，沙俄不许。最后俄法合借一万万两，年息四厘，三十六年还清，以海关为担保。英国丧失大利，又怕俄法干涉海关，德国被俄法摈弃，极为愤恨，英德两国合作，向清政府抗议。美国也想分润利益，法国还想继续出借，沙俄主张列强共同借款，闹得总理衙门像个大拍卖场，《翁同龢日记》叙述英法公使忿争的情形，说英公使"咆哮恣肆，为借款也，此等恶趣，我何以堪"。说法公使"无耻无餍，日在犬羊虎豹丛中"。结果英德借款成功，合借银一万万两，年息五厘，三十六年还清，以海关为担保，三十六年期内，不得改变海关行政。这就是说，英国仍然把持海关行政，不许别国插足。

清政府借到银二万万两，两次支付赔款共一万三千万两，经手人的回扣、佣费，官吏的贪污三四千万两，所余无几，不能付清赔款。1897 年（光绪二十三年），清政府准备再借一万万两，引起各国第二次大争闹。

李鸿章亲俄，主借俄款，张荫桓（代表翁同龢等亲英派大臣）主借英款，说"合肥声名扫地，必无成"。沙俄提出借款条件：（一）沙俄借款建筑并管理满洲及中国北部之铁路；（二）现任英人海关总税务司去职，改用俄人；（三）借款以海关税收为担保，不足之数，以地税、厘金为抵押。1898 年（光绪二十四年），英国提出类似的借款条件，特加扬子江流域不割让于他国及开放大连湾为商港两条，后一条专对沙俄示攻势。俄公使警告李鸿章"大连若开口岸，俄与中国绝交"。清政府亲英派借口"英款利息低而期限长"，与英国商订草约。沙俄公使坚决反对，亲到总理衙门提警告。《翁同龢日记》述俄公使语："若中国不借俄而借英，伊国必问罪，致大为难之事。"俄使走后，英使又到。日记说：

"窦（英使窦纳乐 Claude M. MacDonald）语亦横，大略谓中国自主，何以不敢以一语诘俄。英何害于俄，而俄必阻止耶。"翁同龢埋怨李鸿章说："盖合肥专以俄毁英之语激动之，故致此咆哮也。噫，殆矣。"英俄两国争殖民地，帝后两党依靠英俄争政权，结果英国和帝党取得胜利。原因是甲午战后，李鸿章丧失北洋地盘，实力大损，西太后名义上"归政"，不便过度干涉政事；三国自称还辽有功，勒索报酬，惹起某些士大夫的反感。李鸿章提议英俄各借一半，仍不能通过，后党失败了。借款由英国汇丰、德国德华两银行出借，银数一万万两，八三折扣（骇人的盘剥），年息四厘半，四十五年还清。主要条件是扬子江流域不得割让于他国，借款以海关收入及一部分厘金、盐税为担保，四十五年内不得改变海关行政。

甲午战争的结果，在政治上，瓜分危险逼在眼前，割地狂潮造成瓜分的初步形势；在财政上，满清政府亏空骤增，不依赖外债就不能生存。总之，中国殖民地化比战前更深入了一层。

满清政府借外债开始于 1865 年（同治四年），到 1894 年（光绪二十年），凡三十年，共借债六次，总数约四千万两，连利息不过五千七百万两，海关抵补有余。政府每年收支相符，财政基础相当稳定，曾左李及后起的张之洞办洋务，谈"自强"，主要由于还有钱可供浪费。

从 1895 年（光绪二十一年）至 1899 年（二十五年）凡五年，借债七次，共银三万七千万两，除付日赔款本息二万五千万两，其余一万二千万两，都消耗到折扣、佣金、利息、贪污、军费、政费上去。海关税本是政府岁入的大宗，战后抵押无余，政费必须另寻财源，正如李鸿章所说"国家屈志求和，百姓已引为深耻，如复横征暴敛，贫民岂能相安"（李鸿章：《致日政府说帖》）。满清统治的危机非常显著，因之寻求外国依靠更感到迫切。

第八节　大买办李鸿章游历欧美的卖国活动
1896 年 3 月至 9 月（光绪二十二年正月至八月）

三国干涉日本退还辽东，西太后、李鸿章亲俄派自以为有"远见"，一般反李的洋务派如刘坤一、张之洞也改变态度，主张对俄缔结密约，结强援保护中国。刘坤一希望"稍予以便宜，中俄邦交永固"，使"倭与各国有所顾忌"（二十一年闰五月奏），张之洞希望更大，奏称"中国惟海军练成不易，若有俄之助，将来无论何国寻衅，数旬之内，可以立发兵舰数十艘，游行东方海面，则我得以专备陆路战守之计，而敌人亦断不能为深入内犯之谋"（闰五月奏），照他那样想法，中国海面有沙俄代守，满清真可以高卧无忧了。刘张是有力的总督，这些谬论，对亲俄派起了支持的作用。

沙俄替满清索还辽东，当然要换取极大报酬，1896 年 5 月（光绪二十二年四月），俄皇尼古拉二世举行加冕典礼，各国都派专使往贺。光绪帝派非淮系的外交官王之春为致贺专使，被俄政府拒绝，说王之春"位望太轻，难于接待"，也就是说，非李鸿章亲到不可。光绪帝改派李鸿章为正使，非淮系的外交官邵友濂为副使。李鸿章借口"伤病时发，步履软弱"，不肯奉命。结果光绪帝让步，授李鸿章为"钦差头等出使大臣"，前往俄国贺加冕，又往英法德美四国递国书，取消邵友濂王之春专使副使名义，让李鸿章单独办事。李鸿章的伤病全好了，步履如飞了。

李鸿章带着大批中外随员，3 月末（二月中旬），从上海出发。临行前曾对黄遵宪说："联络西洋，牵制东洋，是此行要策。"英德等国争夺这个大买办，各派大员劝请他先游欧洲，后往沙俄。俄皇绝不放松，特派乌赫唐斯基公爵坐专船到苏彝士运河迎接，把大买办先抢到手，经最短路程送上彼得堡，5 月初（三月下旬），开始外交谈判，6 月 3 日（四月二十二日），签订《中俄密约》，主要条款是：（一）日本如侵占中国或朝鲜土地，两国派水陆各军互相援助；（二）战时俄国兵舰得驶入中国所有口岸；（三）中国允许俄国在黑龙江、吉林地方接造铁路达海参崴（中东铁路），铁道由华俄道胜银行承办经理。李鸿章非常满意。6 月 13 日（五月初三）离俄，游历德、荷、比、法、英、美等国，各国政府竭力招待，但所得不多。李鸿章以为《中俄密约》解决了一切问题，不必再留意外国富强的原因。9 月（八月），回到中国，对黄遵宪说"二十年无事，总可得也"。

第九节　割地狂潮
1895 年（光绪二十一年）—1898 年（光绪二十四年）

甲午战争以前，欧美资本主义就已要求向外国输出资本，对中国要求投资，设工厂、造铁路，各国公使迭次商谈，都被清政府拒绝；政治借款因缺乏机会，不能强迫清政府无故举债。以《马关条约》三国还辽为契机，帝国主义要求一齐发作起来。投资必需划分势力圈，更必需先夺取侵略基地，以便进一步实行瓜分，与还辽同时。列强夺取基地的竞争开始了。

法国　1895 年（光绪二十一年），法国自称还辽有功，提出割让云南省猛乌、乌得两地，越南铁路造至龙州（广西省），滇、桂开放通商，云南两广开矿先向法国商办等要求。法公使施阿兰（Auguste Gérard）态度凶悍，逼总理衙门承认。1896 年，法国要求全部成功。1897 年，迫清政府声明不割让海南岛及对岸陆地于他国。1898 年，借口俄租旅顺、大连，强租广州湾为军港，期限九十九年，并要求法国修筑越南至昆明铁路，中国邮政局总管由法人充当。法公使每次提出要求，先替清政府拟就承认文件，不准改动一字，翁同龢称为"鬼""犬"，以表示深恶痛绝。照施阿兰说，李鸿章亲俄，认法是俄同盟，因此肯出力相助，使交涉顺利。

英国　法国企图划云南、两广为势力圈，英国当然不甘心，1895 年，提出割让野人山全境，开放西江等要求。英公使态度也异常蛮横，翁同龢说他"贪如狼，狠如羊，其狡猾不下于施贼"。1897 年，订立条约，割让野人山一部分，西江开放梧州等三口。云南两广地区存在着英法势力的对立。1898 年，强租威海卫为军港，与旅顺、大连对抗，限期二十五年。又强租九龙半岛、香港附近各岛屿、大鹏、深圳二湾，与广州湾对抗，限期九十九年。

德国　1895 年，德国要求设立天津、汉口两处租界，作为还辽的报酬。1897 年，借口曹州教案，派军舰强占胶州湾。1898 年，清政府被迫订立条约，承认：（一）德国租胶州湾为军港，限期九十九年；（二）德国在山东建筑铁路两条（一条是胶济路，一条自胶澳经沂州至济南，未动工）；（三）铁路附近三十里内开矿权。

沙俄　1897 年，沙俄借口德占胶州湾，派军舰占领旅顺、大连湾。1898 年，沙俄换得极满意的条约。清政府承认旅顺为俄军港，大连为商港，租期二十五年，中东铁路造支路一条，通旅顺、大连。

美国　1895 年美国组成华美启兴公司（The American China Development Company）准备先建芦汉铁路，然后南通广州，北接西伯利亚铁路，并将已兴建的北京到山海关铁路包括在内，构成贯通中国的干线。但东北境内铁路，沙俄不容美国插手，芦汉铁路又被比利时争去，1898 年终于只攫取了粤汉铁路。各帝国主义争夺势力范围的时候，美国正忙于向中南美扩张，并向西班牙手中夺取西印度群岛与菲律宾群岛等殖民地。它对中国野心虽极大，但无暇兼顾，所以未能在中国划分得势力范围。

列强侵略基地确定了，从各基地出发，列强互认势力范围，长城以北属俄，扬子江流域（十省）属英，山东属德，云南两广属法，一部分属英，福建属日。又各争夺铁路建筑权，英得二千八百里，俄得一千五百三十里，德得七百二十里，比得六百五十里，法得四百二十里，美得三百里。"逐渐瓜分大清帝国"（德皇威廉二世语）的形势虽已经造成，但帝国主义者绝不满足于已有的势力范围，利害冲突愈益加剧；中国人民也绝不允许瓜分的实现，戊戌变法运动、义和团反帝运动，就是中国人民所进行的各种不同形式的反抗斗争。

中国早期的唯物历史科学家——李大钊同志[*]

> 其变者青春之进程，
> 其不变者无尽之青春也。……
> 吾族青年所当信誓旦旦以昭示于世者，
> 不在龈龈辩证白首中国之不死，
> 乃在汲汲孕育青春中国之再生。
>
> ——李大钊《青春》

距今二十二周年以前，就在北平这个地方，帝国主义与封建军阀共同绞死了李大钊同志。大钊同志是为中国人民反帝反封建的革命事业而牺牲的，也就是为中国共产党所领导的革命事业而牺牲的；今天，中国共产党所领导的中国人民的革命事业胜利了，北平永远成了人民的城市，在这个时候这个地方来纪念大钊同志，我们不禁想到他所歌颂的"无尽之青春"，想要向他说，他以生命和热血所孕育的青春中国，已经"再生"了。今天在北平纪念大钊同志，这个富有意义的事实，又向我们证明了：凡与青春不老的人民相结合者，其人不老，凡与不朽的人民相结合者，其人不朽。

大钊同志是中国早期的马克思主义的宣传家理论家之一，是中国共产党创建人之一，是中国革命史上不朽的战斗者。这些方面我不多谈，只是极简单的提一提作为中国早期的历史科学家的大钊同志。

大钊同志在历史科学上的功绩，首先应该提出的，就是他所说的"现代史学的研究及于人生态度的影响"。某些学者说"史学研究日趋严重，是人类精神渐即老成的征兆，在智力的少年时期，他们不很注意人间曾经作过的事物，却注意到那些将来人类所可作的事物，为的是兴奋他们，历史似应作成一个传奇小说的样子，以燃烧他们的想像"。大钊同志反对这种说法，他主张"很热心的

---

* 选自范文澜、王南：《中国早期的唯物历史科学家——李大钊同志》，《人民日报》1949 年 4 月 28 日。

去研究过去"，是为的"去照澈人生经过的道路"，"可以认识出来人生前进的大路"。"一切过去，都是供我们利用的材料。我们的将来，是我们凭借过去的材料，现在的劳作创造出来的。这是现代史学给我们的科学的态度。这种科学的态度，造成我们脚踏实地的人生观。"大钊同志说，"现代的史学告我们以有生命的历史不是这些过去的记录。有生命的历史，实是一个亘过去现在未来的全人类的生活。过去现在未来是一线贯下来的。……历史的进路，纵然有时一盛一衰、一衰一盛的作螺旋状的运动，但此亦是循环着前进的，上升的，不是循环着停滞的，亦不是循环着逆返的，退落的，这样子给我们以一个进步的世界观。我们既认定世界是进步的，历史是进步的，我们在此进步的世界中，历史中，即不应该悲观，不应该拜古，只应欢天喜地的在这只容一趟过的大路上向前行走，前途有我们的光明，将来有我们的黄金世界。这是现代史学给我们的乐天努进的人生观"。大钊同志说："本着旧史观所编的历史，全把那皇帝王公侯伯世爵等特权阶级放在神权保护之下，使一般人民对于所遭的丧乱，所受的艰难……不但不能反抗，抑且不敢怨恨……在这种历史中，所能找出来的，只是些上帝，皇天、圣人、王者，绝找不到我们的自己。……新历史观及本着新历史观编成的历史则不然，他教吾人以社会生活的动因，不在'赫赫''皇矣'的天神，不在'天亶''天纵'的圣哲，乃在社会的生存的本身。一个智识的发现，技术的发明，乃至把是等发现发明致之于实用，都是像我们一样的社会上的人人劳作的结果。这种生活技术的进步，变动了社会的全生活，改进了历史的阶段。这种历史观，导引我们在历史中发现了我们的世界，发现了我们的自己，使我们自觉我们自己的权威，知道过去的历史，就是我们这样的人人共同造来的，现在乃至将来的历史，亦还是如此。……所谓英雄所谓豪杰的人物，并非与常人有何殊异，只是他们感觉到这社会的要求敏锐些，想满足这社会的要求的情绪热烈些，所以挺身而起，为社会献身，在历史上留下可歌可泣的悲剧、壮剧。"

大钊同志自己坚定地认识到和再三地向人宣说"社会的变革便是历史"。这种历史观的思想上的渊源，就是他所要努力掌握的马克思和恩格斯的唯物史观，而他所以要努力来掌握这种史观，则主要的由于他是一个要"变革"中国旧社会，要和"我们这样的人人共同造出来"中国新社会的革命者，由于他在学术上主张："凡是一种学问，或是一种知识，必于人生有用，才是真的学问，真的知识，否则不能说他是学问，或是知识。"由于他相信："学都所以求真，而历史的尤然。"（因为反革命反人民的家伙，一定要掩盖真历史，捏造伪历史，如

目前的美帝国主义和国民党反动派均是——文澜）

上面这些摘录，都出自大钊同志所作的 1942 年出版的《史学要论》，他远在 1920 年 1 月出版的《新青年》杂志上，即写出《唯物史观在现代史学上的价值》。同年十二月又刊出他所写《由经济上解释中国近代思想变动的原因》，这是中国早期企图用唯物史观的方法来处理中国历史问题的尝试。正由于大钊同志是马克思主义的革命者和历史科学家，所以当 1918 年，大家欢呼庆祝"联军胜利"的时候，只有他能够看出第一次世界大战的结果，是"庶民的胜利"，是"布尔塞维主义的胜利"。这在当时中国，真可以说是独具慧眼。

总括起来，用大钊同志自己的语句来说，他的历史观，不是"拜古"的，而是"爱今"的，不是"天命"的，而是"进步"的，不是所谓"无所为而为"的"学问之趣味"，而是要"变革"社会"创造"社会的，而是主张"求真"与"有用"合一的。这种人民的历史观，富有战斗性的历史观，不仅高出与大钊同志同时期的一般庸俗的历史观，就是在今天看来，仍然是很可宝贵的。

最后，我要说明白，大钊同志有关历史学的著作很多，现在我所见到的却很少，以上只是就其著作中抽出一两点来谈谈。再有，大钊同志是中国早期的马克思主义的历史科学家，在我们今天看来，其著作当然难免有不成熟的地方，但这恰如鲁迅先生所说，"他的遗文却将永在，因为它是先驱者的遗产，革命史上的丰碑"。

一九四九年四月二十七日于北平

再谈谁是历史的主人*

关于"谁是历史的主人"一题，前些天曾在北大讲过一次，现在有些意见和诸位再谈一谈。

按照社会发展的规律，在一般的情况下，有什么样的生产力，就有什么样的生产关系。到生产关系变成生产力的枷锁的时候，革命就起来了，新的社会制度代替旧的社会制度。当生产力由石头工具过渡到金属工具（铜器和铁器），再过渡到较为改善的铁制工具，再过渡到现代机器工业，与之适应的生产关系一定是原始公社制度，奴隶占有制度，封建制度，资本主义制度，社会主义制度。这是一般的规律，应用到某一个具体社会的历史里，还须依据实际情况找出具体的规律。

中国历史是人类历史的一部分，它的发展也是循着一般规律前进的。博物馆陈列了各种石器，又有各种铜器，又有各种铁器，这些马克思称之为"劳动资料的遗骸"。依据各种遗骸，"对于研究已经消亡的诸社会经济形态，也如动物骨骼之遗骸结构，对于研究已经消亡的诸种动物之身体组织一样，有同样重要的意义"。中国历史的发展，也和其他民族一样，是由石制、铜制、铁制的生产工具发展下来的。所以，在中国存在过的各种生产关系，也是和其他民族一样的。

但是，中国有自己特殊的环境和条件，正与其他民族各有其特殊的环境和条件一样，在一般规律的基础上面，要加上一些各自特具的因素，好比甲与乙都是人，而甲与乙又不是一个人，我们不能强迫甲与乙变成一个人。

人类起初利用自然的石块作工具，经过漫长的年月，才知道制造石头的工具来从事生产，例如石椎、石杵、石刀、石斧等工具和武器，那时的生产力很少很弱，一个人所得几乎不够一个人的食用，此外并无余剩。

当原始公社生产力较为发展的时候，就是说，石制工具较为进步，生产经验、劳动技能较为提高，生产能有一点剩余的时候，为了分工的缘故，极大多数劳动群众之旁，形成着一个免除直接生产劳动的阶级，来管理社会的共同事务，如生产、军事、祭祀、科学、艺术、社会秩序等等。因为生产力逐渐增长，公社中某些社员摸索出金属（铜）工具制造法之后，虽然是制作粗劣的，硬度不大的，生产力却开始发生变革了。生产剩余也有些增加了，那个免除直接生产的阶级，依靠它的特权，再加上暴力、掠夺、狡诈、欺骗等方法，有可能把财富积累到少数人手中，压迫大多数人服从他们，变为他们的奴隶，战争中获得的俘虏（以前的俘虏是杀掉的，因为他们还不能产生可供剥削的剩余劳动），也就留下来当奴隶，这样，奴隶制社会就开始了。

中国文字究从何时开始，现在还不知道，商朝有文字则是确定了的。因此商以前的古代史只能根据地下遗物和传说等加以推论。据传说，禹作城（一作鲧），禹时仪狄造酒，禹铸九鼎（一说启），禹传子，禹以铜造兵器，这些传说如果含有某种真实性，那么，也可以假定，禹以前是原始共产社会，夏开始了奴隶制社会，虽然只是微小的开始，却应予以重视，因为它是正在发展着的。到商朝后半期，根据安阳发掘，那时候工具还是青铜器和不少的石器，夏商生产力是在铜器逐渐排斥石器的过程中发展着，夏商生产关系就建筑于这个基础之上，因此奴隶制不可能充分发展，对原始公社不能给以强有力的破坏，相反的，奴隶制与原始公社混合在一起，成为中国式的奴隶制社会而不是像希腊罗马那样繁盛的奴隶制社会。

社会发展的一般规律，奴隶制社会已开始用铁制造工具，溶铁和制铁工作的继续改善，才出现封建制社会。在中国却不然，西周才结束了石器，普遍使用铜器，生产力显然比商朝提高一步，这就出现了封建领主制社会。什么叫做封建领主制呢？就是天子、公、侯、伯、子、男、卿、大夫等贵族，以氏族制度衍变下来的宗族为单位的占有土地制。宗族里面生产者主要是农奴，还有奴隶和自由民。宗族首领是世袭的宗子，统治并剥削宗族里的人。春秋时代，铁（称作恶金）开始用作农业工具，由于铁制农具的使用，人们获得生产工具比较容易了，再加上诸侯兼并和大夫兼并，许多宗族破坏，从宗族散出来的人，用铁开垦草莱，成为个人或一家私有的田地，这就出现了地主和农民。到战国时代，宗族更是破坏得所存无几，地主和农民差不多代替了领主和农奴。秦始皇统一中国，虽然嬴姓是最后的一个领主，秦的政权却是地主阶级的政权了。周朝生产力是在铁器排斥铜器的过程中发展着，封建领主制度是建筑在这个基础之上的。

陈胜、吴广为首的许多农民起义军，用铁制农具作武器，打倒了以铜为武器的秦朝。汉高祖成立了封建地主政权的汉朝。武帝时制铁技术才进步到代替铜在兵器上的地位，在生产关系上也确立了以土地买卖为特征的封建地主制度（一切氏族制、奴隶制、农奴制的残余，都包容在里面），直到鸦片战争以前都是这一个制度继续着，缓慢地发展着。鸦片战争以后，在中国原有铁制生产工具之外，加上了开始由外国输入蒸汽机器的生产工具，中国社会的性质变成半封建半殖民地的社会。由于机器生产在中国开始发展，在中国社会里产生了两个新的阶级，一个是拥有工厂和机器的中国民族资产阶级，一个是在外国资本和中国资本支配下使用机器的中国无产阶级。在帝国主义、封建主义联合对中国人民肆行压迫与中国新生产力要求发展的基础之上，引起了"五四"以前以资产阶级为领导的旧民主主义革命。1914年开始的第一次世界大战及俄国十月革命引起了中国的大变化，"五四"以后，中国无产阶级及其先锋队中国共产党领导着中国广大劳动人民发动了新民主主义革命。中国无产阶级从开始登上政治舞台到现在英勇地斗争了三十年，使反帝反封建反官僚资本的革命任务基本上完成了。

中国共产党领导着广大劳动人民进行新民主主义革命，为什么不马上实行社会主义革命呢？因为新式工业（新生产力）在国民经济中仅仅占百分之十左右，必须以新民主主义的经济政策先使农业国变成工业国的缘故。将来新生产力大大发展起来，中国的前途，将是如何光明如何伟大啊！

依据上面简单的叙述，可以看出一切历史现象，追溯到最根本的因素，乃是生产力与生产关系。历史发展的原动力是劳动人民在一定的相互关系条件下拿着工具在生产物质资料。现在我们对几千年历史的看法，必须彻底翻他一个身。过去读历史，只看生产关系里面的一面，偏重在各个朝代的盛衰兴亡，典章制度的沿革改订，帝王将相的功过优劣，文武官员的升降黜陟，文人学士的佳话轶事，英雄豪杰的"丰功伟业"等等，一句话，偏重在压迫、剥削、统治阶级的方面，也就是偏重在生产关系里高高在上的一面（当然，我们并不否认每个剥削阶级在一定历史时期，也曾有过它的进步性和革命性），对被压迫、被剥削、被统治阶级的一面，即生产关系里受苦受难的一面，是不重视或无视的，把他们反抗压迫的阶级斗争看作"乱民""叛民""流寇"，至于把生产力的发展，看作历史的决定的最后的因素，那就更谈不到了。这样的看法如果不改变，就永远找不到历史的主人，永远看不见历史的本质。

寻找历史的主人是谁，这对我们知识分子是有头等重大意义的。因为找到历史的主人，也就找到了现社会的主人。我们认识了这个主人，老老实实替他们来服务，知识分子才能找到自己的光明愉快的前途。

出身于剥削阶级或受剥削阶级教育的知识分子，一向轻视生产劳动。他们的生活依靠剥削阶级，他们所得的知识又是由剥削阶级世代传授下来的，所以他们的思想意识不能不是剥削阶级的。但是人类的一切有益的知识，根本上都是劳动人民经验积累的结果，对于这种文化的遗产，必须采取慎重态度，把其中好的有利于劳动人民的部分留下来，坏的、反动的一部分加以抛弃。

对已经过去了的知识分子是如此，那么对尚在人间的那些反动腐朽的知识分子如何呢？我们希望他们回头是岸。如果顽固不化，死硬到底，那有什么办法呢？只好让他们跟着国民党匪帮做一辈子向隅而泣的可怜虫。

今天所讲的有许多见解不成熟的地方，提出来希望在座各位给以批评指正。

关于中国历史上的一些问题*

1940 年我去延安，组织上要我编写一本十几万字的中国通史，为某些干部补习文化之用。我当时就同马列学院历史研究室的几位同志分工写作，由我主编。由于缺乏集体写作的经验，对如何编法没有一致的意见，稿子是齐了，有的太详，有的太略，不甚合用。组织上叫我索性从头写起。1940 年 8 月至第二年四五月完成上册（五代十国以前），至年底完成中册（下册原拟写近代史部分）。校完全书我就转入整风运动中去，不再接触这个工作了。这本书原来限定写十几万字，但上册写完已有二十多万字，事已如此，只得不限字数，继续写下去。所以这本书说不上有什么目的性计划性（当时仅拟定略前详后，全用语体，揭露统治阶级罪恶，显示社会发展法则等几条），只是随手写来，积累章节成为一本书而已。这就是编写旧本《中国通史简编》的经过情况。

旧本《中国通史简编》有很多缺点和错误，我在 1951 年写了一篇自我检讨，希望引起大家的批评，帮助我改正。我在那篇检讨中所得到的对本书缺点的初步认识，可以归纳为以下两个方面。

第一，非历史主义的观点。

在中国历史上占很长时期的封建时代，一方面，是包含着许多甚至对于今天的民族生活还起着副作用的沉重遗产；另一方面，也必须承认这段历史时期对于中国民族生活的发展有其积极作用。毛泽东同志在《中国共产党在民族战争中的地位》里指出，"我们不应当割断历史。从孔夫子到孙中山，我们应当给以总结，承继这一份珍贵的遗产"[1]。《新民主主义论》里也指出，"剔除其封建性的糟粕，吸收其民主性的精华，是发展民族新文化提高民族自信心的必要条件"[2]。这正是无产阶级对待历史遗产的正确态度。对于整个封建时代的历史应该采取这种马克思主义的历史分析的态度，对于个别的历史人物、个别的

---

* 选自《范文澜历史论文选集》，中国社会科学出版社 1979 年版，第 17-80 页。

[1]《毛泽东选集》第 2 卷，人民出版社 1996 年版，第 534 页。

[2]《毛泽东选集》第 2 卷，人民出版社 1996 年版，第 707 页。

历史事件也同样应该采取这种历史的分析态度。无分析的一律抹杀或一律颂扬，都是主观主义的、非历史主义观点的表现。

在这本书里，有些地方的叙述就有这种非历史主义的缺点。例如属于封建统治阶级的帝王将相，就他们整个阶级的地位来说，没有问题是压迫人民、剥削人民的。但是他们中间的某一些人，在一定的历史条件下，确实也起了推动历史进步的作用，如果一律否认或缩小他们对历史的贡献，那是不对的。例如秦始皇结束了从西周到战国八百多年的诸侯割据，伟大的中国第一次统一起来。他废侯王，置郡县，兴水利，筑驰道，通河渠（特别是史禄开灵渠），修长城，统一制度和律令，统一历法，统一文字，统一车轨，统一度量衡，商贩通行全国不收关税，拆毁国内长城与要塞，填平巨堑与各郡县的城池，开发岭南，驱逐匈奴，建立规模宏大、空前未有的大帝国。汉朝制度基本上承袭秦制，汉后历代制度又自汉制逐次演变而成，秦在两千年来中国历史上所起的创始作用，是有重大意义的，没有适当的分析，主要写他专制残暴的一面是不对的。汉武帝是雄才大略的皇帝。至少从商朝起就侵扰汉族的匈奴族，到汉武帝时，才打了决定性的大战争，汉族胜利了。当时匈奴还是奴隶制度的国家，每年侵入边郡，破坏生产，捕捉汉人去当奴隶，打败匈奴完全合乎汉族的利益。我对汉武帝的武功，没有着重写他积极的一面，却着重写了人民所受战争痛苦的一面。唐太宗是中国皇帝中出类拔萃的人物。他击败了侵略中国的突厥族，建立起疆域广大、超越前代的大帝国。汉唐是历史上两个光辉的大朝代，唐朝的强盛又胜过汉朝。我没有着重写唐太宗击败突厥的功业，却看作为唐高祖报仇雪耻的战争。宋太祖进行统一战争，消灭五代十国分裂的局面，在历史上很有贡献。明太祖驱逐元朝统治者，恢复汉族政权，在历史上也很有贡献。我着重写宋太祖的官僚政治，明太祖的专制残暴，他们在历史上的贡献，都没有当作着重点，显著地予以叙述。

这本书中又有些地方因"借古说今"而损害了实事求是的历史观点。本来"借古说今"并不是绝对不可以，但如果简单地借古人古事来类比今人今事，这就不是"一切都依条件、地方以及时间为转移"的历史的观察社会现象的态度，而是古今不分，漫谈时事了。例如旧本《中国通史简编》里叙述魏蜀吴三国的情形就有这个毛病。三国以前长江流域经济文化落后于黄河流域，孙权建立吴国，推行北方的耕作方法，开辟耕地，又派朱应、康泰出使南洋诸国，组织一万人的大舰队开展海上交通，长江流域经济、文化比东汉前进了一步，这些功绩是值得重视的。蜀汉在四川、云南，对少数族不很采取残暴镇压的政策，汉族与少数族一般还能和平相处，这在封建时代是很少见的。三国分裂是军阀混战的结果，但三国国内设施，也各有其积极意义的一面。借吴蜀联合拒魏来类比抗日民族统一战线，借孙权来类比国民党反动派破坏统一战线，把孙权描写成几乎是全部黑暗的人物，这是不合当时的历史事实的。又如武则天利用特务镇压她的政敌，是统治阶级内部的互相争夺。借武则天来斥责特务统治，着重写了特务的残暴，甚至把宫廷私事也写了出来，意在使读者增加对特务统治的鄙视。事实上武则天统治的时候，唐朝还保持强盛的形势，对人民说来，武则天不算是属于坏的一类皇帝。

以上就是由于片面的"反封建"和"借古说今"所造成的非历史观点的错误。

第二，在叙述方法上缺乏分析，头绪紊乱。

列宁说：马克思主义的最本质的东西，马克思主义的活的灵魂，就在于具体地分析具体的情况。这种具体的分析，首先要把生产关系划分出来作为说明该社会形态的结构和发展，同时还要到处和经常考察那些适应于这些生产关系的上层建筑物，以血和肉来把骨干包裹起来。但事情还不止于此，马克思说："相同的经济基础——按主要条件来说相同——可以由无数不同的经验的事实，自然条件，种族关系，各种从外部发生作用的历史影响等等，而在现象上显示出无穷无尽的变异和程度差别，这些变异和程度差别，只有通过对这些经验所提供的事实进行分析才可能理解。"①马克思主义的分析法应用在历史研究上，如此复杂而繁重，丝毫没有其他轻而易举的便宜方法可以代替。旧本《中国通史简编》却采用了一个便宜方法来代替它，那就是现象罗列法，把互相有机联系着的统一的整体，排列成许多各个孤立的现象。经济基础与上层建筑物，前一时期与后一时期，这一事件与别一事件，同一事件在此时此地与在彼时彼地，说不出或说不清楚它们中间有什么有机的内部联系，结果是头绪紊乱，不相贯通，名为历史，实际只是一本史料汇编。对某些单独的历史事实，也因为缺乏分析，往往不能作出恰当的判断。例如岳飞是抵抗女真（金）侵略的民族英雄，他的行动是代表汉族利益的伟大行动。他曾代表地主阶级攻灭洞庭湖旁农民起义首领杨么，这固然不是好事，但比起他的抗金来，显然是较小的，没有把事情的轻重说明白，在鉴定岳飞这样一个历史人物上，引起了混乱的看法。又如隋炀帝开运河，给当时人民带来了严重的死亡和痛苦，开成以后，北至涿郡，

---

① 《资本论》第 3 卷，人民出版社 1975 年版，第 892 页。

南达余杭，在经济文化的发展上起着重大的作用。隋炀帝以前和以后，历史上有不少开运河的人，他之所以特别著名，在于他使用民力太急暴，为以前以后的人所未有。着重写了他的骄奢淫逸残害人民，却没有说明开运河还有其积极的意义，显得看问题不够全面。

除了以上所说的两个方面，其他如使用材料也有错误或欠妥的地方。不少史学工作者，曾经善意地给我指出，我在这里表示感谢。此外没有检讨到的问题当然还有，需要自己更深入的作检讨，找出全部错误来。

中国古代史书非常丰富，有很多杰出的名著，但都属于旧型类，是为封建统治阶级服务的。在真正科学的历史书出现以前，只要是尝试着用马克思列宁主义的观点、方法写的历史，总比旧型类的历史书要好一些。当然，马克思主义者也有区别。斯大林说过，有两部分马克思主义者：第一部分是躺在马克思主义立场上的人，他们把马克思主义的生动原理变成毫无意思的生硬公式；第二部分人恰巧相反，他们不是从历史比拟和历史譬喻中求得指示，而是从研究实际环境中求得指示。显而易见，只有认真学习第二部分，才会有力量去认清并批判地主资产阶级的谬误观点和其他如公式主义之类的各种说法。我自知科学水准太低，无论在旧本或修订本通史简编里，不知不觉地犯了第一部分的错误，是很难免的。没有批评就没有进步，我希望进步，因而希望得到多方面的批评。

修订本《中国通史简编》在编写时，一方面主观上力求减少已经检讨出来的错误，一方面仍保留旧本的某些写法，并且也增加了一些新的观点，概括说来，计有下列九点。

第一，劳动人民是历史的主人。

《辩证唯物主义和历史唯物主义》指出，"历史科学要想成为真正的科学，就不能再把社会发展史归结为帝王和将相的行动，归结为那些蹂躏他国的'侵略者'和'征服者'的行动，而首先应当研究物质资料生产者的历史，劳动群众的历史，各国人民的历史。"[1]本书肯定历史的主人是劳动人民，把旧型类历史以帝王将相作为主人的观点否定了。

第二，阶级斗争论是研究历史的基本线索。

《共产党宣言》告诉我们说："至今所有一切社会的历史（恩格斯附注，'即

[1]《马列著作选读（哲学）》，人民出版社1988年版，第495页。

有文字可考的全部历史'）都是阶级斗争的历史。"①列宁在《卡尔·马克思》里指出："马克思主义给我们指出了一条基本线索，使我们能在这种看来迷离混沌的状态中找出规律性来。这条线索就是阶级斗争的理论。"②忘记了这条线索，固然不可能讲明历史，但是，即使记住了这条线索，要讲明历史也还是很困难。因为"自由民和奴隶，贵族和平民，地主和农奴，行会师傅和帮工，简短些说，压迫者和被压迫者，始终处于互相对抗的地位，进行着不断的，有时隐蔽，有时公开的斗争，而每一次斗争的结局，不是整个社会受到革命改造，就是斗争的各阶级同归于尽"③。阶级斗争的情景既是那样复杂，要了解它，不仅要分析各个阶级相互间的关系，同时还得分析各个阶级内部各种集团或阶层所处的地位，然后综观它们在每一斗争中所起的作用和变化。如果只是记住了阶级斗争而没有具体分析，那就会把最生动的事实变成死板的公式。

要做具体的分析，没有马克思主义的高度修养，是不可能做好的。正因为这样，本书不可能在基本问题上有深切的阐发。它注意到写阶级斗争，着重叙述腐化残暴的封建统治阶级如何压迫农民和农民如何被迫起义。这与旧型类历史站在地主阶级的立场上骂农民起义是"流寇""土匪"，描写成为野蛮人，把所谓"官军"的真正野蛮行为，大都挂到起义军账上的写法比起来，总算是纠正了谬见，肯定了被压迫者起义的作用。至于对外族统治者的侵入，本书也着重写了民族英雄和人民群众的英勇抵抗。写农民起义和反抗外族统治者的侵略，意在说明中国人民确实富于阶级斗争与民族斗争的伟大革命传统，但写得很肤浅，远远不能说明阶级斗争的实际情形。

第三，在生产斗争中的科学发明。

恩格斯说过，"科学的发生和发展从开始起便是由生产所决定的"④。在中华民族的开化史上，有素称发达的农业和手工业，也就是说，中华民族有久远的丰富的多方面的创造性的科学传统。读恩格斯《自然辩证法》⑤《古代末期纪元三〇〇年左右和中世纪末期——一四五三年的情况的差别》，足以证明中国是科学先进的古国。诸如天文学、数学、物理学、化学、医学、药物学、植物学等学科，在战国以前，都早有了优秀的成就。又如养蚕、丝织、炼钢、造纸、

---

① 《马克思恩格斯全集》第 4 卷，人民出版社 1958 年版，第 465 页。
② 《列宁全集》第二十一卷，人民出版社 1959 年版，第 39 页。
③ 《马克思恩格斯全集》第 4 卷，人民出版社 1958 年版，第 466 页。
④ 《自然辩证法》，生活·读书·新知三联书店 1955 年版，第 149 页。
⑤ 恩格斯：《自然辩证法》，人民出版社 2015 年版。

制瓷、印刷、火药的逐步发展；茶树、早稻、棉花的大量种植。又如南宋时江西、浙江有人使用投铁片入胆水，提炼出铜的方法。东汉末曹操开始用石炭。汉时高奴县（延安县东）发见石油，北宋用来点灯。唐时海船特别巨大，能抵挡波斯湾的险恶风浪。宋时航海用指南针定方向。凡此种种，都说明一件事，就是中国人民有足够的自信心，可以在旧的基础上无限地发展现代的科学。有一些人看到古代科学往往夹杂着迷信成分，因而采取一笔抹煞的态度，这是不可容忍的错误。恩格斯给史密特的信里说"科学的历史，就是这种荒谬思想渐渐被排除的历史，是它被新的、荒诞性日愈减少着的荒谬思想所代替的历史"①。不从发展方面看逐步前进，却在"荒谬思想"方面寻找排斥一切的借口。这样的态度，本身就是非科学的。本书重视古代科学上的成就（当然被遗漏的也很多），只是因为知识缺乏，不能作适合的批判和说明。

第四，汉族社会发展史的阶段划分。

列宁在《论国家》里指出："你们应当时刻注意到社会从原始形态的奴隶制过渡到农奴制、然后又过渡到资本主义这一基本事实，因为只有记住这一基本事实，只有把一切政治学说纳入这个基本范围，才能正确评价这些学说，认清它们的实质，……要认清这一切异常繁杂的情形，……就必须牢牢把握住社会阶级划分的事实，阶级统治形式改变的事实，把它作为基本的指导线索，并用这个观点去分析一切社会问题，即经济、政治、精神和宗教等等问题。"②列宁指示我们，研究历史首先要明确地划分社会发展的诸阶段，给历史画出基本的轮廓来，然后才能进行各方面的研究。本书企图用马克思主义的普遍真理和中国的具体历史结合起来，说明它曾经经过了原始公社制社会、奴隶社会、封建社会诸阶段。虽然写的未必正确，但方向显然是正确的。

第五，汉族封建社会的分期。

中国封建社会的发展过程是很缓慢的。旧本《中国通史简编》把封建社会分成三个时期，现在看来，第二第三两个时期的分法是有错误的。修订本分为初期（西周至秦统一）、中期（秦至隋统一为中期前段，隋至元末为中期后段）、后期（明至清鸦片战争以前）三个时期，似乎比较恰当些。下面叙述为什么划分三个时期四个大段的理由：

第一大段，初期封建社会——自西周至秦统一。西周初年，相传大小国家和部落多至数百个。西周建立起王权，王子掌握礼乐（制度）征伐，在漫无秩

---

① 《马克思恩格斯关于历史唯物主义的信》，人民出版社1956年版，第88页。
② 《列宁全集》第29卷，人民出版社1956年版，第434页。

序中他是秩序的代表。恩格斯说："在这种普遍的混乱状态下，王权乃是一种进步的因素，这乃是极显而易见的。"①东周时期王权衰落了，领主们为夺取土地与人口，进行兼并战争，数百个国家和部落因此合并成十几个大国，战国时期剩下七个大国。这是含有进步性的兼并。东周战国的兼并战争，正如马克思给恩格斯信里所说"一般地说，战争对于经济的发展是很重要的"②。大体说来，两周是众诸侯割据、诸侯国内众采邑割据的局面，到战国时，山东六国内部基本上统一了。秦国比六国表现出更高的统一性，因此它有力量消灭六国统一全中国。

在这个大段里，阶级的概状是：统治阶级方面，起初是宗族土地所有制的贵族领主阶级统治着大小国家和采邑，后来兴起了家族土地所有制的地主阶级。东周时领主阶级内部进行战争，战国时代表地主阶级的秦与主要代表领主阶级的山东六国间进行战争，最后地主阶级取得了胜利。被统治阶级方面，商朝耕种奴隶经过各种斗争（消极的反抗如逃亡，积极的反抗如配合周兵阵上起义），西周时基本上转化为农奴了。东周战国时期，农奴参加了贵族领主阶级内部的客观上起着削弱领主统治的长期兼并战争，农奴又转化为农民（当然不是说，不再有相当数量的耕种奴隶和农奴残留着）。从少数贵族领主的占有大块土地变化为比较多数的地主占有土地和更多数的农民各占有小块土地，是一种意义重大的变化，当时农业生产力的发展就是建立在阶级变化即所有制变化的基础上的。马克思说："奴隶并不会出卖他自己的劳动力给奴隶主，正如耕牛不出卖它自己的服役给农民一样。奴隶连同他自己的劳动力一次永远出卖给他的主人了。……他本身是商品，可是劳动力却不是他的商品。农奴所出卖的只是自己劳动力的一部分。并非他从土地所有主方面领得报酬，而是相反的，土地所有主从他那里收得贡租。"③农民当他保有耕地的时候，形式上是不出卖自己的劳动力的。他比农奴进一步地实现了以个人所有制和以本身劳动为基础的私有经济。西周至战国八百余年中，生产工作者的社会地位基本上有这样的三次大变化，也就是生产关系有三次大改革。在不多的史料里，足以说明中国劳动人民从来就是善于对统治者进行伟大的阶级斗争的。

商朝手工业奴隶，西周以来，一直被统治阶级占有着，不得释放。但在东周时，民间手工业却逐渐生长起来了。

---

① 《马克思恩格斯论国家与法》，法律出版社 1958 年版，第 157 页。

② 《马克思恩格斯关于历史唯物主义的信》，人民出版社 1956 年版，第 24 页。

③ 马克思：《雇佣劳动与资本》，生活·读书·新知三联书店 1953 年版，第 9 页。

第二大段，中期封建社会的前段——自秦至隋统一。秦是一个短促的但有极大重要意义的朝代。秦始皇为统一事业做出了许多重大措施，建立起专制主义的中央集权的封建国家。这个统一的大帝国绝不是"暂时的（虽然秦朝是短促的——引者）不巩固的军事行政的联合"[①]，也绝不是资本主义时代的那种民族统一国家，而是必须体会毛泽东同志给予我们的教导，确认秦以后的统一是"在某种程度上仍旧保留着封建割据的状态"[②]的统一。

继秦而起的两汉，是国力强盛的、地主经济很繁荣的朝代，它们把这个统一国家进一步巩固了。正因为中国的统一是"在某种程度上仍旧保留着封建割据的状态"的统一，大概自西汉中期起，代表地主阶级的豪强加剧了割据行为，由于赤眉、黄巾两次农民大起义都被镇压下去，割据势力愈益强大起来。豪强强迫穷苦农民充当类似农奴的徒附（徒附就是法律上还不可以买卖的农奴），强迫更穷苦的农民当奴隶，又筑起无数坞壁，迫使徒附当部曲（私兵），几乎恢复了两周时期的大小采邑。黄巾起义失败后，豪强乘胜互斗，爆发了军阀大混战，生产力遭受空前未有的大破坏。军阀吞并的结果，成立魏汉吴三国。三国分立对东汉末年的大混乱说来，是趋向统一的一个步骤，也还有它一定的进步意义。

曹丕、司马懿等人为夺取政权，向士族（官僚集团，是豪强的一部分）让步，用九品中正法取士，实际是和高级士族分享政权，中央集权的力量大大削弱了。西晋统一后，政权为若干家高级士族所把持。晋武帝大封同姓王侯，企图牵制高级士族，结果招致了八王之乱。统治阶级极度腐败，它不仅残酷地剥削农民，同时也严重地压迫中下级士族和居住在国境内的匈奴、羯、氐、羌、賨等半汉化的少数族。等不到农民起义来推倒西晋统治，少数族的豪强在中下级士族扶助下起兵反晋，推倒了西晋朝廷，报复了高级士族，而且残暴地蹂躏了汉族人民，频繁地进行了各族间的互斗，造成一百几十年的大混战。向来是经济政治文化中心地的黄河流域，经东汉末年一次大破坏以后，现在又来一次历时更久的大破坏，社会几乎被毁灭了。鲜卑族乘虚侵入，最后鲜卑族拓拔部贵族联合汉族的北方士族，统一了黄河流域，建立起北朝，与汉族政权的南朝对立。到隋统一南北，才结束了这个长时期的对立状态。

在这个大段里，阶级的概状是：统治阶级方面，地主阶级和它的代表者士族，一直朝着周朝贵族领主的老路上走回去，魏晋九品中正法就是皇帝承认他们半合法领主的地位。北魏崔浩竟公开主张恢复周朝的五等封爵制，要求朝廷

---

① 斯大林：《马克思主义与语言学问题》，人民出版社1971年版，第9页。

② 《毛泽东选集》第2卷，人民出版社1991年版，第624页。

承认高级士族做完全合法的领主。这和皇帝的权利冲突太剧烈了，北魏皇帝说崔浩谋叛，族灭崔氏，并大杀士族，抑制了这个要求。被统治阶级方面则是很多农民被迫当豪强的徒附。由于农民的穷极破产，奴隶数量不断在增加。以皇帝为首的统治阶级（特别是北魏的统治阶级）都占有奴隶，迫使他们从事农业手工业和商业上的劳动。奴隶生产品（一部分供主人自己消费）的成本当然是比较低廉，民间农业和手工业的经营者必须降低自己的生活水平和奴隶同样，才能把自己的生产品和别人交换。事实上因为负担着沉重的赋税，即使生活费降到奴隶的水平，实际收入并不能相等。所以奴隶生产的存在，大大障碍了民间生产的发展。

自西汉中期以至南北朝，奴隶数量显然是巨大的，但因此说当时社会还是奴隶社会，这就错误了。须知奴隶只是农民阶级（有田者和无田者的徒附）中最不幸的那一部分，比起农民来，奴隶自然是少数，在生产中也只有附属的地位。如果说第二大段是第一大段的循环，这也是错误的。它不是循环，而是螺旋式的发展，虽然前进得不是很远，但终究是前进了。秦汉统一国家的成立，就是最显著的前进。

第三大段，中期封建社会的后段——自隋至元末。隋和秦相似，统一后不久就崩溃了。这是因为秦隋的统一都是统治阶级内部互相吞并的结果，旧势力并没有受到较沉重的打击，过了一些时以后，它又放肆起来。只有经过大规模的农民战争，旧势力遭受了沉重的打击，新的统治者接受了严厉的教训，新的统治者不得不对农民让些步，这才有可能产生新的盛大的朝代，进一步巩固国家的统一。汉唐两朝就是这样建立起来的。

唐比汉更盛大。因为有广大的荒田，唐朝前期实行均田制，农民一般可以得到土地，这就是唐之所以成为盛大朝代的根本原因。由于农民得到土地，官私奴隶就大大减少了（家庭内役使的奴婢除外），民间手工业、商业加速地发展起来了。

支持隋唐以来社会生产上升的条件，除官私奴隶大减外，主要有下列几点：一、长江流域经东汉吴孙特别是南朝的开发，南方经济赶上了黄河流域。隋唐时，恢复了繁荣的黄河流域以外再加上长江流域，封建经济的地盘至少扩大了一倍，并且以此为基地，继续向闽江珠江两流域逐步扩大。二、自隋唐时起，航海技术进步，海上贸易比陆上贸易更为有利，加强了中国与外国间的交换关系。三、因为商品流通的增加，货币流通也为之增加。货币的作用虽然还不到破坏封建经济的程度，但地主自给自足的经济比南北朝以前更削弱了，因而民间工商业得到进一步的发展。四、运河与驿站的畅通，大大增加了交通运输上的便利。繁盛的商业刺激了手工业的发展，商业税和手工业税逐渐成为国家收入的一个重要部分（当然远不及地税的重要），因此减轻了统治者对民间工商业的压迫。

唐朝中年，封建割据战争又开始爆发。此后中央集权势力和地方割据势力经过长期相持不决的斗争，因黄巢农民起义军的失败，割据势力愈趋猖獗，中国陷入五代十国的大分裂状态中。黄河流域遭受军阀战争的破坏，北方边境为契丹族（辽）统治者所侵占，但长江闽江珠江三流域却因割据者保守境界，开发荒地，经济在继续前进，从此南方经济超过了北方。赵宋统一中国后，政治上一切措施都是为了加强中央集权和抑制割据势力。称为道学或理学的哲学与伦理学，对政治也起着严重的辅助作用。在巩固统一这一点上，赵宋是成功的。北宋以后，中央对地方的统治愈益强固，不再有公开的地方割据现象。北宋政治统一给予手工业、商业以巨大的影响，国内商业和对外贸易特别是海上贸易都比唐朝发达，货币流通也比唐朝有很大的增加。宋朝生产力的顺利进展，很可能产生资本主义的萌芽。可是，由于落后的女真族统治者乘北宋政治极度腐败，武力侵占黄河流域，建立起破坏作用很大的金国。南宋苟安于长江流域，继续着北宋的腐败政治。蒙古族统治者武力消灭金国，又消灭南宋，统一了全中国。元朝的破坏作用比金更强烈，在全国范围内特别是黄河流域，农业生产遭受极大的摧残，社会发展受阻了。在手工业、商业方面，因元朝疆域广大，中外贸易的通达和中外手工业技术的交流，虽然手工业工人陷入类似工业奴隶的厄运中，但工商业还相当地保持着前进的趋势。明太祖所领导的农民战争击败了元朝，结束了元朝的野蛮统治，社会又走上发展的阶段。

在这个大段里，阶级的概状是：统治阶级方面，地主阶级不像南北朝以前那样，既剥削农民（主要是徒附），又剥削奴隶，而是比较单纯地以佃农为主要剥削对象了。魏晋至南北朝，实行士族制度，高门（大地主）掌握政权，寒门（中小地主）不得参与。隋唐科举取士，仍有门第的限制。宋科举只论文章，不论门第，通过科举之门，中小地主富农以及工商业出身的士人，可以直接加入统治集团。从此，魏晋以来门第间和秦汉以来有市籍与无市籍地主间统治阶级内部的冲突得以缓和。统治阶级的基础扩大了，因而对人民的统治力量也加强了。士人助武夫割据称雄的局面，此后也少见了。两宋中央集权有进一步的发展，科举改制也是一个重要原因。被统治阶级方面，农民沦落为奴隶已成很个别的现象。穷困失地的农民投地主家当佃户，生活自然很苦，不过比汉朝以后的徒附（名称各朝不同，如西晋荫户也是徒附一类的农民）终究是好了一些。小工商业者到唐朝才有行会的组织（唐贾公彦《周礼正义》说肆长"若今行头"。这说明唐时确有行会的组织，它的管事人称为行头）。南北朝以前，民间工商业的竞争者是奴隶劳动，使用奴隶的是拥有特权的统治阶级，因之民间小工商业无法组织行会来反抗奴隶劳动。唐朝出现行会组织，说明和小工商业者竞争的已经不是奴隶而是另一部分的小工商业者，从这个意义说来，唐以后的小工商业比南北朝以前确是发展了。唐以后手工业免除了奴隶劳动的障碍，有可能作较快的进展，虽然行会到后来阻碍着竞争的加强，使技术趋于停滞状态，但在当时应该说是有它一定的进步意义。

　　第四大段，后期封建社会——明至清鸦片战争以前。明太祖驱走元朝统治者，建立起汉族的朝代。专制主义的中央集权的制度到明朝达到极高的程度。明朝皇帝除了明太祖和明成祖，一般是凡庸贪婪的皇帝，以皇帝为首的皇族、贵族、太监、官僚、绅士、土豪大量集中土地。农民失去土地，只好充当佃户，有些农民被迫投靠势家当奴隶。这种奴隶，主人对他们只有不完全的所有权关系，所以他们实际上是农奴性质的奴隶。佃户和农奴数量的不断增加，农业生产力自然要受到伤害。手工业和商业在元朝的基础上又有进展，某些地方出现了规模不大的手工工场，也就是说出现了资本主义生产方式的萌芽。斯大林在《苏联社会主义经济问题》里指出："只有存在着生产资料的私有制，只有劳动力作为商品出现于市场而资本家能够购买并在生产过程中加以剥削，就是说，只有国内存在着资本家剥削雇佣工人的制度，商品生产才会引导到资本主义。"[①]依据这个原理来看史料，明朝确实存在着资本家剥削雇佣工人的制度了。《图书集成》（《考工典》）引《苏州府志》说："郡城之东，皆习机业。……工匠各有专能。匠有常主，计日受直。有他故，则唤无主之匠代之，曰唤找。无主者黎明立桥以待。缎工立花桥，纱工立广化寺桥。以车纺丝者曰车匠，立濂溪坊。什百为群，延颈而望，如流民相聚。粥后散归。若机房工作减，此辈衣食无所矣。"嘉靖《仁和县志》载元末徐一夔《织工对》说："予僦居仁和之相里。有饶于财者，率居工以织，每夜至二鼓。……且过其处，见老屋将压，杼机四五具南北向，列工十数人，手提足蹴，皆苍然无神色。进问之曰……工对曰，……吾虽贱，日佣钱二百，吾衣食于主人，而以日所入养吾父母妻子，虽食无甘美，而亦不至饥寒。"这是苏州、杭州织工的生活情况。其他手工业比较发达的地区，

---

① 《马列著作选读（政治经济学）》，人民出版社 1988 年版，第 466 页。

被雇佣的工人，情况当相类似。概括说来，明朝某些地区，确有资本家在剥削雇佣工人。在万历二十九年（1601年）七月《明实录》里，还有苏州织工抗苛税斗争的记载。曹时聘奏章里说："机户出资，机工出力，相依为命久矣。……然榷网之设，密如秋荼，原奏叅随、本地光棍以榷征为奇货。吴中之转贩日稀，织户之机张日减；加以大水为灾，穷民之以织为生者岌岌乎无生路矣。五月初旬……（太监孙隆等）妄议每机一张，税银三钱，人情汹汹，讹言四起。于是机户皆杜门罢织，而织工皆自分饿死，一呼响应……。浮食奇（孤苦）民，朝不谋夕，得业则生，失业则死。臣所睹记，染坊罢而染工散者数千人，机房罢而织工散者又数千人。此皆自食其力之良民也，一旦驱之死亡之地，臣窃悼之。四郡额赋岁不下数百万，何有于六万之税，不亟罢之，（何）以安财赋之重地哉。"这里所说机户就是拥有生产资料剥削雇佣工人的原始资本家，所说织工染工就是出卖劳动力的雇佣工人。这种工人已经完全离农业而分立，不出卖劳动力就不能生活。从税银看来，机张税比农业税是六万两比数百万两，所以这种资本主义生产关系在封建社会里还只是极微小的胚胎或萌芽，同时还混合着浓厚的封建成份，但是，这是极可珍贵的胚胎或萌芽。

这里还得说一说当时织工斗争的情形。织工领袖葛贤一呼，织工群起响应，包围织造衙门（孙隆是苏杭等处提督织造），要求罢税。据《明实录》记"苏州民葛贤等缚税官六七人投之于河，且焚宦家之畜税棍者"。又记他们："毙黄建节（孙隆的走狗）于乱石之下，付汤莘（本地棍徒）等家于烈焰之中，而乡官（劣绅）丁元复家亦与焉。不挟寸刃，不掠一物，预告乡里，防其延烧，殴死窃取（乘机掠夺）之人，抛弃买免（纳贿求免）之财。……及汤莘等被责枷示，一挥而散，葛贤挺身诣府自首，愿即常刑，不以累众。"伟大的中国工人阶级的先驱者当他们在1601年第一次起而斗争的时候，就表现出反封建压迫的英雄气概。他们行动服从葛贤的指挥，有卓越的组织性和纪律性；抛弃贿赂，不贪一丝非义的财物，有圣洁不可渎犯的高尚品质；保护乡里，专打贪官劣绅棍徒，连明朝皇帝也只得承认他们"止破起衅之家，不及无辜一人"。这预示工人阶级有创造社会新秩序的全能全力。葛贤在斗争胜利后，知道不牺牲自己，织工们将受到更残酷的伤害，就挺身而出，愿受死刑。这种大公无私自我牺牲的精神，在三百五十年后的今天，还是光芒万丈，引起人们无限的同情。中国工人阶级当它开始萌芽的时候，就充分地显示出它将有远大的光荣的前途。列宁写道："我们满怀着民族自豪感，因为大俄罗斯民族也产生了革命阶级，也证明了它能给人类做出为自由和社会主义而斗争的伟大榜样。"①是的，中国人民也有权充满民族自豪感，因为三百五十年前，中国工人阶级的先驱者为反抗封建统治而作出了斗争的伟大榜样。

李自成领导的农民起义军，推倒了明朝的统治。满洲统治者与汉族地主阶级互相勾结，击败了农民起义军，中国的统治权落入清朝贵族的手中。清朝对汉族和其他少数民族人民的压迫是极其残酷的，但是，它在政治上却有很强的统治力量。清朝武力强盛，在明帝国基础上，开拓了广大的疆域，在征服汉族前后，也征服了其他许多民族。它这样做，当然是想满足统治集团的占领欲。列宁曾批评米海洛夫斯基说"丝毫不懂得工商业资产阶级的非常实际的利益是这种仇恨（民族仇恨——引者）的主要基础，丝毫不懂得把民族感情当作独立因素来谈，只是掩盖问题的实质"②。封建地主阶级也和资产阶级一样，它为自己"很实际的利益"，使用暴力征服其他民族，并在各民族间制造仇恨心理。这种血迹斑斑的悲痛事件，曾在历史上写出很多的篇幅。可是，从中国各民族人民在中国共产党和伟大英明的人民领袖毛泽东同志领导下，已经成为国家主人翁的今天看来，我们有大好河山的祖国和兄弟众多的民族大家庭，在这一点上，清朝统治集团客观上是起了积极作用的。

由于清朝疆域的扩大，封建地主经济比明朝更繁荣了。手工业、商业在明朝的基础上也就进一步的发展。如果说，唐宋统治者并不感觉到工商业对封建经济不利的话，那么，明清两朝已经潜意识地预感到它的某些威胁。明朝历行海禁，清朝更加严格。片板不许下海的禁令以及控制贸易的公行（十三行）之所以设立，原因之一就是企图阻遏民间对海外自由通商。事实上明清两朝都不能禁止对外贸易的实际进行，但若干地区正在发芽的资本主义已受到严重的压制，发展的速度因而迟缓起来。不过，即使如此，中国资本主义终究是鹅行鸭步地在前进。

清初屈大均《广东新语》记广东冶生铁炉情形，范端昂《粤中见闻》也说："凡开一炉，约计司炉者二百余人，掘铁矿者三百余人，汲水者、烧炭者二百余人，驮者牛二百头，载者舟五十艘。一铁炉费须万金。日得铁二十余版（一版约三百斤）则利盈，八九版则倾本矣。"一个冶铁炉约有人工一千人，规模是不小的。这种冶生铁的炉称为大炉，别有冶熟铁制镍（铁片）的炉称为小炉。小炉一肆（铺）有数十砧，一砧有十余人。炉中烧铁团透红后取出置砧上，"一人

---

① 《列宁全集》第 21 卷，人民出版社 1959 年版，第 84 页。
② 《列宁全集》第 1 卷，人民出版社 1984 年版，第 125 页。

钳之，二三人锤之，旁十余童子扇之。童子必唱歌不辍，然后可炼熟而为镖也"。雍正九年查禁铁锅出口上谕里说："检查案册，见雍正八九年造报夷船出口册内，每船所买铁锅，少者自一百连至二三百连不等，多者买至五百连，并有至一千连者。查铁锅一连，大者一个，小者四五六个不等。每连约重二十斤不等。……计每年出洋之铁锅为数甚多。"制铁锅铺多在南海县佛山镇，所制铁锅畅销内地并大批出口，想见工场规模也不小。《广东新语》载："广之线纱与牛郎绸，五丝八丝，云缎光缎皆为岭外、京华（北京）、东西二洋所贵。"予《广州竹枝词》云："洋船争出是官商，十字门开向二洋，五丝八丝广缎好，银钱堆满十三行。"这说明广东丝织物是当时出口的重要商品。云南矿厂在清初也很发达，崔乃镛《东川府地震纪事》说"厂人累万，厂有街市巷陌"。又说："厂数百硐，硐千百砂丁（矿工）。一硐有七十三尖。尖者，各商取矿之路径也。每尖至少不下十四五人。……大抵厂商聚楚、吴、蜀、秦、滇、黔各民，五方杂聚，谁为亲识，贪利亡躯（压死）盖不知其凡几。"一个矿厂人数多至一万，砂丁来自各省，被厂商役使，"死亡等诸蝼蚁"。资本主义剥削的残酷性，连封建主义者的崔乃镛也认为："亦惨甚已！"魏源《圣武记》说广西大的矿厂，有凿工、挖工、捶工、洗工、炼工、搬运工以及管事人，帮闲人，总数不下万人，规模与云南矿厂差不多相等。大抵鸦片战争以前，手工工场规模最大的是矿厂，其次是纺织业。它们的生产品，销路主要依靠国内市场，其次才是出口，这和海禁是有关系的。中国商人不能公开主动地去找海外市场，只能等待洋船来收购，或采用不合法的方法私运货物出洋，资本主义在封建主义压迫下，不可能顺利地发展起来。

鸦片战争前后，广州附近有二千五百纺织工场，工人约五万，平均一工场约二十人，这种工场部分的使用机械，并且进行不完全的分工。又有一个制茶场，有男女工和童工五百人。当时广州还不算是最重要的纺织地区，长江下游如苏州、松江、杭州等地的丝织业和棉织业比广州发达得多。至于江西景德镇的烧窑业，四川自流井的制盐业，中南西南各省的采矿业，都是规模不小的手工业工场。列宁在《什么是"人民之友"以及他们如何攻击社会民主主义者？》里指出："家庭手工制大生产就是资本主义工业形式，这里已具备资本主义工业的一切标志：商品经济已达到高度的发展，生产资料集中于个人手中，工人大众遭到剥夺，他们没有自己的生产资料，因而只好把劳动用在别人的生产资料上，他们不是为自己做工，而是为资本家做工。显然，按手工业的组织说，这是纯粹的资本主义；同大机器工业相比，它的特点就是技术不发达（主要是因为工资低得不成样子），工人保有一小块土地。"①按照这个原理，可以断言明万历以前，资本主义的生产方式早已萌芽，清朝则发展到相当的规模，只是因为工资太低，不仅廉价的人力延迟了蒸汽机的发明，而且也使手工工场本身前进很缓慢。依据科学的定义说来，鸦片战争前中国"纯粹的资本主义"的萌芽是存在着的，但同时必须确认，中国仍是小农业与家庭手工业相结合的根深蒂固的封建社会。又必须确认：由于中国的土地广大，经济的发展表现出极端的不平衡性，某些资本主义萌芽虽然存在，但对整个封建社会并不曾发生破坏作用。

在封建社会里原始资本主义的生产情况，李鸿章曾说过这样的话："从前江西之乐平及山西湖南等省，皆以土法开采煤铁等矿，工力较繁而所得较微，无裨大局。"（光绪七年《直境开办矿务折》）这里所谓"无裨大局"，就是说微弱的资本主义还不能对封建主义的大局起什么影响。所谓"工力较繁而所得较微"，就是说原始资本主义的生产力是微弱的，在外国资本主义刺激下，很自然地会提出采用新法以增加所得的要求。这种原始资本主义与地主（一部分汉族地主）经济是有联系的，也就是说，是和封建主义相结合的。另方面，与充当雇佣工人的失业农民也是有联系的。新法对他们都有一定的影响。所以鸦片战争以后，除了仇视新法的封建顽固派（以满洲贵族为代表），各阶级、阶层对外国资本主义的生产力都表示了各种不同的态度与趋向。从洪仁玕《资政新篇》提出广泛采用新法到洋务派的把持新工业，基本上都是欢迎蒸汽机，只是趋向各有不同而已。这和封建顽固派与外国侵略者的态度与趋向错综起来，便构成中国旧民主主义革命时期全部历史的素地。

在这个大段里，阶级的概状是：统治阶级方面与前一大段大体相同，被统治阶级方面也同于前一大段，只是添加了原始资本家和工人阶级的先驱者。他们虽然还只是微小的萌芽，但是必须珍重这个新添加。

哪一种物质力量引导封建社会这样一段又一段地发展着呢？最根本的物质力量就是发展中的生产力。

斯大林在《辩证唯物主义和历史唯物主义》里指出生产力发展的情形。在封建社会里，生产力的发展：一、"金属工具的进一步改良，过渡到冶铁风箱。"这一段大约相当于西周到战国的情形。战国时有大冶铁手工业，并且开始能炼钢。地下发掘证明，战国已有不少铁制的兵器，并有铁制的型范（《荀子·疆国

---

① 《列宁全集》第 1 卷，人民出版社 1955 年版，第 189 页。

篇》所谓"刑范正"），用以造铜工具。二、"过渡到陶器生产，与此相适应，手工业得到发展，手工业脱离农业，独立手工业生产以及后来的工场手工业生产得到发展。"①这一段大约相当于秦汉到南北朝和隋唐到元末的情形。初步的瓷器从两汉开始，经三国至初唐达到精美的程度。瓷器可以代替陶制铜制的日常用具，是一种用途宽广的手工业，而且还和丝茶一样，是对外贸易的重要商品（印度地下发掘，得唐时邢瓷越瓷和宋时瓷，埃及波斯也发现唐时越瓷）。自西汉中期起，炼钢术进步（西汉时传到西域，东汉初年传到罗马，中国铁被称为世界上最优良的铁），铁武器完全代替了铜武器。秦汉到南北朝手工业比战国以前有相当大的发展，某些手工业已离农民而分立（当然不是所有手工业都已分立），但被奴隶劳动障碍着，不能有更大的发展。隋唐以后，奴隶劳动已极少见，手工业很快地前进了。《旧唐书·高力士传》说力士"截沣水作碾，并转五轮，日破麦三百斛"。又据元王祯农书所记，至少在元时（很可能在南宋时）江西有用水力发动的水转连磨，数碓与九个磨同时转动，用来制造茶团。河南有水转大纺车，一昼夜纺麻一百斤。徐光启《农政全书》所绘纺车图有十五个锭子。英国于 1765 年发明多轴纺纱机，能用十二个到十八个纱锭，水转连磨和大纺车显然是工具机。马克思指出：机器的第三部分，"……工具机，是 18 世纪工业革命的起点"②。"在真正的工具从人那里转移到机构上以后，机器就代替了单纯的工具。"③唐时发明工具机，宋元应用较广，中国手工业生产力在当时世界上是最先进的。不过，在当时的社会条件下，不可能设想它会在生产方式上引起什么变化。据《马可波罗游记》所说（可能有夸大处），在以杭州为代表的许多都市里，有规模颇大的工场手工业。依据王祯、马可波罗的记载，宋元有独立手工业生产是无可置疑的事实。三、有"独立手工业生产以及后来工场手工业生产得到发展"④。这一段大约相当于明至清鸦片战争以前的情形。普遍存在着的作坊以外，某些地区工场手工业在继续发展。

"随着社会生产力在历史上的变化和发展，人们的生产关系，人们的经济关系也相应地变化和发展。"⑤西周到战国的生产关系，一般地，在农业方面，主要是领主对农奴的剥削，其次才是对耕种奴隶的剥削。在手工业方面，是领主

---

① 《斯大林文选（1934—1952）》上，人民出版社 1962 年版，第 198 页。
② 《资本论》第 1 卷，人民出版社 1975 年版，第 410 页。
③ 《资本论》第 1 卷，人民出版社 1975 年版，第 411 页。
④ 《斯大林文选（1934—1952）》上，人民出版社 1962 年版，第 198 页。
⑤ 《斯大林文选（1934—1952）》上，人民出版社 1962 年版，第 199 页。

对工业奴隶的完全占有。这和生产力低微，剥削者对被剥削者必须加以高度强制力的情形是相符合的。此外，小私有经济的民间手工业与农奴解脱为农民的过程相适应，一直在进展，到战国时，民间手工业已达到相当的规模。根据这样的生产关系，所以定西周至战国为初期封建社会。秦汉至南北朝的生产关系，一般地，在农业方面，主要是地主对农民（主要是徒附）的剥削，其次才是对耕种奴隶的剥削。在手工业方面，主要是民间手工业，其次才是地主和大工商业者对工业奴隶的剥削。因为生产力比前一时期显著提高了，而奴隶劳动的存在，对前一时期还处在"承前"状态中，所以定为中期封建社会的前段。隋唐至元末的生产关系，在农业手工业方面，奴隶劳动已经不成为障碍，因之小私有经济得以加速的进展，一直到工场手工业的开始出现。这对后一时期还处在"启后"的状态中，所以定为中期封建社会的后段。明至清鸦片战争以前的生产关系，除地主对农民的剥削和中期后段基本上相似以外，在手工业工场里出现了资本主义的生产关系。这虽然远没有发生破坏封建制度的力量，但迟早是会发生的，工人阶级的先驱者已经预示了这种力量。既然这个封建社会里怀妊着新社会的成了初形的胎儿，所以定为后期封建社会。

中国封建社会按三个时期四个大段向前发展，它的推动力是什么呢？基本上就是生产力的体现者——农民阶级（包括一切被剥削者）反对生产关系的体现者——地主阶级（包括一切剥削者）的阶级斗争。商朝奴隶阶级对奴隶主的斗争和周国封建制度反奴隶制度的斗争配合起来，破坏了商朝奴隶制度社会，出现了西周初期封建社会。秦末农民战争的结果，结束了西周以来的领主统治，建立起盛大的西汉朝。隋末农民战争的结果，结束了奴隶制度的残余，建立起更盛大的唐朝。元末农民战争的结果，结束了元朝贵族的野蛮统治，建立起盛大的明朝。毛泽东同志教导我们说："中国历史上的农民起义和农民战争的规模之大，是世界历史上所仅见的。在中国封建社会里，只有这种农民的阶级斗争、农民的起义和农民的战争，才是历史发展的真正动力。因为每一次较大的农民起义和农民战争的结果，都打击了当时的封建统治，因而也就多少推动了社会生产力的发展。"[1]

为什么农民阶级只能或多或少地推动社会生产力的发展呢？这是因为农民阶级只有在进步阶级领导下，才能从封建制度转到高一级的社会制度上去。当它还没有得到这种领导以前，它只能在封建制度的范围内起推动作用。毛泽东

---

[1]《毛泽东选集》第2卷，人民出版社1991年版，第625页。

同志指出："地主阶级对于农民的残酷的经济剥削和政治压迫，迫使农民多次地举行起义，以反抗地主阶级的统治。"[1]农民战争打击了封建统治，迫使封建统治者不得不在政治上经济上作出些让步和改良。这样，生产力和生产关系得到某些部分的适合，社会生产力因而多少有些发展。过了一些时以后，统治者又恢复残酷的剥削和压迫，因而又爆发了农民战争。每一次农民战争，其他被压迫者（奴隶、小手工业者、小商贾）往往参加进来，合力打击压迫者。奴隶残余的逐步缩小，手工业的逐步发展，都是农民战争的副产品。而手工业的发展，又正是为产生新的进步阶级准备着条件，农民战争终究会得到新阶级的领导来改变社会制度。历史上大小数百次的农民起义，就是这样反复着，社会也就是这样缓慢地前进着。革命是历史的火车头，农民革命战争起着速度不高的火车头作用，但绝不能否认它是推动历史的火车头。

列宁说："发展似乎是重复以往的阶段，但那是另一种重复，是在更高基础上的重复（'否定的否定'），发展不是按直线式而是按所谓螺旋式进行的。"[2]中国封建社会正是费了三千年时间，按照螺旋式的路线在行进。马克思在《路易·波拿马的雾月十八日》里说："黑格尔在某个地方说过：一切伟大的世界历史事变和人物，可以说都出现两次，他忘记补充一点：第一次是作为悲剧出现，第二次是作为笑剧出现。"[3]马克思解释说："人们自己创造自己的历史，但是他们并不是随心所欲地创造，并不是在他们自己选定的条件下创造，而是在直接碰到的、既定的、从过去承继下来的条件下创造。一切已死的先辈们的传统，象梦魇一样纠缠着活人的头脑。当人们好象只是在忙于改造自己和周围的事物并创造前所未闻的事物时，恰好在这种革命危机时代，他们战战兢兢地请出亡灵来给他们以帮助，借用他们的名字、战斗口号和衣服，以便穿着这种久受崇敬的服装，用这种借来的语言，演出世界历史的新场面。"（同上）我们体会马克思这段话的精神来看中国封建社会的历史，不论事变和人物，常常是面貌相似而又不相似地一次一次在演出，也就是"画虎不成反类狗"的喜剧式地在演出。即以四个大段的发展过程来看，也是一样。这就是说，社会前进了一步，后来又倒退过来，但倒退总是退不到原来的出发点。社会终究要在已经前进一步的路线上，即螺旋式的路线上向前再进展。原因是在封建社会里，处于统治地位的地主阶级和大工商业，它们代表落后的惰性的力量；处于被统治地位的

---

① 《毛泽东选集》第 2 卷，人民出版社 1991 年版，第 625 页。
② 《列宁全集》第 21 卷，人民出版社 1959 年版，第 36 页。
③ 《马克思恩格斯全集》第 8 卷，人民出版社 1961 年版，第 121 页。

农民阶级和小手工业，它们代表发展生产力的力量。这两大阶级是构成封建社会的两部分，它们残酷地相互斗争着，同时相互之间又有千丝万缕的经济的思想的联系，它们谁也不可能和对方作彻底的分裂。因之相反而又相合的两个力量，一个要推动社会前进但受另一个的限制，一个要推动社会倒退但也受另一个的限制。倒退力量阻碍着前进的力量，前进力量却终究在前进，这就必然不能走笔直路线而必须走螺旋式的路线。西周以来领主统治经秦末农民战争而结束了，两汉南北朝的地主企图复活领主的亡灵，经崔浩的被杀和隋末农民战争而失败了。唐朝中期局部的地方割据发展到五代十国成为全面割据，军阀们企图复活三国、十六国的亡灵，经北宋的统一战争而告终了。北魏、金、元都曾部分地复活奴隶制度的亡灵，经隋末、元末农民战争而消失了。明清实行禁海，企图阻遏工商业的发展，企图复活完全自给自足经济的亡灵，不幸，中国资本主义来不及发展到足以打倒这个亡灵的时候，却被外国资本主义侵入了。中国封建社会因此转入半殖民地半封建社会。

历史走着大螺旋式和无数小螺旋式的发展路线，这就是为什么封建社会延续很久的一个基本原因。

以上是中国封建社会生产方式在历史上发展的一般的——还不完全的——情形。

第六，初期封建社会开始于西周。

西周是初期封建社会的开始。依据现有的西周典籍（主要是《诗经》与《尚书》）和地下发掘所得的材料，不是寻章摘句式地而是全面地客观地来综观当时的经济基础与上层建筑，可以说西周确是封建社会。下面所述，主要是依据西周诗篇和《尚书》中周初文诰说明西周时期基本的生产关系。

一个社会的性质是由当时处于主导地位的生产关系即基本的所有制来决定的。斯大林在《辩证唯物主义和历史唯物主义》里给奴隶制度社会封建制度社会规定了定义，"在奴隶占有制下，生产关系的基础是奴隶主占有生产资料和占有生产工作者"；"在封建制度下，生产关系的基础是封建主占有生产资料和不完全地占有生产工作者"①。根据上述定义（不切实根据这个定义，所说便缺乏可靠性），我们看商周两朝统治者对生产工作者的所有制的不同，可以断言商朝是奴隶社会，西周是封建社会。关于商朝社会的问题，不必在这里谈，这里只谈西周社会的问题。

---

① 《斯大林文选（1934—1952）》上，人民出版社 1962 年版，第 200 页。

斯大林在《苏联社会主义经济问题》里曾经说过，"封建制度的基础并不是非经济的强制，而是封建土地所有制。"①什么是"封建土地所有制"呢？那就是"封建主占有生产资料和不完全占有生产工作者"。因为封建主如果完全不占有生产工作者，而仅仅占有生产资料（土地），那么封建剥削便无法实行。所以对于占有生产工作者情况的了解是了解封建土地所有制的钥匙。根据现存有关西周生产资料占有者和生产工作者相互间关系的材料，可以证明"封建土地所有制"确实普遍地存在着。周初大封建，从所有制的意义说来，就是自天子以至于采邑主，大小土地所有者向农奴（主要的）和自由民身份的农民（次要的）征收地租。也就是说，他们之间存在着封建的生产关系。为什么知道当时耕地的人是农奴农民而不是奴隶呢？《资本论》第三卷"劳动地租"节说："地租的最简单的形式，即劳动地租——在这个场合，直接生产者以每周的一部分，用实际上或法律上属于他所有的劳动工具（犁、牲口等等）来耕种实际上属于他所有的土地，并以每周的其他几天，无代价地在地主的土地上为地主劳动。"②同节又说："它和奴隶经济或种植园经济的区别在于，奴隶要用别人的生产条件来劳动，并且不是独立的。所以这里必须有人身的依附关系，必须有不管什么程度的人身不自由和人身作为土地的附属物对土地的依附，必须有真正的依附农制度。"③农奴和奴隶的区别，这里说得很清楚了。

我们看看西周的农夫有没有属于他的劳动工具呢？有的。《周颂·臣工篇》"命我众人：痔乃钱镈，奄观铚艾"。译意为命令我的农夫们：准备你们的耕具，还得多准备些割器。这不是农夫有自己的劳动工具是什么？而这一点，正是封建经济和奴隶经济最根本的区别点。我们再看看西周的农夫有没有实际属于他的土地呢？有的。《小雅·大田篇》说，"雨我公田，遂及我私"，孔颖达疏，这是周朝"太平之时，民心先公之义"，其实不是这样。因为农夫"公事毕，然后敢治私事"（《孟子·滕文公篇》），耕完公田才得归耕私田，所以希望私田上的雨下得迟些，以便得到时雨的好处。这里所谓私田，就是农夫有"实际属于他的土地"。我们再看看西周农夫有没有给地主无偿劳动和附着在土地上呢？有的。所谓公田，就是以一部分时间"无代价地为地主劳动"。凡是农业劳动者，不论是农奴和农民，都是很难离开乡里，但孟子独说西周农夫"死徙无出乡"（《孟子·滕文公篇》），希望战国时农夫也是那样，足见西周农夫"不能和土地

---

① 《苏联社会主义经济问题》，人民出版社 1961 年版，第 32 页。
② 《资本论》第 3 卷，人民出版社 1975 年版，第 889—890 页。
③ 《资本论》第 3 卷，人民出版社 1975 年版，第 891 页。

离开"，与战国时农夫有些不同，这就说明了西周实行着"有严格意义上的奴属制度"。

《辩证唯物主义和历史唯物主义》指出农奴的特征是"有自己的经济、自己的生产工具"①。农夫有自己的生产工具，上面已经证明了。因为有自己的生产工具，所以有自己的经济。西周农夫有没有自己的经济呢？有的。《周颂·载芟篇》："有嗿其馌，思媚其妇，有依其士。"译意为老婆送饭上地，孩子跟在一起，吃饭吞咽有劲，好让老婆看了欢喜。《周颂·良耜篇》："或来瞻女（汝），载筐及筥，其馕伊黍。"译意为：你老婆快来看你了，拿着筐子，盛着黍米饭（黍贵稷贱）给你吃。农夫带着妻子去耕公田，吃着自己的饭，这就是农夫有自己的经济。奴隶吃主人的饭，是没有自己的经济的。

周天子是生产资料和生产工作者的最高所有者。这种最高所有权的获得，照《尚书·梓材篇》说，是因为"皇天既付中国民越厥疆土于先王（文王）"。文王受命称王，表示自己是皇天的"元子"（长子），从皇天得到了最高所有权。此后凡是继承王位的文王子孙，都算是文王的继体，是文王从皇天得来的那个最高所有权的继承者。春秋隐公元年"春王正月"，《公羊传》解释说"王者孰谓，谓文王也"。这在《大盂鼎铭文》里也有同样的说法，并非汉儒臆造。《小雅·北山篇》"溥天之下，莫非王土；率土之滨，莫非王臣"，也说明周天子是土地和臣民的最高所有者。周天子有如此广大的最高所有权，如果仅仅拥有大块公田，只不过是个极大的地主，并不能体现最高所有权的全部，事实上更重要的体现还在分封臣属方面。马克思在《资本论》第一卷《所谓原始积累》那一章中写道："在欧洲一切国家中，封建生产的特点是土地分给尽可能多的臣属。同一切君主的权力一样，封建主的权力不是由他的地租的多少，而是由他的臣民的人数决定的，后者又取决于自耕农的人数。"②这个原理同样可以说明西周的封建制度。周天子在王畿内保有大块公田，作为主要收入的一部分，但公田数量到底是有限度的，田地太大了农夫太多了也就无法管理了。所以他以最高所有者的地位，在王畿内分封许多卿大夫采邑，在王畿外分封许多诸侯国。这种受封的大小领主从周天子取得所有权，自然要尊敬他的权力并且向他贡献和服役。《尚书·洛诰篇》载周公归还政权给成王时说："汝其敬识百辟享，亦识其有不享。享多仪，仪不及物，惟曰不享。"周公教成王记住哪些领主来朝贡，哪些不来朝贡。来朝贡的如果贡物多而敬意不够，也算作不朝贡。对不朝贡的

---

① 《斯大林文选（1934—1952）》，人民出版社 1985 年版，第 224 页。

② 《资本论》第 1 卷，人民出版社 1975 年版，第 785 页。

领主，天子有权处罚他们。这样，周天子公田收入以外，又有大量的贡物，而且又表现了最高所有者的权力。诸侯在国内，同周天子一样，分封卿大夫采邑。卿大夫在采邑内，也立侧室（"卿置侧室"）和贰宗（"大夫有贰宗"）。天子、诸侯、采邑主都从分封里建立起自己的权力，形成一整套的统治体系。

分封制度与宗法制度是分不开的。周天子是天下姬姓人的大宗，受封的姬姓诸侯对周天子说来是小宗。姬姓和非姬姓的诸侯在国内是同姓人的大宗，受封的同姓卿大夫对诸侯说来是小宗。卿大夫在采邑内是同姓人的大宗，受封的侧室、贰宗对卿大夫说来是小宗。凡小宗都得受大宗的约束。宗的成立由于受封得土地。最先受封者死后，子孙奉他为始祖，立庙称为宗。他的嫡长子嫡长孙世世承袭封土，称为宗子。一般说来，天子诸侯的国法仅行施到同姓和非同姓的宗子。非宗子的众人，不论贵贱都受他们自己宗子的约束。宗子对同宗族人有直接裁判权，执行普遍刑罚直到"戮于宗"的死刑。

宗法制度的基本精神是以宗子为中心，按血统关系的远近来区别亲疏贵贱，从而规定出无可改变的等级制度。亲者也就是贵者受封以后，嫡长子孙世世承袭土地所有权（名义上最高所有权属天子），自天子以至侧室、贰宗成为掌握各级统治权的贵族领主阶级。疏者也就是贱者（包括同姓的农民和非同姓的农奴等人，统称庶民或农夫）成为被统治阶级。他们无权获得土地所有权，但可以通过受田的形式，获得实际上属于他们的土地。这种受田法也按照宗法分封制度来实行。农夫从领主受私田一百亩，死后（或年满六十）由长子长孙世世承袭为户主，成为有一百亩私田的大宗子。非长子的余夫如从领主受私田二十五亩，死后（或年满六十）由长子长孙世世承袭，对百亩田的大宗子说来，成为有二十五亩私田的小宗子。不得受的余夫称为闲民，或助宗子和其他有田人耕田，或从事工商业。农户的宗子当然不能有贵族宗子的那种权力，但"尊祖敬宗"的观念是一致的，因之农宗也起着约束同宗人的作用。

宗法制度对贵族领主说来是一种加强统治的组织力量，对农夫说来也是一种组织力量。春秋战国时期，贵族领主的宗族因兼并战争而崩坏，世袭小块土地的农宗就很自然地变成获得土地所有权的农民或小地主。再加上其他获得土地所有权的人，如土（荒）地开垦者、工商业者、高利贷者等人，便形成春秋战国时期新起的地主阶级和农民阶级。

宗法与土地的分配法关系如此密切，因而不论是统治阶级或被统治阶级，祖宗崇拜在意识形态里占惟一重要的位置，公认孝道是最高的道德，任何宗教所崇拜的神和教义都不能代替祖宗崇拜和孝道。这是历史上汉民族特征之一。

宗教在汉民族不能生深根，宗法是起了抵抗作用的。

公田私田和分封，构成了西周的封建土地所有制度。这个经济基础的最重要的上层建筑就是宗法制度。

恩格斯指出欧洲的封建社会是这样开始的：当法兰克民族占有了广大的罗马的国家领土以后，法兰克国王以礼物方式或恩赐方式分土地给他的侍卫。最初大半是把民有地整块整块地赐给侍卫们，后来是以采邑方式授给他们享用（起初大多场合是一直到国王逝世为止），这样，就靠牺牲人民而造成了新的贵族的基础①。国王分给侍卫们土地，叫做封地，这种封地的大量存在，也就成为封建制度的开始。在中国的西周，周王明明分封了大量的诸侯国和大夫采邑，而且分封制度比法兰克王国周备得多，说中国封建社会开始于西周，应该是可通的。

马克思主义经典著作里所指出的条件，西周完全具备了，为什么还不能说西周是封建社会的开始呢！

是不是可以说，因为西周还有奴隶从事农业生产，所以只能是奴隶社会呢？这是不对的。列宁说过："无论在自然界或社会中，'纯粹的'现象是没有而且也不可能有的。"②如果以为有了奴隶，就不能有农奴和农民，这就把社会看作"纯粹的"现象。如果以为既有奴隶从事生产，所以不能是封建社会，这就无以解释《周颂》《小雅》里那些诗篇所说的生产情形。所以，要从各种现象中寻找问题的本质，必须遵照列宁的教导。列宁说："为要确信后面这个论点的正确，应当记住一个原则：在社会科学中（也象在一般科学中一样），所研究的是大量的现象，而不是个别的事件。"③列宁又说："为了说明这种客观地位，不应当引用一些例子和个别的材料（因为社会生活现象极端复杂，随时都可以找到任何数量的例子或个别的材料来证实任何一种意见），而一定要引用关于各交战国和全世界的经济生活基础的综合的材料。"④列宁又说："在社会现象方面，没有比胡乱抽出一些个别事实和玩弄实例更普遍更站不住脚的方法了。罗列一般例子是毫不费劲的，但这是没有任何意义的或者完全起相反的作用，因为在具体的历史情况下，一切事情都有它个别的情况。如果从事实的全部总和、从事实的联系去掌握事实，那么，事实不仅是'胜于雄辩的东西'，而且是证据确凿

---

① 《家庭、私有制和国家的起源》，人民出版社 1972 年版，第 150 页。

② 《列宁全集》第 21 卷，人民出版社 1959 年版，第 212 页。

③ 《列宁全集》第 21 卷，人民出版社 1959 年版，第 221 页。

④ 《列宁全集》第 22 卷，人民出版社 1958 年版，第 182 页

的东西。如果不是从全部总和、不是从联系中去掌握事实，而是片断的和随便挑出来的，那么事实就只能是一种儿戏，或者甚至连儿戏也不如。"①列宁给我们的教训是极其深刻的。要不犯上述错误当然很不容易，但是，我们至少要希望避免这种错误。列宁指出的方法，应用到西周社会问题上来，我想，我们必须"掌握与所研究的问题有关的事实的全部总和"②，首先是掌握《诗经》里叙述当时生产情形的全部诗篇，因为这些诗篇所叙述的情形不是个别的情形而是大量的普遍的主要的情形。

是不是可以说，《周颂》《小雅》所说不一定可信呢？这也是不对的。因为第一，《周颂》是西周初期所作并在宗庙里演奏的诗篇，《小雅》也是西周人所作。它们叙述当时生产情形比后世人的追述要直接些可靠些。第二，《周颂》《小雅》那些诗篇说的是周天子主要收入的来源（别一主要收入是畿内采邑和畿外诸侯的贡赋），并不是说个别的情形。既然西周前期（共和以前）公田是天子主要收入的一种，而公田的耕种情形，诗篇已有简要的叙述，那就足以证明在公田上耕种的农夫们确实以力役地租的形式向土地所有者贡献其无给的剩余劳动而且是主要的生产者。第三，如果说《周颂》《小雅》作者是属于统治阶级的人，所以他们说的话不可信。这也不一定，作诗者不颂幽厉而颂成康，不刺成康而刺幽厉，足见他们作诗并不是任意美刺。再者，即使说农夫们的劳动兴趣，难免有诗人夸张之处，但农夫们有自己的工具和经济，有私田并助耕公田等事实，不是当时实有的话，诗人造出这些话来并庄严地在宗庙里演奏，有什么意义呢？

是不是可以说，诗义和训诂，不妨予以改变，按新意别立新说呢？这是应该慎重考虑的。春秋时期，《诗三百篇》是各国贵族们学习政治的一种必修科目，不懂得诗就无法参加朝聘盟会那种大事。《左传》记载贵族们赋诗言志往往断章取义，但，从来不曾发生过误解，足见诗有一定的诗义和训诂，为当时人所公认。孔子曾说："吾自卫反鲁，然后乐正，《雅颂》各得其所"。又曾劝"小子何莫学夫诗"，又曾教训儿子鲤说"不学诗，无以言"。按照孔子"述而不作，信而好古"的态度看来，他所整理的诗篇和他教弟子们学习的诗义和训诂，是有所本的。孔子以后，传诗大师自卜商、毛亨以至郑玄，其间师师相传，不可避免地要有一些后师添附的说解。从这些添附里，可以看出西周到东汉末，语言在逐渐变化（质言变化较大，文言或雅言变化较小，解经的语言是文言、雅言），前师以为不必解释，后师却需要添加解释以明诗意。毛《传》简单，郑《笺》

---

① 《列宁全集》第23卷，人民出版社1958年版，第279页。
② 《列宁全集》第23卷，人民出版社1958年版，第279-280页。

较繁，原因即在于此（《史记》转载《尚书》，多以训诂改经文，其不改处即语言无甚变化处，看《史记》所改，语言变化并不太大）。因此可以相信，毛《传》、郑《笺》也像孔门诗教那样，基本上是有所本的，某些可疑或错误之处当然也是有的。所以后人说诗，固然不可抱残守缺，墨守旧说，否认后儒证据精确、优于汉儒的某些新说，但也不可仅仅因旧说不合己意，轻率地别立新说。凡立新说，如果显得费力甚大，或"通"于此处而不能通于他处，或新说虽立而旧说依然不曾为有力的证据所推翻，那么，这种新说都是值得怀疑的。例如《毛诗》《小序》说《十月之交》是周幽王时诗。郑《笺》作新说，证明是周厉王时诗。据《授时历》推算，日食在周幽王六年十月朔辛卯，毛说似较可信。足见轻改旧说不如多闻阙疑。《马克思主义与语言学问题》指出："事实上，语言的发展不是用消灭现存的语言和创造新的语言的方法，而是用扩大和改进现存语言基本要素的方法。并且语言从一种质过渡到另一种质，不是经过爆发，不是经过一下子破旧立新，而是经过语言的新质和新结构的要素逐渐的长期的积累，经过旧质要素的逐渐衰亡来实现的。"[①]说诗不可随意离开训诂，就是因为春秋时人语言接近于西周人的语言，战国时人接近于春秋，汉人接近于战国。千余年间逐渐变化的语言，那时候传诗的人对它的了解比二三千年后的人，一般说来，总是要可靠些。对师师相传的诗义也应作如是观。没有令人信服的证据，随意改变诗义和训诂，我以为需要慎重考虑的理由就是如此。

是不是可以说，西周史料留存不多，需要等待地下发掘出新材料才能作证明呢？我想，等待地下发掘当然可以，不过，已发见的西周器物数量不算少了，从这些铜器铭文看来，奴隶是有的，但并不能证明西周是奴隶社会，反之，有些铭文却足证明封建关系的确实存在。文字记载方面，现存西周部分的《诗经》和《尚书》，再配上东周时期的典籍，数量也不算太少了。从全部西周、东周的文字记载看来，只能使人看到同一种社会制度在演变，不能看到一种社会制度过渡成别一种社会制度。而两种社会制度间的过渡，"通常是用革命手段推翻旧生产关系、树立新生产关系的办法实现的"[②]。商与西周之间确实有过这样的过渡，而西周与东周之间，东周与战国之间，确实没有这样的过渡。因此，在地下发掘得到（如果可以得到的话）确实可靠的相反材料以前，我们只能依据已有的典籍与器物铭文做出以上的论断。

旧社会像个母体，怀孕着代替自己的新社会。当它成熟的时候，通过革命

① 斯大林：《马克思主义和语言学问题》，人民出版社1971年版，第20页。
② 《斯大林文选（1934—1952）》上，人民出版社1962年版，第205页。

之门，旧社会便过渡到新社会。新社会诞生以后，由婴儿期向少年期过渡，这和前一种过渡已经是不同的了。所以，研究一个社会，必须用过渡观点来观察各种生产关系所处地位的变化。列宁说，要把俄国地主经济区别出何处是农奴制的终点，何处是纯粹资本主义的起点，是不可能的。我想，要把一个社会区别出何处是奴隶制的终点，何处是封建制的起点，困难当然也很大。不过，多对主要的生产关系和过渡情况加以研究，问题还是可以逐渐接近于解决。俄国十月社会主义革命胜利后，有些人在研究俄国经济问题时，曾经有过异议。斯大林批评了这些异议并指出正确的观点。我们可不可以从下列引文中取得对研究其他社会的过渡观点的启示呢？我想是可以的。

1928年斯大林在《答库什特谢夫》里说：

> 我们常常说，我们的共和国是社会主义共和国。这是不是说我们已经实现了社会主义，消灭了阶级，并废除了国家（因为社会主义的实现意味着国家的消亡）？或者，这是不是说在社会主义制度下还会有阶级、国家等等存在？显然不是这个意思。既然如此，我们有没有权利把我们的共和国叫做社会主义共和国呢？当然有。这是从什么样的观点来看的呢？这是从我们决心和准备实现社会主义、消灭阶级等等的观点来看的。

> 库什特谢夫同志，也许你同意听听列宁对这个问题的意见吧？如果同意，就请听吧：

> 看来，还没有一个专心研究俄国经济问题的人否认过这种经济的过渡性质。看来，也没有一个共产主义者否认过社会主义苏维埃共和国这个名称是表明苏维埃政权有决心实现向社会主义的过渡，而绝不是表明承认新的经济制度是社会主义的制度。[①]

十月社会主义革命胜利后，社会主义社会在俄国开始了，但在一个时期里，五种经济成分并存着，其中占领导地位的是社会主义经济成分，并由此过渡到完全的社会主义去。如果不算是从历史比拟和历史譬喻中求指示，是不是可以这样来了解西周社会的过渡性质。就是：西周有三种生产关系并存着，如上文所说，主要的占领导地位的是封建主对农奴的生产关系，并由此向较高的封建制度过渡。商周间过渡情形具见本书，这里只借孟子的话来说明两种过渡的不同。《孟子·滕文公篇》说："夏后氏五十而贡，殷人七十而助，周人百亩而彻。"

---

① 《斯大林选集》下，人民出版社1979年版，第110-111页。

贡、助、彻是三种剥削方式。从殷助到周助可列为第一种过渡（质变），夏贡殷助与周助周彻可列为第二种过渡（数变）。夏贡是原始公社解体中自由民耕种土地向统治者纳贡物，殷助是土地被统治者所占有，自由民类似农奴地被迫为统治者无偿耕公田。这种生产关系的滋长，使原来并不发达的奴隶社会逐渐过渡到封建社会。以武王克商战争为标志，助法成为普遍行施的制度，社会也就开始成为封建社会。彻是实物地租。彻法的普遍行施，在王畿内开始于共和以后，在东方诸侯国间开始于春秋时齐鲁等先进国。从周助到周彻，是低级封建社会向较高的封建社会过渡。如果这些区别还有理由的话，当有助于对两周封建制度的了解。

至于生产工具制作的变化，在奴隶制向封建制的转化上，不一定是决定性的。请注意：我不是否认生产工具的作用，只是说，同样的生产工具，在奴隶手中会遭受故意破坏，在"表现某种自动性，愿意劳动，对劳动感觉兴趣"的农奴手中，就会提高生产效率，实际上发生了生产力提高的作用。列宁在《论国家》里说："由于剥削形式的改变（也就是生产关系的变更——引者），奴隶占有制国家变成了农奴制国家。这件事有很大的意义。"[1]普列汉诺夫在《论一元论历史观之发展》里说："实际上，为着使我能把被征服的敌人造成奴隶较之吃掉他更有利益，就需要他的强制劳动的生产品不仅能够维持他的生存而且至少部分地亦要能维持我的生存，换句话说，需要在我支配下的生产力有某一程度的发展。奴隶制度正是经过这扇大门进入历史的。奴隶劳动很少促进生产力的发展；在它之下，生产力的发展前进得非常之迟慢，然而总还是前进了，而最后到了这样的时机，即剥削奴隶劳动较之剥削自由劳动获益更少。这时候，奴隶制度被取消或逐渐衰亡。引它进入历史的门的生产力的发展把它赶了出去。"[2]根据列宁的原理和普列汉诺夫的说法，足见奴隶制度的转化，主要在于奴隶对奴隶主进行斗争，迫使奴隶主不得不变更完全占有为不完全的占有，而生产力也就在这个变更中发展起来。

划分经济时期的事情，不是做了什么，而是怎样做，用什么劳动手段去做。生产的变更和发展始终从生产力的变更和发展上，首先是从生产工具的变更和发展上开始。人们获得了新的生产力，也就会改变自己所有的一切社会关系。这自然是马克思主义的一些原理，但是，把它公式化来应用，就难免失去原理的精神。这里只就铜器铁器与奴隶制封建制的关系问题，提出一些我对上述原

---

① 《列宁全集》第 29 卷，人民出版社 1956 年版，第 437 页。
② 《普列汉诺夫哲学著作选集》第 1 卷，生活·读书·新知三联书店 1959 年版，第 684—685 页。

理的了解。恩格斯在《家庭、私有制和国家的起源》第一章《有史以前的诸文化阶段》野蛮高级阶段里指出，由野蛮转入文明是从铁矿的熔炼开始的。这在欧洲历史上是如此，在中国历史上却还没有证明。恩格斯在同书第九章《野蛮与文明》里叙述铁的巨大作用以后，接着就指出："所有这些，都是逐次实现的；最初的铁往往比青铜软。所以，石器只是慢慢地消灭的；不仅在 1066 年的海斯丁斯会战中都还使用石斧。但是，进步现在是不可抑制地、更少间断地、更加迅速地进行着。"①这里说明自纪元后 800 年至 1066 年之间，在日耳曼人社会里铁没有脱离最初的阶段，更急速地继续进行着则是在 1066 年以后。在这以前，铁并不比青铜硬，甚至还比不上石斧（在中国，西周时青铜工具排除了石头工具，西汉时铁武器排除了最后的青铜武器，都比欧洲早得多）。而在社会制度上，日耳曼人早已从原始社会进入封建社会。因此，最初的铁只能作为金属工具之一，逐渐代替石头工具，不能一下子就起特殊的作用，也就是不能凭最初的铁的有无来决定社会的变化。恩格斯在同书第八章《德意志人的国家底形成》里指出，奴隶制度与封建制度的交替，是由于奴隶制已经没有益处，而小农经营却成为惟一有利的农作形式。这里根本不曾说起铁起了什么作用，而且在封建社会初期，铁制农具很贫乏，经过二百年，铁器才开始有广泛的使用，铁器论将怎样解释这种现象呢？可见封建制的发生自有原因，主要是由于阶级斗争的推动，生产力得以前进，铜器和铁器，固然不必过于拘泥，甚至使用残存的石器，也不妨碍封建制的发生。推究封建制的发生，首先应从剥削形式的变更上也就是从阶级斗争的效果上着眼。又可见铁的作用，既不决定原始公社制与奴隶制的交替问题（决定于金属工具），也不决定奴隶制与封建制的交替问题，而封建社会经济的发展，则必须依靠制铁技术的进步。春秋时期，熟铁（最初的铁）进步到生铁，春秋时期的封建经济，也就比西周前进一步。是不是可以了解为从生产工具开始的原理不适用于奴隶制过渡到封建制呢？当然不是。奴隶缺乏工作积极性，只能使用最粗糙最笨重最不易损坏的工具，而与奴隶同时并存的自由农民和农奴先驱者的隶农，积极性和工具都要比奴隶生产进步些，这种进步的生产力的继续发展，社会就会被引导到新的阶段。马克思多次指出，只是历史发展的一般的趋势、社会经济结构的发展和变更的法则是绝对必然的，但它们是实现在多种多样的经验的环境中的。事实正是这样。原始社会获得了新的生产力，绝对必然地要产生阶级社会，产生出来的一般是奴隶社会，但有

---

① 恩格斯：《家庭、私有制和国家的起源》，人民出版社 1972 年版，第 160 页。

些可以是封建社会。同样，奴隶社会一定要变成封建社会，但新的生产力表现在自由农民和隶农的生产力，并不在于最初的铁。列宁说过，人们可以"抓住'论据'之中的一个，但是黑格尔说得很对，人们完全可以替宇宙万物找出'论据'。辩证法要求从发展中去全面研究某个社会现象，要求把外部的表面的东西归结于基本的动力，归结于生产力的发展和阶级斗争"①。生产工具必须与作为基本生产力的劳动群众结合起来，如果不适当地过度强调生产工具，这就难免把历史描绘成为没有人参加的（或者说没有人的能动性的）各种经济过程的平稳的自行发展，把历史唯物主义改变成为经济唯物主义，而生动活泼的人类历史可以用几个公式造成了。

第七，自秦汉起中国成为统一国家的原因。

秦始皇统一中国以后，中国从此成为统一的封建国家。东汉末年由军阀混战而分为三国，唐时由藩镇之乱而扩大为五代十国，两次封建割据在秦汉以后的整个历史过程中，可以说是短期的、变态的（十六国割据，汉族地主不是主要发动者，北朝与金是外族侵入，当别论），而统一则是长期的、正常的。中国为什么能够保持长期的正常的统一状态呢？因为自秦汉起，汉族已经是一个相当稳定的人们的共同体，自北宋起，全国范围内经济联系性加强了，这个共同体也更趋于稳定。封建统治者因而有可能加强中央集权，压制地方割据势力，使不能公然活动，政治上的统一又前进一步。秦汉以后的统一，都是"在某种程度上仍旧保留着封建割据的状态"，不过程度上北宋前后确有些不同之处。因为汉族社会确实存在着一个相当稳定的人们的共同体，所以统一力量与割据力量作斗争，总是以统一力量取得胜利而告结束。即使在帝国主义侵入以后，帝国主义列强用暴力和阴谋企图分裂中国，但并不能真正达到它们的目的，这种现象绝不是偶然的现象，也就是说，绝不能用偶然为理由来解释这种现象。

斯大林在《民族问题和列宁主义》第二节《民族的产生和发展》里指出："在资本主义以前的时期是没有而且不可能有民族的，因为当时还没有民族市场，还没有民族的经济中心和文化中心，因而还没有那些消灭各该族人民经济的分散状态和把各该族人民历来彼此隔绝的各个部分结合为一个民族整体的因素。"②依据这个原理来看欧洲的历史，毫无疑问是这样的。因为有了资本主义，某个民族历来彼此隔绝的各个部分才能够联结起来成为一个民族整体，也就是"分裂为各个独立的公国"的国家才能够统一起来成为一个民族整体，也就是"分

---

① 《列宁全集》第 21 卷，人民出版社 1959 年版，第 194 页。

② 斯大林：《马克思主义与民族、殖民地问题》，人民出版社 1961 年版，第 296 页。

裂为各个独立的公国"的国家才能够统一起来成为一个民族国家。中国历史却是早在秦汉时，从皇帝、郡守、县令到乡三老、亭长、里魁，形成了一整套的统治体系，除上述两次割据外，确实没有汉族封建主分裂中国为各个独立的侯国或王国的现象。这样的统一国家，绝不是"暂时的不巩固的军事行政的联合"，因为它是一个持久的相当巩固的整体。也绝不是资产阶级的民族国家，因为它是一个持久的相当巩固的整体。也绝不是资产阶级的民族国家，因为资本主义萌芽的发生，远远落在统一国家成立的后面。那么，这个统一的事实，应该怎样来解释呢？

世界历史上有些民族在下列三种情形下，曾经成立起中央集权的国家。中国在秦汉以前，三种情形全有，但可不可以就此得出结论来呢？我看是不可以的。

（一）马克思在《不列颠在印度的统治》里指出，在东方因农业上灌溉和排水的需要，"所以就迫切需要中央集权的政府来干预"[①]。古代汉族经济文化的根据地是黄河流域。黄河中下游两岸即今河北、河南、山东三省地方，经常有发生洪水的危险。齐桓公蔡丘之会，为诸侯立五禁，其第五禁"无曲防"（《孟子·告子篇》），就是禁各国专水利害邻国。东汉明帝永平十三年（公元70年）治河诏里说"左堤（北岸）强则右堤伤，左右俱强即下方（下游地方）伤"（《后汉书·明帝纪》）。这两句话最足以说明黄河必须统一管理的理由，而这种理由是从来就存在着的。《孟子·告子篇》载战国时白圭自称治水比禹还强。孟子斥责他说，禹按照水性治水，以四海为壑。你治水以邻国为壑，违反水性，造成洪水的灾害，有良心的人都憎恶你的作法。白圭以邻国为壑，正是人们的共同灾害。在割据局面未曾消灭的时候，各国自然要实行白圭的治水法。汉族一向有禹治洪水的神话，正反映着统一治河的共同要求。这种要求可以成为促进国家统一的因素，但不是重要的因素，因为治黄河主要是防水灾，并不像"东方"那样没有灌溉和排水便不能生产。

（二）恩格斯说："无论在城市或农村，到处都增加了这样的居民，他们首先要求结束连绵不断毫无意义的战争，停止那种总是引起内战——甚至当外敌盘踞国土时还在内战——的封建主之间的争斗，结束那种不间断地延续了整个中世纪的、毫无目的的破坏状态。这些居民本身还过于软弱，不能实现自己的

---

① 《马克思恩格斯全集》第9卷，人民出版社1961年版，第145页。

愿望，所以就向整个封建制度的首脑即王权寻求有力的支援。"①春秋战国也有这样的情形。《孟子·梁惠王篇》载：梁襄王问孟子，天下怎样才能安定。孟子说，统一才能安定。襄王问谁能统一呢？孟子说，不爱杀人（不好战）的人能统一。今天，所有国君都是爱杀人的，如果有一个不爱杀人的国君。天下的人那个不伸着头颈希望他来统一。孟子这段答话最能显著地表现当时人们厌恶战争的共同心理。这种共同心理可以成为促进国家统一的因素，但不是重要的因素，因为如果客观上不曾存在着统一的条件，主观愿望并不能成为事实。

（三）斯大林在《马克思主义和民族问题》里指出："东欧的情形却有些不同。……在俄国，是以历史上形成的强大而有组织的贵族军事官僚为首的大俄罗斯人担负了统一民族的使命。"②在《论党在民族问题方面的当前任务》里又指出："凡民族的形成和中央集权国家的建立在时间上大体一致的地方，那里的民族自然就具有国家的外貌。发展成独立的资产阶级民族国家。……东欧却与此相反，由于自卫（抵御土耳其人、蒙古人和其他人的侵犯）的需要而加速的中央集权国家的建立早于封建主义的消灭，因而也早于民族的形成。所以这些地方的民族没有发展成也不能发展成民族国家，而建立了一些混合的多民族的资产阶级国家，这些国家通常都由一个强大的统治民族和几个弱小的从属民族组成。奥地利、匈牙利、俄国就是这样。"③在中国也有需要自卫的情形。战国时期，汉族驱逐戎狄出国境。野蛮的匈奴族寇掠边境，破坏农业和牧畜业，成为汉族的大敌。秦赵燕三国各筑长城防御匈奴。赵国在长平被秦战败，死士卒数十万人，国势危急，但不敢调动守北边的李牧军。李牧与匈奴战，精选军士，得骑士一万三千人，勇士五万人，射士十万人，约计李牧全军当在二十万人以上。秦燕两国守边军比赵可能少些，当各有十余万人。合计秦赵燕共有大约五十万人的大军队防御边境，匈奴对汉族的压力可以想见。这种自卫的需要可以成为促进国家统一的因素，但不是重要的因素，因为秦赵燕虽分立，还都能阻止匈奴的侵入。

必须注意：马克思所说"在东方""在亚洲"，是指"从撒哈拉经过阿拉伯、波斯、印度和鞑靼区直至最高的亚洲高原的一片广大的沙漠地带"。那些地方需要中央集权的政府来干预的原因是"在东方，因为文明程度太低，幅员太大，

① 《马克思恩格斯全集》第 28 卷，人民出版社 2018 年版，第 232 页。

② 斯大林：《马克思主义与民族、殖民地问题》，人民出版社 1961 年版，第 30 页。

③ 斯大林：《马克思主义与民族、殖民地问题》，人民出版社 1961 年版，第 114 页。

不能产生自愿的联合"①。在中国，固然需要中央集权的政府来管理黄河，但原因并不是"文明程度太低"和"不能产生自愿的联合"。恩格斯所说是指当时欧洲已经有了资本主义。斯大林在说明"东欧的情形却有些不同"以后，即强调指出"可是资本主义在东欧各国也开始发展起来了"②。所以上列三种情形，对中国说来，虽然全有，也只能说是促使中央集权国家成立的一些原因，不能是根本的原因。

那么，自秦汉起，中国成为统一国家的根本原因，究竟是什么呢？

斯大林指出："世界上有各种不同的民族。有一些民族是在资本主义上升时代发展起来的，当时资产阶级打破封建主义和封建割据局面而把民族集合为一体并使它凝固起来了。这就是所谓'现代'民族。"③汉族自秦汉时起，不待言，它绝不是资产阶级民族。而且就在鸦片战争以后，在中国的社会经济生活中，同买办资本和高利贷资本结合在一起的地主阶级依然占着显著的优势，而中国民族资本主义虽然有了某些发展，并在中国政治的、文化的生活中起了颇大的作用，但是，因为处在帝国主义封建主义的严重压迫下，它并没有成为社会经济的主要形式，它的力量是很软弱的，它不曾也不可能起着"打破封建主义和封建割据"的作用。和这相反，中国封建势力在帝国主义支持下，呈现北宋以来所未有的割据状态。因此，在中国近代史上资产阶级并不是民族的纽带。也就是说汉民族有它自己的发展过程，并不因为有了资本主义才开始成为民族。

斯大林给民族下了定义："民族是人们在历史上形成的一个有共同语言、共同地域、共同经济生活以及有表现于共同文化上的共同心理素质的稳定的共同体。"斯大林又说："必须着重指出，把上述任何一个特征单独拿来作为民族的定义都是不够的。不仅如此，这些特征只要缺少一个，民族就不成其为民族。"④依据上述原理来看中国历史，自秦汉时起，可以说，四个特征是初步具备了，以后则是长期的继续发展着。

孔子、孟子、荀子、韩非子、李斯等人都主张统一天下，随着统一事业的实际进展，他们对统一的人是也愈益具体。《礼记·中庸篇》托名孔子说"今天下车同轨，书同文，行同伦"。《中庸篇》所谓今，显然是指秦统一以后，这与《史记·秦始皇本纪》所记秦始皇的统一措施是符合的。荀子的学说通过李斯在

① 《马克思恩格斯选集》第 2 卷，人民出版社 1972 年版，第 64 页。

② 斯大林：《马克思主义与民族、殖民地问题》，人民出版社 1961 年版，第 30 页。

③ 斯大林：《马克思主义与民族、殖民地问题》，人民出版社 1961 年版，第 295 页。

④ 斯大林：《马克思主义与民族、殖民地问题》，人民出版社 1961 年版，第 24 页。

秦朝实现了。按照四个特征，"共同的语言"就是"书同文"。李斯作小篆，"罢其不与秦文合者"。汉时"学僮十七已上始试……书或不正，辄举劾之"（《说文解字》叙）。这说明自秦汉起，用以表达语言的字体全国完全一致，更不用说语法结构上的一致了。"共同的地域"就是长城之内的广大疆域。"表现于共同文化上的共同心理素质"就是"行同伦"。儒家思想的主要部分，即祖宗崇拜与孝道，是汉族的共同心理。秦时"以吏为师"，汉时立太学和郡学，讲授五经，太学与郡学成为全国的大小文化中心。以上三个特征，自秦汉时起确是具备了。在整个封建社会（包括半封建社会）时代里，本质上没有什么变化。

现在再看第四个特征。"车同轨"可以了解为相当于"共同经济生活""经济的联系性"这个特征。《孟子·公孙丑篇》引孔子说，"德之流行，速于置邮而传命"，足见春秋时期已有为便利交通而设的驿站制度。水路交通，照《史记·河渠书》《汉书·沟洫志》所记，长江淮水黄河已经贯通，南北各大水都可以通舟楫。这种水陆交通，当然不能和近代交通比快慢，但对经济闭塞状况，到底起着减轻的作用。春秋时水路交通的作用，应予以适当的估计。周、郑、齐、晋都是商业比较发达的国家。商人用舟车装运货物往来各国，不受什么阻碍。当时大小国家都需要通商，例如卫文公"训农、通商、惠工"，复兴了卫国。齐国国君一向奖励工商业，齐国丝织业尤盛，号称"冠带衣履天下"（天下的贵族）。战国时期，商业的重要性更见增加，《公孙丑篇》载孟子列举王天下之道五条，其中招商（"天下之商皆悦而愿藏于其市"）、通商（"天下之旅皆悦而愿出于其路"）占了两条。如果经济生活中商品流通不是重要的，孟子怎能说是王天下之道呢？从各国大小市场的存在和经济上的联系来看，像孟子所说农民纷纷然与百工交易，固然还局限于一个地域内，而贵族们自给自足的经济生活，却随着宗族制度的破坏，事实上并没有完全的自给自足了。李斯上秦始皇《谏逐客书》，正好说明这一事实。经济上的联系性与各地方彼此孤立的割据状态是不相容的，《荀子·王制篇》《史记·货殖列传》说明了这种联系性在经济生活中的重要意义。《王制篇》说："北海则有走马吠犬焉，然而中国得而畜使之；南海则有羽翮齿革曾青丹干焉，然而中国得而财之；东海则有紫紶鱼盐焉，然而中国得而衣食之；西海则有皮革文旄焉，然而中国得而用之。故泽人足乎木，山人足乎鱼，农人不斫削不陶冶而足械用，工贾不耕田而足菽粟。"照荀子的说法，中国不仅国内泽人与山人、农夫与工贾经济上联系着，而且与国外的所谓四海经济上也联系着，所以他主张"四海之内若一家"，因为"通商与转输相救（葵丘之会，第五禁又有'无遏籴'，即转输相救），无不丰足，虽四海之广若一家也"（杨倞注）。《货殖列传》在列举各地出产物以后说，"皆中国人民所喜好，谣俗被服饮食奉生送死之具也。故待农而食之，虞而出之，工而成之，商而通之，此宁有政教发征期会哉"；"此四者民所衣食之原也"。荀子所说山人与泽人，是指居在山泽的富贵人，劳动群众是不能足乎鱼木的。《史记》所说"被服饮食奉生送死之具"，也是指富贵人的享受。从这些人的墓葬里，可以看出许多送死之具不是一个地区的产物，他们生前奉生之具，当然不限于本地而要通过商贾得之于远地。这都说明战国以来，商品生产和变换已经比西周和春秋时期大进一步地在社会上层起着经济联系的重大作用，因而割据分裂也为统治阶级的人们所憎恶。《荀子·富国篇》说："今之世而不然。厚刀布之敛以夺之财，重田野之税以夺之食，苛关市之征以难其事……是以臣或弑其君，下或杀其上……无他故焉，人主自取之。"这就是说，阻碍通商是亡国的原因之一。在这样的共同趋势下，战国山东六国终于统一于秦朝。

秦汉实现孟子、荀子"关市讥而不征"的理想，商贾通行全国没有阻碍。《货殖列传》说："汉兴，海内为一，开关梁，驰山泽之禁，是以富商大贾周流天下，交易之物，莫不通得其所欲。"汉元帝时贡禹说："商贾求利，东西南北，各用智巧，好衣美食，岁有十二之利而不出租税。"（《汉书贡禹传》）战国及秦汉商品交换既在经济生活中有如此重要的地位，大小市场和经济中心也就自然形成了。

中国国内大小市场的形成，开始于战国（即《史记·货殖列传》所列举的都会）。汉时长安、洛阳、宛、邯郸、临淄、成都为全国商业的中心大市场。其中西汉以长安，东汉以洛阳为中心大市场的中心。这些大市场与全国各郡县的中小市场联系着，不容否认当时全国经济上的联系是相当密切的。这种大小市场所起的联系作用。首先是各地区天然特产和著名手工业产品经官私商业的转输，流通在全国范围内供统治阶级中人享用，其次是本地区所产普通用品如铁器陶器等物，供本地居民使用。地主大工商利用大小市场得到自己奢侈生活所需要的一切，同时也利用它向广大劳动群众进行敲剥。张衡《西京赋》描写长安商市，"廓（大）开九市（大路西六市，东三市），通阛（市墙）带阓（市门），旗亭（市楼）五重，俯察百隧（市上小路）"，这是说长安市场的规模。又"瓌（奇）货方至（从四方来），鸟集鳞萃，鬻（卖）者兼赢（利息加倍），求（买）者不匮（无求不得）"，这是说市上交易的繁盛。又"商贾百族（各地方人），裨贩夫妇，鬻良杂苦（劣货），蚩眩（欺骗）边鄙（边远人）"，这是说商贩对乡村人偏远地方人诈伪取利。其他大市场情状大致相似，中小市场具体而微，情状也不能有什么例外。农民每年要缴纳口赋钱，又要购买食盐铁器陶器等必需品，势必将一部分耕织所得的生产物当作商品到市场上出售，换取钱物，并受"杂苦"的额外损失。但更严重的是晁错所说农民受害的那种情况。就是朝廷及地方官府"急政（征）暴赋，赋敛不时，朝令暮得"。官早上说要，民晚上就得交。这样，当官府要钱时，农民只好"当具有者半价而卖，无者取倍称之息"，短期间商贾得到加倍的利息；当官府要物时，商贾"乘上之急，所卖必倍"（均见《汉书·食货志》），农民将自己的生产物半价卖给商贾，得钱再倍价买进官府所要之物。官府和商贾利益相关，官府不论要钱要物，商贾总是获利。受害者自然是农民。农民受害到极点，只好把田宅妻子甚至连自己都卖出去。在这种敲剥作用下，农民虽然过着最低度的自给自足生活，即"衣牛马之衣、食犬彘之食"的非人生活，但和市场的联系却依然是很密切的。西汉自公元前一一八年至公元五年，朝廷铸五铢钱凡二百八十万万枚，奸商私铸钱数量也很大，这样大量的钱在市场上流通，说明劳动群众所创造的财富，尽量为地主大工商所吸收和消费。所以，地主大工商生活愈益奢侈，敲剥也就愈益残酷，市场也就愈益繁荣，而劳动群众主要是农民也就愈益贫穷。地主大工商豪华的经济生活和农民小工商苦辛的经济生活，以大小市场为枢纽而联系起来了。主要为地主大工商服务的大小市场，既然是封建性的，那么，从它所起的经济上联系作用来说，固然可以产生国家的统一，从它的封建性来说，这种统一，却不能不是仍旧保留着封建割据状态的统一。读《史记·平准书》《货殖列传》《汉书·食货志》《货殖传》《王莽传》，恒宽《盐铁论》等书篇，事实说明市场在经济联系上所起的作用是大的，但在发展上有一定的限度，这个限度就是敲剥到农民不能生活下去时，便激起农民战争，打击或推倒那些封建统治者。

"随着资本主义的出现、封建割据的消灭和民族市场的形成，（资本主义以前的）民族就发展成为（资本主义时期的）民族。"[①]部族变成民族的原因是资本主义的出现。其具体表现是封建割据的消灭和民族市场的形成。在汉族历史上，自秦汉确立郡县制，封建分割基本上消灭了，大小市场也实在形成了，但是资本主义根本不存在。这和欧洲历史确有不同之处。下面采取恩格斯《论封建制度的解体和资产阶级的兴起》的一些论点，与中国历史作比较，算作一种解释。当然，这种解释可能不是惬心贵当的。

恩格斯说："十五世纪时，封建制度在整个西欧都处于十分衰败的状态。在

---

① 斯大林：《马克思主义和语言学问题》，人民出版社 1971 年版，第 9 页。

封建地区中，到处都楔入了有反封建的要求、有其自己的法和武装的市民的城市。"①这种情况在中国封建社会里完全不曾发现过。中国封建社会发展的道路，不是以"十五世纪城市市民"来破坏贵族领主阶级的统治，而是插入了一种独特的封建土地所有制，即以家族土地所有制的地主阶级来代替宗族土地所有制的贵族领主阶级。在地主阶级统治的封建社会里，土地可以自由买卖。这种自由买卖，在欧洲是封建制度已被破坏，资本主义已经得到自由的时候才有的，农民成为私有财产者，乃是"近代文明国家"里的事情。而在中国，对欧洲来说，却是一种独特的封建土地所有制。在自由买卖的形式下，土地一面在集中，一面在分散。从这里产生了一种情形，即有钱的农民小工商可上升为地主，破产的地主可下降为农民或小工商。两个阶级不变，阶级里的某些人却在升降线上来回上下，"十年财东轮流做"的想法，在平常时期，使农民小工商业者的斗争意识模糊起来。另有一种情形是很多地主兼做大工商，很多大工商也兼做地主。工商业多余的资金用来收买土地，不会积累起更大的资金，无限制地去扩张工商业。自然，地主与民间工商业矛盾是有的，例如汉时皇帝就是最大的工商业者，一般地主也兼营工商业。官营工商业对私营工商业，无市籍商人（地主兼工商，有权做官吏）对有市籍商人（工商兼地主，本人连子孙不得做官吏）都有斗争，但并不是封建制度与资本主义工商业间的斗争。即使到了封建后期（明和清鸦片战争以前），民间带有资本主义性质的工商业与封建制度的斗争也是很少见的。在西欧，"不管手工业及其市民手工业者多么微小，多么受限制，他们还是有足够的力量来推翻封建社会；他们至少是在前进，而贵族则是停滞不动的"②。在中国，工商业与地主结不解缘，说迈进则是相应迈进，说停滞则是相应停滞，工商业很难发展到足以脱离封建的性质成为破坏封建制度的独立力量。某些农民小工商与地主的升降和地主与大工商的兼业，都是中国不同于西欧封建社会的特殊情形。在这种特殊情形下，封建性质的工商业得在全国范围内活动，起着联系的作用。不像欧洲那样，"每一座封建庄园都自给自足，甚至军费也是征收实物。没有商业来往和交换，用不着货币"③。这种割据状态，必须资本主义工商业才能破坏它。

如果上面那些比较，还不是完全错误的话，那么，自秦汉时起的中央集权的统一国家，它的基础之一就是为封建社会服务的经济联系，这种联系与坚强

---

①《马克思恩格斯全集》第 21 卷，人民出版社 1965 年版，第 450~451 页。

②《马克思恩格斯全集》第 21 卷，人民出版社 1965 年版，第 449 页。

③《马克思恩格斯全集》第 21 卷，人民出版社 1965 年版，第 449 页。

有力的同文（汉文字形体在语言的统一上有特殊作用）、同伦两条相结合，统一国家就成立起来。既然并没有资本主义的出现，"在某种程度上仍旧保留着封建割据的状态"，也就成为必然的状态了。这种状态的存在，只有到了新民主主义革命胜利的时代，才能彻底把它消灭，实现真正的完全的统一。

至于说到汉族自秦汉至新民主主义革命胜利以前，是部族还是民族的问题，根据汉族的具体历史，我认为应得出如下的结论：汉族自秦汉以下，既不是国家分裂时期的部族，也不是资本主义时代的资产阶级民族，而是在独特的社会条件下形成的独特的民族。它不待资本主义上升而四个特征就已经脱离萌芽状态，在一定程度上变成了现实。它经历了两千余年的锻炼，具备着民族条件和民族精神，所以，当欧洲资本主义侵略者侵入以后，一方面，中国变成半殖民地半封建的国家，一方面，民族反抗运动蓬勃地开展起来。太平天国、义和团两次大规模的民族反抗运动，都是农民阶级发动的，根本没有资产阶级的领导。这个事实，说明了汉民族在资产阶级产生以前，早就是坚强的民族，也说明了以资产阶级为领导的资产阶级民族并不存在。辛亥革命是资产阶级领导的，但是，它没有领导起农民阶级，而这一点正式资产阶级民族不曾形成的确实证据。因为农民阶级是一个民族的最大构成部分，既然中国资产阶级没有领导它，那里还有资产阶级领导的民族呢？不论在殖民地国家，不论在半殖民地半封建国家，只要资产阶级对广大农民发生了影响，农民在政治上跟着它走，即使国家性质不变，资产阶级到底是领导的阶级了。反之，就不是民族的领导阶级。中国资产阶级恰恰就是不领导农民的阶级，而领导农民的任务，不能不落到中国无产阶级的肩上。在文化方面，资产阶级思想只能上阵打几个回合，就被外国帝国主义的奴化思想和中国封建主义的复古思想的反动同盟所打退了。资产阶级的文化思想只是在小资产阶级知识界起作用，对广大农民是没有什么影响的。这个事实说明了软弱的资产阶级实在没有力量领导农民作斗争，因之不可能形成资产阶级的民族，也说明了产生在帝国主义时代的中国资产阶级，不可能担当起领导民族运动的任务。它是这样一个阶级，就是："中国的民族资产阶级，即使在革命时，也不愿意同帝国主义完全分裂，并且他们同农村中的地租剥削有密切联系，因此，他们就不愿和不能彻底推翻帝国主义，更加不愿和更加不能彻底推翻封建势力。"[1]这样的阶级，要求它领导民族甚至要求它同欧洲资本主义上升时期的资产阶级一样起领导民族的作用，那就不免强人所难了。它只

---

[1]《毛泽东选集》第2卷，人民出版社1991年版，第673页。

能在新民主主义革命时代，在中国无产阶级和中国共产党的领导下，作为被领导的一员，在一定时期和一定程度上表现出它的革命性。如果中国近百年真有资产阶级民族存在的话，中国近代史和现代史都将无法解释，特别是资产阶级既是民族的领导阶级，为什么会放弃领导的地位变成被工人阶级领导的一员。反之，如果认识到汉民族早就是一个民族而不是资产阶级民族，那么，太平天国运动、义和团运动为什么那样规模巨大，辛亥革命为什么那样无力，中国民族革命民主革命为什么一定要中国无产阶级来领导和完成，而中国资产阶级为什么只能是民族民主统一战线的一个部分，诸如此类，都可得到解释。

无产阶级代替资产阶级来进行民族民主革命，有两种情形。一种是在资产阶级民族里，无产阶级吸引乡村中非无产阶级的群众来没收地主的土地并将帝制推翻，这就是完成"民族资产阶级革命"①。资产阶级民族有些是完全的，有些是不完全的，在无产阶级领导下，使不完全的资产阶级民族变为社会主义民族。一种是资产阶级民族没有形成，在无产阶级领导下，越过资产阶级民族这个阶段，变为社会主义范畴的民族。这种情形，至少中国是这样的。

归根说来，汉族在秦汉时已经开始形成为民族，近百年来，它在原来的基础上愈益加强了，但并不曾转化为资产阶级民族。它在中国无产阶级和中国共产党领导下，作为属于世界无产阶级社会主义革命的一部分而进行斗争，逐渐形成为社会主义的民族。革命胜利以后，经过一个过渡时期，它就成为完全的社会主义民族。中国近代史证明不曾形成过资产阶级民族，似不应以无为有；中国古代史证明汉族在独特的条件下早就形成为民族，似不应以有为无。历史的具体事实正是有和无的根据。

中国和欧洲不同处，在于使分裂的国家成为统一国家的经济联系，欧洲是由资产阶级实现的，而中国则是封建时代就实现了。这两种实现的性质和程度是不同的，而中国为什么有那样一种实现，也绝不是偶然的。

这是因为汉族有高速度的经济发展和文化发展，即：早在西周时期，就已开始了封建制度社会，从而有可能变化出一种不同于其他封建制度的独特形态，又从而有可能很早就形成为民族。这种经济和文化发展的民族的很早形成，不仅使它本身因国家统一而得到继续的成长，也使它有可能得到长远的时间，去融合四周的许多落后部落或部族到本族里面来，并且依据"野蛮的征服者总是

---

① 《列宁全集》第21卷，人民出版社1959年版，第398页。

被那些他们所征服的民族的较高文明所征服”的“永恒的历史规律”①融合了鲜卑以至满族等许多征服者。公元二年，汉族人口已达六千万。现在，中国人民已超过六万万，其中汉民族占百分之九十以上。这样的巨大的民族之所以存在并发展，当然不能是偶然的。主要原因之一就是因为它在独特的条件下很早就形成为民族，这是需要广泛讨论的问题，我提出这些意见，只是对问题作一种试探，希望因此得到史学界的教正。

第八，历史上的爱国主义。

列宁《国家与革命》引恩格斯一段话：“国家是社会陷入自身不可解决的矛盾中的表现，是社会分裂为不可调和的对立面而又无力摆脱这种对立状况的表现。为了使这些对立面——这些经济利益彼此冲突的阶级不致在无谓的斗争中相互消灭，使社会同归于尽，于是，一种似乎驾于社会之上的力量，似乎可以缓和冲突、使它不致破坏‘秩序’的力量，就成为必要了。这个从社会中产生、驾于社会之上并日益同社会脱离的力量，就是国家。”列宁指出：“这一段话已经十分清楚地表明了马克思主义关于国家的历史作用及其意义的基本思想。”②

一般地说，一个民族从氏族、部族、部落逐次发展下来，有它们世世相传的居住地区。这个地区为居民所有，居民自然是居地的主人。当社会经济发展到奴隶制度阶段的时候，一个阶级压迫别一阶级的机关——国家便建立起来了。依照各个机关势力的大小，在一个部族里可以成立许多奴隶主的或封建主的大小国家。到了部族变成民族的时候，封建割据的局面为统一国家所代替。这样说来，世世相传的居住地区就成为居民的祖国，在祖国地区上建立起来的国家就成为剥削阶级压迫劳动居民的机关。部族时期的祖国大于各个国家，统一时期，国家的疆域有时扩大些，有时缩小些，大体上与祖国的地区相符合。

中国这一名称，早在西周初年，已经用以称呼华夏族所居住的地区。从历史记载看来，秦以前，华夏族称它的祖国为中国（如《左传》成公七年季文子说“中国不振旅”，中国是华夏各国的总称）；秦以后，中国扩大为当时国境内各族所共称的祖国。所以中国这一名词的涵义就是祖国，朝代则是统治阶级在各个不同时期所建立的国家的称号。中国为各族统治阶级和被统治阶级所共有，但以大多数居民即劳动人民为主体，朝代则为某一族主要是汉族统治阶级所独有，以君主（王或皇帝）和他们的朝廷（政府）为首领。朝代有兴有亡，一个替代一个，中国本身则总是存在着并且发展着。

---

① 《马克思恩格斯全集》第 9 卷，人民出版社 1961 年版，第 247 页。

② 《列宁全集》第 25 卷，人民出版社 1958 年版，第 374 页。

国家建立在祖国的土地和被压迫阶级上面。代表国家的君主和他的朝廷，在表面上似乎是站在社会之上，通常以公正的中间人姿态来缓和两大敌对阶级的冲突，因此也似乎代表了被压迫阶级。在这种情况下，祖国、国家、君主三者常混为同一的事物，被统治阶级区别不清楚，统治阶级也未必故意区别不清楚。不过，由于两大阶级性质的不同，在表现爱国思想的具体行动中，自然要显出它们的不同的爱国表现。

衰朽的朝代，残暴的君主，都是祖国社会发展道路上的障碍物。农民起义摧毁（不论成与不成）这些障碍物，实际上是爱祖国的一种重要表现。统治阶级为了保护那些障碍物，疯狂地镇压农民起义。他们也自以为爱国，显然他们爱的是他们的国家和君主，对祖国来说，他们是祖国的罪人。他们的忠君爱国与起义农民的爱祖国是丝毫没有共同点的。如果统治阶级中个别的人，同情农民起义或者参加起义，而且始终其事并无中途叛卖的行为，那么，他们的动机虽然由于怀才不遇，仕宦失意，但也应该承认他们是祖国的爱护者。

在反抗外族侵略的情况下，统治阶级和被统治阶级的爱国行动，一般都表现为爱本族的朝代和君主。但其中也有区别。被统治阶级在阶级压迫以外又加上民族压迫，所以反抗是广泛而持久的。它常常以恢复前朝为号召，实际意义是借前朝作象征来恢复祖国。统治阶级的利益在于剥削劳动人民，当旧朝代大势已去，不能保护阶级利益的时候，统治阶级中人便纷纷投降外族统治者，反过来攻击旧朝代，镇压人民的爱国行动，以求得外族统治者的信任和保护。当然，统治阶级中也有一部分人，坚决不投降，采取各种形式，对外族统治者作积极的或消极的反抗。这种反抗基本上是出于对旧朝旧君的忠爱，但和祖国的利益是一致的，因此，应该承认他们也是祖国的爱护者。

还有一种爱国的表现。例如夏朝的关龙逢（传说中有此人，通常和比干并称），商朝的比干，楚国的屈原，他们敢言直谏，不惜杀身，要求君主改善政治。又如蜀汉的诸葛亮，唐朝的魏征，他们或鞠躬尽瘁，或犯颜直谏，目的也在改善政治。这两类人所爱的当然是他们的国家，但对人民是有益的至少是无害的，所以他们也还是爱国者。列宁说："社会主义者并不放弃争取改良的斗争。比如，他们现在也应当在议会内投票赞成对群众处境的任何改善，哪怕是不大的改善；赞成增加被破坏地区居民的抚恤金；赞成减轻民族压迫等等。"[1]应用这个原理到古代史上，凡是对人民多少有些益处的措施，多少对腐朽的现状有所否定，

---

① 《列宁全集》第 22 卷，人民出版社 1958 年版，第 164 页。

都应予以适当的评价，但不可为欺骗手段的改良所蒙蔽。

此外，凡法施于民（创造发明，有利于民），以死勤事（民事），以劳定国（治国安民），能御大灾，能捍大患的人，依据他们对祖国和人民的实际贡献，都可以称为爱国者。

国家是阶级压迫的机关，是一个阶级压迫别一阶级的机关。这个本质只有马克思主义的国家理论才能揭示出来。在这以前，人们是不可能认识到的。因此，被统治阶级爱祖国也爱及国家和君主，统治阶级中某些人爱国家和君主也爱及祖国，只要归根是有利于祖国和人民，他们的行动都值得尊崇。

这里再说一说各民族间的关系。在中国，汉族和当时国境内各少数族的共同祖国，就是中国。统治中国的国家，基本上是汉族地主阶级所组织的朝代。这种朝代对内是剥削各族被压迫阶级的工具，对外则是中国事实上的代表者。汉族统治阶级残酷地压迫国境内外少数族（当然也残酷地压迫汉族人民），有时候（往往在强盛时）也残酷地压迫国境外少数族。形式上似乎是汉族压迫少数族，实际是汉族统治阶级为了满足它自己的私利，利用民族名义，挑动汉族人民与少数族人民间的不和，以达到从中取利的目的。与汉族统治阶级同样，国境外少数族的统治阶级，用武力侵入中国，也利用民族名义，挑动本族人民与汉族人民间的不和，以达到统治中国的目的。历史上所有民族压迫，本质只是一个民族的统治阶级压迫别一个民族，主要是压迫别一个民族的劳动人民，借以增加自己的剥削对象。因为政府在压迫别一国或别一民族时，是一国或一族的代表者，所以被压迫的国或族反对这个代表者，同时也就反对它所代表的国或族的人民。这种误解的发生，是统治阶级有意或无意造成的，而这种误解的后果，却常常是令人痛心的悲剧。

伟大的中华人民共和国成立以后，国内各民族都成了相互敬爱的兄弟民族，各族的祖先也就成了各族的共同祖先——伯祖和叔祖，因此，一族的成就，也是各族的成就；一族的灾祸，也是各族的灾祸。祖先中一部分是当时的统治阶级，他们做坏事，应该得到各族的共同指责；如果他们做出有益于历史发展的某些好事，那么，也应该得到各族的共同赞许。历史唯物主义是最公正的标准，历史上各族统治阶级的功过，是可以作出定论的。至于祖先中最大部分的劳动群众，在当时，他们是爱护本国的爱国主义者，到了今天，他们的后裔，当然要继承传统的爱国主义，并且予以更高度的发扬。

第九，历史上战争的分类。

毛泽东同志在《中国革命战争的战略问题》里教导我们说："战争——从有

私有财产和有阶级以来就开始了的、用以解决阶级和阶级、民族和民族、国家和国家、政治集团和政治集团之间、在一定发展阶段上的矛盾的一种最高的斗争形式。"①又说："历史上的战争，只有正义的和非正义的两类。我们是拥护正义战争反对非正义战争的。一切反革命战争都是非正义的，一切革命战争都是正义的。"②根据这个原理，试论历史上的战争：（一）正义战争。凡农民起义和全民族反抗外国侵略的战争，都是正义战争。消灭地方割据，完成中国统一事业的战争也属于正义战争。（二）非正义战争。其中一部分是破坏性的战争。凡镇压农民起义（包括国内少数民族起义）的战争，统治阶级内部分裂，争夺权利，割据土地的战争都属于这一部分。又一部分是侵略性的战争。凡落后国入侵中国，摧残中国的经济与文化，以及中国统治阶级侵入落后国，客观上对落后国社会只有摧残没有发生推进作用的战争都属于这一部分。正义和非正义两类战争，不可机械地看作单纯的事情。有些战争是正义的，但也可能带着破坏割据等消极成分；有些战争，一方面是破坏性的或侵略性的，但在另一方面却发生了有益的作用。列宁说："历史上常常有这种战争。它们虽然象一切战争一样不可避免地带来种种惨祸、暴行、灾难和痛苦，但是它们仍然是进步的战争，也就是说，它们促进了人类的发展……"③春秋战国时期的兼并战争，使多数小国合并成大国，最后合并成统一全国的秦朝。汉、唐、元、清等朝代，当它们强盛的时候，发动了许多次战争，其中有些战争起着巩固疆域、扫清割据的作用，都可以说在一定程度上是有益的战争。列宁说："不能认为凡是合并'别国'领土就是兼并，因为一般说来，社会主义者是同情铲除国界和同情建立更大的国家的；不能认为凡是破坏现状就是兼并，因为这是极其反动的行为，而且是对历史科学的基本概念的嘲笑；也不能认为凡是军事合并都是兼并，因为对大多数人民有利的暴力和战争，社会主义者是不能否认的。"④列宁教导我们怎样来判断战争的性质，最根本的一点就在于对大多数居民是否有远大的利益。应用列宁的原理到中国历史上，古代中国的汉族和少数族为了合并土地而发动的战争，在客观上，一般是推动少数族脱离氏族社会奴隶社会或低级的封建社会进入到较高级的封建社会。从这一点说来，战争产生了有益于人类的进化的作用，所以是值得同情的。至于帝国主义列强侵入中国，那是对中国大多

---

① 《毛泽东选集》第 1 卷，人民出版社 1991 年版，第 171 页。

② 《毛泽东选集》第 1 卷，人民出版社 1991 年版，第 174 页。

③ 《列宁全集》第 21 卷，人民出版社 1958 年版，第 279 页。

④ 《列宁全集》第 21 卷，人民出版社 1958 年版，第 169 页。

数居民完全有害的侵略行为。它们勾结中国封建势力压迫中国资本主义，绝不允许它有任何发展。毛泽东同志指出："帝国主义列强侵入中国的目的，决不是要把封建的中国变成资本主义的中国。帝国主义列强的目的和这相反，它们是要把中国变成它们的半殖民地和殖民地。"①帝国主义侵入给中国带来了这样的后果，有丝毫进步意义没有呢？丝毫也没有。有人说，帝国主义侵入以后，中国从而产生民族资本主义的工业，这应该是有益的罢。这完全是谬说。中国民族资本主义工业的产生，乃是民族反侵略斗争的后果。不然的话，为什么外国侵略者把它当作吞并、摧毁的对象呢？还有些人说，帝国主义在中国建工厂筑铁路，等等，是发展生产力，应有进步意义。试问帝国主义在中国发展它自己的生产力，其反面就是压迫摧毁中国的生产力，对中国人民有什么进步意义呢！脱离生产关系而孤立地看生产力，作如是观的人，至少是个书呆子呀！总而言之，帝国主义列强对中国以及一切落后国家的战争（包括一切其他侵略行为）一定是彻头彻尾的侵略战争。

上面提出：一、劳动人民是历史的主人；二、阶级斗争论是研究历史的基本线索；三、在生产斗争中的科学发明；四、汉族社会发展史的阶段划分；五、汉族封建社会的分期；六、初期封建社会开始于西周；七、自秦汉起中国成为统一国家的原因；八、历史上的爱国主义；九、历史上战争的分类等九个问题。这些都是贯穿在整部古代史里的重要问题，修订本就是根据我对这些问题的了解来编写的，如果了解有错误，那么，全书都要发生错误，不是什么小的、局部的错误了。因此，我愿意把还未成熟的意见发表出来，希望得到史学界的指正，帮助我少犯些错误。

我这样想：按照中国目前史学研究的已有成绩，要总结四五千年的全部历史，写出一本比较完好的通史来，无疑是困难的。这是因为通史所要完成的任务，第一要直通，第二要旁通，最后要会通。所谓直通，就是要精确地具体地划分出中国社会发展的各个阶段，列宁说过，几千年来，毫无例外，在一切国家中人类社会的发展，都显示出这种发展的一般规律性，正确性和连续性，就是，最初是没有阶级的初期氏族社会，原始社会。其次是建筑在奴隶制度上的社会。在绝大多数的国家中，奴隶制度都发展成为封建制度。继封建社会而起的是资本主义社会。列宁称这些发展阶段为"基本的事情"和"基本范围"。研究中国历史，不能描绘出这个范围，就无法掌握贯穿古今的一条基本线索。所

---

① 《毛泽东选集》第 2 卷，人民出版社 1991 年版，第 628 页。

谓旁通，就是社会生活中各个现象不是孤立的，它们互相有机联系着，互相依赖着，互相制约着。列宁说："马克思以前的'社会学'和历史学，至多是搜集了片断的未加分析的事实，描述了历史过程的个别方面。马克思主义则指出了对各种社会经济形态的产生、发展和衰落过程进行全面而周密的研究的途径，它考察了一切矛盾趋向的总和，并把这些趋向归结为可以确切判明的社会各阶级的生活和生产条件。"①这就是说，研究一定时期的历史，不要"选择某一'主导'思想或解释这个思想时所抱的主观态度和武断态度"②，而要研究当时社会的一切思想和各种趋向。最后归因于物质成产力状况的根源。所谓会通，就是社会一直在向前运动，而运动在每一阶段上，都结合着许多矛盾。毛泽东同志在《矛盾论》里教导我们说："矛盾的普遍性或绝对性这个问题有两方面的意义。其一是说，矛盾存在于一切事物的发展过程中，其二是说，每一事物的发展过程中存在着自始至终的矛盾运动。"③是不是也可以这样来了解，社会自始至终的矛盾运动就是直通，社会在一定阶段内，当时一切事物的发展趋向，对直通说来，就是旁通。如果可以这样了解的话，那么，直通与旁通的意义只是社会发展所包含的两个方面，两个方面的综合就是会通。

通史的工作是这样艰难的，要认真做好通史，就必须全国史学工作者很好的组织起来，分工合作，或研究断代史，或研究专史，或研究少数民族史（没有少数民族史的研究，中国历史几乎无法避免地写成汉族史），或研究某一专题，局部性的研究愈益深入，综合性的通史也就愈有完好的可能。以局部性的深入来帮助综合性的提高，以综合性的提高来催促局部性的再深入，如此反复多次，庶几写出好的中国通史来。

中国人民需要好的中国通史，这是因为中国各族人民千辛万苦，流血流汗，一直在创造着自己的祖国，创造着自己的历史。既然是自己创造的，产生热爱祖国，热爱历史的心情，也是很自然的。今天人民革命胜利了，劳动人民真正当了自己祖国的家，对自己祖先创造历史的劳动和伟大，特别感到亲切与尊敬，要求知道创造的全部过程，为的继承历史遗产，从那里吸收珍贵的经验，作更伟大更美好的新创造。几千年来，中国劳动人民对自然界作斗争的生产斗争史，对统治阶级及侵略民族作斗争的阶级的民族的斗争史，都有非常光辉的成就。统治阶级中一部分人，以各个不同的程度，参加这种斗争，全部或部分的符合

---

① 《列宁全集》第 21 卷，人民出版社 1959 年版，第 38 页。
② 《列宁全集》第 21 卷，人民出版社 1959 年版，第 38 页。
③ 《毛泽东选集》第 1 卷，人民出版社 1991 年版，第 305 页。

人民的意志和利益。在政治经济上，在武力卫国上，在文化思想上也作出了许多大小事业，给历史以大大小小的贡献，这与劳动人民的成就，同样值得人民的永远纪念与学习。把上述丰富的史实综合起来，就会基本上构成中国人民的历史。当然，正因为中国人民充满着民族自尊心，所以特别愤恨自己的已往的奴隶生活与落后状态，对那些玷污民族名誉、出卖人民祖国、压迫劳苦群众、破坏经济文化、阻碍社会发展、毒害人民思想的暴君民贼及其所代表的反动地主阶级，表示无限仇恨，把他们的罪恶写在历史上，好让人民知道历史不是走的一帆风顺的胜利道路，历史走的是崎岖曲折，艰难困苦的道路。

古代留下来大量历史书籍，一般是汉族封建文士为拥护地主阶级利益而写的，中国人民需要的是人民自己的历史，而现在还没有，这就是为什么期望和鼓励人民史学工作者努力研究的缘故。我希望全国史学工作者，在全心全意为人民服务的决心下，同心协力，为写出一本好的中国通史而奋斗。

末了，我想说一说古代史与近代史的关系。毛泽东同志在《新民主主义论》里教导我们说："中国现时的新政治新经济是从古代的旧政治旧经济发展而来的，中国现时的新文化也是从古代的旧文化发展而来，因此，我们必须尊重自己的历史，决不能割断历史。但是这种尊重，是给历史以一定的科学的地位，是尊重历史的辩证法的发展，而不是颂古非今，不是赞扬任何封建的毒素。对于人民群众和青年学生，主要地不是要引导他们向后看，而是要引导他们向前看。"[1]这是从事近代史研究工作的人一时一刻也不可忘怀的教训。大抵对近代史作表皮上的或某些问题的研究，不会感到这个教训的深刻意义，但是，要作系统的、全面的、深入的、经得起盘问的研究，那就会特别感到这个教训的意义深长和亲切。举几个例来说。中国历史自鸦片战争至五四运动一段属于近代史范围。辛亥革命以前，统治中国的是清朝政府，这个统治开始于1644年，离鸦片战争约二百年。不了解这二百年的清朝政治史，要深入地了解近代史辛亥革命以前革命反革命两方面的政治活动是很困难的。中国长期封建社会到明朝已进入后期，资本主义的生产方式开始萌芽了，到清朝（鸦片战争以前）有进一步的发展。不了解明清两朝经济发展的实情，要了解中国一接触外国资本主义的侵略便有各种反应的原因是很困难的。因为以林则徐等为代表的改良主义倾向；太平天国农民战争之所以成为旧民主主义革命的序幕；曾国藩、李鸿章等军阀官僚为什么办洋务，广东上海绅商首先仿制外洋器物等事实，都有它们

---

① 《毛泽东选集》第2卷，人民出版社1991年版，第708页。

的经济原因，都不是偶然的。说到要了解洪秀全、康有为、严复和孙中山以及比他们较次的龚自珍、谭嗣同、梁启超、章炳麟等人的思想，困难更多，不先了解孔子以来的全部思想史，几乎将无从入手。当然，研究中国近代史，仅仅了解中国古代史还是不够的，还必须了解近代世界史。中国史学工作者研究的任务甚为繁重，在本国史方面，有五六十万年有实物可证和四千年有文字可考的历史，有汉民族以及五十几个兄弟民族的历史、特别是十九世纪四十年代开始的反帝反封建斗争史，内容极为丰富，经验极为新颖，对当前正在进行解放斗争的广大被压迫民族和被压迫阶级，有极重要的参考价值。中国史学工作者有责任介绍中国史给全世界人民，同时也有责任介绍世界史给中国人民。只要认真学习马克思列宁主义的理论，广泛占有确实可信的资料，坚守晋董狐、齐太史直笔而书的传统史德，可以肯定，中国史学工作者能够完成这个艰巨的任务。

中国近代史的分期问题（一）*

鸦片战前的中国

远在秦汉时代，汉族在中国已经建立了专制主义的中央集权的封建国家。到了明清两朝，高度发展的中央集权制度，更加强了政治上的统一。在这个历史久远的政治统一的封建社会里，存在着好的制度，也存在着坏的制度。这两种因素在近百年史上都起着很大的作用。好因素主要是广大人民（主要是农民）的爱国主义和反抗精神，由此发展起来，终于取得新民主主义革命的彻底胜利。坏因素主要是封建地主阶级的腐朽性和反动性，由此发展起来，成为帝国主义统治中国的一个支柱（又一个是买办阶级），几乎把中国推进完全殖民地的深渊里。下面分经济、政治、文化和中国人民的优秀传统等方面，简单地讲一讲一般的情况。

经济方面

马克思说中国是世界上最古老最坚固的帝国。最古老是不用解释的，最坚固的意思首先是指经济状况说的。小农业与家庭手工业相结合，或者说，自给自足的自然经济占主要地位，就是这里所说最坚固的主要意思。因为广大劳苦人民遭受封建地主阶级的残酷剥削，没有什么购买力，市场上商品交换有限，交换在整个经济中不起决定的作用。社会处在这样的停滞状态中，反映在政治上是封建主义的统治和闭关自守的政策。这种统治和政策，在中央集权的统一国家里行施着，外国资本主义普通的商品很不容易找到空隙进入中国，所以比起其他东方国家来，成为最坚固的帝国。

在上述基本情况以外，还必须指出中国经济的不平衡性。明清两朝，中国封建社会已进入后期，在某些地区，如广东、广西、云南、福建、江苏、浙江

---

* 选自《范文澜历史论文选集》，中国社会科学出版社 1979 年版，第 113 页。

等省，矿业纺织业等部门里产生了资本主义的萌芽。特别是广东，有全国唯一对外贸易口岸的广州，又有被西方人当作立脚地的澳门，与西方资本主义接触较多，所受影响也较大，在经济上是当时最先进的地方。毛主席指出"中国封建社会内的商品经济的发展，已经孕育着资本主义的萌芽，如果没有外国资本主义的影响，中国也将缓慢地发展到资本主义社会"[①]。这一指示在中国近代史上有重大意义，必须注意。

政治方面

明末以李自成为首的农民起义军，被汉族地主官僚勾结满洲统治者合力打败了。1644 年，满洲贵族在中国建立起清朝。从那时候起，汉族人民和某些中小地主以及少数民族一直反抗清朝的统治；满洲贵族结合汉族地主官僚也一直残酷地压迫着广大人民，这样，就构成在阶级斗争上带着民族斗争的一个根本矛盾。

满族开始时不过是几十万人的小民族，满洲统治者不仅对汉族人民非常疑忌，就是对那些充当臣仆的汉族地主官僚，也有所疑忌，不敢给予军政大权，怕他们压倒满人。因为满汉权利不平等，统治阶级内部存在着并且发展着满汉间的矛盾。这种矛盾虽然是次要的，但在一定情况下，也会表现出它的尖锐性。

汉族人民发动反清斗争的团体，北方主要是白莲教，南方主要是天地会。它们都以反清复明为号召，在广大民众中有深厚的基础，清朝经过康、雍、乾三朝，兴盛时期消逝了，嘉庆朝开始走下坡路。1796 年至 1804 年（嘉庆元年至九年）白莲教起义，给清朝的打击是严重的。1813 年（嘉庆十八年）天理教起义，太监准备在宫内响应，虽然很快被消灭，但对清朝统治者不能不是一个可怕的威胁。其他起义事件，各地经常发生。加以政治愈益腐败，剥削愈益残酷，鸦片输入逐年增加，人民生活逐年恶化，到了鸦片战争前夜，根本矛盾的激化和清朝统治的动摇不稳，形势已经很显著了。当时统治阶级与被统治阶级各自准备着决定命运的斗争，清朝把注意力集中在对付农民起义的防备上，同时也增加了对汉臣的疑忌心。英国发动鸦片战争，对清朝说来，确是一件突如其来的意外事。

---

① 《毛泽东选集》第 2 卷，人民出版社 1991 年版，第 626 页。

学术思想方面

与八股文相结合的程朱派理学，在清朝大力提倡下，成为统治阶级的代表思想。这是最反动最顽固最愚昧的思想，而清朝的政治是在这种思想指导下进行的。

明末清初顾亭林一派的学者，提倡考据学，目的在于经世致用。由于文字狱的压力，考据学变成专讲训诂名物的古文经学派。乾嘉时候达到极盛的境界。这个学派反对程朱派理学是有意义的，但埋头在书籍堆里，以高谈周孔、服膺许郑、知古不知今为学术，实际是提倡愚昧，逃避现世。这个学派几乎统治了当时知识界的很大部分。

正在古文经学派极盛的时候，今文经学派从古文经学派分化出来。今文经学派注意世事，不拘泥于考据，如龚自珍魏源等人，都是当时带有维新倾向的先进思想家。林则徐在北京成立宣南诗社，与龚自珍魏源黄爵滋等人交游，后来林则徐成为禁烟派的首领和维新倾向的代表。今文经学派人数虽少，但在思想上的影响是值得重视的。

程朱派在政治上是顽固派，古文经学派毫无政治思想，是顽固派的附属品。只有今文经学派代表维新倾向，在当时是进步的学派。

当作正宗的文学是桐城派古文。它是以程朱派理学为内容，以所谓神味格律为外形缺乏生气的一种反动性文学。它只是在文句上不像八股文那样拘束，而思想与格律，与八股文基本上是相通的。龚魏文章打破桐城派的空调子，在当时是进步性的文学。

以上是鸦片战争前，经济、政治、文化的一般情形。

鸦片战争本身，规模并不大。但是，发动侵略战争的是西方资本主义的英国，被侵略的是在腐朽反动的清朝统治下的中国，这就使得战争的性质完全不同于中国历史上任何一次的战争，而在战争失败后中国社会必然要发生巨大的变化。

对抗这种性质的侵略战争，当然不能指望封建地主阶级，可以指望的只能是中国人民。中国人民有悠久的革命传统和优秀的文化遗产，所以一开始便表现出强烈的民族反抗精神。恩格斯在《英人对华的新侵略》里说，"在一切实际事务中——须知战争多半也是一种实际事务——华人远胜于一切东方民族"。恩格斯在《波斯与中国》里指出中国人民的"民族狂热情绪"，并断言各种反抗行为"终究是真正的人民战争"。当然，这种"人民战争"不能不遭受许多次的失败，但是它是继续在发展进步的。侵略者始终不能压迫中国人民因失败而失去自信心，相反，中国人民在失败中更加强了寻找救国真理的热情。到后来，终于找到了并实践了马克思列宁主义这个惟一的真理。

在讲中国近代史以前，先讲一些上述的情况是有用的。因为近代史就是上述各种情况里加进一个外国资本主义侵略势力以后所发生的各种变化，换句话说，就是在这个社会里，突然侵入了一个外国资本主义，"对于中国的社会经济起了很大的分解作用，一方面，破坏了中国自给自足的自然经济的基础，破坏了城市的手工业和农民的家庭手工业；又一方面，则促进了中国城乡商品经济的发展"①。这个"破坏""促进"的作用和影响使中国近代史上发生各式各样的现象。

自 1840 年鸦片战争开始，中国历史进入近代史范围了。在鸦片战争前，中国社会存在一个根本矛盾，上面已经说过。在鸦片战争后，中国社会有两个根本矛盾，一个是原有的，一个新添的。这个新添的根本矛盾，就是中华民族反对外国资本主义后来变成帝国主义的经济政治压迫的矛盾。中国封建势力和外国侵略势力结合成一个反动势力，从某种意义上说来，两个根本矛盾也就合并成一个根本矛盾。以帝国主义为主，以封建势力为辅的反动势力成为这个矛盾的一面，因之中国人民的革命矛头，直接对着封建势力时，实际也对着帝国主义；反过来，也是一样。它们利害相关，互相勾结，这就使得中国人民革命不得不同时负担起反帝反封建的双重任务，而这个任务中国农民阶级和资产阶级是不可能担当的。旧民主主义革命时代所有的反抗，都以失败而告结束，原因就在这里。

在根本矛盾之外，反动势力方面也存在着不少的矛盾，在国外，有帝国主义间的矛盾，这对中国的侵略是有影响的。在国内，有（1）中国封建势力与帝国主义间的矛盾；（2）汉族封建势力的各个集团与清朝廷间的矛盾；（3）封建势力的各个集团依其外国背景与其他外国间的矛盾；（4）封建势力的各个集团相互间的矛盾；（5）资产阶级立宪派与封建主义的矛盾。这些矛盾包含在根本矛盾的反动面，当压迫人民时，它们是一致的。

1840 年鸦片战争到 1919 年五四运动前夕，依据"被根本矛盾所规定或影响的许多大小矛盾中，有些激化了，有些是暂时地或局部地解决了，或者缓和

①《毛泽东选集》第 1 卷，人民出版社 1991 年版，第 626 页。

了，又有些是发生了"①的原理，来看这八十年历史的各个发展阶段，我想可以分为四个时期，每一时期又可分为若干段。这是需要仔细讨论的问题，这里我只是把自己的意见提出来，希望得到同志们的批评和帮助。

第一时期——1840 年至 1864 年

这个时期总的形势是外国资本主义侵入，经济上中国封建经济的基础发生急剧的分解，政治上清朝封建统治遭受严重的打击，国家主权开始被破坏，全部腐朽性反动性在人民眼前暴露出来。另一方面，中国人民在反抗外国侵略的斗争中获得经验，知道必须转化为反清朝的斗争，太平天国运动符合广大人民的意志，因而得到蓬勃的发展。由于农民阶级本身弱点的爆发，又由于外国侵略势力与封建势力的实行勾结，双方力量发生变化，大规模的太平天国农民战争终于被绞杀而结束了人民革命第一个回合。

在这个时期内，鸦片战争开始了中国半殖民地的历史，太平天国运动（地方性的三元里和升平社学抗英是这个运动的先声）开始了中国人民反帝反封建的历史。

第一分段——1840 年至 1851 年

中国劳动人民不需要也买不起英国布匹，极度腐朽的统治阶级中的人却需要外国的奢侈品和消遣品，鸦片恰恰适合他们的需要。他们吸食上瘾，成了鸦片的俘虏，同时，许多达官豪绅取得贿赂贩卖等利益，成了鸦片的保护者。

对外贸易中国是出超国，外国主要是英国必须输入鸦片来抵补。英国一定要用侵略战争来保证鸦片畅销并打开中国的大门，归并到资本主义世界市场里去。它要实现这个方针，不只是有足够的野心，而且是有足够的决心。

清朝廷的态度却非常动摇不定，这是因为（1）从白银外流，社会骚动等祸害来看，需要禁烟甚至不惜开战；（2）从对外战争可能引起国内战争来看，就宁愿对外屈辱，专力对内；（3）从统治阶级内部满汉矛盾来看，它不敢信任汉臣，更不敢放任汉臣在反侵略中接近汉族人民。这些矛盾贯穿着整个鸦片战争的过程里，而疑忌汉臣也表现得十分露骨。

1839 年，道光帝在银荒兵弱的威胁下，决定禁烟，派遣积极主张禁烟的林

---

① 《毛泽东选集》第 1 卷，人民出版社 1991 年版，第 314 页。

则徐前往广东。6 月 3 日，林则徐焚毁鸦片。从 1839 年至 1840 年 8 月，林则徐击退英国的几次进攻，道光帝想乘胜停止中外贸易，实行完全闭关。这是封建主义最渴望的梦想，但形势阻止了他的梦想。林则徐主张仅限于禁止鸦片，不停止一般贸易，这是合理的主张，结果，道光帝下令停止中英贸易。英国侵略者当作借口，进行战争。当然，英国决心派遣军队来实行武装掠夺，有借口与否是无关重要的，这里不过说明清朝统治者的愚昧无知，而林则徐的见解，在当时确是比一般封建主义者高出一等。

1840 年 6 月至 8 月，林则徐督率水陆将士，与英国正式侵略军接战，取得一些胜利。7 月，英侵略军一部北上攻厦门，被邓廷桢击退。又北上攻陷浙江定海县。林则徐是地主官僚，是清朝廷的忠实拥护者，但在反对英国侵略这一点上，放松了对人民群众的矛盾，实行依靠民众。他对战争胜利有把握，因为他相信"民心可用"，而这一点恰恰触犯了清朝廷的大忌。以穆彰阿为首的投降派强调英国"船坚炮利"，定海失陷为理由，影响道光帝决心对英国屈服。当时战争形势，中国至少不是战败者，定海失陷也并不危害整个战局，而且失陷也不是林邓的罪过。道光帝硬派林邓以罪名，显然是疑忌汉臣，怕他们和汉族人民结合起来。

11 月，道光帝派琦善到广州向英国侵略军讲和。琦善的一切做法，与林则徐完全相反，主要是把反英的人民叫作"汉奸"，这是值得寻味的。和讲成了，和的代价却出于道光帝的意外。

琦善讲和的代价是赔军费割香港。这对道光帝倒不是什么重要事，但因此大大伤害了"天朝"的尊严，影响对汉族臣民的统治，这就不能容忍了，封建统治势力与英国侵略者间的矛盾在这一点上又激化起来。道光帝顾不得敌人"船坚炮利"，于 1841 年 1 月宣布开战。和战大权绝不能让汉臣插手，他用满人讲和，当然也用满人作战。他派奕山往广东，奕经往浙江，以为战争获胜，可以巩固清朝的统治，不料奕山奕经两个废物，充分暴露了清朝统治的彻底腐朽性，与愿望相反，大不利于清朝的统治。于是不再计损失，一心求和。

求和当然还是用满人，1842 年订《南京条约》，后来又陆续订中美《望厦条约》，中法《黄埔条约》，中国开始走上半殖民地的道路。清朝企图保持完全的统治权，统治权受损，当然不愿意，但和当时各地农民纷纷起义所表现的根本矛盾相比较，觉得对外屈辱不算是不值得。这个清朝统治者的观点，与林则徐一派汉官的观点有距离，因而在一个时期内，即在太平天国起义以前，统治阶级内部满汉矛盾很紧张。这个观点，与广大人民的观点距离更远，因而加速了农民大起义的爆发。

鸦片战争，英国是侵略者，中国是自卫者，正义当然在中国方面。中国如果实行林则徐等人"以守为战，以逸待劳"的抵抗方法，战争未必失败，但统治中国的是腐朽已极的清朝，这就不能不招致必然的失败。

《南京条约》订立后，中国的经济政治都发生了大变化。这些变化是（1）上海逐渐代替广州成为最重要的通商口岸，外国势力侵入物产最富饶的长江下游地区，侵略者开始有支配中国经济命脉的可能。（2）鸦片贸易日益扩大，加速了中国社会经济的萎缩。（3）外国商品破坏中国的手工业。（4）由湖北湖南至广州的一条主要商路和由江西至广州的一条次要商路，逐渐萧条下去，大批劳动人民因此失业。（5）清朝威势大减，对汉人愈益疑忌，汉族人民对它也愈益憎恨。（6）捐税大增，人民遭受更残酷的敲剥。在这短短的十年里，中国社会呈现空前的动荡状态，再加上1846年至1850年连年发生水旱灾，人民无法再生活下去，小规模的为数众多的骚动和起义终于发展成大规模的太平天国革命运动。

第二分段——1851年至1856年

这是太平天国运动的发展阶段。

两广农民起义，从来不曾发生过大的影响，为什么太平天国运动恰恰从两广地方爆发起来，这当然不是偶然的。原因是（1）两广在鸦片战争前是中国资本主义萌芽较为发育的先进地区。（2）上海开埠后，广州商业衰落，对两广人民的生活有深刻影响。（3）离北京遥远，特别是广西，清朝统治力比较薄弱。（4）广东是鸦片战争的最前线，广东人民从三元里和升平社学的反英斗争中，逐渐觉悟到必须先打倒清朝的统治。（5）两广有天地会反满的传统。这些原因合起来，使得两广成为革命运动的爆发地。

为什么这次大起义的领导者不是落后的天地会，也不是更落后的白莲教，而是比较先进的拜上帝会，这当然也不是偶然的。原因是（1）鸦片战前，耶稣教已在广州传教；战后，洪秀全从美教士罗孝全学教义。耶稣教是外国侵略者的一个工具，但教义里也包含着一些资本主义的道理，这些道理对中国萌芽状态的资本主义发展趋向有相合之处。（2）为封建统治者所使用的儒学和农民起义所使用的佛道教都不能作太平天国式起义的工具，所以儒生出身并且与天地会有关系的洪秀全，抛弃那些陈腐工具，创造拜上帝会的新工具。（3）太平天国革命是农民阶级发动的农民战争，可是多少不同于历史上所有的农民战争。

这些战争从不触及封建土地所有制只是要求均赋税（所谓均田）和打倒旧地主产生新地主。太平革命则有反封建的纲领（天朝田亩制度），有接受资本主义生产方式的倾向（《资政新编》），有高出一般农民起义军的组织力和纪律性。从后果看，后来中国资本主义的发展，它曾起着推动的作用。拜上帝会领导的太平天国运动，当然是农民战争，但在当时的历史条件下，是否多少不自觉地反映出一些资本主义的趋向，这一点似可仔细研究并讨论。

为什么太平天国运动在中国长江地区得到发展，这也不是偶然的。原因是（1）广东有英国势力，太平军不能向广东发展（洪秀全到南京后，也避免向上海进攻），只能向湖南进军。（2）太平军沿着旧商路进军，沿江一带有天地会的响应。（3）太平军对北方捻党和白莲教系统的起义团体，向来生疏。（4）长江一带受外国侵略的影响比北方大些，因之革命的条件也更成熟些。这样，太平军到达湖北后，选择前进道路，不向河南而向南京是可以理解的了。太平天国运动在长江地区蓬勃发展起来，说明向南京是对的，但对清朝廷说来，革命力量进入河南，所受威胁会大得多。

太平天国运动是农民阶级发动的，伴随着它的胜利，弱点也逐渐在发展。当时（1）清朝来不及作较充分的准备，（2）清朝与外国还没有实行勾结，（3）北方民众反清，捻军已零星起义。太平军既避免进攻上海与外国侵略者接触，自当筹备最大限度的兵力进攻清朝的京城——北京，如果派主将率大军北征，推翻清朝不是一定不可能，可是它却派偏将率孤军北上，这就失去了推倒清朝的机会。它这样做，固然由于实力不足，但在内部发展着矛盾也是重要的原因。内部矛盾发展到1856年的杨韦内讧，革命转向失败方面去了。

第三分段——1856年至1864年

正当太平天国内讧，革命开始走下坡路的时候，英国、法国发动第二次鸦片战争。其目的在于：一方面扩大鸦片战争中所得的权益，一方面结合封建势力来镇压太平天国运动，实行进一步的侵略。

英国的所谓亚罗船事件，法国的所谓法教士被杀事件，都无非是发动战争的一些借口。1856年英军攻入广州，1858年英法联军攻入天津，逼迫清朝廷订天津条约，到了1860年，攻入北京，订《北京条约》，侵略目的才完全达到。就是说，中外反动势力实行勾结，有力量可以绞杀太平革命。

封建势力和外国侵略势力相勾结，其中还有些区别。清朝廷对外国侵略者，在共同镇压革命方面是一致的，但在破坏"天朝"尊严方面则反感很大。汉族地主武装曾、左、李等封建集团对外国侵略者，在镇压革命方面，固然需要外力，在保护本集团，使清朝廷有所顾忌，不敢轻易压制方面，也必须依靠外力，因此，他们勾结外国侵略者，比清朝廷更积极，而外国侵略者扶植它们，也比对清朝廷为积极。外国侵略者与汉族封建集团勾结的媒介是买办，封建集团加上了买办，这就成为洋务派。这种封建割据性的反动势力的出现和继续增长，标志着清朝廷与汉族地主官僚间力量的对比，发生了变化。中央集权的清帝国，开始有分裂的趋势，外国侵略者则在努力加强这种分裂的趋势。

在太平天国方面，因杨韦内讧，石达开出走，革命力量是大大削弱了。洪秀全已经成为革命的落伍者，太平天国运动只靠李秀成、陈玉成所率领的两部分革命力量来支持。它们都是极其优秀的革命力量。李秀成在江浙一带用兵，自然着重在反对外国侵略，陈玉成在南京上游用兵，自然着重在反对封建压迫，分散的革命力量对抗结合了的中外反革命力量，失败是不可免的。

太平天国在中外反革命合力进攻的形势之下，自发地进行了反封建反外国侵略的战争。这对人民革命是一个极重要的启示，也给中国人民留下极宝贵的经验，太平天国运动虽然失败了，但清朝统治的崩溃也加速了。

太平天国运动与反革命势力间的斗争，在文化上也表现出斗争的尖锐性。即就文章体制来说，太平天国主张用白话体，"使人一目了然"，这显然是人民的立场。反革命头子曾国藩在"卫道"名义下纠合各反动派别，主张合义理（程朱派理学）、考据（古文经学派）、词章（桐城派古文等文派）为一，企图加强文化上的反动力量。今文经学派不在纠合之列，这说明地主阶级内部的界线也是分明的。

第二时期——1864 年至 1895 年

这一时期总的形势是封建势力依靠外国的援助，消灭了太平天国运动的余波，清朝统治在国内得到暂时的稳定。同时，洋务派创办了新式军事工业，形式上也有助于这个统治。可是外国侵略势力公然掠夺中国的藩属国，破坏了这个稳定。法国进攻越南，严重地威胁着清朝统治，封建势力与外国侵略者间的矛盾激化了。洋务派对侵略者的态度与清朝廷有区别，洋务派各个集团间态度又有区别，这使得统治阶级内部矛盾也相当剧烈化。清朝内部是分裂的，对外战争必然要失败，1884 年开始的中法战争，清朝失败了。日本进攻朝鲜，更严重地威胁着清朝的统治，1894 年开始的中日战争，清朝又失败了。两次战争失败的结果，帝国主义更深刻地侵入中国，表现为第三时期瓜分中国的狂妄企图。

第一分段——1864 年至 1873 年

南京失陷，太平天国灭亡后，革命的余波，依然是轩然的大波。清朝廷调动所有反革命力量，于 1865 年消灭太平军残部，于 1868 年消灭东西捻军，于 1872 年消灭苗族起义军，于 1873 年消灭云南回族起义军，同年又消灭西北回族起义军。自 1851 年起，延续二十余年的人民起义，终于被清朝逐个消灭。反革命自称为"同治中兴"，表示着它的自鸣得意。

但是，"同治中兴"，并不是清朝廷增加了什么力量，而是洋务派的各个集团，力量确实增加了。就在 1864 年至 1873 年的用兵过程中，洋务派各集团都开办新式军事工业，都有了它们的"命脉"。

1865 年，曾国藩、李鸿章在上海设江南制造局。

1866 年，左宗棠在福州设马尾船政局。

1870 年，李鸿章接收（1867 年崇厚创办的）天津机器制造局。

这些，就是李鸿章所说"命脉关系，诚不敢轻以付托"的洋务派命根子（参阅《历史研究》第四期邵循正论文）。这种工业的特点是（1）用国家的钱，办实际上属于某一集团的工业，生产出来的军需品主要归这一集团使用。（2）为外国人所操纵。（3）管理制度仍是腐朽的官僚制度。凡是这种叫做官办的工业，都充分表现出封建的半殖民地的性质，根本不能说是资本主义的工业。不过，新式机器经过这种工业到底进入中国了。有了机器，不能不招募工匠，也就不能不产生一部分无产阶级，仅仅从这一点来说，官办的军事工业算是也还有一些作用。官办的军事工业以外，官办和官督商办的非军事性工业，其中是多少含有资本主义成分的。

中国原来早就有资本主义的萌芽，只是远不曾发展到工业资本主义的阶段。在外国资本主义刺激之下，民间工商业者采用机器来生产，是很自然的，而这应该是中国资本主义发展的正常道路。因为它符合于民间工商业者要求上升的趋向。举例来说：1861 年，福州商人购入机器，制造砖茶。产量最大时达一亿三千七百万磅。1875 年，又添设三个制茶厂，第二年便停办了两个。1882 年以后，由于俄商在九江汉口设厂制茶，福州茶厂逐渐衰落，1891 年以后，各厂相继停办。1863 年，上海洪盛米号用机器碾米。1879 年，汕头商人用机器制豆饼，制品供给本地，也运到台湾去。据第一次农商统计表，广东顺德一地，自 1883 年至 1894 年，先后成立机器缫丝厂三十余个，每厂有蒸汽机一具，资金最高六万元，最低一万八千元。这种规模较小的企业，按其本身来说，当然有发展的前途。可是，中国已经是半殖民地的国家，外国资本主义不能允许它发展；同时，中国是封建统治的国家，封建统治者也不能允许它发展。上述各个工业，没有大的发展，有些在压力下停办了。这种小企业的成立停滞和失败，是很普遍的情况。它们在中外反动势力压迫下，虽有发展的要求，却缺少发展的条件，所以它的发展是艰难而很缓慢的。

在中国这样半殖民地半封建的国家里，资本主义发展的正常道路受到阻碍，别一条道路却成为重要的道路，这就是官办（意即国家办的或省办的工业）、官商合办（意即公私合办）、商办（私人办）三个阶段的道路。最早官办的军事工业并不是资本主义的工业，但开始使用了机器。有些官办的和官督商办（介在官办与官商合办之间的一种形式）的，目的在求富的工业，是封建主义支配下的资本主义工业。官商合办是封建主义和资本主义混合的工业。商办工业是正规的资本主义工业，虽然不可免地要带着封建和买办的成分，但终究是民族资本主义。19 世纪的下半期，开始有地主、官僚和一部分商人投资于新式工业，成为中国资产阶级的前身，到了商办工业数量较多的时候，民族资产阶级也就形成了。

如上所说，中国民族资产阶级有两个来源：一个是从民间普通工商业者上升的，因条件困难，前进缓慢，成为资产阶级的下层，在表现新社会发展的趋向上比后一个较为强烈些；一个是从地主官僚和一部分商人转化的，因政治条件较好，资金较大，得较快的前进，成为资产阶级的上层或实力派，在表现新社会发展的趋向上比前一个更软弱些。

第二分段——1873 年至 1885 年

从官办到官商合办，可以说是一个发展。如果说，非军事性或军事性较少的官办、官督商办工业，已经含有资本主义成分的话，那么，官商合办的工业，资本主义成分就更多了。虽然所谓商，原身无非是地主官僚，但既以商的身分出面，不是代表官的利益而是为了自身的利益，这种人应该算是从地主官僚转化过来的资本家。

这时候官督商办或官商合办的企业有：

1872 年，李鸿章成立轮船招商局。

1878 年，李鸿章开办开平矿务局。

1882 年，李鸿章筹办上海机器织布局。

在这些有商股的企业里，普通商人是被排斥压迫的，但地主官僚作为商人来投资，不能不说是前进了一步。

1883 年商人祝大椿在上海设源昌机器五金厂。

在这一分段里，中国资本主义有了一些进步，但是，看到外国资本主义在中国的发展，就知道境遇是何等困难了。单就轮船银行来说，英国在 1865 年设立省港澳轮船公司，1872 年设太古公司，1881 年设怡和公司，把持外海内河的交通运输。1857 年，英国在上海设麦加利银行分行，1865 年设汇丰银行分行，操纵中国的金融。中国资本主义被压制不得顺利发展，事情是很显然的。

外国资本主义在经济上的积极侵略，必然伴随着政治上军事上的积极侵略。越南与云南、广西接境，法国企图用武力吞并越南，清朝廷为形势所迫，不得不用武力对抗。这是符合越南人民愿望的，因之用兵是正义的。可是清朝廷的武力依靠洋务派，湘系淮系都想保存本系的势力，别系的损失在所不顾，清朝廷对这些系，只想使用它，损失也在所不顾，内部疑忌不和，中法战争，中国在不败而败的形势下放弃了对越南的责任。

第三分段——1885 年至 1895 年

法国侵占越南，对清朝说来，还算是遥远地方的威胁。日本得到美国的积极支援，侵略朝鲜，进一步就要侵入清朝所谓发祥地的东三省。清朝廷感到更大的威胁而主张用兵是必要的。中法战争后，湘系受损，淮系实力反而扩大，各方面对淮系不满，朝廷里帝党后党又有主战主和之争。李鸿章被迫出战，求败不求胜，企图保存本系实力。终于在不一定败而结果大败的形势下放弃了对朝鲜的责任。《马关条约》的订立，表示外国资本主义的侵略转化为帝国主义的侵略。承认外国在中国设厂为合法，中国资本主义陷入更深的困境。

在这一分段里，中国资本主义还是有些进展的，主要的工业有：

1888 年，贵州青溪县官商合办贵州制铁厂。

1890 年，李鸿章在上海设官商合办的纺织新局。

1891 年，官僚唐松岩在上海设官商合办的机器纺织局。

1893 年，张之洞在武昌设织布、纺纱、制麻、缫丝四局。

1894 年，盛宣怀在上海设商办的华盛纱厂。

同年宁波成立通久源纱厂。

同年上海成立裕源纱厂。

同年，湖北设官商合办的聚昌、盛昌火柴公司。

与工业有关系的开矿铁路电报都在开始或有些发展。从 1887 年机器进口值银三十九万八千余两起，逐年增加，到 1894 年，增至一百十一万九千余两，数目虽然不大，却表现进展的趋势。不少工业，已经从第一步的官办，进入第二步的官商合办，有些已经转入第三步的商办。

第三时期——1895 年至 1905 年

这一时期总的形势是《马关条约》订立以后，外国资本在中国公开设厂，英商于 1895 年设怡和纱厂，1896 年设老公茂纱厂，又设增裕面粉公司，日商于 1896 年设上海第一纺绩工厂，三井制面工厂。美商于 1896 年设鸿源纱厂。德商于 1896 年设瑞记纱厂。英美商于 1902 年设英美烟公司。这些外国工厂既享有各种特权，又取得廉价的人工和原料的便宜，对中国资本主义的压力比前一时期更大了。尤其严重的是铁路投资。外国资本在中国建筑铁路，疯狂地强占沿海要害地作军港，划分所谓势力范围，准备瓜分中国野心暴露得十分明显。

就在这个危急的期间，中国资本主义仍在进展：

1895 年，上海成立大纯纱厂，裕晋纱厂。

1897 年，上海成立商务印书馆。

同年，苏州成立官商合办的苏纶纺织厂，无锡成立官商合办的业勤纱厂，杭州成立通益公纺织厂。

同年北京清河镇成立传益呢革公司。

1898 年，上海成立阜丰机器面粉公司。

同年上海成立裕通纱厂。

1899 年，江苏通州成立大生纱厂。

同年，天津成立北洋硝皮厂。

同年，浙江萧山成立通惠公纱厂。

1900 年，通州成立大兴面粉厂。

这些工业，大体属于商办一类，民族资产阶级在这个时期里比较有了些力量。由于民族资产阶级本身的利益，政治上出现以康有为为首的维新运动。他们反对官办工业，主张商办，要求改良政治。他们是从地主官僚转化过来的，与封建主义关系甚密，但在政治主张上已经是明显的资产阶级立场。这种改良主义思想是资产阶级的代表思想，对小资产阶级影响也很大。从此中国社会里出现了一个新的阶级，政治上也出现了一个新的主张。

帝国主义经济政治压迫和军事掠夺，以《马关条约》为标志，以强占军港为信号，中国被瓜分的危机十分严重。中国人民在这个紧急关头，激起了爱国救亡运动，在长城以南资产阶级有戊戌变法的维新运动，农民阶级有义和团运动。这两个运动并进，只是运动的表现有先后。在长城以外，东三省人民抵抗日本、沙俄两个帝国主义，最后日本、沙俄在中国国土上爆发了日俄战争，而随着1905年的俄国革命运动，民主革命席卷了整个亚洲（列宁：《亚洲的觉醒》），中国在日俄战争的刺激和俄国革命运动的影响下，推动了中国资产阶级民主革命的前进。

第一分段——1895年至1900年

这里先说1898年的维新运动。

维新运动也是资产阶级的爱国主义运动。早在第一时期，林则徐、龚自珍、魏源等人，已经有维新的倾向。到了第二时期，以上海为中心，主张维新的言论继续在发展。随着民族资产阶级的形成，要求变法维新成为政治运动，其代表则是康有为。

康有为是今文经学派的大师。他把孔子描绘成维新运动的祖师，面貌与古文经学派的孔子截然不同。就是说古文经学派的孔子是述而不作的保守主义者，而康有为的孔子是托古改制的维新主义者。他利用孔子来进行政治斗争，正像马克思在《拿破仑第三政变记》里所说"在那些革命中，唤起已死的人物，其目的是在于赞美新的斗争，而不在于仿效旧的斗争"。维新变法虽然远不是革命，但康有为用今文经学为资本主义找前途，是有进步意义的。这里附带说一下，我不是说今文经学比古文经学进步，它们都是早已僵化了的废物，谁也没有什么进步性可言，我只是指出康有为等维新派借用今文经学的词句来介绍资本主义思想，在当时是一种必要的方法。

戊戌变法，从光绪帝的命令里显示，对某些旧制度的改革相当勇猛，对新制度的全盘推行相当激进。光绪帝允许"有能独立创建学堂，开辟地利，兴办枪炮各厂，有裨于兴国殖民之计者，并照军功之例给予特赏"。向来悬为厉禁的枪炮厂机器厂，竟得"纵民为之，并加保护"，对不要根本改变封建制度而发展资本主义的资产阶级说来，确实如愿以偿，再没有什么可要求的了。这种措施符合于中国资本主义发展的趋向，在当时的条件下，维新运动无疑是进步的运动。

资产阶级的维新派和封建反动派的力量对比，大小悬殊，百日维新不可能侥幸成功是势所必然的。

　　戊戌变法失败，康有为等人逃避海外，他们和国内资产阶级的代表张謇等人，不再是维新派而是堕落为反动的立宪派了。维新派要求改良，是希望推行资本主义，左翼谭嗣同甚至为推行资本主义，思想上接近于革命。立宪派在经济上也还是要求推行资本主义，但在政治上，是要保护清朝统治和封建势力合力来反对革命。它只希望清朝廷给一些酬劳，让它参与政治。维新派是和清朝廷妥协，立宪派则是投降于清朝廷。当然，立宪派与清朝廷也有矛盾，在迭次要求立宪的行动里，多少起些削弱清朝封建专制统治的作用，在革命派不能在国内活动的情况下，立宪派的报纸刊物向青年学生也多少介绍了一些资本主义思想。不过，这都是不重要的，因为立宪派在政治上是反动的。

　　戊戌变法失败，资产阶级的爱国运动瓦解了。帝国主义的侵略继续深入和扩大，亡国的危险，看来迫在目前。各种矛盾不只是非常紧张而且还变得非常复杂。一般说来，清朝廷内部，后党帝党的矛盾十分尖锐；原来清朝廷是勾结帝国主义的，现在清朝廷与帝国主义间的矛盾有一时激化的趋势；原来清朝廷是坚决镇压人民起义的，原来中国人民同样反对清朝廷和帝国主义的，现在清朝廷与起义人民间的矛盾有暂时缓和的趋势。在这种变化复杂的形势下，1900年爆发了中国人民反抗帝国主义的义和团运动。

　　义和团运动是农民阶级的爱国主义运动，这是中国人民革命运动的正统，是继太平天国运动而起的一次大规模反帝运动。

　　北方经济比南方落后，农民受封建主义的影响比南方农民更浓厚，迷信团体白莲教因此在农村中广泛流传。义和团这个自发的大规模的反帝运动，在形式上比太平天国运动落后得多，但爱国主义的本质是一样的旺盛。

　　太平天国在当时的形势下，主要表现为反封建势力，义和团在当时的形势下，主要表现为反帝国主义。两个运动证明农民阶级是反帝反封建的巨大力量，所缺少的就是先进阶级的领导，而中国资产阶级是和封建势力，帝国主义有联系的，因此不论革命派或立宪派都不要农民阶级，都不敢领导农民阶级。农民阶级的领导，不能不等待中国无产阶级。

　　义和团运动完全是正义的行动，并且严重地打击了帝国主义瓜分中国的野心。把《辛丑条约》的责任硬加在义和团身上，完全是诬蔑。那是帝国主义侵略和封建统治阶级极度腐朽的结果，义和团运动是坚决反对这种结果的。

　　不平等条约是帝国主义侵略中国的进度表。第一时期的《南京条约》等条约，标志着中国开始走上半殖民地的道路，《天津条约》《北京条约》标志着侵略更深入了一步。第二时期的《马关条约》，标志着外国资本主义的侵略转化为帝国主义的侵略，本时期的《辛丑条约》，标志着帝国主义侵略的愈益深入。总的说来，这些条约迫使中国一步步接近于完全殖民地。

《北京条约》是中国封建势力与外国侵略者实行勾结的第一步，《辛丑条约》是第二步，从此清朝廷成为帝国主义驯服的代理人。

义和团运动本身带着很大的落后性，但这个运动直接地打击了帝国主义，同时也间接地推动了中国社会的前进。封建顽固派首领西太后为形势所迫，不得不下诏"变法"，口头上承认"维新"，对人民的要求实行让些步。前些时严厉禁止的办学堂，改法律，订商法，废八股，停科举等等新政，在义和团运动之后，她都被迫认为合法了。有了这些新政，资产阶级立宪派得到很多的活动机会。

第二分段——1901 年至 1905 年

本时期的特征是帝国主义企图实现瓜分中国的野心，在中国人民通过义和团运动所表现出来的伟大力量的反抗，它们不得不暂时收起瓜分的野心，转而迫使清朝廷订《辛丑条约》，各得巨额的赃物而暂时维持帝国主义间矛盾的现状，即各保持自己的势力范围，不过，这只是限于长城以南的所谓势力范围，长城以北的关外东三省地方，所谓势力范围还没有划定，瓜分野心还在实行中。沙俄企图用武力侵占东三省，成立所谓"黄色俄罗斯"，东三省人民是积极反抗的，可是清朝廷出卖了东三省，压制反抗力量的发展，沙俄野心很有可能成为现实。这样，帝国主义间的矛盾在关外紧张起来。日本侵略朝鲜，第二步就想侵入东三省，美国帝国主义想通过日本在东三省取得权益，英国帝国主义不愿沙俄势力的更加扩大，和日本订立同盟，支持日本去反对沙俄。日本在英美援助下，1904 年，日俄开战，沙俄被打败。1905 年，日俄订和约，沙俄势力退到东三省北部，日本势力进入南部。东三省也被划定了所谓势力范围。帝国主义在关内关外，各以获得所谓势力范围而暂时维持现状。

帝国主义把全中国划分所谓势力范围，瓜分的危机仍然严重。日俄在中国国土上打起帝国主义第一次战争，这给中国人民的刺激是非常深刻的，中国革命同盟会在这个时候成立了。

第四时期——1905 年至 1919 年

这一时期总的形势是中国的前途非常险恶，中国人民的革命方式却有了改进，同盟会成立以后，旧式的革命改成了新式的革命，并且获得中国资产阶级革命所能做到的一些成就，虽然很小，但比起旧式革命来是一个大进步。

帝国主义的经济压迫非常沉重，但还不能完全阻止中国资本主义的发展。虽然这种发展是微弱的，但是，终究是在发展。

下列全国注册工厂分类设立年别表，显示发展的趋势。

注册工厂数 \ 工厂类别 \ 年别	1901	1902	1903	1904	1905	1906	1907	1908	1909	1910	1911	计
棉纺织染	3			2	6	7	10	1	5	4	2	10
丝纺织			1		1	4	2		1	3	2	14
面粉	3		1	1	2	2	3	2	4	2		20
榨油		1			1	2	3		1		1	9
火柴	2				1		1	2	2		4	16
皮革	1						2		1			4
蜡烛肥皂		1	1		1	2	3	4	2	1		15
砂糖									1			1
造纸						2				1	1	4
瓷器				4		1			1	1		7
砖瓦						1	1	4				6
水泥						1	1		1			3
铁工	1	1					1			1	1	5
玻璃					1							1
樟脑								1				1
精盐			1									1
烟草		1			2	5	1	1				10
蛋粉										1		1
酿造	1								1	1		3
杂业	4		1	2	3	8	7	8	6	9	6	54
合计	15	4	5	9	18	35	36	23	26	26	18	215

（据杨铨：《五十年来中国之工业》）

上表说明 1905 年至 1907 年，中国工业有显著的进步，这是因为日俄开战，帝国主义忙于战争，对中国的经济压迫多少放松了一些，中国民族资本主义便开始了初步的发展。1908 年以后，压迫又在加紧，但中国资本主义比日俄战前还是提高了。早在 1894 年，中国输入机器，开始从以前每年值银几十万两进到一百一十万两。此后十年中，最多不过二百几十万两。从 1905 年起，机器输入大有增加，数如下表（单位千两）：

1905 年	5467
1906 年	5973
1907 年	6304
1908 年	6741
1909 年	5954
1910 年	7054
1911 年	7149
1912 年	5895

机器输入，其中包括一部分外资工厂的机器，但中国民族工业在发展，也是无疑的。中国资产阶级在这个基础上，展开了争路矿收回利权和抵制美货的活动。

上面说过，民族资产阶级有上下两层。上层主要是从地主官僚大商人转化过来的。他们在政治上反对革命，希望清朝廷有些改革，使自己得参加政权。随着 1905 年以后资本主义初步的发展，争路矿运动和要求立宪运动也蓬勃地开展起来。争路矿运动影响了广大人民群众，要求立宪运动影响了广大知识分子。在国内以张謇、汤寿潜等人为首的立宪派，清朝末年已经造成了一个大的社会力量。它主观上要保护清朝的统治，客观上却和清朝廷发生矛盾。这个矛盾的逐渐激化，有利于革命运动的开展。

资产阶级下层，主要是从民间普通工商业者和已经上升起来的小企业家。一部分资产阶级思想的和小资产阶级的知识分子也属于这个下层（大部分知识分子则属于上层的立宪派）。他们的经济条件比上层资产阶级困难得多，社会关系也比较少，改良主义的方法看来对自己没有什么前途，因而主张革命，目标是推翻清朝的封建统治。在第三时期里，孙中山组织成立革命的兴中会。由于孙中山活动地区的关系，兴中会会员二七九人中，侨居外国经商和从事其他职业的有二一九人，占全数的百分之七十八强。华侨出身一般不是地主和官僚，他们流寓海外，经营工商业，受所在地政府的压迫，希望祖国强盛；积累一些资金和经验，希望回祖国投资，因而赞成革命，（在康有为欺骗的影响下，也有一部分人赞成立宪）。这和国内民间普通工商业者和小企业家有类似之处，所以兴中会"驱逐鞑虏，恢复中华，创立合众政府"的政治纲领，足以代表资产阶级下层的共同要求，比起其他革命团体来，它是有更大的前途。1903 年，黄兴等在湖南组织华兴会，1904 年，蔡元培、陶成章等在江浙组织光复会。1905

年，在日俄帝国主义战争的刺激之下，在俄国革命运动的影响之下，这些地方性的革命小团体和全国在日本留学的一部分先进知识分子，汇合成以兴中会为骨干，以孙中山为首领的全国性革命组织——中国革命同盟会。同盟会的成立，表示资产阶级革命酝酿成熟了，虽然这种成熟不能不是发育欠良、先天虚弱的成熟。

第一分段——1905 年至 1912 年 4 月

同盟会的组织和纲领，不同于以前一切旧式革命。它领导的辛亥革命，明显表示出资产阶级民主革命的性质。毛主席指出"而辛亥革命，则是在比较更完全的意义上开始了这个革命"①。同盟会从义和团事件、自立军事件里取得经验，专力推翻清朝统治，避免和帝国主义接触。毛主席指出"中国反帝反封建的资产阶级民主革命，正规地说起来，是从孙中山先生开始的"②这是因为当时革命者对帝国主义的认识虽然还模糊，但帝国主义是革命的敌人这一点，却是比以前的革命者认识得明确些了。

同盟会看不见人民群众的力量，它的反清革命，主要依靠军事活动，甚至采取暗杀手段。军事活动实际是军事冒险，特别是 1911 年的黄花岗起义，遭受极惨重的损失，同盟会几乎有溃散的危险。但革命的影响却愈益扩大，同盟会的声望却愈益提高。所以起义虽然无成，而革命声势却震动了全国。

当革命在声势上发展的时候，却正是清朝反动阵营大破裂的时候。（1）清朝廷一向依靠沙俄的支援，1905 年沙俄战败后，在中国的势力大大削弱，清朝廷失去了依靠。（2）清朝一向依靠汉族地主官僚的拥戴。1908 年，驱逐袁世凯出朝。他是汉族里地主官僚军阀买办的首领，这一分裂，使清朝廷陷于孤立。（3）1905 年以来，中国资本主义有较大的发展，资产阶级积累了一些力量，因而经济上发动争路矿运动，政治上加紧要求实行立宪，形成戊戌以后的改良主义运动的高潮。1911 年，立宪派与清朝廷的关系终于破裂，立宪派转而拥护袁世凯，反对清朝廷，清朝廷陷于完全孤立。（4）清朝廷尽量出卖权利，以求帝国主义的支持，可是以英国为首的帝国主义，嫌清朝廷这个工具已不合用，决心把它抛弃，另找新工具，袁世凯便被选中作这个新工具。

这样，清朝只剩下一些满洲纨绔子弟组成的所谓皇族内阁。

这些情况都是清政权倒塌的症候，但是，它的致命症候还在于为人民群众所共弃。义和团运动以后，全国各地自发的规模不大的各种形式的人民起义到

---

① 《毛泽东选集》第 2 卷，人民出版社 1991 年版，第 667 页。
② 《毛泽东选集》第 2 卷，人民出版社 1991 年版，第 563 页。

处发生。1905 年以后，同盟会领导的起义以外，自发性的农民工人起义，次数愈来愈多了，清朝廷对起义的镇压愈来愈残酷，如果说，它过去对人民的欺骗，多少还有一些影响的话，到这时候，最小的一点影响也消失了，根本上没有继续存在的可能，清朝已是一触即倒的政权，只等待革命的一触。

1911 年武昌起义，是文学社、共进会两个地方性的受同盟会影响的革命小团体发动的。有了这个发动，人民的力量和同盟会的力量以及立宪派的力量一起发动起来，再加上袁世凯的投机，统治中国二百六十余年的清朝便瓦解土崩地消灭了。

资产阶级立宪派从来是反对革命的，但是，它的争路运动客观上有助于革命。它和清朝廷决裂以后，君主立宪的想望也幻灭了。武昌起义，各省响应，立宪派加入了革命阵营。革命派声势大，立宪派实力大，因而形成这样的局面，即革命派打先锋，立宪派接收政权，从湖北、湖南开始这样做，其他很多省份也照样做。有些省份甚至不需要革命派打先锋，立宪派直接接收政权，结果只剩下一个革命派领导的以孙中山为首的南京中央政府。在这个革命的中央政府里，以张謇为首的立宪派虽然没有领导权，却有拆台的力量。它早和袁世凯勾结着，只等时机到来，立即拆革命政府的台。辛亥革命，是资产阶级革命派立宪派共同的行动。形式上是革命派获得胜利，实际上是立宪派获得胜利。立宪派参加革命同时又破坏革命，而革命果实，立宪派所得比革命派多得多。它需要袁世凯式的大总统代替清朝式的皇帝，全国政权终于落在袁世凯手里，立宪派是出了力的。

1905 年同盟会成立，标志着革命派领导的资产阶级民主革命走向了高潮。1911 年辛亥革命，标志着革命派领导的革命达到最高点，1912 年 4 月孙中山正式解除临时大总统职务，标志着革命派失败，革命果实归于资产阶级立宪派和军阀袁世凯。

辛亥革命只解决了根本矛盾里和统治阶级内部矛盾里关于满汉的部分，本质并无变化。这就是说，革命不曾改变中国半殖民地半封建的社会性质，根本矛盾依然是中国人民反对帝国主义封建势力的那个矛盾。但是，革命废除了相沿二千年的封建帝制，"民主共和"代替了君主专制，政治上终究是大进了一步。

同盟会的政治指导者是小资产阶级和资产阶级的知识分子。在革命过程中知识分子的各种弱点暴露得应有尽有。辛亥革命一爆发，知识分子便急剧分化，很大的一部分投到反动方面做官发财去了。只有少数真心寻找真理的人，还继续前进，孙中山就是这少数人的代表。

第二分段——1912 年至 1914 年

这是资产阶级革命派失败，立宪派得意活跃，袁世凯加紧准备恢复帝制的阶段。

1912 年 3 月，袁世凯就中华民国大总统职。这是符合立宪派愿望的。拥护袁世凯统率下的民主共和，立宪派是出于诚意的，因为这符合于上层资产阶级的利益。袁世凯当时还戴着民主共和的假面具，还不敢公然恢复封建帝制。还需要利用立宪派装门面，立宪派以为时机大妙，梁启超、张謇等人组织所谓进步党，参加所谓第一流内阁，帮着袁世凯驱逐孙中山系统的国民党政客，幻想成立进步党内阁。立宪派的前身维新派在戊戌变法时得不到、清末立宪运动时求不到的政治要求，这时候似乎得到了。资产阶级立宪派继革命派而起，政治活动算是达到最高点。

《临时约法》是革命派立宪派共同制订的，孙中山在正式解职前，公布了这个约法，立宪派是同意的。《临时约法》是有资产阶级共和国宪法的性质。辛亥革命使民主共和国的观念从此深入人心。辛亥革命，资产阶级革命派立宪派都在一个时候内得到好处，而辛亥革命的基本力量——人民群众却并无所得。如果说，也有所得的话，那就是得到了民主共和国的观念，并在政府、国会、选举议员等事情上看到了地主官僚军阀政党种种丑恶行为，对资产阶级的革命和改良都完全失望。资产阶级在广大人民眼前自己证明是要不得的，这样，历史指示人民除了接受无产阶级新民主主义革命的领导不可能有其他出路。

第三分段——1914 年至 1919 年"五四"前夕

这是袁世凯恢复封建帝制，资产阶级立宪派政治上受挫折后反对帝制的阶段，同时又是旧民主主义革命结束，中国革命向新民主主义革命过渡的阶段。

阶级利益使得立宪派诚意拥护袁世凯，而袁世凯并无诚意对待立宪派。在立宪派帮助袁世凯打击孙中山系统的政客以后，1914 年，袁世凯便废除临时约法，第二年袁世凯宣布自己做皇帝。当时以梁启超为首的反帝制运动，立宪派人立在最前线，革命派反而落后了。反帝制运动的结果是袁世凯毙命，帝制取消，而北京中央政权的实际，正是袁世凯所要实行的一套，即建立军阀为首的地主买办政权，资产阶级被排除在政权之外。

革命派自辛亥革命失败以后，势力大大削弱，1914 年以后，经过几次活动，革命派陷于绝望的境地，最后逼得孙中山只好闭门著书，看不出还有什么前途。

立宪派所代表的资产阶级自辛亥革命失败以后，经济上政治上势力都在发展，1914 年以后，政治上虽然失势，经济上却因第一次世界大战而得到大的发展。它主观上反对革命，但在一些行动上却起着有助于革命的作用，如 1915 年，因反对"二十一条"，掀起全国性的抵制日货运动，就是资产阶级发动的有助于革命的运动。

中国资本主义在 1905 年，因日俄战争露出一些空隙，得到初步的发展，第一次世界大战，帝国主义经济压迫的空隙露出得较大，因而中国资本主义也得到较大的发展。从下面机器输入总额（单位千两。其中有外商的机器）来看，工业在辛亥革命前的基础上每年加添值银几百万两的机器。

1912 年	5895
1913 年	8086
1914 年	8640
1915 年	4766
1916 年	6470
1917 年	5907
1918 年	7861
1919 年	15336
1920 年	24158
1921 年	57327
1922 年	51066
1923 年	28036
1924 年	23702

辛亥革命以后，工业大体上年有增加。1915 年至 1924 年大战中和战后数年，新设立的工业如下表：

棉纺织	77	制纸	81	曹达	4
丝纺织	4	陶磁	1	烟草	8
面粉	56	炼瓦	3	蛋粉	4
榨油	10	水泥	3	酿造	4
火柴	33	铁工	14	化学药品	13
皮革	4	玻璃	4	杂业	26
蜡烛石碱	15	樟脑	3	制糖	2
精盐	2	合计	298	电气业在外	

第一次世界大战期间，中国民族工业发展起来了。日本帝国主义在大战中乘机向中国积极扩大它的经济侵略和政治侵略，1916 年袁世凯死后，日本走狗段祺瑞当权，大量出卖国家权利，对资产阶级说来，也是致命的威胁。中国人民反帝反封建的革命运动在"五四"前后，主要表现为反日本帝国主义反段祺瑞卖国政府，这和资产阶级利害有共同处，因而它同情了后来参加了五四运动。

这个时候，中国无产阶级也壮大起来了。在半殖民地半封建的国家里，无产阶级所受的压迫和剥削特别沉重，因而革命性也特别坚强。不过，无产阶级还没有灌输进马克思主义以前，它只能进行自发的分散的经济斗争，停留在自在的状态上。它参加政治运动，只是小资产阶级和资产阶级的追随者。由于自己的长成和俄国革命的影响，五四运动以后，它以一个觉悟了的独立的阶级力量登上政治舞台，并且不断地吸收那些具有共产主义思想的知识分子来参加本阶级，从此成为革命唯一的领导阶级。

各个阶级有它本阶级的知识分子。毛主席指出："自从一八四〇年鸦片战争失败那时起，先进的中国人，经过千辛万苦，向西方国家寻找真理。洪秀全、康有为、严复和孙中山，代表了在中国共产党出世以前向西方寻找真理的一派人物。"[1]这一派人是旧民主主义革命时代的先进知识分子，辛亥革命失败以后，俄国十月社会主义革命胜利以前，这一派人都继续做着学西方的迷梦，只是受到了十月革命的影响以后，才出现了一些最先进的知识分子。毛主席指出："中国人找到马克思主义，是经过俄国人介绍的。在十月革命以前，中国人不但不知道列宁斯大林，也不知道马克思恩格斯。十月革命一声炮响，给我们送来了马克思列宁主义。十月革命帮助了全世界的也帮助了中国的先进分子，用无产阶级的宇宙观作为观察国家命运的工具，重新考虑自己的问题。走俄国人的路——这就是结论。"[2]这里说的中国先进分子就是具有初步共产主义思想的知识分子。这种知识分子由于学习了马克思列宁主义，才会抛弃原来的阶级，转到无产阶级方面来。同时由于中国无产阶级确实已经壮大到足以领导革命的程度，使得这种知识分子在阶级斗争的实践中不断提高其认识和才能。十月革命给中国送来了马克思列宁主义，十月社会主义革命的伟大意义，在中国革命史上是可以看得很清楚的。

有了这一部分共产主义思想的知识分子，五四运动便不同于过去任何一次爱国主义运动（例如反对"二十一条"时学生的表现）。

---

[1]《毛泽东选集》第 4 卷，人民出版社 1991 年版，第 1469 页。

[2]《毛泽东选集》第 4 卷，人民出版社 1991 年版，第 1471 页。

在五四运动前夕，除了封建顽固的知识分子不算，先进的知识分子大体有三种：（1）以李大钊、陈独秀为代表的初步马克思主义思想的知识分子；（2）以鲁迅、周作人为代表的小资产阶级知识分子；（3）以蔡元培、胡适为代表的资产阶级的知识分子。每一种里各分左右，上列六人可作这种左右的代表。在五四运动里，第一种是运动的左翼，是真正领导者，第二种人数最多，是运动的基本队伍，第三种是运动的右翼。以胡适为代表的右翼里的右翼，和立宪派相似，参加革命同时又破坏革命。五四运动以后，中间的基本队伍陆续向左右翼分化。左翼知识分子在六三运动中开始与无产阶级结合，成为无产阶级的知识分子。在新民主主义革命运动里，他们作出了重大的贡献，而上述三种知识分子的右翼，即以陈独秀、周作人、胡适为代表的那些人，随着中国革命的逐步尖锐化都先后堕落到反革命的泥潭里。

毛主席在《中国革命和中国共产党》里指出："帝国主义和中国封建主义相结合，把中国变为半殖民地和殖民地的过程，也就是中国人民反抗帝国主义及其走狗的过程。"[1]一方面，根据这个指示来看中国近代史发展的四个时期，第一时期的《南京条约》和《天津条约》《北京条约》，第二时期的《中法新约》和《马关条约》，第三时期的《辛丑条约》，第四时期的"二十一条"，都表现着帝国主义和中国封建主义一步深入一步地相结合，把中国变为半殖民地和殖民地的过程。另一方面，第一时期以洪秀全为代表的太平天国运动，第二时期的清政府被迫反抗，在反抗这一点上符合于人民意志的中法战争、中日战争，第三时期的戊戌变法和义和团运动，第四时期的辛亥革命，都表现着中国人民在不同的形式上反抗帝国主义及其走狗的过程。这两个过程综合起来，就是中国近代史。

毛主席在《新民主主义论》里指出"帝国主义侵略中国，反对中国独立，反对中国发展资本主义的历史，就是中国的近代史。"[2]根据这个指示来看在帝国主义政治的经济的重重压迫下的中国资本主义，表现为如下的发展过程。早在鸦片战争以前，中国已经有资本主义的萌芽。鸦片战争给中国萌芽状态中的资本主义以一个强烈的刺激。从未见过的外国资本主义生产方式的传来，对中国社会的各个阶级都产生了影响。地主阶级中以林则徐为代表的一派人有一种反应，地主阶级中以曾国藩、李鸿章为代表的一派人有一种反应，农民阶级和民间普通工商业者以洪秀全为代表的一派人又有一种反应。林则徐派主张在封

---

① 《毛泽东选集》第 2 卷，人民出版社 1991 年版，第 632 页。
② 《毛泽东选集》第 2 卷，人民出版社 1991 年版，第 679 页。

建社会里应采用西法，到了第二时期，在言论上有冯桂芬等人的地主开明派，在经济上有一部分商人、地主和官僚投资于新式工业，成为资产阶级的前身。到了第三时期或稍前，形成了所谓实业家的民族资产阶级，在政治上也出现了改良主义的维新派和后来的立宪派。这个阶级在经济上、政治上都非常软弱，只有当情况对它有利无害的时候，可以表现出一定的反帝国主义和反官僚军阀的积极性，有时也可以参加革命，成为革命的一种辅助力量，但同时又在伺机破坏革命。成长在半殖民地半封建制社会的资产阶级，有利无害的情况很难得，因而它经常向帝国主义封建主义妥协甚至投降，跟随它们来反对革命。这个阶级自戊戌变法以后，仅仅在第四时期辛亥革命后的几年里参加过政权，独自掌握政权向来没有过。曾国藩、李鸿章派是地主官僚军阀买办的洋务派。他们企图利用机器为封建主义服务，借机器来巩固封建统治。洋务派办的工业都失败了，到后来，一部分以借外债、中外合办等形式加入买办资产阶级，一部分与实业家合流，作为民族资产阶级的一部分。洪秀全派反映中国早就存在着的资本主义萌芽的趋向，主张比较彻底地采用新法，就是说，经济改革要和政治改革同时并行。太平天国失败，这种趋向受到严重的阻遏，始终缺少顺利发展的条件。到了第三时期才有兴中会、华兴会、光复会等革命团体继洪秀全派而兴起，到了第四时期，才发展成以孙中山为首的同盟会。就同盟会的组成者来看，绝对多数是资产阶级小资产阶级的知识分子。资产阶级民主革命的政治指导者也就是这些知识分子。他们代表着小企业家要求发展和小资产阶级要求上升为资产阶级的趋向而主张革命，但实际在办实业的上层资产阶级不愿也不敢接受他们的这种主张，敢于接受这种主张而实行革命的农民和民间小企业主、普通工商业者，他们又不愿也不敢去领导，这样，革命派的活动，不能不是知识分子带动一些会党、新军和先进青年学生所进行的少数人活动，而清末人民群众性的争路矿运动，民国初年五四运动前的抵制洋货运动，领导权不能不落在立宪派和上层资产阶级的手上。辛亥革命是革命派的收获，这种收获显然是微小的。

革命派、立宪派都是代表资产阶级的政党，都反映资产阶级的两重性——积极性与妥协性，区别在于革命派所表现的积极性比较强烈些，因而主张革命，立宪派所表现的妥协性比较更多些，因而主张改良。归根说来，它是一个软弱的阶级。它在半殖民地半封建的社会里成长起来，不能不赋有这种非常软弱的性格。帝国主义封建主义主要是帝国主义反对中国资本主义的发展，弱小的中国资本主义在重重压迫下用革命的和改良的方法要求发展，这两个过程综合起来，就是中国近代史。

毛主席教导我们说："从鸦片战争、太平天国运动、中法战争、中日战争、戊戌政变、义和团运动、辛亥革命、五四运动、五卅运动、北伐战争、土地革命战争，直至现在的抗日战争，都表现了中国人民不甘屈服于帝国主义及其走狗的顽强的反抗精神。"[①]是的，中国人民顽强的反抗精神是始终一贯的，并且继续在加强。但是，为什么从鸦片战争到辛亥革命都遭受失败甚至失败到陷入绝望之境，而五四运动以后，革命虽然遭受帝国主义、封建主义、官僚资本主义的空前压迫，但革命总是取得胜利，终于取得 1949 年的彻底胜利。这是什么原因呢？不用说，关键在于哪个阶级在领导运动。"五四"以前，中国有两个老的阶级，即封建地主阶级和农民阶级，有两个新的阶级，即资产阶级和无产阶级。封建地主阶级是腐朽反动的阶级，鸦片战争、中法战争、中日战争是它领导的，当然要失败。太平天国运动、义和团运动是农民阶级领导的。农民阶级是落后的阶级，它不可能战胜帝国主义和封建主义，反抗虽然是英勇顽强，到底不免于失败。资产阶级维新派领导了戊戌变法，革命派领导了辛亥革命，因为它是软弱的阶级，在帝国主义统治的时代，无论改良或革命，都没有胜利的可能。历史证明这些阶级都不能负担反帝反封建的责任。而能够领导革命的阶级只有一个中国无产阶级。五四运动以后，它勇敢地担当起领导广大人民推翻帝国主义和封建势力的责任，中国历史从此转上了新民主主义革命的阶段。

中国近一百多年来的历史，证明了一个绝对真理，就是中国无产阶级是领导中国革命的阶级，中国共产党和毛主席是中国人民的救星。

> 附记：这是去年十一月我在本所某次学术讨论会上解答一些问题的一篇讲稿，因为目的在于就题作答，不免缺乏全面的系统的叙述，通篇显得散漫不集中。经同志们的指正，多少修改了一些，但还不能改正根本的缺点。现在把这篇讲稿发表，希望得到史学界的更多指教，以便在多次修改中逐渐减少缺点和错误。

[①]《毛泽东选集》第 2 卷，人民出版社 1991 年版，第 632 页。

纪念太平天国起义 105 周年[*]

　　1851 年 1 月 11 日太平天国起义，到今天正是 105 周年。太平天国革命，前后坚持了十多年，势力扩展到 17 省。革命的英雄们建立了自己的国家，组织了强大的军队，实行了多种革命的政策，发动了广大农民为推翻封建的土地制度而斗争，并且担负起反抗外国资本主义侵略势力的任务。这些英雄行动在中国历史上写下了光辉的一页。太平天国革命仍旧是没有工人阶级领导的单纯农民战争，不能不在中外反革命联合进攻之下归于失败，但是太平天国革命的英雄们所表现的伟大的革命精神，中国人民是永远引以自豪的。

　　太平天国革命比起过去一切农民战争来，有着更加显著的革命的纲领、制度，例如土地纲领、婚姻制度和军事制度，等等。其中，著名的土地纲领——天朝田亩制度，表现了农民的农业社会主义思想，即以小农经济为基础的平均主义思想。这种思想在一定的历史条件下，一方面有巨大的革命性，另一方面在实质上又带有反动性。

　　天朝田亩制度宣布："凡分田照人口，不论男妇，算其家口多寡，人多则分多，人寡则分寡……有田同耕，有饭同食，有衣同穿，有钱同使，无处不均匀，无人不饱暖。"分田的办法，是把土地分为九等，一亩早晚二季产粮 1200 斤者为上上田，产量减 100 斤降低一等，年产 400 斤者为下下田。上上田一亩折合上中田一亩一分，折合其他各等田若干。"如一家六人，分三人好田，分三人丑田，好丑各一半。凡天下田天下人同耕，此处不足则迁彼处，彼处不足则迁此处。"这种主张渗透了千千万万农民的心，在争取土地的斗争中成为无限力量的源泉。凡是太平军到达的地方，地主抱头鼠窜，农民热烈响应，革命高潮猛烈地冲击封建制度的基础，加速清朝政权的崩溃。太平天国的土地纲领要求根据新的原则，重新平分土地财产。纲领提出消灭地主所有制，建立农民土地所有制，从而使得农民获得土地，解除封建压迫，这是完全合乎当时农民的要求的。

　　* 选自《范文澜全集》第 10 卷，河北教育出版社 2002 年版，第 350–353 页。

因此，这种主张是革命的。

但是，由于时代条件的限制，他们企图把小农的土地所有制巩固起来，这在实质上是带有反动性的。比如，按照天朝田亩制度的规定，农民分得土地就要保持每家有几亩地，几棵桑，五只母鸡，两口猪的小农经济的生活。并且，农民每年的收获所得，除必需者外，一律归公，缴入国库。如有婚娶弥月之事，概由国库开支。天朝田亩制度规定："凡当收成时，两司马督伍长，除足其二十五家每人所食可接新谷外，余则归国库。凡麦豆苧麻布帛鸡犬各物及银钱亦然。……凡二十五家中所有娶婚弥月喜事俱用国库，但有限式，不得多用一钱。如一家有婚娶弥月事给钱一千，谷一百斤，通天下皆一式。"他们幻想每个农民都在分散的小农经济基础上永远保持一份平均的财产。这种平均主义的做法，即使实现了，也不可能使农民改进生产工具和耕作技术，不可能使农业生产大量发展。农民的前途还很黯淡。这种违反社会发展规律的空想，它的反动性质是显然可见的。

虽然如此，列宁在《两种乌托邦》一文里指出，俄国民粹派的乌托邦在历史上曾经有过进步作用。列宁说："土地重分底'平均性'是乌托邦，但是为了重分土地而必须实行与一切旧的，地主的，份地的，'官家的'等等土地所有制完全断绝关系，却是在资产阶级民主主义方向上最需要的，经济上进步的，对于俄国这样的国家最为迫切的办法。"太平天国的土地纲领，正是这种比较彻底的土地纲领。在中国资本主义还未发展的年代里，不管太平天国革命领导者的主观愿望如何，太平天国革命在客观上却为资本主义的发展开辟了前途。所以，按照太平天国所处的历史条件，农业社会主义的主张，进步的一面还是主要的。

在半殖民地半封建的中国社会里，帝国主义和封建势力绝不允许资本主义发展起来；农民阶级自发的太平天国革命，以至资产阶级小资产阶级领导的辛亥革命，都不得不在中外反革命联合压迫下宣告失败。但是，广大农民群众为了实现革命的要求，并不因为遭受失败而停止斗争。

列宁教导说："马克思主义者自然应当从民粹派乌托邦外壳中间，把农民群众健全宝贵的诚恳坚决战斗民主主义内核细心分辨出来。"在中国，细心地把这种宝贵民主主义内核分辨出来，自然是中国共产党的重要任务。

1927 年，毛泽东同志发表《湖南农民运动考察报告》，就是马克思列宁主义极其辉煌极其深刻的分辨。毛泽东同志指出："乡村中一向苦战奋斗的主要力量是贫农。从秘密时期到公开时期，贫农都在那里积极奋斗。他们最听共产党的领导。他们和土豪劣绅是死对头，他们毫不迟疑地向土豪劣绅营垒进攻。"又指出:"这个贫农大群众,合共占乡村人口百分之七十,乃是农民协会的中坚,打倒封建势力的先锋,成就那多年未曾成就的革命大业的元勋。没有贫农阶级(照绅士的话说,没有'痞子'),决不能造成现时乡村的革命状态,决不能打倒土豪劣绅,完成民主革命。"中国共产党找到了农民群众这个民主主义的内核,从而产生出无穷无尽的力量。有了这个力量,中国的革命事业一切都好办了。

太平天国革命是农民自发的革命,没有工人阶级的领导。固然起义的主力是贫农,各地响应的群众首先是贫农,为保卫太平天国而向地主恶霸和外国侵略者斗争的主力还是贫农,可是太平天国的土地纲领只说到了忠和奸,说到了"为贤为良,或举或赏""为恶为顽,或诛或罚",却不能从阶级关系上明确划分革命和反革命。因此,太平天国一方面打击地主,一方面又给地主留下了活动的空隙。特别是太平天国晚期,一些地区竟选拔"殷实之家"为乡官,使地主混入革命政权;个别地区甚至给地主颁发护凭,保护地主的利益。这就破坏了革命的土地纲领和其他政策。从太平天国革命同中国共产党所领导的新民主主义革命和社会主义革命对比看来,我们就可清楚了解,贫农固然是中国革命的主要动力,但是他们如无工人阶级领导,还是不能取得革命的胜利的。只有在工人阶级领导下走向社会主义,农民才能得到彻底解放。

在太平天国革命运动里,中国农民曾经表现了高度的革命气魄和爱国主义精神。

现在,五亿以上的中国农民队伍,在伟大的中国共产党领导下,发扬优秀的革命传统,浩浩荡荡地通过半社会主义的农业合作化走向全社会主义的农业合作化。这一事件,不仅对中国革命的历史,而且对全人类革命的历史,都将起着非常重要的作用。

历史研究中的几个问题[*]

北京大学历史系同学写过两次信，要我来谈谈。我自知太空虚，没有学问，讲不出什么东西。我的普通话又讲得太差，很不容易让人听懂。即使听懂了，其中也没有什么东西，因此，我只给第一次来信写了回信。今天向同学们表示抱歉！

翦老督促得非常紧，一定要我来试试，并且给我出了题目，要我谈谈若干个问题。我只好遵命。请原谅我耽误大家的时间。

今天想讲四个问题。

第一个问题，关于学习理论的问题

现在历史学界同仁对于学习马克思主义理论很重视，大家都愿意学习好理论，在史学研究上作出新的贡献。学习理论的重要性不需要再讲，问题是如何来学习理论。

学习马克思主义要求神似，最要不得的是貌似。学习理论是要学习马克思主义处理问题的立场、观点和方法。学了之后，要作为自己行动的指南，把马克思主义理论和实践联系起来，也就是把普遍真理和当前的具体问题密切结合，获得正确的解决。问题的发生新变无穷，解决它们的办法也新变无穷，这才是活生生的富有生命力的马克思主义，这才是学习马克思主义得其神似。貌似是不管具体实践，把书本上的马克思主义词句当作灵丹圣药，把自己限制在某些抽象的公式里面，把某些抽象的公式不问时间、地点和条件，千篇一律地加以应用。这是伪马克思主义，是教条主义。

如果不注意如何学习马克思主义，翻开马克思主义的书就读，这是很危险的，很可能读出个教条主义来。所以我们要懂得学习理论的诀窍，掌握进入理

* 选自《范文澜全集》第 10 卷，河北教育出版社 2002 年版，第 387-399 页。

论宝库的钥匙，才能学得好。诀窍和钥匙在什么地方呢？就在下面几篇文章里：①《实践论》；②《矛盾论》；③《〈农村调查〉的序言和跋》；④《改造我们的学习》；⑤《整顿党的作风》；⑥《反对党八股》；⑦《再论无产阶级专政的历史经验》。这几篇文章就是学习理论的诀窍和钥匙。

我们知识分子，读书往往求快，恨不得一目十行地把要读的书一下子都读完。其实，读书还是慢些好，特别是这几篇文章读得愈慢愈好。如果认为这几篇文章不多，容易读，或者认为过去已经读过，现在读起来化（花）一两天就行。这种想法是给教条主义开方便之门，教条主义正是从读书不求甚解这个门里钻进来的。马克思列宁主义是科学，学习科学一定先得学习科学的方法。只有掌握了这种方法（当然，掌握的程度，各人深浅不同），才能得到读经典著作的益处，才能逐步地深入了解。我们必须抛弃一切虚骄习气，老老实实坐下来，把几篇文章摆在我们面前，仔仔细细逐句逐段地读下去。这还不够，还要一遍又一遍地经常去读，反反复复地前后贯串起来读。孔子学《易》，简册的皮带断了三次。《易经》只有二三万字，他读了多少年，我们不知道，但皮带都断了三次，可见他是反复地在左看右看，前看后看，一遍两遍无数遍看。他用过这样的苦功，然后作出十翼来，成为《易经》的一部分（十翼作者这里姑袭旧说）。孔"圣人"还用这种读书法，为什么我们能够读得很快，比孔"圣人"更聪明呢！

学习这几篇文章，固然要逐句逐段反反复复地去读，同时还必须把学到的东西，作为绳尺来检查自己原有的读书方法，自己处理问题的方法，认真地推敲自己为什么不对头，为什么有错误的原因。这种原因的发现是很困难的。找出了这个原因，就要痛下决心，下苦功夫来改正，马马虎虎是不行的。这样地学而思，思而学，反复深入，体会文章的精神和实质，直到领会它的精神和实质，这才叫做有心得。一读就有心得，是不可能的。由体会到领会，还要费一番苦功夫。

学好这几篇文章，可以保证学好理论，可以保证不会掉到教条主义的泥坑中去。假使已经掉进教条主义泥坑中去了，如果对这几篇文章下功夫，就可以得到拯救，从泥坑中爬出来。就会找到学习马克思主义的正门。

其次，我想讲讲矛盾的问题。

研究历史就是研究矛盾。我们作史学工作不光是要记得许多事情，记事情当然是必要的，但只是记得许多事情还不够，历史科学是研究历史上的问题，问题是什么呢？问题就是事物的矛盾，事物能存在和发展，就是因为它有矛盾，有矛盾才能存在和发展。研究历史上的各种事件，就是要研究历史上的各种矛盾，从这些矛盾中找出历史发展的规律来。

凡是矛盾，一定包含着普遍性，同时也一定包含着特殊性。普遍性就寄寓在特殊性里面。任何一个矛盾，都是在一定的时间、地点、条件下产生的，这就赋予矛盾以特殊性。时间、地点、条件变化了，矛盾也就变化了，这就又赋予它以特殊性。脱离时间、地点、条件的矛盾是根本不存在的，因之，任何一个矛盾，都是含有特殊性的。

矛盾既然含有特殊性，就一定有特殊形式表现出来，而普遍性就跟着特殊性表现出来。矛盾的普遍性寄寓在矛盾的特殊性之中。单有普遍性或单有特殊性的矛盾，在物质世界里是没有的。

历史事件的表现形式千差万别，这种表现有时隐蔽，有时显著，有时存在着，有时消失了。历史资料就是一大堆的矛盾记录。历史科学的任务，就是要：从大量矛盾的普遍性方面总结出一般的规律。一般的规律就是普遍规律、普遍真理。这种普遍规律看来是抽象的、广泛的、简括的，放之四海而皆准真理，就是这种一般的规律。从大量矛盾的特殊性方面总结出局部的规律，局部的规律就是特殊规律。它们产生在特定的时间、地点、条件下，因之，这一国不同于别一国，这一民族不同于别一民族，这一社会不同于别一社会，这一历史阶段不同于别一历史阶段。《矛盾论》里，深入地研究了矛盾的普遍性和特殊性的相互联系，而且特别着重于研究矛盾的特殊性。研究矛盾的特殊性，就是具体地分析具体情况，而这正是马克思主义的活的灵魂。

普遍规律是一般性的，特殊规律是局部性的，但不可以用绝对的态度看待它们。普遍可以转化成特殊，特殊也可以转化成普遍。例如阶级斗争是普遍规律，在阶级社会里，各民族都没有例外；可是，从整个社会发展过程来看，原始社会和共产主义社会内部，就没有阶级斗争，阶级社会的普遍规律，对整个社会发展过程说来，却成为特殊规律了。又如我国对资产阶级实行社会主义改造，这是在我国条件下产生的特殊规律，可是，如果别的国家具备着相似的条件，也能采用时，这就变成普遍规律了。《辩证唯物主义和历史唯物主义》告诉我们，"一切都依条件、地点和时间为转移"，这句话，实在是辩证法的精髓。

不掌握普遍规律，就不可能系统地来解决问题。同时，不掌握特殊规律，什么问题也不能解决。只有普遍规律与特殊规律灵活地结合起来，才能具体地解决具体问题。中国三十多年来的革命，总结起来只有一条最大的经验，就是中国共产党在自己的活动中坚持马克思列宁主义的普遍真理同中国革命斗争的具体实践密切结合的原则，反对任何教条主义的或者经验主义的偏向。

马克思列宁主义的经典著作很多，这都是解决具体问题的记录，都是运用普遍规律和特殊规律密切结合起来解决问题的方法。学习经典著作，就一定要区别那些是普遍规律，那些是特殊规律。把它们的特殊规律放在一边，用来作参考。把普遍规律结合自己的特殊规律，来解决自己所要解决的那个具体问题。所以读书要慢，一边读一边想，仔仔细细区别普遍规律和特殊规律，学它们怎样结合的方法。

例如恩格斯的《家庭、私有制和国家的起源》一书，是我们研究古代社会的指南。列宁说过，这本书，"其中每一句话都是可以相信的，每一句话都不是凭空说出，而都是根据大量的历史和政治材料写成的"。既然如此，是否可以原封不动地搬来讲中国古代史呢？不行。恩格斯在书中固然把普遍规律指出了，但这些普遍规律是同印地安人的原始社会，希腊、罗马的奴隶社会，西欧的封建社会的特殊规律结合着的，它们有各自的特殊规律，和中国相比，就有很多很大的不同。列宁接着说："我所以提到这部著作，是因为它在这方面提供了正确观察问题的方法。"[①]列宁明明告诉我们从这部著作中学习观察问题的方法，并没有说可以搬来搬去套别国的历史。

我们学习马克思列宁主义，是要从它那里找立场、观点和方法。教条主义却完全相反，它满足于书本上的一些普遍规律，不知道此外还有特殊规律；它把书本上的特殊规律也当作普遍规律，不知道特殊规律只是局部性质的东西。归根说来，只承认矛盾的普遍性，否认矛盾的特殊性，这就是教条主义的特征，而教条主义是什么问题都不能解决的。

斯大林说过一个故事，说有一次军舰起义，派代表去请教教条主义，教条主义者赶紧翻开经典著作，寻找办法，找了几天也没有找到一条，结果只好敬告不敏，说经典著作中没有说过军舰起义。[②]这个故事是值得我们深思的。

我自己学习马克思主义还是个初小的学生，讲不出多少道理来，而且免不了要讲错。但我有决心好好学习。我愿意反对沾染在自己身上的教条主义，也愿意反对沾染在别人身上的教条主义。因此，希望大家抱定与人为善、治病救人的精神，互相帮助，共同努力，来反对教条主义。只有反对教条主义，才能学会马克思列宁主义。不破不立，只有破，才能立。

---

① 列宁：《论国家》，人民出版社 1953 年版，第 5 页。

② 斯大林：《论反对派》，人民出版社 1963 年版，第 373-374 页。

第二个问题，关于掌握资料的问题

理论联系实际是马克思主义的定理，理论与材料二者缺一不可。作史学工作必须掌握大量的历史资料，没有大量资料，理论怎样来联系实际呢？

现在对历史资料确有望洋兴叹之感，资料太多太散太乱，搜集、整理和考证资料，实在是一件十分重大迫切的事情。我们必须特别重视资料工作，才能动员大批人力投入这个工作里去。有人认为做资料工作是为他人作嫁衣裳，也有人认为做资料工作，比做研究工作低一头。这样想法是不对的。资料工作与研究工作并没有高低，也没有人说过不让资料工作者写研究论文。翦老就做了不少的资料搜集整理工作，他发起编辑《中国近代史资料丛刊》，他还编辑了《戊戌变法》和《义和团》史料，他又和几位先生编辑《世界大事年表》。有谁能说翦老因为做了资料工作，应该比别人低一头呢。希望今后有很多资料书、工具书陆续出版，这是一种功德无量的工作！

如何使用资料，是个很大的问题。使用资料要忠实、准确，这是起码的原则。对写文章的人说来，就要：

（一）常用资料的文字解释，如未作过切实的校勘、考据工夫，切勿随便改动原来的文字和词句。

（二）常用资料固然不少，到底还不算太多，如果要用这些资料来写文章，总得大体上先读一读，知道那些事情是大量的、普遍的、主要的，那些事情是少量的、个别的、次要的。搜集资料，应从大量的、普遍存在的事实下功夫，不要作寻章摘句、玩弄举例游戏的手法。谁都知道，用举例游戏的手法，明清可以用很多材料"证明"是个奴隶到会，也可以"证明"是个资本主义社会，所以列宁告诉我们说："没有再比那种抽取个别事实，玩弄举例游戏的手法更为流行更为不中用的了。"

这是写文章的人应该注意的两点。对读者来说，也要把文章中所用材料校对一下，看使用得是否忠实、准确。这样，作者、读者互相帮助，彼此都有很大的好处。好处在于：事实是理论的立脚点，事实错了，就可使作者重新考虑他的理论，也不至于使读者误信他的理论。

史学界曾经刮过一阵风，就是谈所谓市民运动和人工吹胖的资本主义萌芽。听说，中国科学院经济研究所有一位同志，把这些文章冒用的材料对照原书后，发现百分之四十以上的材料有问题。这种轻率使用材料的学风是不良的学风，要坚决反对。

教条主义者写文章为什么也能骗一些人呢？就是因为他们也以"理论联系实际"的面貌出现的。我们怎样对待这些文章呢？最好的办法之一，就是检查文章中所用史料是否可靠。

前些时，看到北大历史系讨论尚钺教授主编的《中国历史纲要》座谈会的纪录。讨论的重点是校对书中引用的材料。这是一件辛苦的工作，但对作者和读者都有很大的好处。我向北大历史系和史学界同仁们提出一个请求：我正在写书，我希望我的书出版后，给我也开些座谈会，铁面无私地指出我的错误，帮助我改正。

顺便谈谈我对尚钺教授《中国历史纲要》一书的看法。

我看这本书是用西欧历史作蓝本的。他们那里是奴隶社会了，中国也就开始是奴隶社会；他们那里是封建社会开始了，中国也跟着开始封建社会；西欧封建社会发达起来了，中国封建社会也跟着发达起来。整本书里大致都是这一类的比附。记得座谈会的记录中有一条，说《中国历史纲要》把唐朝的庄园比拟西欧的庄园，描写得差不多一模一样。西欧有资本主义了，中国也来个市民运动和过分夸大的资本主义萌芽，甚至说，中国封建制度"崩解""瓦解"了。他们怎么样，中国也就跟着怎么样，时间先后凑得颇为整齐划一，这真是一件怪事！（《纲要》有它的主张，但又往往隐蔽这些主张，其"微言大义"必须看王介平等六人《评〈中国历史纲要〉》一文才能知道。王文在《新建设》1954年12号上说：明清是"封建制崩解的时期"，王文在《教学与研究》1954年11号上说，明清是"封建制瓦解的时期"。王文既断定明清时期封建制"崩解""瓦解"了，文中却说得似乎没有"崩解""瓦解"，究竟"崩解""瓦解"了没有呢？这其中是否又含有什么"微言大义"。）

是否写这本书时，有意无意地依西欧历史的样来画中国历史的葫芦？或者说，是否在削中国历史之足，以适西欧历史之履？如果承认各国历史发展各有其特殊性，那么，有什么切实的理由能够说明它们应该这样巧合？我不能不表示怀疑，我不能表示赞同。

如果《纲要》这部书继续写下去，写到鸦片战争以后的话，不知道该怎样画才好。俗话说："三尺郎君七尺妻，凑得头齐脚不齐。"《纲要》把中国和西欧历史的头算是凑齐了，脚怎么办呢？历史是前后贯串联系着的，可以置脚于不顾么！？

中国和西欧到底是两个地方，各有自己很大的特殊性。把西欧历史的特殊性当作普遍性，把中国历史的特殊性一概报废，只剩下抽象的普遍性，这样，中国历史固然遗留着大量的材料，拿中国历史去凑西欧历史，事情却容易办了。说起办法来，我看，不外乎下列四种：（一）摘引一些马克思主义书本上的词句作为"理论"的根据；（二）录取一些合用的材料来证明自己的根据，不合用的材料罢免不用；（三）给材料以片面的凭空的解释；（四）改造材料。三、四两种，在座谈会记录里，提出了不少的例子。记得其中有一条是西汉武帝时，中等以上的商人破了产，《纲要》改为中等以下的商人破了产，来适合自己的观点。当然这还不能肯定说《纲要》是有意"上下其手"，可是一字之差，关系也确实不小。我想尚钺教授一定会做出必要的修改。

还有一点我想提一提。史学工作者不要自己跑到"禁闭室"里去坐"禁闭"。研究古代史的人，说我只读有关古代史的东西就可以，不必读近代史；研究近代史的人，也说我只读有关近代史的东西就可以，不必读古代史。这样想，就是自己坐"禁闭"。我们研究某一部分历史，着重地读有关这一部分的理论书和资料书，是非常必要的，但不读前前后后的历史，这就不对了。学古代史的读了近代史，学近代史的读了古代史，如果不读今天的历史，那还是坐在"禁闭室"里。今天的历史，主要就是《人民日报》。在《人民日报》上，党中央的文件和重要的社论，自然是解决中国当前具体问题的马克思列宁主义，就是其他文章，也有很多是含有马克思列宁主义的。我们要从经典著作里学习研究历史的立场、观点和方法，更要从今天的历史里学习研究历史的立场、观点和方法。只有从学习今天的历史入手，我们才能免"禁闭"之苦，享自由之乐。

历史是一条线，谁也不能割断这条线。好古轻今，脱离现实，关在"禁闭室"里写文章，怕写不出什么好文章来吧！

第三个问题，关于文字表达的问题

这是写文章的问题。我们史学工作者，用口讲是必要的，但写的用途更广，这就要用文字来表达。我们中国史学家有优良的传统，这就是"文史兼通"。过去文史是不分家的，文学家往往是史学家，如孔子、左丘明、司马迁等，都是这样，这个优良传统应该保持和发扬。

近代文史分家是应该的，因为文史各有广泛的领域，二者不可得兼，只好舍一而取一，但也不可分得太截然。这对史学工作者来说，就是写出文章来，应该切实些、清楚些、简要些、生动些，一方面能够适当地表达自己所要说的话，另方面使人看了不讨厌。

现在有一些史学方面的文章，往往不能引人入胜，反而能让人败兴，不愿卒读。我这里说的是那种空洞的长文章（空洞的短文章也一样）。元人杂剧里常常用写万言书来形容士人的大才，现在我们翻翻史学刊物，似乎大才并不少，摇起笔来，就摇出一篇万言书，甚至万言还不过瘾，要摇出加倍三倍四倍的万言书才觉得痛快。事实上，这种文章，无非是马曰列云，东抄抄，西扯扯，终日言，如不言，自以为证明了自己抽象观点的正确而已。我愿意和史学界同仁们互勉，大家自己不做这种文章，并且反对别人做这种文章。

写文章就得学文章，学文章就得读文章，清朝的戴震是个大考据家。考据家写文章难免写得罗罗嗦嗦、干燥乏味，桐城派的方东澍，嘲笑考据家的文章是豆腐白菜帐，不是没有理由。戴震这位大考据家，却与众不同。在他的年谱里，说他选出《史记·项羽本纪》等十篇，圈圈点点，读得十分认真。我们也应该这样做。北大历史系同学可不可以挑选古今名篇读读。我们比不上戴震，就得多选二三十篇来读，从名篇里面学习作文法，揣摩揣摩，练习练习，实行学而时习之的办法，来加强我们的表达的能力。这样做可能觉得麻烦，但以后却可以一辈子受用。韩愈所说的文以载道，是经验之谈。一辆破烂车子载着大道理，人家会拒绝它走进自己的眼睛里。自己写的文章别人是否愿意看，完全在于自己。写了一辈子文章，看的人只有几个，那又何苦呢？如果一个人写的文章大家都喜欢看，岂不很好。我这个建议，不知道同学们能否同意。

第四个问题，关于言行一致的问题

理论联系实际，学习马克思列宁主义来做史学工作，这当然是对的。但这并不是说，只要史学工作上有马克思主义就可以，史学工作以外不需要马克思主义。理论联系实际，必须把理论和自己整个的实践联系起来。我们整个的人叫做实际，我们做的史学工作是我们整个实际中的一部分。理论和我们自己的整个思想意识、思想方法、生活行动全面地联系起来，这样，才叫做马克思主义者在做史学工作。如果不是这样，光在史学工作上讲马克思主义，那么他只是在史学工作上唱马克思主义的调子。说得不好听一点，他是在史学工作上做马克思主义的八股。八股的特点是代圣贤立言。过去的八股先生口中讲孔子曰、孟子曰，而自己的思想行动却另有一套。我们在史学工作上是马克思主义，其他方面不是，这不是代马克思列宁主义立言么？这不是教条主义么？当然，全面联系，要经过长期的艰苦的锻炼过程，不可能一下子就全面联系起来，但我们要有这种志愿和决心，才会逐步达到全面联系的境界。

我自己算是个知识分子，我也犯一般知识分子的通病，这里我想就我自己的体验说几句。要全面联系，必须从毛主席经常教导我们的"谦虚谨慎，戒骄戒躁"八个字入手。我们如果能在这八个字上用工夫，马克思列宁主义的大门才会向我们开放，让我们走进去。

谦虚：为什么要谦虚？因为一个人的知识和能力实在是有限得很，要增加我们的知识和能力，那就要依靠群众向他们学。尽管别人的所见是片面的，集合许多片面，也就差不多成了全面。兼听才能聪，兼视才能明，这个道理，谁都懂得，但能够实行的却只有谦虚的人。古人说，大智若愚，我觉得这句话很有道理。一个人肯承认自己是愚，虚心向别人学习，这样的愚不是真愚而是若愚，是大智。和这相反，如果自以为智，不再考虑别人的意见，这样的智，正是真愚，是大愚。智和愚的区别点，在于谦虚不谦虚，谦虚是智，不谦虚是愚。

谨慎：为什么要谨慎？要做事情，一定要主观和客观相符合才能有所成功。但这是很不容易的。主观和客观不能一下子就符合，往往有些地方符合了，有些地方却是疏忽了。如果疏忽处是重要的，那就会产生一着错满盘输的局面。因之，做事情一定要小心谨慎，慢慢地稳步前进，随时发现错误，随时改正错误，使主观和客观完全符合起来。我们谁都犯过许多错误，而且继续在犯错误，如果仔细检查犯错误的原因，百分之九十以上，就是因为自己粗心大意。

谦虚谨慎所以能做成事情，因为只有这样做，才能使主观和客观相符合。谦虚谨慎是为了加强主观能动性，是为了加强独立思考的能力，是为了加强批判的精神，归根是为了克服客观、改造客观。绝不可误解为削弱主观，俯首帖耳，给客观作俘虏。

我们知识界有这样的一种情形，你说他是教条主义么，实在有点冤枉，你说他不是教条主义么，他也确实象个教条主义。比如说，我们教历史课，明明自己有心得，有见解，却不敢讲出来，宁愿拿一本心以为非的书，按照它那种说法去讲。教条主义者一般是骄傲自满、自以为是的，而这一种"教条主义"（如果也叫做教条主义的话）者心情恰恰相反，他们是谦虚谨慎过了度，过度到否认自己的存在，只有别人（所谓"权威"的人）没有"我"了。这样的"谦虚谨慎"是不需要的，是有害的。我们应该把"我"大大恢复起来，对经典著作也好，对所谓"权威"的说话也好，用"我"来批判它们，以客观存在为准绳，合理的接受，不合理的放弃，尽管批判错了，毫无关系，错误是可以改正的。我们向外国学习也是一样，社会主义国家的好经验固然要学，资本主义国家有好经验我们也要学。我们要谦虚，但绝不是依草附木；我们要谨慎，但绝不是吓得动也不敢动。我们要的是有批判精神的、能独立思考的谦虚和谨慎。

谦虚的反面是骄傲，谨慎的反面是急躁，既然要谦虚，就必得戒骄，既然要谨慎，就必得戒躁。

戒骄：为什么人要骄傲呢？这是由于无知。我们如果到知识海边上去瞧瞧，那就可以知道知识海是多么大，大到无边无涯。骄傲的人苦于没有瞧一瞧，只看到自己这一点点，就以为大得很。庄子井中之蛙那个寓言，做戒骄药是很对症的。

做研究工作，做了一辈子，也只能在知识海中取到一小杯水，这和大海是不能作比较的，从这个意义来说，有什么值得骄傲呢！但是，这一小杯水，必须经过辛勤的工作才能取得，永远不会有不劳而获的知识。从这个意义来说，任何一点知识，都是值得尊重的。自己不要骄傲自满，别人不要文人相轻，这就对头了。

戒躁：躁的来源是冒进、是急于求成，不肯下苦工夫，不肯下慢工夫，想一鸣惊人，名利双收。做学问不是简单的事情，要下苦功，慢慢地来。我经常勉励研究所的同志们下"二冷"的决心。一冷是坐冷板凳，二冷是吃冷猪肉（从前封建社会某人道德高，死后可以入孔庙，坐于两庑之下，分些冷猪肉吃）。意思就是劝同志们要苦苦干、慢慢来。一个做学问的人，有这样的决心，下这样的工夫，如果真有成绩的话，总会有人来承认你，请你去吃冷猪肉，何必汲汲于当前的名利呢！我这样说，可能不合时宜。但是，我愿意提出我的建议。

骄躁是文人通病，是可以改正的。我们不要笑"浅人"，"浅人"还有他的好处，他把骄躁都表现出来了，病症就比较容易医。不好医的是那么一种人，表面上谦虚、谨慎，骨子里又骄又躁，这就很不好办。用谦虚的外表掩蔽他的骄；用谨慎的外表掩蔽他的躁。说他骄躁吧，他有"谦虚谨慎"的态度作盾牌。别人没法帮助的时候，就只好等待他自己去医。这种人就称为"深人"吧！"浅人"好治，"深人"不好治。

谦虚谨慎，戒骄戒躁，是理论与实际全面联系的关键。归根是要谦虚。毛主席告诉我们："虚心使人进步，骄傲使人落后。"这是从无数经验中总结出来的格言，是普遍的规律。

只有虚心才能进行批评和自我批评。只有使用批评和自我批评的武器，才能治好百病，求得进步。只有善于使用批评和自我批评的武器，才能真正展开百家争鸣的繁荣局面。要繁荣中国学术，必须贯彻百家争鸣，这个方针的正确，是丝毫不容置疑的。我们史学界是中国学术界的一部分，也是学术战场的一部分。上战场作战，一定要兵法正确，弹药粮食充足，兵精将健有训练，这才能打个好仗；老弱残兵拿些破枪缺口刀，是上不得战场的。我在上面提出四条来，供同仁们学们作参考，我们是不是可以就这样在操场上操练起来，在战场上作起战来，百家争鸣的方针鼓励着我们，我们应该奋勇前进，实现这个方针。

历史研究必须厚今薄古*

面临着工农业生产大跃进的形势，科学工作也必须大跃进，历史研究也不例外。历史科学工作者谁都想跃进，谁都想大大的跃进，干劲是足够的，问题在于如何跃进。

讲历史，厚今薄古，本来是很自然的道理。现代近代的事情，最容易理解，也最有现实意义。可是，现在史学界的情况恰恰是薄今厚古，越是今的越不讲，越是古的越讲，这实在是一种反常的现象，最一种衰暮的现象。

持厚古薄今论的人也有他们的想法，以为学术是独立的东西，牵涉到政治就失去独立性，就不成其为学术。讲古，不牵涉政治，所以是学术。讲今，总要牵涉到政治，所以不是学术。这种想法有道理么？我想举出极简单的事例和厚古薄今论者商量商量。

厚今薄古是中国史学的传统

因为你们厚古，我不免从古说起。

我国封建时代有三部最大的历史著作：第一，《春秋》。是孔子的政治学，是整个封建时代的基本政治学。孔子作《春秋》，从鲁隐公元年写到哀公十四年。隔了一年，哀公十六年，孔子就死了。《春秋》记载二百四十年的事情，按照公羊家的说法，《春秋》分三世：所见世相当于孔子和他父亲的年代，可以说是当时的现代史。所闻世相当于孔子祖父的年代，所传闻世相当于孔子曾祖高祖父的年代，可以说是当时的近代史。再往上就不写了。孔子是好古主义者，但在写《春秋》这一点上，倒像是个"厚今薄古"的史学家。《春秋》是脱离政治专谈学术的么？为什么"乱臣贼子惧"，还不是怕它在政治上的诛伐？第二，《史记》。司马迁作《史记》，从五帝一直写到汉武帝，能说他薄今么？《史记》的《今

---

* 选自《范文澜历史论文选集》，中国社会科学出版社 1979 年版，第 222-228 页。

上本纪》固然早已失传，但在《平准书》《封禅书》中对汉武帝提出批评，这是不是谈政治呢？第三，司马光的资治通鉴。这部书虽然比《春秋》《史记》差一点，没有写宋朝的历史，但也写到五代。看书名就知道他写书的目的是为朝廷讲封建政治学，书中的"臣光曰"，那一条不是谈政治的？这三部最著名的史书以外，不论正史或野史，总是为一定的政治目的而写成的。正史叙述一个朝代或若干朝代的政治活动，在叙述中就含有写作者的政治观点，更不用说，赞、评、论、史臣曰等等的专为褒贬而作。野史的写作，多在两朝交替特别是在外族侵入统治中国的时候，当然有强烈的政治性。清朝因禁止野史，大兴文字狱。如果历史著作与政治无关，清朝统治者何苦杀许多人呢。由于文字狱十分残酷，清朝学者才被迫放弃写历史，把精力转到脱离政治的经学——考据学上去，这完全是在野蛮压力下发生的变态病态，与顾亭林倡导学以致用的经学——考据学不是一回事了。到了清季中国产生资产阶级，它提出自己的政治主张，学术和政治又结合起来。举例来看，康有为作《新学伪经考》《孔子改制考》，以变法维新为宗旨。这些讲经学、史学的学术著作，同时也是资产阶级改良派的政治著作。江浙学人章太炎、刘师培等人创办的《国粹学报》，以排满复汉为宗旨。在学报里，讲史学主要是宣传排满，讲经学主要是提倡复汉，这些谈经学史学的学术刊物，同时也是资产阶级革命派的政治刊物。由此可见，中国资产阶级的早期代表人物并无学术应该和政治脱离的说法。

史书有多种体裁，自然有各种不同的写法。有些表现出明显的政治性，有些表现得不那么明显或完全与政治无关，不论表现的形式如何，归根都是当时政治生活的一种反映。但是，明显地反映出当时政治生活的历史著作，终究是史学的正常形态，是史学的主流，自《春秋》以至《国粹学报史篇》都应是代表各个时期的历史著作。此外，不反映当时政治生活的史书，只能作为变态支流而存在。

厚古薄今是资产阶级的学风

五四运动以后，中国历史学获得了马克思主义的指导，开始表现划时代的大发展，成为服务于人民革命的一个力量。反动统治阶级的学者们，为了对抗革命，提倡学术与政治脱离，企图使学术脱离革命的政治，变成没有灵魂的死东西。事实上，他们自也是想把反动的政治和学术结合起来的。蒋廷黻等人曾写《中国近代史》，把政治与学术结合了，可是对他们说来，结果坏得很，卖国贼的口供,不打自招了。记得有一个人在他的一本书里替秦桧说好话,闹得报纸上"舆论哗然",这不是想替蒋介石辩护反而明明白白告诉人们说蒋介石就是秦桧么?在这一点上,胡适比那些笨伯们狡猾得多。他是反动政客兼反动学者,学术和政治在他身上紧紧结合在一起,但在表现形式上却一般是采取政治和学术分开的手法,写出许多琐琐碎碎、一字一句所谓点滴功夫的考据文。其中考一些无关紧要的人和事的考据文,就当作研究历史,认为考据等于历史,他们既然把历史说成"垃圾堆",那么,捡些片言只字考一考,也就可以自称为做史学工作了。胡适这样做,教他的追随者也这样做。这样做的好处何在呢?掉进烦琐主义泥坑里的人,(一)不关心革命的政治,因而可能倾向于反动的政治;(二)不关心反动的政治,因而有利于蒋介石的横行无阻。无论是(一)或(二)都对蒋介石有好处,所以,脱离政治的学术正是为反动政治服务的政治性学术,多么巧妙呵!

胡适,经过我们近几年来大规模的批判,一般地说,我们史学界已经看清楚了。但还有两种人:一种是自觉的胡适门徒,直到今天还坚持学术独立的看法,拒绝学术为政治服务,也就是拒绝为社会主义服务,为六亿人民服务;也就是拒绝学习马克思主义的立场、观点和方法来运用到自己的学术研究上去。这种人是极少数,但是必须对他开战。还有一种人是不自觉的受影响者。他们在蒋介石统治时期,不了解马克思主义,也不满意蒋介石的反动政治,觉得胡适那套说法可以安身立命,因此,学习做一些琐琐碎碎、点点滴滴的考据文章。挑选题目,总要离开现实愈远愈好,寂寞的三代于是变成了热闹的市场。因为厚古薄今的习惯已经养成,要改到厚今薄古的方面来。不免感到困难。但是,他们是愿意学习马克思主义的,而且已经取得或多或少的成绩。这种人为数较多,经过自我改造的努力,把旧影响抛掉,是我们史学界的重要力量。

自觉的胡适门徒和不自觉的受影响者两种人情况不同,但他们厚古薄今,逃避现实、脱离政治的学风是一样的。这确实是资产阶级遗留下来的风气,不是无产阶级的风气,不是马克思主义的风气。我们应该反对那种坏学风,从"象牙之塔"跳出来。

上面所说的话,总起来就是说,在社会主义大建设的今天,还保持学术脱离政治的想法是错误的。学术一定要为政治服务。不扫清从这个错误想法产生出来的厚古薄今的学风,历史学根本谈不到有什么跃进的可能。

厚今薄古与厚古薄今是两条路线的斗争

　　厚今薄古与厚古薄今是史学界存在着两条路线的表现，这里面也必然存在着兴无灭资和兴资灭无两条路线的斗争。不是无灭资，就是资灭无，想妥协并存是不可能的。我们马克思主义的史学工作者必须认清这一点，担当起兴无灭资的责任。不管我们学到的马克思主义有多少，现在少不要紧，只要学就会多起来，史学工作者在思想上明确地站在马克思主义阵线这一边，确定自己是马克思主义者，只要这种气势壮，力量也就来了。那些自称为有学术的资产阶级学者，如果敢于在人民面前翘尾巴，拒绝改造，我们应该毫不留情的藐视他们。要知道，凡是装腔作势的人，一定是庸妄浅薄的人，他所自恃的一点所谓学术，既然装在小器里，其不多不大，可以想见。我们马克思主义史学工作者，在较短的期间内，消除资产阶级学术在史学上的影响，是完全有把握的。

　　厚今薄古第一必须扩大和加强研究今史的力量，主要是研究无产阶级领导革命的中国史，其次是资产阶级领导旧民主革命的中国史。认真地下功夫，用成绩来证明厚今的意义远胜于厚古。第二必须确实用马克思主义的立场观点和方法来进行研究，只有这样，才能在今史研究上取得真正的成绩。否则，资产阶级的所谓学术也会窜进今史里面来。例如考证洪秀全有没有胡子，这就是烦琐主义窜进今史的表现。更危险的而且已经发生一些影响的是用马克思主义的词句，用资产阶级研究学术所常用的诡辩方法，来歪曲今史，牵涉的问题相当大，危害马克思主义学术也相当严重，及早予以防阻是必要的。充实今史研究的力量，并且保持今史研究的健全发展，厚今薄古的学风自然会在坚固的基础上建立起来，因为今厚了，古也就相对地变薄了。

　　厚今薄古，在扩大和加强今史的研究以外，马克思主义史学工作者还必须分出一部分力量去占领古史的阵地。古史是资产阶级学者进行顽抗的据点，他们在古史上占了些点或片段，就在这些小角落里称王称霸，目空一切。其实，他们所占据的地盘，不过是若干个夜郎国而已。马克思主义史学工作者应该写出几部质量比较好的通史来，从现代开始通到古代，从经济基础通到全部上层建筑，这样整个历史阵地，基本上都占领下来了。同时逐个占领夜郎国，使那些国王们失去依据，不得不接受改造。郭老曾用不多的功夫，研究甲骨文、金文，把这个阵地占领过来，不然的话，资产阶级搞这一部分的学者，不知道要表现多大的骄气。这个经验是值得学习的。我们只要花点功夫，任何一个学术部门都可以压倒他们。我们在大力提倡厚今薄古的同时，也应该注意到这一点，免得资产阶级学者拿厚古薄今来和我们对立。

开展百家争鸣，史学界领导干部要种试验田

厚今薄古、兴无灭资是思想战线、学术战线上的问题，这里丝毫不能用其他办法，唯一可用的办法是思想斗争，学术争论。马克思主义者为要达到这个目的，第一，必须全力开辟百家争鸣的园地。在这个园地里广泛展开批评和自我批评，依靠边干边学的方法，我们的马克思主义水平逐步可以得到提高，所讨论的学术问题也逐步可以得到深入。第二，我们担负领导工作的马克思主义史学工作者，必须种"试验田"，在业务上做出些成绩来。种"试验田"的好处很多：（一）资产阶级学者狂妄自大的借口之一，是说你们只会说不会做。如果我们做出些自己本行的业务来，他们还能拿这个做借口么？是不是可以说，我领导工作太忙，没有功夫作业务，这当然也是一个理由。但是，我们科学院任何一个工作者，能够说比郭老还忙么？郭老有十足的理由免种"试验田"，可是他种的是阡陌相连的大田，出产品特别丰收。我们种"试验田"来个歉收，一亩收五升一斗可不可以呢？如果我们颗粒无收,怎么不让他们有所借口呢!（二）种"试验田"就会知道种田的甘苦所在，这样，就可以同一般工作者同甘共苦，对领导工作的改进有很大的好处。（三）可能有些学术工作者懒惰不想跃进，或者想跃进不得其法，领导者起示范作用，可以使懒者变勤，不得法者得法。（四）上级领导者种"试验田"，对下级领导者的错误可以纠正得更准确些，更具体些，更有说服力些。还有一点，也是更重要的一点，经过全民整风运动，六万万人都跃进了。农民向四、五、八跃进，工人更是了不起，十五年在钢铁和主要工业产品产量方面要超过和赶上英国，每天看报，使人每天兴奋。在这种情况下，社会科学部门有不跃进的人甚至有些还是领导工作者，那就很不好了。

戊戌变法的历史意义*

我们史学界在 9 月 28 日开学术讨论会来纪念戊戌变法六十周年。为什么要选择在这一天，因为以谭嗣同为首的"六君子"是在六十年前的这一天流血的。他们为反对反动封建势力而贡献出自己的鲜血，整个运动的日子里，这是最值得重视的一天。

旧民主主义革命时期，中国资产阶级在政治上做了两件大事，一件是 1898 年的戊戌变法运动，即改良主义运动。更大的一件是 1911 年的辛亥革命运动。今天我们开这个会是讨论戊戌变法运动在历史上的作用和意义。

一般说来，改良主义运动是反动性质的运动，但在戊戌那个时候，变法运动代表着中国社会发展的趋势，赋有进步的意义，因此，我们要纪念的仅仅是那个戊戌年的变法运动，要表扬的人物，也仅仅是按照他们在这个运动里所起作用而给以适当的历史评价。这同戊戌以后的改良主义运动和改良主义者，政治上有严格的区别，绝不可以混为一谈，这一点必须说清楚。

早在十九世纪下半期，中国开始有一部分商人、地主和官僚投资于新式工业。这些人还只算是中国资产阶级的前身，还不可能提出资产阶级的政治主张。到了同世纪的末年，中国民族资本主义得到初步的发展，形成了新的社会阶级——民族资产阶级。这个阶级同封建地主阶级保持着极为密切的关系，同时又有提出政治主张的要求，它企图走日本明治维新的道路，在不触犯地主阶级根本权利的基础上求得一些发展资本主义的条件。以康有为、梁启超为代表的改良主义派，就是为适应这样的阶级要求而出现在历史舞台上。所以说，变法运动是符合于当时社会发展的趋势的。

已经沦为半殖民地半封建的中国，绝没有改良主义派可能幸获的前途。帝国主义不允许中国发展资本主义，某些帝国主义表示相助的姿态，当然是别有用心；封建顽固势力是资本主义的死敌，它表示暂时的容忍，只是待机而动。

---

* 选自《人民日报》1958 年 9 月 29 日。又见《范文澜历史论文选集》，中国社会科学出版社 1979 年版，第 190-195 页。《范文澜全集》第 10 卷，河北教育出版社 2002 年版，第 437-441 页。

一群孤立无援、缺乏实力的改良主义者，拥戴一个无权无勇的光绪帝，发号施令，以为大有可为的时机已到，希望凭借光绪帝的谕旨条令来改变社会的面貌。正好说明中国资产阶级的软弱性，使得运动也那样软弱无力。固然，运动曾是反对最顽固的封建势力，进行了斗争；感到帝国主义侵略的危急，表示了爱国的热情，但这都是徒然的，封建顽固派一动手，运动便消散失败，一蹶不复振。

中国人民要在革命运动的历史里吸取教训，也可以在改良主义运动中吸取教训。戊戌变法运动给我们最大的教训就是：即使是含有进步意义的改良主义运动，也是要不得的。

那么，可不可以把戊戌变法运动的进步意义，因为它在政治上的无前途而予以抹煞呢？不可以。

戊戌变法运动的进步意义，主要表现在知识分子得到一次思想上的解放。中国的封建制度，相沿几千年，流毒无限。清朝统治者，选择一整套封建毒品来麻痹知识分子，务使失去头脑的作用，驯服在腐朽统治之下。这些毒品是程朱理学、科举制度、八股文章、古文经学（训诂考据）等等，所有保护封建制度的东西，一概挂上孔圣人的招牌，不许有人摇一摇头，其为害之广之深，与象征帝国主义的鸦片（当然不只是鸦片），可称中外二竖，里应外合，要中国的命。以康有为为首的思想家们，公然对清朝用惯了的毒品大摇其头，拿陆王来对抗程朱，拿今文来对抗古文，拿学校和策论来对抗科举和八股，所有资产阶级所需要的措施，也一概挂上孔圣人的招牌，把述而不作改变成托古改制，拿孔子来对抗孔子，因此，减轻了"非圣无法"的压力。当时一整套毒品，受到了巨大的冲荡，知识分子从此在封建思想里添加一些资本主义思想，比起完全封建思想来，应该说，前进了一步。其中有些比较激进的人，跳出改良主义圈子，加入资产阶级革命派，思想又前进了一步。

这是中国知识分子的一次思想解放，虽然仅仅走了第一步，却是很值得重视的一步。

康有为还写了一部"秘不以示人"的《大同书》，大意是说封建社会是据乱世，资本主义社会是升平（小康）世，公产主义社会是太平（大同）世。他描述"大同之世，天下为公，无有阶级，一切平等"的"极乐世界"，表现出丰富的政治想象力。他向往的极乐世界是"公农""公工""公商"，消除私有财产的和平世界。他看到"今欲致大同，必去人之私产而后可，凡农工商之业皆归之公"，去私产必须从"去人之家始"（改变家的性质）。这种大同思想，当然只是停留在头脑中的空想，他没有也不能找到一条到达大同的路。但康有为所以高出当时的一切思想家，在政治思想史上占有卓越的地位，就是因为他能够说出这种高尚的空想。现在，中国社会在中国共产党领导下，已经从社会主义开始向共产主义过渡，很快就要实现科学的大同之世。凡是真心服膺康有为大同思想的人们，亲眼看见经过短短的六十年，大同之世将变成现实，将是多么兴奋。

上述变法思想、大同思想，都是依附着儒家学说来表现的，这正是当时资产阶级还不能自立，还得依附封建地主阶级而行动而言论的证明。到了资产阶级已能自立，而思想还不肯同封建主义分家，那就成为反动顽固的思想了。

戊戌变法运动是思想的第一次解放，此后，按照社会发展程度的逐步提高，出现了一次比一次广泛和深刻的思想解放运动，这里简单地叙述如下：

1905 年成立以孙中山为首的革命同盟会，揭橥着建立资产阶级民主共和国的理想，对封建主义的清朝进行了革命斗争，这是资产阶级已经自立的表现。1911 年辛亥革命，推翻了清朝政府，结束了中国两千多年来的封建帝制，产生了中华民国和革命的南京临时政府，并产生了一个临时约法。不管革命派存在着多大的弱点，比起改良派来，无疑是大进了一步。刘少奇同志在《关于中华人民共和国宪法草案的报告》里指出：“这个临时约法具有资产阶级共和国宪法的性质，是有进步意义的。辛亥革命使民主共和国的观念从此深入人心，使人们公认，任何违反这个观念的言论和行动都是非法的”。辛亥革命通过具有资产阶级共和国宪法性质的临时约法，建立起旧民主主义的观念来，知识分子受到影响，广大人民群众也受到影响，在思想解放过程中，这是较广泛较深刻的一次解放，拥护君主立宪的改良派思想，自然为人民所抛弃。

自 1919 年五四运动开始，中国开始进入了伟大的新民主主义革命阶段。1921 年中国共产党成立，便依据共产主义的文化思想，即共产主义的宇宙观和社会革命论，领导起新文化革命。以鲁迅为主将的文化生力军，在党的领导下，针对帝国主义封建主义的文化思想进行着坚决的锐利的反帝反封建的斗争。毛主席在《新民主主义论》里指出：“这支生力军在社会科学领域和文学艺术领域中……都有了极大的发展。二十年来，这个文化新军的锋芒所向，从思想到形式（文字等），无不起了极大的革命。其声势之浩大，威力之猛烈，简直是所向无敌的。其动员之广大，超过中国任何历史时代。”这个新文化革命，伴随着整个革命的继续发展而发展，经过多次的政治运动和学习运动，中国人民群众的思想得到根本性的划时代的大解放，半殖民地半封建社会残留的腐朽文化思想，将彻底地被扫除。旧民主主义的文化思想，也为人民所抛弃。

现在，中国社会主义革命已经取得了伟大的胜利，在思想战线上的社会主义革命，也取得了决定性的胜利。不过，一切剥削阶级虽然消灭了，剥削阶级思想主要是资产阶级思想，将会在某些顽固分子的头脑里残留一个时期，还有待于彻底的消灭。事情如此明白，在马克思主义的照耀下，全国人民以共产主义的风格鼓足干劲，力争上游，多快好省地建设社会主义社会，如果还有人对资产阶级思想有所留恋，甚至还妄想一逞，那么，时代的巨轮同过去一样，对落后将是无情的。

我们为今天社会主义革命的伟大胜利和全民思想得到彻底解放而欢欣鼓舞。我们以愉快的心情回顾到从五四运动开始的新民主主义文化革命对思想解放的成就，又从而回顾到旧民主主义革命时期辛亥革命对思想解放的影响，再从而回顾到戊戌维新思想对抗完全封建思想的意义。我们可以得这样的结论，思想是随着社会的发展而发展的，低级思想必然为高级思想所代替，停留在原位上的思想必然为时代所抛弃。历史多么无情而又有情，不遗忘每一个对历史的贡献，也不宽容每一个对历史的障碍。

从十九世纪下半期出现资产阶级前身时开始，到资产阶级消灭的今天为止，它享寿一百岁。在它的一生中，新民主主义革命时期，它衰老了，不能领导革命了。旧民主主义革命时期，它领导过两次政治运动，严格说来，它只领导过一次辛亥革命。戊戌变法是改良主义运动，虽然是含有进步性，但不属于革命的范畴。我们在资产阶级已经寿终的时候纪念它第一次对完全封建主义所作的斗争，为的要作为一个例阐明历史发展规律的不可抗拒性。资本主义思想必须反对封建主义思想，犹之社会主义思想必须反对资本主义思想。顺而行之是进步，逆而行之是反动。我们既然因资产阶级反对完全封建主义而纪念六十年前的戊戌变法运动，那么，在社会主义革命时期，毫无疑问，一切进步力量必须为彻底消灭障碍社会发展的资产阶级思想而共同努力。单纯地纪念过去，那是没有意义的。

马克思主义的历史学，是用历史唯物主义的观点来看全部历史的。这就是说，以社会发展规律为准绳，按照一定的时间、地点和条件，观察事件和人物在那种情况下所表现的行为，对社会起了什么作用。是非功过是事件和人物自身作出的结论，爱而欲其扬，恶而欲其抑，都不免徒劳而无益。所以，同一的事件和人物，在某种情况下是进步的有功的，如果情况改换，就会变成反动的有过的，其次，进步与反动也不可一概而论。说是进步，不等于所含某些反动的成分可以免除，说是反动，也不等于所含某些有益的成分（如果有的话）可以抹煞，这只有认真作分析才能求得其平。再其次，一个进步的人，到后来反动了，这是从好变坏；反之，一个反动的人，后来进步了，这是从坏变好，历史将以他们最后的表现作出最后的论定。一切在于本身的行动，历史只是公正的记录。

反对放空炮[*]

　　三月十七日，我们开了一次巴黎公社九十周年纪念会，有许多同志写好了论文，因为受时间限制，不能一一宣读，也不能逐篇讨论。所以我们今天继续开这个学术讨论会，把时间放宽，希望各位同志在扼要地介绍自己的论文要旨完毕以后，利用宽裕时间，进行讨论。今天我们这个会原定在福建厅召开，后来改在山东厅①，这两个厅对我们开会都很有意思。山东出过一位孔夫子，是封建时代公认的圣人，他遇到新鲜事物，一定要"每事问"。他又提倡"不耻下问"，"以能问于不能"。孔子这样重视调查，是值得我们学习的。

　　福建是我们军事前线，每隔一天要对金门马祖放大炮。前些时，美国有一个坚决反共的商人写了一本《金门的故事》的书，他说，他们已经挨了八十二万七千发炮弹。显然，他写这本书，是想用文字大炮回击我们一下。不过，这当然是徒劳的事。我们的大炮，每一个弹是针对美帝国主义及其走狗蒋匪帮发出的，我们的大炮迟早要轰走美帝国主义的侵略势力并消灭它的走狗蒋匪帮，因为我们的炮弹是完全正义的。正义必然战胜非正义，这是谁也不能否认的真理。我们史学界今天讨论巴黎公社，目的也是要用巴黎公社的原则作为学术大炮，这些原则都是马克思、恩格斯、列宁给研究出来的，是最有效的炮弹，我们用这许多炮弹，装进学术大炮里，对准以美帝为首的资本主义阵营成排地放去，加速无产阶级和他们的同盟军——殖民地半殖民地的劳苦群众，在全世界范围内实现巴黎公社的伟大原则。事情已经很明显，巴黎公社虽然被法国资产阶级勾结普鲁士军阀残酷地镇压下去了，革命烈士的骸骨可能不存在了，但是他们的革命精神已经在社会主义阵营里取得伟大胜利，而且将来还会要在全世界取得最后胜利，这是无可怀疑的。

　　各位同志的论文，都经过认真调查研究，放出来的会是对准目标的实弹射击，我准备洗耳恭听。我没有研究，只能说些感想。列宁在二十世纪初年，撰

---

　　* 选自《历史研究》1961 年第 3 期。
　　① 福建厅和山东厅都在北京人民大会堂——编者。

写《帝国主义是资本主义的最高阶段》这一本经典著作，给帝国主义作了诊断，说"帝国主义是垂死的资本主义"，这个诊断是最科学的，历史事实证明了这个诊断的绝对正确性。垂死的病症经过六十年，垂死的程度应该大大增加了吧。去年十二月初在莫斯科发表的各国共产党和工人党代表会议声明，继列宁的诊断又作了科学的诊断。声明中说："在现时代，决定人类社会历史发展的主要内容、主要方向和主要特点的，是世界社会主义体系，是反对帝国主义、争取对社会进行社会主义改造的力量。帝国主义任何挣扎都不能阻止历史向前发展。社会主义取得进一步决定性胜利的巩固前提，已经奠定了。社会主义的完全胜利是必不可免的。"

读过这段科学论断，确是觉得神旺气壮，革命的信心和勇气为之百倍增加。事实也说明在我们时代里，社会主义的完全胜利是必不可免的。只要看社会主义阵营的强大，尽管帝国主义象虎狼一般，满心想镇压殖民地、半殖民地的民族解放运动，但不得不缩手缩脚，有所顾虑，不敢肆无忌惮地放手使用暴力。目前如古巴、刚果、老挝都有这种情况，证明社会主义阵营是保障正义、和平的坚强堡垒，敌人不得不在堡垒前踌躇。正在进行解放运动和将要发动解放运动的民族，取得社会主义阵营的声援和支持，获益将是不可估计的。中国近代史就是证明，什么鸦片战争、英法联军、八国联军之类，帝国主义动不动就出兵打上门来，中国象个单身行路人，在旷野中被一群恶棍围攻，叫天不灵，呼地不应，挨一顿痛打以后，不得不忍气吞声，哑巴吃黄连，接受各种野蛮无理的条件。现在时代就不同了，老挝那样的小国，美帝国主义虽然其欲逐逐，手伸出来又缩回去，原因就是要看看社会主义阵营的脸色。

总起来说，正如莫斯科声明所说的那样："世界社会主义体系的威力和它的国际影响的急剧增加，殖民主义体系在民族解放运动的打击下迅速瓦解，资本主义世界中的阶级搏斗日益加剧，世界资本主义体系更加衰落和腐朽。在世界舞台上，社会主义力量日益明显地超过帝国主义，和平力量日益明显地超过战争力量。"

资本主义世界死亡为期不是很远的了。但是，绝不能等待它自己寿终，自己寿终是不可能的，必须用各种口径的大炮一齐向它轰击，迫使它死亡。我们历史学界同仁，也应该当仁不让，架起历史学大炮对准美帝国主义为首的资本主义世界放去，在反对帝国主义的伟大事业上，我们出一臂之力，是很光荣的。先生们其有意于斯乎？

我们习惯上听到大炮这个名词，就意味为放空炮，说大而无当的空话。其实大炮等于空炮的时代已经早过去了。我说的历史学大炮是指实弹射击，空炮是打不倒任何靶子的。

真正打得倒敌人的历史学大炮是经过切切实实研究的历史著作（论文或书籍）。要造出这种大炮，必须对所要研究的历史事件做认真的调查工作，阅读有关的各种书籍，系统地从头到底读下去，详细了解这件事情的经过始末，然后用马克思列宁主义、毛泽东思想的观点方法来分析事情发生的原因和发展过程中发生的好的因素和坏的因素，判断这件事情的趋向是什么。写文章不是因为手痒了，嫌纸太多了，而是要解决某个问题，所以必须坚持"有实事求是之意，无哗众取宠之心"的老实态度。切忌临时抓夫式的搜集材料，杂七杂八一大堆，好象一篇狗肉帐，使读者摸不着底里。至于有意用晦涩的文句摆布迷魂阵，使读者震其繁博，甘拜下风而愿奉之以为师，就更加要不得。这种文章，加以八字考语，那就是"装腔作势，借以吓人"。当巴黎公社运动正在进行的时候，表面上可能是乱糟糟的一团，马克思根据已经发生的事实，给以科学分析，得出许多无产阶级革命不可磨灭的原则，也指出巴黎公社的一些缺点，断定巴黎公社的革命原则，一定要在全世界实现。马克思研究巴黎公社事件，就是我们研究历史的最好榜样。马克思写的《法兰西内战》一书，写时间、地点、人物都非常具体，非常扼要，许多放之四海而皆准的革命原则，就是从这些事实中抽象出来的。我们有些史学工作者，不能说他不想认真学习马克思列宁主义、毛泽东思想，但动起笔来，却把历史事件忽略到无以复加的地步。毛主席不断教导我们要调查研究，还在二十年前就在《〈农村调查〉的序言和跋》《改造我们的学习》等经典性论文中强调调查研究的重要性。不久前《人民日报》又根据毛主席的教导发表过《大兴调查研究之风》的社论。然而我们的这些同志总是听之藐藐，懒得作调查工作，把自己杜撰的一些公式和规律，演成篇幅，说这就是论文，或者说这就是著作。这样的大炮放出去，对敌人是丝毫无伤的。我们这次以巴黎公社为主题的学术讨论，宣读的文章大概都是经过一番调查研究，读过若干有关的书籍以后才写成的。研究问题深入的程度如何我不敢说得太死，不过里边总也有比空大炮较高一等的吧！

我们中国是社会主义大国，我们中国的学术界也应该是大国的学术界，就是要多而精，多是指方面广，例如亚洲、非洲、拉了美洲各国史，我们史学界必须有专人研究。资本主义世界各国史，都是经过资产阶级御用史学家精心装扮过的。我们应当以独立的怀疑的精神去研究，切不可研究者变成被研究者的奴婢。要研究好全世界各国的历史，首先要研究好中国史特别是近代、现代史。

精是指放弃开空炮的恶习，切切实实，老老实实地做调查工作（其中包括系统地读书），开动脑筋，想想问题的性质，付出仔细研究的劳动，然后再写文章。毛主席在《整顿党的作风》里教导说："现在我们党的中央做了决定，号召我们的同志学会应用马克思列宁主义的立场、观点和方法，认真地研究中国的历史，研究中国的经济、政治、军事和文化，对每一问题要根据详细的材料加以具体的分析，然后引出理论性的结论来。这个责任是担在我们的身上。"我在结束我的发言时，引毛主席这个指示，意思是要求我和各位同志在工作中不可忽略担在自己身上的责任，认真地把马克思、恩格斯、列宁所创造和毛主席所提倡的严肃的学风在我国历史学界发扬起来。

中国历史上的民族斗争与融合*

　　研究中国历史，差不多到处要碰到民族问题。从中国有历史记载以来，出现过的民族就很多。华夏族只是其中的一部分，此外还有许多名目，这里统称之为非华夏族。春秋时期有所谓蛮、夷、戎、狄，这是华夏族人按地区对非华夏族的称呼，实际上它们内部还有很多分别。那时候，这些民族并不像秦汉以后住在边荒，而是住在中原地区，在黄河流域内，与华夏族杂居。东周天子的都城洛阳，附近就有陆浑之戎、伊雒之戎。卫国城墙上可以望见戎州。在春秋时期，华夏族与非华夏族斗争非常激烈，到战国时期，这些民族大体上都与华夏族融合了，形成为一个华夏族。其余各族，很多不再见于记载。这不是说它们消失了，而是它们融化成比原来更大的民族了。秦修长城，与匈奴分开。匈奴在长城外，称为引弓之民，华夏族在长城内，称为冠带之民。自西汉时起，塞外游牧民族在匈奴单于统治下成立一个统一的大匈奴国（暂时的、不巩固的、军事行政的联合），长城内农业民族在汉朝统治下成立统一的以汉族为主体的大汉国。汉武帝同匈奴决战，此后许多塞外民族迁移到内地或边境上，使匈奴、氐、羌、鲜卑、乌桓等族和汉族发生接触。在西南地区有所谓西南夷。当时汉族在四川、云南、贵州、湖南、浙江、福建、两广等地势力不大，汉朝建立初郡，在非汉族地区逐渐伸展政治力量。西晋覆亡后，居住国境内所谓五胡的落后民族相继起来建立政权，统治中原地区的汉族，民族间的斗争热闹得象开水沸腾。到南北朝末年，隋统一黄河流域，这才完成了各民族的大融合。所有以前历史上曾经出现过的民族，到隋朝时差不多都被融化了。长期居于统治地位的鲜卑族，也融化到汉族里面了。

　　在民族融合的过程中，一般来说，统治汉族的少数民族，融化的速度较快，而被统治的少数民族，融化的速度较慢。这是什么缘故呢？因为汉族经济、文化水平较高，为了统治汉族，不得不把自己提高，但又不可能超过汉族，只能

同汉族一样，等到政权崩坏，失去凭藉，那就很自然地只好与汉族合为一体。被汉族统治的少数民族却不然，它保持原来落后的经济和文化，起着抵抗新事物的作用，它不必象统治汉族的民族那样必须提高自己的水平，因此，融化的速度就慢些。这一类民族形式上似乎保持落后文化，借以保存自己，实际是甘心作池塘里的死水，不能流入江河，最后仍免不了干涸。马克思说："野蛮的征服者总是被那些他们所征服的民族的较高文明所征服。"①由于汉族的文明比附近各少数民族都高，人口也多，尤其是汉族地区土地肥沃，物产丰饶，强烈地吸引落后民族用各种形式迁移进来。有的用武力硬打，有的要求内附，不论用的是什么形式，与原来的汉族总有一番斗争，这种斗争可能是极残酷的，但结果总是融成一体。从历史上看，汉族好像是一座融化各民族的大熔炉，春秋战国时期是一次大融化，十六国南北朝也是一次，唐朝又是一次，辽、金、元、清四朝融化的规模大小不等，多少都增加了汉族的数量。汉族之所以成为一个巨大的民族，是由于几千年来不断吸收附近各民族的缘故。这正是马克思指出的"永恒的历史规律"②。的确，经济水平、文化水平高的民族能够吸收其他民族，这个道理很明白，无待解释。将来到了共产主义社会，国家的界限没有了，民族的界限也将逐渐消失，各民族到底怎样融合，现在还不知道。不过，经济水平、文化水平高的民族的吸收力总要比较落后的民族强一些，这一点是大致可以肯定的。

历史上有名的唐朝，皇室姓李，自称是陇西李氏，并说自己是老子李耳的子孙。因为攀高亲，把道教也捧起来，规定道教地位比佛教高一等。有一次唐太宗让道教和佛教辩论，一个著名和尚名叫法琳的，对唐太宗说，你姓的那个李，不是陇西李而是拓拔达阇的那个李，达阇就是汉语的李字。你是鲜卑的达阇。拓拔建立北魏，在北魏以前称代，你这个达阇就是代的贵族，是阴山的名门。你否认自己是鲜卑人，硬说是陇西李氏，这是不对的。唐太宗听了大怒，连眼睛都直起来了，但也无法驳倒法琳，只好说，"你们佛经上讲，念观音菩萨，刀落在头上，头可以不掉下来。我现在给你七天去念观音菩萨，到时候我来试试你的头掉不掉下来"。这个和尚在狱中苦想救头的方法，知道念观音菩萨是骗人的勾当，却骗不了杀头的刀。他忽而想出一条妙计。到了第七天，唐太宗派人去问他。他说，我没有念观音菩萨，我只念的皇帝陛下，因为陛下太好了，就是观音菩萨，念了陛下的尊号，头就可以不掉下来。佛教徒既然低头认输，

---

① 《马克思恩格斯全集》第 9 卷，人民出版社 1961 年版，第 247 页。
② 《马克思恩格斯全集》第 9 卷，人民出版社 1961 年版，第 247 页。

唐太宗也就免他一死。法琳说唐朝皇帝姓鲜卑的李，可能有些根据，而且与唐皇室通婚的也是鲜卑贵族。如唐太宗的母亲窦太后是鲜卑人，唐太宗的皇后长孙氏也是鲜卑贵族，唐初文武大臣很多是鲜卑人。其实，唐朝皇帝是不是汉族，用不着管他，既然他们的文化与汉族一样，表现出来的共同心理状态也是一样，再去分别谁是汉人，谁是鲜卑人，这有什么意义呢！

唐朝的疆域在唐玄宗开元时期，曾经扩大到远远的西方，它在中亚细亚一带设立了很多羁縻州。来自羁縻州的，都算是唐朝人。他们可以自由出入内地，做各种职业，不受限制。隋朝末年，黄河流域人口大量减少，唐朝有意招收塞外各族人迁居内地，让他们住在河北大平原上，一面种田，一面当兵。他们到内地后，就慢慢同汉族融化，唐玄宗开元四年，并州长史王晙上书请将突厥降人迁往内地，说他们"二十年外，渐变旧俗，皆成劲兵，虽一时暂劳，然永久安靖"。所谓渐变旧俗，就是要牧人变成农民，主要是使他们为唐朝当兵。唐玄宗开元末年到天宝年间，统治阶级腐败到极点，终于爆发安史之乱。安禄山是个杂胡，史思明是个胡人，他们使用的兵士和将官，大部分也是胡人。当时汉人承平已久，忘了武事，尤其是骑术不精，难当胡马的冲锋。后来，唐朝用重酬招来回纥兵，才把安史的胡骑打垮。杜甫《北征》诗里描写回纥骑兵的勇猛说，"其俗善驰突。送兵五千人，驱马一万匹。此辈少为贵，四方服勇决。所用皆鹰腾，破敌过箭疾"。骑兵在军事上如此重要，所以安史以后的割据者（所谓藩镇），绝大多数是胡人，他们使胡人当骑兵，让汉人当步兵，军事优势常在胡人方面。河北平原上三个藩镇，唐朝无法消灭它们，原因就在于有一批胡人拥护这些割据者。游牧人不习惯于农业生活，愿意叛乱杀掠，这是不足为奇的事。可奇的却在保护唐朝廷的很多也是非汉族人，如有名的大将军李光弼就是契丹人。唐朝很多姓李的文武官员都不是汉人，唐朝赐他们姓李，就变成了汉人，为朝廷出力反抗胡人的叛乱。从中唐到五代，许多来自突厥、回纥、西域的人，经过对抗或归附，终究与汉族融合成一体。五代时，突厥的一个部落沙陀人，凭武力建立了三个小朝代，一个是李存勖的后唐，一个是石敬瑭的后晋，一个是刘知远的后汉，沙陀人统治汉族以后，按照规律，它本身也就被融化了。

从唐到五代，是汉族的又一次大吸收，主要是吸收突厥人。经济、文化水平比较低的民族融合到经济、文化水平比较高的民族里面，这是好事情。它是有进步的性质，历史学工作者用不着避讳这一点。

事情既然是这样，汉族无疑是很多民族的化合体。它的祖先多得很，不仅传说中的黄帝族是它的祖先，而且所有融合进来的任何一个民族的祖先都是它的祖先。在这些祖先里，有一部分是当时的统治者，大部分则是被统治者，是人民群众。每一个民族都爱用自己著名的首领当作自己的祖先，这，我觉得有点奇怪。难道只有首领有子孙，别人就没有子孙么？我怀疑我们姓范的都是范仲淹的子孙，从家谱上看我也出自范仲淹。北宋时姓范的很不少，为什么别人都没有后代，只有范仲淹子孙独多呢？显然，这是因为他的名气大，有文正公的美谥，大家都愿意尊奉他，这样一来，就逐渐都变成他的子孙了。例如最近有人写文章，说南宋末年投海抗元的忠臣陆秀夫，据陆氏家谱，是陆游的曾孙。但又有人找到了另外的证据，证明陆秀夫是江苏盐城县人，与浙江山阴县的陆家并无关系。这些例子说明，只把名人或领袖人物认作自己的祖先，好象别人都没有后代似的，这种想法是与事实不符合的。我这样说的意思是：凡是现在兄弟民族的祖先或者是已经融化似乎失踪的古代民族，都是汉族的伯叔祖先或者是祖先的一部分。在当时，作为敌对的民族或国家，经常残酷地进行斗争，今天看来，却是兄弟阋墙，家里打架。我们不能否认它们当时是敌对民族或敌国，但也不能强调不同的民族或国家而有所偏袒。

现在讲少数民族问题时，往往对一些民族的大人物不敢轻易评价。譬如对成吉思汗说些不好听的话，蒙古族的同志就有点不高兴，说对他们的祖先不敬。至于对匈奴、鲜卑等，你怎么说都可以，不会有人出来抗议。其实，成吉思汗固然留有蒙古族，匈奴、鲜卑也留有一部分的汉族。汉族有很多祖先，对谁偏袒好呢？在中国历史上，从来没有停止过民族斗争，不是你打我，就是我打你；不是你打进来，就是我打出去。因此，讲古代史时，民族问题是普遍性的问题，到处都要碰到。我们史学工作者，应该对这个问题提出自己的看法，现在，我把我的看法提出来。列宁说，"国家是阶级统治的机关，是一个阶级压迫另一个阶级的机关"①。单从这一点来看，国家似乎是纯粹消极的东西，被压迫阶级除了仇视国家，不论在什么时候和什么情况下，无条件地把它打倒，再没有其他的道理可讲。但是，我们还必须知道，国家还有恩格斯所讲的另一种职能，保护社会的共同利益，免遭内部和外部的侵犯。②国家有这样的一种积极意义，当它还能起这种作用的时候，有什么理由要打倒它或不给以同情呢？只有当国家完全失去抵御外来侵犯的作用，仅仅是一部剥削机器的时候，这样国家，才应该由民众起来予以消灭。民众自己不起来，强大的邻国进来消灭它，那是很自然的。金和南宋都是高级的封建社会，可是政治极端腐朽，社会继续发展的

① 《列宁选集》第 3 卷，人民出版社 1995 年版，第 114 页。
② 《马克思恩格斯全集》第 21 卷，人民出版社 1965 年版，第 347 页。

可能全被阻塞。蒙古虽还只是低级封建社会，但它正是在发展中，符合社会发展的规律，是一个方兴未艾的力量。它所碰到的是高级的但腐朽已极、精力耗尽的行尸走肉。凡是腐朽着的东西，碰到发展着的东西，必然被消灭。马克思主义的史学工作者，难道可以同情行尸走肉的被消灭么！

尤其是统治汉族地区的国家，不论统治者是汉人或女真人，它们被蒙古侵犯以至于覆灭，丝毫不能引起我们的同情。因为统治汉族地区的国家，在人力物力上，有足够力量抵御任何外来的侵犯。举一个例子。唐玄宗时，突厥毗伽可汗想到唐边境抄掠，谋臣暾欲谷说，"不可。突厥人徒稀少，不及唐家百分之一，所以能与为敌者，正以逐水草，居处无常，射猎为业，人皆习武，强则进兵抄掠，弱则窜伏山林，唐兵虽多，无所施用，若筑城而居，变更旧俗，一朝失利，必为所灭"①。以下，每个雄据北方的游牧民族，比起汉族来，都不过百分之一，汉族国家处以百敌一的优势，结果是束手无策，坐以待毙，试问这样的国家是否还有存在的价值？历史上腐朽国家如北宋、南宋末年，都不过是单纯的剥削机器，抵御外患的作用丝毫也不存在了。虽然这些国家的统治阶级是汉人，但汉族史学工作者不值得替他们呼喊，说是受了侵略，并且谴责侵略者。我们应该严厉谴责那架剥削机器，赞成有人出来打倒它，女真灭北宋，蒙古灭金和宋，都是合乎规律的事情。上面说过，这些事情，今天看来，不过是兄弟阋墙，家里打架，一个小兄弟用武力打倒老朽残虐的大哥，替大哥管理家务，管得好坏，应作别论，打倒老朽，代管家务，本身总是一件好事。四分五裂的中国，蒙古把金、南宋、西夏、大理、西域都统一起来，这件好事蒙古人做了，试问当时哪一个国家能做这件好事？列宁回答了这个问题，他说："不能认为凡是合并'别国'领土就是兼并，因为一般说来，社会主义者是同情铲除国界和建立更大的国家的；不能认为凡是破坏 Statusquo（现状）就是兼并。"②

剥削阶级统治下的民族或国家，各民族和各国家间，完全依靠力量的对抗，大小强弱之间，根本不存在和平共处、平等联合这一类的概念。蒙古的力量大，就要向外扩张，这是很自然的，成吉思汗时，蒙古处在原始社会刚结束，封建制度刚开始的阶段。那时候战争还被看作劳动的形式之一，打仗可以俘获敌人当奴隶，又可掳掠财物，对蒙古人说来，战争是很有兴趣的事情，谴责他们侵略或扩张，他们是无动于衷的。狼吃羊，羊被狼吃，这是动物界的规律，也是

---

① 司马光：《资治通鉴》，中华书局 1956 年版，第 6722 页。

②《俄国社会民主工党向社会主义者第二次代表会议提出的提案》，《列宁全集》第 22 卷，人民出版社 1958 年版，第 169 页。

剥削阶级统治的社会规律。在剥削阶级统治的社会里，人并没有脱离动物界，动物界的某些生活规律，同样适用于人类社会。只有当人们从动物的生存条件转到真正的生存条件的时候，也就是在社会主义胜利的国家里，情形就完全不同。真正意义上的社会主义国家，既不侵略别人，也不允许别人侵略，这才不会有武力扩张。

就古代剥削阶级的扩张来说，也不能一概否定它的后果。以蒙古为例，元朝虽然存在的时间不长，但建立起这么大的一个国家，为中国和欧洲经济文化的交流开展了从来未有的局面。《马哥波罗游记》将中国的情况介绍到了欧洲，欧洲人想到中国来，到处寻找航路，后来发现了美洲，这是一个伟大的地理发现。美洲发现以后，大大促进了欧洲资本主义的发展。蒙古武力扩张的结果，打通了欧亚两洲的交通，促进了欧洲资本主义的发展，不能单看它的军事破坏。

承认蒙古扩张有它的积极意义，是不是代表北宋末年汉族反女真的岳飞，南宋末年反蒙古的文天祥，都不能算是民族英雄呢？当然要算。因为当时统治阶级腐烂了，有这些特殊人物，出来号召保护共同利益，抵御外来侵犯，不论成功或失败，他们本身有异于其他腐烂的统治阶级中人，他们还知道担当起抵御外来侵犯的责任。这样的人，为什么不算是民族英雄呢？

还有一种说法，就是鸦片战争时期，中国停滞在封建社会阶段上，侵略者的英国则是方兴的资本主义社会，按照腐朽着的东西必然被发展着的东西所消灭的原则，林则徐抗英是违反社会发展规律，不应该肯定他的功绩，也不应该称为民族英雄。这样想的人，我看，赐谥为机械公，可谓十分允当。在封建社会时期，征服者的经济文化，如果低于被征服者，征服者必须把自己提高到被征服者的水平，否则就不可能统治下去。反之，征服者的经济文化，如果高于被征服者，征服者必须影响被征服者，使逐渐提高，以便自己行使统治权。总的看来，双方在经济文化上趋势是拉平，归根是有益的。资本主义的征服者，往往只顾剥削殖民地，破坏多而建设少。马克思在《不列颠在印度统治的未来结果》一文里说得很清楚，他说："不列颠人是第一批发展程度高于印度的征服者，因此印度的文明就影响不了他们。他们打破了本地的公社，摧毁了本地的工业，夷平了本地社会中伟大和突出的一切，从而消灭了印度的文明。英国人在印度统治的历史，除了破坏以外恐怕也就没有别的什么内容了，他们的建设性的工作在这大堆大堆的废墟里使人很难看得出来。"①把本地社会中伟大和突

---

① 《马克思恩格斯全集》第 9 卷，人民出版社 1961 年版，第 247 页。

出的一切全部夷平，这就是资本主义征服者的统治法。当然，建设性的工作毕竟还是有一些的，不过，目的并不是为了提高印度的文明，而是要印度人永远摆脱不了殖民地奴隶的地位。清朝政府反抗英国的侵略，正符合国家保护共同利益以免外来侵犯的原则。林则徐为首的一批统治者，为抗英出了力，为后来中国人民反帝运动开了端，中国沦为半殖民地，还不曾变成完全殖民地，就是靠中国人民联合统治阶级的进步派，不屈不挠地进行顽强的抵抗，尤其是义和团的顽强反抗，迫使帝国主义知难而退，暂时收起瓜分中国的野心。如果照机械公那种想法，资本主义社会的英国来了，封建社会的中国就该束手认输，坐而待毙，一切抵抗都是违反社会发展规律的。那么，中国除了亡国，还有什么道路可走呢？

话说到这里，应该做一个结束。六亿多人口的汉民族是世界上最大的民族，所有中国人民，不论属于何族，都必须十分珍视这个民族的遗产。因为劳动群众是人类社会一切发展阶段上的基本生产力，有了丰富的劳动力，一切事情就好办了。缺乏劳动力的兄弟民族也将得到汉族的无私帮助，共同发展生产力。汉族之所以成为如此巨大的共同体，原因是二千多年前，已经初步形成为民族[①]，并且建立起统一的国家。国家的统一，有利于民族的继续和巩固，民族的继续发展和巩固，又有利于国家的统一。因此，秦汉以后，中国基本上是统一的国家，割据分裂只是暂时的现象。割据分裂又多半是由落后民族与汉族杂居所引起的。一个地区存在着游牧与农业两种不同的生产方式，游牧人轻视农业人口的文弱，又受汉族统治者的压迫，必然要乘机发生叛乱，历史上战争和大屠杀多数是民族斗争，由此引起割据分裂，造成一段黑暗时期。在这个黑暗时期里，残酷斗争是一方面，但还有民族融合的一面，斗争与融合同时并进，斗争完了的时候也就是融合完成了，汉族因增添了新鲜血液而进一步发展。从远古传说中的黄炎之战和黄帝与九黎蚩尤之战，一直到满洲入主中国，几乎无例外地说明民族斗争是民族融合的必经过程，归根还是民族融合（元朝统治时间不长，只有一部分蒙古人融合入汉族）。依据这样的看法，中国封建时代几次大的民族冲突，汉族都遭到严重的损失，如果单就损失来看，难免发生民族间的憎恨；如果作为民族融合的必经过程来看，冲突者双方归根都有利益。那么，损失是暂时的，利益却是永久的。对来侵略者不必过分憎恨，可憎恨的应是不能自强、丧失抵御外侮能力的汉族统治阶级。

---

① 马克思和恩格斯在《共产党宣言》中提到"农民的民族屈服于资产阶级的民族"，农民的民族，即封建社会里形成的民族，汉族就是这样的民族。

经学史讲演录*

一　经学的开始

经学与中国文化的关系很密切。经学虽然为封建统治阶级服务，但也起了一些好的作用。例如，宗教是无产阶级革命的顽固敌人，许多民族的宗教信仰很深，汉民族的情况就不同些。汉民族的宗教——道教和自印度传入中国的佛教，在隋唐时期盛行，但无论如何总有儒家与他们对抗。唐太宗时，道教的地位最高，佛其次，儒排在最后。武则天时，佛的地位最高，道其次，儒仍旧排在最后。尽管儒的地位不及佛、道，做官的人很多都信佛、道，但唐代仍以明经取士，他们总觉得自己是儒者。以诗赋应试的进士，也很多以儒自命。宋学是由韩愈创始的，韩愈反佛很积极。宋学产生的原因很多，原因之一就是儒与佛的对抗。儒经为封建统治阶级服务，这是没有问题的，但它起了反对宗教的作用。宗教不能在汉民族中扎根，儒有贡献。这一估计可能高了，请大家批评。

经学是什么？什么叫经？章学诚有"六经皆史"之说，这个说法有对的地方，也有不对的地方。古代所谓的史，就是记事和记统治者重要的话，所谓左史记言，右史记事。六经中的《书经》是重要的政治文件选集。《春秋》是大事年表，其他四经——《周易》《诗经》《仪礼》《乐》（《乐》已遗失），既不记言，也不记事，只有史料价值，讲究哲学、文学、制度、音乐这些独立性的专业，都得研究讲这四经。所以说六经皆史，其实只有《春秋》《尚书》是史，其他四经不能称为史。但是章学诚的话有他的道理。清儒讲汉学，也讲宋学，都把经看作神圣的书，章学诚却说经都是史，把经从神圣的地位上拉下来与史平列，这是有意义的。另外，章学诚反对"离事而言理"，就是反对宋学的空谈。章学诚偏重古文经，主张实际的考察和治史，所以有六经皆史的说法。

什么叫经？恐怕谁也讲不通。班固的《白虎通》解释经为常，即常道，也

＊选自《范文澜全集》第 10 卷，河北教育出版社 2002 年版，第 162-166 页。

就是正常不可改变的道理。《说文》释经为直线，六经讲的都是直言，故称为经，这是很牵强附会的。为什么叫经，是无法说清楚的。

经有多少？

先说经的来源。

周朝的技术官是世袭的。例如史官，掌管典册，世代相传。史官记言记事都有一定的书法。《左传》中有五十凡，即是史官记事的条例（其他各官也都有其条例，世代传习，供贵族咨询和使用）。一些史官是忠于世袭条例的。例如齐大夫崔杼杀齐君，史官依书法写"崔杼弑其君"。崔杼杀史官，史官的三个弟弟继续坚持史官的书法，写道："崔杼弑其君"。崔杼连杀了两个，最小的一个，崔杼不敢再杀了，终于按照史官的书法写成了。

春秋时鲁国文化最发达，官守也最完备，与周天子相同。孔子时，鲁国衰微，百官流散，《论语》说："太师挚适齐，亚饭干适楚，三饭缭适蔡，四饭缺适秦，鼓方叔入于河……"鲁国君养不起这些乐官，他们就四散谋食，各奔前程。

孔子是贵族出身，又作过鲁司寇，有条件收集各种文献材料。他又是第一个创设私立学校的人。他的弟子前后共有三千人，通经者七十二人。孔子教学生的课本，就是从他收集的各种文献材料中整理出来的。从卜官那里的材料中整理出《易经》，从史官那里的材料中整理出《春秋》《乐》《诗》《仪礼》等书，也都是从既有的材料中整理出来的。所以说孔子"述而不作"。从六经的形式上说，都是叙述各官保存的旧文。对此，今文经学有不同的看法，它认为六经都是孔子所作，说孔子是作者之谓圣。我看还是"述而不作"的说法比较正确。

六经就是孔子整理旧文写在竹简上教授学生的课本。但实际上是五经，诗与乐是合而为一的，诗是词，乐是谱，后来乐完全亡失了。

西汉时有五经博士，博士就是国家任命的教授。东汉时，五经之外加《孝经》《论语》成为七经。到唐时，礼分为《周礼》《仪礼》《礼记》，《春秋》分为《左传》《公羊》《穀梁》，加上《易》《书》《诗》成为九经。宋朝又加《论语》《孝经》《尔雅》《孟子》合成十三经。除十三经外，宋朝的程颢、程颐、朱熹把《大学》《中庸》《论语》《孟子》称为四书。四书在宋朝地位很重要，考进士出题皆出自四书。

诸经内容：

《周易》。本是占卜书。有六十四卦，每卦有卦辞，说明本卦的性质。例如乾卦，卦辞是"乾，元、亨、利、贞"。每卦有六爻，每爻有爻辞。例如乾卦中的初九，爻辞是"潜龙勿用"。卦辞爻辞是谁作的不清楚，有说周公，有说文王。卦、爻辞合起来即是《易经》的经文。此外还有彖辞、象辞（有大象小象，但分篇按上下分，称上象下象）、系辞（分上系下系）及文言（独乾坤二卦有文言）、序卦、说卦、杂卦合称为"十翼"，是为《易传》，是解释《易经》的。其中有一部分可能是孔子讲易时的笔记。

卜官积累了丰富的人事经验，假借鬼神来表达意思。《易经》语意隐晦，文又极简，可以作各种不同的解释，能够使人听来似乎有道理。例如《左传》襄公九年，穆姜（国君夫人）行为不规，得罪季孙氏，被关进东宫，穆姜将往东宫请卜官算卦，卜官看卦象说她很快会出来。穆姜说，不！看卦象我是出不去的，我必死在这里面。后来穆姜果然死在东宫了。穆姜根据她的具体情况作出不吉利的解释，似乎很灵验，卜官先作的判断，似乎是错了，其实任何一类，都可以作或吉或凶的判断，灵验与否，取决于卜官的经验和骗术。

孔子对于《周易》很有研究，他经常读《易经》，以致系在竹简上的皮带断了三次。《论语》也说："加我数年，五十以学易，可以无大过矣。"可见孔子对《易》的重视。

《易》在六经中是最重要的，汉代以《易》为六经之首。《汉书·艺文志》称《易》为"六艺之原"。封建时代学经首先学《易》。《易》是哲学，是一切道理的根本。汉人讲《易经》不外象数，目的在于卜筮，讲灾异。三国时王弼注《易经》，讲义理，推掉汉人的象数，应该说是一个进步。

《尚书》，这是最古的一部书。一说是孔子取自史官，删订成百篇。秦始皇焚书，此书被焚，后来山东伏生自壁中取出二十九篇。一说伏生没有书，只是口传，朝廷派晁错去学，伏生年老牙缺，口音难懂，由女儿代传，故记录下来错误甚多。

优生传的《尚书》，用隶书写成，称今文《尚书》。汉武帝时，鲁恭王拆孔子旧宅，于壁中得蝌蚪文《尚书》，称古文《尚书》，多十六篇。孔安国并作了注。司马迁是孔安国的学生，《史记》中还保存一些孔安国的古文《尚书》的材料。《史记》讲古文也大都根据古文《尚书》的材料。古文《尚书》于西晋时亡失。东晋梅颐（又作梅赜）造伪孔传古文《尚书》，直到清代阎若璩作《古文尚书疏证》，才完全揭穿梅颐的伪造。我们采用《尚书》的材料，必须注意它的真伪，这可参考清孙星衍的《尚书今古文注疏》一书。

《诗经》。太史公说，孔子自三千篇诗中删成三百零五篇，去其十分之九。这一说法不可靠。春秋时，外交人员必须会说《诗》，所以孔子对他的儿子孔鲤说："不学《诗》无以言。"春秋时应用的诗不过三百多篇，从《左传》所引的诗看来，超出三百篇以外的诗极少。

古文里诗共三百一十一篇，其中六篇逸诗"有目无文"（有目录，没有文字）。

《诗》至汉分成三家：齐、鲁、韩。另有古文诗称《毛诗》。三家诗全亡失，今存的是《毛诗》。

《礼》，包括《仪礼》《周礼》《礼记》。

《仪礼》。周时，诗、礼最重要。孔子对孔鲤说："不学《诗》无以言，不学《礼》无以立。"人的行动都要根据礼。礼有天子之礼，诸侯之礼，卿大夫之礼，士礼等等。庶人是没有礼的，统治阶级对庶人只用刑，即所谓"礼不下庶人，刑不上大夫。"孔子所传的礼是士礼。因为孔子和他的学生都属于士阶层，必须懂得士礼。孔子及其弟子对礼很有研究，以致当时的国君、大夫都要向他问礼。墨子骂儒者靠办丧事混饭吃，是有道理的。当时贵族人家有了丧事，儒者去替丧家主持丧礼，可以带一大批人去吃酒饭。还有前往观礼的儒者，他们不曾被邀请，但可以指点批评，分些酒饭吃。

礼和仪是有区别的。礼是规则，必须共同遵守。仪是态度姿势，各人修养不同。有一次子贡和曾子前往季孙氏家吊丧，看门的人不许他们进去。二人在马房中修容，摆好姿态再去，看门人看见曾子就吓得逃走了，这就是仪。

《周礼》。周公制礼作乐，此礼即周礼。《周礼》是周公的旧典，《左传》中常提及。但它不一定是今日的《周礼》。今日的《周礼》，大约在战国时出现。战国时，儒家将商、周、春秋各时期的官制汇编在一起，加上儒家的政治理想，形成《周礼》一书。这些官制在很多甲骨文上都能见到，可见并不是儒家凭空捏造的。但说它是周公所作是不可信的。例如孟子、荀子都不讲《周礼》，孟子的井田与《周礼》上讲的沟洫制度不同。可见造作《周礼》者在孟、荀之后。

《周礼》不是周公所作，它的作用却很大。后来的人想要解决土地问题，都从《周礼》找根据。王莽是这样，直到太平天国还是这样。封建社会的政治家、思想家，有的根据《周礼》去行动（如王莽），有的以《周礼》为理想（如张载）。康有为《新学伪经考》说《周礼》是刘歆所伪造，其实刘歆没有这么大的本领。王莽想要利用《周礼》作为解决政治问题的根据，刘歆便提倡《周礼》，并不是他所伪造。

《礼记》。这是孔子以后的儒者研究礼，选取讲礼的文篇作参考材料。汉时有一百三十一篇。后来刘向增至二百一十四篇。戴德从中选了八十五篇教学生，即《大戴记》。他的侄子戴圣，选了四十九篇，比较简要，即《小戴记》。《小戴记》后来上升为经，《大戴记》地位反而较低。《礼记》有《曲礼篇》，都是记日常行动的规则，其中有些很有些道理。例如"登城不指，城上不呼"；"并坐不横肱"等，在春秋时，诸侯经常互相攻袭，有人在城上指点大叫，可能引起城中人的惊扰；两人并坐，一人横肱，另一人活动就受妨碍。这些虽然是小事，但也要注意，记这些小事的礼，叫做曲（小）礼。

《春秋》。周代除了周天子有史官纪事外，诸侯也都有国史。鲁国的史书就叫作《春秋》。春秋是按四季编年的意思。孔子根据旧有的鲁国史编为《春秋》。《春秋》的文字很简单，用字根据孔子的观点，有褒有贬。孔子修《春秋》一直到他死前二年止。被写在《春秋》上的都是鲁国有权势的人物，所以"定、哀之间多微词"。还有些事不敢明写，就用"大义微言"口授弟子。由于各个弟子领会不同，所以说法也就不同。《左氏春秋》把春秋的事实写出，《公羊》和《穀梁》根据师传的"大义微言"写下来，不讲事实。因此，《春秋》就分成了三传。《公羊》传讲大一统，复九世之仇，最能适合汉武帝的需要，故西汉时《公羊》最盛行。

孔子死后，他的学生各立门户。韩非子说，孔子死后，儒分为八，即子张氏、子思氏、颜氏、孟氏、漆雕氏、仲良氏、公孙氏、乐正氏。八派之中，孟、荀是明显对立的两派。孟子学问出自《诗》《书》，荀子学问出自《礼》《乐》。孟子的后学与阴阳五行家合流。孟子的思想本来有近乎五行推运的说法，例如说，"五百年必有王者兴"，所以与阳阳五行家合流是很自然的。荀子说子思、孟子是五行学说的创始者，有根据。荀子与名法合流。礼，就是规矩，再推广就是刑。荀子讲礼，他的学生必讲名法，如韩非即是。孟子讲仁义，荀子讲刑名，这两派对立是很清楚的。但是，儒家不论那一派，都为封建地主阶级服务，只是各派政见不同，这反映封建地主阶级内部的矛盾，故派系斗争一直存在。

战国时，封建领主制崩溃，地主阶级兴起，失去土地的人一天天多起来。如何治理天下，对当前的政治问题如何解决，荀、孟二派意见很不同。一个主张法后王，一个主张法先王。孟子说要行仁政，行仁政必自经界始。经界就是将地划分开，每人有百亩之地，大夫有禄田。孟子认为经界不正，井地不均，谷禄不平，就不能行仁政。暴君污吏必去其经界，而行仁政必使经界正，分田制禄；天下可坐而定也。孟子的政治思想即如此。井田制是孟子想出来的，他以西周的授田制作为根据。所以说要法先王。荀子正相反，要法后王，即当代的王（战国时期的王）。荀子赞成秦国的作法，承认地主占领既有的土地，实行以刑名为主的新法。孟子要农民不失土地，他的理想是行不通的，他反对土地的自由兼并，要改变现有的土地占有情况，但如何去作，他自己也不知道，所以滕文公问他怎么办，他说不出来。

孟子学派与阴阳五行结合后，势力大起来。秦始皇时的博士儒生，大都是孟派。荀派李斯在朝廷作大官，有权力。孟派喜欢是古非今，否认现状，自然引起秦始皇和李斯等人的厌恶，结果被秦始皇坑杀四百多人，孟派的重要人物大都死光了。但孟派潜在势力仍很大。汉初荀派失势，孟派与阴阳五行结合，很受统治者欢迎。汉文帝时，孟子曾立博士（不久又取消）。传授五经的儒生，一般出于荀子之门，学风比较朴素，不讲阴阳五行去迎合朝廷的好尚，始终与孟子学派对立。

西汉阴阳五行大盛，孟派与阴阳五行合流的代表人物是董仲舒。董仲舒在汉代地位崇高，汉人把他看成是汉朝的孔子。孔子以周公的继承人自居，所以自称常常梦见周公。据说董仲舒也常常梦见孔子，他的学问是孔子在梦中亲授给他的。这当然是胡说，但也可见他的学问的正统性为汉儒所公认，连积极提倡古文的刘歆，也承认董仲舒是群儒之首的地位。董仲舒是今文家，一生专治《春秋》，把春秋阴阳五行化了，其他各经也跟着阴阳五行化。他在政治上主张用限田的办法来解决西汉的土地问题和奴隶问题，但是都解决不了。后来王莽主张将土地收归国有，改成王田，重新分配给百姓。王莽是以《周礼》作为改革的根据的，于是古文经就被提倡起来。

战国至秦的荀、孟之争，也可以说是原始儒学中保守（法先王）、适时（法后王）两个学派的斗争。从西汉后期开始就变成今、古文之争，这一斗争直到唐朝才告一结束。

二 今文经学与古文经学之争

汉高祖原来是很讨厌儒生的，曾把儒生的帽子拿来撒溺。但他做了皇帝，就抬高儒家的政治地位，利用它来统治天下。

秦始皇焚书除《易经》之外，其他经书全烧光了。他的这些作法，连他儿子也不准说反对话。他的大儿子扶苏，曾对秦始皇说：儒生是读圣贤书的，不要杀他们。秦始皇大怒，并把扶苏派到北边去防守匈奴。

前面已经讲过，被杀的儒生主要是孟子一派的。汉时的赵岐即说过："始皇焚书坑儒，孟子之徒党绝矣！"孟子一派的儒生被杀死了，于是，政治权力落在荀子一派的人手里。丞相李斯，是荀子的学生，秦二世从赵高学《韩非子》。秦亡虽然不能由荀子学派负责，但秦是用韩非的刑名之学的，所以，秦亡与荀子学派是有关系的。秦时本来应该让老百姓休养生息，但秦始皇却大兴土木，造阿房宫，筑万里长城等等，劳民伤财，用刑法强迫老百姓服役，因此引起农民大起义。

汉高祖看到了秦亡的原因。他即位后实行了两条政策，一是统一天下，二是与民休息。天下虽定了，但汉高祖的部将，如韩信、黥布、彭越等都封了王，形成割据局面，刘邦自己管的地方只有十五郡，其余二十五郡都为各王所割据。高祖的统一政策是消灭异姓王，除了长沙王吴芮、闽越王无诸、南粤王赵佗三个边区与安抚少数民族有关的王外，其余的异姓王，都被高祖先后消灭了。异姓王消灭之后，封自己的子弟为王，这些子弟都很年幼，都奉行朝廷的法令。所以废异姓王为同姓王，这对巩固当时的中央统治是有利的。

与民休息，是采取黄老的政治思想——无为而治。曹参继萧何为相，天天喝酒不治国事，惠帝不满，派人问曹参。曹参说，先王和萧何比陛下和我高明，照旧就是了，何必有什么作为。

儒和墨是战国时的两大显学，汉时墨家衰微，儒是仅存的显学。儒家教义本来是不造反的。孔子的后代孔鲋参加了陈胜、吴广的农民起义，这是因为秦始皇杀儒生。汉高祖看到了这点，因此他尊重儒家。但这是表面的，实际上是任用黄老。

汉高祖即位初期，朝廷没有礼仪，那些和汉高祖一块起义打天下的兄弟，对汉高祖很随便，儒生叔孙通帮助他定了朝仪，臣子见他不敢再胡闹了。汉高祖很高兴地说，今天才知道做皇帝的尊严。他体会到了儒家学派对巩固他的统治有作用，在他死的前一年，使用太牢祭孔子。

汉惠帝废除了秦时的书禁，民间始有儒家经典在传授。汉武帝时更进一步，形成罢黜百家、独尊儒术的局面。在惠帝时，掌权的都是功臣——武臣，所以不重视儒生。到文帝、景帝时，割据的诸侯王的势力大为增长，再用黄老的政治思想统治不了了。景帝时把七个大王国都消灭了，统一工作又进了一步，这样，就要求进一步加强思想上的统一。

武帝提出独尊儒家，罢黜诸子百家。从表面上看，好象是由于董仲舒上疏要独等儒家，实际上，是由于当时政治上的要求。

经学在当时都是口耳相传的，没有写本（因为除了《易经》之外，其余的经书都被烧光了），因此，只有记忆力强的人才能记得住。在传述过程中，由于记忆不准确或口音听不清等等原因，错误很多。

当时，经书在民间的传述者：田何传《易》，伏生（伏胜）传《书经》。《书经》是古代语言，与汉代语言已相差很远。关于《书经》的传述，有两种说法，一说《书经》是口传的。景帝叫晁错去跟伏生学《书经》，伏生是济南人，而晁错是河南人，口音不同，记错不少。

申培传《诗》，高堂生传《礼》，《春秋》的传者有公羊、穀梁两家。这些书是口传后用隶书写的（隶书等于当时的简笔字），故叫今文经。

汉时，各经都立博士。博士类似乎顾问或教授。秦时博士很多，汉初也有博士，但皇帝从来不去问他们，博士是有学问、能通一经的人。伏生传的《书经》立了三家博士：欧阳氏、大夏侯氏、小夏侯氏。《诗经》博士也有三家：鲁诗、齐诗（辕固生）、韩诗（燕人韩婴）。传礼的有三家：大戴、小戴、庆氏。《周礼》，从王莽到太平天国都有很大影响。《周礼》从河间献王出，他收集到了古文书《周礼》。但他所收集到的《周礼》缺了《冬官》篇，他用《考工记》补进去，是为《周礼》。《春秋》，汉初时由邹氏、夹氏所传。《左传》由张苍所传。《公羊》《穀梁》两传都写成书。邹氏、夹氏所传的，后来都丧失了。《左传》由张苍传给贾谊，《春秋》只有《公羊》《穀梁》立博士。

汉朝的博士，数目有多有少，一般是十四人。

《易》博士三：施氏（施雠）、孟氏（孟喜）、梁丘氏（梁丘贺）。

《书》博士三：欧阳（欧阳生）、大夏侯（夏侯胜）、小夏侯（夏侯建）。

《诗》博士三：鲁（申培）、齐（辕固生）、韩（韩婴）。

《礼》博士三：大戴（戴德）、小戴（戴圣）、庆氏（庆普）。

《春秋》博士二：颜氏（颜安乐）、严氏（严彭祖）。

到汉献帝时，立的博士就更多了。

这许多书都立了博士，但最重要的是《公羊传》。汉武帝特别重视《公羊传》，这是有原因的。一方面，武帝在政治上需要利用孔子的名义来进行自己的统一工作，《公羊》第一句即讲"大一统"。"元年春王正月"，"何言乎王正月？大一统也"。"王正月"，本来并没有别的意义，春秋时，各国历法不同，有建子（以十一月为岁之始）、有建丑（以十二月为岁之始）、有建寅（以正月为岁之始），各不统一。"王正月"，只是说按照周历，以十一月为岁之始，来统一历法。汉武帝则利用这句话，作为政治统一的根据。武帝表面上等崇儒家，实际上杀人很多，用的是法家的刑名之学。《公羊传》说："君亲无将，将而必诛。"意思是说，臣子对君父不能有弑逆的念头，如果有的话，就可以把他杀死。这个论点很合乎汉武帝随便杀人的意思。《公羊》传又说"复九世之仇"，这也很合汉武帝借口替高祖复仇而要打匈奴的口味。《公羊》兴起的另一原因，是《公羊》家出了一位大师——董仲舒。董仲舒非常好学，用功读书"三年不窥园"。董仲舒的同学胡母生，把《春秋》经义系统化，由于他们两人的关系，《公羊》成了五经中地位最高的一经。汉武帝独尊儒家，归根到底是尊《公羊》。

今文、古文争得很剧烈。西汉立的十四个博士，都是今文博士，古文一直到王莽时才立博士。今文博士坚决反对古文立博士，也就是反对古文经学成为官学。古文经学的提倡者刘歆，曾写了一篇《移让太常博士书》斥责今文博士。

今、古文之争，实际上是齐、鲁之争。鲁的学风比较朴实保守，接近于孔子的讲法；齐学比较浮夸，好讲阴阳五行。鲁学要把孔子神化，儒学宗教化，一直是看不起齐学。从孟子起，就看不起齐学。他说："此非君子之言，齐东野人之语也。"又说，齐人只知管仲、晏子，其余一概不知。又如，叔孙通定朝仪，到鲁国去请三十多个儒生，其中有两人不肯来，并说，你侍候的主人将近七个了。又说，那能随便讲礼，要行百年仁政始能讲礼。叔孙通则笑他们是"鄙儒"，不识时宜，于此可见齐鲁之风的不同。

武帝偏袒今文，喜好《公羊》，曾经叫治《穀梁》的江公与董仲舒辩论。仲舒通五经，善作文；江公"讷于言"（不善说话）；丞相公孙弘也是学《公羊》的。结果，自然董仲舒胜利了。于是江公就不能充当博士。由于江公的失败，《穀梁》也不得立为官学。

汉武帝的太子（戾太子）原先跟董仲舒学《公羊》，后来他又去学《穀梁》，并且很喜欢《穀梁》传。汉宣帝是戾太子的孙子，他听说自己的祖父喜欢《穀梁》，就去找学《穀梁》的人，找到了荣广、皓星公。两人都是江公的学生。荣广口才很好，与董仲舒的学生眭孟辩论，荣广胜利了。但是还不能立《穀梁》为博士，于是，宣帝去找了十个最聪明的青年人（其中有刘向）学《穀梁》。最后叫他们跟《公羊》家辩论。太子太傅肖望之也站在《穀梁》方面。《公羊》派参加辩论的有严彭祖、尹更始等，双方各五人，结果自然《穀梁》胜利，从此，《穀梁》才立于官学。可见某一学派立于官学是不容易的。

汉人最重师法，师法是不能改的，只准按照老师的样子讲。传《易经》的孟喜，其师为田王孙。孟喜好吹牛，诈称田王孙临死时曾传给他一本讲阴阳灾异的书。他的同学梁丘贺揭露他说，田生死时，送终的是施雠，你那时到东海去了，根本不在侧。宣帝听说他不守师法，就不准他做博士。

汉初儒者没有官做，武帝始用儒生公孙弘为丞相。公孙弘本来是东海的牧猪人，学《公羊》，为人"曲学阿世"。武帝召集全国文士考试，他考第一。官位升得很快，于是人们争着学《公羊》。

武帝时，五经博士教授的学生每一经只有十人，全国博士弟子一共只有五十人。博士弟子可以"复其身"，即可以一辈子不要服徭役。成绩优良的，可以作官。故士人争为博士弟子。汉昭帝时，博士弟子增至一百人。宣帝时博士弟子增为二百人。汉元帝时，汉朝已走下坡路了，但因为剥削严重，表面上显得很富庶，故有博士弟子一千人。汉成帝时，有人说，孔子一布衣，尚有弟子三千人，皇帝不应比孔子少，于是，太学弟子也增为三千人。后来由于负担太重，仍降为一千人。王莽时，博士弟子一年考试一次，考上甲科，可做郎中；考上乙科，可做太子舍人；考上丙科，可补文学掌故。弟子们虽不得大用，但可求个出身。

汉武帝特别重视《公羊》，因为《公羊》可以与刑名之学配合。《公羊》讲灾异，这也有些好处。因为皇帝很专制，没有人敢批评，可以用灾异来告诫皇帝。灾异家们说，皇帝是天的儿子——天子，皇帝做了坏事，天就现出灾异来告诫了。这也是董仲舒讲灾异的一个动机。所以，他讲得多了，引起了武帝的反感。有一次，辽东高庙火灾，董仲舒又发议论，他写的稿子被主父偃偷去送给武帝。武帝召诸生评论。董仲舒的学生吕步舒不知道是他的老师董仲舒写的，便说是"大愚妄"。于是判董仲舒死刑，后来虽蒙诏赦，但董仲舒从此不敢再讲灾异了。

西汉衰时，用《诗经》治国。宣帝表面上讲儒，实际上是用"刑名"。一天，太子（元帝）对宣帝说，陛下刑罚太甚，宜用儒生。宣帝大怒，说，汉家自有制度，"以霸（刑名）、王（儒）道杂之"，儒家不通时务，是古非今，如何能用？将来乱我汉家制度的一定是你。元帝立，外戚王氏逐渐掌权，不用《公羊》，而用《诗》为教。《诗》提倡温柔敦厚，便于统治者无忌惮地奢侈腐朽。结果，王权下移，外戚专政，直到西汉灭亡。

总的说来，从高帝到文、景，用黄老之术；武帝到宣帝，霸王道杂之；元帝以后至西汉亡，《诗》学盛行，皇帝无权。

西汉末年有两个大问题：一是土地集中，农民流亡；二是农民卖身为奴。土地和奴隶两个问题是相关的，农民没有土地就只好卖身为奴。早在武帝，甚至文帝时，这两大问题即已存在。董仲舒主张限田（名田），即规定占有土地的一个最高限额，但是这个办法实行不了。西汉末年更严重。王莽为了夺取政权，用托古于《周礼》的办法，提出"王田"的主张，即根据《周礼》中关于井田制的说法，把土地收归国有。王莽一举一动都学周公，以《周礼》作为政治改革的根据。《周礼》是古文经，因此便提高古文经的地位。刘歆是王莽的帮手，他写了一封《移让太常博士书》，大骂今文家的博士，遭到博士的激烈反对，博士都罢。大司空上奏，说刘歆反先帝遗法，于是刘歆被贬出去做河内太守。平帝时，古文经由于有王莽的政治力量做后盾，立了五个古文博士，以与今文博士对抗。

光武帝即位，又废古文，提倡今文，要求今文博士讲"谶纬"。谶是托名孔子的预言，纬是解释经书的。光武因为谶纬中有"刘秀当为天子"的话，深信谶纬。但遭到古文家的反对。如古文家桓谭不读"谶纬"，上书极言谶纬妖妄。光武说他"非圣无法"，差点被砍头。当时用人，有的也以谶纬来决定。所以，有个叫尹敏的在整理"谶纬"书时，他便在书的空白地方写了"君缺口，为汉辅"几个字，企图使皇帝重用他。光武帝看出来了，把他大骂一通，但没有处罚他。

古文经是不语怪力乱神的，今文经不同，它专投皇帝之所好。西汉时今文家讲灾异，原来有点限制皇帝暴虐的意思，到东汉时，就变成有灾异要策免三公了。由于东汉时天文学的进步，日蚀也可推算出来，灾异不大好说了，今文学家就改说谶纬。古文家反对谶纬。王充是古文家反对灾异和谶纬的代表。

东汉时，统治阶级内部宗派斗争极为严重。世家大族收集一批贫寒士人，荐他们做个小官小吏。有些人善于做官，可能从小吏上升为公卿。这种贫寒士人称荐举者为恩主，恩主死，要服三年丧。门生故吏成为集团。例如袁绍世代三公，门生故吏遍天下，势力很大。

经学中的派别斗争也很激烈。古文家中出了几位大师，如贾逵、服虔、马融、许慎等。马融对东汉的古文的发展有很大关系。马融是马太后（明帝皇后）的侄子，贵族地位足以保卫他的经师地位。他学问广博，通各经，门下有好几千学生。因此，古文地位就更高了。他的学生郑玄，名望尤高，于是推倒了今文，古文成为独占的了。

今文的衰落有其本身的原因。第一，东汉时不再通过今文经的途径做官，做官是通过征辟之途了。士人学今文经不再那么热心。第二，今文太繁琐，秦延君说《尚书》"尧典"二字，竟达十多万字。说"曰若稽古"四字，多至三万字。一部经书的章句，多至一百万字，少的也有几十万字。苦死了学习的人。光武帝自己在学今文时，也吃过这个苦头。他当皇帝后，便令儒臣删五经章句作为太子的课本。桓荣删欧阳氏《书经》，从四十万字删为二十三万字，桓郁又删为十二万字。又，张奂删牟氏《尚书章句》四十五万字为九万字。可见其中绝大部分都是废话。《汉书·艺文志》说："幼童而守一艺，白首而后能言。"这确是打中了今文的弊病。古文家主张通训诂，通大义，所以没有繁琐的弊病。东汉时，"通人恶烦，羞学章句。"由于今文的繁琐。人们都不愿意学了。

虽然如此，但是，今文经学的势力仍很大。今文经是官学，太学生仍达一万人。各地私人的"精庐"（私立大学），学生多的也达几千人。当时古、今文学都开设私立大学招收学生。此外还有小学称"书馆"。例如王充八岁进书馆，书馆中有学生百余人。王充的故乡上虞，不过是个小地方，竟有学生一百多人，足见当时读书人之多。"书馆"教的是今文经，王充幼时学的是今文，后变成古文派了。

今文经的大师为董仲舒，古文经的大师为郑玄。郑玄通所有的今文、古文各经。郑玄所以能通今、古各经，主要是东汉时造纸术的进步，以及今文章句的删减。因此，郑玄比马融达到的成就更高。马融给古文全部经作了注解，而郑玄则采用了今文的某些说法，甚至某些谶纬家的说法注经。《诗·大雅·生民》关于姜嫄感天而生的说法，这本是出于今文家，郑玄也采用了。郑玄基本上是古文派，但他采用了今文家的一些观点。由于郑玄善于吸取今文派中的某些经说，今文被推倒了。郑学成了天下所崇的儒学。

魏文帝以后，做官的道路是"九品中正"。做官的必须是门阀士族，不须要搞什么今文、古文了。士族最讲究的是礼，礼中最重视的是丧礼。郑玄对丧礼最有研究。郑注三礼最受人重视。这也提高了郑学的地位。

西晋永嘉之乱，博士们保存的章句（讲义）都丢掉了。但古文的注解很简单，所以儒生还记得住，而今文，由于太繁琐，都记不得了。这样，西汉博士所传的今文也就全部消灭了。

一个学派的独尊地位是暂时的，一定会出现和它对立的学派。郑学是讲《左传》的。当时，讲《公羊》的何休与之对立。另一个与郑学对立的是专讲马融之学的王肃。《公羊》在东汉时已不是重要的学问了。《左传》《穀梁》是抑制《公羊》的。何休用十七年的时间作《公羊解诂》，来为《公羊》辩护，他写了《公羊墨守》《左氏膏肓》《穀梁废疾》三篇文章。他所根据的是胡母生的《春秋条例》。他的注解很简单，是《公羊》注解中最好的一种。此书保存至今。

马融的学派为王肃所传，王肃是王朗的儿子。王肃根据马融的学说对古文各经作了注解。王肃敌不过郑学，他造了《圣证论》《孔子家语》《孔丛子》三部假书来反对郑康成。他所以能把郑康成压下去，是由于他的女儿是司马昭的夫人，他是晋武帝司马炎的外祖父，所以他写的东西都立于博士。这样，经学就成了郑、王之争而不是今、古之争了。郑学的政治后台是魏帝曹髦。曹髦帮郑氏博士来反驳王氏博士。后来曹髦被杀，王学是胜利了。但是郑学究比王学高明，东晋时，郑学又压倒了王学。

当郑、王之学在斗争时，有的经学阵地却被别的学派夺去了。首先是《周易》，玄学大师王弼注《周易》。古文只讲训诂，不讲义理。魏晋的玄学，不仅讲训诂，而且讲义理。王弼用玄理说易，故其所注《周易》压倒了以前各学派。杜预注《左传》，范宁注《穀梁》，梅颐作《伪古文尚书》，又一玄学大师何晏注《论语》。这些书出来后，把原来汉学的古文、今文家所作的注解都打倒了，只有《毛诗》、郑注《三礼》及何休的《公羊解诂》仍存在。梅颐的《伪古文尚书》，到清初阎若璩作《古文尚书疏证》，才把它推倒。这些注所以能推倒汉经学家的经注，并不是他们的学问一定比汉经学家高明，主要是由于他们吸取了前人注释中的长处。

魏晋玄学盛行，今文学已是强弩之末。特别是永嘉之乱以后，今文经全部散失（除何休的《公羊解诂》外），古文独存。南北朝通行的就是《毛诗》、郑注《三礼》、杜注《左氏》、范注《穀梁》等，这些都是古文。

南北朝时，大体上南方仍继承魏晋学风，北朝仍继承东汉学风。南方通行的是王注《周易》，杜注《左传》，何注《公羊》；北方通行的则是郑注《周易》，郑注《尚书》，服虔注《左传》。《毛诗》《三礼》则南北都通行郑氏。《隋书·儒林传》说："南人约简，得其英华；北学深芜，穷其枝叶。"这句话可以作为当时南北学风的概括。

隋唐统一之后，南北的经学的不同，考试取士有困难。唐太宗便叫孔颖达撰《五经正义》。他以"疏不破注"的原则，将南北经学统一起来。从此，儒生记住《正义》，便可考试作官，经学至此也就没有什么发展了。

宋学另开门面，与汉学全然不同。宋学受了佛教的影响。佛教在魏晋南北朝时盛行，引起了儒学的反对。北朝儒者崔浩，与道士寇谦之联合反佛。崔浩在政治上主张恢复周朝的割据局面，五等爵制，保持门阀的特殊地位。后来为鲜卑贵族所杀。他的死，实际上与反佛有关，佛徒与鲜卑贵族联合杀害他。南齐范缜（古文家），他根据古文家的学风写了《神灭论》，击中了佛家的要害。梁武帝帮佛家，把范缜压下去了。宋学兴起的原因之一，是采用儒家的思想去反对佛家。宋学吸取了佛家的佛性说，所谓狗子也有佛性，儒家用来说明人人可以为圣人（人皆可以为尧舜）的思想。佛学成为丰富宋学的养料。宋学有缺点，但反佛是应该肯定的。

三　宋学

汉代发展起来的经学，到唐时作了总结。钦定的《五经正义》就是。经学作总结了，宋学发展起来了。

为什么宋学会发展起来呢？

一由于内乱。内乱需要"宋学"这样的东西。

唐玄宗时，政治腐败到极点，于是发生了安史之乱。从东汉开始的士族门阀制度的残余，到唐代仍存在。士族（贵族）都不肯作武官，子弟作军官是被人看不起的。因此。当军官的都是外族人（西北的少数民族）。安禄山、史思明所以获得军权，就是由于这个缘故。安、史乱后，藩镇割据的局面一直存在下去。黄巢起义，推翻了这个腐朽的王朝。但这时，沙陀人又进来了。他们带来了许多"杂胡"。沙陀人与农民起义军的叛徒——朱温混战，朱温被沙陀人李存勗打败了。沙陀人在北方建立了后唐、后晋、后汉三国。这是最乱的时代。什么丑事和笑话都出来了，儿皇帝、卖国贼等等，无奇不有，乱得不能再乱了。

周世宗柴荣时，国家才有统一的倾向。柴荣，这是个不简单的人。从安史之乱到赵匡胤得天下，共二百五十年，乱得一塌糊涂。五代时，你抢我夺，弱肉强食，正像庄子所讲的黄雀啄螳螂的故事一样。有政治地位的人很紧张，什么叫安全是不知道的，谁也不相信自己可以安全。周世宗的身后事可以说是布置得很周到的，但是，柴荣一死，第二年就被赵匡胤夺去了帝位。

赵匡胤看到了夺帝位的容易，他想了许多办法来维护自己的统治。宋代对外是最屈辱的，但对内部的办法则很多。拉拢地主阶级的知识分子，这是宋代维护自己统治的基本办法。唐代进士及第的名额一榜最多只有三十名。五代时一榜只有七八名。宋代大大放宽进士及第名额，多到四、五百名。做官的道路很多，不只是科举一途。唐代，士族和流外的官是分得很清楚的，士族不做流外官。宋代这种界限去掉了。唐代考进士，因为旧士族仍有特权，所以未放榜以前，即知道谁考取，谁没有考取。宋代改用密封，士族与非士族同等对待，所以未放榜时，是不知道谁考取与否的。魏晋以来的士族制度，到宋代最后打破了。宋代的大官，不管犯什么罪，都不杀头，只是充军边地。这些措施都是为了争取士的拥护。

士与儒是分不开的。可以说，以韩愈的思想为代表的士人，拥护了赵宋政权。韩愈的政治运动是重整伦常。他一方面辟佛老，一方面整伦常。赵宋王朝很需要这个思想。伦常自安史之乱以来被破坏得不像样子了。二百多年的大乱，使赵匡胤懂得了应该用伦常来巩固自己的统治。

赵宋王朝有意识地来扶持"宋学"。宋学与古代的儒学根本不同了。古代儒学只解经，而宋学则着重讲伦常。

二是由于与宗教的斗争。佛、道的教义，特别是佛教的教义，与儒家的伦常思想是矛盾的。要提倡儒家的伦常思想，就必须改造佛家的一套。

宗教迷信对统治者是需要的。董仲舒即想创立宗教，他把阴阳五行与巫术结合起来。儒家祭祀并没有一个至高无上的偶像——上帝。儒家祭祀的对象是那些对人们有功的人和物。例如，儒家祭猫，因为它能吃老鼠；祭老虎，因为它能吃野猪；如此等等。董仲舒想创造一个以孔子为教主的宗教。董仲舒的创造宗教的活动做得极其可笑。如果翻翻他的《春秋繁露》的《求雨》《止雨》两篇，就知道其荒谬的程度。他说，把南门关闭，北门打开，就可以求雨；把北门关闭，把南门打开，就可以止雨。真是愚昧至极。要把儒家的思想当作宗教教义是很困难的，因为孔子不语鬼神，所以董仲舒没有创造成。东汉时，统治阶级还想创造宗教，他们企图用"谶纬"的一套办法，把孔子装扮成教主。但是古文家反对"谶纬"，所以仍未创造成。

两汉都想把孔子变成儒教教主，但都未成功。西汉末年，佛教传进来了。儒是反佛的，但由于佛教利用"因果报应""求福免祸"等迷信办法来欺骗人民，很符合统治阶级的需要。

封建帝王利用"谶纬"来证明自己做皇帝是上应天命的。《符瑞志》就是为某人做皇帝而编造理由的书。虽然如此，仍有许多困难，因为别人不大相信，而且也相当麻烦。佛教的"因果报应"的理论，利用起来要方便得多。根据"因果报应"的理论，只要谁作了皇帝，谁在上世一定做了天大的好事。佛之所以成佛，是因为他在几亿千万年以来一直作了无限功德。

东汉初年，佛教即发展起来。首先相信佛教的是贵族。光武的儿子楚王刘英首先"学为浮屠斋戒祭祀"。佛教是最会吹牛、最会说谎的。他们说佛的法力大得了不得，把道教的玉皇大帝说得一钱不值，说玉皇大帝对于佛来说，只不过是给佛鸣锣喝道的仆人而已。

佛教来自印度。印度古代有四个种姓：婆罗门、刹地利、吠舍、首陀罗。婆罗门是最高贵的种姓，主要是僧侣。很明显，佛教是高级种姓特意造出一大套谎话用以欺骗广大群众，特别是欺骗下层的被压迫者——首陀罗的。佛教不准杀生，谁杀生谁就得入地狱。种地的农民在地里劳动，总是会杀死些小生物的，因此，农民死后一定要入地狱的。唐僧义净到印度去，写了一本《南海寄归内法传》，这书极可笑。书中有这样一则故事：义净看到印度的大寺庙和尚自己不种地，把地交给农民种，然后与农民对分粮食。他不懂寺庙为什么自己都不直接经营土地，便问大和尚。大和尚说，种地必定会杀生，而杀生是会入地狱的，因此和尚不种地。这样，既可以有吃的，又可以不杀生。义净认为这个办法很了不起。佛教的教规极繁琐，甚至连上厕所都有严格的规定。如果都按照那些规定办，那些拉肚子的人肯定会入地狱。

和尚要出家，他和中国儒家的忠孝思想是对立的。孟子说："无父无君，是禽兽也"，儒家骂和尚是"无父无君"，是禽兽。

道教，它是调和佛、儒的一种思想。东汉琅邪人宫崇，他拿了一部《太平清领经》，据说是他的老师于吉传给他的天书，其宗旨是"奉天地，顺五行"。道教吸取了佛教的一些仪式，去掉佛教与忠孝思想矛盾的东西而形成的。道教为了抬高自己的政治地位，编造了一个谣言，说老子入夷狄而为浮屠，说释迦（即佛）是老子的儿子。道家骂和尚是"髡徒"（光头）。实在说，道教本身是没有什么独创的东西。《抱朴子》这是一本著名的道家书，《内篇》讲炼丹，《外篇》讲的全是儒家道理。儒释道三教斗争，儒道往往联合起来共同反佛。

佛教在开始时也曾受到歧视和压迫，但是，很快统治阶级就认识到它的欺骗作用了。

佛教是编造谎言的能手。西晋末年从印度来了一个和尚，名叫佛图澄。他说自己已经有四百多岁了。他来到洛阳后，取得了后赵的皇帝石勒、石虎的尊重。石勒的侄子石虎是个野蛮透顶的皇帝。他信佛，为的是打胜仗。有一次，他打败了，发怒说，我奉佛供僧，却被打败了，佛有什么用？佛图澄便对石虎说，你前生是个大商人，曾在佛寺设大会，与会的有六十个罗汉，我是其中之一。现在你做了皇帝，就是你前生奉佛供僧的缘故。石虎听了就不再责怪佛教了。所以胡说八道的本领，佛教是第一。

佛教影响越来越大。东汉时只准外国入来传教，而不许中国人当和尚。和尚地位很低，被称为"乞胡"。稽康曾说，人们肚痛都到"乞胡"那里求佛，其实只要买一服药吃就行了。可见当时佛教的影响。

儒道是中国的土产，佛教是外来的。三教之争往往成了华、夷之争。胡人奉胡教，拜佛。但是，有些入据中国的胡人，为了要统治中国，便不信佛教。北魏是鲜卑人，姓拓跋氏。他们为了要统治中国，说拓跋就是土，土姓就是黄帝的子孙。拓跋焘（太武帝）信道灭佛。北魏皇帝即位，都受道教的符箓，表示自己是中国人，是黄帝子孙。北周武帝原是鲜卑族的宇文部。他也主张灭佛。和尚对他说，反对佛教，死后要进阿鼻地狱（即无间地狱，意思是受苦是不间断的）。周武帝说，到阿鼻地狱也不怕。和尚说，你是胡人，应该信佛教。他说，我是中国人。不久，周武帝病死了，佛没有灭成。隋文帝是最信佛的人。唐朝姓李，与鲜卑族关系密切，他们特别要表示自己是汉族人，唐太宗把道教奉为第一。隋文帝是佛第一、道第二、儒第三；唐朝则是道第一、佛第二、儒第三。

佛是不拜君父的。按照佛教的规定，人做了和尚之后，国王、父母都得拜他。据说，释迦成了佛之后，他的父亲去见他，还是向他下拜的。因此，佛教最受攻击的是这个"无父无君"的思想。儒家攻击佛家是"不忠不孝，削发而抑君亲"，是"以匹夫而抗天子，无父之教，非孝者"。这个问题对佛教来说，是非常尖锐的。因此，和尚们极力想编一些理由替自己辩护。据《盂兰盆经》说，佛的大弟子目莲，他看到自己的亡母在地狱受苦，请问佛怎么办。佛告诉他，广为布施，就可把他亡母救出来。目莲按照佛的话去做，终于救出了自己的母亲。佛教还传说，佛（释迦）的父亲净饭王死，佛亲自去抬棺材送葬。他们编出这些故事，就是要证明佛教也是要父母的，也是讲孝的。但是，这些论据是极其软弱无力的。佛、儒斗争中，和尚在忠孝方面是最讲不出道理来的。

在经济上，佛教寺院占的土地很多。周武帝灭佛时，废大寺院凡四千六百多座，令和尚尼姑二十六万多人还俗，收回寺庙的田有数十万顷，奴婢十余万人。

寺庙都占有大量土地，都是地主。当然，并不是所有和尚都是地主。一般和尚，虽然逃避了国家的赋税，但他仍是被压迫、被剥削者。大和尚对小和尚的压迫是极残暴的。小和尚有病，就给他吃黄龙汤。黄龙汤即是大便。据说发高烧的人吃黄龙汤是会好的。小和尚不管生什么病，都叫他们吃黄龙汤。道士骂和尚吃大小便，指的就是吃黄龙汤。有的和尚否认吃黄龙汤这件见不得人的事，其实，这是否认不了的。义净就反对过吃黄龙汤。如果不吃黄龙汤，义净为什么要反对？胡三省《通鉴注》引陶弘景《本草》，还说明黄龙汤的具体制法。

佛教对麻醉人民的作用是很大的，所以，总有人替它辩护；《唐文粹》李节《送潭州道林疏言禅师太原取经诗序》就竭力说明佛教对统治阶级的作用。他说，学儒之人，力斥释氏，其论甚粗，释氏之教不外衰代之风之所激；而衰代之风，苟无释氏，将无所寄心。而儒者徒知佛教因衰世而兴，而不知衰世之需佛，又不知释氏助化之大。李节说佛教给腐朽统治阶级以自我麻醉的作用，这是说得很对的。他又指出佛教可以使人安分，阡陌之人（农民）不敢起兵反对统治阶级，这一点尤其说得对。统治阶级利用佛教，尽管它蠹国殃民，大耗财物，但统治阶级仍认为利大害小，坚决提倡佛教。

宋代既重佛，也重道。但是，宋代的皇帝更需要借重儒家来重整伦常纲纪。

宋学与汉学完全不一样。它以伦常为基础，同时又与佛道结合。宋学内容很多是佛老的东西，汉学是汉人的东西。

宋学的先驱为唐的傅奕（反佛）、吕才（反道）、陈子昂。《新唐书》三人合传，这是有道理的。陈子昂是讲古文的。韩愈可以说是对这三人思想的综合和继承。他提倡"文以载道"，反对佛老。韩愈不算经学家，但也讲点经学。他的《论语笔解》释"宰予昼寝"说，"昼寝"是"画寝"之误，"画寝"就是在寝室的壁上画上图像。当然，这个解释是不合古文派的观点的，但这却开了宋学的风气。与韩愈同时，有啖助讲《春秋》。《春秋》是正名分、讲伦常的。啖助的学生赵匡、陆淳且著有《春秋集传》。啖助的书已遗失，陆淳的《春秋集传纂例》仍在。啖助讲《春秋》撇开传注，直接从经文中寻义理，这也是开宋学之风。

韩愈写了五原：《原道》《原性》《原毁》《原人》《原鬼》，弟子李翱作《复性书》，都是要重整伦常。他认为名教（指儒家）自有天地，应该直接从儒教中找哲理。

宋学发展与木刻印书的发展也有关系。后唐冯道刻九经于木板，木版刻书就越来越多了。这样，就有助于经学的流传。同时，宋王朝又竭力提倡尊孔。修国子监，把孔门十哲（子思、颜回等十位大弟子）的像也修立起来。宋太祖赵匡胤屡次去国子监，表彰孝悌，亲自主持进士的考选。

皇帝一提倡，于是响应的人就出来了。宋初出了三先生，一是孙复（泰山先生），一是石介（徂徕先生），一是胡瑗（安定先生）。孙复写《春秋尊王发微》一书，其宗旨是"有贬有褒"，提倡尊王。佛教是尊佛不尊王的，孙复用孔子的名义来评价人物，认为春秋时从周天子到诸侯卿大夫没有一个人没有一件事是好的，一概加以诛绝。因此当时有人批评《春秋尊王发微》是"商鞅行法"。孙复的尊王思想是适合于当时朝廷的需要的。韩愈即说过："君王神圣，臣罪当诛。"

胡瑗在太学当教授，曾出了一题问学生："颜子所乐何事？"这本来是谁也回答不出来的。佛教的禅宗有所谓公案。公案就是由老和尚提出一个谁也回答不了的问题。胡瑗这个办法实际上也是学佛教的"公案"。当时大家都觉得胡瑗的题目很好。安定还叫人要"明体，达用"，即明儒家的根本道理，为朝廷服务。胡瑗的学生考取进士的很多，他为宋王朝培养了一批人才。

石介可以说是首搞宗派活动的人。

宋代讲《春秋》的人很多，都是借孔子名义来重整伦常的。北宋时尊王。南宋时，北方被金人夺去了，除尊王外，还要讲攘夷。胡安国作的《春秋传》就是这样的。从胡安国的《春秋传》看，他是一方面强调复仇，一方面又怕战争。《春秋》所记的齐桓公伐山戎这件事，《穀梁传》说这是褒，《公羊传》认为这是贬。胡安国说，《春秋》称"齐人伐山戎"，既称人，可见是贬。按照南宋攘夷的观点来看，应该是"褒"（肯定齐桓公讨伐戎族）；可是胡安国却认为是贬（否定）。这反映了南宋统治者，一方面大叫讨伐金人，一方面又害怕战争的思想。

宋代最重视的是三部经书：《春秋》《周易》《礼记》。

宋学以《周易》来代替佛教的哲学。《周易》有几点是与佛教哲学对立的。佛教讲"苦""空""灭"，认为人在胎中即是苦的，母亲喝点热水，胎儿就热得要死，母亲喝点冷水，胎儿即冷得要命。所以人是苦的。据佛家禅宗南宗看来，什么都是空的，最后连佛也是空的。什么佛（释迦）、什么祖（达摩），一切皆空。他们骂佛祖是老胡，是乾屎橛。他们不读书，不著文字，因为反正什么都是空的。佛讲涅槃，涅槃即是寂灭（死）的意思。人世什么都空，都是"无常"，认为有生即有灭，最好是无生，无生即可不灭。《易经》刚好与之相反。《易传》说："立人之道，曰仁与义。""仁近于乐"，"仁者不忧"（《论语》）。这就是说，人不是苦的。儒家讲"有"，有父子，有君臣，有夫妇。《易经》还讲不灭，说"天地之大德曰生"。这都是与佛家对立的。

宋学，一是经学，一是哲学。汉人讲训诂，不讲义理，宋学则在《周易》中找哲理，以代替佛教的哲学。《易经》是最易于附会发挥的。宋学的《太极图说》是从道士陈抟那儿来的。太极图原是讲炼丹术，是道家讲炼丹秘诀的，讲的次序由下而上。陈抟的太极图，经数传到了周濂溪（周敦颐）。他讲太极图的次序改为由上而下，并与"易有太极"连系起来，这就成了儒家的东西了。无极太极、动静阴阳、絪缊感通，尧舜之道等等名堂，都是从《周易》的十翼中引伸出来的。叶水心所说的"夷狄之说，本于中国"，就是指宋学把佛教的一套东西，加以改造，用《易经》的形式表述出来。

《易经》有象和数，宋人特别重数。邵雍的《皇极经世》是专讲数的，他甚至相信《河图》《洛书》等无稽之谈。朱熹学问很博，但他也相信《河图》《洛书》。

《周礼》也是宋代最重要的一部书。宋是最积弱的朝代，统治者幻想实行《周礼》中所说的井田制度以求强盛。宋儒李觏提倡《周礼》，他在《致太平论》中说："周之制，其神矣乎？"这就是说，按照《周礼》办事，就可以解决积弱的问题。据《周礼》记载，周时八家九顷地，各家种一百亩，中间一顷为公地。这样，民可以安居乐业。宋儒所以对《周礼》所记载的这种土地制度感兴趣，说明宋代土地问题的严重。张载也很重视《周礼》，认为治天下不用井田，即不会平，周致治世，就是由于天下平，人君行井田，须有仁心。王安石做宰相，不仅提倡《周礼》，还作《周礼新义》，规定考进士须读《周礼》。他还用《周礼》作为自己驳反对者的理论根据。宋代重《周礼》，从政治上看，无非是企图借《周礼》的井田制来对当前作些改良罢了。

《春秋》讲尊王、攘夷，当然会受到统治者的重视。

宋儒重《四书》（《大学》《中庸》《论语》《孟子》），《四书》是从宋开始的。《大学》《中庸》都是《礼记》中的一篇文章。程伊川认为《大学》是孔子的遗书，是初学入德之门。他解释"中庸"说"不偏之谓中，不易之谓庸"，不变谓之"常道"。禅宗讲传授心法，宋学认为《中庸》就是孔门心法。孔子传给子思，子思传给孟子，前后相传，其味无穷。

宋儒讲经学与汉人不同。汉人是笃守师法，宋儒则认为，凡合于理的便是师法，否则便不是。因此，宋人讲经有个特点：敢于怀疑。这就把汉唐认为"经"是神圣不可侵犯的一套都推倒了。敢于怀疑，这是好的，但不能没有根据的乱怀疑。清人王鸣盛批评宋儒是，道学大倡，罢落汉唐，独研义理，治学创别是非，以理为准，"其流弊也悍"。皮锡瑞在《经学历史》中，也说宋人既不信注疏，又不信经文，删改经文"不可为训"。

欧阳修写了《易童子问》三卷，认为《易经》的《系辞》《文言》等十翼是假的。朱熹怀疑古文《尚书》的真实性。朱熹的学生王柏作《诗疑》，删去了三十多篇所谓"淫奔之诗"。《春秋》三传，孙复作《春秋尊王发微》时，完全把它搁在一边不管。南宋叶梦得作《春秋谳》，把《公羊》《穀梁》二传一概驳倒。司马光疑《孟子》不是孟子自己作的。宋儒对古代经典的这些怀疑，只有朱熹对古文《尚书》的怀疑是对的。朱熹虽然怀疑古文《尚书》，但却认为《伪古文尚书·大禹谟》所说的"人心惟危，道心惟微，惟精惟一，允执厥中"一段话，是好得不得了，是孔门传授心法。

宋学的兴起，有其历史的必要。唐末五代大乱，伦常败坏，佛教又与伦常有矛盾，因此，统治阶级提倡儒学。当然，要使儒学能够为宋代的统治者服务，还必须吸取和改造佛教中的有用的东西，以便能更好地欺骗群众。

宋以前，国亡之后很少有人以死殉国的，宋以后就多起来了。清初，毛奇龄变节投清，他讲道学时说宋人都没有国亡殉国的，全祖望举出了许多例子来驳他。

二程主张"饿死事小，失节事大"。北宋时，女人再嫁是不受斥责的。王安石儿媳再嫁，范仲淹的母亲也是再嫁过的。他们都不回避再嫁的事。南宋以后，提倡死守贞节。现在再提倡宋学是要不得的，但是否宋学全要不得呢？是否宋学还有些可用之处呢？宋学讲气节，国亡殉国，不投降外国，这是值得肯定的。

四　明清的经学

清代的经学可以称之为汉学。汉代古文、今文的发展都有政治上的原因，宋学的发生也有政治上的原因。西汉经学重点在讲阴阳灾异。不仅《书经·洪范》篇讲灾异，《诗经》也讲灾异。自董仲舒始，任何一经都须讲灾异，不讲，这部经书就站不住脚。东汉时，光讲灾异还不够，还要讲谶纬。讲谶纬比讲灾异更容易。只有古文经学是反对灾异、谶纬之类的迷信的。汉代经学坏处比好处多，因为讲迷信，欺骗人民，反迷信的只有一部分古文经学家。

宋学的兴起，是由于安史及五代的大乱，伦常败坏。宋学的目的是整顿伦常道德。宋学固然毛病很多，但在重整伦常方面收效不少。宋学重个人气节，因此，宋以后，国家危亡时，民族气节提高了。这样看起来，宋学也有其积极方面，不是完全消极的。宋学的毛病是空谈心、性、天道等抽象的东西。

程朱还是比较重视实践的。当然，他们的实践不是革命的实践，而是指做人的修养。朱熹主张半天读书，半天打坐。程朱的末流就完全流于空谈了。陆象山的思想则更趋于佛教化。由陆象山到王阳明这一派的思想，实际上是佛教南宗慧能一派的"即心成佛"的思想。南宗认为，明心见性即成佛。儒家讲成圣人，成圣人本极不容易，孔子也不敢自称是圣人。王阳明把佛家的明心见性一套思想拿过来，改装成一旦豁然贯通，即可成圣人的理论。王阳明自己还有些办事的本领，其末流空谈之风越来越厉害。明亡与士大夫阶层不务实学，光事空谈有关系。明朝时候的八股文，就是宋学的表现形式，是宋学的文风。明永乐时颁布《四书大全》以朱熹注为正宗。于是明人只读朱注《四书》，连《五经》也不读。因为读熟《四书》，即可考取进士作大官。考进士的题目都出在《四书》上，所以读《五经》的人很少。明人的学问很狭隘，只知道《四书》。

明人嘴上是仁义道德，实际上无耻到极点。读《明史·阉党传》，真令人怒发冲冠。阉党中，除一人外，都是进士出身。宋学和八股文的流弊，明亡之后，看得更清楚。明亡于清，固然有其他原因，但宋学只讲空谈，不务实际，阉党的堕落，也是明亡的原因之一。比较有正义感的士人，对程朱之学的流弊痛恨得很。亡国之后，痛定思痛，都感到宋明理学家所讲的明心见性、明道穷性一套理论，全是废话；主静主敬，全是没有道理的，应该提倡经世致用之学。

明末清初，主经世致用的学者，南有黄宗羲、顾炎武、王夫之。黄、顾、王三人对学术都有很大贡献。北方有颜元、李塨。颜元讲实践。北方的颜、李及孙奇逢，与南方三大家是没有直接联系的。

明人学问的空疏，历史已有定论。他们所印的书也大都靠不住，当然也不能一笔抹煞。有一批人，看到国家危亡，也在认真读书，而且有成绩。清初的几个大学问家，就是在这种环境中长大起来的。

明孝宗时的前后七子，他们主张"文必秦汉，诗必盛唐"。这种只读古书的学风，影响很大。厚古薄今，越古越好，这当然是不对的，但在当时，对于八股先生是一个很大的打击。

明人在经学方面是有成绩的，主要有如下几家：

梅鷟的《尚书考异》。梅鷟把《古文尚书》完全推倒了。《古文尚书》宋人虽然已经疑其为伪，但那是从文字的难易方面提出些疑点。宋人觉得，为什么《古文尚书》反而比今文容易读呢？因此疑古文不可靠，但没有具体论证。梅鷟则提出了许多确凿证据，以证明其伪。

朱谋㙔的《周易象通》。朱的学问很大。朱是反对宋学的，宋代易学是讲数的，汉人讲象。朱用象来讲易，实际上是向宋人的《先天图》《太极图》《皇极经世》、朱熹的《周易》等宋人的易学挑战。朱谋㙔的《周易象通》也不敢完全把《河图》《洛书》等谎言推倒。他以自己所编造的谎言代替了宋人编造的谎言。朱是明皇朝的同姓，他诈称自己从明内府得了一个真正的《河图》。这个《河图》真正是伏牺所作，一直保存在皇帝的内府，到宋徽宗时才发现。这当然是胡说八道。但在那时，他这样作，多少还有点可以原谅。

赵宦光等的音韵之学。古代音韵和宋人不同，宋学家不懂这个道理，看到经书上不协韵的，即任意更改。赵宦光等研究《说文解字》，指出经书的字音，宋时虽然不协韵，但古代则是协韵的，宋人乱改经书中不协韵的字，是错误的。陈第进一步研究古音，作《毛诗古音考》，具体指出古今音韵不同，如母，古念米；马，古念姥；京，古念疆；福，古念逼等等。这种研究，对清儒起很大作用，清儒研究经学，从文字音韵入手，明人开其先例。

焦竑讲校勘之学，这也是开清代校勘学的先例。

明末所以讲这种学问，是由于人们不满于宋学末流的空疏。明末的学风，可以说是弃宋复汉。黄、顾、王三大家则是这种学风的进一步发展。

顾炎武是浙西学派，黄宗羲是浙东学派。两派影响很长久，直到清末。清是封建社会的末代，可是在学术和古诗文等各个领域中都出现了复古的风气，只有小说倒是一个创造。这可能是回光返照。清朝社会有新的变化，资本主义开始萌芽，敏感的文学家，抓住一些新事物，因之产生新鲜的作品。

宋学讲理，理就是圣人之性，是绝对的。一切以理为依据，不合乎理，就必须受到批判。朱熹所以对《尚书》提出怀疑，就是他觉得《尚书》不合乎理。朱熹学生王柏删诗三十二篇，也是因为那些都是淫奔之诗，不合乎理。汉人讲家法，对古代传下来的东西，是完全不敢怀疑的。宋学敢于怀疑，这是宋学的长处。这种怀疑虽然常常流于武断，但总算是用脑子去想。汉学不加任何思考判断，它是不用脑子的。《论语》中有两句话："学而不思则罔，思而不学则殆。"汉学是学而不思，死记师说，不知其义。宋人则思而不学，光去空想，不读书。王阳明坐在竹子旁边格物，结果格出病来了，就是典型例子。

清人想把学与思结合起来。顾炎武讲经学，黄宗羲讲史学。一是清代经学的开创者，一是清代史学的开创者。他们做学问，可以说是学、思结合，为救亡而读书。

顾亭林的学问很广博，年青时已感到国家将亡，要讲实学。他青年时写了《天下郡国利病书》，书未写成，国已亡。他是一个有民族气节的爱国志士。他的学问宗旨有二：博学于文，行己有耻。明士人依附阉党，无耻之极，清人入关，有大批汉族地主阶级知识分子投靠清人。顾亭林见此，痛心之极。顾的重要著作为《日知录》。他说，将来有王者兴，可以为治。他还有一部《音学五书》，这也是很重要的书。清代的戴东原学派，即导源于顾的这本书。

黄宗羲亦极渊博。顾亭林崇拜程朱，反对陆王。黄梨洲则是王阳明的嫡传弟子刘宗周（蕺山）的学生。黄宗羲的父亲是东林党中有名的人物，为阉党所害。黄宗羲父亲临死时，告诉黄说，学者最要紧的是通史。黄从年轻时就研究史学，但他也不放弃经学。他教学生，必先穷经。经学可以经世，不通经，便是迂腐之儒，而学经必须同时学史。黄宗羲有两个大弟子，万斯同和万斯大。万斯同传史学，万斯大传经学。

黄宗羲作有《明史案》二四〇卷（已佚）。康熙十八年，开明史馆。总裁是顾亭林的外甥徐元文。徐把一些有名的人都拉入史馆，实际上是拉他们下水，黄宗羲坚决不入史馆。结果叫黄的儿子黄百家和学生万斯同去。其条件是：以布衣身分参加史局，不受封，不受禄，不具名。两人住在徐元文家里。明史稿每写成一篇，即给万斯同看，有的万斯同还送去给黄宗羲看。明史稿修成时，万斯同已死，但其基础则是万斯同打下的。万斯同自己著有《明史稿》五百卷，主要是根据黄宗羲的《明史案》写成的。万的这部《明史稿》后来被王鸿绪拿去，王以自己的名义付印。乾隆初，张廷玉又以王鸿绪的《明史稿》为基础，撰成《明史》。

全祖望、章学诚都是传黄学的。全祖望写了许多明末有气节的人的传记。章学诚的《文史通义》造诣很深。

黄梨洲给万斯大作的墓志铭说，万斯大治经学的基本观点是：不通各经，便不能通一经；不懂传注的错误，便不能通经。万斯大曾经指出了某些传注的错误。《诗经·召南·何彼秾矣》："平王之孙，齐侯之子。"《毛传》认为，平王是平正之王，即文王，齐侯是齐一之侯。万斯大指出，《毛传》的解释是错误的。平王就是周平王，齐侯指襄公。这句话的意思就是平王的孙女嫁给襄公的儿子。

万斯大最有研究的是礼。他作有《周礼辨非》《仪礼商》二书，指出《周礼》《仪礼》中许多可疑之处。这是很好的两本书。黄派为什么这样重视礼呢？黄宗羲认为，礼是"经之大者，为郊社、禘洽、丧法、宗法、官制，言人人殊，莫知适从，士生千载之下，不能会众以合一，犹可谓之穷经乎？"这就是说，因为封建礼制受到了破坏，人们莫知适从，因此，要穷经就必须明礼。

继顾、黄两位大师而起的有阎若璩。阎作《古文尚书疏证》，推倒了宋学的根基，给汉学的恢复开辟了道路。其次是胡渭，胡作《易图明辨》《洪范正论》。他指出，《易图》是华山道士陈抟搞的把戏，把宋人讲《周易》的老底都揭出来了。《洪范正论》则把西汉的五行灾异说打倒了。毛奇龄（浙江萧山人）写了二三四卷书，他的《四书改错》专门反对宋学，把朱熹骂得一塌糊涂。他还写了一部《仲氏易》，把宋人讲的《易经》推倒了。毛奇龄晚年又维护起宋学来，他是一个既废弃宋学又恢复宋学的人。

清初的汉学家中，以毛奇龄的品行最坏。康熙为了拉拢汉族地主阶级知识分子，专门开设博学鸿词科，收买那些社会名流。顾亭林、黄宗羲的态度很明确，坚决不去。阎若璩虽然去应试，但未考取，丢了名气又没有做上官，大发牢骚。临死的那一年，康熙找他，他高兴得了不得，但也没有做什么官就死了。胡渭在康熙十八年南巡时，康熙赏给他"耆年笃学"四个字，于是，他一辈子的名气就完了。毛奇龄最没有骨气。康熙十八年，毛听说康熙要把朱熹列为十哲之一，他就赶快把自己的《四书改错》的书版毁坏了。

清顺治时，统治者还顾不上对士大夫阶层思想的控制。康熙时是尽量拉拢士大夫，如开明史馆、设博学鸿词科等等。到了雍正时，控制就严起来了，对不愿意与清统治者合作的士大夫，大兴文字狱，采取了镇压的手段。吕留良文字狱，就是对汉族地主阶级知识分子的一次大规模的武力镇压。吕留良原是八股先生，他坚持华夷之别，借选文而流露了自己的民族感情。湖南有些人为他选的文章的批语所感动。这就触犯了清统治者。雍正即严办这些对清统治不满的知识分子。当时吕留良已死，清统治者处以剖棺戮尸的酷刑，他的子孙被灭族，他的门生故旧皆被杀。从雍正到乾隆这段时间，文字狱越来越厉害。于是文人学士只好钻旧书，不敢谈政治。考据之学就是在这样的条件下兴盛起来了。

清代的古文经学，大致可分为三个时期，乾隆以前是开始时期，乾隆、嘉庆时是全盛时期，道光以后是衰落时期。

清代的考据家很多，《皇清经解》收有一百五十七家，收书二千七百二十七卷，大多数是乾隆嘉庆时人，故世称乾嘉学派。乾嘉学派分两派，一为吴派，一为皖派。吴派以惠栋为首，皖派以戴震为首。

吴地富裕，做官人多，藏书丰富。惠栋上代三辈搞经学，基础很厚。他的有名著作是《周易述》，把所有汉人讲《易经》的著作都收集在一起，但没有任何说明和发挥。这种办法成为吴派的学风。钱大昕、王鸣盛、孙星衍、洪亮吉等都是这个学风。这派治学的特点是好博而尊闻，不讲义理。

皖派与吴派不同，他们从音韵小学入手。据章太炎的说法，是讲"形名"。他们收集材料，加以研究判断。戴震的学问很广博，不仅懂经学，还懂算术、地理等学。以汉学反宋学。可以说，到戴震时才算完成。黄宗羲、顾亭林与宋学仍有联系，吴派的学问很杂乱，与宋学分不清，只有戴震才与宋学划清了界限。他的《孟子字义疏证》，从哲学上把宋学驳倒了。他不仅搞训诂、名物，而且也谈义理。他用唯物主义反对宋学的唯心主义。

戴震的影响很大。他的学生段玉裁所著的《说文解字注》，可算是文字音韵学的高峰。王念孙的《广雅疏证》，王引之的《经传释词》，成就更高。浙江的俞樾、孙诒让，都是王氏父子所传。俞樾的《古书疑义举例》，很有学术价值。看来文学不能父子相传，经学是可以父子相传的。大诗人李白的儿子伯禽是个饭桶，杜甫的儿子宗文、宗武也毫无成就，王念孙在经学上成就很大，他的儿子王引之在经学上的成就也很高，这便是一例证。

汉学到了戴震是登峰造极了。只能在他的规模上扩充，而不能再向上发展了。但是，物极必反，清代的汉学出了反对派。

　　古文家姚鼐愿给戴震当学生。戴震写信拒绝了。姚老羞成怒，要反对戴震学派。但他自己没有什么学问，没有公开写文章反对。他的学生方东树很能写文章，又懂得汉学，便写了《汉学商兑》来反对戴震派的汉学。方一条一条地驳汉学，最后说汉学家的文章是"屠沽计帐"。确实，不少汉学家的文章都是罗列一大堆材料，但什么问题也没有说清楚。毛奇龄的《孟子生卒考》，考了半天，生卒年还是没有考出来。《皇清经解》里有许多篇《明堂考》，考来考去，明堂到底怎样还是没有考清。

　　但这些还不是汉学的致命伤。反对清代汉学最有力的是戴震的学生孔广森。他开始研究与古文经学作对的今文经学。孔广森写了《公羊通义》，用今文学来改变古文的学风。孔广森年纪很轻就死了，他的今文学尚未深入展开。与戴震同时，江苏武进的庄存与也搞今文学。他的学问很广博，可算是清代今文经学的开创人。庄的两个学生刘逢禄和宋翔凤，把今文经学更向前推进了一步。刘作《春秋公羊传何氏注释例》，发挥了张三世，通三统（三世即据乱世、升平世、太平世，三统指夏、商、周）的思想。古文学家认为古代好，后代坏，主张复古。今文学家则相反，他们认为，夏、商、周三统要变通，要改制。说孔子作《春秋》，是"绌周王鲁"，"受命改制"。宋翔凤还写了《拟汉博士答刘歆书》，来反对古文学。刘逢禄、宋翔凤是嘉庆时人，这时清统治力量已大为削弱，走向衰落。今文家的改制思想是这种时代条件的反映。

　　道光时，魏源、龚自珍出，二人对今文学的发展起了很大的作用。魏、龚都是刘逢禄的学生。龚自珍是段玉裁的外甥，文字音韵、训诂等都很有修养。他反对古文家脱离政治，而提倡今文，主张谈政治，关心国事。他还好谈边事，新疆改设为行省，是他首先提出来的。他所写的《蒙古图志》（已失传），见解也很有可取之处。魏源撰《海国图志》，是中国人讲外国情况最早的一个人。

　　王闿运也是讲今文学的。他是曾国藩的幕僚，文章很好。他虽然讲《公羊》学，但把《公羊》学限于经学，而不谈当时国内外的政治形势。他有个学生叫廖平，却对《公羊》大加穿凿附会，写了许多书。到晚年，张之洞觉得他的说法对清统治者不利，即收买他，他就自己写文章驳斥自己。可是他那些穿凿附会的东西已经产生了影响。广东的康有为，原是搞古文学的，他想从《周礼》中找治乱的根据。看到廖平的著作，大为感动，即援廖例，作《新学伪经考》，反对古文学。认为古文经学都是新莽时刘歆所伪造。康的反对古文学的办法很简单，只要他看不顺眼，就说它是刘歆所伪造的。他的第二部书是《孔子改制考》，宣传托古改制思想。康的第三部书是《大同书》。《礼记·礼运》篇有大同小康之说，康有为把《公羊传》上的三世说倒过来，先是乱世，后是升平世（小康），最后是太平世（大同）。提出了一个由乱到太平的完全空想的社会蓝图。《大同书》写成，康有为却秘而不宣。梁启超说康有为任性主观，自信力极强，看不起客观，以客观事物服从自己主观需要，这些批评说得不错。不过他的变法改制思想是进步的。

今文学中，真正算得上是今文学的经师的是皮锡瑞。皮是个进步的举人。康梁变法失败后，他即闭门著书。他比康、梁好得多，是个真正的经生。他作的《经学历史》是一部比较好的书。他有点偏于今文学，但他对各家的评价基本上是公允的。

古文学派中最后的一个代表人物是章炳麟。他是清末古文经学的代表。古文经学是学而不思，很难引伸出革命的思想来的。古文学派中曾出现了许多进步的历史人物，如王充作《论衡》，范缜作《神灭论》，何承天作《轮回说》，范晔作《无鬼论》，柳宗元作《天说》，等等，但这只能说明，从古文经学中可以引伸出进步思想。从古文经学中引伸出政治上革命的思想来是很难的。章太炎虽然是革命分子，但他的革命思想与古文经学没有关系，他主要是受黄宗羲浙东学派反满思想的影响。章主要是反满，所以辛亥革命之后，即跑到袁世凯那里去了。

皮锡瑞说，国朝（清）经学凡三变，国初，汉学萌芽，汉学与宋学未分家，未立门户。乾隆之后，古文之学大盛，推倒宋学，讲实证，不讲义理，这是纯汉学。道光以后，讲的是西汉的今文学，讲微言大义，好作引伸附会。皮锡瑞的这种分法，大致是对的。

清人的著作，浩如烟海，主要有以下几种。

焦　循：雕菰楼易学三种《易章句》《易通释》《易图略》。

孙星衍：《尚书今古文疏证》。

陈　奂：《诗毛氏传疏》。

孙诒让：《周礼正义》。

胡培翚：《仪礼正义》。

陈　立：《公羊传义疏》。

焦　循：《孟子正义》。

邵晋涵：《尔雅正义》。

范文澜年表

1893 年

11 月 15 日出生于浙江省绍兴府山阴县（今绍兴市）城内府山北、锦麟桥南侧黄花弄。祖父范城，父亲范寿钟。

1907 年

入山阴县高等小学堂学习。

1909 年

入上海浦东中学堂学习，后转入杭州安定中学堂。

1913 年

考入北京大学预科。

1914 年

升入文科本科中文门（后改称国文门）。在学期间，受教于黄侃、陈汉章（伯弢）、刘师培（申叔）等。

1917 年

北大文科毕业。短期担任校长蔡元培秘书，并在北大文科研究所国文门（后改称国学门）做研究员。冬，与浙江宁波人戴冠芳结婚。

1918 年

初，任教于沈阳高等师范学校。秋，任教于河南汲县省立中学。

1921 年

任职于上海浙江兴业银行。

1922 年

任教于天津私立南开学校中学部，并在大学部兼课。

1924 年

任南开学校大学部教授。

1925 年

继续在南开大学任教，天津新懋印书局出版《文心雕龙讲疏》。《南开周刊》刊文《介绍范文澜著〈文心雕龙讲疏〉》予以介绍。

1926 年

继续在南开大学任教，加入中国共产党。

1927 年

5 月，在南开大学校长张伯苓保护下，在天津警察厅派人逮捕前，离津赴京。下半年，任教于北京大学、师范大学、女子师范大学、中国大学等校。

1928 年

继续在北大等校任教。北京大学（时称京师大学校）文科出版课刊印《诸子略义》。

1929 年

继续在北大等校任教。北平朴社出版《水经注写景文抄》，北平文化学社出版《文心雕龙注》（上、中册）。

1930 年

继续在北大等校任教。因共党嫌疑被北平宪兵逮捕。经蔡元培与各校教授联合营救，获释。聘为《北大学生周刊》首席顾问。

1931 年

继续在北大等校任教。北平文化学社出版《正史考略》《文心雕龙注》（下册）。

1932 年

受聘为北平大学女子文理学院国文系教授兼主任。参加中共领导的左翼作家联盟、社会科学家联盟等活动。

1933 年

任北平大学女子文理学院院长。北平朴社出版《群经概论》。

1934 年

因共党嫌疑被北平宪兵逮捕，押往南京警备司令部拘押，后经蔡元培与各校教授联名保释，出狱。

1935 年

因特务监视，改在中法大学、辅仁大学任教。

1936 年

离平赴汴，受聘为河南大学文史系教授。上海开明书店出版《大丈夫》。

1937 年

主编《经世》周刊，编印《游击战术》。

1938 年

参加抗日救亡宣传、民族统一战线工作和抗日游击队活动。

1940 年

抵延安。任马列学院历史研究室主任。

1941 年

延安解放出版社出版《中国通史简编》上册。

1942 年

延安解放出版社出版《中国通史简编》中册。

1945 年

任北方大学校长。新华书店出版《太平天国革命运动》。

1946 年

延安新华书店出版《中国近代史上编第一分册》。

1947 年

任北方大学历史研究室主任。

1948 年

任华北大学副校长兼研究部主任、历史研究室主任。

1949 年

任中国新史学研究会负责人。

1950 年

任中国科学院近代史研究所所长。

1951 年

任中国史学会主席。

1953 年

上海神州国光社出版《中国近代史资料丛刊·捻军》。人民出版社出版《修订本中国通史简编第一编》。

1954 年

当选第一届全国人民代表大会代表。

1955 年

当选中国科学院哲学社会科学部学部委员。人民出版社出版《中国近代史上册》。

1956 年

出席中国共产党第八次全国代表大会,当选为第八届中央委员会候补委员。

1957 年

人民出版社出版《中国通史简编修订本第二编》。

1959 年

当选政协全国委员会常委,担任全国政协文史资料研究委员会主任。

1965 年

当选第三届全国人民代表大会常务委员。人民出版社出版《修订本中国通史简编第三编》第一、二册。

1969 年

出席中国共产党第九次全国代表大会,当选为第九届中央委员会委员。
7 月 29 日,在京逝世。